Diagnostik bei Migrantinnen und Migranten

Débora B. Maehler
Alexandra Shajek
Heinz Ulrich Brinkmann
(Hrsg.)

Diagnostik bei Migrantinnen und Migranten

Ein Handbuch

Dr. Débora B. Maehler, geb. 1977. Studium der Psychologie an der Universität Potsdam. 2011 Promotion. Seit 2012 als Senior Researcherin bei GESIS – Leibniz Institut für Sozialwissenschaften tätig. Post-Doc Fellow am College for Interdisciplinary Educational Research/ CIDER (2013 – 2016). Seit 2016 Leitung des Forschungsdatenzentrum PIAAC (FDZ PIAAC). Forschungsschwerpunkte: Migrations- und Integrationsforschung sowie Bildungsforschung.

Dr. Alexandra Shajek, geb. 1979. Studium der Psychologie in Münster, Uppsala (Schweden) und Berlin, anschließend Mitarbeiterin am Max-Planck-Institut für Bildungsforschung und am Deutschen Institut für Wirtschaftsforschung. 2014 Promotion. Seit 2014 Tätigkeit als bildungspolitische Beraterin bei der VDI/ VDE-IT. Arbeitsschwerpunkte: Lebenslanges Lernen, Bildungs- und Innovationsindikatorik sowie quantitative und qualitative Forschungsmethoden.

Dr. Heinz Ulrich Brinkmann, geb. 1946. Studium der Wirtschafts- und Sozialwissenschaften an der Universität zu Köln sowie an ausländischen Universitäten. Dipl.-Volkswirt (soz. wiss. R.) 1978, Dr. rer. pol. 1982. Tätigkeit als wissenschaftlicher Mitarbeiter und Lehrbeauftragter an mehreren deutschen Universitäten. 1988–2008 bei der Bundeszentrale für politische Bildung in Bonn. Seitdem Forschung und Publikationen im sozialwissenschaftlichen Bereich mit dem Schwerpunkt Migration/Integration.

Bibliografische Information der Deutschen Nationalbibliothek
Die Deutsche Nationalbibliothek verzeichnet diese Publikation in der Deutschen Nationalbibliografie; detaillierte bibliografische Daten sind im Internet über http://dnb.dnb.de abrufbar.

Hogrefe Verlag GmbH & Co. KG
Merkelstraße 3
37085 Göttingen
Deutschland
Tel. +49 551 999 50 0
Fax +49 551 999 50 111
verlag@hogrefe.de
www.hogrefe.de

Satz: ARThür Grafik-Design & Kunst, Weimar
Druck: Media-Print Informationstechnologie, Paderborn
Printed in Germany
Auf säurefreiem Papier gedruckt

1. Auflage 2018
© 2018 Hogrefe Verlag GmbH & Co. KG, Göttingen
(E-Book-ISBN [PDF] 978-3-8409-2786-7; E-Book-ISBN [EPUB] 978-3-8444-2786-8)
ISBN 978-3-8017-2786-4
http://doi.org/10.1026/02786-000

Inhaltsverzeichnis

Teil I

Einführung und Grundlagen

1 Diagnostische Verfahren für Migrantinnen und Migranten in Deutschland: Eine Bestandsaufnahme

Débora B. Maehler, Heinz Ulrich Brinkmann & Alexandra Shajek

1.1 Zielsetzungen des Buches

Die weltweiten Fluchtbewegungen der letzten Jahre – ausgelöst u. a. durch Kriege, wirtschaftliche Krisen oder Naturkatastrophen – gehen mit einem starken Anstieg der Zuwanderungen nach Deutschland einher.[1] Aktuelle Zahlen zu den positiven Entscheidungen über Asylanträge (also zur Anzahl von Personen, die sich rechtmäßig in Deutschland aufhalten dürfen) geben ein erstes Bild von den zu erwartenden Veränderungen in der deutschen Gesellschaft: Im Jahr 2016 waren mit 445.210 positiven Entscheidungen in Deutschland dreimal mehr als im Jahr zuvor zu verzeichnen (Eurostat, 2017).[2] Hierbei hat Deutschland derzeit im internationalen Vergleich eine der höchsten Flüchtlingsaufnahmequoten[3] (vgl. Abbildung 1.1). Im Gesamtvergleich der Europäischen Union entfallen auf Deutschland mehr als 60 % der gesamten positiven Entscheidungen. In den Jahren 2015 und 2016 wurde die Zuwanderung in Europa bzw. vor allem in Deutschland quantitativ durch Flüchtlinge aus den arabischen Ländern des Nahen Ostens bestimmt (OECD, 2016).

Mit der Zunahme von Geflüchteten in Deutschland in den letzten Jahren geht eine steigende Nachfrage nach diagnostischen Verfahren für diese Personengruppen – beispielsweise für die klinische Praxis, die Schule oder die soziale Arbeit – einher. Bislang liegen jedoch kaum validierte Verfahren für Personen mit Migrations-

---

1 Die bisherigen Peaks an Zuwanderung nach Deutschland gab es um 1970 sowie um 1990. Für einen Überblick über das bisherige Migrationsgeschehen vgl. Sauer & Brinkmann, 2016, S. 6f.; Brinkmann, 2016, S. 146–150; Bundesamt, 2016, S. 28–36.

2 Die Zahlenangaben dieses Satzes beziehen sich auf Entscheidungen in erster Instanz. Sie fassen die Anzahl der Asylanerkennungen, der Flüchtlingsanerkennungen, der Gewährung von subsidiärem Schutz und der Feststellung eines Abschiebungsverbotes zusammen. Diese Zahlen weichen geringfügig von den Zahlen des Bundesamtes (2016) ab.

3 Anteil positiver Bescheide an allen gestellten Anträgen.

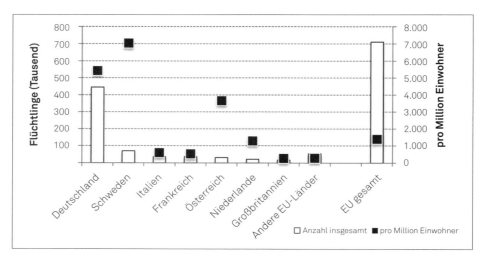

Abbildung 1.1: Positive Entscheidungen über Asylanträge in Ländern der Europäischen Union (2016); Quelle: Eurostat, 2017

hintergrund[4] vor. Eine Recherche in einschlägigen, bibliographischen Suchmaschinen (FIS, SOWIPORT und PSYNDEX) nach diagnostischen Verfahren für verschiedene Anwendungsbereiche (z. B. Sprachstandsdiagnostik in der Schule oder klinische Diagnostik für Erwachsene) weist nur eine geringe Anzahl an Ergebnissen für die entsprechende Zielgruppe auf.[5] Tabelle 1.1 zeigt exemplarisch die Ergebnisse für PSYNDEX. Wie ersichtlich wird, finden sich primär Beiträge für die Bereiche Entwicklungsdiagnostik, Sprachstandsdiagnostik und Leistungsstanddiagnostik – sowie mit Einschränkung für die klinische Diagnostik. Obwohl die Anzahl der gefundenen Beiträge in diesen Anwendungsgebieten im zweistelligen Bereich liegt, sind darunter nur wenige diagnostische Verfahren (vgl. die Anzahl der tatsächlich relevanten Artikel in Tabelle 1.1). Es handelt sich überwiegend um Beiträge mit Fokus auf die Zielgruppe, jedoch nicht auf die Darstellung von Verfahren an sich. Insbesondere für den Bereich Arbeitsmarkt zeigt die Suche kaum Treffer an. Bereichsübergreifend fällt außerdem auf, dass es sich um relativ neue Beiträge handelt – was als Hinweis darauf gedeutet werden kann, dass es sich um ein bislang wenig erforschtes Gebiet handelt, das jedoch zunehmend auf Interesse stößt (Goth & Severing, 2017).

Die oben skizzierten Rechercheergebnisse geben einen ersten Eindruck von der Verfügbarkeit diagnostischer Verfahren für Personen mit Migrationshintergrund in Deutschland. Sie spiegeln darüber hinaus den derzeitigen Forschungsbedarf,

---

4   Siehe hierzu die Ausführungen in Abschnitt 1.2.
5   Gesucht wurde in Büchern, Zeitschriftenaufsätzen sowie Sammelwerksbeiträgen ohne zeitliche Beschränkung (weitere Details zur Recherche sind in Tabelle 1.1 aufgeführt).

aber auch die laufenden Forschungsaktivitäten in Deutschland (IMIS, 2017[6]; Johannson, Schiefer & Andres, 2016) wider.

Eine weitere Suche im Bestand des Leibniz-Zentrums für psychologische Information und Dokumentation (ZPID)[7] bestätigt die Ergebnisse der Suchmaschine PSYNDEX: Es liegen tatsächlich nur sehr wenige Verfahren vor, die für die in Deutschland lebende Bevölkerung mit Migrationshintergrund eingesetzt werden können bzw. die entsprechend normiert wurden. Darüber hinaus existiert bislang noch keine Übersicht über die zur Verfügung stehenden Instrumente für diese Zielgruppe. Praktikerinnen und Praktiker verfügen bei ihrer Arbeit in der Regel nicht über die notwendigen Ressourcen, um zeitaufwändig nach passenden Verfahren zu recherchieren. Insbesondere bei der Platzierung von Flüchtlingen im deutschen Bildungssystem und auf dem Arbeitsmarkt ergibt sich zudem das Problem, dass viele Geflüchtete über keine Dokumente verfügen (Brücker, Rother & Schupp, 2016), um ihren Bildungsweg bzw. Bildungsabschluss sowie ihre Arbeitserfahrung nachzuweisen. Hierbei stellt sich nicht nur die Problematik der Überprüfung der von den Zugewanderten gemachten Angaben, der angemessenen Übersetzung der Bildungszeugnisse und der adäquaten Einordnung in das deutsche Bildungs- und Berufssystem, sondern auch die Anpassung ihrer formalen Qualifikation an die Anforderungen in Deutschland.[8] Hierzu sind zwar inzwischen Lösungsansätze entwickelt worden, die jedoch noch nicht ausreichend bekannt gemacht worden sind.

Ziel dieses Buchprojekts ist es deshalb, eine Bestandsaufnahme der vorhandenen diagnostischen Messinstrumente zur Erfassung des psychischen Wohlbefindens (klinische Diagnostik) sowie sprachbezogener (Sprachstanddiagnostik), schulischer (Leistungsstanddiagnostik) und arbeitsmarkbezogener Kompetenzen (z. B. berufliche Eignungstests, Gleichwertigkeitsfeststellung für im Ausland erworbene Qualifikationen) für Personen mit Migrationshintergrund vorzulegen. Das Handbuch richtet sich nicht nur an Praktikerinnen und Praktiker, sondern gleichermaßen auch an Wissenschaftlerinnen und Wissenschaftler: Um angemessen mit den Herausforderungen umgehen zu können, die sich heute und zukünftig stellen, muss noch viel Forschungsarbeit in diesem Themenfeld geleistet werden.

---

6 Unter der Leitung von A. Pott, J. Oltmer und C. Schetter wird das Forschungsprojekt „Flucht: Forschung und Transfer. Flüchtlingsforschung in der Bundesrepublik Deutschland" (Laufzeit. 2016–2018) am Institut für Migrationsforschung und Interkulturelle Studien der Universität Osnabrück durchgeführt. Weitere Informationen unter: https://www.imis.uni-osnabrueck.de/forschung/flucht_und_fluechtlinge/flucht_forschung_und_transfer.html.

7 Die Datenbank beinhaltet etwa 700 Tests und Fragebögen aus dem Bestand der Psychologischen Testothek sowie ca. 4.000 Verfahren aus allen Bereichen der Psychologie sowie aus verwandten Disziplinen. Quelle: https://www.zpid.de/index.php?wahl=products&uwahl=frei&uuwahl=trier

8 Vgl. das Kapitel 11 von Atanassov & Erbe.

Tabelle 1.1: Recherche von diagnostischen Verfahren in Suchportal PSYNDEX (Ovid) mit Berücksichtigung von Testverfahren

Erfassungsdatum	Gesamtzahl der gefundenen Artikel	Anzahl der relevanten Artikel	Zeitraum	Bereich	Schlagwörter
25.10.2016	149	5	2005–2015	Entwicklungsdiagnostik	(Migrant or Migration or Flüchtling or Geflüchtete) and (Test or Diagnostik or diagnostische or Fragebogen or Verfahren or Erhebungsinstrument or Instrument or Messung) and (Kinder or Kind or Jugendlich) and (Entwicklungsdiagnostik or Entwicklung or motorische or kognitive or Intelligenz)
25.10.2016	90	7	2000–2015	Sprachstandsdiagnostik	(Migrant or Migration or Flüchtling or Geflüchtete) and (Test or Diagnostik or diagnostische or Fragebogen or Verfahren or Erhebungsinstrument or Instrument or Messung) and (Kinder or Kind or Jugendlich) and (Sprache or Sprachstandsdiagnostik or Sprachdiagnostik or Kompetenz or Kenntnisse or Fähigkeiten)
25.10.2016	92	5	2000–2015	Leistungsstanddiagnostik	(Migrant or Migration or Flüchtling or Geflüchtete) and (Test or Diagnostik or diagnostische or Fragebogen or Verfahren or Erhebungsinstrument or Instrument or Messung) and (Kinder or Kind or Jugendlich) and (Leistungsstanddiagnostik or Leistungsstand or Leistung or Kompetenz or Kenntnisse or Fähigkeiten or Lesen or mathematische)
25.10.2016	65	2	2007–2009	Klinische Diagnostik bei Kindern und Jugendlichen	(Migrant or Migration or Flüchtling or Geflüchtete) and (Test or Diagnostik or diagnostische or Fragebogen or Verfahren or Erhebungsinstrument or Instrument or Messung) and (Kinder or Kind or Jugendlich) and (klinisch or klinische or Wohlbefinden or Trauma or Depression or Depressivität or Selbstwert or Angst)

Tabelle 1.1: Fortsetzung

Erfas-sungs-datum	Gesamt-zahl der gefun-denen Artikel	Anzahl der rele-vanten Artikel	Zeit-raum	Bereich	Schlagwörter
25.10.2016	2	0	1994–2007	Klinische Di-agnostik bei Erwachsenen	(Migrant or Migration or Flüchtling or Geflüchtete) and (Test or Diagnos-tik or diagnostische or Fragebogen or Verfahren or Erhebungsinstru-ment or Instrument or Messung) and (Erwachsen or Erwachsener) and (klinisch or klinische or Wohlbefinden or Trauma or Depression or De-pressivität or Selbstwert or Angst)
25.10.2016	5	0	2003–2010	Arbeitsmarkt	(Migrant or Migration or Flüchtling or Geflüchtete) and (Test or Diagnos-tik or diagnostische or Fragebogen or Verfahren or Erhebungsinstru-ment or Instrument or Messung) and (Erwachsen or Erwachsener) and (Arbeitsmarkt or Arbeitsplatz or Arbeit or Beruf or Eignungstest or Eig-nungsdiagnostik or Kompetenz or Kompetenzen or beruflich or berufli-che or informell erworbener Kompetenzen or non-formal erworbener Kompetenzen or formale or non-formale or informelle)

Anmerkung: Eine Freitextsuche ergab keine weiteren Treffer.

1.2   Zielbevölkerung mit Migrationshintergrund: Definition und Herausforderung für die Diagnostik

Das vorliegende Handbuch befasst sich mit diagnostischen Verfahren zur Testung von Personen mit Migrationshintergrund in Deutschland. Als Personen mit Migrationshintergrund (oder auch Zuwanderungshintergrund) werden nachfolgend Individuen bezeichnet, die selbst oder deren Vorfahren aus einem anderen Land zugewandert sind. Mit Migrantinnen und Migranten (oder auch: Zuwanderinnen und Zuwanderer bzw. Zugewanderte) sind – in Abweichung von der amtlichen Statistik – hingegen nur Personen gemeint, die über eigene Migrationserfahrung verfügen und somit Angehörige der ersten Migrantengeneration sind (Sauer & Brinkmann, 2016, S. 8).[9] Insbesondere die letzte Gruppe steht im Mittelpunkt des vorliegenden Handbuches, denn für Migrantinnen und Migranten können rein deutschsprachige Verfahren in der überwiegenden Zahl der Fälle nicht eingesetzt werden, während dies für in Deutschland geborene und aufgewachsene Personen mit Migrationshintergrund – wenn auch unter Umständen mit Einschränkungen – in der Regel möglich ist.[10] Dementsprechend behandeln die folgenden Buchbeiträge primär Verfahren, die für Personen gedacht sind, die über keine oder nicht ausreichende deutsche Sprachkenntnisse verfügen oder bei denen noch keine Akkulturation in die deutsche Gesellschaft stattgefunden hat.

Die größte Gruppe der Personen mit Migrationshintergrund in Deutschland bilden die (Alt-)Aussiedler und Spätaussiedler (zusammen ca. 4,5 Mio.); diese stammen vorwiegend aus der ehemaligen Sowjetunion (insbesondere Kasachstan und Russische Föderation) sowie aus Polen und Rumänien (Sauer & Brinkmann, 2016, S. 9–12). Einen ebenfalls großen Anteil an der Bevölkerung mit Migrationshintergrund in Deutschland stellen Türkeistämmige (überwiegend ethnische Türken und Kurden); 2015 waren dies knapp 2,9 Mio. bzw. 16,7 % aller Personen mit Migrationshintergrund (Bundesamt, 2016, S. 161–163). Betrachtet man hingegen nur die Gruppe der Geflüchteten, dann zeigt sich beispielsweise für das Jahr 2016, dass die Herkunftsländer Syrien, Irak, Afghanistan, Eritrea sowie Iran die fünf Länder mit den meisten erstinstanzlich positiven Entscheidungen über Asylanträge sind (Eurostat, 2017).[11] In diesen Fällen liegt also ein anerkannter Aufenthaltsstatus vor und es wird davon ausgegangen, dass diese Personen die primäre Zielgruppe der zukünftigen diagnostischen Arbeit in unterschiedlichen Bereichen (z. B. Platzierung

---

9   Hierzu gehören auch Personen, die in die rechtliche Kategorie der Flüchtlinge oder Geflüchteten fallen. Für eine ausführlichere Darstellung der Definition in der amtlichen Statistik bzw. im Mikrozensus wird auf entsprechende Literaturquellen verwiesen (Brinkmann & Maehler, 2015, S. 7–10).

10   In den jeweiligen Beiträgen werden Abweichungen von diesen begrifflichen Verwendungen oder spezifische Zielgruppen gekennzeichnet.

11   Tabellen verfügbar unter: http://appsso.eurostat.ec.europa.eu

auf dem Arbeitsmarkt oder psychodiagnostische Beratung) bilden werden. Dabei ist insbesondere zu berücksichtigen, dass im Vergleich zu Einheimischen ein großer Anteil der in den letzten Jahren nach Deutschland Geflüchteten über einen geringeren Bildungsstand verfügt. Beispielsweise berichten Brücker, Rother und Schupp (2016, S. 6, 55, 63), dass nur 58 % der erwachsenen Geflüchteten über den europäischen Bildungsstandard von zehn Jahren oder mehr in Schule, Ausbildung und Hochschule verfügen, während dies für 88 % der deutschen Wohnbevölkerung der Fall ist. Die Autoren weisen jedoch darauf hin, dass ein Zusammenhang mit der Unterbrechung der Bildungsbiografien durch Krieg, Verfolgung oder Flucht besteht, und dass darüber hinaus die Bildungssysteme nur eingeschränkt vergleichbar sind.

Die Anwendung diagnostischer Verfahren bei Migrantinnen und Migranten dient zum einen der adäquaten Platzierung – z. B. von Kindern in der Schule oder Erwachsenen auf dem Arbeitsmarkt – und zum anderen der Einleitung einer therapeutischen Behandlung von möglicherweise vielen traumatisierten neuen Bürgerinnen und Bürgern (Hettich, 2017). Dabei besteht die Herausforderung nicht nur im beschriebenen Mangel an diagnostischen Verfahren, sondern auch darin, dass die derzeitigen Einwanderergruppen aus Herkunftsländern mit hoher Sprachdiversität stammen. Tabelle 1.2 gibt eine Übersicht über die Sprachdiversität der Geflüchteten aus den fünf häufigsten Herkunftsländern in Deutschland. Bei dieser Auflistung wird deutlich, dass die derzeitigen Migrantinnen und Migranten eines Herkunftslandes nicht zwangsläufig dieselbe Sprache sprechen. So ist beispielsweise Hocharabisch in Syrien zwar die standardisierte schriftliche Form, sie spielt mutmaßlich jedoch kaum eine Rolle bei Personen, die nicht die Schule besucht haben bzw. die in bestimmten Regionen eines Landes aufgewachsen sind. Durch die arabische Diglossie[12] (Hayatli & Lerner, 2017) – z. B. in Syrien und dem Irak – müssten im Prinzip mehrere arabische Versionen eines diagnostischen Verfahrens erstellt werden, um tatsächlich eine valide Messung eines Konstruktes zu erzielen. Eine einzige Version in Hocharabisch wird möglicherweise von Personen mit geringen Grundkompetenzen nicht verstanden. Ebenso liegen unterschiedliche kurdische Sprachen und Alphabete vor: Nordkurdisch (Kurmandschi) in lateinischer Schrift sowie Zentralkurdisch (Sorani) in persischer Schrift.

Die Auflistungen der unterschiedlichen Sprachversionen in Tabelle 1.2 zeigen nicht nur die praktische Herausforderung in der Bereitstellung und Verfügbarkeit diagnostischer Verfahren in unterschiedlichen Sprachen, sondern ebenso die verschiedenen kulturellen Hintergründe und Ethnien, die mit der Sprachenvielfalt einhergehen. Hieraus ergibt sich besonders dringlich die Notwendigkeit einer kultursensitiven Diagnostik (die sprachliche und kulturelle Prägungen des zu mes-

---

12 Hiermit ist gemeint, dass in einem arabischsprachigen Land zwei unterschiedliche Versionen des Arabischen gesprochen werden: also die Koexistenz von Dialekt und Standardsprache, oder von der gesprochenen Volkssprache und der geschriebenen Hochsprache.

senden Konstrukts berücksichtigt), die über eine Übersetzung der Verfahren hinausgeht und die Messäquivalenz[13] der eingesetzten Verfahren voraussetzt.

Tabelle 1.2: Sprachdiversität der fünf größten Herkunftsländer der Geflüchteten in Deutschland

Land	Sprache	Unterformen/Dialekte
Syrien	Arabisch	Nordisch-Levantine Najdi
	Kurdisch	Nordkurdisch (Kurmandschi)
Irak	Arabisch	Mesopotamisch Nordisch-Mesopotamisch Najdi
	Azerbaijani	Südlich
	Kurdisch	Nordkurdisch (Kurmandschi) Zentralkurdisch (Sorani)
Afghanistan	Dari (Afghanisches Persisch) Hazaragi	
	Paschtu	Nördlich Südlich
	Turkmenen	
	Usbekisch	Südlich
Eritrea	Tigré Tigrigna	
Iran	Arabisch	Mesopotamisch
	Azerbaijani	Südlich Nördlich
	Bakhtiâri	
	Gilaki	
	Iranisches Persisch (Westliches Farsi)	
	Kurdisch	Zentralkurdisch Südkurdisch
	Laki	
	Luri	Nordisch
	Mazandarani	
	Turkmenen	

Anmerkung: In Anlehnung an Hayatli & Lerner, 2017.

---

13   Zur Messäquivalenz vgl. Maehler & Schmidt-Denter (2013) und van de Vijver & Leung (2011).

1.3   Gliederung des Buches

Das hier vorgelegte Handbuch trägt die derzeit verfügbaren diagnostischen Verfahren – die auf die Bevölkerung mit Migrationshintergrund ausgerichtet sind – für unterschiedliche Anwendungsbereiche zusammen. Alle Beiträge dieses Buches durchliefen ein Peer-Review-Verfahren. Der erste Abschnitt des Buches beinhaltet zunächst einige theoretische Grundlagen: Kapitel 2 fasst die Hauptannahmen psychologischer Tests zusammen und stellt verschiedene Testarten vor. In diesem Zusammenhang wird insbesondere auf die Gütekriterien zur Beurteilung psychologischer Testverfahren eingegangen. Da für die Konstruktion valider Testverfahren eine adäquate Übersetzung und Adaptation eine zentrale Herausforderung darstellt, steht dieses Thema im Mittelpunkt des dritten Kapitels. Im Rahmen einer anwendungsnahen Einführung in geeignete Übersetzungsprozeduren werden im entsprechenden Kapitel Modelle transferfähiger Praxis abgeleitet. Der letzte Beitrag des Einführungsteils (Kapitel 4) behandelt Herausforderungen bei der Erfassung und beim Vergleich des Bildungsniveaus von Migrantinnen und Migranten mit der Wohnbevölkerung. Die adäquate Einschätzung des Bildungsniveaus ist beispielsweise essentiell für die Platzierung von Migrantinnen und Migranten im Bildungssystem und auf dem Arbeitsmarkt. In diesem Kapitel werden zwei zentrale Herausforderungen diskutiert: zum einen das Fehlen formaler Nachweise (Zeugnisse) über die Bildungslaufbahn, und zum anderen die mangelnde Vergleichbarkeit von vorhandenen Abschlüssen aus dem Ausland sowie aus Deutschland. Beide Problematiken werden derzeit in Bezug auf die Integration von Migrantinnen und Migranten auf dem Arbeitsmarkt stark diskutiert, und sie stehen im Mittelpunkt verschiedener Forschungsprojekte. Dieses Thema wird daher nochmals im letzten Abschnitt des Buches aufgegriffen.

Der zweite Abschnitt des Herausgeberwerkes befasst sich zunächst mit pädagogisch-psychologischer Diagnostik bei Kindern und Jugendlichen. Kapitel 5 ist der Entwicklungsdiagnostik für Kinder im Alter von null bis sechs Jahren gewidmet. Es stellt etablierte Entwicklungstests aus dem deutschen Sprachraum dar und bewertet diese vor dem Hintergrund der besonderen Anforderungen bei der Testung von Kindern mit Migrationshintergrund.

Während im Rahmen der Entwicklungsdiagnostik auch Verfahren zum Einsatz kommen, die sprachfrei sind und somit keine Übersetzung für Migrantinnen und Migranten benötigen (z. B.: Nonverbaler Intelligenztest/SON-R 2½-7), steht im Kapitel zur Sprachstanddiagnostik (6) genau dieser Aspekt im Fokus: Existierende Testverfahren im Bereich mündlich-sprachlicher Fähigkeiten werden im Hinblick auf Besonderheiten bei Mehrsprachigkeit diskutiert. Hierbei werden für mehrsprachige Kinder konzipierte Verfahren vorgestellt.

Weiterführend – und ebenfalls mit einem starken Fokus auf den Bereich Sprache – behandelt das letzte Kapitel (7) dieses Abschnittes den Altersbereich der Schulkinder; er stellt Verfahren zur Diskussion, die im Rahmen der Leistungsstand-diagnostik in Deutschland zum Einsatz kommen. Hauptgegenstand dieses Kapitels sind die Herausforderungen, die mit einer validen und diskriminierungsfreien Diagnostik kognitiver Leistungen von Kindern mit Migrationshintergrund einhergehen. Die damit verbundenen Anforderungen an die Testverfahren bzw. an die Testsituation werden zunächst dargestellt und anschließend diskutiert. Ein Schwerpunkt liegt dabei einerseits auf der Rolle der Sprache bei der Konzeptualisierung bzw. Testung schulischer Leistungen (z.B. mathematischer Kompetenzen), und andererseits auf der Frage, inwiefern „sprachfreie" Testungen kognitiver Leistungen überhaupt möglich bzw. wünschenswert sind. Die Darstellung beinhaltet neben Befunden zur Bedeutung sprachlicher Anforderungen an Testaufgaben Studien zur Wirksamkeit sprachlicher Vereinfachungen als Testakkommodationen für Personen mit Migrationshintergrund. Hierzu werden relevante Testverfahren, die separate Normen für Personen mit nicht deutscher Muttersprache bereitstellen, vorgestellt.

Abschnitt III fokussiert auf Testverfahren im Rahmen der klinischen Diagnostik bei Personen mit Migrationshintergrund. Dieser Abschnitt berücksichtigt ebenfalls unterschiedliche Altersgruppen und gliedert sich in die Klinische Diagnostik bei Kindern und Jugendlichen (Kapitel 8) sowie bei Erwachsenen (Kapitel 9). Kultursensitive klinische Diagnostik steht im Mittelpunkt beider Buchbeiträge, die – neben der personalen Diagnostik sowie test- und fragebogengestützer Diagnostik – die Frage nach migrations- und kulturspezifischen Unterschieden in der Diagnostik thematisieren.

Anschließend wird im letzten Buchabschnitt IV die Diagnostik zur Platzierung von Erwachsenen auf dem Arbeitsmarkt dargestellt. Kapitel 10 gibt zunächst einen kurzen Überblick über die jetzigen Strukturen und Zuständigkeiten in Bezug auf diagnostische Instrumente, mit deren Hilfe Kompetenzen von Migrantinnen und Migranten sichtbar gemacht werden sollen. Es folgt die Darstellung des Prozesses der Gleichwertigkeitsfeststellung für Personen mit im Ausland erworbenen Berufsqualifikationen (Kapitel 11). Im Gegensatz zur pädagogischen oder klinischen Diagnostik kommen hierbei keine klassischen Tests, sondern für die psychologische Diagnostik eher ungewöhnliche Verfahren wie die Dokumentenanalyse zum Einsatz. Das Kapitel 12 fokussiert sodann auf Verfahren zur Erfassung von im Ausland formal und informell erworbenen beruflichen Kompetenzen. Anhand simulationsbasierter authentischer Testumgebungen wird ein Modell präsentiert, mit dem entsprechende Kompetenzen von Migrantinnen und Migranten erfasst werden können. Abschließend werden wiederum berufliche Eignungstests für die Migrationsbevölkerung in Deutschland vorgestellt (Kapitel 13).

1.4   Zielgruppe

Neben Therapeutinnen und Therapeuten aus der Praxis soll dieses Buch für Schul-
und Berufsberatungsstellen, Arbeitgeberinnen und Arbeitgeber sowie Wissenschaftlerinnen und Wissenschaftler ein wichtiger Leitfaden sein.

1.5   Hinweise

Zur besseren Übersicht der vorhandenen Instrumente über die unterschiedlichen
Kapitel hinweg, fassen alle Beiträge die ausgewählten Verfahren anhand einer standardisierten Tabelle zusammen. Tabelle 1.3 enthält zunächst grundlegende Informationen über die Autorinnen und Autoren der jeweils herangezogenen Publikationen, das Jahr der Veröffentlichung sowie Anmerkungen zur Konzeption des
jeweiligen Verfahrens. Unter Letzterem wird zum Beispiel dargestellt, auf welcher
Theorie der Test basiert oder welches Konstrukt erfasst werden soll. Des Weiteren
werden Anzahl und Bezeichnung der Untertests dargestellt. Schließlich findet in

Tabelle 1.3: Tabellenvorlage für dargestellte Testverfahren

Testverfahren:	
Autoren:	
Konzeption:	
Untertests:	
Beurteilung der psychometrischen Qualität:	

Alter	Test-sprache	Test-aufbau	zeitlicher Aufwand	Normie-rungs-stich-probe	Ergän-zende Informa-tionen	Bezug

den Übersichtsinformationen auch eine Beurteilung der psychometrischen Qualität statt. Dabei wird eingeschätzt, ob der Test ausreichend empirisch validiert ist, ob die Kriteriumsvalidität dokumentiert wurde, und inwieweit die Normwerte aktuell oder bereits veraltet sind. Die zweite Tabellenhälfte enthält spezifische Angaben zum berücksichtigten Altersbereich, zur Testsprache(n), zum Testaufbau, zeitlichen Aufwand, zur zugrunde gelegten Normierungsstichprobe sowie ergänzende Informationen (z.B. Informationen darüber, ob es sich um kulturunabhängiges Testmaterial handelt). Zum Schluss wird dargestellt, bei welchen Stellen die vorgestellten Verfahren bezogen werden können (z.B. Testzentrale Göttingen).

Literatur

Brinkmann, H.U. (2016). Soziodemographische Zusammensetzung der Migrationsbevölkerung. In H.U. Brinkmann & M. Sauer (Hrsg.), *Einwanderungsgesellschaft Deutschland. Entwicklung und Stand der Integration* (S. 145–175). Wiesbaden: Springer VS.

Brinkmann, H.U. & Maehler, D.B. (2015). Einführung in das Methodenbuch. In D.B. Maehler & H.U. Brinkmann (Hrsg.), *Methoden der Migrationsforschung. Ein interdisziplinärer Forschungsleitfaden* (S. 1–16). Wiesbaden: Springer VS.

Brücker, H., Rother, N. & Schupp, J. (2016). *IAB-BAMF-SOEP-Befragung von Geflüchteten: Überblick und erste Ergebnisse* (IAB Forschungsbericht 14/2016). Zugriff am 05.05.2017. Verfügbar unter http://doku.iab.de/forschungsbericht/2016/fb1416.pdf

Bundesamt für Migration und Flüchtlinge (2016). *Migrationsbericht des Bundesamtes für Migration und Flüchtlinge im Auftrag der Bundesregierung. Migrationsbericht 2015*, Nürnberg.

Eurostat (2017). *Asylentscheidungen in der EU. EU-Mitgliedstaaten erkannten im Jahr 2016 über 700 000 Asylbewerber als schutzberechtigt an* (Pressemitteilung 70/2017 – 26. April 2017). Zugriff am 05.05.2017. Verfügbar unter http://ec.europa.eu/eurostat/documents/2995521/80 01720/3-26042017-AP-DE.pdf/08ccec8e-7b7e-4d9f-a5b6-3bc807fd0d4f

Goth, G.G. & Severing, E. (Hrsg.). (2017). *Asylsuchende und Flüchtlinge in Deutschland: Erfassung und Entwicklung von Qualifikationen für die Arbeitsmarktintegration*. Bielefeld: Bertelsmann.

Hayatli, M. & Lerner, M. (2017, März). *Linguistic, cultural, and social considerations when interviewing new MENA populations*. Paper presented at GESIS Symposium on „Surveying the migrant population: Consideration of linguistic and cultural aspects", Mannheim.

Hettich, N. (2017). Access to Health Services for Refugees in Germany. In A. Korntheuer, P. Pritchard & D.B. Maehler (Eds.), *Structural Context of Refugee Integration in Canada and Germany* (GESIS Series 15). Köln: GESIS – Leibniz Institute for the Social Sciences.

IMIS (Institut für Migrationsforschung und Interkulturelle Studien der Universität Osnabrück). (2017). *Wissenschaftler lassen die Notwendigkeit der Stärkung der Flucht- und Flüchtlingsforschung deutlich werden* (Pressemitteilung). Zugriff am 05.05.2017 unter https://www.imis.uni-osnabrueck.de/fileadmin/1_IMIS/Pressemitteilungen/2017-01-19_PM_FFT_St%C3%A4r kung_FFF.pdf

Johannson, S., Schiefer, D. & Andres, N. (2016). *Was wir über Flüchtlinge (nicht) wissen. Der wissenschaftliche Erkenntnisstand zur Lebenssituation von Flüchtlingen in Deutschland. Eine Expertise im Auftrag der Robert Bosch Stiftung und des SVR-Forschungsbereichs*. Berlin. Zugriff am 26.07.2017. Verfügbar unter http://www.bosch-stiftung.de/content/language1/downloads/RBS_SVR_Expertise_Lebenssituation_Fluechtlinge.pdf

Maehler, D. B. & Schmidt-Denter, U. (2013). *Migrationsforschung in Deutschland: Leitfaden und psychologische Messinstrumente*. Wiesbaden: Springer VS. http://doi.org/10.1007/978-3-531-19245-1

OECD. (2016). *International migration outlook. Continues trends in international migration*. Paris: OECD Publishing. http://doi.org/10.1787/migr_outlook-2016-en

Sauer, M. & Brinkmann, H. U. (2016). Einführung: Integration in Deutschland. In H. U. Brinkmann & M. Sauer (Hrsg.), *Einwanderungsgesellschaft Deutschland. Entwicklung und Stand der Integration* (S. 1–21). Wiesbaden: Springer VS.

van de Vijver, F. J. R. & Leung, K. (2011). Equivalence and bias: A review of concepts, models, and data analytic procedures. In D. Matsumoto & F. J. R. van de Vijver (Eds.), *Cross-cultural research methods in psychology* (pp. 17–45). New York: Cambridge University Press.

2 Testtheoretische Grundlagen der psychologischen Diagnostik: Ein Überblick

Alexandra Shajek, Débora B. Maehler & Heinz Ulrich Brinkmann

2.1 Einleitung

Das vorliegende Handbuch behandelt diagnostische Verfahren, die für in Deutschland lebende Migrantinnen und Migranten empfohlen werden. Diesen diagnostischen Verfahren liegen gemeinsame Grundannahmen der psychologischen Testdiagnostik zugrunde, die im Folgenden kurz skizziert werden.[1] Dabei wird zunächst erklärt, was im Allgemeinen unter einem psychologischen Test verstanden wird (2.1.1), welche Anwendungsgebiete in Frage kommen (2.1.2), mit welchem Ziel psychologische Tests eingesetzt werden (2.1.3), aus welchen Bestandteilen ein psychologischer Test besteht (2.1.4) und welche Testarten unterschieden werden (2.1.5). Hieran schließt sich eine kurze Beschreibung der Gütekriterien an, die zur Beurteilung von Testverfahren herangezogen werden (2.2).

2.1.1 Was ist ein psychologischer Test?

Allgemein wird unter einem psychologischen Test ein standardisiertes Instrument bzw. Verfahren verstanden, mit dem ein oder mehrere psychologische Merkmal(e) (z. B. Persönlichkeitseigenschaften, Motivation, Einstellungen) erfasst werden.[2] Diese Merkmale werden in der Regel als *Konstrukte* bezeichnet.

---

[1] Für ausführlichere Einführungen in die Testtheorie, auf denen auch die folgenden Ausführungen (sofern nicht anders gekennzeichnet) beruhen, vgl. Schmidt-Atzert & Amelang (2012) sowie Moosbrugger & Kelava (2012).

[2] Für eine Übersicht über verschiedene Definitionsansätze und -merkmale vgl. Schmidt-Atzert & Amelang (2012).

2.1.2   Was sind die Anwendungsgebiete psychologischer Tests?

Psychologische Tests werden in den unterschiedlichsten Kontexten angewendet. Im vorliegenden Handbuch werden primär Testverfahren behandelt, die sich folgenden Bereichen zuordnen lassen:

1. *Klinische Diagnostik:* In der klinischen Diagnostik geht es in der Regel darum, mit den entsprechenden Tests psychische Krankheiten festzustellen bzw. auszuschließen. Die entsprechenden Verfahren werden beispielsweise eingesetzt, um eine Posttraumatische Belastungsstörung zu diagnostizieren.[3]
2. *Pädagogische Diagnostik:* Im Mittelpunkt der Pädagogischen Diagnostik steht die Analyse von Lernprozessen und ihren Voraussetzungen. Hierbei kommen diagnostische Verfahren beispielsweise dann zum Einsatz, wenn geklärt werden soll, ob eine Person an einer Lese-Rechtschreib-Schwäche leidet.[4]
3. *Sprachstanddiagnostik:* Eine besondere Rolle spielt in diesem Band die Sprachstanddiagnostik. Mit den entsprechenden Tests lassen sich beispielsweise die Deutschkenntnisse einer Person ermitteln.[5]
4. *Eignungsdiagnostik:* Die Eignungsdiagnostik spielt beispielsweise eine Rolle im Zusammenhang mit der Integration von Einwanderinnen und Einwanderern in den hiesigen Arbeitsmarkt. Verfahren aus diesem Bereich werden etwa eingesetzt, um festzustellen, ob eine Person, die über keine formalen Qualifizierungsdokumente verfügt, für eine zu besetzende Stelle geeignet ist.[6]

2.1.3   Mit welchem Ziel werden psychologische Tests durchgeführt?

Unabhängig vom konkreten Anwendungsbereich lassen sich psychologische Tests auch danach unterscheiden, mit welchem Ziel sie durchgeführt werden (Schmidt-Atzert & Amelang, 2012). Am häufigsten klassifiziert werden sie anhand folgender Merkmale:

1. *Status- vs. Veränderungsdiagnostik:* Eine *Statusdiagnostik* wird mit dem Ziel durchgeführt, einen momentanen Zustand zu beschreiben – in der Regel um anzuzeigen, ob bestimmte Maßnahmen (z. B. eine Sprachförderung) indiziert sind (Schmidt-Atzert & Amelang, 2012; Petermann & Macha, 2005). Mit einer *Veränderungsdiagnostik* lässt sich überprüfen, ob eine Maßnahme erfolgreich

---

3   Vgl. Kapitel 8: Busch, Leyendecker & Siefen und 9: Nesterko & Glaesmer.
4   Vgl. Kapitel 5: Macha & Petermann und 7: Haag, Heppt & Schipolowski.
5   Vgl. Kapitel 6: Reitenbach, Schastak & Rauch.
6   Vgl. Kapitel 12: Deutscher & Winther und 13: Krumm et al.

war. Sie kann entweder als Erfolgskontrolle nach Beendigung einer Maßnahme oder aber kontinuierlich im Rahmen einer Verlaufs- oder Prozessdiagnostik erfolgen (Schmidt-Atzert & Amelang, 2012).

2. *Selektion oder Modifikation:* Häufig wird ein diagnostisches Verfahren angewendet, um eine Passung zwischen bestimmten Bedingungen und Personen festzustellen (ebd.). Im Rahmen einer berufsbezogenen Eignungsdiagnostik[7] soll durch die *Selektion* beispielsweise für eine ausgeschriebene Stelle eine geeignete Bewerberin bzw. ein geeigneter Bewerber ausgewählt oder für eine Person in einer Organisation die bestmögliche Position gefunden werden (Platzierung). Daneben steht im Rahmen der Eignungsdiagnostik jedoch auch manchmal eine *Modifikation* der Person oder der Bedingungen im Vordergrund: In diesem Fall zielt die Diagnostik darauf ab, zu beschreiben, wie sich eine Person (z. B. durch eine Schulung) verändern müsste, um die Anforderungen einer Stelle erfüllen zu können bzw. wie sich ein Arbeitsplatz verändern müsste, damit er von den zur Verfügung stehenden Personen erfolgreich ausgeführt werden kann (ebd.).

2.1.4   Wie ist ein psychologischer Test aufgebaut?

Ein psychologischer Text beinhaltet nach Petermann & Macha (2005) in der Regel drei Bestandteile:

Erstens ein *Testmanual* (auch Handbuch genannt), das die theoretischen Grundlagen des Verfahrens sowie dessen Entwicklung erläutert und der Anwenderin bzw. dem Anwender des Tests die Durchführung, Auswertung und Interpretation des Verfahrens so beschreibt, dass er/sie genau weiß, wie er/sie vorgehen muss (ebd.). Ferner beinhaltet das Manual eine Beschreibung der Qualität des Tests (anhand von Gütekriterien, vgl. Abschnitt 2.2) und die für den Test relevanten Normwerte (vgl. Abschnitt 2.2.2.6).

Zweitens das *Testmaterial*, das von der zu testenden Person bearbeitet wird (ebd.). Dieses kann je nach Test sehr unterschiedlich aussehen – so enthält ein Intelligenztest bspw. Bilder, die sortiert werden müssen oder Figuren, die in eine bestimmte Reihenfolge gebracht werden sollen. Die einzelnen Aufgaben in einem Test bzw. die einzelnen Aussagen in einem Fragebogen werden dabei als *Items* bezeichnet. Bei einem Set von Items, die ein bestimmtes Merkmal messen, wird von einer *Skala* gesprochen.

Drittens *Protokollblätter* zum Protokollieren der Testdurchführung sowie ggf. *Auswertungshilfen* wie Schablonen oder Messgeräte (ebd.).

---

7   Vgl. Kapitel 13: Krumm et al.

2.1.5   Welche Arten von psychologischen Tests gibt es?

In Abhängigkeit von dem zu messenden Merkmal werden im Allgemeinen unterschiedliche Arten von Tests voneinander abgegrenzt (Moosbrugger & Kelava, 2012). Zu den am häufigsten angewandten gehören:

Leistungstests: Diese messen Aspekte der kognitiven Leistungsfähigkeit einer Person und sind üblicherweise so konstruiert, dass die Antworten der Getesteten als logisch richtig oder falsch klassifiziert werden können (Moosbrugger & Kelava, 2012). Zu den bekanntesten Leistungstests gehören Aufmerksamkeits- und Konzentrationstests sowie Intelligenztests.

Persönlichkeitstests bzw. Persönlichkeitsfragebogen: Bei diesen wird nicht das kognitive Leistungsvermögen erfasst, sondern die zu testenden Personen werden aufgefordert, ihr typisches Verhalten einzuschätzen (Moosbrugger & Kelava, 2012). Neben klassischen Persönlichkeitstests werden solche Verfahren zu dieser Kategorie gezählt, die beispielsweise Interessen einer Person oder ihre Einstellungen erfassen (Moosbrugger & Kelava, 2012).

2.2   Gütekriterien für psychologische Tests

Um die Qualität in der Entwicklung, Bewertung und Anwendung psychologischer Tests sicherzustellen, sind von unterschiedlichen Organisationen Standards und Richtlinien erarbeitet worden, die zum Teil auch auf Deutsch vorliegen. Zu den bekanntesten gehören die Richtlinien der International Test Commission (ITC) (2016; s. a. Schmidt-Atzert und Amelang, 2012). Üblicherweise werden zur Beurteilung der Qualität eines psychologischen Tests bestimmte Qualitätskriterien herangezogen. In der Regel werden drei Hauptgütekriterien – Objektivität, Reliabilität und Validität – sowie verschiedene Nebengütekriterien unterschieden. Diese werden in den Abschnitten 2.2.1 und 2.2.2 kurz beschrieben.

2.2.1   Hauptgütekriterien

2.2.1.1   Objektivität

Ein psychologischer Test ist dann objektiv, wenn das Ergebnis des Tests unabhängig davon ist, wer den Test durchgeführt, ausgewertet und interpretiert hat (Moosbrugger & Kelava, 2012). Dementsprechend lassen sich drei Aspekte der Objektivität unterscheiden:

Die *Durchführungsobjektivität* ist dann gegeben, wenn die Testdurchführung unabhängig ist von „Besonderheiten, die der Diagnostiker in die Testsituation einbringt und die die Testleistung beeinflussen" (Petermann & Macha, 2005, S. 38), bzw. „wenn das Testergebnis nicht davon abhängt, welcher Testleiter den Test mit der Testperson durchführt" (Moosbrugger & Kelava, 2012, S. 9). Dies ist umso eher der Fall, je standardisierter der Test ist. Aus diesem Grund enthält das Testmanual eines psychologischen Tests genaue Anweisungen darüber, wie der Testleiter den Test durchzuführen hat.

Unter *Auswertungsobjektivität* wird verstanden, dass das Testergebnis auch nicht davon abhängt, welche Person das Ergebnis der Testdurchführung bewertet (Moosbrugger & Kelava, 2012). Um dies sicherzustellen, enthält das Testmanual detaillierte Auswertungsregeln. Besonders leicht möglich ist dies bei Multiple-Choice-Aufgaben, da hier in den Auswertungsregeln beispielsweise einfach die jeweils korrekte Antwort beschrieben wird.

Schließlich sollte ein psychologischer Test nicht davon abhängig sein, wer ein nach der Testdurchführung und -auswertung vorliegendes Ergebnis interpretiert – das heißt, verschiedene Testleiter müssen auf der Grundlage desselben Testergebnisses dieselben Schlussfolgerungen ziehen (Moosbrugger & Kelava, 2012, S. 10). In diesem Zusammenhang wird von *Interpretationsobjektivität* gesprochen.

2.2.1.2   Reliabilität

Mit der Reliabilität bzw. Zuverlässigkeit eines Tests wird dessen Messgenauigkeit beschrieben. Je höher die Reliabilität, desto weniger ist das Testergebnis mit Messfehlern behaftet. Die Reliabilität eines Tests wird üblicherweise in Form eines Koeffizienten dargestellt, der zwischen 0 und 1 variiert, je höher, desto reliabler ist der Test. Zur Bestimmung der Reliabilität existieren verschiedene Methoden, die unterschiedliche Realitätsaspekte abbilden:

Um zu überprüfen, wie zuverlässig ein Test bei ein und derselben Person zu unterschiedlichen Zeitpunkten zum selben Ergebnis kommt (vorausgesetzt, das zu messende Merkmal bleibt konstant), wird die *Retest-Reliabilität* ermittelt. Hierzu wird der Test mit denselben Testpersonen zu zwei Zeitpunkten durchgeführt und die Übereinstimmung der Ergebnisse als Korrelationskoeffizient angegeben (Moosbrugger & Kelava, 2012). Problematisch hierbei ist allerdings, dass die Ergebnisse in Abhängigkeit vom Zeitintervall zwischen den beiden Messungen durch unterschiedliche Einflüsse wie Übungs- und Erinnerungseffekte beeinflusst werden.

Die *Paralleltest-Reliabilität* wird ermittelt, indem dieselben Versuchspersonen zwei gleichwertige Tests oder auch vergleichbare Testversionen (Paralleltests) bearbeiten. Die Übereinstimmung zwischen den Ergebnissen der beiden Tests wird als Korrelationskoeffizient berechnet (Petermann & Macha, 2005, S. 40). Eine Verallgemeinerung der Paralleltest-Methode ist die Konsistenzanalyse (Moosbrugger & Kelava, 2012): Hier werden nicht zwei Testhälften korreliert, sondern jedes einzelne Item (d.h. jede Aufgabe) wird als Testteil betrachtet und eine Übereinstimmung mit den anderen Items analysiert. Je höher die Korrelation der einzelnen Items untereinander, umso höher ist die interne Konsistenz (Cronbachs Alpha) des Verfahrens.

Da häufig keine zwei vergleichbaren Testversionen zur Verfügung stehen, kann die Reliabilitätsbestimmung auch mit der *Split-Half-Reliabilität* mittels Testhalbierungsmethode erfolgen (Moosbrugger & Kelava, 2012, S. 12). Der Test wird in zwei Hälften unterteilt und die Übereinstimmung der Ergebnisse wird wiederum – unter Berücksichtigung eines Korrekturfaktors – als Korrelationskoeffizient der beiden Testhälften bestimmt (ebd.).

2.2.1.3   Validität

Die Validität eines Tests gibt Auskunft darüber, wie sehr ein Test das Merkmal misst, das er messen soll (Moosbrugger & Kelava, 2012, S. 13). Bei der Validität handelt es sich um das wichtigste Gütekriterium, denn nur wenn der Test ausreichend valide ist, lassen sich aus dem Ergebnis eines Tests Schlussfolgerungen für das Verhalten von Personen außerhalb der Testsituation ziehen. Mit der Validität wird somit die Übereinstimmung des in der Testsituation Gezeigten mit dem Verhalten außerhalb der Testsituation angegeben. Um die Validität eines Tests möglichst umfassend beurteilen zu können, werden verschiedene Aspekte der Validität untersucht (ebd., S. 15):

Unter der *Inhaltsvalidität* wird verstanden, dass ein Test das Merkmal, das er erfassen soll, in den relevanten Aspekten vollständig erfasst (Moosbrugger & Kelava, 2012). Eine hohe Inhaltsvalidität liegt beispielsweise vor, wenn die Aufgaben eines Tests „einen unmittelbaren Ausschnitt aus dem Verhaltensbereich darstellen, über den eine Aussage getroffen werden soll (wenn z. B. Rechtschreibkenntnisse anhand eines Diktates überprüft werden oder die Eignung eines Autofahrers anhand einer Fahrprobe ermittelt wird)" (Moosbrugger & Kelava, 2012, S. 15).

Die *Konstruktvalidität* gibt Auskunft darüber, „ob und inwieweit mit einem Test abgeleitete Hypothesen bestätigt werden können" (Petermann & Macha, 2005, S. 41). Ist dies der Fall, ist davon auszugehen, dass die Messung eines psychologischen Merkmals (des Konstrukts) präzise gemessen wird. Um zu überprüfen, ob ein Test als konstrukvalide gelten kann, werden in der Regel zwei Aspekte bestimmt: 1. Mit einer Überprüfung der *konvergenten Validität* wird sichergestellt, dass die Ergebnisse eines Tests mit den Ergebnissen von Instrumenten, die dieselben oder verwandte Konstrukte messen, übereinstimmen. Darüber hinaus muss jedoch ebenfalls gewährleistet werden, dass ein Test mit Verfahren, die ein anderes Merkmal messen, nicht oder – im Fall eines verwandten Merkmals – nur leicht korreliert ist. Lässt sich dies nachweisen, so verfügt ein Test über eine hohe diskriminante bzw. divergente Validität. 2. Die *Kriteriumsvalidität* gibt an, inwieweit sich ein Test eignet, um auf der Grundlage des Tests ein Kriterium – d.h. ein bestimmtes Verhalten oder Erleben von Personen – außerhalb der Testsituation vorhersagen zu können (Moosbrugger & Kelava, 2012). Liegt dieses Kriterium zeitgleich mit dem Testzeitpunkt, wird dabei von konkurrenter bzw. Übereinstimmungsvalidität gesprochen, liegt es stattdessen in der Zukunft, wird von Vorhersagevalidität bzw. prognostischer Validität gesprochen (s. http://www.methoden-psychologie.de/kriterienbezogene_validitaet.html).

Mit der *Augenscheinvalidität* wird schließlich das Ausmaß bezeichnet, in dem ein Test auch Laien als valide erscheint (Moosbrugger & Kelava, 2012). Die Augenscheinvalidität ist zunächst einmal unabhängig von den oben beschriebenen, wissenschaftlich relevanten Aspekten der Validität; sie ist aber dennoch von Bedeutung, denn ein Instrument mit einer hohen Augenscheinvalidität genießt in der Regel eine hohe Akzeptanz bei der Versuchsperson.

2.2.2   Nebengütekriterien

2.2.2.1   Testökonomie

Das Gütekriterium der Testökonomie ist dann gegeben, wenn die mit einem Test verbundenen Ressourcen (in der Regel sind dies finanzielle und zeitliche) in einem angemessenen Verhältnis zum diagnostischen Erkenntnisgewinn stehen (Moosbrugger & Kelava, 2012, S. 21). Günstig auf die Testökonomie können sich beispielsweise die Durchführung mittels Computer oder die Möglichkeit des adaptiven Testens (hierbei werden jeder Testperson nur die Aufgaben vorgelegt, die für die Person den größten Informationsgewinn beinhalten) auswirken (ebd., S. 21).

2.2.2.2   Nützlichkeit

Das Gütekriterium der Nützlichkeit (Utilität) gilt dann als erfüllt, wenn „für das von ihm gemessene Merkmal praktische Relevanz besteht und die auf seiner Grundlage getroffenen Entscheidungen (Maßnahmen) mehr Nutzen als Schaden erwarten lassen" (Moosbrugger & Kelava, 2012, S. 22).

2.2.2.3   Zumutbarkeit

Das Kriterium der Zumutbarkeit stellt sicher, dass die Testperson erstens weder absolut noch relativ zum Nutzen des Tests und zweitens nicht in psychischer, in körperlicher oder in finanzieller Hinsicht über Gebühr belastet wird (Moosbrugger & Kelava, 2012, S. 22).

2.2.2.4   Unverfälschbarkeit

Ein Test sollte ferner das Kriterium der Unverfälschbarkeit erfüllen, d.h. ein Test sollte so konstruiert sein, dass eine Testperson die Ergebnisse der Testung nicht gezielt beeinflussen bzw. verfälschen kann (Moosbrugger & Kelava, 2012). Dies ist bei Persönlichkeitstests prinzipiell eher möglich als bei Leistungstests, außerdem sind diejenigen Tests leichter zu durchschauen, die eine hohe Augenscheinvalidität haben.

2.2.2.5   Skalierung

Mit dem Gütekriterium der Skalierung wird sichergestellt, dass eine Person mit einer höheren Ausprägung eines Merkmals auch einen höheren Testwert erhält als eine Person mit einer geringeren Merkmalsausprägung. Neben der Relation beinhaltet dies aber unter anderem die adäquate Darstellung intraindividueller Unterschiede (Moosbrugger & Kelava, 2012). Inwieweit dieses Kriterium tatsächlich realisiert werden kann, hängt primär von Skalenniveau des Instrumentes ab: Die Abbildung der größer/kleiner Relation zwischen den getesteten Personen erfordert mindestens Ordinalskalenniveau; ein Intervallskalenniveau erlaubt zudem eine Interpretation der Größe von inter- und intraindividuellen Unterschieden (ebd.).

2.2.2.6   Normierung

Die Normierung oder auch Eichung eines Testverfahrens beinhaltet die Erstellung eines „Bezugssystems" (Moosbrugger & Kelava, 2012). Dieses setzt die Testergebnisse einer Person mit denen einer repräsentativen Vergleichsgruppe – die der getesteten Person hinsichtlich relevanter Merkmale möglichst ähnlich ist – in Beziehung. Hierzu wird eine repräsentative Stichprobe – die „Eichstichprobe" – mit dem zu normierenden Instrument getestet; die Ergebnisse dieser „Eichung" werden in „Normtabellen" überführt, anhand derer die Ergebnisse einer getesteten Person in Relation zu Personen aus der Eichstichprobe beurteilt werden können. So kann anhand einer Normtabelle beispielsweise festgestellt werden, welcher Prozentsatz an Personen in der Eichstichprobe – etwa bei einem Leistungstest – besser bzw. schlechter abgeschnitten hat.

2.2.2.7   Testfairness

Bei der Anwendung diagnostischer Verfahren bei Migrantinnen und Migranten spielt die Testfairness eine besonders wichtige Rolle, denn mit diesem Gütekriterium soll eine systematische Diskriminierung bestimmter Personengruppen aufgrund bestimmter Merkmale wie Geschlecht, ethnische oder soziokulturelle Herkunft vermieden werden (Moosbrugger & Kelava, 2012). Ein Test erfüllt das

Kriterium der Fairness, wenn die aus einem Test resultierenden Testwerte unabhängig von den oben genannten Merkmalen sind. Insbesondere bei Personen, die über unzureichende Deutschkenntnisse verfügen, ist von einer relevanten Fehlerquote auszugehen – dies bezieht sich insbesondere auf bestimmte Items in einem Text, die bspw. seltene Formulierungen enthalten, sodass Testpersonen die Fragen nicht richtig verstehen können. Aber auch kulturelle Prägungen können dazu führen, dass Fragen in einem Test anders interpretiert – und damit anders beantwortet – werden als von der einheimischen Bevölkerung (Glaesmer, Brähler & von Lersner, 2012).

Aus diesem Grund werden zunehmend sogenannte kulturfaire Testverfahren (*culture fair tests*) entwickelt. Diese sind so konzipiert, dass die Aufgaben dieser Instrumente möglichst ohne das Beherrschen sprachlicher Kompetenzen oder anderer Kulturtechniken wie Lesen bearbeitet werden können (Krampen, 2017). Dies geschieht beispielsweise über den Einsatz von geometrischen Figuren oder Symbolen (ebd.). Es wird jedoch darauf hingewiesen, dass sich auch in diesen Tests noch eine Restkonfundierung mit sprachlicher Kompetenz bzw. mit Kultur zeigt (ebd.). Zudem lassen sich nicht alle Fragestellungen mit sprachfreien Verfahren beantworten. Die Übersetzung bzw. Anpassung bereits vorliegender Instrumente in andere Herkunftssprachen ist allerdings mit einem erheblichen Aufwand verbunden, wenn sichergestellt werden soll, dass tatsächlich eine äquivalente Version eines Testes erzielt wird.[8]

Zudem unterscheiden sich nicht nur die einzelnen Migrantengruppen verschiedener Herkunftsländer, auch Personen desselben Herkunftslandes verfügen nicht unbedingt über denselben soziokulturellen Hintergrund, dieselbe ethnische Biographie oder dieselbe Muttersprache bzw. denselben Dialekt.[9] Schließlich lassen sich auch bedeutsame Unterschiede zwischen Personen mit Migrationshintergrund der ersten, zweiten oder dritten Generation feststellen (ebd.). Alles dies muss bei der Übersetzung bzw. Adaption und bei der Auswahl eines Testinstrumentes berücksichtigt werden (ebd.). Insbesondere dann, wenn Unterschiede zwischen verschiedenen Kulturen untersucht werden sollen, muss zunächst die Messinvarianz nachgewiesen werden – d.h. es muss der Nachweis erbracht werden, dass die Items einer Skala in verschiedenen Kulturen und unter bestimmten Bedingungen dasselbe Konstrukt erfassen (Eid, 2017).

Obwohl also die Konstruktion von diagnostischen Verfahren für Personen mit Migrationshintergrund mit besonderen Herausforderungen konfrontiert ist, liegt mittlerweile eine Reihe von Instrumenten für unterschiedliche Anwendungsbereiche vor. Das Anliegen dieses Handbuches ist es, diese Verfahren systematisch zusammenzustellen, deren Möglichkeiten und Grenzen sowie noch existierende

---

8   Vgl. Kapitel 3: Zabal & Behr.
9   Vgl. Kapitel 3: Zabal & Behr.

Bedarfe herauszustellen. Ebenfalls aufgezeigt werden soll, wie eine kultursensible Testung bei dieser Zielgruppe aussehen kann, denn selbst wenn geeignete Instrumente vorliegen, können diese nur dann valide Ergebnisse produzieren, wenn bestimmte Bedingungen in der diagnostischen Situation gegeben sind. Dies gilt insbesondere im Umgang mit Geflüchteten oder Kindern bzw. Jugendlichen.

Literatur

Eid, M. (2017). Messinvarianz. In M. A. Wirtz (Hrsg.), *Dorsch – Lexikon der Psychologie*. Zugriff am 16. 07. 2017. Verfügbar unter https://portal.hogrefe.com/dorsch/messinvarianz/

Glaesmer, H., Brähler, E. & von Lersner, U. (2012). Kultursensible Diagnostik in Forschung und Praxis. *Psychotherapeut, 57* (1), 22–28. http://doi.org/10.1007/s00278-011-0877-5

International Test Commission (2016). *The ITC Guidelines for translating and adapting tests* (2nd ed.). Zugriff am 26. 07. 2017. Verfügbar unter https://www.intestcom.org/page/16

Krampen, D. (2017). Testfairness. In M. A. Wirtz (Hrsg.), *Dorsch – Lexikon der Psychologie*. Zugriff am 16. 07. 2017. Verfügbar unter https://portal.hogrefe.com/dorsch/testfairness/

Moosbrugger, H. & Kelava, A. (Hrsg.). (2012). *Testtheorie und Fragebogenkonstruktion* (2. Aufl.). Berlin: Springer. http://doi.org/10.1007/978-3-642-20072-4

Petermann, F. & Macha, T. (2005). *Psychologische Tests für Kinderärzte*. Göttingen: Hogrefe.

Schmidt-Atzert, L. & Amelang, M. (2012). *Psychologische Diagnostik* (5. Aufl.). Berlin: Springer. http://doi.org/10.1007/978-3-642-17001-0

3 Anwendungsorientierte Einführung in die Übersetzung und Adaptation von Messinstrumenten

Anouk Zabal & Dorothée Behr

3.1 Übersetzungsprozesse als Garant von Übersetzungsqualität

Für die Migrationsforschung sind qualitativ hochwertige Übersetzungen und Adaptationen der verwendeten Erhebungsinstrumente in den Sprachen der zu untersuchenden Migrantinnen und Migranten von entscheidender Bedeutung. Erhebungsinstrumente in der jeweiligen Muttersprache sind das zentrale Mittel, um eine möglichst hohe Teilnahmequote zu sichern und Verzerrungen der Studienergebnisse – insbesondere hinsichtlich Generalität – zu verringern (Font & Méndez, 2013). Gerade bei Instrumenten, die in der praktischen Arbeit mit Migrantinnen und Migranten eingesetzt werden (beispielsweise für diagnostische Zwecke), ist deren Übersetzungsqualität und kulturelle Eignung ausschlaggebend.[1]

Der vorliegende Buchbeitrag stellt zu Illustrationszwecken eine im Kontext internationaler komparativer Studien – beispielsweise der OECD-Bildungsstudien PIAAC (Programme for the International Assessment of Adult Competencies) und PISA (Programme for International Student Assessment) – als Best Practice etablierte Übersetzungsprozedur in einer praxisnahen Form vor: die doppelte Übersetzung mit anschließender Konsolidierung (Ferrari, Wayrynen, Behr & Zabal, 2013; Grisay, 2003; OECD, 2014). Dieses Beispiel soll als Anregung und Vorbild für Übersetzungen im Kontext von Migrantenstudien bzw. diagnostische Verfahren für Migrantinnen und Migranten dienen. Aufgrund der politischen Dimension von internationalen Bildungsstudien ist die Äquivalenz der Instrumente

---

[1] Auf die Bedeutung einer kultursensiblen Diagnostik wird in diesem Buch in dem Beitrag von Nesterko und Glaesmer (Kapitel 9) eingegangen.

in den verschiedenen teilnehmenden Ländern von außerordentlicher Wichtigkeit – daher wird auf geeignete Prozesse zur Erstellung qualitativ hochwertiger Übersetzungen und Adaptationen besonderer Wert gelegt. Schließlich ist die Qualität eines Produktes – auch eines Übersetzungsproduktes – abhängig von den verwendeten Prozessen, den Qualifikationen der beteiligten Personen und des entsprechenden dahinterliegenden Qualitätsmanagements (Behr, 2009). Wird das Übersetzungsziel der kognitiven Äquivalenz der Messung – die unterschiedlichen Sprachversionen sollen identische Konstrukte abbilden und die gleichen kognitiven Prozesse hervorrufen – nicht erreicht, können die Aufgaben- bzw. Testschwierigkeiten unterschiedlich ausfallen. Dies kann die Vergleichbarkeit der verschiedenen übersetzten nationalen Versionen und der Länderergebnisse gefährden.

Die im Folgenden beschriebene Übersetzungsprozedur kann bei vielfältigen Fragestellungen eingesetzt werden. So ist sie neben den oben genannten ländervergleichenden Studien auch auf die Übersetzung von Erhebungsinstrumenten für Studien, welche Vergleiche innerhalb eines Landes anstreben, anwendbar. Somit ist sie in besonderer Weise auch für Migranten- oder Flüchtlingsstudien mit ihren linguistischen und kulturellen Besonderheiten geeignet. Die vorgestellte Übersetzungsprozedur wird hier zwar mit Fokus auf Instrumente zur Messung von grundlegenden Kompetenzen vorgestellt, sie kann aber ebenso für die Übersetzung und Adaptation anderer Forschungsinstrumente bzw. standardisierter Testverfahren – z. B. aus dem Bereich der psychologischen, pädagogischen oder klinischen Diagnostik – verwendet werden.

In diesem Buchbeitrag wird Übersetzung als der Überbegriff verwendet, der auch den Prozess der Adaptation subsumiert (Arffman, 2012; Harkness, Pennell & Schoua-Glusberg, 2004).[2] Eine Adaptation stellt eine intendierte Abweichung vom Ausgangsinstrument dar, um die Äquivalenz der Zielversion zu erreichen (van de Vijver & Leung, 2011).

Im Folgenden wird auf einige Voraussetzungen für die Entwicklung äquivalenter Messinstrumente eingegangen sowie die Erstellung adäquater Übersetzungsrichtlinien thematisiert. Anschließend wird eine allgemein einsetzbare Übersetzungsprozedur erläutert und es werden konkrete Hinweise zur Durchführung eines Team-Ansatzes zur Übersetzung gegeben. Im Anschluss werden einige Möglichkeiten zur Qualitätskontrolle der Übersetzungen und zur Prüfung der Äquivalenz der übersetzten Instrumente skizziert. Besonderheiten der Übersetzungspraxis für Fragestellungen rund um Migrantinnen und Migranten werden abschließend reflektiert.

---

2   Bisweilen wird Adaptation aber auch als übergreifende Terminologie verwendet (International Test Commission, 2016; van de Vijver, 2013).

3.2   Voraussetzung für äquivalente Mess-instrumente: Entwicklung des Instrumentes und der Übersetzungsrichtlinien

Ausgangspunkt einer jeden wissenschaftlich fundierten Studie und Instrumenten-entwicklung ist die Auswahl und genaue Definition der Forschungsziele bzw. des Untersuchungsgegenstandes. So gilt es zunächst, den theoretischen Hintergrund darzulegen und hieraus die konkret zu messenden Konstrukte sowie deren umfassende operationale Definition abzuleiten. Im Bereich der internationalen Bildungs-studien, den Large-Scale Assessments, geschieht dies in Form eines Grundlagen-dokuments, das den inhaltlichen Hintergrund und das theoretische Gerüst der jeweiligen Domänen (z. B. die alltagsmathematische Kompetenz) ausführt. Ferner werden die unterschiedlichen Facetten bzw. Dimensionen der zugrundeliegenden Konstrukte differenziert und damit die Impulse sowie Richtlinien für die Itement-wicklung geliefert. Je nach Studiendesign und Durchführungsmodalitäten (z. B. Papier oder Computer) können bestimmte Restriktionen vorliegen, sodass unter Umständen nur Teilaspekte des Konstruktes messbar gemacht werden können. Bereits in dieser Phase gilt es, die sprachlichen sowie insbesondere die kulturellen Unterschiede der Zielgruppen miteinzubeziehen, damit die resultierenden Erhebungsinstrumente tatsächlich *kulturfair* sind und bei allen Zielgruppen das gleiche Konstrukt abbilden. Gegebenenfalls können mit entsprechender theoretischer Untermauerung bewusst kulturspezifische Abweichungen vorgesehen werden. Allerdings sollte von Anfang an versucht werden, kulturelle Effekte, die nicht mit dem zu messenden Konstrukt zusammenhängen, zu minimieren.[3] Zudem sind die genauen Instruktionen, Durchführungs- sowie Bewertungsrichtlinien im Hinblick auf ihre Anwendbarkeit und Vergleichbarkeit in den unterschiedlichen Zielgruppen zu bedenken (International Test Commission, 2016). Es ist für die spätere Interpretation der Ergebnisse zentral, die Potenziale, aber auch die Grenzen der empirischen Messung explizit herauszuarbeiten, sie transparent zu begründen und zu dokumentieren.

Basierend auf den theoretischen Ausarbeitungen wird anschließend eine Masterversion des Erhebungsinstrumentes (Ausgangsinstrument) entwickelt, bei international ausgelegten Studien geschieht dies in aller Regel in internationalem Englisch. Dieses Ausgangsinstrument gilt es, auf Grundlage projektspezifischer Übersetzungsrichtlinien und zugleich unter Berücksichtigung kultureller Aspekte bzw. Besonderheiten in die Zielsprachen zu übersetzen.

---

3   Wird beispielsweise Bildmaterial mit Personen zur Illustration einer Aufgabe verwendet, sollte genau über den möglichen Einfluss der dargestellten Ethnien und Geschlechter auf den Messprozess nachgedacht werden, um hier eine neutrale Auswahl zu treffen und Verzerrungen zu vermeiden.

In den *allgemeinen Übersetzungsrichtlinien* werden Hintergrundinformationen wie das Ziel der Studie, der Zweck der Übersetzung, Informationen zur Zielgruppe sowie der Erhebungsmodus erläutert. Die vorgegebenen oder empfohlenen generellen Übersetzungsprozeduren werden definiert. Diese generellen Übersetzungsrichtlinien geben darüber hinaus Anhaltspunkte für die Freiheitsgrade bei der Übersetzung. Ein Beispiel hierfür wäre, dass Wort-für-Wort-Übersetzungen zu vermeiden sind, da die Zielversion meist unnatürlich wirkt und somit die Verarbeitung der Übersetzung eine höhere kognitive Belastung darstellt. Außerdem kann sich eine offensichtlich schlechte Übersetzung auf die Motivation der Befragungsperson auswirken. Ziel einer jeden Übersetzung sollte es insgesamt sein, die Bedeutung des Ausgangsinstruments idiomatisch und sprachlich korrekt in der Zielsprache wiederzugeben (Arffman, 2012). Gleichzeitig gilt es, andere Kriterien wie die Konstanthaltung der Salienz[4] und der relativen Länge von Antwortoptionen zu berücksichtigen. Ebenfalls könnte expliziert werden, dass es *nicht* – wie häufig fälschlicherweise angenommen wird – Aufgabe der Übersetzerinnen und Übersetzer ist, die Aufgaben oder Fragen in der Zielsprache zu „verbessern", da dies das oberste Ziel der Äquivalenz gefährden würde.

Des Weiteren werden sogenannte *Item-By-Item Guides* von den Itementwicklern parallel zum Entwicklungsprozess des Ausgangsinstrumentes erstellt.[5] In diesen kurzen Erläuterungen werden aus inhaltlicher Sicht zentrale Aspekte spezifiziert, die bei der Übersetzung und Adaptation zu berücksichtigen sind. Beispielweise werden die Messintention und spezifische Charakteristika des Items erläutert, oder es wird auf Iteminhalte hingewiesen, die durch die Übersetzung nicht verändert werden dürfen. Es können auch unterschiedliche Textsegmente, die mit konsistenter Terminologie zu übersetzen sind, gekennzeichnet werden. Weiterhin kann auf die Beibehaltung identischer Formulierungen in lösungsrelevanten Textpassagen und in der Itemfragestellung hingewiesen werden, oder aber es werden Distraktoren[6] spezifiziert, bei denen ebenfalls besonders auf Äquivalenz zu achten ist. Item-By-Item Guides können auch konkrete Regeln beinhalten – zum Beispiel die, dass alle numerischen Angaben bei Kompetenzaufgaben 1:1 zu übernehmen sind, inklusive der Beibehaltung von Zahlwörtern als Wörter bzw. von Zahlen als Zahlen. Sie können auf Elemente hinweisen, die ausdrücklich einer Adaptation bedürfen, beispielsweise landesübliche Einheiten (metrische Einheiten *m* oder *km* versus imperiale Messeinheiten *yards* oder *miles*) oder Zahlschreibwei-

---

4   Salienz bezeichnet hier, wie auffällig eine Antwortoption ist, wie sehr sie sich also von anderen hervorhebt.

5   Ohne solche Informationen müssen die Übersetzerinnen und Übersetzer zwangsläufig selbst entscheiden, wie sie Unklarheiten auslegen. Idealerweise gibt es auch die Möglichkeit, aus der Übersetzung entstehende Fragen an die Itementwicklungsgruppe zurückzukoppeln.

6   Ein Distraktor ist ein Stimulus, der die Aufmerksamkeit von anderen, für die Lösung der Aufgabe relevanten Inhalten ablenkt. Er bezeichnet ebenfalls inkorrekte Antwortalternativen bei Multiple-Choice-Tests.

sen (z. B. Tausenderpunkt und Dezimalkomma für Deutschland). Nicht zuletzt können auch Aspekte identifiziert werden, bei denen je nach sprachlichem und kulturellem Bedarf eine Adaptation notwendig oder sinnvoll sein könnte, z. B. bei Eigennamen oder typischen Arbeitstagen. Die Informationen in den Item-By-Item Guides zielen insgesamt darauf ab, den Übersetzerinnen und Übersetzern zentrale Informationen über die Funktionsweise der Aufgabe zu geben, sodass diese die Aufgabe so übersetzen, dass die ausgelösten kognitiven Prozesse in beiden Sprachversionen möglichst analog ablaufen.

Für die Itementwicklung von komparativen Erhebungsinstrumenten wird ausdrücklich empfohlen, die unterschiedlichen (potenziellen) Zielsprachen und -kulturen frühzeitig mit zu bedenken und parallel stets die Item-By-Item Guides zu entwickeln. Sehr empfehlenswert ist auch die sogenannte *Advance Translation*, also die Erstellung einer oder mehrerer Vorübersetzungen als Teil des Prozesses der Itementwicklung. Hierdurch können 1. Fehler oder Mankos im Ausgangsinstrument (zum Beispiel mangelhaft formulierte Antwortoptionen oder Ambiguitäten), 2. kulturell unangemessene Inhalte oder Annahmen sowie 3. Bestandteile, die in einigen Sprachen zu übersetzungsbedingten Problemen führen können oder einer Adaptation bedürfen, frühzeitig identifiziert werden (Harkness & Schoua-Glusberg, 1998; Dorer, 2011).

3.3   Die Übersetzungsprozedur: Ein Best-Practice-Beispiel

Die Erstellung guter Übersetzungen von Messinstrumenten ist kein „Selbstläufer", sondern erfordert eine große Bandbreite an Hintergrundwissen und stellt daher eine besondere Herausforderung dar. Es reicht ausdrücklich nicht aus, einfach eine Muttersprachlerin oder einen Muttersprachler mit der Übersetzung zu beauftragen (im universitären Bereich wird oft aus Gründen der Kostenersparnis selbst übersetzt oder Studierende werden mit der Übersetzung betraut). Die Übersetzerinnen und Übersetzer sollten vielmehr Professionelle sein, die mit großer Sorgfalt auszuwählen sind. Sie sollten 1. sowohl die Ausgangssprache als auch die Zielsprache perfekt und in allen Nuancen beherrschen, 2. die Zielsprache als ihre beste Sprache haben (in der Regel ist dies die Muttersprache), 3. über einen exzellenten Einblick in die Ausgangs- sowie insbesondere in die Zielkultur verfügen und 4. über das notwendige domänenspezifische Wissen verfügen (International Test Commission, 2016). In translatorischer Wissenschaft, Ausbildung und Praxis geht jedoch Übersetzungskompetenz über diese Teilkompetenzen hinaus: Übersetzungskompetenz zeichnet sich gerade durch eine *strategische* Kompetenz aus, die die oben genannten Kompetenzen (und zusätzlich Recherche- und IT-Kompetenzen) aufgrund translationstheoretischer bzw. -praktischer Kenntnisse verbindet und interagieren lässt; Übersetzung erfolgt stets auf eine Funktion, ein Ziel und gegebene Projektspezifikationen hin. Die hierbei zu fällenden Übersetzungsentscheidungen bedürfen einerseits praktischer Erfahrung im Sprachtransfer, aber auch des Wissens, wie und wann welche Teilkompetenzen zur Problemlösung notwendig sind (PACTE, 2005). Es ist in besonderer Weise die Vorstellung von Übersetzung als automatisierte Wort-für-Wort-Übertragung, die von jedem bewerkstelligt werden kann, die inadäquate Testübersetzungen in der Vergangenheit hervorgerufen hat (Arffman, 2012; Bolaños-Medina & González-Ruiz, 2012).

Zur Übersetzung von kognitiven Instrumenten wird im Bereich der internationalen Large-Scale Assessments ein Verfahren als Methode der Wahl angesehen, das auf einer doppelten Übersetzung mit einer anschließenden Konsolidierung basiert.[7] Zuweilen wird eine anschließende Verifikation durchgeführt, d.h. eine Überprüfung und Bestätigung der Übersetzung durch Dritte (Ferrari et al., 2013; Grisay, 2003; OECD, 2014). Zunächst sind zwei unabhängige Übersetzungen von professionellen Übersetzerinnen oder Übersetzern zu erstellen. Idealerweise verfügen die Übersetzerinnen und Übersetzer bereits über Erfahrung in der Übersetzung von Assessment-Material und können die zu übersetzenden Kompetenzdomänen hinreichend überblicken – sodass sie in der Lage sind, die jeweils adäquate Terminologie zu identifizieren und entsprechend zielgruppengerecht einzusetzen. Andernfalls sind die Übersetzerinnen und Übersetzer auf die Erfordernisse von Assessment-Material hin zu schulen (International Test Commission, 2016), entweder über schriftliche Unterlagen und Videos oder über persönliche Schulungen.

Das Übersetzungsmaterial sollte in überschaubare Einheiten gebündelt sein, inklusive genauer Angaben des Übersetzungsvolumens (Gesamtwörterzahl oder ähnlicher Maßzahlen) zur Erstellung der Kostenvoranschläge durch die angefragten Übersetzerinnen und Übersetzer. Für die Übersetzung von Kompetenzaufgaben sollten beispielsweise folgende Materialien an die Übersetzerinnen und Übersetzer übermittelt werden:

1. Die Übersetzungsrichtlinien (die generellen und Item-By-Item Guides, s.o.).
2. Die Aufgaben selbst. Dies ist zum einen die genaue Vorlage (mit finaler Formatierung und Layout), um sichtbar zu machen, wie die Aufgaben tatsächlich eingesetzt werden sollen. Zum anderen ist der reine Text in einer leicht verwendbaren Form zu übergeben, sei es als einfache Word-Datei, in entsprechend aufbereiteten Excel-Vorlagen, oder als XLIFF-Datei, falls eine Übersetzungssoftware eingesetzt werden soll (z.B. TRADOS oder als Open-Source-Variante OLT [Open Language Tool]).

---

7   Diese empfohlene Übersetzungsprozedur und die TRAPD-Vorgehensweise von Harkness (2003) für die Übersetzung von Fragebögen ähneln sich strukturell stark.

3. Die Richtlinien für das *Scoring*, d.h. für die Bewertung der Antworten als richtig oder falsch. Diese gilt es, zeitgleich mit den Aufgaben zu übersetzen, da das *Scoring*-Schema ein inhärenter Bestandteil der Kompetenzaufgaben und ein zentrales Element von deren Funktionsweise darstellt.

Nachdem beide Übersetzungen erstellt wurden, werden sie im nächsten Schritt in einem Konsolidierungsprozess *(Reconciliation)* von mindestens einer dritten Person – oder besser: in einem Team-Ansatz – verglichen, revidiert und schließlich zu einer finalen Version zusammengeführt. Ziel hierbei ist es, zu einer möglichst getreuen Fassung der Originalversion zu kommen, die bezogen auf zentrale Parameter und Messeigenschaften äquivalent ist sowie zugleich dem Sprachfluss der Zielsprache entspricht, also idiomatisch ist. Einzelne Texte – z.B. Beipackzettel oder Zeitungsartikel – sollten zudem die in der Zielkultur üblichen Textsortenkonventionen berücksichtigen, um die Texte zielkulturell zu verankern. Wir empfehlen für die Konsolidierung den Team-Ansatz: Hierbei werden die Übersetzungen gemeinsam von dem gesamten Übersetzungsteam sowie weiteren Expertinnen und Experten revidiert und konsolidiert. Dieser Ansatz wird im nächsten Abschnitt konkret vorgestellt.

Ein häufig vernachlässigter, jedoch wichtiger Aspekt ist schließlich die *Dokumentation* des Übersetzungsprozesses (Harkness et al., 2004). Hierbei sind bestimmte linguistische Entscheidungen oder vorgenommene Adaptationen aufzuführen und zu begründen. Das Verfahren der Rückübersetzung – die bisweilen zu Zwecken der Qualitätskontrolle durchgeführt wird – empfehlen wir ausschließlich für Dokumentationszwecke und zur Kommunikation.

3.4   Der Team-Ansatz: Die konkrete Durchführung

Zentraler Bestandteil des Team-Ansatzes ist das Konsolidierungsmeeting, bei dem Übersetzerinnen und Übersetzer sowie Expertinnen und Experten[8] an einem Tisch zusammengebracht werden (Harkness et al., 2004). Dieses Meeting wird von dem *Reconciliator* – d.h. der für die Übersetzung und Konsolidierung verantwortlichen Person – aufgesetzt, überwacht und geleitet. Der Reconciliator sollte ein fundiertes Verständnis des Forschungsbereiches und Erhebungsdesigns haben sowie in Ausgangs- und Zielsprache bewandert sein. Die zusätzlich eingebundene Expertise kann sich auf Bereiche wie Erhebungsmethodologie, Fragebogen- oder Itementwicklung, Psychometrie oder domänenspezifisches Wissen (z.B. in Mathematik) beziehen.

---

8   Bei der Auswahl der Expertinnen und Experten sind bilinguale Personen (in der Ausgangs- und Zielsprache) zu bevorzugen.

Für das Konsolidierungsmeeting hat sich die Aufbereitung der beiden Erstübersetzungen im Excel-Format – mit verschiedenen Spalten für Ausgangstext, Item-By-Item Guides, erste und zweite Übersetzung, Kommentare der Übersetzer sowie Spalten für die Version aus dem Konsolidierungsmeeting und zugehöriger Dokumentation – bewährt. Diese Vorlage wird allen Teilnehmenden mit hinreichendem Vorlauf zur Verfügung gestellt, damit jede beteiligte Person eine gründliche Revision in Vorbereitung auf das Meeting vornehmen kann. Beim Konsolidierungsmeeting wird die Excel-Tabelle an die Wand projiziert und eine Person[9] dokumentiert die Arbeitsergebnisse direkt am Präsentationsrechner (die Übertragung in eine Excel-Tabelle kann bei der Verwendung gewisser Übersetzungstools entfallen, wenn diese die doppelte Übersetzung und Kommentare anzeigen können). Gegebenenfalls empfiehlt es sich, das Originalitem (Ausgangsversion) parallel zu projizieren, da das Layout und die grafische Darstellung wichtige Kontextinformationen für die Übersetzung darstellen können (z. B. maximale Länge eines Wortes in einer Grafik, aber auch ein Verständnis für das Zusammenspiel der einzelnen Textkomponenten in der Gesamtdarstellung). Im Konsolidierungsmeeting werden alle Iteminhalte sequentiell durchgearbeitet, wobei beide Übersetzungsvarianten eingehend geprüft (oft vorgelesen) und die jeweiligen Vorzüge und Problematiken abgewogen werden. Häufig ergibt sich durch diese Gegenüberstellung ein besseres Verständnis für verschiedene Nuancen und Interpretationsmöglichkeiten sowohl des Ausgangstextes als auch der Übersetzung. Es kann eine der beiden Übersetzungen unverändert übernommen werden, oder es kann in diesem Prozess eine neue Übersetzung entstehen, die Elemente beider Erstübersetzungen vereint oder eine ganz neu erschaffene Variante darstellt. Aufgabe des Reconciliators ist es, diesen Prozess zu leiten und sicherzustellen, dass alle notwendigen Aspekte berücksichtigt werden. Zum Beispiel sollten die unterschiedlichen Sprachversionen im Hinblick auf Wortschwierigkeit bzw. Worthäufigkeit, Art des Vokabulars, Klarheit der Sätze, Lesbarkeit/Verständlichkeit und Stilebene vergleichbar sein. Wichtig ist die Einhaltung der Adaptations- und Übersetzungsvorgaben, daher sollte auch das Wissen und Bewusstsein um kulturelle Unterschiede und relevante kulturelle Normen, Bräuche und Besonderheiten einfließen. Die verschiedenen Expertisen sollten entsprechend berücksichtigt und Input gegebenenfalls aktiv eingeholt werden.

Eine Stärke des Team-Ansatzes besteht darin, dass durch die Involvierung mehrerer Personen – mit verschiedenen Expertisen bzw. Hintergründen – sehr unterschiedliche Sichtweisen zusammenkommen, sodass die Beiträge vielfältig und breit angelegt sind. Zugleich ist es wichtig, dass der Reconciliator zwar für genügend Rückmeldungsspielraum sorgt, den Prozess jedoch mit bestimmter und fes-

---

9   Der Reconciliator sollte durch ein bis zwei Personen aus dem eigenen Team unterstützt werden, um den Konsolidierungsprozess und daraus resultierende Ergebnisse detailliert dokumentieren zu können.

ter Hand leitet, damit der Diskussionsanteil nicht ineffizient wird, sondern fokussiert und produktiv bleibt.

Der Nachbearbeitungsaufwand nach dem Konsolidierungsmeeting ist nicht zu unterschätzen: Das Reconciliation-Team muss akribisch die im Konsolidierungsmeeting erarbeitete Fassung prüfen und überarbeiten. Hierzu gehört eine generelle Korrektur (gegebenenfalls auch des Layouts), Prüfung von Konsistenz innerhalb des gesamten Instrumentes[10], Prüfung des Textflusses, abschließender Abgleich mit der Ausgangsfassung und den Item-By-Item Guides sowie die Vervollständigung der Dokumentation. Eine hilfreiche Checkliste für die finale Prüfung der Übersetzungen bieten Hambleton und Zenisky (2011).

3.5 Überprüfung und Validierung der übersetzten Instrumente

Der oben vorgestellte Ansatz zur Erstellung von Übersetzungen von Erhebungsinstrumenten stellt einen Grundpfeiler für das Erreichen qualitativ hochwertiger Übersetzungsergebnisse dar, indem durch die Gegenüberstellung beider Übersetzungen, intensive Revisionsprozesse sowie die Diskussion im Konsolidierungsmeeting Übersetzungsfehler und -probleme sehr gut identifiziert und geeignete Lösungen gefunden werden können. Dennoch sollte dieser durch weitere Überprüfungsmaßnahmen der Übersetzungsgüte ergänzt werden. Als eine Option der Qualitätskontrolle hat sich bei Bildungsstudien wie PIAAC und PISA – aber auch bei anderen multilingualen und multikulturellen Erhebungen (z. B. Survey of Health, Ageing and Retirement in Europe; European Social Survey) – eine Verifikation der Übersetzungen durch unabhängige und adäquat qualifizierte linguistische Expertinnen oder Experten etabliert (Dept, Ferrari & Wäyrynen, 2010): Hierbei werden sämtliche Übersetzungen durch eine dritte, nicht in den Prozess oder das Projekt involvierte Person geprüft. Die Verifikation prüft die linguistische Richtigkeit und die Äquivalenz der Übersetzung. Typischerweise werden schlechte oder ungeeignete Übersetzungen bzw. Abweichungen von den Item-By-Item Guides identifiziert.

Darüber hinaus können kognitive Interviews – als bewährtes Instrument zur Verbesserung der Qualität und Validität von Fragen bzw. Items (Willis, 2005; im Hinblick auf Übersetzungen vgl. Daouk-Öyry & McDowal, 2013) – durchgeführt werden. Diese ermöglichen eine gute Prüfung der konkreten Funktionsweise der Items bzw. Fragen, indem analysiert wird, wie die (bilingualen oder monolingualen) Befragten die Frage interpretieren, wie sie mit den Frage- und Antwortformaten um-

---

10 Bei den Konsistenzchecks muss jedoch stets auf den spezifischen Kontext geachtet werden, es sollte nicht einfach das gleiche Wort mit Copy-und-Paste gedankenlos durchgehend eingesetzt werden.

gehen oder wie sie zu ihrer Antwort kommen. Hier können wichtige Hinweise sowohl auf potenzielle Probleme als auch auf die Äquivalenz der unterschiedlichen Sprachversionen gewonnen werden.

Des Weiteren empfiehlt sich ein Feldtest oder eine Pilotstudie mit einer geeigneten Stichprobe (möglichst repräsentativ für die Zielgruppe), um die Übersetzungen im Hinblick auf Aufgaben- bzw. Testäquivalenz empirisch zu prüfen.[11] Es gibt diverse statistische Techniken zur Prüfung der Äquivalenz von Erhebungsinstrumenten, von denen an dieser Stelle nur auf einige hingewiesen sei (für einen Überblick zu Bias bzw. Äquivalenz in interkulturellen Studien sowie entsprechende Methoden und statistische Verfahren s. van de Vijver & Leung, 2011). In Bezug auf einzelne Fragen oder Items existieren verschiedene psychometrische Methoden zur Prüfung des *differential item functioning* (DIF: Bias auf Itemebene). Weit verbreitet (insbesondere bei internationalen Bildungsstudien) ist der Einsatz von *Item-Response*-theoretischen Verfahren, um *über* DIF-Analysen Items zu identifizieren, die z. B. in einer Sprache anders funktionieren als in anderen. Werden solche DIFs festgestellt, so kann dies ein mögliches Indiz für einen Übersetzungsfehler sein. Gegebenenfalls müssen Items ausgeschlossen oder mit landesspezifischen Parametern versehen werden. Die Frage nach der strukturellen Äquivalenz („Messen das Ausgangsinstrument und das übersetzte Instrument die gleichen zugrundeliegenden Konstrukte?") kann beispielsweise mit explorativen oder konfirmatorischen Faktorenanalysen und Strukturgleichungsmodellen untersucht werden. Wichtig hierbei ist, dass die statistischen Ergebnisse stets aus einer Kombination von substantiellen, kulturell-linguistischen und psychometrischen Erwägungen betrachtet werden (van de Vijver, 2016).

3.6   Übersetzungen mit Migrantinnen und Migranten als Zielgruppe

In der Migrationsforschung sowie für die Diagnostik von Migrantengruppen ist es besonders wichtig, dass der mehrsprachige und multikulturelle Einsatz der Erhebungsinstrumente bereits bei der Designspezifikation und Instrumentenentwicklung bedacht wird, wobei der Schritt der Übersetzung explizit integriert sein sollte. Dies gilt sowohl für kognitive als auch für alle anderen Instrumente, inklusive Tests, Fragebögen, Inventare oder halbstandardisierte Interviews. Im Folgenden weiten wir unseren Blickwinkel somit auf die ganze Bandbreite an möglichen Instrumenten aus und wechseln ebenfalls von der ländervergleichenden Perspektive der internationalen Bildungsstudien zu Studien, die Personen aus unterschiedlichen Kulturkreisen sowie ethnischen und sprachlichen Gruppen *innerhalb* eines Landes untersuchen.

---

11   Des Weiteren können wertvolle qualitative Rückmeldungen aus der Feldarbeit gewonnen werden.

Auf der Konstruktebene sollte die psychologische Äquivalenz sorgfältig hinterfragt werden, z. B. dahingehend, ob bestimmte diagnostische Kategorien in unterschiedlichen Kulturen die gleiche Bedeutung haben. Mit dem Ziel, die Effekte kultureller Unterschiede zu minimieren, sollte auf die Auswahl kulturell geeigneter Iteminhalte, -kontexte und -formate sowie Auswertungsregeln, Durchführungsrichtlinien und Materialien geachtet werden. Hierbei sind Unterschiede in sozialer Erwünschtheit und Antwortverhalten zu berücksichtigen (Yang, Harkness, Chin & Villar, 2010). Darüber hinaus ist davon auszugehen, dass gerade nicht-westliche Migrantengruppen mit den zumeist im westlichen Kontext entwickelten psychologischen Testverfahren und kognitiven bzw. pädagogischen Tests Probleme haben könnten, da diese nicht Teil ihres kulturellen Lebensraums sind (van de Vijver, 2016). Idealerweise sollten die Erhebungsinstrumente für alle Zielpopulationen den gleichen Grad an Vertrautheit aufweisen. Unterstützend könnte beispielsweise ein Einführungsmodul entwickelt werden, um die Erhebungs- oder Testsituation zu erläutern, die Ängste abzubauen und die Befragungspersonen entsprechend zu motivieren; oder es könnte ein Übungsmodul entworfen werden, um die Befragungspersonen vor der eigentlichen Durchführung zunächst mit den Aufgaben- und Fragetypen vertraut zu machen.

Die in Deutschland lebenden Migrantengruppen weisen eine ausgeprägte Heterogenität in ihrem soziokulturellen Hintergrund auf: Sie unterscheiden sich im Hinblick auf Herkunftsländer, ethnische Zugehörigkeit, Migrationsbiografien, Akkulturationsprozesse, Sprachhintergrund bzw. -kompetenzen, Bildungshintergrund und Integration. All diese Faktoren wirken sich auf die Übersetzung und Adaptation eines Instrumentes aus. Da zum Beispiel der Grad an Akkulturation Testergebnisse moderieren kann (van de Vijver, 2016), müssen unter Umständen Erhebungsinstrumente differenziert an Migrantinnen und Migranten der ersten, zweiten oder dritten Generation angepasst werden. Hierbei sollte je nach Akkulturationsgrad entschieden werden, inwiefern Instrumente an die Herkunftskultur angepasst werden oder aber Aspekte des Aufnahmelandes beinhalten. Bei Migranten ab der zweiten Generation ist zu prüfen, ob die Instrumente des Aufnahmelandes – im deutschen Raum also auf Deutsch – geeigneter sein könnten. Zum einen spricht die zweite Migrantengeneration möglicherweise gar nicht die Sprache ihres Herkunftslandes und zum anderen erstreckt sich ihr Sprachgebrauch eventuell nicht auf alle relevanten Themengebiete. Die Sprache der ersten Generation wiederum hat sich womöglich im Laufe der Zeit nicht simultan mit der Sprache im Herkunftsland entwickelt, sodass eine unhinterfragte Übernahme eines Instruments aus der Herkunftskultur nicht erfolgen sollte. Daher ist die Frage nach der am besten geeigneten Untersuchungs- bzw. Interviewsprache äußerst zentral. Falls technisch umsetzbar, ist es hilfreich und sinnvoll, einen Wechsel zwischen der Sprache des Aufnahmelandes und der Sprache der befragten Person zu ermöglichen (z. B. bei Fragebögen oder diagnostischen Instrumenten).

Eine besondere Herausforderung stellt sich des Weiteren durch die Anzahl der Migrantengruppen, die adressiert werden sollen: Angesichts der unterschiedlichsten Herkünfte und Sprachhintergründe ist meist nur eine begrenzte Anzahl an Übersetzungen in ausreichend hoher Qualität realisierbar. Zusätzlich weisen vermeintlich länderübergreifende Sprachen eine große Diversität auf: Auch wenn verschiedene Migranten- und Flüchtlingsgruppen die gleiche Sprache sprechen, so kann es durch regionale Variationen Unterschiede in Sprachgebrauch und Vokabular geben. Ein schönes Beispiel, wie mit Dialektunterschieden umgegangen werden kann, ist in Martinez, Marín und Schoua-Glusberg (2006) beschrieben: In der spanischen Übersetzung des National Survey of Family Growth für die unterschiedlichen spanischsprachigen Migrantengruppen in den USA haben die Autorinnen eine Übersetzung erstellt, die auf den Einsatz von Migrantinnen und Migranten aus allen Regionen Südamerikas zugeschnitten war.[12] Konnte keine für alle sprachlichen Variationen passende einheitliche spanische Übersetzung gefunden werden, wurde teilweise eine Kombination aus verschiedenen möglichen Begriffen verwendet. In eine ähnliche Richtung muss auch im Hinblick auf das Arabische gedacht werden. Hier existiert zwar das moderne Hocharabisch, dieses fungiert jedoch nur als Schriftsprache und findet keine mündliche Verwendung. Im gesprochenen Diskurs wiederum existieren verschiedene arabische Dialekte, die sich mitunter stark unterscheiden. Es muss dementsprechend immer auf die Zielgruppe hin überlegt werden, wie und mit welchem Standard- bzw. regionalem Vokabular diese adressiert wird. Eine mögliche Lösung zur Entscheidungsfindung ist hier die Einbindung von kulturellen Sprachmittlern[13], Sozialarbeitern, Gemeinden, Vereinen oder sonstigen Personen mit Expertise zu den zu testenden oder befragenden Kulturen und Sprachen.

Aufgrund des aktuellen Zeitgeschehens werden geeignete Instrumente und Prozesse für die Untersuchung, Begleitung und Versorgung von Flüchtlingen stark nachgefragt. Die Art und Weise, wie die kulturellen und sprachlichen Lebenswelten der Flüchtlinge berücksichtigt werden, wird einen großen Einfluss auf die Validität und möglicherweise auf die Vergleichbarkeit der Daten und Erkenntnisse haben. Ein Austausch zwischen Studien und Disziplinen, um voneinander zu lernen, kann hierbei nur förderlich sein.

---

12 Bei der Erstellung der Übersetzung wurde auch ein Team-Ansatz (hier Committee Approach genannt) sowie kognitive Interviews und ein ausführliches Pretesting verwendet. Berücksichtigt wurden weitere Zielgruppencharakteristika, z. B. dass Migrantinnen und Migranten, die sich für die spanische (anstatt der englischen) Durchführung entscheiden, häufig einen niedrigeren Bildungsstand aufweisen.

13 Professionelle Übersetzer und Dolmetscher lassen sich – in Deutschland – zum Beispiel über die Fachlisten oder Datenbanken des BDÜ (Bundesverband der Dolmetscher und Übersetzer e.V., www.bdue.de; http://www.bdue.de/der-bdue/leistungen/publikationen/), des Fachverbandes ATICOM (Fachverband der Berufsübersetzer- und Dolmetscher, www.aticom.de/) oder über die Dolmetscher- und Übersetzerdatenbank der Landesjustizverwaltungen (http://www.justiz-dolmetscher.de/) finden.

3.7   Fazit

Das Interesse an fundierter Migrationsforschung und angemessenen diagnostischen Instrumenten für heterogene Migrantengruppen steigt und somit auch die Bedeutung von qualitativ hochwertigen Übersetzungen – denn Übersetzungsfehler können die Äquivalenz von verschiedenen Sprachversionen der Erhebungsinstrumente gefährden bzw. deren Validität und Reliabilität mindern. Dieser Buchbeitrag fasst zusammen, wie eine fundierte Übersetzungsprozedur und entsprechende qualitätssichernde Prozesse aussehen können. Die wichtige Rolle von sorgfältigen Übersetzungsrichtlinien als Unterstützung im Übersetzungsprozess wird betont, obgleich diese den individuellen Entscheidungsprozess im Übersetzungsprozess nicht ersetzen (Behr, 2009). Für die Praxis wurde als Best-Practice-Beispiel die unabhängige Erstellung zweier Übersetzungen mit anschließender Team-Konsolidierung vorgestellt. Der Vorteil des Team-Ansatzes liegt darin, dass sich durch die Interdisziplinarität und die vielfältigen Sichtweisen Übersetzungsfehler und -probleme besser identifizieren und aus der Diskussion geeignete Alternativen entwickeln lassen. An dieser Stelle sei noch auf zwei Richtlinien hingewiesen, die für die Praxis von Übersetzung und Adaptation von Tests, Inventaren und Fragebögen in multikulturellen und multilingualen Kontexten sehr nützlich sein können: Die ITC Guidelines for Translating and Adapting Tests (International Test Commission, 2016) und die Cross-Cultural Survey Guidelines (Survey Research Center, 2016).

Übersetzungen haben jedoch auch ihre Grenzen: Wenngleich Äquivalenz und Vergleichbarkeit angestrebt werden, so gibt es unumgängliche Unterschiede zwischen Sprachen und Kulturen, und es ist unvermeidlich, dass Texte in der Übersetzung verändert werden (Harkness et al., 2004). Daher können Übersetzungen stets lediglich eine Annäherung an den Ausgangstext darstellen (Behr, 2009). Allerdings lässt sich durch die Berücksichtigung linguistischer und soziokultureller Faktoren bereits in der Designphase und Instrumentenentwicklung sowie durch eine hochwertige Übersetzungsprozedur und sorgfältig ausgewählte Adaptationen die Äquivalenz der Instrumente in den verschiedenen Sprachversionen deutlich optimieren. Hierbei bedarf es jedoch für die Erstellung von qualitativ hochwertigen Übersetzungen stets auch der adäquaten zeitlichen und finanziellen Ressourcen, die bereits in der Projektplanung und -beantragung zu verankern sind.

Literatur

Arffman, I. (2012). Unwanted literal translation: An underdiscussed problem in international achievement studies. *Education Research International, 2012*, 1–13. http://doi.org/10.1155/2012/503824

Behr, D. (2009). *Translationswissenschaft und international vergleichende Umfrageforschung: Qualitätssicherung bei Fragebogenübersetzungen als Gegenstand einer Prozessanalyse* (GESIS-Schriftenreihe 2). Bonn: GESIS. http://nbn-resolving.de/urn:nbn:de:0168-ssoar-261259

Bolaños-Medina, A. & González-Ruiz, V. (2012). Deconstructing the translation of psychological tests. *Meta, 57* (3), 715–739. http://doi.org/10.7202/1017088ar

Daouk-Öyry, L. & McDowal, A. (2013). Using cognitive interviewing for the semantic enhancement of multilingual versions of personality questionnaires. *Journal of Personality Assessment, 95* (4), 407–416. http://doi.org/10.1080/00223891.2012.735300

Dept, S., Ferrari, A. & Wäyrynen, L. (2010). Developments in translation verification procedures in three multilingual assessments: A plea for an integrated translation and adaptation monitoring tool. In J.A. Harkness, M. Braun, B. Edwards, T.P. Johnson, L. Lyberg, P.Ph. Mohler et al. (Eds.), *Survey methods in multinational, multiregional, and multicultural contexts* (pp. 157–173). Hoboken, NJ: Wiley. http://doi.org/10.1002/9780470609927.ch9

Dorer, B. (2011). *Advance translation in the 5th round of the European Social Survey (ESS)* (FORS Working Paper Series, paper 2011-4). Lausanne: FORS. http://forscenter.ch/wp-content/uploads/2013/10/FORS_WPS_2011-04_Dorer-3.pdf

Ferrari, A., Wayrynen, L., Behr, D. & Zabal, A. (2013). Translation, adaptation, and verification of test and survey materials. In OECD (Ed.), *Technical report of the Survey of Adult Skills (PIAAC)* (Chapter 4, pp. 1–28). Paris: OECD.

Font, J. & Méndez, M. (Eds.). (2013). *Surveying ethnic minorities and immigrant populations. Methodological challenges and research strategies*. Amsterdam: Amsterdam University Press.

Grisay, A. (2003). Translation procedures in OECD/PISA 2000 international assessment. *Language Testing, 20* (2), 225–240. http://doi.org/10.1191/0265532203lt254oa

Hambleton, R.K. & Zenisky, A.L. (2011). Translating and adapting tests for cross-cultural assessments. In D. Matsumoto & F.J.R. van de Vijver (Eds.), *Cross-cultural research methods in psychology* (pp. 46–74). New York, NY: Cambridge University Press.

Harkness, J.A. (2003). Questionnaire translation. In J.A. Harkness, F.J.R. van de Vijver & P.Ph. Mohler (Eds.), *Cross-cultural survey methods* (pp. 35–56). Hoboken, NJ: Wiley.

Harkness, J., Pennell, B.-E. & Schoua-Glusberg, A. (2004). Survey questionnaire translation and assessment. In S. Presser, J.M. Rothgeb, M.P. Couper, J.T. Lessler, E. Martin, J. Martin & E. Singer (Eds.), *Methods for testing and evaluating survey questionnaires* (pp. 453–473). Hoboken, NJ: Wiley. http://doi.org/10.1002/0471654728.ch22

Harkness, J.A. & Schoua-Glusberg, A. (1998). Questionnaires in translation. In J. Harkness (Hrsg.), *Cross-Cultural Survey Equivalence* (Serie ZUMA-Nachrichten Spezial, Bd. 3, S. 87–127). Mannheim: Zuma.

International Test Commission. (2016). *The ITC Guidelines for translating and adapting tests* (2nd ed.). [www.InTestCom.org] Zugriff am 28.07.2017. Verfügbar unter https://www.intestcom.org/files/guideline_test_adaptation_2ed.pdf

Martinez, G., Marín, B.V. & Schoua-Glusberg, A. (2006). Translating from English to Spanish. The 2002 National Survey of Family Growth. *Hispanic Journal of Behavioral Sciences, 28* (4), 531–545. http://doi.org/10.1177/0739986306292293

OECD. (2014). *PISA 2012 technical report*. Paris: OECD. https://www.oecd.org/pisa/pisaproducts/PISA-2012-technical-report-final.pdf

PACTE. (2005). Investigating translation competence: Conceptual and methodological issues. *Meta, 50* (2), 609–619. http://doi.org/10.7202/011004ar

Survey Research Center (2016). *Guidelines for Best Practice in Cross-Cultural Surveys*. Ann Arbor, MI: Survey Research Center, Institute for Social Research, University of Michigan. Retrieved January 27, 2017, from http://www.ccsg.isr.umich.edu/

van de Vijver, F. J. R. (2013). Contributions of internationalization to psychology: Toward a global and inclusive discipline. *American Psychologist, 68* (8), 761-770. http://doi.org/10.1037/a0033762

van de Vijver, F. J. R. (2016). Assessment in education in multicultural populations. In G. T. L. Brown & L. R. Harris (Eds.), *Handbook of human and social conditions in assessment* (pp. 436–453). New York: Routledge.

van de Vijver, F. J. R. & Leung, K. (2011). Equivalence and bias: A review of concepts, models, and data analytic procedures. In D. Matsumoto & F. J. R. van de Vijver (Eds.), *Cross-cultural research methods in psychology* (pp. 17–45). New York: Cambridge University Press.

Willis, G. B. (2005). *Cognitive interviewing: A tool for improving questionnaire design.* Thousand Oaks, CA: Sage. http://doi.org/10.4135/9781412983655

Yang, Y., Harkness, J. A., Chin, T.-Y. & Villar, A. (2010). Response styles and culture. In J. A. Harkness, M. Braun, B. Edwards, T. P. Johnson, L. Lyberg, P. Ph. Mohler et al. (Eds.), *Survey methods in multinational, multiregional, and multicultural contexts* (pp. 203–223). Hoboken, NJ: Wiley. http://doi.org/10.1002/9780470609927.ch12

4 Das Bildungsniveau von Migrantinnen und Migranten: Herausforderungen in Erfassung und Vergleich

Silke L. Schneider

4.1 Relevanz des Vergleichs von Bildungsniveaus

Bildung ist – gepaart mit guten Kenntnissen der deutschen Sprache – der Schlüssel zum Arbeitsmarkt und damit zur gesellschaftlichen Integration von Migrantinnen und Migranten. Für Arbeitgeber ist es essentiell zu verstehen, welchem deutschen Qualifikationsniveau ein ausländischer Bildungsabschluss entspricht, und welche konkreten allgemeinen sowie beruflichen Kompetenzen von einer Bewerberin oder einem Bewerber zu erwarten sind. Angaben zum bisher ausgeübten Beruf und zur Dauer der Berufserfahrung sind dabei unzulänglich, da sich die konkreten Anforderungen und die vorherrschende Berufspraxis von Land zu Land stark unterscheiden können.

Die Erfassung und der Vergleich des Bildungsniveaus von Migrantinnen und Migranten (die nicht im deutschen Bildungssystem ausgebildet wurden) gehen jedoch mit zwei großen Herausforderungen einher: Einerseits fehlen häufig formale Nachweise (z. B. Zeugnisse) über die Bildungslaufbahn. Andererseits sind die heute existierenden Bildungssysteme weitgehend unabhängig voneinander historisch gewachsen und damit nicht vergleichbar, insbesondere wenn es um berufliche Spezialisierungen geht. Die angebotenen Bildungsgänge und -abschlüsse, ihre Selektivität, Curricula und Prüfungsanforderungen sowie die mit spezifischen Abschlüssen einhergehenden Kompetenzen unterscheiden sich zwischen den einzelnen Ländern stark.

Dieser Buchbeitrag widmet sich der zweiten dieser Herausforderungen. Dabei werden zunächst Ansätze zur Erfassung der Bildung von Migrantinnen und Migranten in Umfragen dargestellt, die möglicherweise in der Diagnostik genutzt werden können. Danach werden existierende Klassifikationen für den internationalen Vergleich von Bildungsabschlüssen präsentiert und bewertet.

4.2   Erhebungsinstrumente für Bildung

4.2.1   Höchster Bildungsabschluss

Der am häufigsten verwendete Indikator für das erreichte Bildungsniveau einer Person ist der höchste formale Bildungsabschluss. Er wird auch seitens der amtlichen Statistik für den internationalen Vergleich empfohlen (OECD & Eurostat, 2014). Der höchste Bildungsabschluss reflektiert erstens die Dauer der Ausbildung, da zur Erlangung eines Abschlusses meist bestimmte Bildungsgänge absolviert werden müssen. Zweitens hat jeder Abschluss einen gewissen Signalcharakter, da er spezifische Ausbildungsinhalte impliziert. Solche Informationen sind insbesondere für den Arbeitsmarkt entscheidend. Schließlich reflektiert der höchste Bildungsabschluss auch den Bildungs*erfolg*, da für die Erlangung eines Abschlusses meist Prüfungen absolviert werden müssen. So dient der höchste Bildungsabschluss auch als (erster) Proxy für Kompetenzen. Dazu ist er jedoch nur bedingt geeignet. Beispielsweise werden abgebrochene Ausbildungen, die sehr wohl in Kompetenz- und Einkommenszuwächsen resultieren können (Hübler, 1984), nicht berücksichtigt. Zudem werden Kompetenzen auch außerhalb des Bildungssystems – insbesondere im Berufsleben – erworben.

In deutschen Umfragen wird das Bildungsniveau frühen Empfehlungen (Müller, 1979) folgend über den höchsten Schulabschluss und den beruflichen Bildungsabschluss bzw. Hochschulabschluss erfasst. Die „demographischen Standards" für Deutschland (Hoffmeyer-Zlotnik, Beckmann, Glemser, Heckel, von der Heyde et al., 2016) enthalten entsprechende Fragebogenitems. Diese sind für Personen mit Migrationshintergrund, die in Deutschland zur Schule gegangen sind und ihre berufliche Ausbildung vollzogen haben, direkt anwendbar.

Für im Ausland ausgebildete Personen ist jedoch fraglich, ob sie die Antwortkategorien, die sich unmittelbar auf das deutsche Bildungssystem beziehen, verstehen und ihren ausländischen Abschluss einer dieser spezifisch deutschen Kategorien zuordnen können. Wurde ihr Abschluss amtlich als einem deutschen Abschluss gleichwertig anerkannt, kann man davon ausgehen, dass eine Zuordnung gelingt. Für neu zugewanderte Personen oder solche, die mit deutschen Bildungseinrichtungen und dem deutschen Arbeitsmarkt bislang kaum Berührungspunkte hatten, dürfte dies jedoch nicht der Fall sein. Der Hinweis „Wenn Sie Ihren Abschluss nicht in Deutschland erworben haben, wählen Sie bitte den deutschen Bildungsabschluss, der Ihrem Abschluss am ehesten entspricht" – wie man ihn z. B. im deutschsprachigen Fragebogen der Studie „Diskriminierungserfahrungen in Deutschland" (Beigang, Fetz, Foroutan, Kalkum & Otto, 2016) findet –, ist für diese Personen wenig hilfreich und dürfte eher zu wenig validen Ergebnissen führen. Dennoch wird dieser Ansatz in der amtlichen Statistik (z. B. im Mikrozensus) verfolgt, was nicht zuletzt darauf zurückzuführen sein dürfte, dass diese die Gesamtbevölkerung abbildet und keinen spezifischen Schwerpunkt auf Migrantinnen und Migranten legt.

Welche besseren Möglichkeiten existieren zur Erfassung des Bildungsniveaus von Migrantinnen und Migranten? Zunächst erscheint es sinnvoll, die Fragebogenitems der „demographischen Standards" in die Herkunftssprache der Migrantinnen und Migranten zu übersetzen.[1] Dies ist jedoch in der Regel nicht möglich, da sich die Antwortkategorien auf konkrete deutsche Institutionen beziehen, die sich nicht adäquat übersetzen lassen. Dies liegt einerseits daran, dass in den verschiedenen Herkunftsländern vergleichbare Institutionen gar nicht existieren (umgekehrt kann es natürlich auch vorkommen, dass es dort Institutionen gibt, die in Deutschland nicht existieren). Andererseits kann es im Herkunftsland ähnlich bezeichnete Abschlüsse geben, die aber ein anderes Bildungsniveau implizieren als in Deutschland. So dauert zum Beispiel die „Grundschule" in Deutschland meist vier Jahre, in vielen Ländern sechs Jahre, und in Ländern, in denen die Grundbildung die Sekundarstufe I einschließt, wiederum neun oder zehn Jahre. Ähnliches gilt für den Begriff des „Meisters", der sich zwar im Prinzip in viele Sprachen übersetzen lässt, in den verschiedenen Ländern aber nicht zwangsläufig mit einem vergleichbaren Qualifikationsniveau wie in Deutschland verbunden ist.

Alternativ wird versucht, die deutschen Abschlüsse in abstrakter Weise zu umschreiben, und somit die Verwendung konkreter Bezeichnungen zu umgehen. Dieser Lösungsansatz kommt im IAB-SOEP Migrationssample[2] (Deutsches Institut für Wirtschaftsforschung, 2014) und im englischsprachigen Fragebogen der Studie „Diskriminierungserfahrungen in Deutschland" (Beigang et al., 2016) zum Einsatz. Im SOEP werden als Antwortkategorien für das Item zu Schulabschlüssen bspw. angeboten „Pflichtschule mit Abschluss beendet" oder „Weiterführende Schule mit Abschluss beendet". Ob damit eine Vergleichbarkeit mit den intendierten deutschen Abschlüssen (Haupt-/Realschulabschluss einerseits und Fachhochschulreife/Abitur andererseits) erreicht werden kann, ist jedoch fraglich: In vielen Ländern ist die Pflichtschule deutlich kürzer als in Deutschland, oder das Konzept existiert gar nicht. Der Begriff der „weiterführenden Schule" dürfte selbst unter Bildungsinländern unterschiedlich interpretiert werden. In der Studie „Diskriminierungserfahrungen" wird etwas differenzierter gefragt nach „General education certificate (Hauptschulabschluss)", „Secondary school certificate (Realschul-

---

1   Vgl. Kapitel 3: Zabal & Behr.
2   Das Institut für Arbeitsmarkt- und Berufsforschung (IAB) der Bundesagentur für Arbeit, Nürnberg, und das Sozio-oekonomische Panel (SOEP) des Deutschen Instituts für Wirtschaftsforschung (DIW Berlin) führen gemeinsam mit Kantar Public (vormals TNS Infratest Sozialforschung) seit dem Jahr 2013 eine Befragung von Migrantinnen und Migranten sowie deren Nachkommen in Deutschland durch.

abschluss)", „Secondary school diploma (Fachhochschulreife)" und „Abitur/ Higher education entrance certificate (Hochschulreife)". Wer die deutschen Abschlüsse nicht kennt, wird allerdings wahrscheinlich nicht in der intendierten Form zwischen „secondary school certificate" und „secondary school diploma" unterscheiden können. In solchen Herkunftsländern, in denen das Bildungsniveau der Bevölkerung generell niedriger ist als in Deutschland, dürfte außerdem eine Differenzierung unterhalb des deutschen Pflichtschulniveaus bedeutsam sein, die in den beiden vorstehend erwähnten Studien allerdings nicht vorgesehen ist. Die Instrumente dieser Studien sind damit immer noch wenig sensibel für die institutionellen Unterschiede zwischen Deutschland und den Herkunftsländern von Migrantinnen und Migranten.

Zu guter Letzt besteht die Möglichkeit, Zugewanderten die für das jeweilige Herkunftsland relevanten Bildungsabschlüsse als Antwortkategorien vorzulegen. Dadurch sollte es zu weniger Interpretationsspielraum kommen, und die Äquivalenz zu deutschen Abschlüssen kann unabhängig von der Einschätzung der Befragten festgelegt werden. Der Aufwand für die Entwicklung und Harmonisierung herkunftsspezifischer Antwortlisten ist jedoch recht hoch, und nur wenige Studien haben bisher diesen Ansatz gewählt, z.B. die SCIP-Studie („Causes and Consequences of Socio-Cultural Integration Processes among New Immigrants in Europe") (vgl. Gresser & Schacht, 2015). Aus diesem Grund hat das Projekt „Computergestützte Messung und Kodierung von Bildungsabschlüssen in interkulturellen Umfragen" („Computer-Assisted Measurement and Coding of Educational Qualifications in Surveys", CAMCES) bei GESIS – Leibniz-Institut für Sozialwissenschaften entsprechende Erhebungsinstrumente entwickelt.[3] In dem entwickelten Fragebogenmodul wird zunächst gefragt, wo die befragte Person ihren höchsten Bildungsabschluss gemacht hat. In Abhängigkeit von der Antwort werden den Befragten dann anhand einer Datenbankabfrage nur die für das entsprechende Bildungssystem relevanten Abschlüsse in den jeweiligen Sprachen und Schriften angeboten. Seit 2015 wird dieses Instrument pilotartig im IAB-SOEP Migrationssample als parallellaufende Alternative zu den oben genannten Instrumenten eingesetzt. Die CAMCES-Datenbank deckt damit bereits in der ersten Version viele der Herkunftsländer etablierter Migrantengruppen in Deutschland ab, z.B. die Türkei, Polen, einige Nachfolgestaaten der Sowjetunion (inklusive Russland) und die meisten Nachfolgestaaten Jugoslawiens. Darüber hinaus wird die Datenbank bis 2019 um zahlreiche Länder erweitert (darunter die Herkunftsländer der aktuell größten Flüchtlingsgruppen in Deutschland), um im IAB-BAMF-SOEP Geflüchtetensample (Babka von Gostomski, Böhm, Fendel, Friedrich, Giesselmann et al., 2016) sowie in der Studie „Refugees in the German Educational System" (ReGES[4]) eingesetzt zu werden.

---

3   Weitere Informationen inklusive Demo-Version finden Sie unter https://www.surveycodings.org/.
4   https://www.lifbi.de/de-de/weiterestudien/reges.aspx

4.2.2   Bildungsjahre

Ein weiterer, jedoch weniger spezifischer Indikator für das Bildungsniveau einer Person ist die Anzahl der Bildungsjahre. Dieser Indikator ist sehr wichtig, um bei Personen ohne formalen Bildungsabschluss (was in den Herkunftsländern von Migrantinnen und Migranten häufiger vorkommt als in Deutschland) weiter differenzieren zu können. Das SOEP fragt daher alle Befragten, die angeben, zuletzt eine Schule im Ausland besucht zu haben: „Wie viele Jahre haben Sie die Schule besucht?" Unterbrechungen im Schulbesuch – die vor allem bei kriegerischen Konflikten häufig vorkommen dürften – werden dabei allerdings nicht berücksichtigt.

4.3   Vergleichende Kodierung für Bildungsabschlüsse

4.3.1   Lösungsansätze der amtlichen Statistik

Die Internationale Standardklassifikation im Bildungswesen („International Standard Classification of Education", ISCED) (Schneider, 2013; UNESCO Institute for Statistics, 2012) wird in vielen internationalen Befragungen zur vergleichbaren Kodierung von Bildungsabschlüssen verwendet. Die Klassifikation hebt insbesondere auf strukturelle Merkmale von Bildungsgängen ab. Die wichtigsten Klassifikationskriterien sind die kumulativen Bildungsjahre zu Beginn und Ende eines Bildungsgangs, für den Zugang evtl. erforderliche Bildungsabschlüsse, und auf welche höheren Bildungsgänge vorbereitet werden soll. ISCED 2011 unterscheidet 9, der Vorgänger ISCED 1997 7 Bildungsniveaus (vgl. Tabelle 4.1). Innerhalb der Niveaus werden darüber hinaus allgemeinbildende von berufsbildenden und weiterführende von nur auf den Arbeitsmarkt vorbereitenden Bildungsgängen unterschieden, wodurch die 2011er-Klassifikation dreistellig wird. Die amtlichen Zuordnungen nationaler Bildungsabschlüsse zu ISCED-Kategorien werden von UNESCO-UIS dokumentiert.[5]

ISCED ermöglicht nur eine begrenzte Vergleichbarkeit ausländischer mit deutschen Abschlüssen. Dies liegt zum einen an den groben strukturellen Klassifikationskriterien und zum anderen daran, dass die Zuordnung von Abschlüssen zu ISCED-Kategorien – die meist durch Bildungsministerien erfolgt – nicht umfassend kontrolliert wird. Eine Validierung mit externen Kriterien (z. B. Lesekompetenzen) ist von amtlicher Seite nicht vorgesehen (vgl. jedoch Schneider, 2008, 2010). Empirische Studien zeigen, dass durchschnittliche Lesekompetenzen auf demselben ISCED-Niveau und sogar in denselben Unterkategorien von Land zu Land sehr unterschiedlich ausfallen können (Massing & Schneider, 2017; OECD, 2013).

---

5   http://uis.unesco.org/en/isced-mappings

Tabelle 4.1: Bildungsniveaus nach ISCED 2011 und ISCED 1997 (nach UNESCO Institute for Statistics, 2012)

ISCED 2011		ISCED 1997	
Niveau	Bezeichnung	Niveau	Bezeichnung
0	Early childhood education (attainment: less than primary education)	0	Pre-primary education
1	Primary education	1	Primary education
2	Lower secondary education	2	Lower secondary education
3	Upper secondary education	3	Upper secondary education
4	Post-secondary non-tertiary education	4	Post-secondary non-tertiary education
5	Short cycle tertiary education	5	First stage of tertiary education
6	Bachelor level education and equivalent		
7	Master level education and equivalent		
8	Doctoral level education	6	Second stage of tertiary education

4.3.2 Lösungsansätze der Wissenschaft

Auch für die ländervergleichende sozialwissenschaftliche Forschung ist es erforderlich, Bildungsabschlüsse international zu vergleichen. Dazu hat das Projekt „Comparative Analysis of Social Mobility in Industrial Nations" (CASMIN) ein in der Forschung breit verwendetes Schema entwickelt (Brauns, Scherer & Steinmann, 2003; König, Lüttinger & Müller, 1987). Das CASMIN-Bildungsschema hebt stärker als ISCED auf die Selektivität von Bildungsgängen und -abschlüssen ab, wodurch sich das Anspruchsniveau von Abschlüssen möglicherweise besser vergleichen lässt als mit ISCED. Es liegt jedoch nur für eine Auswahl europäischer Länder vor und wurde schon länger nicht mehr aktualisiert. Für aktuelle Herkunftsländer von Migrantinnen und Migranten in Deutschland ist es nicht verfügbar.

In der CAMCES-Datenbank (vgl. Abschnitt 4.2.1) sind allen Abschlüssen detaillierte ISCED-Codes für den internationalen Vergleich zugewiesen. Außerdem werden alternative ISCED-Zuordnungen angeboten, um eventuelle politisch motivierte Abweichungen von den Klassifikationskriterien zu korrigieren. Darin werden auch veraltete Abschlüsse klassifiziert, die in den amtlichen ISCED-Zuordnungen fehlen. Die Klassifikationskriterien selbst werden dadurch jedoch nicht optimiert.

4.4   Zwischenbilanz und Ausblick

Zusammenfassend ist zu konstatieren, dass in der Umfrageforschung bislang meist Verfahren zur Erfassung von Bildung angewendet werden, die bei Migrantinnen und Migranten mit hohen Messfehlern sowie starker Vereinfachung einhergehen, und die das Problem der mangelnden Vergleichbarkeit von Bildungsabschlüssen über Länder hinweg noch nicht zufriedenstellend lösen können. ISCED versucht, Bildungsgänge und -abschlüsse verschiedener Länder grob untereinander vergleichbar zu machen (aber nicht, ausländische Abschlüsse möglichst optimal in Äquivalenz zu deutschen Abschlüssen zu stellen). Für Umfragen, die nicht auf aufwändige Kompetenzmessungen zurückgreifen können, ist ISCED jedoch praktisch „alternativlos". Innovative Erhebungsinstrumente wie CAMCES (vgl. Abschnitte 4.2.1 und 4.3.2) gehen zwar neue Wege, um die Erfassung und Kodierung von Bildung bei Migrantinnen und Migranten zu verbessern und zu erleichtern. Auch CAMCES muss jedoch auf ISCED zurückgreifen. ISCED kann aber nur ein erster Anfang zur Einschätzung des Bildungsniveaus von im Ausland ausgebildeten Migrantinnen und Migranten in Deutschland sein, dem dann für die individuelle Einschätzung eine formale Gleichwertigkeitsfeststellung und ggf. Anerkennung als gleichwertigem Abschluss[6], eine Kompetenzdiagnostik[7] oder ein beruflicher Eignungstest[8] (s. Kapitel 13) folgen muss.

Literatur

Babka von Gostomski, C., Böhm, A., Fendel, T., Friedrich, M., Giesselmann, M., Holst, E. et al. (2016). *IAB-BAMF-SOEP-Befragung von Geflüchteten: Überblick und erste Ergebnisse* (IAB Forschungsbericht Nr. 14/2016). Nürnberg: IAB. Zugriff am 27.06.2017. Verfügbar unter http://doku.iab.de/forschungsbericht/2016/fb1416.pdf

Beigang, S., Fetz, K., Foroutan, N., Kalkum, D. & Otto, M. (2016). *Diskriminierungserfahrung in Deutschland: Erste Ergebnisse einer repräsentativen Erhebung und einer Betroffenenbefragung.* Berlin. Zugriff am 27.06.2017. Verfügbar unter http://www.antidiskriminierungsstelle.de/SharedDocs/Downloads/DE/publikationen/Handout_Umfrage_Diskriminierung_in_Dtschl_2015.pdf

Brauns, H., Scherer, S. & Steinmann, S. (2003). The CASMIN educational classification in international comparative research. In J.H.P. Hoffmeyer-Zlotnik & C. Wolf (Eds.), *Advances in*

---

6   Vgl. Kapitel 11: Atanassov & Erbe.

7   Vgl. Kapitel 10: Erbe & Atanassov und Kapitel 12: Deutscher & Winther.

8   Vgl. Kapitel 13: Krumm et al.

cross-national comparison: A European working book for demographic and socio-economic variables (S. 221–244). New York: Kluwer Academic/Plenum Press. http://doi.org/10.1007/978-1-4419-9186-7_11

Deutsches Institut für Wirtschaftsforschung. (2014). *Leben in Deutschland – Aufwuchs M, Befragung 2013 – Personenbiofragebogen*. Berlin.

Gresser, A., & Schacht, D. (2015). *SCIP Survey: Methodological Report*. Konstanz. (www.scip-info.org). https://www.uni-goettingen.de/de/document/download/12d6e7d09988190847189a902e8509d0.pdf/SCIP-MethodsReport-final-20151015.pdf

Hoffmeyer-Zlotnik, J. H. P., Beckmann, K., Glemser, A., Heckel, C., von der Heyde, C., Schneider, S. L. et al. (2016). *Demographische Standards, Ausgabe 2016. Eine gemeinsame Empfehlung des ADM Arbeitskreis Deutscher Markt- und Sozialforschungsinstitute e. V., der Arbeitsgemeinschaft Sozialwissenschaftlicher Institute e. V. (ASI) und des Statistischen Bundesamtes*. Wiesbaden: Statistisches Bundesamt. https://www.destatis.de/DE/Publikationen/StatistikWissenschaft/Band17_DemographischeStandards1030817169004.pdf?__blob=publicationFile

Hübler, O. (1984). Zur Empirischen Überprüfung alternativer Theorien der Verteilung von Arbeitseinkommen – Ökonometrische Ein- und Mehrgleichungsmodelle. In L. Bellmann, K. Gerlach & O. Hübler (Hrsg.), *Lohnstrukturen in der Bundesrepublik Deutschland. Zur Theorie und Empirie der Arbeitseinkommen* (Sozialwissenschaftliche Arbeitsmarktforschung, Bd. 7, S. 17–189). Frankfurt/Main: Campus.

König, W., Lüttinger, P. & Müller, W. (1987). *Eine vergleichende Analyse der Entwicklung und Struktur von Bildungssystemen. Methodologische Grundlagen und Konstruktion einer vergleichenden Bildungsskala* (CASMIN-Projekt: Arbeitspaper Nr. 12). Mannheim: Universität Mannheim.

Massing, N. & Schneider, S. L. (2017). Degrees of Competency: The Relationship between Educational Qualifications and Adult Skills across Countries. *Large-scale Assessments in Education, 5* (6), im Druck. https://doi.org/10.1186/s40536-017-0041-y

Müller, W. (1979). Schulbildung und Weiterbildung als soziale Hintergrundvariablen. In F. U. Pappi (Hrsg.), *Sozialstrukturanalysen mit Umfragedaten* (S. 169–206). Königstein: Athenäum.

OECD. (2013). *OECD Skills Outlook 2013: First Results from the Survey of Adult Skills*. Paris: OECD Publishing. http://doi.org/10.1787/9789264204256-en

OECD & Eurostat. (2014). *Joint Eurostat-OECD guidelines on the measurement of educational attainment in household surveys*. Zugriff am 27.06.2017. Verfügbar unter http://ec.europa.eu/eurostat/documents/1978984/6037342/Guidelines-on-EA-final.pdf

Schneider, S. L. (Hrsg.). (2008). *The International Standard Classification of Education (ISCED-97). An evaluation of content and criterion validity for 15 European countries*. Mannheim: Mannheimer Zentrum für Europäische Sozialforschung (MZES).

Schneider, S. L. (2010). Nominal comparability is not enough: (In-)equivalence of construct validity of cross-national measures of educational attainment in the European Social Survey. *Research in Social Stratification and Mobility, 28* (3), 343–357. http://doi.org/10.1016/j.rssm.2010.03.001

Schneider, S. L. (2013). The International Standard Classification of Education 2011. In G. E. Birkelund (ed.), *Class and Stratification Analysis* (Comparative Social Research, Vol. 30, pp. 365–379). Bingley: Emerald. http://doi.org/10.1108/S0195-6310(2013)0000030017

UNESCO Institute for Statistics. (2012). *International Standard Classification of Education – ISCED 2011*. Montreal: UNESCO Institute for Statistics. Zugriff am 27.06.2017. Verfügbar unter http://www.uis.unesco.org/Education/Documents/isced-2011-en.pdf. http://doi.org/10.15220/978-92-9189-123-8-en

Teil II
Pädagogisch-psychologische Diagnostik bei Kindern und Jugendlichen

5 Entwicklungsdiagnostik

Thorsten Macha & Franz Petermann

5.1 Einführung in die Entwicklungsdiagnostik mit Migrantenkindern

Eine standardisierte oder teilstandardisierte Entwicklungsdiagnostik erfolgt anhand von präzisen oder weiter gefassten Vorgaben von Testaufgaben oder Beobachtungssituationen. Es kann darum zu spezifischen Besonderheiten bei einer Entwicklungsdiagnostik mit Migrantenkindern kommen, was sich insbesondere auf die Sprachgebundenheit von Testinstruktionen, auf die zu erbringenden Testleistungen sowie auf kulturspezifische Testmaterialien und deren Darbietung bezieht. Im deutschen Sprachraum liegen verschiedene entwicklungsdiagnostische Verfahren vor, die abhängig vom Alter der Kinder und von den Entwicklungsbereichen mit unterschiedlichen Möglichkeiten und Problemen einhergehen.

Abschnitt 5.2.1 zeigt diagnostische Strategien für eine Breitband-Entwicklungsdiagnostik mit Migrantenkindern anhand zweier verbreiteter allgemeiner Entwicklungstests (Bayley-III und ET 6-6-R) auf. Als Ergänzung und in spezifischen Fällen auch als Alternative zur Erfassung der kognitiven Entwicklung im Vorschulalter werden in Abschnitt 5.2.2 zwei bedeutsame sprachfreie Intelligenztests (SON-R 2½-7 und WNV) diskutiert. Besteht keine Möglichkeit, eine standardisierte Testung durchzuführen, kann ersatzweise ein teilstandardisiertes Entwicklungs-Screening (EBD 3-48 oder EBD 48-72) durchgeführt werden (Abschnitt 5.3). Es werden die sprach- bzw. kulturspezifischen Merkmale dieser Verfahren aufgezeigt und deren Handhabung mit Migrantenkindern erläutert.

5.1.1 Bereiche und Zielsetzungen einer Entwicklungsdiagnostik

Die Entwicklungsdiagnostik bezieht sich auf den Altersbereich von null bis sechs Jahren und bildet typischerweise den Entwicklungsstand eines Kindes in den Bereichen

- Körper- und Handmotorik,
- kognitive Entwicklung,
- Sprachentwicklung,
- sozial-emotionale Entwicklung

ab. Für die Erstellung einer Entwicklungsdiagnostik stehen folgende Informationsquellen zur Verfügung:

- hochstandardisierte Entwicklungstests, das heißt allgemeine Entwicklungstests und spezifische Entwicklungstests (für den klinischen Einsatz durch psychologisch geschulte Untersucher),
- teilstandardisierte Entwicklungs-Screenings (zumeist für den pädagogischen Bereich),
- nichtstandardisierte Verfahren zur Alltagsbeobachtung (z. B. durch Eltern oder pädagogische Fachkräfte).

Eine Entwicklungsdiagnose liefert in einem ersten Schritt Auskunft darüber, ob bei einem Kind eine globale oder eine spezifische Entwicklungsverzögerung, eine Entwicklungsstörung oder eine unauffällige Entwicklung vorliegt. In einem zweiten Schritt kann dann geklärt werden, ob ein spezifischer Bedarf für eine Förderung oder für eine Therapie besteht (Petermann & Macha, 2005).

5.1.2   Merkmale einer Entwicklungsdiagnostik

Bei einer Entwicklungsdiagnostik handelt es sich um eine Leistungsüberprüfung, die grundsätzlich mit der Durchführung eines Entwicklungstests einhergeht. Entwicklungstests erheben, ob ein Kind bereits die Entwicklungsschritte absolviert hat, die seinem Lebensalter entsprechen. Die Altersspanne, in der Entwicklungstests eingesetzt werden, bezieht sich auf die ersten sechs Lebensjahre eines Kindes; nur wenige Verfahren bestimmen den Entwicklungsstand darüber hinaus auch im Schulalter. Aufgrund der großen Variabilität normaler Entwicklung – d. h., aufgrund der beobachteten Vielfalt normaler Entwicklungsverläufe – liegt Entwicklungstests kein einheitlicher theoretischer Rahmen zugrunde; vielmehr werden grundsätzlich *phylogenetisch*[1] begründbare Entwicklungsziele (z. B. der Erwerb des freien Gehens), *kulturell* determinierte Entwicklungsaufgaben (z. B. das Erlangen graphomotorischer Fertigkeiten zum Erlernen des Schreibens) sowie Leistungen, die sich empirisch als *prognostisch valide* im Hinblick auf die Entstehung von Entwicklungsproblemen erwiesen haben (z. B. Aspekte der phonologischen Bewusstheit), überprüft.

---

1   Hierbei handelt es sich um Entwicklungsziele, die als natürliche Merkmale allen Menschen ab einem definierten Alter bzw. Entwicklungsstand zu eigen sind.

Entwicklungstests werden hochstandardisiert durchgeführt. Es lassen sich drei Vorgehensweisen unterscheiden (Petermann & Macha, 2003):

- *Stufenleiterverfahren* wollen ein Entwicklungskontinuum abbilden, wobei die Aufgaben inhaltlich verschieden sein können. Die Testung beginnt mit Aufgaben, die das untersuchte Kind sicher lösen kann, und endet, wenn die Aufgaben so schwierig sind, dass das Kind sie nicht mehr lösen kann. Die schwierigsten vom Kind noch gelösten Aufgaben – das heißt das Lebensalter, in dem Kinder diese Aufgaben lösen können – markieren den Entwicklungsstand.
- *Testbatterien* überprüfen anhand mehrerer inhaltlich homogener Untertests den Entwicklungsstand in verschiedenen Bereichen. Innerhalb der Untertests werden inhaltlich sehr ähnliche Aufgaben nach dem gleichen Prinzip getestet wie bei einer Stufenleiter – das heißt leichte Aufgaben zum Einstieg, und der Abschluss der Testung erfolgt, wenn mehrere aufeinanderfolgende Aufgaben nicht mehr gelöst werden. Testbatterien sind oft hochreliabel, lassen allerdings nur Aussagen zu eng umschriebenen Entwicklungsbereichen zu. Sie werden insbesondere von jüngeren (bis fünf Jahre) oder beeinträchtigten Kindern als monoton erlebt. Als eine spezifische Form kognitiver Entwicklungstests können altersnormierte Intelligenztests für das Kindesalter aufgefasst werden, die grundsätzlich als Testbatterie durchgeführt werden.
- *Inventare* sind in der Lage, Entwicklungsbereiche durch inhaltlich vielfältige Aufgaben zu überprüfen, die in etwa dem Entwicklungsstand eines Kindes entsprechen. Durch den Abwechslungsreichtum bearbeiten Kinder entwicklungsdiagnostische Inventare zumeist gut motiviert.

Die Ergebniswerte von Entwicklungstests können sich *längsschnittlich*, das heißt an empirisch gesicherten, typischen Entwicklungsverläufen (z. B. Entwicklungsalter; zumeist bei Stufenleitern), oder *querschnittlich*, das heißt den Vergleich eines Kindes mit der Entwicklung gleichalter Kinder (Standardwerte, z. B. Entwicklungsquotienten mit Prozenträngen; zumeist bei Testbatterien und Inventaren), orientieren. Die Ergebnisse werden meist in einem Entwicklungsprofil gegenübergestellt.

Aufgrund ihrer Standardisierung und der hohen Ansprüche an den Untersucher bei der Testdurchführung müssen Entwicklungstests von gut ausgebildeten Experten durchgeführt werden. Dies gilt umso mehr bei der Testung von Migrantenkindern, da hier neben den ohnehin hohen Anforderungen zusätzliche Probleme aufgrund der sprachlichen Kommunikation, einer kulturell geprägten Weise der Interaktion sowie der Einflüsse durch eine improvisierte Testdurchführung (vgl. Abschnitte 5.1.3 und 5.1.4) entstehen können.

Neben standardisierten Entwicklungstests werden Beobachtungsverfahren sowie Eltern- und Erzieherfragebögen zur groben Einschätzung des Entwicklungsstandes eines Kindes eingesetzt. Aufgrund der geringeren Standardisierung solcher

Verfahren und des zum Teil nicht oder nur eingeschränkt definierten Beobachtungsraums der Kinder (Alltags- und Spielsituationen) weisen sie eine geringere Validität als Entwicklungstests auf.

5.1.3   Was ist bei einer Entwicklungsdiagnostik mit Migrantenkindern zu berücksichtigen?

Bei einer Entwicklungsdiagnostik mit Kindern aus Migrantenfamilien können insbesondere zwei Sachverhalte einen standardisiert erhobenen Testbefund gefährden: 1. Die standardisierte Durchführung solcher Verfahren erfolgt oft durch präzise sprachliche Instruktionen (abgestimmt auf das Alter des Kindes); 2. in vielen Fällen müssen die Kinder die Leistungen (z. B. zur kognitiven Entwicklung) sprachlich erbringen. Dies führt bei Kindern mit Migrationshintergrund – sofern diese nicht über altersgemäße Fertigkeiten in der deutschen Sprache verfügen – zu Durchführungs- und Bewertungsproblemen. Des Weiteren können Kinder aus Migrantenfamilien – sofern sie einen großen Teil ihres Lebens außerhalb des westlichen Kulturkreises verbracht haben – kulturbedingte Unterschiede im individuellen Entwicklungsprofil aufweisen. Außerdem können Verzerrungen von Ergebnissen durch die Verwendung kulturabhängigen Testmaterials auftreten. Dies bezieht sich zumeist auf Formalisierungen (z. B. Verwendung von Matrizen, regelmäßig angeordnete Steckbretter oder Legetafeln) sowie Darstellungen von Menschen (Puppen oder Abbildungen; insbesondere Kleidung, Frisuren und Hautfarbe). Ein weiteres Problem kann aus der Ausrichtung von Anordnungen (Reihenfolgen von Gegenständen, Bildern) resultieren: Bei vielen Tests werden beispielsweise aufeinanderfolgende Abbildungen, logische Reihen oder Suchreihen beginnend von links nach rechts fortschreitend (gelegentlich auch im Uhrzeigersinn) angeordnet – sodass Kinder aus Kulturen, in denen die Blick-, Lese- und Schreibrichtung von rechts nach links typisch ist, aufgrund der Standardisierung eines Tests erhebliche Nachteile erfahren können. Es ist aus diesen Gründen zu empfehlen, solche Tests durchzuführen, die eine oder mehrere der folgenden Bedingungen erfüllen:

- keine oder nur geringe Sprachgebundenheit;
- die sprachlichen Bereiche können in der Muttersprache des Kindes oder in einer Sprache, die dem Kind vertraut ist, absolviert werden (z. B. Englisch);
- ein Untersucher, der die Muttersprache des Kindes beherrscht, kann sprachliche Instruktionen während der Untersuchung unter Wahrung der Standardisierung des Tests routiniert und valide übersetzen;
- der Test kann unter Assistenz eines Elternteils oder einer anderen vertrauten Person des Kindes als Dolmetscher valide durchgeführt werden.

Da es sich bei Entwicklungstests um Verfahren handelt, die in den ersten Lebensjahren eines Kindes durchgeführt werden, sind altersspezifische Besonderheiten zu berücksichtigen:

- Die Entwicklung im Säuglingsalter (0–17 Monate) vollzieht sich stark reifungs-gebunden – das heißt kulturelle Einflüsse (Anregungen, „Entwicklungsumwelten") nehmen zunächst nur einen geringen spezifischen Einfluss auf die Entwicklung des Kindes, solange eine anregungsreiche Interaktion mit dem Kind gepflegt wird.
- Die Entwicklung im Kleinkindalter (18–35 Monate) ist bereits stärker von kulturellen Einflüssen geprägt; dies bezieht sich insbesondere auf die Sprachentwicklung und die sozial-emotionale Entwicklung (Petermann & Wiedebusch, 2016). Je nach Entwicklungsumwelt können die Wahrnehmungsentwicklung und kognitive Entwicklung bereits spezifisch angeregt werden.
- Ab dem Vorschulalter (ab 36 Monate) beeinflussen Umgebungsfaktoren die kognitive Entwicklung (z. B. die Abstraktionsfähigkeit oder die Fähigkeiten der Planung komplexer Handlungen). Die sozialen Erwartungen an das Kind prägen darüber hinaus die Entwicklung seiner sozialen Kompetenzen und die Selbstständigkeitsentwicklung. Außerdem sind die meisten Kinder in einer Muttersprache verankert (Meindl & Jungmann, 2012), das heißt sie verstehen und verwenden zumeist eine Sprache aktiv als elementaren Bestandteil der Alltagskommunikation.

Für die *Praktikabilität* von Entwicklungstests mit *Migrantenkindern* gelten darum folgende Empfehlungen: Bis zum Alter von drei Jahren können die meisten Entwicklungstests mit Migrantenkindern gut durchgeführt werden. Die Testaufgaben sind oft wenig sprachgebunden oder können durch gestische Anleitungen eines Untersuchers aussagekräftig durchgeführt werden. Dies gilt insbesondere für Aufgaben zur grob- und feinmotorischen Entwicklung. Aufgaben zur kognitiven Entwicklung – die einen engen Sprachbezug (notwendiges Sprachverständnis bzw. Erfordernis, dass das Kind die Leistung sprachlich kommuniziert) aufweisen – sind zwar selten, können aber den entwicklungsdiagnostischen Befund verzerren. In solchen Fällen müssen diese spezifischen Testergebnisse auf Aufgaben- und auf Skalen-Ebene zurückhaltend interpretiert werden. Die Durchführung einer Skala zur Sprachentwicklung in einer Sprache, die nicht die Muttersprache des Kindes ist, kann grundsätzlich nicht den Entwicklungsstand eines Kindes abbilden, sondern lediglich seine Kompetenzen in der Testsprache. Ab einem Alter von drei Jahren sind nahezu alle Entwicklungstests sprachgebunden.

Aufgaben zur motorischen Entwicklung lassen sich oft gut improvisieren, das heißt die Instruktionen werden dem Kind dabei durch den Untersucher modellhaft übermittelt. Dies ist bei Aufgaben zur kognitiven Entwicklung nun nicht mehr zulässig, da durch ein Vormachen oder ein Andeuten oft bereits entscheidende Hinweise für eine Aufgabenlösung mitgeliefert würden, die in einer sprachlichen Instruktion nicht enthalten sind. Sprachfreie Aufgaben zur kognitiven Entwicklung liefern zwar oft nützliche Beobachtungen, es empfiehlt sich jedoch, sprachgebundene Aufgaben nicht durchzuführen und auch keine Auswertung (zumeist anhand der Summenbildung gekonnter Aufgaben beider Typen) anzustreben. Zur

Bestimmung des globalen kognitiven Leistungsniveaus eines Kindes empfiehlt sich die Durchführung eines sprachfreien Intelligenztests.

Für den Einsatz von entwicklungsdiagnostischen Beobachtungsverfahren oder Entwicklungsfragebögen bei *Eltern von Migrantenkindern* gelten folgende Empfehlungen:

- Es ist grundsätzlich zu prüfen, ob ein Verfahren in der Muttersprache der Eltern vorliegt.
- Weisen die Eltern keine oder nur rudimentäre Fertigkeiten in der Testsprache auf und wird deswegen eine Übersetzung in die Muttersprache der Eltern angestrebt, kann dies auf zwei Arten erfolgen:
  1. Entweder eine Fachperson übersetzt Fragebogen- oder Beobachtungs-Items schriftlich, sodass eine sprachlich angepasste Version in Papierform vorgelegt werden kann. Dabei ist die Erhaltung des semantischen Gehalts der Aufgaben bestmöglich sicherzustellen. Erfahrungsgemäß geht dies dennoch mit Einschränkungen der Aussagekraft des Tests einher; deshalb sollten ohne eine empirische Erprobung und ohne spezifische Normierung beispielsweise keine in einer anderen Sprache oder einem anderen Kulturraum erhobenen Testnormen zur Auswertung herangezogen werden. Die Interpretation der Testergebnisse sollte daher qualitativ erfolgen.
  2. Ist jedoch die Durchführung eines Tests in Schriftform nicht möglich oder verfügen die Eltern nicht über ausreichende Lesefertigkeiten, kann eine mündlich vermittelte Stegreif-Übersetzung versucht werden. Neben den Problemen aus vorstehend 1. können dabei jedoch suggestive oder lenkende Einflüsse durch den Befragungsstil des Untersuchers entstehen, welche die Validität des entwicklungsdiagnostischen Befundes weiter reduzieren. Diese Vorgehensweise kann ausschließlich für den Fall empfohlen werden, dass eine Verhaltensbeobachtung des Kindes nicht möglich ist, jedoch Basisinformationen zur Präzisierung einer diagnostischen Fragestellung gesammelt werden müssen. Aufgrund der reduzierten Objektivität dieser Vorgehensweise kann für ein Kind kein entwicklungsdiagnostischer Befund im eigentlichen Sinne erhoben werden; vielmehr werden Informationen im Rahmen der Exploration gesammelt, die den diagnostischen Prozess gestalten können, und die grundsätzlich durch zusätzliche Informationsquellen abgesichert werden müssen.

5.1.4   Was ist bei der Interpretation eines entwicklungs-diagnostischen Befundes bei Migrantenkindern zu beachten?

Während sich die Sprachvoraussetzungen von Migrantenkindern bereits erkennbar auf die Durchführung eines Tests auswirken können, sind kulturelle Einflüsse auf das Ergebnis im Einzelfall weniger gut erkennbar. Hier kann von mangelnder

Testfairness gesprochen werden, denn oft weist ein kulturfernes Kind andere Voraussetzungen für eine Testung auf als die Kinder der Eichstichprobe eines in Deutschland normierten Tests. Eine Entwicklungsdiagnostik mit einem Migrantenkind im deutschen Sprachraum verfolgt zumeist jedoch nicht die Fragestellung, wie sich das Kind im Vergleich zu anderen Kindern seines Kulturraums entwickelt hat, sondern wie seine Entwicklungsprognose in Bezug auf die zu vollziehende Adaptation an und Integration in die aktuelle Lebenswelt ausfällt. Hierfür liefern Testnormen deutscher Kinder zwar belastbare Orientierungspunkte, dennoch gelten für Migrantenkinder einige Besonderheiten bezüglich der Interpretation von Entwicklungstests. Konnte eine Entwicklungsdiagnostik so umfassend durchgeführt werden, dass eine Berechnung von Ergebniswerten möglich und sinnvoll ist, gelten folgende Empfehlungen:

- Ist das Testergebnis trotz bestehender sprachlicher oder kultureller Besonderheiten des Kindes unauffällig, so kann seine Entwicklung grundsätzlich als unauffällig und die Prognose als günstig interpretiert werden.
- Ist das Testergebnis auffällig, jedoch aufgrund bestehender sprachlicher oder kultureller Besonderheiten des Kindes verfälscht, so kann die Entwicklung nicht präzise eingeschätzt werden. Das Testergebnis ist wahrscheinlich in Richtung „auffällig" verzerrt, das heißt der tatsächliche Entwicklungsstand des Kindes wird unterschätzt. Das Testergebnis hat jedoch einen „Mindest-Entwicklungsstand" ausgewiesen, der oft schon ausreicht, um eine „Mindest-Entwicklungsprognose" zu formulieren. Sind die Testergebnisse nicht gravierend auffällig, liegt häufig ein geringes Entwicklungsrisiko und ein moderater Förderbedarf vor.
- Liegt ein auffälliges Testergebnis vor, ist dieses jedoch wegen bestehender kultureller Besonderheiten des Kindes verfälscht, so kann die Entwicklungsprognose des Kindes präzisiert werden, wenn eine Entwicklungsverlaufskontrolle erfolgt. Hierzu empfiehlt es sich, in bestimmten Abständen das Kind wiederholt mit dem gleichen Testverfahren zu untersuchen. Um dabei Lern- und Erinnerungseffekte gering zu halten, sollten die Abstände zwischen zwei Testungen im Kleinkindalter mindestens drei und im Vorschulalter mindestens sechs Monate betragen. Migrantenkinder, die keine deutlich auffälligen Testergebnisse erzielen (PR > 2,3[2]) und deren Testergebnisse durch Kultureinflüsse verzerrt sind, weisen gegenüber Kindern aus dem Kulturraum des Tests bei gleichem Ergebnis zumeist eine günstigere Prognose auf. Eigene Beobachtungen zeigen, dass Migrantenkinder im Durchschnitt rasche Anpassungsleistungen im neuen Kulturraum erbringen, aber auch besonderen Belastungen – beispielsweise in der Identitätsentwicklung – ausgesetzt sind (Belhadj Kouider & Petermann, 2015). Kulturbedingt geringe Leistungen – die anhand von Testnormen als „Entwicklungsverzögerungen" zu interpretieren sind – werden im Vorschulalter meist gut aufgeholt.

---

2   Das Testergebnis liegt oberhalb des Prozentrangs von 2,3, d.h. mindestens 2,3 % der Kinder in der Normpopulation weisen einen geringeren Entwicklungsstand als das untersuchte Kind auf.

Im Folgenden wird eine Auswahl etablierter Entwicklungstests aus dem deutschen Sprachraum vor dem Hintergrund der besonderen Anforderungen bei der Testung von Migrantenkindern vorgestellt und diskutiert. Dabei werden die Verfahren auf ihre Anwendbarkeit sowie auf notwendige Untersucherqualifikationen überprüft, alternative Strategien der Durchführung diskutiert und spezifische Aspekte der Interpretation aufgezeigt. Die Testergebnisse werden im Hinblick auf ihren Aussagegehalt für den Entwicklungsstatus sowie für eine Entwicklungsprognose beurteilt.

5.2   Standardisierte Verfahren

5.2.1   Allgemeine Entwicklungstests

5.2.1.1   Bayley-III – Deutsche Bearbeitung

Tabelle 5.1: Kurzbeschreibung des Bayley-III

Testverfahren:	Bayley-Scales of Infant and Toddler Development, Third Edition – Deutsche Fassung (Bayley-III, deutsch)
Autoren:	Gitta Reuner & Joachim Rosenkranz, 2014
Konzeption:	Allgemeiner Entwicklungstest (Stufenleiter): Überprüfung altersrelevanter Entwicklungsschritte entlang festgelegter Aufgabenreihenfolgen. Erfasst wird der Entwicklungsstand in 5 Skalen für Kinder von 1 bis 42 Monate. Es werden in der Tradition der Verfahren Nancy Bayleys vielfältige Gesichtspunkte der kindlichen Entwicklung überprüft. Nach vollständiger Durchführung werden Entwicklungsprofile der Skalen (SW: MW = 100; SD = 15) und Untertests (MW = 10; SD = 3) erstellt. Für alle fünf Untertests ist ein Screening mit jeweils der Interpretation auffällig bzw. gefährdet bzw. unauffällig möglich.
Untertests:	5 Skalen mit insgesamt 324 Aufgaben: Kognitive Skala (91 Aufgaben), Sprach-Skala (Sprache Rezeptiv: 49 Aufgaben; Sprache Expressiv: 46 Aufgaben), Motorik-Skala (Feinmotorik: 66 Aufgaben; Grobmotorik: 72 Aufgaben).
Beurteilung der psychometrischen Qualität:	Die über das Alter gemittelten Standardmessfehler bewegen sich für die 5 Untertests (14 Altersgruppen) im Bereich von 1,04 bis 1,59 und betragen für die beiden Summenskalen 5,27 und 6,30. Die über Alter gemittelten Skalen-Konsistenzen (Splithalf) bewegen sich für die 5 Untertests im Bereich von .77 bis .89 und betragen für die beiden Summenskalen .86 und .88. Die Konsistenzen des Screenings fallen etwas geringer aus.

Tabelle 5.1: Fortsetzung

	Spezifische Retest-Reliabilität (Risikogruppe Frühgeborener; t1: 7 Monate; t2: 24 Monate) zwischen .20 und .46.
	Umfangreicher Validierungsstand der englischen Original-Version. Untertest-Interkorrelationen im Bereich von .22 und .40 belegen die Unabhängigkeit der Skalen, Faktorenanalysen stützen die Skalenstruktur.
	Klinische Studien mit Frühgeborenen und Kindern mit einer Trisomie 21 stützen die Validität.
	Die deutschen Testnormen wurden 2012–2014 erhoben.

Alter	Test-sprache	Test-aufbau	zeitlicher Aufwand	Normie-rungs-stich-probe	Ergän-zende Informa-tionen	Bezug
0;1 bis 3;6 Jahre	Deutsch; Original in Englisch, außerdem niederländische Version erhältlich.	Auswertung ausschließlich als Papier-Version. Keine Paralleltestform.	Bearbeitungsdauer je nach Alter: 1. Lebensjahr ca. 50 Minuten (Screening ca. 20 Minuten); ab 2. Lebensjahr ca. 90 Minuten (Screening ca. 30 Minuten); Auswertungsdauer: ca. 8 bis 10 Minuten (Screening ca. 5 Minuten).	N = 1.009 (davon 131 aus den Niederlanden); Anteil mit Migrationshintergrund nicht dokumentiert.	Kultureller Bezug der Materialien gegeben (Abbildungen, Figuren, formalisierte Materialien wie Formbrett oder Steckbrett); Durchführung dennoch praktikabel.	Pearson Deutschland (Frankfurt a. M.)

Verfahrensgliederung des Bayley-III – Deutsche Bearbeitung

Die Bayley Scales of Infant Development (Third Edition – Deutsche Fassung) überprüfen in fünf Untertests die Entwicklungsbereiche

- Kognition,
- Sprache Rezeptiv und

- Sprache Expressiv,
- Feinmotorik und
- Grobmotorik.

Die Untertests der Sprache und Motorik werden jeweils zusätzlich zu Skalen gebündelt. Zusätzlich werden anhand einer Verhaltensbeobachtung durch den Untersucher sowie anhand einer Einschätzung der Eltern Aspekte des Verhaltens eines Kindes wie Affekte, Aktivitäten, Explorationsverhalten, Aufmerksamkeit und Muskeltonus für den Zeitraum der Untersuchung (Untersucher) sowie für den Alltag des Kindes (Eltern) eingeschätzt. Auf diese Weise können die Aussagekraft der Testbefunde abgesichert und spezifische Problembereiche des Kindes exploriert werden (13 Items).

Die Aufgabensammlungen des Bayley-III werden eklektisch begründet, das heißt es werden Erkenntnisse der Entwicklungspsychologie, der Klinischen Kinderpsychologie sowie der Entwicklungsneurologie aufgegriffen und daraus Aufgabenreihungen für die Untertests abgeleitet. Die präzisen Reihenfolgen orientieren sich an den Aufgabenschwierigkeiten – das heißt in den Bayley-III-Skalen werden grundsätzlich zunächst leichte Aufgaben durchgeführt, im weiteren Testverlauf erhöht sich sie Schwierigkeit der Aufgaben kontinuierlich. Hierdurch erhält das Verfahren den Charakter einer Stufenleiter, was zunächst durch Praktikabilitätserwägungen, nicht jedoch durch die Annahme von Entwicklungsfolgen im engeren Sinne begründet wird.

Insgesamt umfasst der Bayley-III 324 Aufgaben, von denen mit dem Kind in Abhängigkeit von seinem Alter sowie von seinen Testleistungen eine spezifische Auswahl durchgeführt wird. Dieses Vorgehen führt dazu, dass die Anzahl der vorzugebenden Aufgaben und somit die Untersuchungsdauer von Kind zu Kind erheblich variieren kann. Auf die kognitive Skala entfallen 91 Aufgaben, auf die Sprach-Skala 95 Aufgaben (Sprache Rezeptiv: 49 Aufgaben; Sprache Expressiv: 46 Aufgaben) und auf die Motorik-Skala 138 Aufgaben (Feinmotorik: 66 Aufgaben; Grobmotorik: 72 Aufgaben). Der Bayley-III weist für jeden Untertest 17 altersabhängige Startpunkte aus, das heißt die ersten Aufgaben des Tests orientieren sich am (bei Frühgeborenen: korrigierten) Lebensalter des Kindes. Die Durchführung der meisten Items erfolgt hochstandardisiert, das heißt unter Zuhilfenahme eines festen Materialsatzes unter präzisen Durchführungs- und Bewertungskriterien. Insbesondere innerhalb des ersten Lebensjahres werden zahlreiche Leistungen jedoch auch beiläufig beobachtet. Eine Checkliste listet die insgesamt 75 davon betroffenen Items auf.

Durchführung des Bayley-III – Deutsche Bearbeitung

Die Durchführung des Bayley-III erfordert eine präzise Einhaltung von Rahmenbedingungen der Umgebungsgestaltung und der Interaktion mit dem Kind. Der hohe Standardisierungsgrad der Aufgaben erfordert – nicht zuletzt wegen der großen Aufgabenmenge – erhebliche Untersucherqualifikationen.

Anhand der Bestimmung des (bei Frühgeborenen korrigierten) Alters des Kindes sind die Einstiegspunkte in den einzelnen Untertests definiert. Kann das Kind in einem Untertest nicht zunächst mindestens drei aufeinanderfolgende Aufgaben lösen, greift eine Umkehrregel, das heißt es wird der Einstiegspunkt der nächst niedrigeren Altersgruppe gewählt. Dies wird bei Bedarf so lange wiederholt, bis das Kind drei aufeinanderfolgende Aufgaben lösen kann. Im Anschluss werden die Aufgaben für jeden einzelnen Untertest konsekutiv entlang der Stufenleitern durchgeführt. Der Abbruch innerhalb eines Untertests erfolgt, wenn das Kind fünf aufeinanderfolgende Aufgaben nicht mehr gelöst hat. Um diesen Testverlauf in jedem Fall protokollieren zu können, sind in den umfangreichen Protokollbögen (40 Seiten) sämtliche Aufgaben verzeichnet.

Die Durchführung des Bayley-III-Screenings erfolgt nach dem gleichen Durchführungsmodus, jedoch mit einer reduzierten Anzahl an Aufgaben. Insgesamt wurden für das Screening 142 der Aufgaben aus dem Bayley-III ausgewählt (Kognition: 34 Aufgaben; Sprache Rezeptiv: 26 Aufgaben; Sprache Expressiv: 25 Aufgaben; Feinmotorik: 28 Aufgaben; Grobmotorik: 29 Aufgaben). Es sind für das Screening lediglich vier altersbezogen Startpunkte je Untertest festgelegt; wiederum sind Umkehr- und Ausstiegsregeln formuliert.

Die Bayley-III-Skalen sind so konstruiert, dass in jedem Untertest eine festgelegte Anzahl an Aufgaben gelöst werden muss, bevor eine Auswertung vorgenommen werden kann. Dies hat zur Folge, dass grundsätzlich nicht die Defizite (= nicht gelöste Aufgaben), sondern die Ressourcen (= richtig gelöste Aufgaben) des Kindes in die Auswertung eingehen. Um dies zu garantieren, ist im Einzelfall ein erheblicher zeitlicher Aufwand erforderlich.

Auswertung und Ergebniswerte des Bayley-III – Deutsche Bearbeitung

Zunächst werden die Untertest-Rohwerte ermittelt: Es werden alle vom Kind gelösten Aufgaben zu den in der Stufenleiter vor dem Startpunkt des Kindes befindlichen Aufgaben addiert. Es stehen 48 altersbezogene Normtabellen zur Verfügung, mit denen Untertestwerte (MW: 10; SD: 3) und Skalenwerte (MW: 100; SD: 15) bestimmt werden. Außerdem können die Prozentrangwerte abgelesen sowie die 90 %- und 95 %-Konfidenzintervalle bestimmt werden. Untertest- und Skalenwerte werden anschließend in grafischen Profilen dargestellt. Die Untertest-Rohwerte können in Altersäquivalente überführt werden, und auf diese Weise kann ein Entwicklungsalter geschätzt werden. Des Weiteren wird für alle Untertestpaare überprüft, ob kritische Differenzen (statistische Signifikanz) vorliegen. Auf diese Weise können seltene, starke Profilschwankungen identifiziert werden.

Bei der Auswertung des Bayley-III-Screenings werden in oben beschriebener Weise ebenfalls zunächst die Untertest-Rohwerte ermittelt. Diese Rohwerte werden altersabhängig (neun Altersgruppen) als „auffällig" (PR<2), „gefährdet" (PR 2–25) oder „unauffällig" (PR>25) interpretiert.

Normen des Bayley-III – Deutsche Bearbeitung

Die deutschen Normen des Bayley-III wurden in den Jahren 2012 bis 2014 erhoben. Da nur wenige Säuglinge im Alter unter drei Monate rekrutiert werden konnten, wurde dieser Altersbereich mit niederländischen Kindern ergänzt, von den insgesamt 1.009 Kindern stammten somit 878 aus Deutschland (Niederlande: 131 Kinder). Es wurden keine klinisch auffälligen Kinder wie Frühgeborene oder Kinder mit körperlichen Erkrankungen oder Entwicklungsstörungen in die Normstichprobe einbezogen. Das Bildungsniveau der Eltern zeigt einen geringen, nicht signifikanten Zusammenhang mit den Testergebnissen der Kinder. Die Normen für das Bayley-III-Screening wurden nicht anhand einer separaten Stichprobe erhoben, sondern von Kindern abgeleitet, die den Gesamttest absolviert hatten.

Testfairness des Bayley-III – Deutsche Bearbeitung

Sprachgebundenheit: Die deutsche Bearbeitung der Bayley-III-Skalen wird sprachgebunden durchgeführt:

- Die Aufgaben zur Grob- und insbesondere zur Feinmotorik sollen ab dem Alter von etwa zwei Jahren häufig durch sprachliche Instruktionen angeleitet werden. Zumeist werden sie jedoch durch den Untersucher demonstriert, sodass die Aufgabeninhalte auch ohne Sprachverständnis des Kindes vermittelt werden können.
- Die Aufgaben zur kognitiven Entwicklung werden ebenfalls ab dem Alter von etwa zwei Jahren von teilweise umfangreichen sprachlichen Instruktionen begleitet. Einige Aufgaben des dritten Lebensjahres können im Regelfall zusätzlich durch Gesten vermittelt werden. Ab dem Alter von drei Jahren erfordern viele Aufgaben jedoch unbedingt das Sprachverständnis des Kindes (z. B. „Zeig mir alle kleinen/großen Enten", „Welche Ente ist schwer?", „Welche von den beiden Enten passt zu *dieser* Ente hier?"). Hier drohen die Testleistungen eines Kindes ohne ausreichende Deutschkenntnisse seinen kognitiven Entwicklungsstand zu unterschätzen.
- Die Skala zur Sprachentwicklung kann (deutschsprachig durchgeführt) die Sprachfertigkeiten eines Migrantenkindes in der deutschen Sprache abbilden. Ein Transfer in andere Sprachen (etwa durch spontane Übersetzungen) kann aufgrund der grammatikalischen Besonderheiten der deutschen Sprache ab dem Alter von ca. drei Jahren nicht empfohlen werden, da sich hierdurch oft die Schwierigkeit und die Inhalte der Aufgaben verändern würden. Erfahrungen zu Stegreif-Übersetzungen der Aufgaben des Bayley-III sind bislang nicht dokumentiert.

Kulturgebundenheit: Einige der Materialien der Bayley-III-Skalen weisen einen Kulturbezug auf. Die Stimulusbücher (Gesamttest sowie Screening) bilden beispielsweise Tiere ab, die nicht in allen Regionen der Welt gleich bekannt sein dürften. Auch einige der dort sowie im Vorlesebuch und im Bilderbuch abgebildeten Spielzeuge, Gegenstände oder Situationen sind durch den Alltag bzw. durch die Spielgewohnheiten von Kindern der westlichen Welt geprägt. Die Darstellung von Menschen berücksichtigt allerdings verschiedene Hautfarben und unterstützt somit eine kulturfaire Durchführung der zugehörigen Aufgaben.

Von den Testmaterialien sind insbesondere das Formbrett mit seinen Einsteckteilen sowie das Steckbrett hochformalisierte Materialien, die eher alltagsferne Leistungen überprüfen. Es ist davon auszugehen, dass hierdurch Kindern aus einzelnen afrikanischen oder asiatischen Kulturen aufgrund geringer Vorerfahrungen der Aufgabeneinstieg erschwert ist. Auch bei einzelnen Spielzeugen – beispielsweise den Enten, den Steckbausteinen oder der Puzzle-Form „Eistüte" – ist von einem starken Kulturbezug auszugehen, der jedoch die Aufgabendurchführung nur in seltenen Fällen deutlich beeinträchtigen wird. Bei den an mehreren Stellen wiederkehrenden Darstellungen von Hunden ist zu bedenken, dass diese in einigen muslimischen Kulturen eine andere Bedeutung im Alltag sowie eine andere Bewertung erfahren als in den Kulturen der westlichen Welt. So kann dann beispielsweise die Aufgabe „Der Junge hat seinen Hund gewaschen!" (mit drei Illustrationen) ein Kind irritieren.

Insgesamt kann bei den Bayley-III-Skalen bis zum Alter von zwei Jahren von einer guten, ab dem dritten Lebensjahr jedoch von einer im Einzelfall eingeschränkten Testfairness bei der Durchführung mit Migrantenkindern ausgegangen werden. In letztgenannten Fällen kann eine standardisierte Verhaltensbeobachtung – die am Ende des Protokollbogens notiert wird (nur Gesamttest) – ein Testergebnis relativieren. Anhand wichtiger Verhaltensweisen des Kindes in der Untersuchungssituation (z.B. Affekte, Aktivität, Kooperation, Konzentration, Abwehr) kann in Ansätzen kontrolliert werden, ob es sich bei auffälligen Testleistungen wirklich um Entwicklungsdefizite handelt oder eher um Effekte, die aus der Testsituation oder aus der kulturabhängigen Durchführung resultieren.

Im Manual der Bayley-III-Skalen werden zu Recht hohe Anforderungen an die notwendige Untersucherqualifikation formuliert. In diesem Zusammenhang werden von den Autoren zunächst Kenntnisse in der Entwicklungspsychologie und umfangreiche Erfahrungen in der testdiagnostischen Untersuchung von Kindern verlangt. Bei der Untersuchung von Migrantenkindern wären für eine sachgerechte Durchführung des Verfahrens somit zusätzlich Kulturwissen, interkulturelle Kompetenzen sowie Kenntnisse kulturspezifischer Entwicklungsprozesse zu fordern.

5.2.1.2   ET 6-6-R

Tabelle 5.2: Kurzbeschreibung des ET 6-6-R

Testverfahren:	Entwicklungstest für Kinder von sechs Monaten bis sechs Jahren – Revision (ET 6-6-R)
Autoren:	Franz Petermann & Thorsten Macha, 2015
Konzeption:	Allgemeiner Entwicklungstest (Inventar): Überprüfung altersrelevanter Grenzsteine der Entwicklung sowie weiterer altersrelevanter Entwicklungsschritte.
	Erfasst wird der Entwicklungsstand in 5 (ab 3;6 Jahre: 6) Entwicklungsbereichen im querschnittlichen Altersvergleich anhand von 13 Altersgruppen.
	Nach einer vollständigen Testung wird ein Entwicklungsprofil mit Entwicklungsquotienten (EQ: MW = 10; SD = 3) erstellt, es ist auch eine verkürzte Testung (Grenzstein-Screening) möglich.
Untertests:	5 Skalen mit insgesamt 166 Testaufgaben und 79 Elternfragen: Körpermotorik (37 Items), Handmotorik (37 Items), kognitive Entwicklung (59 Items), Sprachentwicklung (25 Items), sozial-emotionale Entwicklung (79 Items); zusätzlich ab 3;6 Jahren: Untertest Nachzeichnen (8 Items).
Beurteilung der psychometrischen Qualität:	Sämtliche Item-Schwierigkeiten sind altersbezogen dokumentiert.
	Die Standardmessfehler der Skalen bewegen sich (6 Skalen, 13 Altersgruppen) im Bereich von 1,00 bis 2,13; die über das gesamte Alter gemittelten Standardmessfehler betragen ca. 1,50.
	Die Skalen-Konsistenzen (Cronbachs Alpha) bewegen sich (6 Skalen, 13 Altersgruppen) im Bereich von .47 bis .85; die über das gesamte Alter gemittelten Konsistenzen betragen ca. .70.
	Es wurden geringe Skalen-Interkorrelationen im Bereich von .05 bis .46 ermittelt und somit die Unabhängigkeit der Skalen belegt. Verschiedene klinische Stichproben (z. B. entwicklungsauffällige Kinder nach Urteil des Kinderarztes, alterskorrigierte Frühgeborene und alterskorrigierte Frühgeborene mit geringem Geburtsgewicht, Kinder mit chronischen Erkrankungen, Kinder mit Förderung/Therapie) erzielen signifikant geringere Testergebnisse als unauffällige Kinder.
	Die Testnormen sind aus den Jahren 2012/2013.

Alter	Test-sprache	Test-aufbau	zeitlicher Aufwand	Normie-rungs-stich-probe	Ergän-zende Informa-tionen	Bezug
0;6 bis 5;11 Jahre	Deutsch; türkisch-sprachige Eltern-fragebögen können	Protokol-lierung nur als Papier-version; Auswer-tung	Bearbei-tungsdauer je nach Alter:	N = 1.053 Anteil mit mehrspra-chigem Familien-hinter-	Es ist bei den meis-ten Test-materia-lien von geringem	Pearson Deutsch-land (Frankfurt a. M.)

Tabelle 5.2: Fortsetzung

zusätzlich bezogen werden.	wahlweise als Papier- oder PC-Version. Keine Paralleltest- form.	Säuglinge ca. 20 Mi- nuten; Kleinkinder ca. 35 Mi- nuten; Vorschul- kinder ca. 45 Minuten. Auswer- tungs- dauer: ca. 3 bis 10 Mi- nuten.	grund: 12,0 %. Keine Nor- mierung für be- stimmte Herkunfts- kulturen.	kulturel- len Bezug auszuge- hen (Aus- nahme: Bildkar- ten). Die Über- prüfung der kogni- tiven Ent- wicklung erfolgt ab ca. 3 Jah- ren stark sprachab- hängig (deutsch).	

Verfahrensgliederung des ET 6-6-R

Der Entwicklungstest für Kinder von sechs Monaten bis sechs Jahren überprüft in 13 altersbezogenen Untertests die Entwicklung in den elementaren Entwicklungs-bereichen

- Körpermotorik und
- Handmotorik,
- kognitive Entwicklung und
- Sprachentwicklung,
- sozial-emotionale Entwicklung (Elternfragebogen);

zusätzlich wird ab 3;6 Jahren der

- Untertest Nachzeichnen

durchgeführt.

Der Altersbereich des ET 6-6-R ist in die folgenden 13 Altersgruppen gegliedert:
- Säuglinge (6 bis 7½ Monate, 7½ bis 9 Monate, 9 bis 12 Monate, 12 bis 15 Mo-nate, 15 bis18 Monate);
- Kleinkinder (18 bis 21 Monate, 21 bis 24 Monate; 24 bis 30 Monate, 30 bis 36 Monate);
- Vorschulkinder (36 bis 42 Monate, 42 bis 48 Monate, 48 bis 60 Monate, 60 bis 72 Monate).

Insgesamt umfasst der ET 6-6-R 166 Testaufgaben und 79 Elternfragen, aus denen in jeder Altersgruppe eine feststehende Auswahl vorgegeben wird. Unter den 166 Testaufgaben erfüllen 87 Aufgaben eine Grenzstein-Funktion – das heißt sie müssen zu definierten Alterszeitpunkten gelöst werden, damit von einer unauffälligen Entwicklung des Kindes ausgegangen werden kann. Die Auswahl der Grenzsteine begründet sich 1. aufgrund ihrer inhaltlichen Relevanz für eine ungestörte Entwicklung sowie 2. anhand ihrer psychometrischen Merkmale; das heißt eine Grenzstein-Aufgabe muss zu bestimmten Alterszeitpunkten (den Altersgrenzen der ET-6-6-R-Altersgruppen) von ca. 90–95 % aller Kinder gelöst werden. Die übrigen 79 Testaufgaben des ET 6-6-R erfüllen zwar das Kriterium der inhaltlichen Bedeutung für die Entwicklung eines Kindes, jedoch nicht das Kriterium der Schwierigkeit (P_i) von ca. .95 zu den ausgewiesenen Zeitpunkten.

Durchführung des ET 6-6-R

Im Regelfall wird zunächst das (bei Frühgeborenen korrigierte) Lebensalter bestimmt und dann der vollständige Test in der entsprechenden Altersgruppe durchgeführt. Bis zum Alter von drei Jahren führt der Untersucher etwa 30 bis 35 Testaufgaben mit dem Kind durch, ab dem vierten Lebensjahr erhöht sich die Aufgabenanzahl auf etwa 50 bis 60. Die Elternfragebögen umfassen in allen Altersgruppen zusätzlich etwa 20 bis 25 Elternfragen.

Bei spezifischen Fragestellungen ist es möglich, die Altersgruppe des ET 6-6-R nicht dem korrigierten Lebensalter, sondern dem geschätzten Entwicklungsalter des Kindes anzupassen. Auf diese Weise erhält der Untersucher die Möglichkeit, bei deutlich entwicklungsverzögerten Kindern nicht nur das Nichtbewältigen altersgemäßer Testaufgaben, sondern auch das Bewältigen leichterer Aufgaben zu beobachten. Somit erfolgt die Testung dann ressourcenorientiert. In diesem Fall kann das ungefähre Entwicklungsalter und somit die zu verwendende Altersgruppe durch ein vorab ausgeführtes Grenzstein-Screening eingeschätzt werden.

Die Durchführung des Grenzstein-Screenings erfordert – je nach Alter des Kindes – die Bearbeitung von vier bis maximal zwölf (im Durchschnitt etwa sechs bis acht) Testaufgaben und somit einen zeitlichen Untersuchungsaufwand von etwa 5 bis 15 Minuten. Die Durchführung eines Screenings zur Schätzung des Entwicklungsalters ist zumeist etwas aufwändiger (bis zu 30 Minuten); es reduziert sich jedoch die Testdauer eines nachfolgenden Gesamttests, wenn zuvor bereits die Grenzstein-Aufgaben durchgeführt wurden.

Für das Erlernen der Durchführung mit Vorschulkindern steht ein Video-Tutorial (Testung eines vierjährigen Kindes) zur Verfügung.

Auswertung und Ergebniswerte des ET 6-6-R

Im ersten Auswertungsschritt werden die Test-Rohwerte ermittelt. Diese ermitteln sich für die vier getesteten Skalen anhand der gelösten Aufgaben, für den Elternfragebogen anhand der mit „ja" beantworteten Fragen und für den Untertest

Nachzeichnen anhand der Rohpunkt-Summe (Auswertung mithilfe einer Schablone). Für die sechs Skalen des Verfahrens stehen altersgruppenbezogene Entwicklungsquotienten (EQ; MW=10, SD=3) sowie Prozentrangwerte zur Verfügung, die in einem Entwicklungsprofil grafisch dargestellt werden. Zusätzlich wird überprüft, ob im Entwicklungsprofil starke Schwankungen (kritische Differenzen) auftreten. Es wird zusätzlich (auch bei vollständiger Testung) überprüft, ob das Kind die Grenzsteine seines Alters vollständig absolviert hat. Außerdem regt das Manual die qualitative Analyse des vollständigen Aufgaben-Lösungsmusters an; auf diese Weise können umschriebene Entwicklungsprobleme im Sinne einer Teilleistungsstörung identifiziert werden.

Die Entwicklungsquotienten werden wie folgt interpretiert:
- $1 \leq EQ \leq 4$ (entspricht $0,1 \leq PR \leq 2,3$): es liegen gravierende Entwicklungsdefizite (roter Profilbereich) vor;
- $4 < EQ \leq 7$ (entspricht $2,3 < PR \leq 15,9$): es liegt eine auffällige Entwicklung im Risikobereich (gelber Profilbereich) vor;
- $7 < EQ$ (entspricht $PR > 15,9$): es liegt eine unauffällige Entwicklung (grüner Profilbereich) vor.

Wurde eine altersrelevante Grenzstein-Aufgabe nicht gelöst, darf das Kind nicht mehr als „normaler" Spätentwickler bezeichnet werden, sondern es liegt ein klinisch bedeutsamer, auffälliger Befund vor. Wird ein Grenzstein verpasst, muss eine genaue diagnostische Abklärung der Entwicklungsdefizite erfolgen – die Grenzsteine üben somit eine Warnfunktion aus.

Für die Auswertung werden etwa vier bis sechs Minuten (bis unter 3;6 Jahre) bzw. sechs bis zehn Minuten (ab 3;6 Jahre) benötigt. Die Auswertung kann mit einem Computer-Auswertungsprogramm zeitökonomisch erfolgen; der zeitliche Aufwand reduziert sich dadurch um etwa zwei bis drei Minuten.

Normen des ET 6-6-R

Zur Normierung wurden in den Jahren 2012 und 2013 insgesamt etwa 1.200 Kindern in vier deutschen Regionen (Nord, Süd, West, Ost) untersucht. Anschließend wurden 1.053 Kinder anhand demografischer und klinischer Merkmale für die Normstichprobe ausgewählt, sodass von einer repräsentativen Normstichprobe für Deutschland ausgegangen werden kann. Der Anteil an mehrsprachig aufwachsenden Kindern betrug 12,0 %; es werden jedoch keine separaten Normdaten ausgewiesen.

Testfairness des ET 6-6-R

Sprachgebundenheit: Der ET 6-6-R wird sprachgebunden durchgeführt:
- Die Aufgaben zur Körper- und Handmotorik können oder sollen jedoch durch Vormachen des Untersuchers begleitet werden, sodass die Aufgabeninstruktionen auch ohne Sprachverständnis des Kindes vermittelt werden können.

- Bei den Aufgaben zur kognitiven Entwicklung gelingt bis zum Alter von drei Jahren die Durchführung zumeist ohne besondere Sprachkenntnisse des Kindes. Ab dem vierten Lebensjahr muss das Kind sprachliche Instruktionen verstehen und die Leistungen teilweise auch sprachlich erbringen. Hier drohen die Testleistungen den kognitiven Entwicklungsstand eines Kindes ohne ausreichende Deutschkenntnisse zu unterschätzen.
- Die Aufgaben zum Silbennachsprechen (kognitive Entwicklung: auditives Gedächtnis) greifen Silbenreihungen auf, die zwar semantisch sinnfrei sind, jedoch charakteristischen deutsche Sprachlauten entsprechen (z. B. „bo-se-di-la")
- Die Skala zur Sprachentwicklung kann (deutschsprachig durchgeführt) das Ausmaß deutscher Sprachfertigkeiten abbilden. Ein Transfer in andere Sprachen (etwa durch spontane Übersetzungen) kann aufgrund der grammatikalischen Besonderheiten der deutschen Sprache ab dem Alter von ca. drei Jahren nur sehr eingeschränkt gelingen. Erfahrungen zu Stegreif-Übersetzungen der Aufgaben des ET 6-6-R sind bislang nicht dokumentiert.
- Die Elternfragebögen des ET 6-6-R liegen auch in einer türkischen Variante vor.

Kulturgebundenheit: Bei den Materialien des ET 6-6-R kann von weitgehender Kulturfreiheit ausgegangen werden: So werden Aufgaben mit Bällen, farbigen Kugeln und Würfeln, Steckaufgaben oder einfache Puzzles von Kindern mit Migrationshintergrund gut verstanden bzw. angemessen bearbeitet. Lediglich die Bildkarten sowie das Bilderbuch weisen Motive (z. B. Tiere, Lebensmittel, Alltagsgegenstände) auf, die in verschiedenen Ländern unterschiedliche Bekanntheit und Bedeutung haben können. Die blaue Bildkartenserie (Menschen) sowie das Bilderbuch zeigen Erwachsene und Kinder mit heller Hautfarbe, teilweise heller Haarfarbe sowie kulturgebundenem geschlechtsspezifischem Kleidungsstil (westliche Kulturen), beispielsweise kniefreie Kleider auf den Bildkarten „Mädchen" und „Frau". Von bedeutsamen Durchführungsproblemen aufgrund der Abbildungen wurde bislang jedoch nicht berichtet.

5.2.2   Sprachfreie Intelligenztests

5.2.2.1   SON-R 2½-7

Tabelle 5.3: Kurzbeschreibung des SON-R2 ½

Testverfahren:	Nonverbaler Intelligenztest (SON-R 2½-7)
Autoren:	Peter J. Tellegen, Jacob A. Laros & Franz Petermann, 2007

Tabelle 5.3: Fortsetzung

Konzeption:	Sprachfreier, mehrdimensionaler Intelligenztest (Testbatterie), der in den Urfassungen für hörgeschädigte Kinder entwickelt wurde. Es erfolgt keine Anlehnung an ein spezifisches Intelligenzmodell. Der SON-IQ leitet sich aus einer Denk- und einer Handlungsskala mit insgesamt 6 Untertests ab.
Untertests:	6 Untertests (insgesamt 91 Items): Mosaike (15 Items), Kategorien (15 Items), Puzzles (14 Items), Analogien (17 Items), Situationen (14 Items) sowie Zeichenmuster (16 Items). Alle Untertests bestehen aus zwei Teilen, die sich im Material oder den Instruktionen unterscheiden.
Beurteilung der psychometrischen Qualität:	Durchschnittliche Itemschwierigkeiten sind dokumentiert; kontinuierliche Zunahme der Untertest-Mittelwerte mit dem Alter; leichte Bodeneffekte bei jüngeren und leichte Deckeneffekte bei älteren Kindern. Die Standardmessfehler der Untertests bewegen sich in den Altersgruppen im Bereich von 1,2 bis 2,4. Die Standardmessfehler der Skalenwerte und des IQ bewegen sich in den Altersgruppen im Bereich von 4,6 bis 7,6. Gemittelte innere Konsistenzen der Untertests liegen im Bereich von .65 bis .74 (in den Altersgruppen .36 bis .85); die inneren Konsistenzen der Skalenwerte und des IQ in den Altersgruppen zwischen .74 und .91. Skalenstruktur: überwiegend geringe Untertest-Interkorrelationen (.27 bis .59) stützen die Eigenständigkeit der Skalen; mittlere Korrelationen der Untertests mit den Skalenwerten und dem IQ dokumentieren die Skalenkonstrukte empirisch. Die Faktorenstruktur der Untertests stützt die Handlungs- und die Denkskala. Die Stabilität (Re-Testung) der Skalenwerte bei Zunahme der Rohwerte über den Zeitraum von einem Jahr stützt zusätzlich die Reliabilität. Es sind Leistungsdifferenzen nach Geschlecht, Bildungsniveau der Eltern und Migrationshintergrund dokumentiert; klinische Studien wurden mit Kindern mit Einzeldiagnosen (Sprachstörung: $N = 402$; Entwicklungsverzögerung: $N = 67$; Intelligenzminderung: $N = 52$; motorische Störung: $N = 49$; Aufmerksamkeitsstörung: $N = 29$; Hörstörung: $N = 26$) durchgeführt. Die Gruppenergebnisse liefern plausible Ergebnisse und stützen die Validität des Tests. Die Korrelationen zu den IQs anderer Intelligenztests liegen im mittleren Bereich (z. B. K-ABC: .62 bis .66; WPPSI-R: .59 bis .75), für die Zielgruppen des SON-R 2½-7 fallen die Korrelationen geringer aus – auch dies stützt die Validität. Deutsche Normen aus dem Jahr 2005.

Tabelle 5.3: Fortsetzung

Alter	Test-sprache	Test-aufbau	zeitlicher Aufwand	Normie-rungs-stich-probe	Ergän-zende Informa-tionen	Bezug
2;6 bis 7;11 Jahre	Deutsch; das Verfahren ist auch in französischer, niederländischer, slowakischer, dänischer, englischer, rumänischer, portugiesischer und tschechischer Fassung erhältlich.	Protokollierung nur als Papierversion; Auswertung wahlweise als Papier- oder als PC-Version. Keine Paralleltestform.	Bearbeitungsdauer je nach Alter und Leistungsvermögen des Kindes ca. 35–70 Minuten; Auswertung ca. 6–8 Minuten.	$N = 1.027$; 18,1 % der Kinder mit Migrationshintergrund. Die Testnormen wurden unter Gewichtung demografischer Faktoren (incl. Migrationshintergrund) berechnet.	Kultureller Bezug anhand hochformalisierter („abstrakter") Aufgaben sowie von Motiven mit regionalen Bezügen anzunehmen; bis 7;11 Jahre vollständig visuell gebunden.	Hogrefe Testzentrale (Göttingen)

Verfahrensgliederung des SON-R 2½-7

Der SON-R 2½-7 überprüft sprachungebunden die allgemeine Intelligenz. Eine Handlungsskala (H) und eine Denkskala (D) sind durch jeweils drei Untertests repräsentiert:

- Mosaike (H),
- Kategorien (D),
- Puzzles (H),
- Analogien (D),
- Situationen (D,
- Zeichenmuster (H).

Die Etablierung von Handlungs- und Denktests zielt darauf, die in anderen Verfahren häufig vorliegende starke Gewichtung von Handlungsaufgaben (Puzzles, Mosaike, Muster) durch Aufgaben zum logischen Schließen sowie zum abstrakten Denken zu ergänzen – somit eine weit gefasste sprachfreie Überprüfung der Intelligenz ermöglichend. Der SON-R 2½-7 überprüft keine sprachlichen Leistungen und keine Gedächtnisleistungen.

Das Verfahren wurde ursprünglich entwickelt, um die Intelligenz von Kindern mit Beeinträchtigungen des Hörens und der Sprache sowie weiterer Kommunikationsstörungen wie sozialen Hemmungen oder Mutismus erfassen zu können. Der SON-R 2½-7 hat sich in den letzten Jahren zunehmend auch als ein Instrument bei der Diagnostik von Kindern mit zwei- oder fremdsprachigem Hintergrund etabliert. Durch den geringen Schwierigkeitsgrad der Einstiegsaufgaben erzielen die meisten Kinder mit Entwicklungsrückständen Erfolgserlebnisse und können somit gut motiviert werden. Kinder mit einer Intelligenzminderung nach ICD-10 (DSM-5: intellektuelle Beeinträchtigung; IQ < 70) können ab etwa 3;6 bis 4;0 Jahren aussagekräftig mit dem SON-R untersucht werden. Als Verfahren zur sprachfreien Erfassung der allgemeinen Intelligenz kann der Test auch mit unauffälligen Kindern valide durchgeführt werden.

Durchführung des SON-R 2½-7

Jedem Untertest sind Beispielaufgaben vorangestellt, wodurch die Bearbeitung der Aufgaben veranschaulicht und dem Kind die Möglichkeit eingeräumt wird, die Aufgabenbearbeitung zu erlernen.

Die Aufgaben der Untertests des SON-R 2½-7 werden kontinuierlich schwieriger. Der Einstiegspunkt wird anhand des Alters des Kindes festgelegt (drei verschiedene Einstiegspunkte). Kann das Kind schon die Einstiegsaufgabe nicht lösen, wird zum nächstmöglichen zurückliegenden Einstiegspunkt zurückgegangen. Wurde es notwendig, bei einem Untertest zurückzugehen, werden auch alle folgenden Untertests auf dem gleichen Niveau begonnen. Ein Untertest wird grundsätzlich spätestens abgebrochen, wenn insgesamt drei Items nicht bewältigt wurden. Für einige Untertests (Mosaike, Puzzles, Zeichenmuster) sind zusätzliche Abbruchregeln formuliert.

Im Untertest Mosaike (15 Aufgaben) soll das Kind zunächst einfache Muster (die auf Abbildungen präsentiert werden) aus einfarbigen (roten) Quadraten in einem Aufnahme-Rahmen nachlegen (Teil 1: 6 Items). Im zweiten Teil werden die Muster komplexer und bestehen aus einfarbigen Quadraten verschiedener Farben (rot und gelb) sowie zweifarbigen Quadraten (rot-gelb) (9 Items). Bis zum Item 12 entspricht die Größe der Vorlagen der tatsächlichen Größe der Muster, ab dem Item 13 sind die Vorlagen verkleinert. Das Kind erhält in Teil 1 für jede Aufgabe immer genau die zur Lösung notwendigen Quadrate. In Teil 2 wählt das Kind selbstständig die Teile aus den Fächern eines Kästchens aus. Ein Abbruch erfolgt nach insgesamt drei nicht gelösten Aufgaben oder nach zwei aufeinanderfolgenden nicht gelösten Aufgaben in Teil 2.

Im Untertest Kategorien (15 Aufgaben) findet das Kind auf einer Vorlagematrix Bildmotive, die Kategorien vorgeben (z. B. Blumen, Schuhe, Puppen, Kraftfahrzeuge), sowie einige leere Kästchen vor. Es sollen dann Bildkarten vom Kind entsprechend ihrer Kategorienzugehörigkeit auf der Matrix abgelegt werden. In Teil 1 (7 Aufgaben) sollen vier bzw. sechs Karten einer von zwei vorhandenen

Kategorien (z.B. Blumen/Obst) zugeordnet werden. In Teil 2 ist zunächst je Item auf der vom Kind aus linken Seite der Matrix durch drei Motive eine Kategorie angedeutet (z.B. Hunde, Obst, Kopfbedeckungen). Der Untersucher legt nun fünf Bildkarten auf der vom Kind aus rechten Seite der Matrix ab, und das Kind soll die jeweils zwei zur vorgegebenen Kategorie passenden Karten finden (2 Items). Ab dem Item 10 sind die Auswahlmöglichkeiten nicht mehr durch Karten vorgegeben, sondern ganz durch auf der Matrix aufgedruckte Abbildungen ersetzt (6 Items). Der Untertest-Abbruch erfolgt nach insgesamt drei nicht gelösten Aufgaben.

Im Untertest Puzzles (14 Aufgaben) erhält das Kind zunächst einen quadratischen Rahmen, der alle zu lösenden Puzzles vollständig aufnehmen kann. In Teil 1 (6 Items) müssen zunächst dreiteilige Puzzles (z.B. Haus, Hahn, Baum) gelöst werden. Es liegt dabei eine Vorlage neben dem Rahmen, welche die Lösung zeigt. In Teil 2 (8 Items) sind die Puzzles nicht mehr quadratisch, sondern entsprechen natürlichen Formen (z.B. Hund, Auto, Hand, Flugzeug) und bestehen aus drei bis sechs Einzelteilen. Es wird nun kein Rahmen und keine Vorlage mehr verwendet, auch ist für jedes Item ein Zeitlimit von 2,5 Minuten vorgegeben. Der Abbruch erfolgt nach entweder insgesamt drei Fehlern oder nach zwei aufeinanderfolgenden Fehlern in Teil 2.

Im Untertest Analogien (17 Aufgaben) soll das Kind verschieden große (zwei Größen) und verschiedenfarbige (rot und blau) Kreise, Quadrate und Dreiecke zu Vorlagen zuordnen. In Teil 1 (10 Aufgaben) liegt dem Kind eine Auswahl aus drei bis sechs Steinen vor. Diese Steine müssen (falls passend) in eines von zwei Auswahlkästchen gelegt werden, bei denen durch eine Abbildung die passende Kategorie (z.B. „kleines, blaues Dreieck") vorgeben ist. In Teil 2 (8 Aufgaben) müssen anhand von Abbildungen bei jedem Item dreimal Kategorien-Zuordnungen von Formen nach einem konstanten logischen Prinzip erfolgen. Es wird nach insgesamt drei nicht gelösten Aufgaben abgebrochen.

Im Untertest Situationen (14 Aufgaben) muss das Kind unvollständige Abbildungen so mit Bildkarten ergänzen, dass die Abbildungen vervollständigt werden. In Teil 1 (6 Items) müssen je Aufgabe vier hälftig dargestellte Motive (z.B. Gegenstände, Tiere, Personen) durch Anlegen einer passenden Bildkarte, welche die fehlende Hälfte der Abbildung enthält, vervollständigt werden. In Teil 2 (8 Items) werden auf Abbildungen Alltagssituationen mit einem Menschen vorgelegt, in denen ein oder zwei rechteckige Bereiche ausgespart sind. Das Kind soll nun aus einer Auswahl von fünf bzw. sechs rechteckigen Bildkarten die passenden Bildkarten für die Aussparungen auswählen und in diese Lücke legen; später soll es auf passende rechteckige Abbildungen zeigen, die nicht mehr umgelegt werden können.

Im Untertest Zeichenmuster (16 Aufgaben) soll das Kind nach Vorlagen (Linien, Formen, komplexe Linienstrukturen) nachzeichnen. Dafür stehen bei einigen Aufgaben Punktstrukturen zur Verfügung, die als Orientierungshilfe dienen, sodass beispielsweise die Endpunkte von Linien oder die Eckpunkte eines Dreiecks genau auf die Punkte gezeichnet werden können. Dadurch wird die Anfertigung der Zeichnungen grundsätzlich vereinfacht. Bei unklarer Zeichnung oder bei einem Korrekturwunsch des Kindes kann jede Zeichnung ein zweites Mal angefertigt werden. In Teil 1 (10 Items) wird das Kind auf die Vorlage (Linie oder Form) hingewiesen, danach fertigt der Untersucher die Zeichnung in vorgegebener Weise (z. B. Strichrichtungen) an, im Anschluss zeichnet das Kind. In Teil 2 zeichnet der Untersucher nicht mehr vor, außerdem besteht nun je Zeichnung ein Zeitlimit von 2,5 Minuten. Der Untertest Zeichenmuster stellt grundsätzliche grafomotorische Anforderungen an das Kind. Da es sich jedoch um einen Untertest handelt, der spezifische kognitive Leistungen erfassen soll, wird die zeichnerische Genauigkeit großzügig bewertet. So dürfen beispielsweise die Linien als „Schlangenlinien" gezeichnet, mehrfach nachgezeichnet (z. B. korrigiert) oder um bis zu 45 Grad gekippt sein, auch die Punkte müssen nicht exakt getroffen werden. Eine Aufgabe wird als richtig bewertet, wenn aus der Zeichnung des Kindes hervorgeht, dass es unabhängig von der Präzision die Aufgabenstellung verstanden und die Zeichnung erkennbar angefertigt hat.

Die Gesamt-Durchführungsdauer des SON-R 2½-7 beträgt etwa 35 bis 70 Minuten (Durchschnitt: etwa 50 Minuten). Jüngere Kinder, welche die Aufgabenbearbeitungen rasch erfassen, absolvieren den Tests aufgrund ihres Leistungsniveaus etwas schneller als ältere Kinder. Der zusätzliche Untersuchungsaufwand deutlich beeinträchtigter Kinder beträgt gegenüber unauffälligen Kindern etwa fünf bis 20 Minuten.

Auswertung und Ergebniswerte des SON-R 2½-7

Der Rohwert für jeden Untertest berechnet sich aus der Gesamtsumme der gelösten Aufgaben, zuzüglich der zu Beginn nicht gelösten Aufgaben. Die weitere Auswertung erfolgt altersspezifisch, das heißt es stehen Normtabellen für die Untertest-Rohwerte in Monatsschritten und für die Skalenwerte in Viermonatsschritten zur Verfügung.

Die Rohwerte werden mithilfe der Normtabellen zunächst in subtestspezifische Standardwerte (MW: 10; SD: 3) überführt und in einem Leistungsprofil grafisch dargestellt, aus dem auch die Prozentrangwerte abgelesen werden können. Aus den Summen der Standardwerte der jeweils drei Untertests können mithilfe der Normtabellen die altersspezifischen Standardwerte oder Handlungs- und Denkskala (MW: 100; SD: 15) ermittelt werden. Die Gesamtsumme der Standardwerte aller sechs Untertests liefert den Gesamt-Intelligenzquotient (MW: 100; SD: 15). Für die Handlungs-, Denk- und Gesamtskala sind in den Normtabellen die 80 %-Wahrscheinlichkeitsintervalle zur Einschätzung der Messgenauigkeit (Generalisierbarkeit) sowie die Prozentrangwerte aufgeführt. Für den Gesamt-IQ sind außerdem die Reliabilität sowie der Wert für die Generalisierungsmöglichkeit angegeben. Zusätzlich kann anhand der Differenzen zwischen den Werten der Handlungs- und der Denkskala beurteilt werden, ob es sich um statistisch bedeutsame Leistungsunterschiede (nicht signifikant; signifikant auf 5%-Niveau; signifikant auf 1%-Niveau) handelt.

Es ist eine Auswertung mit einem Computerprogramm möglich, bei der nach Eingabe der Subtestrohwerte sämtlich Ergebniswerte automatisch berechnet werden. Damit kann zusätzlich für jeden Untertest ein Referenzalter bestimmt werden, das ausdrückt, in welchem Alter jeweils 50% der Kinder der Normstichprobe bessere bzw. geringere Leistungen erzielen würden als das untersuchte Kind. Zusätzlich können mit dem Programm das Referenzalter für die Skalenwerte und für den Gesamt-IQ bestimmt werden – die angeben, in welchem Alter ein Kind mit den jeweiligen Rohwerten einen Gesamt-IQ von 100 erzielen würde. Außerdem liefert das Computerprogramm einen weiteren Gesamt-IQ (SON-IQ*), der den anzunehmenden Intelligenzquotienten des untersuchten Kindes unter Berücksichtigung des Flynn-Effekts (Flynn, 2007, 2012) schätzt – das heißt unter der Annahme der kontinuierlichen Zunahme der Intelligenzleistungen in der Gesamtbevölkerung um etwa 3 IQ-Punkte je Dekade. Der SON-IQ* bezieht sich auf das eingegebene Untersuchungsdatum sowie auf den Zeitraum der Normen-Erhebung des SON-R 2½-7 (2005) und korrigiert den SON-IQ nach unten.

Die Auswertung erfordert etwa sechs bis acht Minuten. Durch Verwendung des Computerprogramms lässt sich die Auswertungsdauer um etwa zwei bis drei Minuten reduzieren.

Normen des SON-R 2½-7

Die deutschen Normen des SON-R 2½ bis 7 wurden im Zeitraum von Dezember 2004 bis September 2005 erhoben. Insgesamt wurden Daten von 1.027 Kindern (513 Mädchen und 514 Jungen) in fünf Bundesländern erhoben, wobei Kinder aus der Erhebungsregion Bremen/Niedersachsen mit einem Anteil von etwa 41% überrepräsentiert waren. Die Testnormen bilden jedoch keine empirischen Werte ab, sondern wurden unter Berücksichtigung der vier demografischen Merkmale Geschlecht, Wohnlage, Migrationshintergrund und Bildungsniveau der Mutter gewichtet. Auf diese Weise wurde für jede SON-Altersgruppe eine Angleichung an die realen Merkmale in der deutschen Gesamtbevölkerung möglich. Hierzu ein Beispiel: Das Merkmal Migrationshintergrund wurde darüber definiert, dass mindestens ein Elternteil des Kindes nicht in Deutschland geboren wurde. Der Anteil dieser Kinder in der deutschen Bevölkerung betrug im Jahr 2005 nach Angaben der IGLU-Studie[3] 22,2%. In der Normstichprobe wiesen 10,4% der Kinder einen Migrationshintergrund auf; die Testergebnisse dieser Kinder wurden so gewichtet, dass Sie zu 18,1% in die Normberechnung eingin-

---

3   Internationale Grundschul-Lese-Untersuchung

gen. Eine genauere Gewichtung war deswegen nicht möglich, weil alle vier oben aufgeführten Merkmale in bestmöglicher Weise bei der Gewichtung berücksichtigt werden mussten. Die Untertest-Standardwerte wurden anhand eines logistischen Regressionsmodells (Tellegen, Winkel, Wijnberg-Williams & Laros, 1998) geschätzt.

Testfairness des SON-R 2½-7

Sprachgebundenheit: Jeder Instruktionsschritt sowie jede erforderliche Rückmeldung während der Testung kann sowohl sprachlich als auch nonverbal vermittelt werden. Unabhängig vom Sprachverständnis des untersuchten Kindes spricht der Untersucher im Normalfall während der Testdurchführung und führt zusätzlich die vorgeschriebenen Gesten aus. Aufgaben-Instruktionen sowie spezifische Rückmeldungen werden durch Sprache begleitet, um die Situation für das Kind möglichst natürlich zu gestalten. Falls sprachliche Instruktionen verwendet werden, sind diese hochstandardisiert – das heißt, es finden sich exakte Formulierungen im Manual, die kurz und einfach gehalten sind, somit zum Verständnis nur geringe Sprachfertigkeiten erfordern. Darüber hinaus wurde streng darauf geachtet, durch die Verwendung der sprachlichen Instruktionen gegenüber rein nonverbalen Instruktionen keine zusätzlichen Informationen zu vermitteln. Es ist – beispielsweise bei Kindern mit erheblichen Hörstörungen – auch eine ausschließlich nonverbale Testvermittlung möglich. Auch bei Kindern mit geringen deutschen Sprachfertigkeiten gelingt die Aufgabenanleitung (trotz Sprechens des Untersuchers) allein über die nonverbalen Instruktionen gut. Der SON-R 2½-7 ist auch in den Testsprachen Französisch, Niederländisch, Slowakisch, Dänisch, Englisch, Rumänisch, Portugiesisch und Tschechisch erhältlich.

Kulturgebundenheit: Bei den Untertests Mosaike und Analogien handelt es sich um hochformalisierte, abstrakte Aufgaben, deren Bearbeitung durch kulturspezifische Lernerfahrungen vereinfacht wird. Die Aufnahme dieser Untertests wird von den Autoren des SON-R 2½-7 jedoch explizit damit begründet, einem validen Intelligenz-Konzept gerecht zu werden. Weitere Testmaterialien – beispielsweise Abbildungen von Drachen, Zelt oder Tieren – können Kindern aus verschiedenen Kulturen unterschiedlich vertraut sein oder von ihnen unterschiedlich bewertet werden (z.B. Hund). Ähnlich wie die Untertests Mosaike und Analogien können auch die Leistungen im Untertest Puzzles von kulturspezifischen Bildungsangeboten abhängig sein. Es wird in einigen Aspekten auf Kulturfairness hingewirkt, beispielsweise finden sich auf den Abbildungen auch Kinder mit nicht-westlichem Aussehen.

Eine Besonderheit des SON-R 2½-7 besteht in der präzisen, standardisierten Vorgabe der Gesten des Untersuchers: Es werden grundsätzlich 1. die Blickrichtung des Kindes, 2. die Bearbeitungsrichtung der Untertests, sowie im Untertest Zeichenmuster 3. die Zeichenrichtung in Anlehnung an die im westlichen Kulturkreis üblichen Richtungen von-links-nach-rechts und von-oben-nach-unten gelenkt. Dies kann bei Kindern aus einigen Kulturen die Testfairness beeinträchtigen. Es ist nicht zu empfehlen, die Instruktions-Gesten des SON-R 2½-7 an die Lese- und Schreibrichtungen anderer Kulturen (z. B. von rechts nach links) zu adaptieren. Bei Kindern aus diesen Kulturen sollte der Test gemäß der deutschen Standardisierung durchgeführt werden, das Testergebnis jedoch zurückhaltend interpretiert werden.

5.2.2.2   WNV – Deutsche Bearbeitung

Tabelle 5.4: Kurzbeschreibung des WNV

Testverfahren:	Wechsler Nonverbal Scale of Ability (WNV), deutsche Bearbeitung
Autoren:	Franz Petermann, 2014
Konzeption:	Sprachfreier, mehrdimensionaler, allgemeiner Intelligenztest (Testbatterie): Anlehnung an das Wechsler-Modell, das die Gesamt-Intelligenz grundsätzlich durch die sprachliche Intelligenz sowie die Handlungsintelligenz repräsentiert. Diese beiden Bereiche werden nicht als unabhängige Intelligenz-Komponenten verstanden, sondern als verschiedene Zugänge zur Messung desselben Konstrukts. Durchführung von vier altersspezifischen Untertests zur Ermittlung der allgemeinen Intelligenz sowie der spezifischen kognitiven Leistungsfähigkeit. Das Verfahren gibt Kindern im Alter von 4;0 bis 7;11 Jahren eine andere Konstellation von Untertests vor als Personen im Alter von 8;0 bis 21;11 Jahren.
Untertests:	Alter 4;0 bis 7;11 Jahre: Untertests Matrizen-Test (insgesamt 41 Aufgaben), Zahlen-Symbol-Test (Bearbeitungsdauer 120 Sekunden für maximal 72 Items), Figuren legen (11 Items) sowie Formen wiedererkennen (21 Items). Die tatsächliche Anzahl der durchzuführenden Items variiert mit der Leistung des Kindes. Es ist als Kurzform eine Zwei-Untertest-Version (Matrizen-Test, Formen wiedererkennen) möglich.
Beurteilung der psychometrischen Qualität:	Die Standarmessfehler der Untertests bewegen sich im Altersbereich 4;0 bis 7;11 Jahre im Bereich von 3,32 bis 5,10. Die Standardmessfehler der Gesamtwerte (4;0 bis 7;11 Jahre) bewegen sich im Bereich 4,24 bis 5,42 (4 Untertests) sowie 4,50 bis 6,18 (2 Untertests).

Die Reliabilitäten der Untertests bewegen sich im Altersbereich 4;0 bis 7;11 Jahre im Bereich von .74 bis .89 (Innere Konsistenz bzw. Splithalf-Reliabilität; Zahlen-Symbol-Test: Retest-Reliabilität). Die Reliabilitäten der Gesamtwerte (4;0 bis 7;11 Jahre) bewegen sich im Bereich .87 bis .92 (4 Untertests) sowie .83 bis .91 (2 Untertests).

Die Stabilitätskoeffizienten der Untertest- sowie Gesamttest-Ergebnisse stützen vor dem Hintergrund der entwicklungsbedingten Veränderungen der Merkmale die Reliabilität des Tests.

Skalenstruktur: geringe Interkorrelationen (.20 bis .40) stützen die Eigenständigkeit der Skalen, mittlere Korrelationen der Untertests |

mit den Gesamtwerten dokumentieren die Struktur der „testspezi-fischen Intelligenz", was durch Faktorenanalysen untermauert wird. Klinische Studien im Kontrollgruppen-Design mit Kindern mit Sprachstörungen (ab 8;0 Jahre auch Lese-Rechtschreib-Schwä-che) stützen die Validität der WNV als sprachfreien allgemeinen Intelligenztest.

Die deutschen Normen wurden 2013 erhoben.

Alter	Test-sprache	Test-aufbau	zeitlicher Aufwand	Normie-rungs-stich-probe	Ergän-zende Informa-tionen	Bezug
4;0 bis 7;11 Jahre; für Kin-der ab 8;0 bis zum Alter von 21;11 Jahren in ver-änder-ter Form durch-führbar.	Deutsch; Original in Englisch; das deutsch-sprachige Manual enthält er-gänzende Instruktio-nen in tür-kischer, russischer, spani-scher und arabischer Sprache.	Protokol-lierung und Aus-wertung aus-schließ-lich als Papier-Version. Keine Parallel-testform.	Bearbei-tungs-dauer für 4;0 bis 7;11 Jahre: 4 Unter-tests ca. 30–50 Mi-nuten, 2 Unter-tests ca. 10–20 Mi-nuten; Auswer-tung ca. 8–10 Mi-nuten (4 Unter-tests) bzw. ca. 5 Mi-nuten (2 Unter-tests).	4;0 bis 7;11 Jahre: N = 443; 22,3 % der Kinder der Gesamt-stichprobe sprechen zu Hause nicht aus-schließ-lich Deutsch.	Kultureller Bezug an-hand hochfor-malisier-ter („abs-trakter") Aufgaben sowie von Motiven mit regio-nalen Be-zügen an-zunehmen; bis 7;11 Jahre voll-ständig vi-suell ge-bunden.	Pearson Deutsch-land (Frankfurt a. M.)

Verfahrensgliederung der WNV – deutsche Bearbeitung

Die nachfolgende Testbeschreibung bezieht sich ausschließlich auf den für eine Entwicklungsdiagnostik relevanten Altersbereich von 4;0 bis 7;11 Jahren. Ab dem Alter von 8;00 Jahren hat das Verfahren eine inhaltlich abweichende Struktur!

Die Wechsler Nonverbal Scale of Ability (deutsche Bearbeitung) überprüft sprach-ungebunden die allgemeine Intelligenz anhand der vier Untertests
- Matrizen-Test,
- Zahlen-Symbol-Test,
- Figuren legen,
- Formen wiedererkennen.

Obwohl nach dem Verständnis des Wechsler-Intelligenzmodells sprach- und handlungsbezogene Untertests grundsätzlich gleichermaßen zuverlässige Formen der Intelligenzmessung bilden, stellt sich für spezifische Anwendungsfelder das Problem mangelnder Testfairness, wenn Untertests sprachgebunden durchgeführt werden. Dies bezieht sich hauptsächlich auf Personen mit rezeptiven und expressiven Sprachstörungen, Personen mit Hörstörungen, aber auch auf Menschen, die aufgrund ihres sprachlichen Hintergrunds in der Testsprache nur über eingeschränkte Fertigkeiten verfügen. Zur Untersuchung dieser Gruppen wurden aus etablierten Wechsler-Tests solche Untertests ausgewählt, die keine direkten sprachlichen Inhalte (z. B. Wortschatz) aufweisen, sondern bildbasierte Inhalte mit möglichst geringen Voraussetzungen an die Bildung der untersuchten Personen.

Durchführung des WNV – Deutsche Bearbeitung

Die Reihenfolge der Untertests ist festgelegt. Es sind altersabhängige Einstiegs-, Umkehr- und Ausstiegsregeln formuliert. Jedem Untertest ist eine Demonstrationsphase sowie eine Übungsphase vorangestellt, sodass das Kind die Bearbeitung des Aufgabentyps zunächst erlernen kann, bevor es nachfolgend diejenigen Aufgaben bearbeitet, die bewertet werden.

Beim Matrizen-Test sind auf Abbildungen unvollständige Anordnungen bzw. Muster von Symbolen vorgegeben, die vom Kind durch die Auswahl aus mehreren Vorgabe-Symbolen ergänzt werden müssen. Hierbei sind räumliche oder logische Operationen erforderlich. Nach dem Absolvieren von Übungsaufgaben zum Erlernen des Bearbeitungsprinzips wird altersabhängig der Testeinstiegspunkt gewählt und die Aufgaben mit kontinuierlich zunehmender Schwierigkeit so lange durchgeführt, bis das Kind von fünf aufeinanderfolgenden Aufgaben vier Aufgaben nicht mehr lösen kann. Der Untertest verzichtet auf die Farbe Rot, sodass auch Personen mit spezifischen Farberkennungsstörungen ihn gut bearbeiten können.

Der Zahlen-Symbol-Test verwendet bis 7;11 Jahre keine Zahlen, sondern das Kind findet auf einem Arbeitsblatt sechs Reihen mit je zwölf Symbolen (es werden 5 verschiedene Symbole unregelmäßig wiederkehrend verwendet). Am Beginn des Arbeitsblatts befindet sich ein Codierschlüssel, das heißt jedem Symbol (Stern, Kreis, Dreieck, Kreuz, Quadrat) muss ein vorgegebenes Zeichen (Stern: rechter Winkel; Kreis: zwei Striche; Dreieck: ein Strich; Kreuz: Halbkreis; Quadrat: spitzer Winkel) zugeordnet und vom Kind darunter mit einem Stift gezeichnet werden. Nach einigen Demonstrations- und nachfolgenden Übungsaufgaben erhält das Kind 120 Sekunden Zeit zur Bearbeitung. In dieser Zeit soll es in vorgegebener Reihenfolge (jede Reihe von links nach rechts, in der obersten Reihe beginnend) zügig so viele Symbole wie möglich mit den zugehörigen Zeichen markieren. Aus diesem Grund ist der Zahlen-Symbol-Test anfällig für Verzerrungen aufgrund graphomotorischer Schwächen der untersuchten Person.

Im Untertest Figuren legen soll das Kind – wiederum nach einer Demonstrations- und einer Übungsaufgabe – Figuren wie einen Basketball, einen Vogel, einen Apfel, einen Hund oder eine Brille aus flachen Einzelteilen auf dem Tisch zusammenfügen. Zu Beginn bestehen die Puzzles aus zwei Teilen, die schwierigen Puzzles setzen sich aus bis zu elf Teilen zusammen. Für die Figuren sind Zeitvorgaben für die Bearbeitung festgelegt, die sich auf 90 bis 210 Sekunden erstrecken. Alle Formen sind farbig beklebt und somit deutlich gegenständlich erkennbar. Die Aufgaben werden in kontinuierlich steigender Schwierigkeit so lange durchgeführt, bis das Kind zwei aufeinanderfolgende Aufgaben nicht mehr lösen kann. Dieser Untertest erfordert insbesondere spezifische Leistungen im Bereich der visuellen Wahrnehmungsorganisation sowie im Erkennen der Beziehungen von Teilen zum Ganzen (logisches Schlussfolgern).

Im Untertest Formen wiedererkennen soll sich das Kind einzelne Formen auf einer Abbildung über den Zeitraum von drei Sekunden einprägen, anschließend wird dem Kind eine weitere Abbildung mit vier bzw. fünf Formen vorgelegt, die der ursprünglich eingeprägten Form ähneln. Das Kind soll nun auf diejenige Form zeigen, die mit der ursprünglich gezeigten Form identisch ist. Auch hier erfolgt zunächst eine Demonstration sowie eine Übungsphase, und auch in diesem Untertest nimmt die Schwierigkeit der Aufgaben kontinuierlich zu. Der Untertest wird abgebrochen, sobald das Kind vier von fünf aufeinanderfolgenden Aufgaben nicht mehr lösen kann. Es werden insbesondere spezifische Leistungen des visuell-räumlichen Gedächtnisses erfasst.

Die Kurzversion der WNV (2-Untertest-Variante) besteht im Alter von 4;00 bis 7;11 aus den Untertests Matrizen-Test und Formen wiedererkennen.

Die Gesamt-Durchführungsdauer der 4-Untertest-Variante beträgt etwa 30–50 Minuten, für die 2-Untertest-Variante werden etwa 10–20 Minuten benötigt. Diese Angaben sind durch die vorhandenen Zeitvorgaben für die Bearbeitung der einzelnen Items recht präzise. Sehr leistungsstarke Kinder bearbeiten viele Items, deshalb kann sich die Testdauer (auch aufgrund etwaig zusätzlicher Pausen) bei diesen Kindern etwas verlängern.

Auswertung und Ergebniswerte der WNV Deutsche Bearbeitung

Zunächst werden für die durchgeführten Untertests die jeweiligen Rohwerte wie folgt ermittelt:

* Matrizen-Test: Der Rohwert entspricht der Anzahl richtig gelöster Aufgaben, einschließlich der vor dem Startpunkt liegenden, nicht durchgeführten Aufgaben.
* Zahlen-Symbol-Test: Der Rohwert entspricht der Anzahl der richtig bearbeiteten Zeichen.
* Figuren legen: Der Rohwert ermittelt sich anhand der korrekten Verbindungsstellen der Teile des Puzzles. Bei den vier schwierigsten Items ist durch rasche

Bearbeitung ein Zeitbonus möglich, das heißt es kann eine Erhöhung des Roh-
werts um bis zu drei Rohpunkte je Aufgabe erfolgen.

- Formen wiedererkennen: Der Rohwert ermittelt sich aus der Anzahl richtig gelöster Aufgaben; die vor dem Startpunkt liegenden, nicht durchgeführten Aufgaben werden dazu addiert.

Anschließend werden die Rohwerte mithilfe der Normtabellen in T-Werte (MW=50;
SD=10) überführt; hierfür stehen Testnormen in Drei-Monats-Abständen (5. und
6. Lebensjahr) bzw. in Vier-Monats-Abständen (7. und 8. Lebensjahr) zur Verfügung. Diese standardisierten Untertestergebnisse werden in einem Untertest-
T-Wert-Profil grafisch veranschaulicht. Nachfolgend wird die T-Wert-Summe über
alle durchgeführten Untertests berechnet und mithilfe der Normtabellen der Gesamtwert (IQ: MW=100; SD=15) einschließlich des Prozentrangs und der 90%-
bzw. 95%-Konfidenzintervalle bestimmt und grafisch dargestellt. Es ist möglich,
falls ein Untertest nicht durchgeführt werden konnte, dessen T-Wert zu schätzen,
um dennoch einen Gesamt-IQ zu ermitteln. Auch kann anhand der Untertestergebnisse jeweils ein spezifisches Testalter-Äquivalent bestimmt werden, das einem
spezifischen Entwicklungsalter entspricht. Außerdem ist eine Analyse von Unter-
test-Profilschwankungen möglich, wonach starke Abweichungen vom gemittelten
T-Wert als „Stärke" und „Schwäche" des Kindes interpretiert werden können.

Für die Auswertung der 4-Untertest-Version sind insgesamt etwa acht bis zehn
Minuten zu veranschlagen, die 2-Untertest-Version kann in etwa fünf Minuten
ausgewertet werden.

Normen der WNV (deutsche Bearbeitung)

Für die deutsche Normierung der WNV wurden im Jahr 2013 insgesamt 1.449 Kinder und Jugendliche in 10 Bundesländern untersucht. Es gelang eine breite regionale Streuung mit einem gegenüber der Gesamtbevölkerung leicht erhöhten Anteil (31,5%) von Kindern aus Süddeutschland und einem etwas verringerten Anteil
(25,8%) von Kindern aus Westdeutschland. Dabei konnten die Geschlechter „weib-
lich" und „männlich" je etwa hälftig berücksichtigt werden; die Bildungslaufbah-
nen (aktueller Betreuungs- bzw. Schulstatus; Ältere: höchster Schulabschluss) sowie
die Schulabschlüsse der Eltern sind im Manual dokumentiert und stützen die Re-
präsentativität der Stichprobe für Deutschland.

Für den Altersbereich von 4;0 bis 7;11 Jahre wurden pro Lebensjahr ca. 100–120
Kinder untersucht; somit entfallen rein rechnerisch lediglich etwa 25–40 Kinder
auf jeden Normtabellen-Altersbereich (z. B. „4;0 bis 4;2 Jahre"). Es handelt sich
bei den T-Werten und Gesamtwerten (IQ) der WNV jedoch nicht um empirische
Normen, sondern um Schätzwerte, die aufgrund mathematischer Anpassungen
(Glättung) an einen idealisierten Verlauf der Leistungszunahme mit dem Lebensalter berechnet wurden. Diese Glättung erfolgte unter bestmöglicher Annäherung
an die empirischen Daten.

4,3 % der Kinder der Normstichprobe waren nicht in Deutschland geboren, leben aber schon längere Zeit in Deutschland und verfügten über ausreichendes deutsches Sprachverständnis für die Alltagskommunikation. 18,9 % der Kinder sprachen zu Hause Deutsch und eine weitere Sprache; diese Kinder verteilten sich etwa gleichmäßig auf die WNV-Altersgruppen. Weitere 3,4 % sprachen zu Hause ausschließlich eine andere Sprache als Deutsch. Es liegen keine separaten Normen für Kinder mit mehr- oder fremdsprachigem Hintergrund vor.

Testfairness der WNV (deutsche Bearbeitung)

Sprachgebundenheit: Durch die Demonstrations- und Übungsaufgaben, die zu Beginn jedes Untertests durchgeführt werden, ist das Instruktionsverständnis der Kinder grundsätzlich sichergestellt. Um die Situation nicht künstlich zu gestalten, tritt der Untersucher dennoch in sprachliche Interaktion mit dem Kind. Dies bezieht sich zunächst einmal auf Rückmeldungen, beispielsweise Lob, Reaktionen bei Durchführungsproblemen oder nachlassender Motivation. Aber auch für den allgemeinen Testeinstieg sowie für spezifische Momente bei der Durchführung der Untertests können die gestengestützten Anleitungen sprachlich begleitet werden. Hierfür liefert das Manual neben deutschen Formulierungen die entsprechenden Übersetzungen auf Türkisch, Russisch, Arabisch und Spanisch, sodass keine Stegreif-Übersetzungen nötig werden und die standardisierte Durchführung gewährleistet bleibt.

Kulturgebundenheit: Bei den grundsätzlich durchzuführenden Untertests Matrizen-Test und Formen wiedererkennen handelt es sich um hoch formalisierte, abstrakte Aufgaben, die mit spezifischen Anforderungen an die Fähigkeit der visuellen Analyse sowie an die Analyse der Lagebeziehungen von Formen in der Ebene einhergehen. Es ist zu vermuten, dass diese Leistungen durch häusliche Anregungen und Maßnahmen früher Bildung (z. B. Angebote in Kindergärten) spezifisch geschult werden. Bei der 2-Untertest-Version wird mit dem Zahlen-Symbol-Test ein Untertest ausgespart, der durch seine Bearbeitungsrichtung (von links nach rechts) spezifisch kulturgebunden ist. Der ebenso ausgelassene Untertest Figuren legen greift auf Motive zurück, die kulturspezifische Bedeutung aufweisen können und deshalb nicht von allen Kindern gleich gut bearbeitet werden können; dies betrifft insbesondere die Motive Hot Dog, Bär, Apfel, Hund und Kalb.

Daseking, Werpup-Stüwe, Wienert, Menke, Petermann & Waldmann (2015) konnten für Kinder aus vier verschiedenen Migrationsgruppen (türkisch/kurdisch; russisch/polnisch; griechisch/italienisch/spanisch/portugiesisch; albanisch/bosnisch/bulgarisch/kroatisch/serbisch/rumänisch) nichtsignifikante, geringere Testleistungen in den WNV gegenüber der Normstichprobe nachweisen. Weiter konnte gezeigt werden, dass die Leistungsunterschiede zwischen den Kindern dieser Migrantengruppen im Wesentlichen auf den Bildungshintergrund der Hauptbezugspersonen (zumeist der Mutter) und nicht auf die Muttersprache der Kinder zurückgeführt werden können; der spezifische muttersprachliche Hintergrund erhält bei der Erklärung dieser Differenzen keine bedeutsame Rolle. Somit konnte gestützt werden, dass es sich bei den WNV um einen validen sprachfreien Test zur Erfassung der allgemeinen Intelligenz von Migrantenkindern handelt. Auf der Untertest-Ebene wurde gezeigt, dass die Ergebnisse in den beiden Untertests der 2-Untertest-Version (Matrizen-Test und Formen wiedererkennen) gegenüber den anderen Untertests die größte Unabhängigkeit sowohl von der Muttersprache des Kindes als auch vom Bildungshintergrund der Hauptbezugspersonen aufweisen. Dies stützt die Kulturfairness insbesondere der 2-Untertest-Version der WNV. Liegen bei einem Kind visuelle Wahrnehmungs- und Verarbeitungsstörungen vor, müssen die WNV-Ergebnisse jedoch behutsam interpretiert werden, da in diesem Fall der Gesamtwert die allgemeine Intelligenz des Kindes unterschätzen kann.

5.3   Teilstandardisierte allgemeine Entwicklungsdiagnostik: EBD 3-48 und EBD 48-72

Tabelle 5.5: Kurzbeschreibung der EBD 3-48 und der EBD 48-72

Testverfahren:	Entwicklungsbeobachtung und -dokumentation (EBD 3-48 und EBD 48-72)
Autoren:	EBD 3-48: Ulrike Petermann, Franz Petermann & Ute Koglin, 2017;
	EBD 48-72: Ute Koglin, Franz Petermann & Ulrike Petermann, 2017
Konzeption:	Die Verfahren der EBD beruhen auf dem Meilensteinkonzept: Kann ein Kind zu definierten Alterszeitpunkten bestimmte Leistungen nicht erbringen, wird dies als Entwicklungsrisiko interpretiert; es sind Meilensteine für das Alter von 3, 6, 12, 18, 24, 30, 36, 42, 48, 54, 60, 66 und 72 Monaten ausgewiesen. Die Auswahl der Aufgaben erfolgte auf der Basis erprobter Items bekannter Entwicklungstests.
Untertests:	Beide Verfahren überprüfen 1. Haltungs- und Bewegungssteuerung, 2. Fein- und Visuomotorik, 3. Sprachentwicklung, 4. kognitive Entwicklung, 5. emotionale Entwicklung und 6. soziale Entwicklung.
Beurteilung der psychometrischen Qualität:	Aufgrund des geringen Standardisierungsgrads ist die Durchführungsobjektivität reduziert; Anwender bewerten die Verfahren als hoch praktikabel, Auswertung und Interpretation sind hoch objektiv.
	Die Reliabilität wurde nicht überprüft.
	EBD 3-48: Geringere Skalen-Interkorrelationen (.13 bis .49) stützen die Eigenständigkeit der Entwicklungsbereiche; Identifikationsraten in einer Feldstudie von etwa 15 % bis 20 % grenzwertiger oder auffälliger Kinder je Skala stützen die Validität.

Tabelle 5.5: Fortsetzung

Alter	Test-sprache	Test-aufbau	zeitlicher Aufwand	Normie-rungs-stich-probe	Ergän-zende Informa-tionen	Bezug
EBD 3-48: 3 bis 48 Monate; EBD 48-72: 48 bis 72 Monate.	Deutsch; es liegen beide Manuale auch in russischer Sprache vor.	Die Proto-kollierung erfolgt auf Papier; keine Par-alleltest-form.	Bei Ver-trautheit des Unter-suchers mit dem Kind (Ein-schätzung aus dem Gedächt-nis) Bear-beitungs-dauer ca. 10 Minu-ten (Säug-linge) bis 30 Minu-ten; Auswer-tungs-dauer ca. 2 Minuten.	Keine em-pirischen Normen; Meilen-stein-Zeit-punkte jedoch empirisch geprüft (Anteil mit Migrati-onshinter-grund 38,7 %).	Testmate-rial ist ge-ring stan-dardisiert; es wird auf gut verfüg-bares und allgemein verbreite-tes Mate-rial wie Bälle, Stifte, Per-len, Klötze zurück ge-griffen.	Cornelsen Verlag, Berlin

5.3.1 Verfahrensgliederung der EBD 3–48 und EBD 48–72

Bei den Verfahren der EBD handelt es sich um Sammlungen von Entwicklungs-meilensteinen für den Einsatz im Kindergartenalltag, das heißt die Aufgaben wer-den von pädagogischen Fachkräften durchgeführt. Unter Meilensteinen sind wichtige Entwicklungsschritte zu verstehen, die ein Kind zu definierten Alters-zeitpunkten absolviert haben muss, um von einer unauffälligen Entwicklung aus-zugehen (Petermann & Daseking, 2015, S. 53 ff.). Die EBD 3-48 und EBD 48-72 leiten solche Spätest-Entwicklungszeitpunkte aus etablierten Entwicklungstests ab; sie überprüfen auf dieser Grundlage Leistungen, die bei geringem Zeit- bzw. Kostenaufwand mit alltagsnahen Materialien einfach und praktisch zu handha-ben sowie im Kindergartenalltag gut zu bewerten sind. Die Meilensteine sind den Alterszeitpunkten des Tests so zugeordnet, dass sie von etwa 90 % aller Kinder gelöst werden können. Somit sind die Verfahren der EBD grundsätzlich Instru-mente zur Identifikation von Risikokindern; nach einem auffälligen Ergebnis soll-ten die Ergebnisse jedoch grundsätzlich mit einem standardisierten Entwick-lungstest abgesichert werden.

Die Entwicklungsbereiche der EBD sind
- Haltungs- und Bewegungssteuerung,
- Fein- und Visuomotorik,
- Sprachentwicklung,
- kognitive Entwicklung,
- emotionale Entwicklung,
- soziale Entwicklung.

In jedem dieser Bereiche werden zu den Alterszeitpunkten 3 Monate, 6 Monate, 12 Monate, 18 Monate, 24 Monate, 30 Monate, 36 Monate, 42 Monate, 48 Monate, 54 Monate, 60 Monate, 66 Monate und 72 Monate genau vier Aufgaben durchgeführt. Somit umfasst die EBD 3-48 insgesamt 216 Aufgaben und die EBD 48-72 insgesamt 120 Aufgaben. Für die EBD 3-48 wurden die Aufgaben und Skalen empirisch überprüft (Koglin, Petermann, Helmsen & Petermann, 2008).

Aufgrund des nicht enthaltenen Materialsatzes sind die Verfahren der EBD eine sehr kostengünstige Variante zur Entwicklungsüberprüfung. Beide Manuale enthalten eine CD, von der alle benötigten Protokoll- und Auswertungsmaterialien über den eigenen Computer beliebig oft ausgedruckt werden können.

5.3.2   Durchführung der EBD 3-48 und EBD 48-72

Zum Zeitpunkt der Testung sollte das Alter des Kindes nicht mehr als zwei Wochen (bis 3 Jahre) bzw. mehr als vier Wochen (ab dem 4. Lebensjahr) von dem vom Verfahren vorgegebenen Testalter (z. B. „66 Monate") abweichen. Die Aufgabenbeschreibungen sind für pädagogische Fachkräfte gut verständlich, weisen jedoch einen deutlich geringeren Standardisierungsgrad als die Aufgaben von Entwicklungstests auf. Sowohl für das Material, die Instruktionen und die Bewertung sind ausreichend Freiräume gelassen, um die Aufgaben „nebenher" im Kindergartenalltag durchzuführen oder zu beobachten. Zur Veranschaulichung zeigt Kasten 1 eine Beispielaufgabe.

Kasten 1

Alterszeitpunkt 36 Monate, Fein und Visuomotorik, 3. Aufgabe

Kann einen Kreis nachzeichnen

Material: Papier, dicke Bunt- oder Bleistifte

Instruktion: Zeigen Sie dem Kind, wie Sie mit einem Stift Kreise auf dem Papier ziehen und fordern Sie es auf, auch kreisförmige Gebilde zu malen. Gegebenenfalls mehrmals vormachen.

Erfüllt: Das Kind malt einen Kreis. Dabei muss die runde Form nur angedeutet und nicht geschlossen sein. Der Stift wird dabei zwischen den Fingern im Quer- oder Pinselgriff mindestens in der Stiftmitte gehalten.

Nicht erfüllt: Das Kind kann keinen Kreis malen. Eine Spirale wird nicht als richtig gewertet. Der Stift wird im Faustgriff am oberen Ende des Stiftes gehalten.

Bei diesem Standardisierungsgrad ist beispielsweise nicht berücksichtigt, in welcher Körperhaltung und auf welcher Fläche bzw. Unterlage das Kind die Aufgabe bearbeitet. Auch ist keine Richtung empfohlen, in welche der Untersucher die Kreisbewegungen vollführen soll (z. B. Uhrzeigersinn). Es ist zwar davon auszugehen, dass solche Aufgaben von Pädagogen zumeist angemessen durchgeführt werden, aber vielfach können bereits kleine Veränderungen der Rahmenbedingungen oder Materialien die inhaltliche Qualität und Schwierigkeit einer Testaufgabe stark beeinflussen.

Die Gesamtmenge der Aufgaben erfordert es, dass der Untersucher gut mit dem Verfahren vertraut ist. Da zahlreiche Items auch im Kindergartenalltag ohne direkte Anleitung an das Kind beiläufig beobachtet werden können, muss der Untersucher zusätzlich gut für relevante Situationen sensibilisiert sein.

Die Protokollierung erfolgt auf einem selbst ausgedruckten Protokollblatt, das über die Aufgaben-Namen (z. B. „Kann einen Kreis nachzeichnen.") hinaus keine weiteren Hinweise zur Durchführung erhält.

5.3.3   Auswertung der EBD 3–48 und EBD 48–72

Nachdem alle 24 Items einer Altersgruppe mit „erfüllt" bzw. „nicht erfüllt" bewertet werden konnten, wird für jeden Entwicklungsbereich die Anzahl der erfüllten Aufgaben ermittelt. Da je Skala vier Aufgaben durchgeführt werden, beträgt die skalenspezifisch maximal erreichbare Summe „4". Aufgrund des Meilenstein-Charakters der Aufgaben ist davon auszugehen, dass etwa 70–75 % aller Kinder in der Gesamtbevölkerung jeweils alle vier Aufgaben im entsprechenden Alter lösen können.

Die Skalenergebnisse werden wie folgt interpretiert:
- 3–4 gelöste Aufgaben: es liegt kein Hinweis auf eine Entwicklungsauffälligkeit vor;
- 2 gelöste Aufgaben: grenzwertiger Befund, keine eindeutige Aussage möglich; wiederholte Überprüfung angeraten;
- 0–1 gelöste Aufgaben: es liegen Hinweise auf eine bereichsspezifische oder eine allgemeine Entwicklungsverzögerung vor, deren Ursachen mit einer standardisierten Entwicklungsdiagnostik abgeklärt werden müssen.

Die Ergebnisse aller Entwicklungsbereiche können in einem Ergebnisprofil grafisch veranschaulicht werden. Außerdem kann auf einem weiteren Blatt ein Entwicklungsverlaufs-Profil angelegt werden, in das die Ergebnisse eines Kindes zu allen EBD-Alterszeitpunkten eingetragen werden können. Auf diese Weise lassen sich neben natürlichen Entwicklungsverläufen auch Protokolle über den Förderverlauf erstellen.

Die Verfahren der EBD interpretieren nicht gelöste Aufgaben als Entwicklungs- und Förderziele eines Kindes; sie liefern Anregungen dafür, wie diese Ziele erreicht werden können.

5.3.4   Normen der EBD 3-48 und EBD 48-72

Die Verfahren wurden nicht normiert, stützen sich jedoch auf die Normen etablierter Entwicklungstests. In einer Studie konnten Koglin et al. (2008) jedoch die Altersangaben für die EBD 3-48 stützen. In dieser Studie wurden für alle Entwicklungsbereiche Identifikationsraten grenzwertiger oder auffälliger Kinder von etwa 15% bis 20% erzielt, was mit der Prävalenz der entsprechenden Entwicklungsprobleme in der Gesamtbevölkerung gut im Einklang steht. Der Anteil an Kindern mit Migrationshintergrund betrug in der Gesamtstichprobe 38,7%.

5.3.5   Testfairness der EBD 3-48 und EBD 48-72

Obwohl ein geringer Standardisierungsgrad die Validität eines Entwicklungstests gefährden kann, erweist er sich bei der Grobidentifikation von entwicklungsauffälligen Migrantenkindern als Vorteil. Die Verfahren der EBD erlauben dem Untersucher eine hohe Flexibilität bei der Auswahl von Materialien, der Anleitung und Motivation des Kindes sowie der Durchführungskriterien, beispielsweise Richtungen beim Zeigen oder in der seriellen Bearbeitung von Aufgabenschritten. Da die EBD

- vollständig auf hochformalisierte Aufgabenstellungen verzichtet, sondern die Entwicklungsbeurteilung in alltagsnahen Situationen ermöglicht und
- in der Regel von gut bekannten Personen durchgeführt wird,

kann variabel auf die kulturellen Merkmale eines Kindes eingegangen werden. So können auch situativ bedingte Verhaltensweisen eines Kindes – wie sie beispielsweise bei der Vorstellung bei einem Kinderarzt oder Klinischen Kinderpsychologen auftreten können – bei der Erstellung des Entwicklungsbefunds besser kontrolliert werden. Die sachgerechte Durchführung der EBD mit Migrantenkindern erfordert jedoch eine gute interkulturelle Kompetenz des Untersuchers.

5.4   Zusammenfassung

Auch für Migrantenkinder mit sehr geringen oder sogar ganz ohne deutsche Sprachkenntnisse sowie für Kinder, deren Entwicklung sich überwiegend oder gar bis vor kurzem in einem anderen Kulturkreis vollzogen hat, bestehen mit den im deutschen Sprachraum etablierten Entwicklungstests Möglichkeiten, Entwicklungsaussagen zu treffen.

Eine wichtige Altersgrenze in Bezug auf die Sprachgebundenheit markiert der dritte Geburtstag: Bis zu diesem Alter werden Testaufgaben aller Entwicklungsbereiche überwiegend nicht allein sprachlich formuliert, sondern es sind ergänzend Demonstrationen durch den Untersucher erlaubt, womit die Instruktionsvermittlung an die Kinder zumeist gelingt. Nach dem dritten Geburtstag können Aufgaben zur motorischen Entwicklung grundsätzlich auf die gleiche Weise vermittelt werden, jedoch werden Entwicklungstest-Aufgaben zur kognitiven Entwicklung zunehmend sprachgebundener. Um in diesem Bereich einer Unterschätzung des Entwicklungsstands eines Migrantenkindes vorzubeugen, empfiehlt sich oft die zusätzliche oder alternative Durchführung eines sprachfreien Intelligenztests. An welchen Stellen die vorgestellten Verfahren spezifische Formen der Kulturgebundenheit aufweisen, konnte in diesem Buchbeitrag dargestellt werden.

Grundsätzlich ist zu empfehlen, die Testergebnisse trotz der guten Entwicklungspotenziale bzw. Aufholpotenziale von Migrantenkindern nicht zu großzügig auszulegen: Auch die Ergebnisse eines aufgrund von Sprachproblemen oder kulturellen Merkmalen eines Kindes nicht vollständig testfair durchgeführten Entwicklungstests dokumentieren einen Förderbedarf, wenn diese Ergebnisse sich in den definierten „auffälligen" Ergebniskategorien der einzelnen Testverfahren befinden. In vielen Fällen ist jedoch die Entwicklungsprognose günstiger zu formulieren als bei Kindern, die beispielsweise allein deutschsprachig im westlichen Kulturkreis aufgewachsen sind und somit unter Einhaltung der Testfairness ein gleiches Ergebnis erzielt haben. Eine Entwicklungsförderung von Migrantenkindern ist häufig weniger auf therapeutische oder heilpädagogische Aspekte auszurichten, sondern auf die kontinuierliche Teilhabe an den Bereichen der aktuellen Lebenswelt.

Literatur

Belhadj Kouider, E. & Petermann, F. (2015). Migrantenkinder. *Kindheit und Entwicklung, 24,* 199–208. http://doi.org/10.1026/0942-5403/a000176

Daseking, M., Werpup-Stüwe, L., Wienert, L. M., Menke, B. M., Petermann, F. & Waldmann, H.-C. (2015). Sprachfreie Intelligenzdiagnostik bei Kindern mit Migrationshintergrund. *Kindheit und Entwicklung, 24,* 243–251. http://doi.org/10.1026/0942-5403/a000180

Flynn, J. R. (2007). *What is Intelligence? Beyond the Flynn Effect.* Cambridge (UK): Cambridge University Press. http://doi.org/10.1017/CBO9780511605253

Flynn, J. R. (2012). *Are we getting smarter? Rising IQ in the Twenty-First Century.* Cambridge (UK): Cambridge University Press. http://doi.org/10.1017/CBO9781139235679

Koglin, U., Petermann, F., Helmsen, J. & Petermann, U. (2008). Entwicklungsbeobachtung und Entwicklungsdokumentation in Krippen und Kindergärten. *Kindheit und Entwicklung, 17,* 152–160. http://doi.org/10.1026/0942-5403.17.3.152

Koglin, U., Petermann, F. & Petermann, U. (2017). *Entwicklungsbeobachtung und -dokumentation. EBD 48-72. Eine Arbeitshilfe für pädagogische Fachkräfte in Kindergärten und Kindertagesstätten* (5., aktual. Aufl.). Berlin: Cornelsen.

Meindl, M. & Jungmann, T. (2012). Mangelnde Sprachbeherrschung: Kinder mit Migrationshintergrund. In T. Jungmann (Hrsg.), *Praxis der Sprach- und Kommunikationsförderung* (S. 157–181). Dortmund: verlag modernes lernen.

Petermann, F. (Hrsg.) (2014). *Wechsler Nonverbal Scale of Ability (WNV). Deutsche Bearbeitung.* Frankfurt a. M.: Pearson Assessment.

Petermann, F. & Daseking, M. (2015). *Diagnostische Erhebungsverfahren.* Göttingen: Hogrefe.

Petermann, F. & Macha, T. (2003). Strategien in der testgestützten allgemeinen Entwicklungsdiagnostik. *Monatsschrift Kinderheilkunde, 151,* 6–13. http://doi.org/10.1007/s00112-002-0621-x

Petermann, F. & Macha, T. (2005). Entwicklungsdiagnostik. *Kindheit und Entwicklung, 14,* 131–139. http://doi.org/10.1026/0942-5403.14.3.131

Petermann, F. & Macha, T. (2015). *Entwicklungstest für Kinder von sechs Monaten bis 6 Jahren – Revision (ET 6-6-R)* (2. Aufl.). Frankfurt a. M.: Pearson Assessment.

Petermann, F. & Wiedebusch, S. (2016). *Emotionale Kompetenz bei Kindern* (3., überarb. Aufl.). Göttingen: Hogrefe. http://doi.org/10.1026/02710-000

Petermann, U., Petermann, F. & Koglin, U. (2017). *Entwicklungsbeobachtung und -dokumentation. EBD 3-48. Eine Arbeitshilfe für pädagogische Fachkräfte in Krippen und Kindergärten* (7., aktual. Aufl.). Berlin: Cornelsen.

Reuner, G. & Rosenkranz, J. (Hrsg.) (2014). *Bayley-Scales of Infant and Toddler Development, Third Edition – Deutsche Version.* Frankfurt a. M.: Pearson Assessment.

Tellegen, P. J., Laros, J. A. & Petermann, F. (2007). *Non-verbaler Intelligenztest (SON-R 2½-7).* Göttingen: Hogrefe.

Tellegen, P. J., Winkel, M., Wijnberg-Williams, B. J. & Laros, J. A. (1998). *Snijders-Oomen Non-verbaler Intelligenztest (SON-R 2½-7).* Frankfurt a. M.: Swets Test Services.

6   Sprachstandsdiagnostik

Valentina Reitenbach, Martin Schastak & Dominique Rauch

6.1   Einleitung

Eine erfolgreiche Bildungskarriere ist eine wichtige Voraussetzung zur gleichberechtigten Teilhabe am beruflichen und gesellschaftlich-kulturellen Leben. In Deutschland ist der Schulerfolg allerdings maßgeblich von der sozialen Herkunft abhängig (Kuhl, Haag, Federlein, Weirich & Schipolowski, 2016; Rauch, Mang, Härtig & Haag, 2016). Kinder mit Migrationshintergrund weisen hinsichtlich diverser Indikatoren für Bildungserfolg im Unterschied zu Kindern ohne Migrationshintergrund früh eintretende und kontinuierliche Benachteiligungen auf.[1] So werden Kinder mit Migrationshintergrund im Vergleich zu Kindern ohne Migrationshintergrund zum Beispiel häufiger von der Einschulung zurückgestellt (Becker & Biedinger, 2006), weisen bereits in der Grundschule deutliche Lese- und Rechenkompetenz-Disparitäten auf (Haag, Böhme & Stanat, 2012; Tarelli, Schwippert & Stubbe, 2012) und haben geringere Chancen, beim Übergang in die Sekundarstufe I ein Gymnasium zu besuchen (Gresch & Becker, 2010). Die Bildungsbenachteiligung ist in nationalen und internationalen Vergleichsstudien sogar noch bei Jugendlichen mit Migrationshintergrund zu beobachten (Haag, Böhme, Rjosk & Stanat, 2016; Rauch et al., 2016). Wenngleich die Ursachen für die Bildungsbenachteiligung von Kindern mit Migrationshintergrund vielschichtig und komplex sind sowie in Wechselwirkungen zueinander stehen (Britz, 2006), werden diese häufig mit mangelnder Sprachkompetenz in Verbindung gebracht.[2]

Sprachkompetenz hat eine Schlüsselfunktion für Bildung. Sprachliche Fähigkeiten sind eine Voraussetzung für den Wissenserwerb, für die Konstruktion von Wissen im Austausch mit anderen und für die Wissenswiedergabe (welche wiederum zentral für erfolgreiche Prüfungsleistungen ist). Darüber hinaus stellen sprachliche Fähigkeiten eine zentrale Vorläuferfähigkeit für basale Fertigkeiten wie den Schriftsprach- (Füssenich, 2012) und den Arithmetikerwerb (Paetsch, 2016) dar. In Folge des „PISA-Schocks" im Jahr 2000 rückte die vorschulische

---

1   Für einen Überblick vgl. Autorengruppe Bildungsberichterstattung (2016, S. 161–203).

2   Für einen Überblick vgl. Kempert et al. (2016).

Sprachkompetenz sowie die Bildungsbenachteiligung von Kindern und Jugendlichen mit Migrationshintergrund vermehrt in den Fokus. So forderte beispielsweise die Kultusministerkonferenz (2002) „Maßnahmen zur Verbesserung der Sprachkompetenz bereits im vorschulischen Bereich" (S. 6) und „Maßnahmen zur wirksamen Förderung bildungsbenachteiligter Kinder, insbesondere auch der Kinder und Jugendlichen mit Migrationshintergrund" (S. 7). In der Folge wurden im Koalitionsvertrag zwischen CDU, CSU und FDP (2009, S. 59 f.) verbindliche, bundesweit vergleichbare Sprachtests sowie Sprachförderung festgeschrieben.

Sprachdiagnostik stellt den Ausgangs- und Endpunkt jeder adäquaten Sprachförderung dar; sie ist oft mit einer großen Verantwortung verbunden, da Fehldiagnosen – beispielsweise eine auf der Diagnose basierende Rückstellung vom Schulbesuch – unter anderem gravierende Konsequenzen für den Bildungsweg haben können. Gerade vor dem Hintergrund der verpflichtenden Sprachdiagnostik sowie daraus resultierenden verpflichtenden Fördermaßnahmen – wie sie in einigen Bundesländern durchgeführt werden (Niedersächsisches Kultusministerium, 2006; Ministerium für Schule und Weiterbildung des Landes Nordrhein-Westfalen, 2015) – ist es von großer Bedeutung, Über- oder Unterschätzungen sprachlicher Fähigkeiten zu vermeiden, indem angemessene Diagnostikverfahren zur Anwendung kommen.

Die Operationalisierung und Messung sprachlicher Fähigkeiten ist allerdings mit einigen Herausforderungen verknüpft. Diese betreffen vor allem das Konstrukt Sprache bzw. Mehrsprachigkeit selbst, die verschiedenen Erwerbsverläufe abhängig vom Spracherwerbstyp sowie methodische Aspekte der Diagnostik von Sprache. Dementsprechend soll zunächst in das Konstrukt Sprache (Abschnitt 6.2.1) eingeführt werden, bevor die modulare Struktur von Sprache und die einzelnen sprachlichen Wissenssysteme expliziert werden (Abschnitt 6.2.2). Abschließend soll in Abschnitt 6.2.3 dezidierter auf bestimmte Merkmale sprachlichen Wissens eingegangen werden, die zentral für die Sprachdiagnostik und für die Konstruktion von Sprachdiagnostikinstrumenten sind. Im dritten Abschnitt werden das Phänomen Spracherwerb anhand verschiedener Spracherwerbstypen (Abschnitt 6.3.1), deren Erwerbsvoraussetzungen bzw. -bedingungen (Abschnitt 6.3.2) sowie Gemeinsamkeiten und Unterschiede (Abschnitt 6.3.3) erläutert. In Abschnitt 6.4.1 wird Sprachdiagnostik zunächst allgemein aus einer diagnostischen Perspektive beleuchtet, bevor Zwecke sowie methodische Aspekte des konkreten Messvorgehens thematisiert werden (Abschnitt 6.4.2). Abschnitt 6.4.3 weist auf verschiedene Möglichkeiten hin, wie die Leistung eines Individuums bezüglich verschiedener Vergleichsmaßstäbe interpretiert werden kann. Anschließend werden Ansprüche aus linguistischer Perspektive sowie psychometrische Anforderungen und Kriterien der Mehrsprachigkeitsforschung an Sprachdiagnostik dargestellt, wobei die Problematik der Sprachdiagnostik bei Mehrsprachigkeit diskutiert wird (Abschnitt 6.4.4). Im fünften Abschnitt wird anhand einer Auswahl verschiedener

Sprachdiagnostikinstrumente der heterogene Umgang mit Mehrsprachigkeit bei der Sprachdiagnostik exemplifiziert. Hierbei werden zunächst relevante Kategorien der Mehrsprachigkeit für die Sprachdiagnostik eingeführt (Abschnitt 6.5.1), bevor näher auf die Erfassung sprachbiographischer Informationen (Abschnitt 6.5.2), erstsprachlicher (Abschnitt 6.5.3) und deutschsprachlicher Kenntnisse (Abschnitt 6.5.4) eingegangen wird. Der Buchbeitrag schließt mit einer Zusammenfassung samt Leitfragen zur Handlungsorientierung im Umgang mit Sprachdiagnostik bei Mehrsprachigkeit.

6.2 Sprache – eine linguistisch fundierte Einführung

6.2.1 Einführung in das Konstrukt „Sprache"

Die Bedeutung von Sprache für Bildung ist in der wissenschaftlichen und öffentlichen Diskussion unumstritten. In der öffentlichen Diskussion kursieren allerdings viele populäre Fehlkonzepte über Mehrsprachigkeit (Tracy, 2011) und deren Zusammenhang mit Bildungsprozessen.[3] Schon der Begriff *Sprache* wird terminologisch als Containerbegriff gebraucht, in welchem verschiedene Dialekte einer Einzelsprache, Gebrauchsweisen sowie Kontexte – somit letztlich sprachliche Fähigkeiten – häufig undifferenziert betrachtet und vermischt werden.

Eine erste hilfreiche Differenzierung betrifft die Unterscheidung mündlicher (Hörverstehen und Sprechen) und schriftsprachlicher Fähigkeiten (Lesen und Schreiben). Hörverstehen und Sprechen werden zumeist als aufeinander folgende Schritte im natürlichen Spracherwerb gesehen, die im familiären Kontext erfolgen; hingegen seien Lesen und Schreiben in der Schule (häufig parallel) explizit vermittelte Kompetenzen.[4]

Häufig werden natürliche Sprachen „im Sinn von (nationalen) Einzelsprachen wie Deutsch, Schwedisch, Japanisch etc." (Bußmann, 2008, S. 644) verstanden und somit über politisch-geographische Kategorien (Grewendorf, Hamm & Sternefeld, 1987, S. 24) definiert. Diese politisch-geographische Reduktion des Begriffs von natürlichen Sprachen ist zu grobkörnig und im Hinblick auf die Diagnostik sprachlicher Fähigkeiten nicht zielführend. Nichtsdestotrotz weist sie zunächst darauf hin, dass sprachliche Fähigkeiten an bestimmte Einzelsprachen wie das Deutsche

---

3 Zur „doppelten Halbsprachigkeit" vgl. Wiese et al. (2010).

4 Der Fokus des vorliegenden Buchbeitrags liegt allein auf mündlichen Fähigkeiten, da diese die Grundlagen für aufbauende Kompetenzen sind. Für einen Überblick zu schriftsprachlichen Diagnostikinstrumenten für Kinder und Jugendliche mit Migrationshintergrund vgl. Rauch, Schastak & Richter (2016).

gebunden sind. Hinsichtlich *Mehrsprachigkeit* bzw. *Bilingualität* nähern sich Definitionsversuche vor allem über die Dimension der Kompetenz an (Edwards, 2013, S. 11 ff.). Im Folgenden werden Sprecher als mehrsprachig bzw. bilingual bezeichnet, wenn sie zum Führen von Alltagsgesprächen in ihren (Einzel-)Sprachen fähig sind (Myers-Scotton, 2006, S. 65; Grosjean, 2008, S. 10).

Natürliche Sprachen bestehen aus verschiedenen *Varietäten*. Varietäten sind „spezifische Ausprägungen eines sprachlichen Verhaltens in einem mehrdimensionalen (regional, sozial, situativ, historisch differenzierten) Varietätenraum" (Bußmann, 2008, S. 772). So wird nicht eine Einzelsprache selbst, sondern es werden zum Beispiel Dialekte der Einzelsprache beim Sprechen produziert (Myers-Scotton, 2006, S. 23). Allerdings können sich auch Sprecher der gleichen Varietät durch eine funktionsspezifische Nutzung in unterschiedliche *Register* (Bußmann, 2008, S. 577f.) differenzieren. In einer Predigt oder Nachrichtensendung wird zwar die standardsprachliche Varietät genutzt, aber in einer charakteristischen, funktionsspezifischen Weise für den jeweiligen Bereich – was beispielsweise in der Sprachmelodie und Wortwahl zum Ausdruck kommt.

Zunächst entwickeln sich natürliche Sprachen mündlich und werden häufig schriftsprachlich fixiert. Die tatsächliche sprachliche Ausgestaltung selbst bewegt sich auf einem Kontinuum von „konzeptioneller Mündlichkeit und Schriftlichkeit", welche sich in einer Vielzahl sprachlicher sowie stilistischer Merkmale voneinander unterscheiden (Koch & Oesterreicher, 1985). So zeichnet sich die gesprochene Sprache durch die Aneinanderreihung von Hauptsätzen, einen eingeschränkten Gebrauch von Konjunktionen („und", „weil", „dass" etc.), Satzabbrüche, geringere sprachliche Vielfalt etc. aus (Bußmann, 2008, S. 234f.). Dies führt dazu, dass manche sprachlichen Strukturen – zum Beispiel Relativsätze – in der gesprochenen Sprache im Gegensatz zur geschriebenen Sprache selten produziert werden (Weinert, 2004). Hierbei ist wichtig zu erwähnen, dass die sprachliche und stilistische Ausgestaltung nicht vom genutzten Medium (mündlich vs. schriftlich) abhängig ist, sondern vielmehr von den Bedingungen der Kommunikation (z. B. raumzeitliche Nähe, Kontext und Vertrautheit) beeinflusst wird (Koch & Oesterreicher, 1985). So orientiert sich ein wissenschaftlicher Vortrag, der mündlich präsentiert wird, sprachlich und stilistisch eher an der konzeptionellen Schriftlichkeit samt komplexen syntaktischen Strukturen und sprachlicher Vielfalt. Ähnlich zur Unterscheidung von mündlicher und schriftlicher Varietät wird zwischen alltagssprachlicher und akademischer Sprache unterschieden (Cummins, 2000), wobei letztere im Deutschen als *Bildungssprache* (Gantefort & Roth, 2010; Heppt, Stanat, Dragon, Berendes & Weinert, 2014) bezeichnet wird. In Anlehnung an Schleppegrell (2004) tritt diese Varietät in (schulischen) Bildungskontexten auf, um Wissen zu erwerben und zu vermitteln. Hierfür benötigt es einen „fachspezifischen bildungssprachlichen Wortschatz, dessen Verwendung sich zumeist auf einzelne Fächer beschränkt (z. B. Addition, multiplizieren), und einen allgemeinen bildungssprachlichen Wortschatz, der fächerübergreifend eingesetzt wird

(z. B. eine Übersicht erstellen, vervollständigen)" (Heppt et al., 2014, S. 140). Auf struktureller Ebene zeichnet sich Bildungssprache beispielsweise durch ein erhöhtes Auftreten von komplexen Haupt- und Nebensatzkonstruktionen, Passivkonstruktionen sowie langen Nominal- und Präpositionalphrasen (z. B. „Die Diffusion von Molekülen eines Lösungsmittels durch eine semipermeable Membran ..."") aus (ebd.).

Ausgehend von verschiedenen Varietäten und Registern einer Einzelsprache ist es zunächst hilfreich, Gemeinsamkeiten zu identifizieren, um sich der Beschreibung einer Einzelsprache zu nähern. Zur Identifikation zentraler Merkmale einer Einzelsprache benötigt es eine Analyse der Grammatik einer Sprache. Hiermit ist sowohl das sprachliche Wissen als auch die Beschreibung oder Theorie des jeweiligen sprachlichen Wissens gemeint (Grewendorf et al., 1987, S. 28).

6.2.2 Teilsysteme der Grammatik und zentrale linguistische Wissenssysteme

Es werden verschiedene grammatische Teilsysteme angenommen, die sich in ein phonologisches, morphologisches, syntaktisches und semantisches Modul differenzieren lassen (Grewendorf et al., 1987, S. 38ff.).[5]

Natürliche Sprachen sind überwiegend Lautsprachen, in welchen Informationen über Schallereignisse vermittelt werden (Dittmann, 2006, S. 10). Die *Phonologie* einer Sprache umfasst zunächst das Lautinventar, bestehend aus einer endlichen Anzahl von Phonemen – den „kleinsten bedeutungsdifferenzierenden Einheiten" (Grewendorf et al., 1987, S. 86) einer Sprache (z. B. [p] vs. [b] in „Pein" und „Bein") – sowie Prinzipien und Regularien, wie Phoneme zu Wörtern kombiniert werden (z. B. können die Phoneme [p] und [t] im Deutschen nie gemeinsam am Silbenanfang, wohl aber am Silbenende stehen). Weiterhin umfasst die Phonologie prosodische Eigenschaften, die sich auf Unterschiede in der Tonhöhe, Lautstärke, Geschwindigkeit und Rhythmus beziehen (Crystal, 2008, S. 392).

Aus der Kombination von Lauten werden über phonologische Regeln Wörter produziert. Wortbildungsprozesse sind allerdings nicht nur auf der phonologischen Ebene angesiedelt, sondern werden primär der *Morphologie* zugewiesen (Grewendorf et al., 1987, S. 38). Wörter bestehen aus Morphemen, die als „kleinste bedeutungtragende Einheiten" (ebd., S. 254) einer Sprache definiert werden (z. B. „verfahr-en", „Auto-s", „spät-er"), welche wiederum diversen Regularien innerhalb

---

5   Die Komponenten sprachlichen Wissens, deren Status sowie deren Strukturierung divergieren zwischen dem modularen und dem holistischen Ansatz zur Beschreibung dieser (Schwarz, 1996, S. 47ff). Während der modulare Ansatz sprachspezifische Prinzipien und Mechanismen postuliert, sehen holistische Ansätze das sprachliche Wissenssystem als Folge von allgemeinen Kognitionsprinzipien (ebd., S. 56). Die folgenden Darstellungen gehen von einem modularen Ansatz aus.

der Formenlehre (Flexion) sowie verschiedener Wortbildungsprozesse unterliegen (ebd., S. 255 ff.).

Die *Syntax* liefert Regeln, die die zulässigen Kombinationen von Wörtern zu Satzgliedern und Sätzen festlegen. Dementsprechend ermöglicht das syntaktische Wissen die Gliederung von Wörtern zu Wortgruppen und Wortgruppen zu grammatisch korrekten Sätzen (ebd., S. 39). Sätze bestehen aus syntaktisch zusammengehörigen Wortgruppen, sogenannten *Phrasen* (z. B. „[Der neue Präsident] [fliegt[[nach Peking]]" die hierarchisch nach Prinzipien strukturiert sind. Die tatsächliche Ausprägung der einzelnen Prinzipien kann sich nach Einzelsprachen unterscheiden. Diese Regularien führen dazu, dass zum Beispiel im Hauptsatz des Deutschen flektierte Verben an der zweiten Stelle („Der neue Präsident trägt ein Toupet" vs. „*Der neue Präsident ein Toupet trägt"[6]) und im Nebensatz an der letzten Stelle stehen müssen („Wir sehen, dass der neue Präsident ein Toupet trägt" vs. „*Wir sehen, dass der neue Präsident trägt ein Toupet").

Die *Semantik* ermöglicht, die Bedeutung eines Satzes aus den Bedeutungen seiner einzelnen Wortgruppen und Wörter zu erschließen (ebd., S. 39). Alle Wörter – mit Ausnahme von Funktionswörtern (z. B. „dass", „der") – tragen eine lexikalische Bedeutung. Diese lexikalischen Bedeutungen stehen allerdings nicht isoliert zueinander, sondern müssen sinnig in die Semantik der anderen lexikalischen Einheiten und in die syntaktische Struktur integriert werden. So hat der Satz „die Konstablerwache wird zur Verhütung von Straftaten durch die Polizei videoüberwacht" zwei Lesarten, abhängig davon, ob die Phrase [durch die Polizei] sich auf die Ausübung von Straftaten oder die Videoüberwachung bezieht.

Neben diesen Teilsystemen der Grammatik existieren zwei weitere zentrale linguistische Wissenssysteme, die aus linguistischer Perspektive kein Teilsystem der Grammatik darstellen. Das *mentale Lexikon* wird definiert als „organisierter und aktiver Speicher, in dem lexikalische Einheiten mit komplexen Beziehungen zueinander gespeichert werden" (Rothweiler & Kauschke, 2007, S. 42). Es wird davon ausgegangen, dass – neben diesem Speichern von lexikalischen Einheiten – thematisch verwandte Einträge miteinander vernetzt sind (z. B. „Tier" und „Hund"), und dass zu jedem Eintrag phonologische, morphologische, syntaktische, semantische, pragmatische sowie (nach vollzogenem Schriftspracherwerb) orthographische Informationen gespeichert sind (ebd., S. 42 ff.).

Die *Pragmatik* stellt die Schnittstelle zwischen sprachlichen Strukturen und deren Bedeutung in der Lebenswelt dar: „Language is not produced in a vacuum; it is enacted in changing dramas" (Baker, 2011, S. 4). Die Pragmatik ermöglicht es dem Sprecher, sprachliche Äußerungen adäquat zum Kontext zu verwenden sowie zu verstehen (Grewendorf et al., 1987, S. 41). Sprecher sind beispielsweise in der Lage,

---

6 „*" markiert den ungrammatischen Satz.

die Äußerung „da ist die Tür" nicht nur als Information zur Lagebeschreibung des Ein- und Ausgangs eines Raumes zu verstehen, sondern unter bestimmten Umständen diese Äußerung als Aufforderung zum Verlassen des Raumes zu interpretieren.

Wie anhand dieser kurzen Einführung in die Teilsysteme der Grammatik und in zentrale linguistische Wissenssysteme deutlich wird, besteht die Grammatik einer Sprache aus einem multimodalen Wissenssystem, in welchem sich diese Module wiederum in Teilsysteme differenzieren lassen. Die verschiedenen Module sind weitestgehend unabhängig voneinander, agieren aber nichtsdestotrotz in enger Kooperation miteinander. Im Folgenden sollen über die grammatischen Teilsysteme hinaus diejenigen Merkmale sprachlichen Wissens, die für die weiteren Ausführungen zur Sprachdiagnostik relevant sind, sowie das Konstrukt „Sprachkompetenz" näher betrachtet werden.

6.2.3 Merkmale sprachlichen Wissens und Sprachkompetenz

Ein zentrales Merkmal des sprachlichen Wissens ist die Eigenschaft der „discrete infinity" (Chomsky, 2000, S. 3 ff.). Das sprachliche Wissen stellt eine endliche Menge an Elementen und Regeln zur Verfügung. Aus dieser endlichen Menge kann allerdings eine unendliche Menge an Sätzen produziert und verstanden werden. Das sprachliche Wissen ist hierbei in der Regel implizit. Grammatisch korrekte bzw. inkorrekte Sätze werden als solche wahrgenommen bzw. produziert, ohne die Gründe für die (Un-)Grammatikalität explizieren zu können (Schwarz, 1996, S. 49).

Sprachliches Wissen lässt sich unterscheiden in die Sprachproduktion auf der einen und das Sprachverständnis auf der anderen Seite. Diese Unterscheidung erscheint zunächst trivial, ist allerdings für die Beurteilung sprachlicher Fähigkeiten nicht unerheblich. Produziert eine Person bestimmte sprachliche Strukturen nicht, so kann daraus nicht geschlossen werden, dass sie diese Strukturen nicht versteht. Umgekehrt kann eine Person Strukturen produzieren, die sie aber nicht versteht.

Sprachliche Strukturen unterscheiden sich in ihrer Regelhaftigkeit. Regelhafte Strukturen zeichnen sich dadurch aus, dass sie – sofern sie einmal erworben werden – auf eine Vielzahl von Elementen angewandt werden können. So können zum Beispiel aus syntaktischer Perspektive eine unendliche Anzahl von Haupt- und Nebensätzen im Deutschen grammatisch korrekt produziert und verstanden werden, sobald der Sprecher die Verbzweitstellung respektive Verbendstellung erkannt hat. Im Gegensatz hierzu können sogenannte *idiosynkratische* Merkmale von Wörtern nicht auf Basis genereller, zugrundeliegender Regeln vorhergesagt werden (Bußmann, 2008, S. 274 f.), sondern müssen einzeln erworben und im mentalen Lexikon gespeichert werden. Die Bedeutung des Verbs „berücken"[7] lässt sich beispielsweise nicht durch abstrakte Regeln oder die einzelnen Morpheme ableiten, sondern Sprecher müssen diesem Wort in einem sinnvollen Kontext begegnen, um es zu erwerben.

Hinsichtlich der bisherigen Ausführungen stellt sich die Frage, was angesichts der Struktur und der Merkmale von Sprache und sprachlichem Wissen unter *Sprachkompetenz* zu verstehen ist. Eine einheitliche oder verbindliche Definition von Sprachkompetenz gibt es nicht, sondern sie wird im Kontext der Forschungsdisziplin bzw. theoretischen Fundierung erzeugt (Jude, 2008, S. 11).

Aus linguistischer Perspektive wird der Kompetenzbegriff vom Begriff der Performanz differenziert. Die Fähigkeit, die dem Sprachgebrauch zu Grunde liegt, wird als sprachliche Kompetenz bezeichnet; hingegen wird die Art und Weise, wie von dieser zugrunde liegenden Fähigkeit Gebrauch gemacht wird, als sprachliche Performanz definiert (Grewendorf et al., 1987, S. 32). Unter Kompetenz wird vor allem das Wissen über die Sprache und über das Regelsystem der Sprache sowie die Fähigkeit zum Erkennen von Ungrammatikalitäten bzw. Ambiguitäten gefasst. Unter Performanz wird die tatsächliche Produktions- und Verständnisleistung an der Oberfläche verstanden, die von einer Vielzahl sozialer, biologischer und psychologischer Faktoren – Konzentration, Müdigkeit, Aufregung etc. – beeinflusst wird. Dementsprechend kann von der Performanz nicht direkt auf die zugrundeliegende Kompetenz geschlossen werden (Chomsky, 1965, S. 3).

Der Begriff der Sprache wurde hier unter einer sprachwissenschaftlichen Perspektive präzisiert, wobei die Sprache vor allem hinsichtlich ihrer Struktur und des sprachlichen Wissens betrachtet wurde. Die oben angeführten grundlegenden Beschreibungen sind zentral für eine angemessene Operationalisierung sprachlicher Fähigkeiten zur Messung des Sprachstandes. Eine adäquate Sprachdiagnostik muss allerdings sensibel für unterschiedliche Entwicklungsphasen, Altersstufen und die Erwerbsdauer sein. Dementsprechend wird im Folgenden das Phänomen des Spracherwerbs behandelt.

6.3   Spracherwerb

6.3.1   Merkmale des Spracherwerbs

Wie aus der Einführung in das Phänomen „Sprache" deutlich wurde, stellt der Spracherwerb eine komplexe Entwicklungsaufgabe dar. Sprachlernerinnen und -lerner müssen sich sowohl regelgeleitete als auch idiosynkratische Elemente, die

---

7   Bei Fischern und Vogelfängern verwendeter Begriff, mit einem Ruck ein Fangnetz über das zu fangende Tier zu schließen.

grammatischen Teilsysteme und zentralen linguistischen Wissenssysteme sowie ihr Zusammenwirken erschließen, um sich zielsprachlich verständigen zu können.

In Abschnitt 6.3 liegt der Schwerpunkt auf der Darstellung des ungestörten Spracherwerbs.[8] Darüber hinaus wird der *ungesteuerte Spracherwerb* fokussiert, der ohne explizite Unterrichtung stattfindet und in eine natürliche Sprachumgebung eingebettet ist. Damit unterscheidet er sich von dem *gesteuerten Spracherwerb*, wie dem Erlernen einer Fremdsprache unter Anleitung (Schulz & Grimm, 2012).

Obwohl der ungesteuerte Spracherwerb unter den verschiedensten Rahmenbedingungen abläuft, gilt er als aktiver und robuster Prozess. Er gelingt über alle Sprachen hinweg, ohne explizite Unterweisung und unabhängig von Faktoren wie Intelligenz, Erziehung oder der Form des sprachlichen Inputs als Laut- oder Gebärdensprache (Schulz & Grimm, 2012; Tracy, 2014). Im Spracherwerb können in einigen Bereichen überindividuelle Muster mit einer festen Abfolge von Entwicklungsschritten festgestellt werden (Tracy, 2007). Darüber hinaus hat ein vielfältiger, konsistenter und relevanter sprachlicher Input aus dem Umfeld eine Bedeutung für die sprachliche Entwicklung (ebd.). In den Theorien der Spracherwerbsforschung kommen dem Einfluss von genetischen Voraussetzungen und sozialen Interaktionen mit der Umwelt unterschiedlich gewichtete Rollen zu (Schulz & Grimm, 2012, S. 155 ff.). Forschungsbefunde legen nahe, dass es sich um ein Zusammenspiel von Anlage und Umwelt handelt, bei dem die Bedeutung für unterschiedliche Teilsysteme variiert. Hinweise auf eine universelle Abfolge von Entwicklungsschritten in der Grammatik (Tracy, 2007) scheinen zu belegen, dass die Anlagen eine höhere Bedeutung beim Erwerb der Grammatik haben als im Wortschatzerwerb, bei dem Zusammenhänge zu sozialen Faktoren wie dem familiären Hintergrund aufgezeigt werden konnten (Mayo & Leseman, 2008).

Die Entwicklung der Teil- und Wissenssysteme einer Sprache beginnt zu unterschiedlichen Zeitpunkten. Zudem ist die Dauer der Entwicklung unterschiedlich lang und beispielsweise im Fall des mentalen Lexikons nie abgeschlossen (Schulz & Grimm, 2012). Dabei entstehen natürliche Abweichungen im Spracherwerb durch individuelle Unterschiede sowie durch eine Vielzahl äußerer Faktoren (ebd.), sodass sich „Sprecher gleicher Zielsprachen … – auch bei gleichermaßen stabil erworbenen Satzbauplänen – erheblich im Umfang ihres aktiven oder passiven Wortschatzes und in ihren stilistischen, fachsprachlichen, soziolektalen und dialektalen Repertoires" (Tracy, 2007, S. 87 f.) unterscheiden.

Ein weiteres Merkmal von Spracherwerb ist die asynchrone Entwicklung von Sprachverständnis und -produktion (Schulz & Grimm, 2012). So kann ein Klein-

---

8   Der spezifisch gestörte Spracherwerb (SSES) wird in Abschnitt 6.4 hinsichtlich seiner Abgrenzung zum unauffälligen monolingualen und zum mehrsprachigen Spracherwerb in der Sprachdiagnostik thematisiert. Für eine differenzierte Auseinandersetzung mit Spracherwerb, der mehr als zwei Sprachen involviert, vgl. Hoffman (2001) und Kemp (2009).

kind bereits einfache Strukturen verstehen, bevor es die ersten Wörter spricht. Auch im Erwachsenenalter ist der rezeptive (passive) Wortschatz größer als der aktive (Rothweiler, 2002, S. 264). In den meisten Erwerbsaufgaben geht das Verständnis der Produktion voraus. Es kann jedoch auch vorkommen, dass Sprachlernerinnen und -lerner Äußerungen produzieren, bevor sie sie richtig interpretieren können (Schulz & Grimm, 2012, S. 159).

Da sich der Spracherwerb hinsichtlich der Anzahl der erlernten Sprachen sowie des Erwerbsbeginns unterscheidet, werden im Folgenden unterschiedliche Typen des Spracherwerbs vorgestellt, präzisiert unter welchen Bedingungen sie erworben werden (können) und aufgezeigt, wie sich der Erwerbstyp auf die Entwicklung in den unterschiedlichen Teilsystemen der Sprache auswirkt.

6.3.2   Spracherwerbstypen

Sprachen können zwar auf ganz unterschiedlichen Wegen erworben werden, werden jedoch in Spracherwerbsverläufe zusammengefasst, die ähnlichen Erwerbsbedingungen unterliegen. Im Weiteren wird auf folgende Unterscheidung eingegangen: monolingualer Erstspracherwerb, bilingualer Erstspracherwerb und Zweitspracherwerb.

Nach Schulz & Grimm (2012, S. 157) wird von einem *monolingualen Erstspracherwerb* gesprochen, wenn sich der regelmäßige, ungesteuerte Input auf eine Sprache beschränkt. Die Hauptbezugspersonen sprechen also mit dem Kind von Geburt an die gleiche Sprache. Sofern ein regelmäßiger Kontakt zur Verkehrssprache besteht, zeichnet er sich dadurch aus, dass die Verkehrssprache der Erstsprache des Kindes entspricht.

Der ungesteuerte Erwerb mehrerer Sprachen kann simultan oder sukzessiv erfolgen. Wenn die Hauptbezugspersonen von Geburt oder spätestens bis zum Alter von zwei Jahren beginnen, zwei verschiedene Sprachen mit dem Kind zu sprechen, handelt es sich um einen *bilingualen* (simultanen, doppelten) Erstspracherwerb (ebd.). Dabei können die Bezugspersonen beispielsweise jeweils konsistent nur eine Sprache sprechen oder aber jeweils von beiden Sprachen Gebrauch machen. Die Verkehrssprache entspricht einer der Erstsprachen des Kindes. Im *Zweitspracherwerb* (sukzessiver Spracherwerb) beginnt der Erwerb der zweiten Sprache erst zu einem späteren Zeitpunkt. Die Lernenden sind also zunächst monolingual aufgewachsen und werden erst nachdem bereits umfassende Kenntnisse in der Erstsprache vorliegen, mit einer neuen Sprache konfrontiert, zu der zuvor kein systematischer Kontakt bestand (ebd., S. 164).

Die Anzahl der Sprachen und der Erwerbsbeginn (Age of Onset) stellen die zentralen Indikatoren zur Abgrenzung der vorgestellten Spracherwerbstypen dar.

Tabelle 6.1 zeigt eine Übersicht über die betrachteten Spracherwerbstypen hinsichtlich dieser Indikatoren sowie weiterer Charakteristika. Die Altersgrenzen sind jedoch nicht eindeutig empirisch abgesichert und Gegenstand aktueller Untersuchungen (Schulz & Grimm, 2012; Yip, 2013). Im Fall eines simultanen Erstspracherwerbs erfolgt der Sprachinput nach einer Definition von De Houwer (2009, S. 2) von Geburt an. Andere Autoren – zum Beispiel Rothweiler (2007a) – setzen hingegen voraus, dass der Erwerb in den ersten beiden Lebensjahren einsetzt. Innerhalb des sukzessiven Spracherwerbs im Kindesalter wird darüber hinaus zwischen dem frühen (ca. 2 bis 4 Jahre) und späten (etwa ab 6 Jahren) Zweitspracherwerb (Schulz & Grimm, 2012) sowie dem erwachsenen Zweitspracherwerb (ab dem Jugendalter) unterschieden (Rothweiler, 2007a). Diese Distinktion verschiedener Zweitspracherwerbstypen beruht auf empirischen Beobachtungen, die qualitative und quantitative Unterschiede im Erwerbsverlauf dieser Typen feststellen. Eindeutige Altersgrenzen konnten aber bislang noch nicht definiert werden. Hinsichtlich der angeführten Abgrenzung der Zweitspracherwerbstypen nach Erwerbsbeginn fällt auf, dass sich der Erwerbsbeginn mit dem typischen Eintrittsalter in die Institutionen Kindergarten und Schule deckt.

Tabelle 6.1: Modellhafte Darstellung der Spracherwerbstypen.

	Monolingualer Erstspracherwerb	Bilingualer Erstspracherwerb	Zweitspracherwerb	Fremdspracherwerb
Weitere Bezeichnungen	/	simultan, doppelt	sukzessiv	/
Verkehrssprache	L1	eine der beiden L1	L2	L1
Erwerbsbeginn (Jahre)	Geburt	beide Sprachen im Zeitraum Geburt – 2	L1a: Geburt Früher L2a: 2–4 Später L2a: ab 6 Erwachsener L2a: ab Jugendalter	L1a: Geburt Fremdsprache: variabel
Erwerb	ungesteuert	ungesteuert	ungesteuert	gesteuert

Anmerkungen: L = language; a = acquisition

Neben der Kategorisierung in Spracherwerbstypen sollte ein genauerer Blick auf die unterschiedlichen Erwerbsvoraussetzungen und -bedingungen geworfen werden, da diese auch innerhalb der Erwerbstypen enorm variieren können und gerade vor dem Hintergrund der Erfassung von Sprachkenntnissen beleuchtet werden sollten.

6.3.3   Erwerbsvoraussetzungen und -bedingungen

Es gibt eine Reihe von Erwerbsvoraussetzungen und -bedingungen, die den Spracherwerb beeinflussen und entwicklungspsychologischen, individuellen, sozialen sowie gesellschaftlichen Faktoren zuzuordnen sind. Hierzu zählen Alter, Transfer, Qualität und Quantität des sprachlichen Inputs, Motivation und Persönlichkeit der Lernenden sowie die gesellschaftliche Anerkennung einer Sprache.

Wie bereits oben ausgeführt, ist der Erwerbsbeginn zwar kein eindeutig festgelegtes Unterscheidungskriterium für die Kategorisierung in Spracherwerbstypen, wohl aber ein relevantes. Denn dass Kinder eine Sprache schneller und erfolgreicher als Erwachsene erlernen,[9] ist ein Hinweis auf unterschiedliche Bedingungen und Mechanismen im Spracherwerb, die mit der fortschreitenden Entwicklung des Individuums zusammenhängen (Rothweiler, 2007a). Menschen, deren Erwerbsbeginn der zweiten Sprache später einsetzt, haben in der Regel bis zum Lebensende größere Schwierigkeiten, alle Teilsysteme der Sprache zielsprachlich zu meistern (Johnson & Newport, 1989; Meisel, 2009). Eine zentrale Erklärung für die biologisch bedingten qualitativen Unterschiede sind die *sensiblen Phasen* (bzw. kritische Perioden). Die in diesen Phasen beobachtete neurophysiologische Beschaffenheit des Gehirns wird als Begründung für eine gesteigerte Sensibilität für bestimmte Umweltreize herangezogen (Hopp, 2007, S. 7). Im Spracherwerb sind also sprachliche Erwerbsmechanismen aktiv, auf die im späteren Alter nicht mehr oder lediglich teilweise zurückgegriffen werden kann, sodass alternative Lernmechanismen zum Tragen kommen (Rothweiler, 2007a, S. 214f.). Das Erlernen einer Sprache ist zwar im erwachsenen Zweit- und Fremdspracherwerb noch möglich, unterscheidet sich allerdings sowohl qualitativ als auch quantitativ im Erwerbsprozess (ebd.). Wann die sensiblen Phasen einzuordnen sind, für welche sprachlichen Kompetenzbereiche sie relevant sind und ob es sinnvoll ist, von limitierten sensiblen Phasen zu sprechen, ist noch Gegenstand von Untersuchungen (Hopp, 2007; Singleton, 2005).

Wenngleich ältere Sprachlerner und -lernerinnen nicht oder nur eingeschränkt auf die kindlichen Erwerbsmechanismen zugreifen können, eröffnen sich ihnen andere Möglichkeiten im Spracherwerb. So sind ältere Lernende kognitiv sowie sozial weiter entwickelt und haben mehr Lebenserfahrung, womit ihnen zusätzliche Ressourcen zur Verfügung stehen (z. B. die Fähigkeit zu Lesen). Außerdem haben

---

9   Vgl. „the younger = the better" bei Singleton & Ryan (2004).

Sie bereits ein Sprachsystem in einer anderen Sprache aufgebaut, welches im Fall des sukzessiven Spracherwerbs für den Erwerb der zweiten Sprache genutzt werden sowie als Basis für die Wahrnehmung von Eigenschaften der Zweitsprache dienen kann (Rothweiler, 2007a). „Wenn sprachliche Formen und Strukturen aus der Erstsprache in die Zweitsprache übertragen werden, oder – um es vorsichtiger auszudrücken – in der Zweitsprache verwendet werden" (ebd., S. 111), wird von einem *Transfer* gesprochen. Parallelen in den beiden Sprachen könnten dazu führen, dass ähnliche Strukturen schneller erworben werden (Paradis, 2007a; Rothweiler, 2007a). Gleichzeitig besteht jedoch auch die Möglichkeit von Interferenzen, wenn sich Erst- und Zweitsprache beispielsweise zum größten Teil im Satzbau gleichen, jedoch in spezifischen Regeln unterscheiden (z. B. Verbstellung Englisch und Deutsch: „I *have baked* an apple pie"; „*Ich *habe gebacken* einen Apfelkuchen") (Rothweiler, 2007a; Tracy, 2007), was sich in der bisherigen Evidenz zum Einfluss krosslinguistischer Unterschiede widerspiegelt (Paradis, 2007a, S. 396).

Neben dem Alter bei Erwerbsbeginn gelten die Qualität und Quantität des sprachlichen Inputs als weitere Erwerbsvoraussetzungen. Im monolingualen Erstspracherwerb sind in der Regel mehr Erwerbsgelegenheiten über verschiedene Personen und Kontexte hinweg vorzufinden (Unsworth, 2016), da sich die Sprache der Bezugspersonen sowie die Verkehrssprache decken. Im simultanen sowie sukzessiven Spracherwerb teilt sich der Input jedoch auf verschiedene Personen oder Kontexte auf (Schulz & Grimm, 2012). In Deutschland ist der Input für Kinder mit monolingualem Erwerb sowohl im familiären als auch im institutionalisierten Bildungskontext deutschsprachig. Kinder spanischsprechender Eltern erhalten hingegen beispielsweise – sofern Spanisch die Familiensprache ist – den größten und regelmäßigsten deutschsprachigen Input im institutionellen Kontext von Kindergarten oder Schule, sodass es zu inhaltlichen und situativen Differenzierungen zwischen einer Kindergarten- bzw. Schul- und einer Familiensprache kommt (Tracy, 2014).

Darüber hinaus spielt der quantitative Input in Form von Kontaktmonaten zur Zweitsprache für den sukzessiven Erwerb eine wichtige Rolle, weil sich der Erwerbsbeginn – anders als im monolingualen Erwerb – nicht mit dem chronologischen Alter deckt (Schulz & Grimm, 2012). So liegt es auf der Hand, dass fünfjährige Kinder mit einer Kontaktzeit von drei Monaten nicht mit Kindern verglichen werden können, deren regelmäßiger Kontakt zur Zielsprache bereits seit zehn Monaten besteht. Die Kontaktmonate im kindlichen Zweitspracherwerb sind, ebenso wie das chronologische Alter im monolingualen Erstspracherwerb, ein relativ robuster Indikator für den Erwerb bestimmter sprachlicher Phänomene (ebd.). Dieser Indikator stellt eine oberflächliche Operationalisierung der Quantität des Inputs dar, welchem innerhalb der Forschungslandschaft und abhängig vom Spracherwerbstyp unterschiedliche Bedeutungen zugemessen werden. Tracy (1990) weist hinsichtlich des Erstspracherwerbs mit der These „Spracherwerb trotz Input" provokativ unter anderem auf die Armut des sprachlichen Inputs (Chomsky, 1965, S. 58 ff.) im Spracherwerb hin und dass sich der Spracherwerb unabhängig von der Quantität sowie Qualität unauffällig vollziehen kann. Andererseits wird von Mehrsprachigkeitsforschern immer wieder betont, dass der kindliche Zweitspracherwerb durch quantitative und qualitative Charakteristika des Inputs bedingt ist (Paradis, 2007a; Rothweiler, 2007a; Schulz & Grimm, 2012; Unsworth, 2016). Eine ausführliche Zusammenfassung des in Teilen widersprüchlichen Forschungsstands zu Quantität und Qualität des Inputs kann bei Unsworth (2016) gefunden werden.

Neben den bereits genannten Faktoren, lassen sich noch eine Reihe weiterer Bedingungen nennen, die die unterschiedlichen Erwerbsverläufe im Zweitspracherwerb erklären können. Dazu gehören beispielsweise *Aptitude* (im Sinne von Fähigkeiten, die für den Spracherwerb genutzt werden können) sowie *Motivation* und *Persönlichkeitseigenschaften* (Paradis, 2007a) oder die *gesellschaftliche Anerkennung* einer Sprache (Rothweiler, 2007a).

Aufgrund der aufgeführten, von Individuum zu Individuum variierenden Erwerbsvoraussetzungen und -bedingungen sind die Sprachkenntnisse in der Regel nicht ausgewogen, sodass sich bei mehrsprachigen Personen eine *dominante Sprache* identifizieren lässt. Dabei ist die Dominanz einer Sprache nicht zwangsläufig stabil, sondern kann im Lebensverlauf Veränderungen unterliegen (Yip, 2013). Weiterhin haben die unterschiedlichen Erwerbsvoraussetzungen bzw. -bedingungen einen Einfluss auf den Erwerb in den Teilsystemen der Sprache und führen dazu, dass sich sowohl Unterschiede als auch Parallelen in den Erwerbsverläufen der Spracherwerbstypen finden lassen.

6.3.4   Gemeinsamkeiten und Unterschiede im Spracherwerb

Für die unterschiedlichen Spracherwerbstypen konnten empirisch in den Teilsystemen der Grammatik und im mentalen Lexikon Ähnlichkeiten, aber auch Unterschiede gefunden werden. Diese werfen – beispielsweise im Hinblick auf Diagnostik oder Förderung – die Frage auf, welche Typen sich auf welche Weise voneinander abgrenzen lassen. Dafür werden zunächst ganz allgemein Ähnlichkeiten zwischen den Spracherwerbstypen beleuchtet, bevor im Weiteren die potenziellen Verläufe beispielhaft anhand der Verbflexion und Verbendstellung als Teilbereich der Morphosyntax (Schnittstelle von Morphologie und Syntax) sowie des Wortschatzes konkretisiert werden.

In der Spracherwerbsforschung lassen sich empirische Studien finden, die zum einen den monolingualen Spracherwerb mit dem bilingualen Erwerb und zum anderen mit dem frühen Zweitspracherwerb vergleichen.[10] Dabei konnte festgestellt werden, dass der monolinguale und der bilinguale Spracherwerb weitestgehend ähnlich verlaufen: „Eine Reihe von Studien in den letzten 20 Jahren hat gezeigt,

---

10 Vgl. zusammenfassend Grimm & Schulz (2016).

dass simultan bilinguale Kinder beide Sprachen, vor allem die Grammatik, nach demselben Muster erwerben, wie das monolinguale Kinder in den jeweiligen Sprachen tun" (Rothweiler, 2007a, S. 115). Auch der frühe Zweitspracherwerb zeigt Ähnlichkeiten zum monolingualen Erstspracherwerb (Tracy, 2007). In einer Studie von Grimm und Schulz (2016) werden diese Befunde weiter expliziert und es finden sich Hinweise, dass Ähnlichkeiten zwischen mono- und bilingualem Erwerb in erster Linie für früh erworbene Bereiche der Sprache (z. B. Verbbedeutung und Präpositionen) gelten. Bilingual aufwachsende Kinder zeigen dagegen hinsichtlich spät erworbener Phänomene (z. B. Verstehen von Negation und Kasus) Parallelen zum frühen Zweitspracherwerb auf und grenzen sich dahingehend vom monolingualen Erstspracherwerb ab.

Für den Zweitspracherwerb von Erwachsenen konnte gezeigt werden, dass deutliche Unterschiede zum Erstspracherwerb – sowohl im Erwerbsverlauf als auch im Sprachstand – bestehen. Ähnlichkeiten lassen sich hingegen – wenngleich nicht immer eindeutig – zum Fremdspracherwerb feststellen. Dies betrifft die Erwerbsschritte sowie die Erwerbsstrategien (Rothweiler, 2007a, S. 107).

Für die folgenden Ausführungen zu Gemeinsamkeiten und Unterschieden im Erwerb der Morphosyntax des Deutschen ist zu beachten, dass es trotz empirisch robuster Erwerbsfolge im Spracherwerb zu interindividuellen Variationen kommen kann und sich feinere Zwischenschritte identifizieren lassen (Tracy, 2008, S. 86 ff.). Die zentralen, übergeordneten Erwerbsschritte zu Beginn des Morphosyntaxerwerbs im Deutschen fokussieren die Verbstellung und Verbflexion, welche eng miteinander verknüpft sind (ebd.). Im monolingualen Erwerb werden nach dem Auftreten von ersten Einwortäußerungen (ca. 12 bis 17 Monate; Meilenstein I) Mehrwortäußerungen (ca. 18 bis 23 Monate; Meilenstein II) produziert, wobei Verben unflektiert in ihrer Infinitivform („haben") und Verbpartikel („rein" für „reinlegen") am Ende der Äußerung produziert werden. Dementsprechend lässt sich im Deutschen die erste Produktion von Syntax durch die Verbendstellung charakterisieren („Alice auch rutschen"). In einem nächsten Schritt (ca. 24 bis 36 Monate; Meilenstein III) wird die korrekte Verbzweitstellung von Hauptsätzen des Deutschen unter korrekter Flexion des Verbs realisiert („Jetzt kocht Kati auch"). Als letzter Schritt des frühen Morphosyntaxerwerbs (ab ca. 30 Monaten; Meilenstein IV) gilt die Produktion der Verbendstruktur mit flektierten Verben von Nebensätzen („..., weil Mara spielt"). Der Erwerb dieser Meilensteine der Morphosyntax des Deutschen läuft quantitativ (Erwerbsdauer) und qualitativ (Erwerbsschritte) für den doppelten Erstspracherwerb und den frühen Zweitspracherwerb weitestgehend gleich ab (ebd.). So erwerben zum Beispiel Kinder mit einem frühen Zweitspracherwerb die Verbzweitstellung mit flektierten Verben (Meilenstein III) nach ca. 6 bis 12 Kontaktmonaten und die Verbendstellung mit flektierten Verben (Meilenstein IV) nach 12 bis 18 Monaten (ebd.), was vergleichbar mit den Zeitspannen zwischen den Erwerbsschritten beim monolingualen Erwerb ist. Im Gegensatz hierzu weist der späte kindliche Erwerb abhängig von der Erstsprache unter Umständen andere Erwerbs-

muster auf. Bei Kindern mit spätem Zweitspracherwerb und Türkisch als Erstsprache konnte in einer längsschnittlichen Studie beobachtet werden, dass sie – ebenso
wie Kinder im monolingualen Deutschspracherwerb – den Morphosyntaxerwerb
mit der Verbendstellung beginnen, was günstig für den Erwerb zielsprachlicher
Strukturen im Deutschen war (Haberzettl, 2006). Der Beginn des Morphosytaxer-
werbs von Kindern derselben Längsschnittstudie mit Erstsprache Russisch ließ sich
hingegen mit der Verbzweitstellung charakterisieren, was sich für den Erwerb der
Verbendstellung in Nebensätzen als ungünstig herausstellte (ebd.).

Auch im Zweitspracherwerb von Erwachsenen konnten Schwierigkeiten beim Erwerb der Verbstellung festgestellt werden. Hier liegen Befunde vor, dass Verben in
der Zweitstellung nicht flektiert werden oder die Verbendstellung in Nebensätzen
nicht zielsprachlich umgesetzt werden kann (Tracy, 2007, S. 80). Grundsätzlich
sind die Daten bezüglich der Entwicklungsschritte jedoch sehr widersprüchlich, da
sowohl Unterschiede als auch Ähnlichkeiten zwischen dem kindlichen und dem
erwachsenen Zweitspracherwerb festgestellt werden können (Unsworth, 2005).

Wie auch im Erwerb der Morphosyntax lassen sich Parallelen im Ausbau des mentalen Lexikons zwischen dem monolingualen und dem bilingualen Erstspracherwerb finden (Grimm & Schulz, 2016). Beim monolingualen Erwerb beginnt der
Aufbau des passiven Wortschatzes ab einem Alter von etwa einem halben Jahr, der
aktive Wortschatz setzt versetzt im Alter zwischen 10 und 18 Monaten ein. Das
frühe Lexikon lässt sich anfänglich hauptsächlich durch sozial pragmatische Begriffe (z. B. „Mama", „da", „nein") charakterisieren. Im Alter von zwei Jahren ist
häufig eine Beschleunigung im Wortschatzerwerb (Wortschatzspurt) zu beobachten, sodass monolingual aufwachende Kinder auf einen Wortschatz von 200 bis
300 Wörter kommen (Schulz & Grimm, 2012). Das mentale Lexikon wird bis zum
Lebensende ausgebaut und bei Erwachsenen kann ein aktiver Wortschatz von etwa
20.000 bis 50.000 Wörtern verzeichnet werden, was die enorme Varianz innerhalb des Erstspracherwerbs bezüglich des mentalen Lexikons deutlich macht. Im
Vergleich zu monolingualen Sprecherinnen und Sprechern setzt die Sprachproduktion im bilingualen Erwerb in der Regel später ein. Insgesamt scheinen (im Durchschnitt) bilinguale Kinder etwas später mit der Sprachproduktion zu beginnen als
einsprachige Kinder (Rothweiler, 2007a). „Dies ist ein rein quantitativer Unterschied, wobei der Sprechbeginn bei den meisten bilingualen Kindern durchaus innerhalb der Variation liegt, die bei einsprachigen beobachtet wird. Häufig verläuft
der Ausbau des Lexikons in beiden Sprachen langsamer verglichen mit einsprachigen Kindern" (ebd., S. 119). Der Wortschatzspurt konnte auch in der dominanten
Sprache bei bilingualen Kindern beobachtet werden (Yip, 2013), während er im
sukzessiven Zweitspracherwerb nur selten auftritt und stattdessen von einem kontinuierlichen Zuwachs gesprochen werden kann (Schulz & Grimm, 2012).

Für den Erwerbsverlauf von Kindern mit einem frühen Zweitspracherwerb konnte
festgestellt werden, dass – wie im monolingualen und bilingualen Erstspracher-

werb – der aktive Wortschatz zeitlich verzögert zum passiven Wortschatz einsetzt und zunächst vorwiegend sozial-pragmatische Begriffe im mentalen Lexikon gespeichert werden (ebd.).

Unter Berücksichtigung der Erwerbsbedingungen – insbesondere der Erwerbsgelegenheiten – ist es nicht überraschend, dass der Wortschatz von Kindern, die mehrsprachig (simultan und sukzessiv) aufwachsen, in einer einzelnen Sprache in der Regel kleiner ist als bei Kindern, die einen monolingualen Spracherwerb haben (Bialystok, 2009, S. 55 ff.). Andererseits konnte festgestellt werden, dass Kinder mit einem bilingualen Erwerb bezüglich der Größe des mentalen Lexikons Kindern mit einem monolingualen Erstspracherwerb in nichts nachstehen, sobald beide Sprachen bei der Erfassung des Wortschatzes berücksichtigt werden (Unsworth, 2016).

Gleichaltrige können also die Teilsysteme der Sprache ganz unterschiedlich beherrschen, je nachdem welchem Spracherwerbstypen sie zuzuordnen sind. Soll die Sprachkompetenz mithilfe von Sprachdiagnostik erfasst werden, wird deutlich, dass sie sensibel für die Spracherwerbstypen, ihre Erwerbsbedingungen sowie spezifische Erwerbsverläufe sein muss.

6.4   Sprachdiagnostik

Es gibt viele verschiedene Arten von Diagnostik, die in irgendeiner Weise Sprache zum Gegenstand haben. Die folgende Sichtung von Verständnissen von Sprachdiagnostik in verschiedenen bildungswissenschaftlichen, psychologischen, linguistischen und pädagogischen Forschungsfeldern vermittelt einen Eindruck von der Weite des Begriffs.

6.4.1   Verständnisse von Sprachdiagnostik

Im Bereich der Bildungsforschung gab es in Deutschland in den letzten Jahren wichtige Veröffentlichungen mit zusammenfassendem, Review-artigem Charakter im Bereich Sprachförderung und Sprachdiagnostik (Redder et al., 2011; Schneider et al., 2012). Diesen Überblicksarbeiten ist gemein, dass sie ihr Verständnis von Sprachdiagnostik eher induktiv bilden, also in erster Linie zusammenfassen, was „im Feld" unter Sprachdiagnostik verstanden wird. Ein Beispiel ist die Expertise „Bildung durch Sprache und Schrift" (BISS) (Schneider et al., 2012, S. 16). Die Definition von Sprachdiagnostik richtet sich hier an den Bildungsetappenzielen, den institutionellen Bedingungen des jeweiligen Bildungsabschnitts sowie den Forschungstraditionen in den beteiligten Disziplinen aus. So wird beispielsweise im Handlungsfeld Elementarbereich der Begriff der Diagnostik ausgeweitet auf alltagstaugliche Beobachtungsverfahren und im Handlungsfeld Primarbereich wird vor allem auf die Diagnostik von Lesefähigkeiten eingegangen.

In der Psychologie und in der kognitiven Linguistik wird durch Sprachdiagnostik gesundes sprachliches Verhalten von (spezifischen) Sprachentwicklungsstörungen (SSES[11]) abgegrenzt (Petermann & von Suchodoletz, 2009). Solche Sprachdiagnostik muss sich auf die kritischen Merkmale zur Unterscheidung von gesundem und entwicklungsgestörtem sprachlichen Verhalten konzentrieren. Zweisprachig oder bilingual aufgewachsene Kinder leiden nicht häufiger an einer SSES als monolingual aufgewachsene Kinder (Paradis, 2007b). Die Diagnose wird jedoch insbesondere bei frühen Zweitsprachlernern und -lernerinnen durch die Abgrenzung von typischen Zweitspracherwerbsphänomenen und Indikatoren für SSES erschwert (Grimm & Schulz, 2014).

Gogolin, Neumann und Roth (2005) wiesen aus erziehungswissenschaftlicher und fachdidaktischer Perspektive bereits früh darauf hin, dass Sprachdiagnostik bei Mehrsprachigen nicht nur die verkehrssprachlichen, sondern auch die erstsprachlichen Kompetenzen einbeziehen sollte. Die Autoren merken weiterhin an, dass die Diagnostik allgemeinsprachlicher Kompetenzen von der Diagnostik speziellerer schul- bzw. bildungssprachlicher Kompetenzen unterschieden werden sollte.

Der Versuch einer einheitlichen Definition des Begriffs „Sprachdiagnostik" erscheint vor dem Hintergrund des gerade skizzierten sehr weiten Feldes, das Sprachdiagnostik nutzt, nicht zielführend. Angelehnt an Lengyel (2012) soll hier deshalb nur festgehalten werden, dass Sprachdiagnostik „auf Messungen und Beobachtungen von Merkmalen, Eigenschaften, Kompetenzen" basiert, die dann „vor dem Hintergrund wie auch immer gearteter Bezugsmaßstäbe klassifiziert werden" (S. 9). Neben den gezeigten sprachlichen Leistungen sind immer auch die Bedingungen, unter denen Sprache erworben wurde, im diagnostischen Prozess relevant und es sollen häufig Vorhersagen bezüglich der weiteren Entwicklung getroffen werden.

6.4.2   Funktionen und Methoden von Sprachdiagnostik

Im Folgenden werden zunächst die Funktionen von Sprachdiagnostik vorgestellt, bevor auf gängige Methoden der Sprachdiagnostik eingegangen wird.

---

11   Die SSES ist eine Spracherwerbsstörung, die sich in den Teil- und Wissenssystemen der Sprache zeigt, also nicht durch körperliche Beeinträchtigungen (z.B. Gehörlosigkeit) oder Verzögerungen in anderen Entwicklungsbereichen (z.B. kognitiv oder sozial-emotional) bedingt ist (Schulz & Grimm, 2012; Tracy, 2014). Liegt eine SSES vor, äußert sie sich in allen Sprachen (ebd.). Mehrsprachigkeit ist dabei weder als Ursache für SSES anzusehen (Tracy, 2014), noch gilt sie als zusätzliche Belastung (Yip, 2013); vielmehr kann sie kognitive Vorteile bieten (Bialystok, 2009).

6.4.2.1   Funktionen von Sprachdiagnostik

Nach Lengyel (2012) lassen sich drei übergeordnete Arten von Sprachstandserhebungen unterscheiden, von denen bei der Erörterung von Sprachdiagnostikfunktionen ausgegangen wird. Dies sind die administrative oder bildungspolitische Funktion (A), die pädagogische (B) und die evaluative Funktion (C). In Tabelle 6.2 sind diese kurz zusammengefasst.

Tabelle 6.2: Funktionen von Sprachdiagnostik.

	Funktion	Besonderheiten
Administrativ	• Selektion von förderbedürftigen Kindern • Allokation von Mitteln, Ressourcen und Förderangeboten	• Diagnostik hat hohe Relevanz für Bildungsverläufe und finanzielle Rahmenbedingungen
Pädagogisch	• Planung und individuelle Adaptation von Förderangeboten	• Diagnostik sollte Förderprozess nicht blockieren und veränderungssensitiv sein
Evaluativ	• Bewertung von Fördermaßnahmen	• Diagnostik muss frühzeitig geplant und mehrfach durchgeführt werden

Unter der administrativen und bildungspolitischen Funktion (A) von Sprachstandserhebungen versteht Lengyel (2012) die Erhebung von sprachdiagnostischen Informationen zu „bildungspolitischen Zwecken, insbesondere der Zuweisung und/oder Selektion von einzelnen förderbedürftigen Kindern in (separate) Fördergruppen" (S. 11). Beispielsweise werden vierjährige Kinder, die keinen Kindergarten besuchen, in Nordrhein-Westfalen mit einem Untertest des sogenannten Delfin-Tests (Bildergeschichte) von Lehrkräften oder sozialpädagogischen Fachkräften im Hinblick auf eine angemessene Sprachentwicklung im Deutschen untersucht. Dieses Vorgehen hat die Funktion „die Notwendigkeit einer zusätzlichen pädagogischen Sprachförderung zu erkennen" (Ministerium für Schule und Weiterbildung des Landes Nordrhein-Westfalen, 2015, S. 4). Wird diese Notwendigkeit erkannt, so führt dies unter beratendem Einbezug des Jugendamts dazu, dass den Eltern empfohlen wird, ihr Kind einen Kindergarten besuchen zu lassen. Wollen sie dies nicht, so sind die Eltern gesetzlich verpflichtet, „ihr Kind regelmäßig an einem vorschulischen Sprachförderkurs teilnehmen zu lassen" (ebd.). Die Sprachdiagnostik hat hier eine steuernde Funktion für die Organisation von Bildungsprozessen (Dietz & Lisker, 2008), nämlich flächendeckend sprachförderbedürftige Kinder vor dem Schuleintritt einer zusätzlichen sprachlichen Förderung zuzuführen. Eine weitere ähnlich gelagerte Funktion von Sprachdiagnostik im Zuge großer Sprachstandserhebungen kann die Legitimation und Allokation von Mitteln, Ressourcen sowie Förderangeboten für sprachliche Bildung sein.

Sprachdiagnostik kommt dann eine pädagogische Funktion (B) zu, wenn die Ergebnisse der Diagnostik für die Planung von pädagogischen Prozessen genutzt werden sollen. Dabei geht es vor allem um die Planung und individuelle Adaptation von Förderangeboten zur Verbesserung von Lernprozessen (Ingenkamp & Lissmann, 2008). Für Lengyel (2012) verändert sich in der pädagogischen Funktion im Vergleich zur bildungspolitischen Funktion die Blickrichtung der Diagnostik: Es stehen hier die bereits erreichten sprachlichen Kompetenzen im Vordergrund, und nicht die sprachlichen Defizite. Auch wenn dieses Abrücken von der Defizitsichtweise für das pädagogische Handeln als sinnvoll zu erachten ist, ist eine klare Identifikation von noch zu entwickelnden sprachlichen Bereichen notwendig, um einen gelungenen individualisierten Förderprozess zu begleiten. Fehlersensible Diagnostik sowie anerkennende pädagogische Praxis sollten sich hier im Sinne einer gelungenen Förderung ergänzen und einander nicht im Wege stehen. Lengyel (2012) empfiehlt hier vor allem auf Beobachtungen sowie Analysen einzelner mitnotierter sprachlicher Äußerungen zu setzen und diese durch standardisierte Testverfahren zu ergänzen. Insbesondere erscheint wichtig, dass es sich bei den gewählten Verfahren um solche handeln muss, die eingesetzt werden können, ohne den Förderprozess zu blockieren (Zeitfrage, Ressourcenfrage) und die zugleich informativ (veränderungssensitiv) sowie motivationsfördernd sind.

Diagnostik spielt eine zentrale Rolle bei der Evaluation (C) von Förderprogrammen. Dies ist in wissenschaftsnahen Kontexten der Fall, etwa wenn neue Verfahren zu Sprachförderung entwickelt und wissenschaftlich evaluiert werden; aber auch in praxisorientierten Zusammenhängen stellt sich häufig die Frage, ob eine Neuerung in Bezug auf Sprachförderung „was gebracht" hat – ob also die Kinder den Fortschritt erzielt haben, der mit dem Förderangebot angestrebt wurde. Eine sinnvolle Evaluation sollte idealerweise von erfahrenen Evaluatoren begleitet und bereits einige Zeit vor der Einführung des Förderangebots geplant werden. Hiermit geht die Planung von mehreren Erhebungen, der Bildung von Vergleichsgruppen, der sinnvollen Auswahl von diagnostischen Verfahren und einer nachgeschalteten Analyse der Daten einher. Eine gute Evaluation ist wie ein kleineres Forschungsprojekt und kann sich daher ähnlich aufwändig gestalten wie die Durchführung einer guten Sprachförderung selbst.

Es gibt weitere Funktionen von Sprachdiagnostik, die hier kurz angesprochen werden sollen. So kann Sprachdiagnostik die Funktion haben, sprachtherapeutischen oder logopädischen Förderbedarf zu erkennen, die Fortschritte einer Behandlung zu überprüfen und nächste Behandlungsetappen zu planen. Sprachdiagnostik kann

Gegenstand einer bildungsrelevanten Zertifizierung (etwa für die Aufnahme an einer Universität: TestDaF) sein und im Zusammenhang von Forschung (etwa Grundlagenforschung zu Spracherwerb oder angewandter Forschung zu Bedingung von Lernen oder Bildungserfolg) durchgeführt werden.

Mit der Funktion von Sprachdiagnostik hängt auch immer die Auswahl der geeigneten Verfahren zusammen. Insbesondere wenn für die getesteten Personen viel von dem Ergebnis der Diagnostik abhängt, sollte die Auswahl des Verfahrens valide Aussagen[12] zulassen.

6.4.2.2   Methoden der Sprachdiagnostik

Grundsätzlich können Sprachdiagnostikverfahren eher standardisiert oder weniger standardisiert sein – das heißt mehr oder weniger festgelegte Regeln für die Abläufe, das Verhalten der durchführenden Person, die Auswertung etc. haben. Bortz und Döring (2016) unterscheiden drei Arten, quantitativ auswertbare Daten zu gewinnen: Tests, Befragungen und Beobachtung. Unter einem *Test* wird ein wissenschaftliches Routineverfahren verstanden, mit dessen Hilfe der Grad einer individuellen Ausprägung eines klar umrissenen Merkmals quantifiziert werden kann (in Anlehnung an Lienert & Raatz, 1994, S. 1). Kurze Tests werden auch als *Screenings* bezeichnet; sie werden eingesetzt, um effizient Förderbedarf aufzudecken. Dabei fokussieren Screenings typischerweise bestimmte sprachliche Bereiche, die sich als relevant für später gestellte Anforderungen im Bildungsbereich erwiesen haben – zum Beispiel die phonologische Bewusstheit als Prädiktor für Lesen. Eine andere Art von Tests sind *Profilanalysen*. Diese erfassen die sprachlichen Fähigkeiten in näherungsweise natürlichen Situationen, typischerweise das Erzählen einer Geschichte auf Basis von vorgegebenen Bildern. Befragungen, Beobachtungen, Screenings und Profilanalysen können wissenschaftlich fundiert sein und sich als standardisierte Verfahren dadurch auszeichnen, dass sie die Gütekriterien der Validität (Gültigkeit), Reliabilität (Zuverlässigkeit) und Objektivität erfüllen.[13] Dies kann beispielsweise dann der Fall sein, wenn es sich um eine Befragung durch einen standardisierten Fragebogen oder um eine Beobachtung im Sinne einer durch Ratings ausgewerteten Videographie handelt. Informellere Verfahren halten diese hohen Ansprüche nicht ein.[14] Ein auffälliger Unterschied zu Tests und anderen standardisierten Verfahren ist neben der geringen Standardisierung der Durchführung und Auswertung vor allem die ganzheitliche Erfassung von Sprache. Lengyel (2012) schätzt gerade solche ganzheitlichen Verfahren als gut brauchbar für die pädagogische Praxis ein, da sie im Sinne einer Aufdeckung der unmittelbar anstehenden nächsten sprachlichen Entwicklungsschritte

---

12   Vgl. Kapitel 2 von Shajek, Maehler & Brinkmann.
13   Vgl. Kapitel 2 von Shajek, Maehler & Brinkmann.
14   Für eine ausführliche Darstellung vgl. List (2010).

für die individuelle Förderung nutzbar gemacht werden können. Nicht formale Beobachtungen können einen spezifischen Sprachanlass vorgeben oder natürliche Situationen aufgreifen. Dabei werden keine einzelnen sprachlichen Fähigkeiten beurteilt, sondern das gesamte sprachliche Handeln anhand eines Beobachtungsbogens möglichst detailliert festgehalten. Nach Ehlich (2007) sind Beobachtungen deshalb besonders geeignet, um pragmatische und diskursive Fähigkeiten zu erheben. Die genannten Vorteile stehen jedoch höchst relevanten Nachteilen gegenüber. So sind die Beobachtenden häufig linguistisch und sprachdiagnostisch nicht geschult, um die relevanten diagnostischen Informationen aus dem frei produzierten sprachlichen Material zu entnehmen. Hinzu kommt, dass gerade Kinder mit sprachlichen Schwierigkeiten diese unter Umständen kaschieren (vgl. Abschnitt 6.4.4.3). Vielfach sind eingesetzte Beobachtungsbögen und andere unterstützende Materialien zudem nicht valide in dem Sinne, dass sie es ermöglichen würden, den Bereich sprachlicher Fähigkeiten zu erfassen, der für die Diagnostik von Wichtigkeit wäre. Der Einsatz standardisierter Verfahren mag daher zwar weniger gut in den Kindergarten- und Schulalltag integrierbar sein, ist jedoch für eine angemessene Sprachdiagnostik unabdingbar.

Wurde als Methode der Diagnostik ein konkretes Verfahren gewählt, stellt sich die Frage, welche Aussagekraft ein damit ermitteltes Ergebnis hat. Testwerte lassen sich im Allgemeinen nur unter Rückgriff auf Normen sinnvoll interpretieren.

6.4.3   Normorientierung

Es gibt drei grundsätzlich unterschiedliche Ansätze, einen Testwert zu interpretieren:
1. In Bezug auf vorherige Testwerte derselben Person: Liegt ein höherer oder niedrigerer Testwert vor (individuelle Bezugsnorm)?
2. In Bezug auf eine im Alter übereinstimmende Gruppe von Personen, von denen bekannt ist, dass sie die Verteilung dieser sprachlichen Kompetenz in der Bevölkerung abbilden: Wo befindet sich der Testwert im Vergleich zu anderen Personen desselben Alters, die den Test gemacht haben (soziale Bezugsnorm)?
3. In Bezug auf das Erreichen eines inhaltlich definierten Kriteriums: Beherrscht die getestete Person ein bestimmtes sprachliches Phänomen (kriteriale/sachliche Bezugsnorm)?

Im Folgenden sollen diese drei Arten von Normen näher erläutert werden. Möchte man beispielsweise feststellen, ob eine Fördermaßnahme für ein Kind erfolgreich war, so ist es notwendig, den Lernfortschritt für dieses Kind als individuelle Veränderung zwischen einem Vor- und einem Nachtest zu überprüfen. Erreicht das Kind im Nachtest eine bedeutsam höhere Punktzahl, so deutet dies auf einen Lernfortschritt hin, der – wenn andere Einflüsse ausgeschlossen werden können – auf die Fördermaßnahme zurückgeführt werden kann. Der frühere Test wird in diesem Vergleich zur *individuellen Bezugsnorm,* an der der Nachtestwert beurteilt wird. Gerade in pädagogischen Kontexten liegt der Vorteil einer individuellen Bezugsnorm auf der Hand: Durch sie wird es möglich, Lernzuwächse nicht an anderen, sondern am Kind selbst einzuschätzen. Ein solcher intraindividueller Vergleich stellt einige Anforderungen an das Testverfahren. Zunächst muss das Testinstrument, das zur Diagnostik genutzt wird, im Bereich der Individualdiagnostik sinnvoll einzusetzen sein. Darüber hinaus sollte es veränderungssensitiv sein, das heißt Veränderungen in dem getesteten sprachlichen Bereich abbilden können. Dennoch sind viele Testverfahren nicht veränderungssensitiv genug (Naumann, 2016), um individuelle Veränderungen abbilden zu können.

Bei *sozialen Bezugsnormen* wird hingegen eine spezifische Referenzgruppe zum Vergleich herangezogen. Die meisten standardisierten Testverfahren haben eine solche soziale Bezugsnormorientierung: Ihrer Normierung liegt die Testung einer großen Gruppe von Personen der Altersspanne zu Grunde, für die das Testverfahren anwendbar sein soll. Solche Normen sind bevölkerungsrepräsentative Vergleichswerte, mit deren Hilfe es möglich wird, die Ausprägung eines individuellen Testwerts in seiner Höhe zu bewerten. Bortz und Döring (2016) sprechen von einem normierten Test, „wenn aktuelle Testnormen (durchschnittliche Testergebnisse repräsentativer Vergleichsstichproben) vorliegen, die eine Einordnung individueller Testwerte erlauben (normorientiertes Testen)" (S. 449). Durch die Bedingung der Bevölkerungsrepräsentativität sind an die Normierungsstichprobe in Bezug auf ihre Zahl und Zusammensetzung höchste Ansprüche gestellt. Hinzu kommt, dass die Normierung eines Tests nach DIN 33430 alle acht Jahre erneut an einer repräsentativen Stichprobe erfolgen sollte, um aktuell zu bleiben (Bortz & Döring, 2016).

Unter einer *kriterialen bzw. sachlichen Norm* wird verstanden, zu erfassen, ob ein bestimmtes Merkmal zu einem bestimmten Zeitpunkt erworben wurde oder nicht. Mit einer solchen kriterialen Bezugsnorm würden also im Vorhinein sprachliche Ziele vorgegeben, die ein Kind erfüllen sollte (Lengyel, 2012, S. 12). Diese Forderung nach einer kriterialen Bezugsnorm erfüllen die meisten Testverfahren nicht. Über den Rückgriff von auf der Item-Response-Theorie (IRT) basierten Skalierungsverfahren sollte es jedoch in Zukunft immer häufiger möglich werden, Testverfahren zu entwickeln, die die gewünschte Überprüfung realisieren: ob also getestete Personen bestimmte sprachliche Anforderungen beherrschen und die entsprechenden Aufgaben eines Testverfahrens hinreichend sicher lösen können (Rauch & Hartig, 2011). Im Gegensatz zur Klassischen Testtheorie – auf die die meisten gängigen standardisierten Testverfahren zurückgreifen – setzt die IRT bei der Testwertbildung die Antworten von Personen auf einzelne Aufgaben eines Tests nicht mit der Messung des im Test erfassten Konstrukts gleich, sondern konzipiert die Messung des Konstrukts explizit als indirekt.[15] Ein Beispiel wäre ein

---

15   Vgl. Kapitel 2 von Shajek, Maehler & Brinkmann.

Testverfahren zum Erwerb von Nebensatzstrukturen im Deutschen. IRT-Modelle postulieren, dass dem im Test gezeigten Verhalten – also den Antworten auf die Aufgaben des Tests – eine Fähigkeit oder Eigenschaft zugrunde liegt, die das Testverhalten „verursacht". Im genannten Beispiel ist das die Fähigkeit, korrekte Nebensätze zu produzieren. IRT basierte Testverfahren haben den Nachteil, dass sie in ihrer Entwicklung eine große Anzahl an Testaufgaben und eine relativ große Stichprobe an Personen benötigen, um das Testverfahren zu entwickeln. Sie sind jedoch in anderen diagnostischen Kontexten (Schulleistungsstudien) etabliert und könnten die Forderung nach einer kriterialen Bezugsnorm auch in anderen Bereichen der Sprachdiagnostik auf ganz neue Weise erfüllbar machen.

6.4.4   Kriterien guter Sprachdiagnostik

Im folgenden Abschnitt werden allgemeine Anforderungen an Sprachdiagnostik aus der Perspektive der Linguistik in Anlehnung an Lüdtke und Kallmeyer (2007) formuliert (6.4.4.1). Diese sind zunächst noch nicht spezifisch für die Diagnostik sprachlicher Kompetenzen bei mehrsprachig aufgewachsenen Kindern. Anschließend werden kurz die wichtigsten psychometrischen Kriterien genannt (6.4.4.2), bevor in Abschnitt 6.4.4.3 die Anforderungen an Sprachdiagnostik aus der Perspektive der Mehrsprachigkeitsforschung vorgestellt werden. Tabelle 6.3 fasst Abschnitt 6.4.4 kurz zusammen.

Tabelle 6.3: Kriterien guter Sprachdiagnostik

	Anforderung an gute Sprachdiagnostik	Wichtige Quellen
Linguistische Kriterien	Ebenen der Phonologie, Morphologie, Syntax, Lexik, Semantik und Pragmatik einbeziehen	Lüdtke & Kallmeyer (2007)
Psychometrische Kriterien	Gütekriterien: • Validität • Reliabilität • Objektivität	Kapitel 2 von Shajek, Maehler & Brinkmann
Kriterien der Mehrsprachigkeitsforschung	• Erwerbstyp berücksichtigen • Testmanuale auf Angaben zu mehrsprachigen Personen prüfen/ggf. Normen vorsichtig anwenden • Berücksichtigung beider Sprachen	Lengyel (2012)

6.4.4.1   Linguistische Kriterien

Zunächst ist es für die Diagnostik sprachlicher Fähigkeiten wichtig, alle in Abschnitt 6.2 skizzierten Komponenten von Sprache zu berücksichtigen (Lüdtke & Kallmeyer, 2007). Es sollten also sowohl Phonologie als auch Morphologie, Syntax, Lexik, Semantik und Pragmatik in die Diagnostik einbezogen werden. Dies erscheint notwendig, um der Komplexität des Konstrukts Sprache gerecht zu werden. Zudem sollten alle diese genannten Komponenten sowohl als sprachproduktive als auch als sprachrezeptive Fähigkeiten erhoben werden. Lüdtke und Kallmeyer (2007) nennen zudem die Erhebung metasprachlicher Fähigkeiten – also der Fähigkeit über Sprache zu reflektieren – als Teil einer umfassenden Sprachdiagnostik. Wünschenswert wäre außerdem die Erhebung von Fähigkeiten, die für Teilnahme an Unterricht relevant sind oder sich als relevante Vorläuferfähigkeiten schulischen Lernens herausgestellt haben (z. B. phonologische Bewusstheit). In ähnlicher Weise erscheint es je nach Zweck der Diagnostik sinnvoll, auch bildungssprachliche Fähigkeiten von Kindern im Schulalter einzubeziehen (Heppt et al., 2014; s. a. Abschnitt 6.2).

Für realistische Einschätzungen erscheint es nach Lüdtke und Kallmeyer (2007) zudem nötig, spontansprachliche Äußerungen in die Sprachdiagnostik einzubeziehen, da es Unterschiede zwischen Spontan- und Testsprache gibt. Aus Gründen der Handhabbarkeit und Ökonomie ist es kaum möglich, alle linguistischen Aspekte vollständig zu erheben, weshalb es eine sinnvolle Auswahl zu treffen gilt. Hierbei sollten linguistisch und spracherwerbstheoretisch unstrittige, eindeutig beschreibbare sprachliche Phänomene ausgewählt werden. Diese sollten zum grammatischen Kernbereich der Zielsprache gehören, regelhaft und aufschlussreich für zu Grunde liegende syntaktische, morphologische und semantische Fähigkeiten sein (Schulz & Tracy, 2011). Zur Bestimmung altersadäquater Phänomene, also der Frage, welche sprachlichen Phänomene wann erworben sein sollten, können aktuelle Forschungsergebnisse eine Orientierung bieten.

6.4.4.2   Psychometrische Kriterien

Zu den wichtigsten psychometrischen Kriterien gehören
- die Validität eines Instruments, die angibt, ob die Schlüsse, die aus den Ergebnissen eines Verfahrens gezogen werden, gültig sind,
- die Reliabilität eines Instruments, die angibt, ob ein Verfahren das Konstrukt zuverlässig testet,
- die Objektivität eines Instruments, die angibt, ob ein Verfahren unabhängig von der Person des Testleiters durchgeführt, ausgewertet und interpretiert werden kann.

Eine ausführliche Darstellung der psychometrischen Kriterien, die ein gutes Verfahren erfüllen sollte, findet sich im Kapitel 2 von Shajek, Maehler und Brinkmann.

6.4.4.3   Kriterien der Mehrsprachigkeitsforschung

Bei einer Diagnostik verkehrssprachlicher Fähigkeiten ist es notwendig, die spezifische Spracherwerbssituation (Abschnitt 6.3) einzubeziehen. Erst eine Einordnung in den richtigen Spracherwerbstyp ermöglicht eine sinnvolle Auswahl an Verfahren und anzulegenden Normen. So gilt es als problematisch, wenn mehrsprachig aufwachsende Kinder in Sprachtests an einer für einsprachige Gleichaltrige entwickelten Altersnorm gemessen werden (Jeuk, 2009). Ein solches Vorgehen kann „das irreführende Bild vom Zweisprachigen als einen zweimal unvollkommenen Einsprachigen" (Reich, 2007, S. 151) verstärken. Die Orientierung am einsprachigen Durchschnittskind ist vor allem bei Kindern, die die Verkehrssprache sukzessiv als Zweitsprache erwerben, kritisch zu sehen, denn wichtige Bedingungsfaktoren wie Erwerbsbeginn, Kontaktmonate sowie Quantität und Qualität des sprachlichen Inputs im Zweitspracherwerb bleiben unberücksichtigt. Würde zum Beispiel ein vier Jahre altes Kind mit einem Jahr Kontaktzeit zum Deutschen mit vierjährigen Kindern mit Deutsch als Erstsprache in einem standardisierten sprachlichen Verfahren verglichen werden, so könnten unter Umständen aufgrund schwächerer Leistungen übereilte Selektionsentscheidungen getroffen werden – obwohl das Kind mit Deutsch als Zweitsprache (DaZ) sich absolut altersentsprechend im Vergleich zu anderen Kindern mit gleichem Erwerbsbeginn und gleicher Kontaktzeit entwickelt. Die Manuale der meisten Verfahren machen keine Angaben zur Sprachbiografie der in die Normstichprobe einbezogenen Personen; es ist also in der Regel unbekannt, ob diese ein- oder mehrsprachig aufgewachsen sind. Es ist deshalb davon auszugehen, dass die durchschnittlichen Sprachtestergebnisse von Ein- und von Mehrsprachigen gemeinsam die Referenzgruppe bilden. Nach Lengyel (2012) ist dies problematisch, weil hierdurch die unterschiedlichen Erwerbstypen und deren Implikationen ignoriert werden.

Eine mögliche Lösung zur Vermeidung dieser Problematik ist die Angabe getrennter Normen von Kindern mit Deutsch als Erst- und von Kindern mit DaZ. Doch auch dieses Vorgehen kann kritisch betrachtet werden, da es zu einer Art positiver Diskriminierung kommen könne (Lengyel, 2012). Hinzu kommt, dass die mehrsprachig Aufwachsenden eine sehr heterogene Gruppe darstellen, die im Unterschied zu einsprachig aufwachsenden Kindern unterschiedlichen Spracherwerbstypen zugeordnet werden können (Abschnitt 6.3).

Aufgrund der dargestellten Problematik bei der sozialen Bezugsnorm für mehrsprachige Kinder wird eine kriteriale bzw. sachliche Norm diskutiert, bei der der Vergleich innerhalb des Spracherwerbsprozesses selbst stattfindet (ebd.). Dabei werden insbesondere sehr robuste quantitative und qualitative Spracherwerbsprozesse im natürlichen mehrsprachigen Erwerb berücksichtigt, für die es mittlerweile eine breite empirische Basis gibt (Schulz & Grimm, 2012). Ziel der Sprachdiagnostik für mehrsprachige Kinder muss eine adäquate Beschreibung der sprachlichen Kompetenz anhand eines Vergleichs mit dem jeweils typischen Erwerbsverlauf sein.

Bei Kindern, die die getestete Verkehrssprache als Zweitsprache erworben haben, besteht einerseits die Gefahr, sprachliche Fähigkeiten zu überschätzen, andererseits aber auch die Gefahr, diese zu unterschätzen. Die Gefahr der Überschätzung besteht vor allem durch verdeckte Sprachschwierigkeiten. Knapp (1999) beschreibt für die Grundschule, dass Kinder Sprachschwierigkeiten kaschieren, indem sie Situationen und Themen vermeiden, die sie bezüglich der sprachlichen Anforderungen vor Probleme stellen würden. So können Strukturen und Wörter vermieden werden, die nicht beherrscht werden, oder die sprachliche Unsicherheit kann durch undeutliche Aussprache, hohes Sprechtempo oder Verschlucken von Endungen überspielt werden. Beobachtungen, die vor allem auf frei produziertes sprachliches Material setzen, um sprachliche Fähigkeiten einzuschätzen, sind deshalb eher ungeeignet, um die beschriebene Überschätzung auszuschließen. Die Gefahr der Unterschätzung sprachlicher Fähigkeiten besteht vor allem, wenn der Sprachmodus bei mehrsprachigen Sprechern außer Acht gelassen wird. Bilinguale Sprecher befinden sich, wenn Sie mit einem anderen bilingualen Sprecher kommunizieren, im bilingualen Sprachmodus (Grosjean, 2008), in dem beide Sprachen aktiviert sind. Hierbei kommt es typischerweise zu Sprachwechseln und -mischungen. Kommuniziert allerdings eine mehrsprachige Person mit einer einsprachigen Person, findet die Kommunikation in der geteilten Sprache statt, sodass Sprachwechsel und -mischungen vermieden werden. Beachtet man bei der Diagnostik der zweitsprachlichen Fähigkeiten den Sprachmodus nicht, kann es zu einer Fehleinschätzung lexikalischer und morphosyntaktischer Interferenzen kommen. Kroffke und Rothweiler (2004) zeigten, dass es im bilingualen Modus zu Sprachmischungen und Sprachwechseln – vor allem zu lexikalischen Interferenzen – kommt, während im monolingualen Modus eher morphosyntaktische Interferenzen aufkommen. Dabei bauen bilinguale Sprecher morphosyntaktische Elemente der einen Sprache in die mit dem monolingualen Sprecher geteilte Verkehrssprache (z. B. Deutsch) ein. Sprachwechsel- und Sprachmischungsphänomene müssen deshalb immer unter Bezugnahme auf den jeweils vorliegenden Sprachmodus betrachtet werden.

Eine weitere Gefahr der Fehldiagnostik besteht in der Abgrenzung eines unauffälligen Zweitspracherwerbs von einer SSES (Rothweiler, 2007b; Moser, 2007; s. a. Abschnitte 6.4.1 und 6.5.3). Zum einen kann es sein, dass eine SSES bei einem Zweitsprachlernenden nicht erkannt wird („missed identity"), weil sprachliche Defizite als Phänomene des Zweitspracherwerbs fehlinterpretiert werden. Zum anderen kann es sein, dass ein unauffälliger Zweitspracherwerb als gestört diagnostiziert wird („mistaken identity"), wenn beispielsweise die Kontaktmonate und die dadurch bedingten Erwerbsmöglichkeiten nicht bekannt sind bzw. nicht reflektiert werden. Studien zur Bildungsbeteiligung von Kindern mit Migrationshintergrund in Deutschland legen nahe, dass es in Deutschland häufiger zur falsch negativen Diagnosen, also „missed identity" kommt (Bahr, 2007; Moser, 2007).

Bei mehrsprachigen Sprechern wäre neben den genannten Faktoren für die angemessene Diagnostik der zweiten Sprache eine Berücksichtigung beider Sprachen für eine umfassende Sprachdiagnostik wünschenswert (Gogolin et al., 2005). Dieser Anspruch wird aus verschiedenen Gründen häufig nicht umgesetzt. Ein wichtiger Grund ist, dass es bei der Beurteilung sprachlicher Fähigkeiten von mehrsprachigen Kindern und Jugendlichen häufig nur darum geht, inwieweit sie die Unterrichts- bzw. Verkehrssprache beherrschen, sowie darum, die daran angelehnten Funktionen von Diagnostik (siehe Abschnitt 6.4.2.) zu erfüllen. Gerade im Hinblick auf eine angemessene Förderung und für wissenschaftliche Kontexte ist eine sprachliche Diagnostik der Herkunftssprachen interessant. Diese scheitert jedoch häufig daran, dass es kaum geeignete Verfahren gibt, mit denen diese erhoben werden könnten. Hier besteht weiterhin großer Entwicklungs- und Forschungsbedarf.

6.5 Mehrsprachigkeit in der Sprachdiagnostik

6.5.1 Kategorien der Mehrsprachigkeit

Da Sprache und Mehrsprachigkeit, Spracherwerb sowie die Diagnostik sprachlicher Fähigkeiten sehr komplexe Phänomene sind, ist es nicht überraschend, dass sich bei einer Durchschau von Sprachdiagnostikinstrumenten eine Bandbreite von Möglichkeiten finden lässt, wie Mehrsprachigkeit in diagnostische Verfahren einbezogen werden kann. Ziel dieses Abschnitts ist es, unterschiedliche Herangehensweisen im Hinblick auf den Umgang mit Mehrsprachigkeit aufzuarbeiten und für mögliche Fallstricke zu sensibilisieren.

Für eine ausführliche Darstellung und Bewertung von Instrumenten in diversen Qualitätsbereichen können je nach Schwerpunktsetzung Lüdtke & Kallmeyer (2007), Neugebauer & Becker-Mrotzek (2013), Redder et al. (2011) und Weinert, Doil & Frevert (2008) herangezogen werden. Als erste Orientierung für die folgenden Ausführungen dient die Analyse und Bewertung der Qualität von Sprachstandsverfahren im Elementarbereich des Mercator-Instituts (Neugebauer & Becker-Mrotzek, 2013). Hier wurden neben einer Vielzahl weiterer zentraler Charakteristika von Sprachdiagnostikinstrumenten (z. B. Gütekriterien, Bezug zur Spracherwerbstheorie, notwendige Qualifizierung der durchführenden Person) fünf Kategorien für Mehrsprachigkeit identifiziert, nach denen die betrachteten Verfahren auf einer Skala von –, +, ++, +++ bewertet wurden:

- Werden die Erstsprache sowie mehrsprachige Sprachgebrauchsformen berücksichtigt?
- Sprachbiografie: insbes. Kontaktzeit mit Zweitsprache, Aneignungsorte und -qualität.
- Werden Eltern gefragt, wie sie die sprachlichen Fähigkeiten ihres Kindes einschätzen?

- Kann die Diagnose unterschiedlich ausfallen, je nachdem, ob Mehrsprachigkeit vorliegt oder nicht?
- Separate Normwerte für DaZ-Kinder (Deutsch als Zweitsprache).

Diese Kategorien finden in dem vorliegenden Abschnitt sowohl eine inhaltliche Ausdifferenzierung als auch eine Ergänzung und Umstrukturierung. Das Spektrum der Kategorien wird beispielhaft anhand verschiedener Verfahren der Sprachdiagnostik vorgestellt. Die Auswahl der Instrumente wurde so getroffen, dass die Facetten des Umgangs mit Mehrsprachigkeit illustriert werden können und alle Methoden der Sprachdiagnostik Berücksichtigung finden. Die Auswahl erfolgte demzufolge nicht hinsichtlich einer Einschätzung der Qualität der Instrumente, und stellt dementsprechend keine Empfehlung dar. Wird ein Verfahren für die Darstellung eines Bereichs genutzt, schließt dies nicht automatisch aus, dass es die anderen Bereiche nicht berücksichtigt – sondern bedeutet lediglich, dass es sich an der entsprechenden Stelle für eine Illustration eignet.

Zunächst werden Möglichkeiten dargestellt, Informationen über die Mehrsprachigkeit bzw. die Sprachbiografie sowie Kenntnisse in der Erstsprache zu erfassen. Schließlich werden Umgangsweisen aufgezeigt, diese Informationen bei der Interpretation von Ergebnissen bzw. Testwerten mit einzubeziehen.

6.5.2   Sprachbiografie

Dieser Abschnitt stellt Umgangsweisen vor, wie Informationen zur Sprachbiografie (Mehrsprachigkeit, Erwerbsbeginn, Kontaktmonate, Qualität und Quantität des Inputs) abgefragt werden. Für Sprachstandserhebungsverfahren ist dies eine notwendige Grundlage für die Diagnose, da sich die Spracherwerbstypen in vielerlei Hinsicht in ihrem Verlauf unterscheiden und demnach bei Kindern desselben Alters nicht vom gleichen Erwerbsstand auszugehen ist. Im Folgenden werden sowohl Möglichkeiten vorgestellt, für die keine eindeutigen bzw. nur mit Vorsicht Bezüge zur in Abschnitt 6.3 vorgestellten Spracherwerbsforschung hergestellt werden können, als auch Verfahren, bei denen direkte Bezüge zu theoretischen und empirischen Grundlagen sichtbar sind.

Zunächst kann danach unterschieden werden, ob ein Diagnostikverfahren Mehrsprachigkeit berücksichtigt. Wurde ein Verfahren für eine mehrsprachige Zielgruppe konstruiert, sollten sprachbiografische Informationen erhoben werden. Sprachstandserhebungen, die angeben, auch für mehrsprachige Personen geeignet zu sein, aber keine solchen Angaben berücksichtigen, sollten daher kritisch betrachtet werden.

Verfahren, die erfassen, ob das zu testende Kind mehrsprachig ist, legen unterschiedliche Kriterien für Mehrsprachigkeit an. Die *Qualifizierte Statuserhebung vier-*

jähriger Kinder in Kitas und Kindertagespflege (QuaSta) (Senatsverwaltung für Bildung, Jugend und Wissenschaft, 2016; Düsterhöft, 2015; Tabelle 6.4) differenziert beispielsweise zwischen deutscher und nicht-deutscher Herkunftssprache, während im *Sprachentwicklungstest für drei- bis fünfjährige Kinder* (SETK 3-5) (Grimm, Aktas & Frevert, 2015; Tabelle 6.5) in einer Ja-/Nein-Frage erfasst wird, ob das Kind mehrsprachig aufwächst. Beiden Instrumenten ist gemeinsam, dass die Frage unspezifisch gestellt ist und von den Personen, die sie beantworten, unterschiedlich ausgelegt werden kann. So ist es denkbar, dass sie als Frage nach dem Erwerb, der Kompetenz oder aber der Nutzung verstanden wird. Für sich alleine stehend, können solche Fragen bei einer späteren Interpretation der Ergebnisse nicht unbedacht als Informationsquelle genutzt werden.

Tabelle 6.4: Kurzbeschreibung der QuaSta

Instrument:	Qualifizierten Statuserhebung vierjähriger Kinder in Kitas und Kindertagespflege (QuaSta)				
Autoren:	Senatsverwaltung für Bildung, Jugend und Wissenschaft, 2016				
Konzeption:	Verfahren zur Ermittlung des Deutsch-Sprachförderbedarfs bei Vierjährigen. Dabei werden die Bereiche Motorik, auditive Wahrnehmung, „Sprachhandeln" sowie Erfahrungen mit Bild- und Schriftsprache berücksichtigt.				
Bereiche:	4 Bereiche mit insgesamt 39 Items: 1. Basale Fähigkeiten (12 Items); 2. Phonologische Bewusstheit (5 Items); 3. Sprachhandeln (14 Items); 4. Erfahrungen mit Bild- und Schriftsprache (8 Items).				
Beurteilung der psychometrischen Qualität:	In einer vergleichenden Sprachstandserhebung ($N = 33$) konnte hinsichtlich Sensitivität und Spezifität gezeigt werden, dass die Einschätzung eines Förderbedarfs zu 88 % mit dem SEKT 3-5 übereinstimmt. In den übrigen 12 % der Fälle wurde jedoch im SETK ein Förderbedarf diagnostiziert, der mit QuaSta nicht aufgedeckt wurde.				
Alter	**Sprache**	**Aufbau**	**zeitlicher Aufwand**	**Normierungsstichprobe**	**Bezug**
4 Jahre	Deutsch	Protokollierung und Auswertung als Papier-Version. Keine Paralleltestform vorhanden.	Die Bearbeitungsdauer beträgt etwa 60 Minuten.	k.A.	https://www.berlin.de/sen/jugend/familie-und-kinder/kindertagesbetreuung/fachinfo/qv-tag-anlage-4.pdf

Tabelle 6.5: Kurzbeschreibung des SETK 3-5

Instrument:	Sprachentwicklungstest für drei- bis fünfjährige Kinder (3;0–5;11 Jahre) (SETK 3-5)
Autoren:	Grimm, Aktas & Frevert, 2015
Konzeption:	Test zur Erfassung der Sprachentwicklung im Deutschen, wobei verschiedene linguistische Teilsysteme (Morphologie, Syntax, Semantik) auf produktiver oder rezeptiver Ebene sowie auditive Gedächtnisfähigkeiten berücksichtigt werden. Auf Basis der Testergebnisse sollen Sprachfördermaßnahmen oder therapeutische Maßnahmen vor Schuleintritt abgeleitet werden können. Bezüge zu Erkenntnissen der Spracherwerbsforschung.
Bereiche:	3 Bereiche mit insgesamt 6 Untertests: 1. Sprachverstehen (Verstehen von Sätzen); 2. Sprachproduktion (Enkodierung semantischer Relationen; Morphologische Regelbildung); 3. Sprachgedächtnis (Phonologisches Arbeitsgedächtnis für Nichtwörter; Gedächtnisspanne für Wortfolgen; Satzgedächtnis). Die Anzahl der Untertests pro Bereich sowie die Anzahl der Items pro Untertest unterscheiden sich je nach Alter des Kindes.
Beurteilung der psychometrischen Qualität:	Die psychometrische Qualität ist im Manual umfangreich dokumentiert. Es bestehen überwiegend mittlere Interkorrelationen zwischen den Untertests innerhalb einer Altersgruppe. Eine Korrelation mit dem Alter kann die Alterssensitivität belegen. Die Reliabilität wird über die Interne Konsistenz angegeben. Cronbachs Alpha liegt zwischen $\alpha = .65$ und $\alpha = .92$ und wird als zufriedenstellend bewertet.

Alter	Sprache	Aufbau	zeitlicher Aufwand	Normierungsstichprobe	Bezug
3;0–5;11 Jahre	Deutsch	Protokollierung und Auswertung als Papier-Version. Keine Paralleltestform vorhanden.	Die Bearbeitungsdauer beträgt etwa 20–30 Minuten.	$N = 934$ 14 % der Kinder sind bilingual Deutsch. Normwerte für 5 Altersgruppen.	Testzentrale Göttingen

Die reine Frage nach der Mehrsprachigkeit eines Kindes kann also ohne eindeutige Instruktion und ohne weitere Auskünfte zunächst keine zuverlässigen Aussagen über den tatsächlichen Sprachhintergrund sowie über die damit verbundenen Erwerbsvoraussetzungen der involvierten Sprachen geben. Im QuaSta (Senatsverwaltung für Bildung, Jugend und Wissenschaft, 2016) werden beispielsweise neben der Erfassung von deutscher oder nicht-deutscher Herkunftssprache keine weiteren Fragen zur Sprachbiografie des Kindes gestellt, während der SETK 3-5 (Grimm et al., 2015) weitere Angaben zum Spracherwerb erhebt.

Der *Cito-Sprachtest Version 3* (Cito-Deutschland GmbH, 2013; Cito Sprachtest, 2017; Duindam, Konak & Kamphuis, 2010; Tabelle 6.6) erfasst die Sprache, die das Kind am häufigsten mit der Mutter und dem Vater spricht. Im *Screening des Entwicklungsstandes bei Einschulungsuntersuchungen* (S-ENS) (Döpfner et al., 2005; Tabelle 6.7) wird hingegen allgemein abgefragt, in welcher Sprache mit dem Kind in den ersten vier Lebensjahren zuhause gesprochen wurde.

Tabelle 6.6: Kurzbeschreibung des Cito-Sprachtests Version 3

Instrument:	Cito-Sprachtest Version 3. Digitale Sprachstandsfeststellung für 4;3 bis 6;11 jährige Kinder
Autoren:	Cito-Deutschland GmbH, 2013
Konzeption:	Computergestützter Test, der bei der Erfassung von rezeptiven und produktiven Deutsch- bzw. Türkischkenntnissen den Wortschatz, das phonologische Bewusstsein sowie das Textverständnis berücksichtigt.
Bereiche:	4 Untertests mit insgesamt 131 Items für die deutsche und 175 Items für die türkische Version: 1. Passiver Wortschatz; 2. Kognitive Begriffe; 3. Phonologisches Bewusstsein; 4. Textverständnis.
Beurteilung der psychometrischen Qualität:	Es bestehen mittlere bis hohe Korrelationen zwischen den Untertests innerhalb einer Sprachversion, was einerseits für eine Erfassung der rezeptiven türkischen bzw. deutschen Fähigkeiten insgesamt und andererseits für eine gewisse Differenzierung der erfassten linguistischen Teilbereiche spricht. Die Reliabilität wird über die interne Konsistenz angegeben. Cronbachs Alpha liegt in den beiden Versionen über alle Untertests hinweg zwischen $\alpha = .69$ und $\alpha = .91$ und wird als zufriedenstellend eingeschätzt. Die Trennschärfen der Items liegen zwischen $r_{ir} = .19$ und $r_{ir} = .47$. Durch das computerbasierte Testen liegt eine hohe Standardisierung in der Durchführung vor. Testleitungen berichten zudem, dass die Kinder keine Schwierigkeiten in der Anwendung des Computerprogramms hatten.

Alter	Sprache	Aufbau	zeitlicher Aufwand	Normierungs-stichprobe	Bezug
4–6 Jahre	Deutsch, Türkisch	Protokollierung und Auswertung als PC-Version. Keine Paralleltestform vorhanden.	Die Bearbeitungsdauer für die deutsche Version beträgt ca. 25 Minuten, für die türkische Version ca. 40 Minuten. Die Auswertung erfolgt bei der PC-Version automatisch durch das Programm.	Deutsche Version (2013): $N = 5.725$; Türkische Version (2004): $N = 4.354$ 59 % der Kinder sind monolingual deutschsprachig. Normwerte für 6 Altersgruppen.	www.cito-sprachtest.de

Tabelle 6.7: Kurzbeschreibung S-ENS

Instrument:	Screening des Entwicklungsstandes bei Einschulungsuntersuchungen (S-ENS)
Autoren:	Döpfner, Dietmair, Mersmann, Simon & Trost-Brinkhues, 2005
Konzeption:	Screening des Entwicklungsstandes im Rahmen der Schuleingangsuntersuchung, um Entwicklungsverzögerungen aufzudecken und ggf. weitere Diagnoseschritte einzuleiten. Neben sprachlichen Bereichen (Sprachkompetenz, auditive Informationsverarbeitung und Artikulation) werden weitere Entwicklungsbereiche wie Körperkoordination, Visuomotorik, visuelle Wahrnehmung und Informationsverarbeitung geprüft. Bezüge zu Erkenntnissen der Spracherwerbsforschung.
Bereiche:	7 Untertests mit insgesamt 44 Items: 1. Seitliches Hin- und Herspringen (1 Item); 2. Visuomotorik (4 Items); 3. Visuelle Wahrnehmung (10 Items); 4. Pseudowörter nachsprechen (6 Items); 5. Wörter ergänzen (8 Items); 6. Sätze nachsprechen (5 Items); 7. Artikulation (10 Items).
Beurteilung der psychometrischen Qualität:	Eine Analyse der konvergenten Validität ergab eine hohe Übereinstimmung ($r > .89$) der sprachbezogenen Skalen (Pseudowörter nachsprechen; Wörter ergänzen; Sätze nachsprechen) mit dem jeweiligen Außenkriterium. Die Reliabilität wird durch Cronbachs Alpha angegeben, dieses liegt je nach Untertest zwischen $\alpha = .50$ und $\alpha = .76$. Die Autoren schätzen die Konsistenzen damit insgesamt als zufriedenstellend ein. Je nach verwendetem Untertest erscheint es jedoch sinnvoll, die Reliabilität an der eigenen Stichprobe erneut zu überprüfen. Die Trennschärfen liegen überwiegend über $r_{ir} = .20$.

Alter	Sprache	Aufbau	zeitlicher Aufwand	Normierungsstichprobe	Bezug
4;5–7;2 Jahre (Schuleingangsuntersuchung)	Deutsch	Protokollierung und Auswertung als Papier-Version. Keine Paralleltestform vorhanden.	Die Bearbeitungsdauer beträgt ca. 60 Minuten.	Je nach Bereich $N = 27.208$ oder $N = 7.222$. Keine Dokumentation des Anteils der Kinder, die nicht monolingual deutschsprachig sind. Normwerte für 1 Altersgruppe (4;5–7;2 Jahre).	Testzentrale Göttingen

Solche Operationalisierungen der Erstsprache können aber zu kurz greifen, da definitorisch eine zweite Erstsprache auch durch systematischen Kontakt mit der Verkehrssprache – unabhängig vom Kontext – erworben werden kann. Ein Kind, das mit einem Jahr die Krippe oder eine Tagespflege besucht, erhält in der Regel systematischen verkehrssprachlichen Input, der in diesem Fall unberücksichtigt bleibt. Ältere Geschwister – die bereits in einem institutionellen Kontext die Verkehrssprache erlernt haben und zuhause nutzen – oder regelmäßige deutschsprachige Kontakte außerhalb der Familie bleiben auf diese Weise ebenfalls unberücksichtigt. So würde Deutsch fälschlicherweise als Zweitsprache deklariert werden und es kommt zu einer Unterschätzung des Inputs in der Verkehrssprache bzw. zu einer Überschätzung des Inputs in der Familiensprache. Der Beobachtungsbogen *Sprachverhalten und Interesse an Sprache bei Migrantenkindern in Kindertageseinrichtungen* (Sismik) (Ulich & Mayr, 2006a; Ulich & Mayr, 2006b; Tabelle 6.8) fragt in einem offenen Antwortformat, welche Sprachen in der Familie gesprochen werden, sodass hier alle Sprachen eingetragen werden können, mit denen das Kind im familiären Kontext in Berührung kommt. Neben den Familiensprachen erheben sowohl der Cito-Sprachtest Version 3 (Tabelle 6.6) als auch der Sismik-Bogen, ob das Kind durch eine frühkindliche Institution außerhalb der Familie regelmäßig mit der deutschen Sprache in Kontakt gekommen ist. Systematische Kontakte zu deutschsprachigen Personen außerhalb von Familie und Institutionen bleiben jedoch auch unter Hinzunahme dieser Information weiterhin unberücksichtigt, sodass keine zuverlässigen Aussagen im Sinne der vorgestellten Kriterien der Spracherwerbsforschung zu den Bedingungen des Spracherwerbs gemacht werden können. Im Weiteren werden daher Umgangsweisen aufgezeigt, die direkte Bezüge zur Theorie und Empirie des Spracherwerbs aufzeigen.

Tabelle 6.8: Kurzbeschreibung des Sismik

Instrument:	Sprachverhalten und Interesse an Sprache bei Migrantenkindern in Kindertageseinrichtungen (Sismik)
Autoren:	Ulich & Mayr, 2006a
Konzeption:	Beobachtungsinstrument für Kinder mit Migrationshintergrund zur fortwährenden Dokumentation des Sprachverhaltens sowie des Umgangs mit und Interesse an Schrift. Sismik erstellt keine Diagnose hinsichtlich eines Förder- oder Therapiebedarfs, kann jedoch Hinweise auf einen möglichen Förderbedarf liefern. Die Theorie orientiert sich am Konzept der „Engagiertheit".
Bereiche:	6 Skalen mit insgesamt 61 Items: 1. Sprachverhalten im Kontakt mit anderen Kindern (10 Items); 2. Sprachverhalten im Kontakt mit pädagogischen Bezugspersonen (15 Items); 3. Sprachverhalten bei Bilderbuchbetrachtung, Erzählungen, Reimen (12 Items); 4. Selbstständiger Umgang mit Bilderbüchern (6 Items); 5. Interesse an Schrift (3 Items); 6. Sprachliche Kompetenz (15 Items).

Tabelle 6.8: Fortsetzung

Beurteilung der psychometrischen Qualität:	Die Reliabilität wird über die interne Konsistenz angegeben. Cronbachs Alpha liegt zwischen $\alpha = .88$ und $\alpha = .95$.				
Alter	**Sprache**	**Aufbau**	**zeitlicher Aufwand**	**Normierungsstichprobe**	**Bezug**
3;5 Jahre bis Schuleintritt	Deutsch	Protokollierung und Auswertung als Papier-Version. Keine Paralleltestform vorhanden.	Der Beobachtungsbogen wird nicht einmalig, sondern als begleitende Dokumentation während des gesamten Zeitraums des Besuchs einer frühkindlichen Bildungsinstitution bearbeitet.	$N = 2.011$ 100 % der Kinder haben einen Migrationshintergrund. Je nach Skala Normwerte für 1–4 Altersgruppen.	Verlag Herder GmbH

Der SETK 3-5 (Grimm et al., 2015; Tabelle 6.5) fragt explizit danach, seit wann das mehrsprachige Kind die Verkehrssprache Deutsch erwirbt. Da die Auskunft zum Erwerbsbeginn (entsprechend des ersten systematischen und dauerhaften Kontakts zu einer Sprache) eine Einordnung in einen Spracherwerbstyp möglich macht und eine bedeutsame Erwerbsvoraussetzung darstellt, wird damit ein wichtiger Faktor berücksichtigt. Die Operationalisierung des Erwerbsbeginns ist jedoch nicht immer unproblematisch, weil die Frage „Seit wann erwirbt das Kind die deutsche Sprache?" je nach Vorwissen der diagnostizierenden Person unterschiedlich interpretiert werden kann. Sie könnte beispielsweise fälschlicherweise von Personen, die nicht mit dem Thema des Spracherwerbs vertraut sind, als Frage nach der Produktion, also den ersten auf Deutsch gesprochenen Wörtern verstanden werden. Da die erste Sprachproduktion sich nicht mit dem Erwerbsbeginn deckt (Abschnitt 6.3), ist sie kein eindeutiger Indikator für den Erwerbstyp. Um also eine angemessene Auskunft zum Spracherwerbstyp zu erhalten, bedarf es an dieser Stelle einer eindeutigen Instruktion, dass es um die Auskunft über den Beginn eines regelmäßigen Kontakts zur Sprache geht.

Neben dem Erwerbsbeginn sind die Kontaktmonate ein wichtiger Faktor im Spracherwerb (Abschnitt 6.3.3). Diese können zum Beispiel beim SETK 3-5 (Grimm et al., 2015; Tabelle 6.5) auf Basis der Abfrage des Erwerbsbeginns und des chronologischen Alters errechnet werden. In der *Linguistischen Sprachstands-*

erhebung – Deutsch als Zweitsprache (LiSe-DaZ) (Schulz & Tracy, 2011; Tabelle 6.9) wird die Anzahl der Kontaktmonate direkt abgefragt, sodass auch umgekehrt der Erwerbsbeginn in Kombination mit dem chronologischen Alter zum Erhebungszeitpunkt errechnet werden kann. Im Manual erfolgt eine Explikation des Erwerbsbeginns mit dem „ersten systematischen Kontakt mit der deutschen Sprache" (Schulz & Tracy, 2011, S. 21), sodass deutlich ist, dass sich die Kontaktmonate weder auf unregelmäßigen Kontakt noch auf die Sprachproduktion beziehen.

Neben Auskünften, die einen Rückschluss auf den Spracherwerbstyp zulassen, finden sich Verfahren mit differenzierteren Abfragen zu Quantität und Qualität des sprachlichen Inputs, die weitergehende Charakterisierungen erlauben. So ist vor dem Hintergrund der – wenngleich nicht ganz widerspruchsfreien – Bedeutung dieser Faktoren (Abschnitt 6.3.3) zu erwarten, dass die Kenntnisse der Verkehrssprache Deutsch von Kindern mit gleichem Erwerbsbeginn sowie der gleichen Anzahl von Kontaktmonaten sehr unterschiedlich ausfallen können. Ein Kind, dessen Kontakt zur deutschen Sprache bis zum Erhebungszeitpunkt nur durch die Eltern gegeben war, deren Deutschkenntnisse über die Alltagssprache nicht hinausreichen, hat ganz andere Erwerbsbedingungen als ein Kind, das darüber hinaus eine frühkindliche Institution sowie einen Sportverein besucht, wo es zweitsprachlichen Input von verschiedenen Muttersprachlern erhält.

Im *Kindersprachscreening* (KiSS) (Hessisches Ministerium für Soziales und Integration, 2017a; Hessisches Ministerium für Soziales und Integration, 2017b; Euler et al., 2010; Neumann, Holler-Zittlau, van Minnen, Sick, Zaretsky & Euler, 2011; Tabelle 6.10) ist es beispielsweise möglich, mithilfe des Eltern- und Kita-Bogens einen Einblick zu erhalten, wie viel deutschsprachigen Input das Kind außerhalb der Familie erhält („Ihr Kind besucht die Kita __ Stunden am Tag"; „Hat Ihr Kind vor dem 3. Lebensjahr eine Kinderkrippe o.ä. Einrichtung besucht?") und an welchen Aneignungsorten weiterer deutschsprachiger Input erfolgt („Besucht Ihr Kind einen Verein, Spielkreis oder Ähnliches?"; „Spielt Ihr Kind auch mit deutschsprachigen Kindern?"). Dabei werden zugleich quantitative wie qualitative Kriterien abgefragt. Im Sismik (Ulich & Mayr, 2006a; Tabelle 6.8) lassen sich über Informationen zum Kindergartenbesuch hinaus Fragen zur persönlichen Einschätzung der Deutschkenntnisse von Eltern und Geschwistern („Hat das Kind ältere Geschwister, die relativ gut Deutsch sprechen?") sowie zu deutschsprachigen Kontakten außerhalb der Familie („Vater/Mutter haben in der Freizeit Kontakte mit deutschsprachigen Familien") finden. Diese Aussagen sind zwar subjektiv und nicht zwingend belastbar, dennoch gewähren sie einen vorsichtigen Einblick in die Sprachumgebung des engsten Umfelds des Kindes.

Tabelle 6.9: Kurzbeschreibung des LiSe-DaZ

Testverfahren:	Linguistische Sprachstandserhebung – Deutsch als Zweitsprache (LiSe-DaZ)
Autoren:	Schulz & Tracy, 2011
Konzeption:	LiSe-DaZ ist ein Test zur Erfassung der sprachlichen Fähigkeiten von Kindern mit DaZ und DaM im Alter von drei bis sieben Jahren Es werden verschiedene linguistischer Teilsysteme (Syntax, Morphologie und Semantik) rezeptiv und produktiv erfasst, sodass sich individuelle Förderziele aus den Ergebnissen ableiten lassen. Bezüge zu Erkenntnissen der Mehrsprachigkeitsforschung.
Bereiche:	7 Untertests mit insgesamt 69 Items: 1. Verstehen der Verbbedeutung (12 Items); 2. Verstehen von w-Fragen (10 Items); 3. Verstehen von Negation (12 Items); 4. Satzklammer (19 Items); 5. Subjekt-Verb-Kongruenz (2 Items); 6. Wortklassen (5 Items); 7. Kasus (9 Items).
Beurteilung der psychometrischen Qualität:	Die psychometrische Qualität ist im Manual umfangreich dokumentiert. Der Median für die Skalen-Interkorrelationen zwischen den Untertests liegt bei $r = .22$, weshalb die Autoren davon ausgehen, dass das Instrument theoretisch unterschiedliche Aspekte der Sprachkompetenz erfasst. Sowohl für Kinder mit DaM als auch mit DaZ konnte eine Alterssensitivität belegt werden. Die Reliabilität wird über die interne Konsistenz angegeben und als zufriedenstellend bewertet. Der Median von Cronbachs Alpha für DaZ liegt bei $\alpha = .72$ und für DaM bei $\alpha = .70$. Die mittlere Trennschärfe liegt bis auf wenige Ausnahmen bei $> .30$.

Alter	Test-sprache	Test-aufbau	zeitlicher Aufwand	Normie-rungsstich-probe	Bezug
3;00–6;11 Jahre	Deutsch	Protokollierung und Auswertung als Papier-Version. Keine Paralleltest-form vorhanden.	Die Bearbeitungsdauer beträgt etwa 20–30 Minuten. Für die Auswertung werden 30–45 Minuten benötigt.	DaZ: $N = 609$; DaM: $N = 303$ DaZ: Normwerte für 7 Gruppen; Differenziert nach Altersstufen & Kontaktdauer zur deutschen Sprache. DaM: Normwerte für 4 Altersgruppen	Testzentrale Göttingen

Anmerkungen: * DaZ = Deutsch als Zweitsprache; DaM = Deutsch als Muttersprache

Tabelle 6.10: Kurzbeschreibung des KiSS

Instrument:	Kindersprachscreening (KiSS)
Autoren:	Hessisches Ministerium für Soziales & Integration, 2017b
Konzeption:	Kindersprachscreening für Vierjährige, das unter Berücksichtigung verschiedener linguistischer Teilsysteme (Syntax und Morphologie) und des Wortschatzes die Sprachfähigkeit erfassen soll, um ggf. Hinweise auf eine frühzeitige sprachliche Förderung zu erhalten. Neben dem Screening mit dem Kind sind Fragebögen für Eltern und pädagogische Fachkräfte verfügbar.
Bereiche:	11 Untertests mit insgesamt 44 Items: 1. Pragmatik (1 Item); 2. Sprachverständnis (4 Items); 3. Sprachproduktion (1 Item); 4. Aussprache (11 Items); 5. Wortschatz (12 Items); Wort- und Satzgrammatik anhand von 6. Pluralbildung (3 Items); 7. Partizipbildung (3 Items); 8. Subjekt-Verb-Kongruenz bei der 2. Person Singular (2 Items); 9. Präpositionen im Akkusativkontext (3 Items); 10. Präpositionen im Dativkontext (2 Items); 11. Nebensatzbildung (2 Items).
Beurteilung der psychometrischen Qualität:	Die konkurrente Validität wird durch hohe Korrelationen zu den Testwerten anderer Tests (r > .55) als zufriedenstellend bewertet. Die Konstruktvalidität wird mit der (1) Unterscheidungsfähigkeit zwischen monolingual deutschsprachigen Kindern bzw. Kindern mit Migrationshintergrund und Kindern mit Deutsch als Zweitsprache, (2) einem signifikanten, altersbedingten Zuwachs sowie (3) der Geschlechtsneutralität der Kennwerte begründet. Die Reliabilität wird über die interne Konsistenz angegeben. Cronbachs Alpha liegt bei $\alpha = .92$.

Alter	Sprache	Aufbau	zeitlicher Aufwand	Normierungsstichprobe	Bezug
4;0–4;5 Jahre	Deutsch	Protokollierung und Auswertung als Papier-Version. Keine Paralleltestform vorhanden.	Die Bearbeitungsdauer beträgt etwa 15–20 Minuten.	$N = 257$ 30 % der Kinder haben einen Migrationshintergrund. Normwerte für 1 Altersgruppe (4;0–4;5 Jahre).	https://soziales. hessen.de/ gesundheit/ kinder-und-jugendgesund heit/kinder-sprachscree ning-kiss (Zugriff am 28.02.2017)

6.5.3   Erfassung der Kenntnisse in der Erstsprache

Neben der Sprachbiografie ist es sinnvoll, Informationen zu den Kenntnissen in der Erstsprache einzuholen (Gogolin et al., 2005; s.a. Abschnitt 6.4). Da eine SSES in beiden Sprachen in der gleichen Symptomatik auftritt (Paradis, Crago, Genesee &

Rice, 2003; Håkansson, Salameh & Nettelbladt, 2003), liefern Informationen zu den Kenntnissen in der Erstsprache eine notwendige Grundlage für die Erstellung einer Diagnose (Wagner, 2008). Sollte sich herausstellen, dass das Kind trotz Berücksichtigung der Mehrsprachigkeit auffällige Werte in den Deutschkenntnissen hat, könne nur so die Frage beantwortet werden, ob es Förderung im Deutscherwerb benötigt oder aber eine SSES hat, für die andere Therapieformen notwendig sind.

Für die Erfassung der Kenntnisse in der Erstsprache können unterschiedliche Strategien in den vorhandenen Sprachdiagnostika gefunden werden. Im Sismik-Beobachtungsbogen (Ulich & Mayr, 2006a; Tabelle 6.8) – der für deutschsprachige pädagogische Fachkräfte konzipiert wurde – lassen sich Fragen finden, in denen Erzieher und Erzieherinnen, die über keine Kenntnisse in der Erstsprache des Kindes verfügen, trotzdem eine Einschätzung zu den kindlichen Erstsprachkenntnissen vornehmen sollen: „Der Bogen versucht dennoch – soweit dies eben möglich ist – deutschsprachige Fachkräfte zur Beobachtung auch dieses Bereichs anzuregen. Sie sollten zumindest einige Informationen hierzu sammeln und festhalten. Dieser Teil soll ansatzweise Einblick geben: Wie entwickelt sich ein Kind in seiner Familiensprache und wie steht es zu dieser Familiensprache" (Ulich & Mayr, 2006b, S. 5). Hierzu werden sie beispielsweise gebeten einzuschätzen, ob das Kind längere Passagen, mehrere Wörter oder lediglich einzelne Wörter in der Familiensprache sprechen kann („Wenn ich höre, wie das Kind in seiner Familiensprache spricht, habe ich den Eindruck, es spricht ..."). Die Autoren bemerken zu Recht, dass diese Einschätzung sehr limitiert ist (ebd.). Darüber hinaus kann sie in keinem Fall als zuverlässige Information dienen, sondern höchstens als Einblick interpretiert werden, der – sofern Auffälligkeiten bestehen – mit zuverlässigeren Quellen abgesichert werden sollte.

Neben den Beobachtungen durch die Erzieherinnen und Erzieher werden im Sismik-Bogen (Tabelle 6.8) Eltern oder andere Erwachsene derselben Erstsprache um eine Einschätzung zu den Kenntnissen in der Erstsprache gebeten („Die Eltern des Kindes berichten, das Kind kann sich in der Familiensprache gut verständigen/etwas verständigen/nicht verständigen"). Die gleiche Strategie ist bei *Fit in Deutsch – Feststellung des Sprachstandes* (Niedersächsisches Kultusministerium, 2006; Tabelle 6.11) zu finden. Dabei sind sowohl eine offene Frage zu den allgemeinen Sprachkenntnissen („Wie gut beherrscht das Kind die Erstsprache nach Einschätzung der Eltern?") als auch konkretere Fragen zu rezeptiven („Es versteht Aufforderungen") und produktiven („Es kann die wichtigsten Alltagsgegenstände/Situationen benennen") Kenntnissen sowie zu möglichen Problemen („Vermuten oder bemerken die Eltern Besonderheiten/Probleme in der Sprachentwicklung des Kindes?") aufgeführt. Wenngleich solch eine Einschätzung niedrigschwellig ist und einen Mangel an Fachpersonal mit derselben Erstsprache kompensieren kann, ist sie aus testtheoretischer Perspektive (Abschnitt 6.4; Kapitel 2 von Shajek, Maehler & Brinkmann) kritisch zu betrachten – unter anderem, weil Eltern keine Fachpersonen sind.

Tabelle 6.11:   Kurzbeschreibung des Tests „Fit in Deutsch – Feststellung des Sprachstandes"

Instrument:	Fit in Deutsch – Feststellung des Sprachstandes
Autoren:	Niedersächsisches Kultusministerium, 2006
Konzeption:	Screening-Verfahren zur Abklärung des Förderbedarfs im sprachlichen Bereich vor Schuleintritt. Es besteht aus fünf Stufen (darunter ein Elterngespräch), die an zwei Tagen durchgeführt werden, sofern zuvor kein Abbruchkriterium erreicht wurde. Dabei sollen Deutschkenntnisse in Wortschatz, Aufgabenverständnis und Morphosyntax erfasst werden.
Bereiche:	5 Stufen mit insgesamt 45 Testaufgaben und 26 Elternfragen: 1. Sprachbiografie (Elterngespräch) (26 Fragen); 2. Gespräch mit dem Kind (5 Items); 3. Passiver Wortschatz (18 Items); 4. Aufgabenverständnis (11 Items); 5. Aktive Äußerungen (11 Items).
Beurteilung der psychometrischen Qualität:	Es werden keine Angaben zu psychometrischen Gütekriterien gemacht (Neugebauer & Becker-Mrotzek, 2013).

Alter	Sprache	Aufbau	zeitlicher Aufwand	Normierungsstichprobe	Bezug
5 Jahre (bzw. 1 Jahr vor Einschulung)	Deutsch	Protokollierung und Auswertung als Papier-Version. Keine Paralleltestform vorhanden.	Die Bearbeitungsdauer beträgt etwa 25–40 Minuten.	Es werden im Manual keine Angaben zur Normierungsstichprobe gemacht.	http://www.mk.niedersachsen.de/download/4612/_Fit_in_Deutsch__Feststellung_des_Sprachstandes.pdf (Zugriff am 28.02.2017)

Eine objektivere Möglichkeit, die Kenntnisse in der Erstsprache zu erheben, stellen Testverfahren dar. Das *Screening für Erstsprachfähigkeiten bei Migrantenkindern (Russisch-Deutsch, Türkisch-Deutsch)* (SCREEMIK 2) (Wagner, 2008; Tabelle 6.12) ist zum Beispiel ein Verfahren, das für die Erfassung der Russisch- und Türkischkenntnisse von Kindern konzipiert wurde, die in Deutschland leben und im Alter von 4;0 bis 5;11 sind. Bei SCREEMIK 2 handelt es sich um ein Computerprogramm, das es auch Fachkräften, die nicht die Herkunftssprache des Kindes beherrschen, ermöglicht „wichtige Informationen über den Sprachstand eines zweisprachigen Kindes in seiner Erstsprache zu erhalten" (ebd, S. 13).

Das *Hamburger Verfahren zur Analyse des Sprachstands Fünfjähriger* (Havas 5) (Reich & Roth, 2004; Reich & Roth, 2007; Tabelle 6.13) ist ein profilanalytisches Instrument, das für Deutsch und sechs weitere Sprachen eingesetzt werden kann und somit – neben der Erfassung der Kenntnisse in Erst- und Zweitsprache – zusätzlich die Möglichkeit bietet, die Kenntnisse in den Sprachen zu vergleichen.

Tabelle 6.12: Kurzbeschreibung des SCREEMIK 2

Instrument:	Screening der Erstsprachfähigkeit bei Migrantenkindern (Russisch-Deutsch, Türkisch-Deutsch) (SCREEMIK 2)
Autoren:	Wagner, 2008
Konzeption:	Screening für Kinder mit eingeschränkten Deutschkenntnissen und Erstsprache Russisch oder Türkisch zur Abklärung der Notwendigkeit einer Sprachförderung oder Sprachtherapie. Dabei werden verschiedene linguistische Teilsysteme (Phonologie und Morphologie) und der Wortschatz berücksichtigt. Es soll pädagogischen Fachkräften, die die Erstsprache des Kindes nicht sprechen, computergestützt ermöglichen, eine Einschätzung der Kenntnisse in der Erstsprache vorzunehmen (produktiv und rezeptiv). Bezüge zu Erkenntnissen der Mehrsprachigkeitsforschung.
Bereiche:	3 Untertests: 1. Aussprache; 2. Grammatik (nur russisch-deutsche Version); 3. Wortschatz. Die Anzahl der Items unterscheidet sich geringfügig zwischen den Testsprachen.
Beurteilung der psychometrischen Qualität:	Die psychometrische Qualität ist im Manual umfangreich dokumentiert. Eine Untersuchung der Kriteriumsvalidität anhand von Erzieher-Fragebögen ergab hohe Übereinstimmungen (russisch-deutsche Version zwischen .73 und .90; türkisch-deutsche Version zwischen .68 und .87). Darüber hinaus ist der Test alterssensitiv und zeigt keine geschlechtsspezifischen Unterschiede. Die Reliabilität ist ebenfalls zufriedenstellend und liegt bei der russisch-deutschen Version zwischen $\alpha = .86$ und $\alpha = .91$, bei der türkisch-deutschen Version zwischen $\alpha = .82$ und $\alpha = .87$. Es liegt eine hohe Standardisierung durch die Durchführung am Computer vor. Eine Prüfung der Auswertungsobjektivität hat eine Beurteilerübereinstimmung von $> 90\%$ ermittelt.

Alter	Sprache	Aufbau	zeitlicher Aufwand	Normierungsstichprobe	Bezug
4;0–5;11 Jahre	Türkisch-Deutsch, Russisch-Deutsch	Protokollierung und Auswertung als PC-Version. Keine Paralleltestform vorhanden.	Die Bearbeitungsdauer beträgt etwa 15–20 Minuten. Die Auswertung erfolgt automatisch durch das Programm.	Rusisch-deutsch: $N = 406$; Tükisch-deutsch: $N = 388$ Normwerte für 2 Altersgruppen (4;0–4;11 und 5;0–5;11 Jahre).	http://www.screemik.de/

Tabelle 6.13: Kurzbeschreibung des HAVAS 5

Instrument:	Hamburger Verfahren zur Analyse des Sprachstands Fünfjähriger (HAVAS 5)
Autoren:	Reich & Roth, 2004
Konzeption:	Profilanalytisches Instrument zur differenziellen, kompetenzorientierten Erfassung des Sprachstandes für die individuelle Förderplanung von Kindern, die ein- oder mehrsprachig aufwachsen. Bei dem Verfahren erzählen die Kinder eine sechsteilige Bildergeschichte nach. Die Sprachprobe wird aufgenommen, transkribiert und anschließend ausgewertet. Bei der Erstellung des Entwicklungsprofils werden verschiedene linguistische Teilsysteme (Morphologie und Syntax) sowie der Wortschatz berücksichtigt. Bezüge zu Erkenntnissen der Spracherwerbsforschung.
Bereiche:	6 Bereiche: 1. Erzählfähigkeit; 2. Bewältigung der Gesprächssituation; 3. Wortschatz; 4. Morphologie (nur polnische Version); 5. Einfache Syntax; 6. Komplexe Syntax.
Beurteilung der psychometrischen Qualität:	Durch eine Standardisierung der Handlungsanweisungen, einen detaillierten Auswertungsbogen sowie eine Schulung werden die Durchführungs- und Auswertungsobjektivität im Verfahren berücksichtigt.

Alter	Sprache	Aufbau	zeitlicher Aufwand	Normierungsstichprobe	Bezug
5–7 Jahre	Deutsch, Italienisch, Polnisch, Portugiesisch, Russisch, Spanisch, Türkisch	Protokollierung und Auswertung als Papier-Version. Keine Paralleltestform vorhanden.	Die Bearbeitungsdauer beträgt etwa 5–10 Minuten. Für die Auswertung werden 30–45 Minuten benötigt.	Aus konzeptionellen Gründen wurden keine Normwerte festgelegt.	Landesinstitut für Lehrerbildung und Schulentwicklung Hamburg (LI Hamburg): http://li.hamburg.de/havas-5/

Neben Verfahren, die in Deutschland entwickelt und erprobt wurden, sind Tests erhältlich, die aus dem jeweiligen Herkunftsland stammen. Der *Bilingual Verbal Ability Test* (BVAT) (Muñoz-Sandoval, Cummins, Alvarado & Ruef, 1998; Tabelle 6.14) wurde in den USA für Personen im Alter von 5 bis 90 Jahren entwickelt und normiert. Er erfasst neben den Kenntnissen im Englischen die sprachlichen Fähigkeiten in 17 weiteren Sprachen. Es könnte verlockend sein, dieses Instrument heranzuziehen, um deutsch-englischsprachige Kinder, die in Deutschland aufgewachsen sind, zu testen. Hier ist allerdings Vorsicht geboten, da englischsprachige Kinder in Deutschland und den USA andere Erwerbsbedingungen hinsichtlich der Qualität und Quantität des englischsprachigen Inputs haben. Darüber hinaus –

oder vielmehr deswegen – passen Kinder, die in Deutschland aufgewachsen sind, nicht in die Normstichprobe des Instruments, sodass eine zuverlässige Interpretation der Testergebnisse nicht möglich ist.

Tabelle 6.14: Kurzbeschreibung des BVAT

Instrument:	Bilingual Verbal Ability Test (BVAT)
Autoren:	Muñoz-Sandoval, Cummins, Alvarado & Ruef, 1998
Konzeption:	Englischsprachiger Test zur Abklärung des förderdiagnostischen Bedarfs. Erfassung der englischsprachigen sowie bilingualen Wortschatzleistung (Englisch und 17 weitere Sprachen) für alle Alters- und Klassenstufen. Wortschatzleistung durch Bildbenennung (produktiv/rezeptiv). Bezüge zu Erkenntnissen der Mehrsprachigkeitsforschung.
Bereiche:	4 Untertests mit insgesamt 137 Items: 1. Picture Vocabulary (58 Items); 2. Oral Vocabulary: Synonyms (20 Items); 3. Oral Vocabulary: Antonyms (24 Items); 4. Verbal Analogies (35 Items).
Beurteilung der psychometrischen Qualität:	Die psychometrische Qualität ist im Manual umfangreich dokumentiert. Es wurden mehrere Studien für die unterschiedlichen Altersstufen durchgeführt, um Aussagen über die konkurrente Validität zu erhalten. Die Korrelationen mit konstruktnahen Instrumenten sowie Schulnoten bewegen sich mit wenigen Ausnahmen im oberen Bereich. Die Untertest-Interkorrelationen zwischen den Skalen sind über alle Altersgruppen hinweg zwischen .42 und .96, aber im jüngeren Alter tendenziell niedriger. Die Reliabilität wurde über eine Teilung des Tests und die Berechnung der Split-Half-Reliabilität angegeben; der Median liegt über alle Untertests und Altersgruppen hinweg zwischen $r_{11} = .89$ und $r_{11} = .96$.

Alter*	Sprache	Aufbau	zeitlicher Aufwand	Normierungs-stichprobe*	Bezug
ab 2 Jahre	Englisch sowie 17 weitere Sprachen (z. B. Arabisch, Chinesisch, Französisch, Deutsch, Spanisch, Russisch, Türkisch)	Protokollierung und Auswertung als Papier-Version. Auswertung zusätzlich als PC-Version vorhanden. Keine Paralleltestform vorhanden.	Die Bearbeitungsdauer beträgt ca. 30 Minuten, wenn 2 Sprachen getestet werden.	Normierung nach Alter: $N = 8.818$; Normierung nach Jahren in Bildungsinstitutionen: $N = 5.948$ 79 % der Probanden werden als „White" angegeben. Normwerte für 25 Altersgruppen und 18 Klassenstufen.	http://www.hmhco.com/hmh-assessments/bilingual/bvat (Zugriff am 28.02.2017)

Anmerkung: * Aktualisierte Normwerte in Schrank & Woodcock (2005)

Informationen zur Sprachbiografie sowie zu den Kompetenzen in der Erstsprache können bereits Aufschluss darüber geben, wie Ergebnisse einzustufen sind und welche Empfehlungen auf Basis der Diagnose ausgesprochen werden können. So liegt es auf der Hand, dass sich auffällige Werte in der Sprachdiagnostik relativieren lassen, wenn beispielsweise bekannt ist, dass die Testperson erst wenige Monate Kontakt zur deutschen Sprache hat. Darüber hinaus sollte eine logopädische Abklärung erfolgen, wenn bekannt ist, dass das Kind auch in der Erstsprache Verzögerungen in der Entwicklung aufweist. Leider gibt es in den wenigsten Verfahren eine systematische Regelung, wie diese Informationen in die Diagnose einfließen. Im nächsten Abschnitt werden einige mögliche Strategien der systematischen Berücksichtigung vorgestellt.

6.5.4   Erfassung der Deutschkenntnisse

Nachdem Möglichkeiten der Erfassung der Sprachbiografie sowie der Kompetenzen in der Erstsprache vorgestellt wurden, werden im Weiteren Strategien aufgeführt, die die Mehrsprachigkeit mit einem unterschiedlichen Grad der Standardisierung in den Handlungsanweisungen oder in der Ergebnisinterpretation berücksichtigen.

Im KiSS (Hessisches Ministerium für Soziales und Integration, 2017a; Neumann, Holler-Zittlau, van Minnen, Sick, Zaretsky & Euler, 2011; Tabelle 6.10) finden sich zum Beispiel verschiedene Cut-Offs für die Diagnose eines weiteren Förder- und Abklärungsbedarfs. Dabei wird zwischen 1. monolingual deutschsprachigen Kindern, und 2. Kindern mit Migrationshintergrund und/oder Deutsch als Zweitsprache unterschieden. Für Kinder, die der zweiten Kategorie angehören, ist der Schwellenwert für den Gesamttest sowie für den Subtest „Wortschatz" im Vergleich zu monolingualen Kindern niedriger, um als auffällig diagnostiziert zu werden. Kritisch ist zu betrachten, dass Kinder mit Migrationshintergrund, einem doppelten Erstspracherwerb und DaZ in einer Gruppe zusammengefasst werden – da beispielsweise auch Kinder mit Migrationshintergrund monolingual Deutsch aufwachsen können. Darüber hinaus ähnelt sich der Spracherwerb von monolingual und simultan zweisprachig aufwachsenden Kindern in bestimmten Entwicklungsbereichen eher als der simultane und sukzessive Erwerb (Abschnitt 6.3.4).

Der SETK 3-5 (Grimm et al., 2015; Tabelle 6.5) verfolgt einen ähnlichen Ansatz. Hier liegen Cut-Off-Werte auf Basis einer Normstichprobe (monolingual deutschsprachige und bilinguale Kinder) für die einzelnen Subtests vor. Für eine Diagnose hinsichtlich einer Entscheidung über einen Therapie- oder Förderbedarf auf Basis der Ergebnisse aus dem gesamten Test sollen die unterschiedlichen Kombinationen von Testwerten in einem Entscheidungsbaum eine Orientierung bieten. Dieser gilt jedoch gerade in der Einzelfalldiagnostik nicht als feste Anweisung, weil sich in Abhängigkeit von dem Ziel der Diagnostik unterschiedliche Varianten er-geben können. Für Kinder mit DaZ liegt ein eigener Entscheidungsbaum vor (ebd., S. 55). Um eine valide Entscheidung treffen zu können, sollen die Testwerte in der Gesamtschau betrachtet werden. Dazu liefert das Manual sowohl im Kapitel zur Auswertung und Interpretation als auch zu Einsatzmöglichkeiten bei Kindern mit DaZ Hinweise.

Der *Wortschatz- und Wortfindungstest für 6- bis 10-Jährige* (WWT 6-10) (Glück, 2011; Tabelle 6.15) berücksichtigt im Umgang mit Testwerten die Mehrsprachig-keit, indem Testverlauf und Diagnose unterschiedlich ausfallen können, je nach-dem ob das Kind ein- oder zweisprachig ist. Für den WWT 6-10 liegen pro Test-form Normwerte für monolingual deutschsprachige Kinder unterschiedlicher Altersstufen vor. Der Autor schlägt vor, bei mehrsprachigen Kindern mit auffäl-ligem Testergebnis im WWT-Deutsch die Kontaktzeit zur deutschen Sprache an-statt das chronologische Alter als Referenz zum Abgleich der Normwerte zu neh-men, um das Ergebnis abzusichern (ebd., S. 18f). Ein neunjähriges zweisprachiges Kind, das ab dem Alter von drei Jahren Kontakt zur deutschen Sprache hat, würde demnach in der Normtabelle mit monolingual deutschsprachigen Kindern des Alters 5;6–6;5 verglichen werden. Sollte es nach der Korrektur noch immer zu einem auffälligen Ergebnis kommen, werden weitere Tests zur Absicherung durchgeführt (u. a. der Wortschatztest auf Türkisch). Der Autor kritisiert selbst, dass sich der Spracherwerb älterer bilingualer Kinder von dem Spracherwerb jün-gerer monolingualer Kinder in vielerlei Hinsicht unterscheidet: „Bei aller berech-tigten Kritik an diesem Vorgehen eröffnet sie doch die Möglichkeit, zusätzliche diagnostische Informationen zu gewinnen, um die Entscheidung zwischen ‚mis-taken identity' und ‚missed identity' abzusichern" (ebd., S. 19). Vor dem Hinter-grund der theoretischen und empirischen Erkenntnisse der Spracherwerbsfor-schung ist dies trotzdem kritisch zu bewerten, denn Kinder mit DaZ haben im Zeitraum des Deutschkontakts einen geringeren sprachlichen Input auf Deutsch, weil sich der gesamte Input auf zwei Sprachen aufteilt und sich die Erwerbsorte unterscheiden (Abschnitt 6.3.3).

In der LiSe-DaZ (Schulz & Tracy, 2011; Tabelle 6.9), die sowohl für Kinder mit Deutsch als Zweitsprache (früher Zweitspracherwerb) als auch für Kinder mit Deutsch als Muttersprache geeignet ist, liegen Normwerte für beide Spracher-werbstypen vor. Da sich die Kenntnisse der deutschen Sprache in der Gruppe von Kindern mit Deutsch als Zweitsprache bedingt durch Erwerbsbeginn und Kontakt-zeit deutlich unterscheiden können, wurden für sieben verschiedene Kombinati-onen Normwerte festgelegt. Sie decken das Alter von drei bis sieben Jahren und den Kontakt zur deutschen Sprache in einer Spanne von 0 bis 71 Monaten ab. „LiSe-DaZ eignet sich für alle Kinder mit DaZ in diesem Altersbereich, die mit 24 Lebensmonaten oder später den ersten systematischen Kontakt mit der deut-schen Sprache hatten, typischerweise mit Eintritt in die Kita. Für fünf-, sechs- und

Tabelle 6.15: Kurzbeschreibung des WWT 6-10

Instrument:	Wortschatz- und Wortfindungstest für 6- bis 10-Jährige (WWT 6-10)
Autoren:	Glück, 2011
Konzeption:	Test zur Abklärung des förderdiagnostischen Bedarfs. Erfassung der Wortschatzleistung durch Bildbenennung (produktiv) und/ oder Bildauswahl (rezeptiv). Er ist für monolingual deutschsprachige sowie deutsch-türkischsprachige Kinder im Grundschulalter konzipiert. Der Test kann in der Langform oder als Screening in einer Kurzform durchgeführt werden. Neben der obligatorischen Version liegen verschiedene Untertests vor. Bezüge zu Erkenntnissen der Mehrsprachigkeitsforschung.
Bereiche:	Langform (95 Items) und Kurzform (40 Items) bestehen aus je 4 Untertests: 1. WWTexpressiv-Deutsch; 2. WWTexpressiv-Türkisch; 3. WWTrezeptiv-Deutsch; 4. WWTrezeptiv-Türkisch.
Beurteilung der psychometrischen Qualität:	Mit einer Teilstichrobe wurde eine Untertest-Interkorrelation zwischen WWTexpressiv und WWTexpressiv + rezeptiv von .82 festgestellt. Eine Korrelation mit dem Alter kann die Alterssensitivität belegen. Die Reliabilität wurde über die interne Konsistenz angegeben. Cronbachs Alpha (WWTexpressiv, deutsche Version) bewegt sich sowohl über die Altersgruppen als auch über die Klassenstufen hinweg zwischen $\alpha = .87$ und $\alpha = .92$. Eine höhere Objektivität kann durch die Nutzung der Computer-Version erreicht werden. Die Itemschwierigkeiten sind dokumentiert.

Alter	Sprache	Aufbau	zeitlicher Aufwand	Normie-rungsstich-probe	Bezug
5;6–10;11 Jahre	Deutsch, Türkisch	Protokollierung und Auswertung als Papier- und PC-Version. Keine Paralleltestform vorhanden.	Die Bearbeitungsdauer für die Langform beträgt ca. 45 Minuten und für die Kurzform ca. 20 Minuten. Die Auswertung erfolgt bei der PC-Version automatisch durch das Programm.	$N = 880$ (Normierung nur für deutsche Version) Alle Kinder sind monolingual deutschsprachig. Normwerte für 9 Altersgruppen und 5 Klassenstufen.	Testzentrale Göttingen

siebenjährige Kinder mit DaZ gilt zusätzlich, dass sie spätestens im Alter von vier Jahren, also bis zu ihrem 48. Lebensmonat, Gelegenheit zum systematischen Kontakt mit dem Deutschen hatten. Diese Einschränkung entspricht der Erwerbsrealität der meisten Kinder mit DaZ in den Kitas" (Schulz & Tracy 2011, S. 21). Sicherlich sind enger gefasste Normbereiche wünschenswert, da sich beispielsweise Dreijährige mit einer Kontaktzeit von 6 und 23 Monaten enorm unterscheiden. Die Normierung von LiSe-DaZ stellt nichtsdestotrotz die differenzierteste, den Autoren bekannte soziale Norm im Bereich der Sprachdiagnostika dar; sie ist ein wichtiger Schritt in Richtung theoretisch und empirisch fundiertem sowie standardisiertem Umgang mit Mehrsprachigkeit.

Der Überblick über verschiedene Umgangsweisen, Mehrsprachigkeit in der Sprachdiagnostik zu berücksichtigen, konnte eine große Varianz in den Verfahren aufzeigen. Nicht immer sind die gewählten Strategien adäquat im Sinne der theoretischen und empirischen Spracherwerbsforschung sowie testtheoretischer Konzeptionen, sodass sich problematische Operationalisierungen finden lassen, die zu einer Über- oder Unterschätzung bei der Diagnose führen können oder je nach befragten/befragenden Personen ganz unterschiedlich ausfallen können. Nutzer sollten daher bei der Auswahl sensibel für solche Kriterien sein und das Instrument eingehend auf seine Angemessenheit hinsichtlich der Mehrsprachigkeit sowie weiterer Qualitätskriterien prüfen.

6.6   Fazit

Wie zu Beginn des Beitrags ausgeführt, ist Sprache ein komplexes, modulares (Wissens-) System, welches im Hinblick auf die Entwicklung sprachlicher Fähigkeiten sensibel nach verschiedenen Spracherwerbstypen zu betrachten ist. Eine angemessene, zweckorientierte Sprachdiagnostik muss dementsprechend eine linguistisch fundierte Operationalisierung sprachlicher Fähigkeiten hinsichtlich des zu erwartenden Entwicklungsstandes abhängig vom Spracherwerbstyp vornehmen, insbesondere da das Einhalten aller geforderten Kriterien an Sprachdiagnostik unrealistisch erscheint. Ein auf alle Zwecke und Zielgruppen ausgerichtetes Sprachdiagnostikinstrument gibt es nicht. Vielmehr müssen sich Nutzer über die Ziele der Sprachdiagnostik bewusst sein und Schwerpunkte festlegen, die die Auswahl eines Instruments leiten können. Zudem benötigt eine solche Auswahl eine gewisse Expertise im Bereich der Sprachdiagnostik, um die Qualität von Verfahren auf Basis der in Abschnitt 6.4 dargestellten Kriterien, Faktoren und Herausforderungen an Sprachdiagnostik bei Mehrsprachigkeit einschätzen zu können.

Wie in Abschnitt 6.5 deutlich wird, ist die Berücksichtigung von und der Umgang mit Mehrsprachigkeit bei Sprachdiagnostikinstrumenten äußerst heterogen. Verfahren wie LiSe-DaZ (Schulz & Tracy, 2011) zeugen von einem Umdenken im Umgang mit Mehrsprachigkeit bei der Sprachdiagnostik, indem sie mehrsprachigen Erwerbsverläufen explizit Rechnung tragen und für den kindlichen Zweitspracherwerb eine angemessene Sprachdiagnostik ermöglichen. Allerdings werden noch immer diverse Verfahren in der Praxis verwendet, die einen problematischen Umgang mit Mehrsprachigkeit aufweisen. Die Missachtung von Mehrsprachigkeit bzw. vom monolingualen Erstspracherwerb abweichenden Spracherwerbstypen führt bei der Sprachdiagnostik mehrsprachiger Kinder zwangsläufig zu Fehldiagnosen in Form von Über- oder Unterschätzung, bis hin zur Pathologisierung typischer Erwerbsverläufe. Allerdings weisen auch Verfahren, die Mehrsprachigkeit berücksichtigen, häufig problematische Operationalisierungen und Auswertungen auf, die eine valide Erfassung des Spracherwerbstyps sowie eine angemessene Interpretation der Testwerte kaum ermöglichen. Insbesondere Verfahren, die für Selektionsentscheidungen wie der Teilnahme an einem Vorlaufkurs oder der Rückstellung vom Schulbesuch genutzt werden, können infolge von Fehldiagnosen schwerwiegende Konsequenzen für das Individuum und seine Familie haben – die nicht nur den institutionellen Bildungsweg sondern auch das psychosoziale Empfinden betreffen.

Dementsprechend sollte bei der Auswahl eine genaue Prüfung des Verfahrens hinsichtlich seiner Qualität stattfinden. Darüber hinaus ist zu reflektieren, ob eine Passung zwischen Instrument und Zweck sowie Instrument und Zielgruppe vorliegt. Die folgenden Leitfragen dienen als eine mögliche Handlungsorientierung, die beim Prozess der Auswahl eines geeigneten Instruments für seine Zwecke hilfreich sein könnten:

Leitfragen für die Auswahl eines Verfahrens

- Gehören mehrsprachige Personen zur Zielgruppe des Verfahrens?
- Ist eine Passung zwischen dem Zweck der Diagnostik und der eingesetzten Methode bzw. der Funktion des Verfahrens gegeben?
- Stimmt der Zweck der Diagnostik mit den im Verfahren berücksichtigten Teil- und Wissensbereichen überein?
- Wird der zu untersuchende Spracherwerbstyp durch das Verfahren berücksichtigt und valide erhoben?
- Entsprechen Alter und Kontaktzeit der zu testenden Person(en) der Zielgruppe des Verfahrens?
- Werden die betreffenden Personen hinsichtlich relevanter Kriterien in den Normwerten berücksichtigt (z. B. Alter, Sprachkontakt)?
- Hat das Verfahren eine entsprechende Qualität bezüglich seiner theoretischen und empirischen Fundierung sowie testtheoretischer Gütekriterien?
- Stehen ausreichend personelle (z. B. Qualifikation), zeitliche und finanzielle Ressourcen zur Verfügung, die für die Umsetzung des Verfahrens benötigt werden?

Werden diese Fragen bei der Planung der eigenen Diagnostik berücksichtigt, können das Identifizieren eines geeigneten Verfahrens erleichtert und die häufigsten Fehler ausgeschlossen werden.

Literatur

Autorengruppe Bildungsberichterstattung (2016). *Bildung in Deutschland 2016. Ein indikatorengestützter Bericht mit einer Analyse zu Bildung und Migration.* Bielefeld: Bertelsmann.

Bahr, R. (2007). Wer besucht die Förderschule mit dem Förderschwerpunkt Sprache? Analyse eines Einschulungsjahrgangs. In U. de Langen-Müller & V. Maihack (Hrsg.), *Früh genug – aber wie? Sprachförderung per Erlass oder Sprachtherapie auf Rezept?* (S. 35–46). Köln: Prolog.

Baker, C. (2011). *Foundations of bilingual education and bilingualism* (5. Aufl.). Bristol (UK): Multilingual Matters.

Becker, B. & Biedinger, N. (2006). Ethnische Bildungsungleichheit zu Schulbeginn. *Kölner Zeitschrift für Soziologie und Sozialpsychologie, 58* (4), 660–684. http://doi.org/10.1007/s11577-006-0261-6

Bialystok, E. (2009). Effects of bilingualism on cognitive and linguistic performance across the lifespan. In I. Gogolin & U. Neumann (Hrsg.), *Streitfall Zweisprachigkeit. The Bilingualism Controversy* (S. 53–67). Wiesbaden: VS Verlag für Sozialwissenschaften. http://doi.org/10.1007/978-3-531-91596-8_4

Bortz, J. & Döring, N. (2016). *Forschungsmethoden und Evaluation in den Sozial- und Humanwissenschaften* (5., vollständig überarbeitete, aktualisierte und erweiterte Aufl.). Heidelberg: Springer.

Britz, L. (2006). Bildungsbe(nach)teiligung von MigrantInnen. In L. Reiberg (Hrsg.), *Berufliche Integration in der multikulturellen Gesellschaft. Beiträge aus Theorie, Schule und Jugendhilfe zu einer interkulturell sensiblen Berufsorientierung* (S. 18–32). Bonn: Bundeszentrale für politische Bildung.

Bußmann, H. (2008). *Lexikon der Sprachwissenschaft* (4. Aufl.). Stuttgart: Kröner.

Chomsky, N. (1965). *Aspects of the theory of syntax.* Cambridge, MA: MIT Press.

Chomsky, N. (2000). *New horizons in the study of language and mind.* Cambridge (UK): Cambridge University Press. http://doi.org/10.1017/CBO9780511811937

Cito-Deutschland GmbH (2013). Cito-Sprachtest Version 3. Digitale Sprachstandsfeststellung im Elementarbereich [Computer-Software]. Zugriff am 02.08.2017. Verfügbar http://www.cito-sprachtest.de/

Cito Sprachtest (2017). *Datenblatt: Cito-Sprachtest Version 3.* Zugriff am 16.05.2017. Verfügbar unter http://www.cito-sprachtest.de/wp-content/uploads/2017/04/Datenblatt-CST3-Stand-05.05.2017.pdf

Cummins, J. (2000). *Language, power and pedagogy: Bilingual children in the crossfire.* Clevedon (UK): Multilingual Matters.

Crystal, D. (2008). *A dictionary of linguistics and phonetics.* Malden, MA: Blackwell. http://doi.org/10.1002/9781444302776

De Houwer, A. (2009). *Bilingual first language acquisition.* Clevedon (UK): Multilingual Matters.

Dietz, S. & Lisker, A. (2008). *Sprachstandsfeststellung und Sprachförderung im Kindergarten. Expertise im Auftrag des Deutschen Jugendinstituts.* München: Deutsches Jugendinstitut. Zugriff am 01.03.2017. Verfügbar unter http://www.dji.de/fileadmin/user_upload/bibs/Sprachstandsfeststellung_Dietz_Lisker.pdf

Dittmann, J. (2006). *Der Spracherwerb des Kindes. Verlauf und Störungen* (2. Aufl.). München: Beck.

Döpfner, M., Dietmair, I., Mersmann, H., Simon, K. & Trost-Brinkuhues, G. (2005). *Screening des Entwicklungsstandes bei Einschulungsuntersuchungen (S-ENS). Manual*. Göttingen: Hogrefe.

Duindam, T., Konak, Ö. & Kamphuis, F. (2010). *Sprachtest. Wissenschaftlicher Bericht*. Butzbach: Cito Deutschland GmbH. Zugriff am 02.08.2017. Verfügbar unter http://www.cito-sprach-test.de/wp-content/uploads/2017/04/Wissenschaftlicher_Bericht_Cito_Sprachtest.pdf

Düsterhöft, S. (2015). Sprachstandserhebungen in Kindertagesstätten – Ergebnisse einer vergleichenden Untersuchung in Berliner Einrichtungen. *Sprachtherapie aktuell: Schwerpunktthema: Aus der Praxis für die Praxis, 2* (2), e2015-11. Zugriff am 29.05.2017. Verfügbar unter http://www.sprachtherapie-aktuell.de/files/e2015-11_Duesterhoeft.pdf. http://doi.org/10.14620/stadbs151011

Edwards, J. (2013). Bilingualism and multilingualism: Some central concepts. In T. Bhatia & W. Ritchie (Eds.), *The handbook of bilingualism and multilingualism* (2nd ed., pp. 5–25). Malden, MA: Wiley-Blackwell.

Ehlich, K. (2007). Sprachaneignung und deren Feststellung bei Kindern mit und ohne Migrationshintergrund: Was man weiß, was man braucht, was man erwarten kann. In K. Ehlich, U. Bredel, B. Garme, A. Komor, H.-J. Krumm, T. McNamara et al. (Hrsg.), *Anforderungen an Verfahren der regelmäßigen Sprachstandsfeststellung als Grundlage für die frühe und individuelle Förderung von Kindern mit und ohne Migrationshintergrund* (S. 11–75). Berlin: Bundesministerium für Bildung und Forschung.

Euler, H.A., Holler-Zittlau, I., van Minnen, S., Sick, U., Dux, W., Zaretsky, Y. & Neumann, K. (2010). Psychometrische Gütekriterien eines Kurztests zur Erfassung des Sprachstands 4-jähriger Kinder. *HNO, 58* (11), 1116–1123. http://doi.org/10.1007/s00106-010-2089-7

Füssenich, I. (2012). Gibt es Vorläuferfertigkeiten beim Schrifterwerb? Vom Sprechen zur Schrift beim Übergang von der Kita in die Schule. *mitSprache, 3*, 5–16.

Gantefort, C. & Roth, H.-J. (2010). Sprachdiagnostische Grundlagen für die Förderung bildungssprachlicher Fähigkeiten. *Zeitschrift für Erziehungswissenschaft, 13* (4), 573–591. http://doi.org/10.1007/s11618-010-0163-2

Glück, C.W. (2011). *Wortschatz- und Wortfindungstest für 6- bis 10-Jährige (WWT 6-10)* (2., überarbeitete Aufl.). München: Elsevier.

Gogolin, I., Neumann, U. & Roth, H.-J. (2005). *Sprachdiagnostik bei Kindern und Jugendlichen mit Migrationshintergrund. Dokumentation einer Fachtagung am 14. Juli 2004 in Hamburg*. Münster: Waxmann.

Gresch, C. & Becker, M. (2010). Sozial- und leistungsbedingte Disparitäten im Übergangsverhalten bei türkischstämmigen Kindern und Kindern aus (Spät-)Aussiedlerfamilien. In K. Maaz, J. Baumert, C. Gresch & N. McElvany (Hrsg.), *Der Übergang von der Grundschule in die weiterführende Schule. Leistungsgerechtigkeit und regionale, soziale und ethnisch-kulturelle Disparitäten* (S. 181–200). Berlin: Bundesministerium für Bildung und Forschung.

Grewendorf, G., Hamm, F. & Sternefeld, W. (1987). *Sprachliches Wissen. Eine Einführung in moderne Theorien der grammatischen Beschreibung*. Frankfurt a. M.: Suhrkamp.

Grimm, A. & Schulz, P. (2014). Sprachfähigkeiten von Kindern mit DaZ bei Schuleintritt. In B. Lütke & I. Petersen (Hrsg.), *Deutsch als Zweitsprache – erwerben, lernen und lehren* (S. 35–50). Stuttgart: Klett.

Grimm, A. & Schulz, P. (2016). Warum man bei mehrsprachigen Kindern dreimal nach dem Alter fragen sollte: Sprachfähigkeiten simultan-bilingualer Lerner im Vergleich mit monolingualen und frühen Zweitsprachlernern. *Diskurs Kindheits- und Jugendforschung, 11* (1), 27–42. http://doi.org/10.3224/diskurs.v11i1.22247

Grimm, H., Aktas, M. & Frevert, S. (2015). *Sprachentwicklungstest für drei- bis fünfjährige Kinder (SETK 3-5)* (3., überarbeitete und neu normierte Aufl.). Göttingen: Hogrefe.

Grosjean, F. (2008). *Studying bilinguals*. Oxford (UK): Oxford University Press.

Haag, N., Böhme, K., Rjosk, C. & Stanat, P. (2016). Zuwanderungsbezogene Disparitäten. In P. Stanat, K. Böhme, S. Schipolowski & N. Haag (Hrsg.), *IQB-Bildungstrend 2015. Sprachliche Kompetenzen am Ende der 9. Jahrgangsstufe im zweiten Ländervergleich* (S. 431–479). Münster: Waxmann.

Haag, N., Böhme, K. & Stanat, P. (2012). Zuwanderungsbezogene Disparitäten. In P. Stanat, H. A. Pant, K. Böhme & D. Richter (Hrsg.), *Kompetenzen von Schülerinnen und Schülern am Ende der vierten Jahrgangsstufe in den Fächern Deutsch und Mathematik. Ergebnisse des IQB Ländervergleichs 2011* (S. 209–235). Münster: Waxmann.

Haberzettl, S. (2006). Verbstellung in der Zweitsprache Deutsch. *Forum Logopädie, 20* (6), 6–11.

Håkansson, G., Salameh, E. K. & Nettelbladt, U. (2003). Measuring language development in bilingual children: Swedish-Arabic children with and without language impairment. *Linguistics, 41*, 255–288. http://doi.org/10.1515/ling.2003.009

Heppt, B., Stanat, P., Dragon, N., Berendes, K. & Weinert, S. (2014). Bildungssprachliche Anforderungen und Hörverstehen bei Kindern mit deutscher und nicht-deutscher Familiensprache. *Zeitschrift für Pädagogische Psychologie, 28* (3), 139–149. http://doi.org/10.1024/1010-0652/a000130

Hessisches Ministerium für Soziales und Integration (2017a). *Kindersprachscreening KiSS. Elternbogen.* Zugriff am 01.03.2017. Verfügbar unter https://soziales.hessen.de/sites/default/files/media/hsm/kiss_elternbogen_2017.pdf

Hessisches Ministerium für Soziales und Integration (2017b). *Kindersprachscreening KiSS. Kinderbogen.* Zugriff am 01.03.2017. Verfügbar unter https://soziales.hessen.de/sites/default/files/media/hsm/kiss_kinderbogen_2017.pdf

Hoffman, C. (2001). Towards a description of trilingual competence. *International Journal of Bilingualism, 5* (1, March), 1–17. http://doi.org/10.1177/13670069010050010101

Hopp, H. (2007). *Ultimate attainment at the interfaces in second language acquisition: Grammar and processing*. Groningen (NL): Grodil Press.

Ingenkamp, K. & Lissmann, U. (2008). *Lehrbuch der pädagogischen Diagnostik* (6., neu ausgestattete Aufl.). Weinheim: Beltz.

Jeuk, S. (2009). Probleme der Sprachstandserhebung bei mehrsprachigen Kindern. *Zeitschrift für Soziologie der Erziehung und Sozialisation, 29* (2), 141–156.

Johnson, J. S. & Newport, E. L. (1989). Critical period effects in second language learning: The influence of maturational state on the acquisition of English as a second language. *Cognitive Psychology, 21*, 60–99. http://doi.org/10.1016/0010-0285(89)90003-0

Jude, N. (2008). *Zur Struktur von Sprachkompetenz*. Unveröffentlichte Dissertation, Johann Wolfgang Goethe-Universität Frankfurt a. M.

Kemp, C. (2009). Defining multilingualism. In L. Aronin & B. Hufeisen (Eds.), *The exploration of multilingualism: Development of research on L3, multilingualism, and multiple language acquisition* (pp. 11–26). Amsterdam: John Benjamins.

Kempert, S., Edele, A., Rauch, D. P., Wolf, K. M., Paetsch, J., Darsow, A. et al. (2016). Die Rolle der Sprache für zuwanderungsbezogene Ungleichheiten im Bildungserfolg. In C. Diehl, C. Hunkler & C. Kristen (Hrsg.), *Ethnische Ungleichheiten im Bildungsverlauf. Mechanismen, Befunde, Debatten* (S. 157–241). Wiesbaden: Springer VS. http://doi.org/10.1007/978-3-658-04322-3_5

Knapp, W. (1999). Verdeckte Sprachschwierigkeiten. *Die Grundschule, 99* (5), 30–33.

Koalitionsvertrag zwischen CDU, CSU und FDP (2009). *Wachstum. Bildung. Zusammenhalt.* Zugriff am 01.03.2017. Verfügbar unter http://www.csu.de/common/_migrated/csucontent/091026_koalitionsvertrag.pdf

Koch, P. & Oesterreicher, W. (1985). Sprache der Nähe – Sprache der Distanz. Mündlichkeit und Schriftlichkeit im Spannungsfeld von Sprachtheorie und Sprachgeschichte. *Romanistisches Jahrbuch, 36*, 15–43.

Kroffke, S. & Rothweiler, M. (2004). Sprachmodi im kindlichen Zweitspracherwerb. Sprachlicher Kontext und seine Bedeutung für die sprachpädagogische Diagnostik. *Die Sprachheilarbeit, 49* (1), 18–24.

Kuhl, P., Haag, N., Federlein, F., Weirich, S. & Schipolowski, S. (2016). Soziale Disparitäten. In P. Stanat, K. Böhme, S. Schipilowski & N. Haag (Hrsg.), *IQB-Bildungstrend 2015. Sprachliche Kompetenzen am Ende der 9. Jahrgangsstufe im zweiten Ländervergleich* (S. 409–430). Münster: Waxmann.

Kultusministerkonferenz (KMK) (2002). *PISA 2000 – zentrale Handlungsfelder. Zusammenfassende Darstellung der laufenden und geplanten Maßnahmen in den Ländern.* Beschluss der 299. Kultusministerkonferenz vom 17/18.10.2002. Zugriff am 28.02.2017. Verfügbar unter https://www.kmk.org/fileadmin/Dateien/veroeffentlichungen_beschluesse/2002/2002_10_07-Pisa-2000-Zentrale-Handlungsfelder.pdf

Lengyel, D. (2012). *Sprachstandsfeststellung bei mehrsprachigen Kindern im Elementarbereich. Eine Expertise der Weiterbildungsinitiative Frühpädagogische Fachkräfte (WIFF).* Frankfurt a.M.: Deutsches Jugendinstitut.

Lienert, G.A. & Raatz, U. (1994). *Testaufbau und Testanalyse* (5., völlig neubearbeitete und erweiterte Aufl.). Weinheim: Beltz-PVU.

List, G. (2010). *Frühpädagogik als Sprachförderung. Qualifikationsanforderungen für die Aus- und Weiterbildung der Fachkräfte* (WiFF Expertisen, Bd. 2). München: Deutsches Jugendinstitut.

Lüdtke, U. & Kallmeyer, K. (2007). Kritische Analyse ausgewählter Sprachstandserhebungsverfahren für Kinder vor Schuleintritt aus Sicht der Linguistik, Diagnostik und Mehrsprachigkeitsforschung. *Die Sprachheilarbeit, 52* (6), 261–278.

Mayo, A.Y. & Leseman, P. (2008). Off to a good start? Vocabulary development and characteristics of early family and classroom experiences of children from native-Dutch speaking and bilingual minority families in the Netherlands. *Educational and Child Psychology, 25* (3), 66–78.

Meisel, J.M. (2009). Second language acquisition in early childhood. *Zeitschrift für Sprachwissenschaft, 28*, 5–34. http://doi.org/10.1515/ZFSW.2009.002

Ministerium für Schule und Weiterbildung des Landes Nordrhein-Westfalen (2015). *Fragen und Antworten zur Sprachstandsfeststellung zwei Jahre vor der Einschulung nach §36 Abs. 2 SchulG. Verfahren ab dem Jahr 2015.* Düsseldorf. Zugriff am 23.02.2017. Verfügbar unter https://www.schulministerium.nrw.de/docs/Schulsystem/Schulformen/Grundschule/Sprachstandsfeststellung/Sprachstandsfeststellung-zwei-Jahre-vor-der-Einschulung/FAQ-Sprachstand-4---Verfahren-ab-2015.pdf

Moser, B. (2007). Sprachheilpädagogische Diagnostik bei mehrsprachigen Schülern. *Zeitschrift für Sprachheilpädagogik und Sprachtherapie, 52* (3), 107–112.

Muñoz-Sandoval, A.F., Cummins, J., Alvarado, C.G. & Ruef, M.L. (1998). *Bilingual verbal ability tests. Comprehensive manual.* Rolling Meadows, IL: Riverside.

Myers-Scotton, C. (2006). *Multiple voices: An introduction to bilingualism.* Malden, MA: Wiley-Blackwell.

Naumann, A. (2016). A psychometric framework for the evaluation of instructional sensitivity. *Educational Assessment, 21*, 89–101. http://doi.org/10.1080/10627197.2016.1167591

Neugebauer, U. & Becker-Mrotzek, M. (2013). *Qualität von Sprachstandsverfahren im Elementarbereich. Eine Analyse und Bewertung.* Köln: Mercator-Institut für Sprachförderung und Deutsch als Zweitsprache. Zugriff am 01.03.2016. Verfügbar unter http://www.mercator-institut-sprachfoerderung.de/fileadmin/user_upload/Mercator-Institut_Qualitaet_Sprachstandsverfahren_Web_03.pdf

Neumann, K., Holler-Zittlau, I., van Minnen, S., Sick, U., Zaretsky, Y. & Euler, H.A. (2011). Katzengoldstandards in der Sprachstandserfassung. Sensitivität und Spezifität des Kindersprachscreenings (KiSS). *HNO, 50* (1), 97–109. http://doi.org/10.1007/s00106-010-2231-6

Niedersächsisches Kultusministerium (2006). *Fit in Deutsch – Feststellung des Sprachstandes*. Zugriff am 28.2.2017. Verfügbar unter http://www.mk.niedersachsen.de/download/4612/_Fit_in_Deutsch__Feststellung_des_Sprachstandes.pdf

Paetsch, J. (2016). *Der Zusammenhang zwischen sprachlichen und mathematischen Kompetenzen bei Kindern deutscher und bei Kindern nicht-deutscher Familiensprache*. Dissertation, Freie Universität Berlin. Zugriff am 27.02.2016. Verfügbar unter http://www.diss.fu-berlin.de/diss/servlets/MCRFileNodeServlet/FUDISS_derivate_000000019247/DISSERTATION_FINAL_18.03.2016_A.pdf;jsessionid=6C517ACC9981F71B6F63DF3EE4BF2246?hosts=

Paradis, J. (2007a). Second language acquisition in childhood. In E. Hoff & M. Shatz (Eds.), *Blackwell handbook of language development* (S. 387–405). Malden, MA.: Blackwell.

Paradis, J. (2007b). Bilingual children with specific language impairment: Theoretical and applied issues. *Applied Psycholinguistics, 28*, 512–564.

Paradis, J., Crago, M., Genesee, F. & Rice, M. (2003). French-English bilingual children with SLI: how do they compare with their monolingual peers? *Journal of Speech, Language, and Hearing Research, 46*, 113–127.

Petermann, F. & von Suchodoletz, W. (2009). Sprachdiagnostik und Sprachtherapie. *Kindheit und Entwicklung, 18* (4), 191–193. http://doi.org/10.1026/0942-5403.18.4.191

Rauch, D.P. & Hartig, J. (2011). Interpretation von Testwerten in der IRT. In H. Moosbrugger & A. Kelava (Hrsg.), *Testtheorie und Fragebogenkonstruktion* (2. Aufl.) (S. 240–250). Heidelberg: Springer.

Rauch, D.P., Mang, J., Härtig, H. & Haag, N. (2016). Naturwissenschaftliche Kompetenz von Schülerinnen und Schülern mit Zuwanderungshintergrund. In K. Reiss, C. Sälzer, A. Schiepe-Tiska, E. Klieme & O. Köller (Hrsg.), *PISA 2015. Eine Studie zwischen Kontinuität und Innovation* (S. 317–347). Münster: Waxmann. Zugriff am 01.03.2016. Verfügbar unter http://www.pisa.tum.de/fileadmin/w00bgi/www/Berichtband_und_Zusammenfassung_2012/PISA_2015_eBook.pdf

Rauch, D.P., Schastak, M. & Richter, K. (2016). Diagnostik sprachlicher Kompetenzen bei Personen mit Migrationshintergrund. In D.B. Maehler & H.U. Brinkmann (Hrsg.), *Methoden der Migrationsforschung. Ein interdisziplinärer Forschungsleitfaden* (S. 97–133). Wiesbaden: Springer VS. http://doi.org/10.1007/978-3-658-10394-1_4

Redder, A., Schwippert, K., Hasselhorn, M., Forschner, S., Fickermann, D., Ehlich, K. et al. (2011). *Bilanz und Konzeptualisierung von strukturierter Forschung zu „Sprachdiagnostik und Sprachförderung"* (ZUSE Berichte, Bd. 2). Hamburg: Hamburger Zentrum für Unterstützung der wissenschaftlichen Begleitung und Erforschung schulischer Entwicklungsprozesse (ZUSE).

Reich, H.H. (2007): Forschungsstand und Desideratenaufweis zu Migrationslinguistik und Migrationspädagogik für die Zwecke des „Anforderungsrahmens". In K. Ehlich, U. Bredel, B. Garme, A. Komor, H.-J. Krumm, T. McNamara et al. (Hrsg.), *Anforderungen an Verfahren der regelmäßigen Sprachstandsfeststellung als Grundlage für die frühe und individuelle Förderung von Kindern und Jugendlichen mit und ohne Migrationshintergrund* (S. 121–169). Berlin: Bundesministerium für Bildung und Forschung.

Reich, H.H. & Roth, H.-J. (2004). *Hamburger Verfahren zur Analyse des Sprachstands Fünfjähriger (HAVAS 5)*. Hamburg: Landesinstitut für Lehrerbildung und Schulentwicklung Hamburg.

Reich, H.H. & Roth, H.-J. (2007). HAVAS 5 – das Hamburger Verfahren zur Analyse des Sprachstands bei Fünfjährigen. In H.H. Reich, H.-J. Roth & U. Neumann (Hrsg.), *Sprachdiagnostik im Lernprozess. Verfahren zur Analyse von Sprachständen im Kontext von Zweisprachigkeit* (S. 71–94). Münster: Waxmann.

Rothweiler, M. (2002). Spracherwerb. In J. Meibauer, U. Demske, J. Geilfuß-Wolfgang, J. Pafel, K. H. Ramers, M. Rothweiler & M. Steinbach (Hrsg.), *Einführung in die germanistische Linguistik* (S. 251–293). Stuttgart: Metzler.

Rothweiler, M. (2007a). Bilingualer Spracherwerb und Zweitspracherwerb. In M. Steinbach, R. Albert, H. Girnth, A. Hohenberger, B. Kümmerling-Meibauer, J. Meibauer et al. (Hrsg.), *Schnittstellen der germanistischen Linguistik* (S. 103–135). Stuttgart: Metzler.

Rothweiler, M. (2007b). „Mistaken identity" – Zum Problem der Unterscheidung typischer grammatischer Strukturen bei SSES und Mehrsprachigkeit. In U. de Langen-Müller & V. Maihack (Hrsg.), *Früh genug – aber wie? Sprachförderung per Erlass oder Sprachtherapie auf Rezept?* (S. 110–125). Köln: Prolog.

Rothweiler, M. & Kauschke, C. (2007). Lexikalischer Erwerb. In H. Schöler & A. Welling (Hrsg.), *Handbuch Sonderpädagogik, Band 1, Sonderpädagogik der Sprache* (S. 42–57). Göttingen: Hogrefe.

Schleppegrell, M. J. (2004). *The language of schooling. A functional linguistics perspective.* Mahwah, NJ: Lawrence Erlbaum Associates.

Schneider, W., Baumert, J., Becker-Motzek, M., Hasselhorn, M., Kammermeyer, G., Rauschenbach, T. et al. (2012). *Expertise „Bildung durch Sprache und Schrift (BISS)" (Bund-Länder-Initiative zur Sprachförderung, Sprachdiagnostik und Leseförderung).* Zugriff am 28.2.2017. Verfügbar unter https://www.bmbf.de/files/BISS_Expertise.pdf

Schrank, F. A. & Woodcock, R. W. (2005). *Bilingual Verbal Ability Tests Normative Update. Technical Supplement.* Rolling Meadows, IL: Riverside.

Schulz, P. & Grimm, A. (2012). Spracherwerb. In H. Drügh, S. Komfort-Hein, A. Kraß, C. Meier, G. Rohowski, R. Seide & H. Weiß (Hrsg.), *Germanistik: Sprachwissenschaft – Literaturwissenschaft – Schlüsselkompezenten* (S. 155–172). Stuttgart: J. B. Metzler.

Schulz, P. & Tracy, R. (2011). *Linguistische Sprachstandserhebung – Deutsch als Zweitsprache (LiSe-DaZ). Manual.* Göttingen: Hogrefe.

Schwarz, M. (1996). *Einführung in die kognitive Linguistik* (2., überarbeitete und aktualisierte Aufl.). Tübingen: UTB.

Senatsverwaltung für Bildung, Jugend und Wissenschaft (2016). *Qualifizierte Statuserhebung vierjähriger Kinder in Kitas und Kindertagespflege (QuaSta).* Zugriff am 27.02.2016. Verfügbar unter https://www.berlin.de/sen/jugend/familie-und-kinder/kindertagesbetreuung/fachinfo/qv-tag-anlage-4.pdf

Singleton, D. (2005). The critical period hypothesis. A coat of many colours. *International Review of Applied Linguistics in Language Teaching, 43* (4), 269–285. http://doi.org/10.1515/iral.2005.43.4.269

Singleton, D. & Ryan, L. (2004). *Language acquisition: The age factor.* Clevedon (UK): Multilingual Matters.

Tarelli, I., Schwippert, K. & Stubbe, T. C. (2012). Mathematische und naturwissenschaftliche Kompetenzen von Schülerinnen und Schülern mit Migrationshintergrund. In W. Bos, H. Wendt, O. Köller & C. Selter (Hrsg.), *TIMSS 2011. Mathematische und naturwissenschaftliche Kompetenzen von Grundschulkindern in Deutschland im internationalen Vergleich* (S. 247–267). Münster: Waxmann.

Tracy, R. (1990). Spracherwerb trotz Input. In M. Rothweiler (Hrsg.), *Spracherwerb und Grammatik. Linguistische Untersuchungen zum Erwerb von Syntax und Morphologie* (S. 22–49). Opladen: Westdeutscher.

Tracy, R. (2007). Wie viele Sprachen passen in einen Kopf. Mehrsprachigkeit als Herausforderung für Gesellschaft und Forschung. In T. Anstatt (Hrsg.), *Mehrsprachigkeit bei Kindern und Erwachsenen. Erwerb, Formen, Förderung* (S. 69–92). Tübingen: Francke.

Tracy, R. (2008). *Wie Kinder Sprachen lernen. Und wie wir sie dabei unterstützen können.* Tübingen: Francke.

Tracy, R. (2011). Mehrsprachigkeit. Realität, Irrtümer, Visionen. In L. M. Eichinger, A. Plewnia & M. Steinle (Hrsg.), *Sprache und Integration. Über Mehrsprachigkeit und Migration* (S. 69-100). Tübingen: Narr Francke Attempo.

Tracy, R. (2014). Mehrsprachigkeit. Vom Störfall zum Glücksfall. In M. Krifka, J. Blaszczak, A. Leßmöllmann, A. Meinunger, B. Stiebels, R. Tracy, H. Truckenbrodt (Hrsg.), *Das mehrsprachige Klassenzimmer. Über die Muttersprachen unserer Schüler* (S. 13-33). Berlin: Springer VS.

Ulich, M. & Mayr, T. (2006a). *Sprachverhalten und Interesse an Sprache bei Migrantenkindern in Kindertageseinrichtungen (SISMIK). Manual.* Freiburg i. Br.: Herder.

Ulich, M. & Mayr, T. (2006b). *Sprachverhalten und Interesse an Sprache bei Migrantenkindern in Kindertageseinrichtungen (SISMIK). Begleitheft.* Freiburg i. Br.: Herder.

Unsworth, S. (2005). *Child L2, adult L2, child L1: Differences and similarities. A study on the acquisition of direct object scrambling in Dutch.* PhD thesis, Utrecht University (NL). http://sharonunsworth.org/Publications_files/Unsworth_PhD.pdf

Unsworth, S. (2016). Quantity and quality of language input in bilingual language development. In E. Nicoladis & S. Montanari (Eds.), *Lifespan perspectives on bilingualism: Factors moderating language proficiency* (S. 136-196). Washington, DC: American Psychological Association.

Wagner, L. (2008). *Screening der Erstsprachfähigkeit bei Migrantenkindern (Russisch-Deutsch, Türkisch-Deutsch) (SCREEMIK 2). Manual.* München: Wagner.

Weinert, R. (2004). Relative clauses in spoken English and German – their structure and function. *Linguistische Berichte, 197*, 3-51.

Weinert, S., Doil, H. & Frevert, S. (2008). Kompetenzmessungen im Vorschulalter: eine Analyse vorliegender Verfahren. In H.-G. Roßbach & S. Weinert (Hrsg.), *Kindliche Kompetenzen im Elementarbereich: Förderbarkeit, Bedeutung, Messung* (S. 89-209). Berlin: Bundesministerium für Bildung und Forschung.

Wiese, H., Schroeder, C., Zimmermann, M., Krifka, M., Gabriel, C., Gogolin, I. et al. (2010). *Die sogenannte „Doppelte Halbsprachigkeit". Eine sprachwissenschaftliche Stellungnahme* [Pressemitteilung]. Zugriff am 28.02.2017. Verfügbar unter http://www.zas.gwz-berlin.de/fileadmin/material/presse/pressemitteilungen/pressemitteilung_doppelte-halbsprachigkeit_dez2010.pdf

Yip, V. (2013). Simultaneous language acquisition. In F. Grosjean & P. Li (Eds.), *The psycholinguistics of bilingualism* (S. 119-144). Oxford (UK): Wiley-Blackwell.

7 Leistungsstanddiagnostik

Nicole Haag, Birgit Heppt & Stefan Schipolowski

7.1 Relevanz der Diagnostik kognitiver Kompetenzen

Laut dem nationalen Bildungsbericht 2016 (Autorengruppe Bildungsberichterstattung, 2016) verfügte im Jahr 2013 rund ein Fünftel der Bevölkerung in Deutschland über einen Zuwanderungshintergrund.[1] Innerhalb der für die Bildungsinstitutionen besonders relevanten Gruppe der Heranwachsenden bis unter 20 Jahren war dieser Anteil noch deutlich höher und lag 2013 bei gut 30 Prozent. Dabei sind Kinder und Jugendliche, die in den vergangenen Jahren als Schutz- und Asylsuchende nach Deutschland zugewandert sind, noch nicht berücksichtigt. Aktuellen Schätzungen zufolge hat sich ihr Anteil seit 2014 verdoppelt und liegt in der Gruppe der Sechs- bis Achtzehnjährigen derzeit bei rund zwei Prozent (von Dewitz, Massumi & Grießbach, 2016). Angesichts dieser Entwicklungen kommt der Frage, wie sich die kognitiven Leistungen von Heranwachsenden mit Zuwanderungsgeschichte möglichst valide und diskriminierungsfrei diagnostizieren lassen, eine wesentliche Bedeutung zu. Dies gilt nicht nur für groß angelegte Schulleistungsstudien, in denen sich die erreichten Kompetenzstände von Kindern und Jugendlichen mit Zuwanderungshintergrund nur dann sinnvoll interpretieren lassen, wenn die eingesetzten Testaufgaben die interessierenden Kompetenzbereiche (z. B. Kompetenzen im Fach Mathematik oder in den Naturwissenschaften) für alle Schülergruppen gleichermaßen valide erfassen. Einen besonderen Stellenwert hat der Einsatz von Instrumenten, die sich für die Leistungsstanddiagnostik von Heranwachsenden mit Zuwanderungsgeschichte eignen, in der pädagogisch-psychologischen Praxis. Dort bilden sie eine wichtige Grundlage, um Kinder und Jugendliche bestimmten Ausbildungsgängen und Kursen zuzuweisen oder ihnen den Zugang zu gezielten Fördermaßnahmen zu ermöglichen.

---

[1]   In diesem Beitrag wird in Anlehnung an die nationale Berichterstattung zu PISA (Rauch, Mang, Härtig & Haag, 2016) und den IQB-Bildungstrend (Haag, Böhme, Rjosk & Stanat, 2016) die Bezeichnung „Zuwanderung" statt „Migration" verwendet. Der Begriff „Zuwanderung" impliziert, im Gegensatz zum eher richtungslosen Migrationsbegriff, stärker das Angekommensein der Zuwanderer in Deutschland.

Vor diesem Hintergrund befasst sich der vorliegende Buchbeitrag mit den Herausforderungen, die bei der Diagnostik kognitiver Kompetenzen bei Heranwachsenden mit Zuwanderungsgeschichte zu beachten sind. Zu Fragen der Diagnostik kognitiver Fähigkeiten bei jüngeren Kindern wird auf das Kapitel 5 (Entwicklungsdiagnostik) von Macha und Petermann verwiesen; auf Herausforderungen bei der Erfassung sprachlicher Fähigkeiten wird im Kapitel 6 (Sprachstandsdiagnostik) von Reitenbach, Schastak und Rauch eingegangen.

Ausgehend vom Konzept der Testfairness (Abschnitt 7.2) diskutieren wir im vorliegenden Buchbeitrag zentrale Aspekte, die für eine faire und diskriminierungsfreie Leistungsstanddiagnostik bei zugewanderten Personen entscheidend sein dürften. Ein Schwerpunkt liegt dabei auf der Rolle von Sprache bei der Erfassung schulischer Leistungen (Abschnitt 7.3). Neben Befunden zur Bedeutung sprachlicher Anforderungen von Testaufgaben für die erfassten Leistungen von Schülerinnen und Schülern mit Zuwanderungshintergrund (Abschnitt 7.3.2) werden Studien vorgestellt, in denen die Wirksamkeit sprachlicher Vereinfachungen als Testakkommodationen für Personen mit Zuwanderungshintergrund untersucht wurde (Abschnitt 7.3.3). Ferner gehen wir der Frage nach, inwiefern „sprachfreie" Testungen kognitiver Leistungen möglich bzw. wünschenswert sind (Abschnitt 7.3.4). Abschnitt 7.4 beschäftigt sich mit weiteren Faktoren, die für die Beurteilung der Testfairness relevant sind und die daher bei der Entwicklung bzw. bei der Auswahl geeigneter Testverfahren bedacht werden sollten. Hierzu zählen etwa die Lerngelegenheiten, die sich den Testpersonen bislang geboten haben (Abschnitt 7.4.1), die Berücksichtigung kulturspezifischer Wissensinhalte in Testaufgaben (Abschnitt 7.4.2) oder die Bereitstellung und Nutzung separater Normen (Abschnitt 7.4.3). Im Anschluss daran werden ausgewählte Testverfahren vorgestellt, die für die Leistungsstanddiagnostik bei Heranwachsenden mit Zuwanderungshintergrund geeignet erscheinen (Abschnitt 7.5). In einem abschließenden Fazit werden die Möglichkeiten, die zur Bestimmung der kognitiven Leistungen von Personen mit Zuwanderungsgeschichte derzeit bestehen, kurz zusammengefasst und weitere Forschungsdesiderata formuliert (Abschnitt 7.6).

7.2 Testfairness bei der Leistungsstanddiagnostik von Heranwachsenden mit Zuwanderungshintergrund

Die Frage nach der Testfairness tritt in der pädagogisch-psychologischen Diagnostik immer dann in den Vordergrund, wenn heterogene Personengruppen in eine Testung einbezogen werden sollen. Dies ist zum Beispiel in groß angelegten Schulleistungsstudien der Fall, in denen die Kompetenztests gleichermaßen für den Einsatz bei Jungen und Mädchen sowie bei Schülerinnen und Schülern unterschiedlicher sprachlicher, sozialer und ethnischer Herkunft geeignet sein sollen. Ein fairer Mathematiktest etwa würde sich dadurch auszeichnen, dass er für alle Testpersonen dasselbe intendierte Konstrukt – mathematische Kompetenzen – erfasst. Zugleich sollte sichergestellt sein, dass die Erfassung weiterer, sogenannter *konstruktirrelevanter* Aspekte nicht zu einer systematischen Begünstigung oder Benachteiligung einzelner Schülergruppen führt (American Educational Research Association, American Psychological Association & National Council on Measurement in Education, 2014). Denkbar wäre etwa, dass Textaufgaben, die von physikalischen Sachverhalten handeln, im Durchschnitt von Jungen leichter gelöst werden als von Mädchen, obwohl die Mathematikkompetenz nicht vom Wissen über Physik abhängig sein sollte. Schülerinnen und Schüler mit eingeschränkten Deutschkenntnissen wiederum könnten durch die sprachlichen Anforderungen der Testaufgaben benachteiligt werden, obwohl ihr Verständnis der Instruktionssprache für die Erfassung der mathematischen Fähigkeiten nicht ausschlaggebend sein sollte. In beiden Fällen wären die Messergebnisse verzerrt und würden keine validen Rückschlüsse auf die mathematischen Kompetenzen von Mädchen bzw. Heranwachsenden mit geringen Deutschkenntnissen erlauben. Um solche Verzerrungen bei der Leistungsmessung zu vermeiden und eine für alle Schülerinnen und Schüler valide Diagnostik zu ermöglichen, gilt es die Besonderheiten der verschiedenen Zielstichproben (z.B. systematische Unterschiede im Vorwissen) im Zuge der gesamten Testentwicklung und -durchführung zu beachten (American Educational Research Association et al., 2014).[2] Nachfolgend gehen wir auf ausgewählte Aspekte ein, die bei der Leistungsstanddiagnostik von Heranwachsenden mit Zuwanderungsgeschichte von besonderer Relevanz sein dürften.

7.3   Die Rolle der Sprache bei der Erfassung schulischer Leistungen

7.3.1   Sprachkenntnisse und fachliche Kompetenzen

Sprachliche Kompetenzen sind eng mit anderen kognitiven Kompetenzen verwoben. Einerseits begünstigen sprachliche Kompetenzen bereits bei sehr jungen Kindern die Entwicklung von Problemlöse- und Gedächtnisfähigkeiten, andererseits erleichtert beispielsweise konzeptuelles Wissen den Wortschatzerwerb (Weinert,

---

2   Für eine ausführliche Darstellung des Konzepts der Testfairness vgl. Haag, 2015; Schwabe & Gebauer, 2013.

2000). In schulischen Lernsituationen ist der Wissenserwerb häufig an Interaktionen gebunden, in denen Bedeutungen im aktiven sprachlichen Austausch zwischen Lehrenden und Lernenden ausgehandelt bzw. Wissen ko-konstruiert wird (Elbers & de Haan, 2005; Paetsch, 2016; Ramseger, 2013). Sprachliche Kompetenzen stellen somit eine wichtige Voraussetzung zum Erwerb von Wissen und schulbezogenen Kompetenzen dar. Bei der Erfassung schulbezogener Kompetenzen sollten die sprachlichen Fähigkeiten der Schülerinnen und Schüler allerdings nach Möglichkeit nicht ins Gewicht fallen.

Dies ist insbesondere dann von Bedeutung, wenn sich die Testpersonen in ihren sprachlichen Kompetenzen systematisch voneinander unterscheiden. Für Heranwachsende mit Zuwanderungshintergrund wurde mittlerweile in einer Vielzahl nationaler und internationaler Studien dokumentiert, dass diese die Sprache des Aufnahmelandes im Durchschnitt weniger gut beherrschen als Kinder und Jugendliche ohne Zuwanderungsgeschichte (Hoff, 2013; Kempert et al., 2016). Disparitäten im sprachlichen Kompetenzniveau zeigen sich bereits bei Kindern im Kindergartenalter und sind noch im Verlauf der Grundschule sowie der Sekundarstufe nachweisbar (Kempert et al., 2016; Olczyk, Seuring, Will & Zinn, 2016). Daher liegt die Annahme nahe, dass die Bearbeitung von sprachlich anspruchsvollen Testaufgaben – wie sie teilweise zur Erfassung von Kompetenzen in der Mathematik oder in den Naturwissenschaften eingesetzt werden – für Schülerinnen und Schüler mit Zuwanderungsgeschichte aufgrund ihrer oftmals eingeschränkten sprachlichen Fähigkeiten eine besondere Herausforderung bedeutet. Besonders schwach dürften die sprachlichen Kompetenzen in Deutsch bei denjenigen Kindern und Jugendlichen ausfallen, die in den vergangenen Jahren neu nach Deutschland zugewandert sind und denen sich bislang nur sehr eingeschränkte Lerngelegenheiten zum Erwerb der deutschen Sprache boten.

Konkret wird vermutet, dass Testpersonen mit Zuwanderungsgeschichte ihre Fähigkeiten und ihr fachliches Wissen nicht adäquat zeigen können, wenn die eingesetzten Testaufgaben sprachlich zu anspruchsvoll sind. So könnte ein geringer Testwert zwar durchaus darauf hindeuten, dass eine Person die fachlichen Fähigkeiten, die mit einem Instrument erfasst werden sollen, noch nicht erworben hat. In dem Testwert könnten sich aber auch primär ihre eingeschränkten Sprachkenntnisse widerspiegeln, wodurch sich Aussagekraft und Interpretierbarkeit der Ergebnisse reduzieren würden (Ortiz, Ochoa & Dynda, 2012). Sofern die sprachlichen Anforderungen der Testaufgaben Personen ohne Zuwanderungsgeschichte weniger Probleme bereiten, würden Testpersonen mit Zuwanderungshintergrund durch linguistisch anspruchsvolle Aufgaben systematisch benachteiligt. Es wird daher empfohlen, bei der Entwicklung von Testaufgaben auf sprachlich unnötig komplexe Formulierungen zu verzichten, mehrdeutige Begriffe zu vermeiden und ein möglichst allgemein verständliches Vokabular zu benutzen (American Educational Research Association et al., 2014; Granzer, 2009).

7.3.2 Sprachliche Anforderungen von Testaufgaben und differenzielle Validität für Schülerinnen und Schüler mit Zuwanderungshintergrund

Neben diesen theoretischen Überlegungen liegt mittlerweile eine Reihe empirischer Studien vor, in denen untersucht wurde, inwieweit die sprachlichen Merkmale von Testaufgaben tatsächlich zu einer Benachteiligung von Heranwachsenden mit Zuwanderungsgeschichte beitragen. Um das Vorliegen einer spezifischen Benachteiligung zu überprüfen und damit Hinweise darauf zu erhalten, ob ein Test für verschiedene Schülergruppen differenziell valide ist, wird häufig auf Methoden zur Bestimmung des differenziellen Itemfunktionierens (DIF) (Holland & Wainer, 1993) zurückgegriffen. Mithilfe von DIF-Analysen lassen sich Interaktionseffekte zwischen der Itemschwierigkeit und der Gruppenzugehörigkeit von Personen aufdecken. Weist ein Item DIF auf, so bedeutet dies, dass sich zwei gleich fähige Personen in Abhängigkeit von ihrer Gruppenzugehörigkeit in ihrer Wahrscheinlichkeit unterscheiden, dieses Item richtig zu lösen. Heranwachsende aus zugewanderten Familien würden beispielsweise ein Mathematik-Item, das DIF aufweist, auch dann mit einer geringeren Wahrscheinlichkeit korrekt beantworten, wenn sie über dieselben mathematischen Fähigkeiten verfügen wie ihre Mitschülerinnen und Mitschüler aus einheimischen Familien. Ein solches Item würde Personen mit Zuwanderungshintergrund folglich systematisch benachteiligen und somit die Validität der Messung bei dieser Gruppe von Schülerinnen und Schülern gefährden. Lässt sich ein vorhandenes differenzielles Itemfunktionieren zu Ungunsten von Personen mit Zuwanderungshintergrund mit den sprachlichen Anforderungen der Testaufgaben in Zusammenhang bringen, so weist dies darauf hin, dass sprachlich komplexe Aufgaben Personen mit Zuwanderungshintergrund differenziell benachteiligen (Heppt, 2016).

Analysen zu Zusammenhängen zwischen differenziellem Itemfunktionieren und sprachlichen Merkmalen von Testitems wurden sowohl im deutschen als auch im angloamerikanischen Sprachraum durchgeführt. Der Großteil der Studien bezog sich auf Testaufgaben aus Schulleistungsstudien in den Bereichen Mathematik oder Naturwissenschaften (Abedi, Lord & Plummer, 1997; Haag, Heppt, Stanat, Kuhl & Pant, 2013); in einzelnen Fällen wurden Items aus anderen Bereichen – wie Leseverstehen – untersucht (Heppt, Haag, Böhme & Stanat, 2015). Die Gruppe der potenziell benachteiligten Schülerinnen und Schüler wurde in diesen Studien nicht anhand ihres Zuwanderungshintergrunds bestimmt; vielmehr wurden Angaben zur Familiensprache oder zu Kenntnissen der Testsprache herangezogen. In Studien aus den USA wurde meist die Zugehörigkeit zur Gruppe der English Language Learner (ELL) betrachtet. Der ELL-Status wird für Schülerinnen und Schüler, die in ihren Familien nicht ausschließlich Englisch sprechen, anhand der Englischkenntnisse bestimmt (Abedi, 2008) und in den Schulakten vermerkt. Im deutschen Schulsystem wird diese Information nicht erfasst, sodass Studien aus Deutschland zumeist die Benachteiligung von Schülerinnen und Schülern untersuchen, deren Familiensprache nicht (ausschließlich) der Testsprache entspricht – in deren Familien wird also gar nicht Deutsch gesprochen, oder aber Deutsch zusammen mit einer anderen Sprache (Haag, 2015).

Die bisherige Forschung zum Zusammenhang von differenziellem Itemfunktionieren und sprachlichen Merkmalen von Testitems legt sowohl für deutschsprachige als auch für englischsprachige Tests geringe Effekte der sprachlichen Anforderungen nahe. Erzielen Heranwachsende mit nichtdeutscher Familiensprache in den untersuchten Testverfahren also geringere Leistungen, so lassen sich diese Disparitäten nur zu geringen Teilen auf die sprachlichen Anforderungen der Testaufgaben zurückführen. Die benachteiligende Wirkung scheint dabei nicht auf einzelne sprachliche Merkmale zurückzuführen zu sein, sondern vielmehr generell von langen und insbesondere in Bezug auf den verwendeten Wortschatz komplexen Aufgaben auszugehen (Abedi et al., 1997; Haag et al., 2013). Grammatische Merkmale sind demgegenüber weniger stark mit differenziellem Itemfunktionieren assoziiert (Heppt et al., 2015). Allerdings fanden nicht alle Studien entsprechende Effekte: Während sich in einigen Studien Zusammenhänge zwischen der sprachlichen Komplexität von Mathematikaufgaben für die Grundschule und DIF-Werten zeigten (Haag et al., 2013; Haag, Roppelt & Heppt, 2015; Martiniello, 2009), konnten andere Studien diese Effekte nicht bestätigen (Hickendorff, 2013; Shaftel, Belton-Kocher, Glasnapp & Poggio, 2006).

Bei der Interpretation der Befunde ist zu beachten, dass die Studien in der Regel auf Testaufgaben basieren, die im Rahmen standardisierter Leistungstests im landes- bzw. bundesweiten Bildungsmonitoring eingesetzt wurden. Die Aufgaben haben daher einen umfassenden Entwicklungs- und Normierungsprozess durchlaufen, in dem sie sich größtenteils bereits für den Einsatz in sprachlich und kulturell heterogenen Stichproben bewährt haben (Böhme, Richter, Stanat, Pant & Köller, 2012; Granzer, 2009). Außerdem handelt es sich bei den im deutschsprachigen Raum untersuchten Kindern und Jugendlichen häufig um Zuwanderer der zweiten Generation, die ihre komplette Schulzeit in Deutschland verbracht haben und somit mit der Art der Aufgabenstellung grundsätzlich vertraut sein sollten. Bei Tests, die einen weniger aufwändigen Pilotierungsprozess durchlaufen haben (z. B. Übungs- und Prüfungsaufgaben, die Lehrkräfte im Unterricht einsetzen), könnten die benachteiligenden Effekte der sprachlichen Komplexität der Aufgaben demnach stärker ausfallen.

7.3.3 Sprachliche Vereinfachung von Testaufgaben als Testakkomodation für Schülerinnen und Schüler mit Zuwanderungshintergrund

Neben den im vorigen Teilkapitel berichteten Analysen der Zusammenhänge zwischen sprachlichen Anforderungen von Testaufgaben und der Lösungswahrscheinlichkeit dieser Aufgaben wurde eine Reihe experimenteller Studien durchgeführt, in denen Testaufgaben systematisch sprachlich vereinfacht wurden. Die Vereinfachungen bezogen sich dabei sowohl auf die Grammatik (indem z. B. mehrere Hauptsätze anstelle von Haupt- und Nebensätzen verwendet wurden) als auch auf den Wortschatz (indem z. B. ungebräuchliche Wörter vermieden wurden).[3] In einigen Studien wurden außerdem Informationen aus den Aufgabentexten entfernt, die nicht für die Lösung der Aufgabe benötigt werden, und die Aufgabentexte wurden übersichtlicher strukturiert, indem z. B. zur Darstellung wichtiger Fakten Aufzählungen anstelle von längeren Fließtexten gewählt wurden (Sato, Rabinowitz, Gallagher & Huang, 2010).

Sprachlich vereinfachte Tests werden insbesondere in den USA häufig als Testanpassungen eingesetzt. Diese sogenannten Testakkommodationen sollen dazu dienen, die Leistungsmessung in den Sachfächern für Schülerinnen und Schüler mit geringen sprachlichen Fähigkeiten in der Testsprache besser mit der Leistungsmessung für Schülerinnen und Schüler, deren Familiensprache der Testsprache entspricht, vergleichbar zu machen. Hierzu werden konstruktirrelevante sprachliche Barrieren soweit wie möglich reduziert. Hierbei ist zu beachten, dass sich die Vereinfachung nur auf konstruktirrelevante sprachliche Aspekte beziehen darf, um den Schülerinnen und Schülern, die sprachlich vereinfachte Tests vorgelegt bekommen, keinen Vorteil bei der Testbearbeitung zu geben – denn andernfalls würde die Vergleichbarkeit der Testergebnisse gefährdet.

Die bisherigen Befunde zu sprachlicher Vereinfachung von Testaufgaben im englischsprachigen Raum wurden in drei Metaanalysen zusammengefasst (Kieffer, Rivera & Francis, 2012; Li & Suen, 2012; Pennock-Roman & Rivera, 2011). Bei den einbezogenen Studien handelt es sich zumeist um sprachliche Vereinfachungen einzelner Aufgaben aus großen Schulleistungsstudien in den Bereichen Mathematik und Naturwissenschaften, wobei in wenigen Studien auch Aufgaben aus den Bereichen Geschichte und Lesen untersucht wurden. Die Ergebnisse der Metaanalysen deuteten darauf hin, dass Schülerinnen und Schüler mit geringeren Kompetenzen in der Testsprache etwas bessere Leistungen erzielen, wenn sie mit sprachlich vereinfachten Aufgaben getestet werden. Die gefundenen Effekte sind jedoch gering und in ähnlicher Weise auch für Schü-

---

3   Für eine Zusammenfassung gängiger Kriterien vgl. Abedi, 2009; Kopriva, 2008.

lerinnen und Schüler identifizierbar, deren Familiensprache der Testsprache entspricht. Schülerinnen und Schüler, deren Familiensprache sich von der Testsprache unterscheidet, profitieren im Allgemeinen nicht stärker von diesen Vereinfachungen. Außerdem stehen einige wenige erfolgreiche sprachliche Vereinfachungen (Aguirre-Muñoz, 2000; Sato et al., 2010) einer größeren Anzahl von Studien gegenüber, die nur geringe oder gar keine Effekte der sprachlichen Vereinfachung zeigen konnten (Abedi & Gándara, 2006; Hofstetter, 2003). Insgesamt ist festzuhalten, dass der Einsatz sprachlich vereinfachter Testaufgaben (die in großen Schulleistungsstudien eingesetzt werden) bei Schülerinnen und Schülern aus zugewanderten Familien im Allgemeinen nicht zu einer substanziellen Verbesserung der Testleistungen führt – obwohl die Schülerinnen und Schüler bisweilen angeben, die Aufgabenstellungen besser zu verstehen (Young et al., 2014).

Aus diesen Befunden lässt sich für die diagnostische Praxis ableiten, dass sprachliche Akkommodationen von Aufgaben die Testfairness nicht zwangsläufig erhöhen. Es wäre sogar möglich, dass sprachliche Vereinfachungen zu einer Beeinträchtigung der Testfairness führen – nämlich dann, wenn sie nicht anhand klarer und nachvollziehbarer Kriterien vorgenommen werden, sondern ad hoc in der Testsituation erfolgen. Derartige Veränderungen der Testung würden die standardisierte Testdurchführung gefährden und könnten dazu führen, dass sich die Testwerte zwischen Personen nicht mehr ohne Weiteres miteinander vergleichen lassen. Dies könnte durch eine inkonsistente Vereinfachung zustandekommen, beispielsweise wenn verschiedene Testdurchführende unterschiedliche sprachliche Vereinfachungen vornehmen. Ebenso wäre denkbar, dass versehentlich inhaltliche Aspekte des Tests vereinfacht oder erschwert werden. Eine unabsichtliche Erschwerung bestünde in einem Mathematiktest beispielsweise darin, dass die Vermeidung von Fachbegriffen zu einer veränderten Darstellung von mathematischen Sachverhalten führt, die den Schülerinnen und Schülern aus dem Unterricht nicht vertraut ist. Daher sollten sprachliche Vereinfachungen von Testverfahren immer empirisch auf ihre Eignung für die jeweiligen zu testenden Gruppen geprüft werden. Nur so lässt sich die Vergleichbarkeit der Testwerte – die auf Basis der beiden Testversionen (ursprüngliche Version vs. vereinfachte Version) entstanden sind – sicherzustellen. Zudem ist zu untersuchen, ob eine sprachliche Vereinfachung auch bei Schülerinnen und Schülern zu verbesserten Testleistungen führt, die diese Vereinfachung nicht benötigen, da sie die Testsprache ausreichend beherrschen. Dies würde darauf hindeuten, dass die sprachlichen Anforderungen des Tests für alle Schülerinnen und Schüler zu hoch sind. Sollten sich bei dieser empirischen Prüfung substanzielle Veränderungen der Testwerte für Personen ergeben, die einen sprachlich vereinfachten Test bearbeitet haben, so wäre die Bereitstellung angepasster Normen für die vereinfachte Testversion erforderlich.

7.3.4 „Sprachfreie" Erfassung kognitiver Leistungen

Angesichts der potentiellen Benachteiligung von Schülerinnen und Schülern mit Zuwanderungshintergrund durch sprachlich besonders komplexe Leistungstestaufgaben liegt der Vorschlag nahe, für diese Gruppe von Schülerinnen und Schülern möglichst sprachfreie Tests einzusetzen. Dieser Ansatz ist jedoch selbst nicht unproblematisch, da sprachliche und fachliche Fähigkeiten nicht klar voneinander trennbar sind (Härtig, Heitmann & Retelsdorf, 2015; Paetsch, Felbrich & Stanat, 2015, s. a. Abschnitt 7.3.1). Denkt man beispielsweise an eine Erfassung der Fähigkeiten im mathematischen Modellieren, so werden häufig aus dem Alltag entlehnte, mit mathematischen Mitteln zu lösende Probleme als Kontext verwendet. Eine solche Aufgabe könnte beispielsweise darin bestehen, dass ein Zimmer mit vorgegebenen Maßen gestrichen werden soll und die Schülerinnen und Schüler aus unterschiedlich großen Farbkanistern den preiswertesten auswählen sollen. Hierfür müssen zunächst die zu streichende Fläche und die dafür benötigte Menge an Wandfarbe berechnet werden. Anschließend müssen die Schülerinnen und Schüler die benötigte Menge mit den Inhalten der Kanister vergleichen und das günstigste Angebot bestimmen, bei dem ggf. ein Rest Farbe übrig bleibt. Aufgaben dieser Art werden in der Regel sprachlich dargeboten, sodass sprachliche Fähigkeiten zum Verstehen und Lösen der jeweiligen Problemstellungen sowie zur Interpretation der Lösung unabdingbar sind.

Bestimmte sprachliche Kompetenzen sind außerdem integraler Bestandteil mathematischer Kompetenz, wie die Kompetenzbereiche „mathematisch Kommunizieren" und „mathematisch Argumentieren" in den bundesweit verbindlich geltenden nationalen Bildungsstandards zeigen (Sekretariat der KMK, 2004; Sekretariat der KMK, 2005b). Eine Messung mathematischer Kompetenzen, die ausschließlich mit textfreien Mathematikaufgaben durchgeführt wird, würde daher keine hinreichende Operationalisierung des intendierten Konstruktes darstellen. In diesem Fall wäre die Validität des Tests eingeschränkt, da wichtige Teile des Konstrukts im Test unberücksichtigt blieben. Eine weitgehend sprachfreie Testung einzelner basaler mathematischer Fähigkeiten – beispielsweise das Beherrschen der Grundrechenarten – erscheint dementsprechend möglich; eine umfangreiche Prüfung mathematischer Kompetenzen wäre hingegen in der Regel nicht valide, wenn ausschließlich sprachfreie Testaufgaben eingesetzt würden. Im Bereich naturwissenschaftlicher Kompetenzen erscheint eine sprachfreie Testung ebenso problematisch und könnte ebenfalls nur bestimmte Ausschnitte naturwissenschaftlicher Kompetenzen beinhalten, die sich über Formeln oder grafische Darstellungen vermitteln lassen. Stark sprachlich gebundene Teilkompetenzen – etwa die Fähigkeiten, naturwissenschaftliche Hypothesen zu formulieren, sich mithilfe verschiedener Informationsquellen neue naturwissenschaftliche Sachverhalte eigenständig zu erarbeiten oder zu Sachverhalten und Entscheidungen wertend Stellung zu nehmen (Sekretariat der KMK, 2005a) – könnten hingegen nur schwer oder gar nicht erfasst werden. Diese sprachbezogenen Anteile sollten sich jedoch in einer validen Kompetenzmessung widerspiegeln.

Zu beachten ist ferner, dass selbst bei Tests, die auf Items mit sprachlichen Inhalten verzichten, ein Einfluss der Sprache auf die Bearbeitung der Aufgaben gezeigt werden konnte. In der Intelligenzforschung wurden bereits in der ersten Hälfte des 20. Jahrhunderts sogenannte „kulturfreie" oder „kulturfaire" Tests entwickelt (Cattell, 1940). Abgesehen von der Instruierung der Testteilnehmenden – die nicht völlig ohne sprachliche Mittel auskommt – werden in diesen Tests ausschließlich abstrakte Zeichnungen oder Formen verwendet. Ein prominentes Beispiel hierfür sind Matrizenaufgaben (Raven, 1998). Studien, in denen die Testteilnehmenden während der Bearbeitung derartiger Aufgaben aufgefordert wurden, ihren Lösungsweg zu verbalisieren, haben jedoch gezeigt, dass die Verbalisierung die Lösung bestimmter nonverbaler Aufgaben negativ beeinflusst, während sie sich bei anderen Items desselben Tests nicht negativ auswirkte. Dies legt nahe, dass auch die Lösung nonverbaler Aufgaben teilweise auf verbal-analytischen Prozessen beruht, da andernfalls durchgehend negative Effekte der Verbalisierung auf die Aufgabenbearbeitung zu erwarten gewesen wären (DeShon, Chan & Weissbein, 1995). Ein weiterer Hinweis auf einen Einfluss von Sprache auf die Lösung nonverbaler Testitems ist der Befund, dass die Leistung bei nonverbalen Items zum Teil durch Benennungstrainings gesteigert werden kann, bei denen die Testpersonen instruiert werden, abstrakte Items auf Basis bestimmter Elemente oder Regularitäten mit verbalen Labels zu versehen (Kendler, Glasman & Ward, 1972).

7.4   Weitere Herausforderungen bei der Leistungsstanddiagnostik von Personen mit Zuwanderungshintergrund

Um eine faire und valide Leistungsstanddiagnostik bei Personen mit Zuwanderungshintergrund zu gewährleisten, gilt es nicht nur, die sprachlichen Anforderungen der Testaufgaben bzw. die zur Aufgabenbearbeitung erforderlichen sprachlichen Kompetenzen zu berücksichtigen. Auch die Lerngelegenheiten, die sich Testpersonen unterschiedlicher sprachlicher und kultureller Herkunft zum Wissens- und Kompetenzerwerb bieten, die kulturell gebundenen Kontexte, die in den Testaufgaben eine Rolle spielen, sowie die verfügbaren Normwerte können für die Leistungsmessung bzw. für die Interpretation der Testergebnisse relevant sein.

Die Bedeutung, die diesen Faktoren im Rahmen von Kompetenz- und Leistungstests zukommt, ist je nach diagnostischer Zielsetzung unterschiedlich zu bewerten. Bei der Erfassung grundlegender, weitgehend kulturunabhängiger mathematischer Kompetenzen etwa wäre die Verwendung von Sachaufgaben, die kulturell geprägtes Vorwissen voraussetzen, unerwünscht. Demgegenüber zielt beispielsweise ein Einbürgerungstest explizit auf die Erfassung kulturspezifischer Kenntnisse ab. Ebenso variiert die Auswahl geeigneter Normen je nach diagnostischer Fragestellung.

Nachfolgend werden Überlegungen zur Rolle unterschiedlicher Lerngelegenheiten, zu kulturspezifischen Inhalten von Testaufgaben sowie zur Auswahl geeigneter Normen für die Leistungsstanddiagnostik in sprachlich und kulturell heterogenen Stichproben diskutiert. Soweit vorhanden, werden dabei empirische Befunde berichtet und in Anlehnung an die Standards for Educational and Psychological Testing (American Educational Research Association et al., 2014) Empfehlungen für eine möglichst faire Kompetenzdiagnostik formuliert.

7.4.1   Berücksichtigung von Lerngelegenheiten

Bei der Leistungsstanddiagnostik muss berücksichtigt werden, dass sich die Wissensbestände von Heranwachsenden mit Zuwanderungsgeschichte systematisch vom Vorwissen und von den Vorerfahrungen von Gleichaltrigen ohne Zuwanderungshintergrund unterscheiden können. Besonders groß dürften diese Unterschiede bei neu zugewanderten Personen ausfallen, die in einem anderen Land als Deutschland sozialisiert wurden und die nur einen Teil ihrer Schullaufbahn in Deutschland absolviert haben.

Die unterschiedliche Wissensbasis von Kindern und Jugendlichen aus zugewanderten Familien kann zum Teil darauf zurückgeführt werden, dass diese Heranwachsenden bislang nicht in dem Ausmaß mit den Testinhalten in Berührung gekommen sind wie Heranwachsende ohne Zuwanderungshintergrund. Verfügte eine zu testende Person in der Vergangenheit über systematisch geringere formelle oder informelle Lerngelegenheiten, bestimmte Testinhalte zu erwerben, so kann dies die Testbearbeitung beeinflussen und sollte daher bei der Interpretation der Testergebnisse berücksichtigt werden (American Educational Research Association et al., 2014). Beispielsweise könnte ein neu zugewandertes Kind in einem Mathematiktest zur Bruchrechnung auch deshalb unterdurchschnittlich abschneiden, weil in seinem Herkunftsland andere Repräsentationen der Brüche unterrichtet wurden und es daher mit den im Test verwendeten Repräsentationen weniger vertraut ist (Solano-Flores, 2011). Ebenso könnten Unterschiede in den Curricula des Herkunftslands und des Aufnahmelands dazu führen, dass der Test Formen der Bruchrechnung beinhaltet, die im Herkunftsland des Kindes noch nicht unterrichtet wurden und dem Kind daher nicht geläufig sind.

Nachteile, die auf geringere Lerngelegenheiten zum Erwerb der getesteten Kompetenzen zurückzuführen sind, können Praktikerinnen und Praktiker vor ein Dilemma stellen: Erhält eine Testperson aufgrund eingeschränkter Lerngelegenheiten geringe Kompetenzwerte in einem Test (beispielsweise wenn die getestete Kompetenz im Herkunftsland der Testperson noch nicht unterrichtet wurde), so bildet der geringe Testwert die Kompetenz der Testperson valide ab, da die Person tatsächlich in geringerem Maße über die entsprechende Kompetenz verfügt. Eine Selektionsentscheidung – beispielsweise die Zuweisung zu einem bestimmten Bildungsgang aufgrund des erzielten Testwerts – wäre einerseits gerechtfertigt, würde die Person jedoch für die mangelnden Lerngelegenheiten „bestrafen", die nicht in ihrer Verantwortung liegen. In solchen Fällen muss im Einzelfall entschieden werden, wie die geringeren Lerngelegenheiten bei der Interpretation des Testwerts berücksichtigt werden und ob die benötigten Kompetenzen durch gezielte Förderung nachträglich erworben werden können.

7.4.2 Berücksichtigung kulturspezifischer Inhalte in den Testaufgaben

Kulturell gebundene Unterschiede der Wissensbestände von Kindern und Jugendlichen mit Zuwanderungshintergrund sind nicht nur für die (fachlichen) Inhalte eines Tests wahrscheinlich, sondern auch in Bezug auf die vor allem bei Schulleistungs- bzw. Kompetenztests übliche Einbettung der Aufgaben in bestimmte Situationen und Kontexte. Um einen cultural bias – also eine Bevorzugung oder Benachteiligung von Angehörigen unterschiedlicher ethnischer und/oder kultureller Gruppen bei der Leistungsstanddiagnostik – zu vermeiden, ist bei der Auswahl der Aufgabeninhalte daher darauf zu achten, dass diese allen Personen gleichermaßen bekannt oder unbekannt sind bzw. dass kulturell unterschiedliche Wissensbestände zu möglichst gleichen Teilen repräsentiert sind (American Educational Research Association et al., 2014; s. a. Edele, Schotte & Stanat, 2015; Heppt & Paetsch, 2018; Heppt, Stanat, Dragon, Berendes & Weinert, 2014). Darüber hinaus sollten auch Inhalte vermieden werden, die auf bestimmte Herkunftsgruppen anstößig oder verstörend wirken könnten (z. B. Alkoholkonsum, Beschreibungen des Holocausts).

Edele et al. (2015) sowie Schölmerich, Leyendecker, Citlak, Caspar und Jäkel (2008) berichten konkrete Beispiele für Testinhalte, die Kindern und Jugendlichen aus zugewanderten Familien aufgrund ihres kulturspezifischen Alltagswissens möglicherweise weniger geläufig sein könnten als Gleichaltrigen aus einheimischen Familien. Hierzu zählen etwa die der U.S.-amerikanischen Mehrheitskultur entlehnten Bilder eines Goldwäschers oder eines Kinos mit englischem Schriftzug im Wortschatztest des „Bilingual Verbal Ability Tests" (BVAT) (Muñoz-Sandoval, Cummins, Alvarado & Ruef, 1998), oder auch die Abbildung einer Möhre mit Blättern im „Entwicklungstest 6 Monate bis 6 Jahre" (ET 6-6) (Petermann & Macha, 2004). Letztere ist türkeistämmigen Kindern offenbar häufig nicht bekannt und wird von ihnen daher als Blume fehlklassifiziert (Schölmerich et al., 2008). Eine Studie aus dem arabischen Sprachraum gibt Hinweise darauf, dass sogar in international weit verbreiteten Verfahren wie dem „International English Language Testing System" (IELTS) nicht immer auf ein ausgewogenes Verhältnis von Aufgabeninhalten geachtet wird, mit denen kulturell unterschiedliche Vorwissensbestände angesprochen werden (Freimuth, 2016).

Inwieweit sich kulturspezifische Inhalte von Testaufgaben differenziell auf die Testleistungen von Personen unterschiedlicher sprachlicher und kultureller Herkunft auswirken, wurde bislang nur selten empirisch untersucht (Diehl & Fick, 2016). Die wenigen vorliegenden Studien deuten aber darauf hin, dass entsprechende Effekte tatsächlich nachweisbar sind. Steffensen, Jogdeo und Anderson (1979) etwa zeigten, dass U.S.-amerikanische und indische Testpersonen Texte schneller lesen konnten und mehr Informationen erinnerten, wenn die Textinhalte ihrem eigenen kulturellen Vorwissen entsprachen, als wenn sie sich auf die jeweils andere Kultur bezogen. Artelt und Baumert (2004) führten DIF-Analysen durch, um zu überprüfen, ob die Leseaufgaben des PISA 2000-Lesetests einen cultural bias aufweisen. Den Analysen lag die Annahme zugrunde, dass der sprachliche und kulturelle Ursprung eines Lesetexts sowie der dazugehörigen Aufgaben systematisch mit der Lösungswahrscheinlichkeit variieren könnte. Den Schülerinnen und Schülern sollte es demnach leichter fallen, Texte aus ihrem Herkunftsland bzw. aus ihrer eigenen Kultur zu bearbeiten als übersetzte Texte, die aus anderen Ländern stammen und die möglicherweise ein anderes textrelevantes Vorwissen erfordern oder eine ungewohnte Darstellungsform aufweisen.

Tatsächlich ergaben sich insbesondere für Schülerinnen und Schüler aus Frankreich und Griechenland deutliche Vorteile, wenn sie Aufgaben französischen bzw. griechischen Urspungs bearbeiteten ($d = 0.21$). Die Autoren heben hervor, dass sich dieser Befund nicht oder zumindest nicht ausschließlich dadurch erklären lässt, dass Texte und Aufgaben übersetzt wurden. So fällt der Vorteil, den die Bearbeitung englischsprachiger Originaltexte und -aufgaben bietet, zwischen den verschiedenen englischsprachigen Ländern unterschiedlich stark aus. Bezogen auf alle Teilnahmestaaten der Studie würde ein hypothetischer Test, der nur Texte und Aufgaben aus dem eigenen Sprach- und Kulturraum enthielte, im Mittel zu einer Leistungssteigerung von 17 Punkten auf der PISA-Berichtsmetrik ($M = 500$, $SD = 100$) führen. Angesichts der tatsächlichen Testzusammenstellung, in der Texte und Aufgaben verschiedener Herkunftsländer enthalten sind, lässt sich auf der Ebene des gesamten PISA-Lesetests jedoch keine systematische Bevorzugung oder Benachteiligung einzelner Teilnahmestaaten feststellen (Artelt & Baumert, 2004).

Vor diesem Hintergrund erscheint es in jedem Fall angezeigt, mögliche Unterschiede im kulturell geprägten Welt- und Erfahrungswissen bei Entwicklung und Auswahl von diagnostischen Verfahren, die sich für den Einsatz bei Heranwachsenden mit Zuwanderungshintergrund eignen sollen, zu berücksichtigen und deren Effekte auf die Testleistung nach Möglichkeit zu minimieren. Bislang geschieht dies hauptsächlich durch den Einsatz sogenannter sprachfreier und kulturunabhängiger (culture fair) Tests (vgl. Abschnitt 7.3.4). Eine Überprüfung, ob die Testinhalte tatsächlich für Angehörige unterschiedlicher Herkunftsgruppen gleichermaßen zugänglich sind, ist in der Testentwicklung im deutschsprachigen Raum allerdings derzeit ebenso unüblich wie eine Berücksichtigung von Aufgabenmaterialien unterschiedlichen sprachlichen und kulturellen Ursprungs.

Auch das kulturspezifische Wissen ist von den einer Testperson zur Verfügung stehenden Lerngelegenheiten abhängig: Je länger sich eine Person bereits im Aufnahmeland aufhält, umso mehr Gelegenheit hatte sie, kulturspezifisches Wissen zu erwerben. Neu zugewanderte Personen sind somit bei kognitiven Fähigkeitstests umso stärker im Nachteil, je mehr sich diese auf Inhalte beziehen, die für das Bildungssystem oder die Kultur des Aufnahmelandes spezifisch sind. Entsprechende Effekte sind insbesondere bei Testverfahren bzw. Prüfungen zu erwarten, die kulturspezifisches Wissen erfassen, etwa zur Geschichte oder Geographie ausgewählter Regionen. Diese Nachteile zeigen sich auch dann in den Testergebnissen, wenn die Erhebung anhand eines übersetzten Tests in der Erstsprache der Testperson erfolgt.

In einem solchen Fall sollte – sofern dies für die Beantwortung der diagnostischen Fragestellung sinnvoll erscheint – erwogen werden, ein weniger kulturell gebundenes Verfahren einzusetzen oder ein Testverfahren aus dem Herkunftsland der Testperson. Bei der Nutzung eines solchen alternativen Testverfahrens ist jedoch sicherzustellen, dass die erzielten Testwerte mit denen vergleichbar sind, die das üblicherweise eingesetzte Testverfahren liefert. Je nach Messgegenstand ist dies aber nicht immer möglich. So kann ein Testverfahren, das etwa auf Besonderheiten der deutschen Kultur abzielt (wie der oben erwähnte Einbürgerungstest) offensichtlich nicht durch ein Verfahren zur Kultur eines anderen Landes ersetzt werden, ohne dass dies mit einer veränderten Bedeutung der Testwerte einherginge. Die Vergleichbarkeit von Testwerten ist jedoch insbesondere dann von Bedeutung, wenn auf ihrer Grundlage Selektions- und Platzierungsentscheidungen getroffen werden sollen. Für diese Art diagnostischer Entscheidungen könnte ein inhaltlich abweichender Test von begrenztem Nutzen sein. Stattdessen sollte der übliche Test eingesetzt werden und niedrige Testwerte, die durch geringere Lerngelegenheiten bedingt sein könnten, sollten mit Vorsicht interpretiert werden.

7.4.3 Erstellung und Auswahl von Normwerten für die Testung von Personen mit Zuwanderungshintergrund

Bei allen in diesem Kapitel skizzierten Strategien zur Testung von Personen mit Zuwanderungshintergrund bzw. geringeren Sprachkenntnissen in der Testsprache – seien es Testakkommodationen (vgl. Abschnitt 7.3.3), der Einsatz nonverbaler Aufgaben (vgl. Abschnitt 7.3.4) oder eine Testung mit einem übersetzten Testverfahren bzw. einem Testverfahren aus dem jeweiligen Herkunftsland (vgl. Abschnitt 7.4.2) – stellt sich für Praktikerinnen und Praktiker letztlich die Frage, welche Normwerte für einen sozialen Vergleich der erzielten Testleistungen heranzuziehen sind (Ortiz et al., 2012).

Aus Sicht des Test*entwicklers* sollte zunächst grundsätzlich davon ausgegangen werden, dass ein Testverfahren kulturspezifisch ist. Diese Annahme ist umso plausibler, je zentraler die Beherrschung der Testsprache für die erfolgreiche Bearbeitung des Tests ist. Sofern ein Einsatz des Verfahrens in sprachlich und kulturell heterogenen Populationen vorgesehen ist, sollten Testentwickler die Kulturgebundenheit der Testergebnisse sowohl konzeptuell – etwa durch eine Analyse der Aufgabeninhalte – als auch empirisch prüfen. Dies setzt jedoch voraus, dass eine ausreichend umfangreiche und repräsentative (Norm-)Stichprobe vorliegt, so dass etwa die Messinvarianz für Schülerinnen und Schüler mit unterschiedlich ausgeprägten Fähigkeiten in der Testsprache oder für verschiedene Herkunftsgruppen untersucht und eventuelle Unterschiede in der Testleistung ermittelt werden können (Lakin & Lai, 2012). Falls die Ergebnisse dieser Analysen auf bedeutsame Gruppenunterschiede hindeuten, sollten grundsätzlich (auch) spezifische Normen für einzelne Gruppen bereitgestellt werden. Diese sollten sich im Idealfall jedoch nicht auf oberflächliche Merkmale wie das Geburtsland der Eltern der Testpersonen stützen, sondern auf Aspekte wie die Fähigkeiten in der Testsprache, die einen stärkeren Einfluss auf die Testleistung haben (Ortiz et al., 2012; Urdan, 2012).

Aus Sicht des Test*anwenders* hängt die Wahl geeigneter Vergleichswerte von der diagnostischen Fragestellung ab: Je nach Fragestellung kann entweder der Vergleich mit bevölkerungsrepräsentativen Normen, die sowohl Schülerinnen und Schüler mit deutscher Familiensprache als auch Schülerinnen und Schüler mit nichtdeutscher Familiensprache umfassen, aufschlussreich sein oder ein Vergleich mit spezifischen Normen für Heranwachsende mit Zuwanderungshintergrund. Zielt die Diagnostik beispielsweise darauf ab, Entscheidungen über die weitere Schullaufbahn eines Kindes zu treffen (etwa als Teil eines diagnostischen Verfahrens zur Feststellung von sonderpädagogischem Förderbedarf), wären Normwerte, die sich auf die Population aller Kinder und Jugendlichen beziehen, vermutlich von höherer prognostischer Validität für die weitere schulische Entwicklung des zu testenden Kindes als eigene Normwerte für Kinder und Jugendliche aus zugewanderten Familien. Soll hingegen der Entwicklungsstand beispielsweise im Hinblick auf sprachliche Fähigkeiten eines Kindes beurteilt werden, könnten getrennte Normen geeigneter sein, um eventuelle Entwicklungsverzögerungen zu diagnostizieren.

Dabei ist jedoch zu beachten, dass die Bedingungen des Spracherwerbs und der Akkulturation bei Kindern und Jugendlichen mit Zuwanderungshintergrund weder denen von Personen aus dem jeweiligen Herkunftsland entsprechen, noch denen von Personen ohne Zuwanderungshintergrund. Daher ist es beispielsweise wenig sinnvoll, bei der Verwendung einer türkischsprachigen Testform für in Deutschland lebende Menschen mit türkischem Zuwanderungshintergrund einen Vergleich mit Normwerten vorzunehmen, die in der Türkei ermittelt wurden (Kubinger, 2010). Benötigt werden vielmehr Normwerte, die auf Basis der Testung von aus der Türkei zugewanderten Personen ermittelt wurden. Bisher stellen jedoch nur wenige Testverfahren eigene Normen für Teilgruppen von Kindern und Jugendlichen aus zugewanderten Familien bereit, so dass die Handlungsoptionen für Praktikerinnen und Praktiker derzeit relativ eingeschränkt sind. Steht die Validität der Testergebnisse aufgrund mangelnder Sprachbeherrschung oder geringer Vertrautheit mit der Mehrheitskultur infrage, so sollten unterschiedliche Zugänge kombiniert werden. Beispielsweise kann zusätzlich ein nonverbaler Test eingesetzt werden, um durch einen Vergleich der Resultate beider Testverfahren den Einfluss der Sprachbeherrschung und Kulturvertrautheit auf die Ergebnisse besser einschätzen zu können.

7.5 Ausgewählte Testverfahren für die Leistungsstanddiagnostik bei Zuwanderinnen und Zuwanderern

In den vorherigen Abschnitten klang bereits an, dass im deutschsprachigen Raum derzeit nur wenige Verfahren vorliegen, bei deren Entwicklung, Normierung und Dokumentation die Besonderheiten der Leistungsdiagnostik in sprachlich sowie kulturell heterogenen Populationen explizit berücksichtigt wurden. Aus der Perspektive von Praktikerinnen und Praktikern ist dies unbefriedigend, da sich diagnostische Fragen – etwa das Vorliegen von Förderbedarf bei geringen schulischen Leistungen oder von Hochbegabung – auch bei Personen stellen, deren Erstsprache nicht Deutsch ist oder die in einem anderen Kulturkreis aufgewachsen sind. Daher sollen im Folgenden ausgewählte Testverfahren beschrieben werden, die aufgrund der eingesetzten Aufgabenformate, separater Normen, der Verfügbarkeit von Testmaterialien in Fremdsprachen (z. B. Türkisch) oder aufgrund konkreter Erläuterungen im Testmanual in besonderem Maße zur Diagnostik kognitiver Fähigkeiten und Kompetenzen bei Personen mit Zuwanderungshintergrund geeignet erscheinen. Dabei wird einerseits auf Intelligenztests im engeren Sinne eingegangen, die zum Teil auf nonverbalen Itemformaten beruhen und deren Ergebnisse daher – mit den oben genannten Einschränkungen (vgl. Abschnitt 7.3.4) – vergleichsweise wenig sprach- bzw. kulturgebunden sind. Zum anderen werden Tests beschrieben, die Wissen, Fertigkeiten und Kompetenzen erfassen, die typischerweise überwiegend in der Schule erworben werden. In diesem Bereich fokussieren wir uns auf Testverfahren zur Erfassung mathematischer Kompetenzen sowie zur Erfassung der Rechtschreibkompetenz.

Tabelle 7.1 gibt einen Überblick über die Verfahren, die im vorliegenden Buchbeitrag vorgestellt werden.

Tabelle 7.1: Übersicht über die vorgestellten Testverfahren

Intelligenztests	
1	Adaptives Intelligenzdiagnostikum 3 (AID 3; Kubinger & Holocher-Ertl, 2014)
2	Wechsler Nonverbal Scale of Ability (WNV; Petermann, 2014)
3	Berliner Test zur Erfassung fluider und kristalliner Intelligenz für die 8. bis 10. Jahrgangsstufe (BEFKI 8-10; Wilhelm, Schroeders & Schipolowski, 2014)
Schulleistungstests	
4	Heidelberger Rechentest (HRT 1-4; Haffner, Baro, Parzer & Resch, 2005)
5	Diagnostischer Rechtschreibtest (DRT 4; Grund, Leonhart & Naumann, 2017)
6	Weingartener Grundwortschatz Rechtschreib-Test (WRT; Birkel, 2007)

Diese Testverfahren wurden für den Einsatz bei Heranwachsenden im Schulalter und/oder bei jungen Erwachsenen entwickelt. Wie eingangs erwähnt, beschreibt der Beitrag von Macha und Petermann (Kapitel 5: Entwicklungsdiagnostik) ergänzend dazu Testinstrumente, die unter anderem zur Diagnostik kognitiver Fähigkeiten bei jüngeren Kindern geeignet sind; Tests zur Erfassung sprachlicher Fähigkeiten finden sich im Kapitel 6 (Sprachstandsdiagnostik) von Reitenbach, Schastak und Rauch.

7.5.1   Intelligenztests

7.5.1.1   Adaptives Intelligenzdiagnostikum 3 (AID 3)

Das Adaptive Intelligenzdiagnostikum 3 (Kubinger & Holocher-Ertl, 2014) ist eine umfangreiche Testbatterie für Kinder und Jugendliche im Alter von 6 bis 15 Jahren. Konzeptionell ist das Verfahren an die Intelligenzdefinition von Wechsler (Tewes, Rossmann & Schallberger, 2002) angelehnt, was in der Unterscheidung zwischen verbal-akustischen und manuell-visuellen Aufgabenstellungen – analog zum Verbalteil und zum Handlungsteil der Wechsler-Intelligenztests – zum Ausdruck kommt. Eine klare Orientierung an etablierten Intelligenzstrukturtheorien (Carroll, 1993; Horn, 2008; Schneider & McGrew, 2012) ist somit nicht gegeben. Stattdessen vertritt das AID 3 den Testautoren zufolge eine sogenannte pragmatische intelligenztheoretische Position, aus der sich der Umfang und die Vielfalt an Aufgabenstellungen ableiten lässt. Diese Position sieht eine möglichst breite

Erfassung von basalen und anspruchsvolleren kognitiven Fähigkeiten vor, die zur Erklärung „intelligenten Verhaltens" beitragen können. Durch die adaptive Testvorgabe fast aller Untertests – bei der die Probandinnen und Probanden im Wesentlichen nur jene Aufgaben bearbeiten, die ihrem Fähigkeitsniveau entsprechen – kann dennoch eine vergleichsweise ökonomische Testdurchführung erreicht werden. Die Durchführung der adaptiven Testung erfolgt auf der Basis von Aufgabenblöcken, zu denen je Untertest zwei bis fünf Items zusammengefasst wurden. In der Regel bearbeitet jede Testperson je Untertest drei Aufgabenblöcke, wobei die Auswahl der Aufgabenblöcke vom Alter der Testperson und von der Leistung im jeweils zuletzt bearbeiteten Aufgabenblock abhängt.

Die Testbatterie umfasst insgesamt 12 Untertests, die sich entweder dem verbal-akustischen oder dem manuell-visuellen Aufgabenbereich zuordnen lassen und die bei einer standardmäßigen Testung alle in einer vorgegebenen Reihenfolge durchgeführt werden sollten (für eine Kurzbeschreibung der 12 Untertests vgl. Tabelle 7.2). Dabei werden abwechselnd Untertests aus dem verbal-akustischen und aus dem manuell-visuellen Aufgabenbereich vorgegeben (die Nummerierung der einzelnen Untertests in Tabelle 7.2 spiegelt die vorgesehene Darbietungsreihenfolge wieder). Je nach individuellen Voraussetzungen der Testperson und der diagnostischen Zielsetzung der Testung besteht darüber hinaus die Möglichkeit, einen oder mehrere Zusatztests durchzuführen.

Mit Blick auf die Intelligenzdiagnostik bei Personen mit Zuwanderungshintergrund ist zum einen zu erwähnen, dass eine frühere Testversion – das AID 2 (Kubinger, 2009) – auch auf Türkisch vorliegt und Normwerte für Personen mit türkischer Familiensprache beinhaltet (Wilflinger & Holocher-Ertl, 2010). Sollte eine Testung auf Türkisch nicht infrage kommen, so bietet das AID 3 die Möglichkeit, einen Teil der Aufgaben mithilfe von sprachfreien Instruktionen durchzuführen. Konkret liegen für insgesamt sechs Untertests und drei Zusatztests neben den üblichen sprachbasierten Instruktionen auch sprachfreie Instruktionen vor, bei denen die Testpersonen mithilfe von Gestik (z.B. durch Kopfschütteln, Antippen bestimmter Stellen in den Testvorlagen) und Mimik (z.B. Augenbrauen hochziehen) instruiert werden. Da dies nur für Aufgabenformate möglich ist, die nicht notwendigerweise sprachgebunden sind, liegen sprachfreie Instruktionen nur für die Untertests mit manuell-visuellen Aufgabenstellungen und für die entsprechenden Zusatztests vor. Werden ausschließlich nonverbale Aufgaben eingesetzt, kann somit nur ein Teil des Fähigkeitsspektrums abgebildet werden. Zudem fehlen im Manual Hinweise darüber, ob mit der sprachfreien und der sprachgebundenen Instruktion dasselbe zugrundeliegende Konstrukt erfasst wird und wie gut sich die Testanweisungen rein gestisch und mimisch vermitteln lassen.

Grundsätzlich bleibt kritisch festzuhalten, dass die Testbatterie zwar explizit für den Einsatz bei Personen mit anderer Familiensprache als Deutsch empfohlen wird, eine kritische Reflexion oder gar Prüfung der kulturellen Validität der Testaufgaben jedoch nicht erfolgt ist. So bleibt unklar, inwieweit Freizeitaktivitäten wie Tauchen oder Skifahren (die in den Aufgaben angesprochen werden) dem Welt- und Erfahrungswissen von Personen entsprechen, die nicht in einer westlich geprägten Industrienation aufgewachsen sind. Auch die Auswahl der Vornamen, die in den Testaufgaben vorkommen, ist zumindest fraglich: Es treten ausschließlich typisch deutsche Vornamen auf (z. B. Petra, Rainer, Margit, Heinz), während häufige Vornamen aus anderen Herkunftsländern nicht berücksichtigt werden. Des Weiteren werden keine separaten Normwerte für Teilgruppen von Personen mit Zuwanderungshintergrund oder nichtdeutscher Familiensprache zur Verfügung gestellt. Trotz der Vorzüge, die das AID 3 aufgrund der adaptiven Aufgabenvorgabe und der Vielfalt der erfassten kognitiven Bereiche bietet, kann sein Einsatz in sprachlich und kulturell heterogenen Stichproben daher insgesamt nicht uneingeschränkt empfohlen werden.

Tabelle 7.2: Kurzbeschreibung des AID 3

Testverfahren:	Adaptives Intelligenzdiagnostikum 3 (AID 3)
Autoren:	K. D. Kubinger & S. Holocher-Ertl, 2014
Konzeption:	Intelligenztest, der zum Teil an die Intelligenzdefinition von Wechsler angelehnt ist und auf einer sog. „pragmatischen intelligenztheoretischen Position" basiert. Dementsprechend werden vielfältige basale und komplexe kognitive Fähigkeiten erfasst, die sich faktorenanalytisch jedoch nicht zu einem Generalfaktor zusammenfassen lassen und deren Beziehung zu den Faktoren, die in etablierten Intelligenzstrukturtheorien beschrieben werden, weitgehend unklar bleibt. Vielmehr wird eine Profilinterpretation in Bezug auf die einzelnen Untertests vorgeschlagen, durch die sich relative Stärken und Schwächen abbilden lassen.
Untertests:	Der Test umfasst 12 Untertests sowie 5 Zusatztests (hier nicht dargestellt). Bei den Untertests sind max. 269 Items zu bearbeiten, bei den Zusatztests max. 59 Items.
	Untertests mit „verbal-akustischen" Aufgabenstellungen:
	1 Alltagswissen: Sachkenntnisse über Alltagsthemen (z. B. Familie, Schule, Wirtschaft und Politik, Sport) (adaptive Vorgabe von $n = 15$ Items)
	3 Angewandtes Rechnen: Bewältigung mathematischer Problemstellungen des Alltags (adaptive Vorgabe von $n = 15$ Items)
	5 Unmittelbares Reproduzieren (numerisch): kurzfristige serielle Abspeicherung von auditiv präsentierten Zahlenfolgen und Wiedergabe in derselben oder in der umgekehrten Reihenfolge (konventionelle Vorgabe von 2 Aufgabensätzen [vorwärts und rückwärts] mit je $n = 24$ Items; mit Abbruchkriterium)
	6 Synonyme finden: alternative Bezeichnungen für Alltagsbegriffe finden (adaptive Vorgabe von $n = 15$ Items)
	9 Funktionen abstrahieren: Gemeinsamkeiten alltäglicher Objekte erkennen und beschreiben können (adaptive Vorgabe von $n = 15$ Items)

Tabelle 7.2: Fortsetzung

	11 Soziales Erfassen und sachliches Reflektieren: Kenntnisse über alltägliche soziale und sachliche Zusammenhänge (adaptive Vorgabe von $n = 15$ Items)

	Untertests mit „manuell-visuellen" Aufgabenstellungen:
	  2 Realitätssicherheit: fehlende wesentliche Merkmale alltäglicher Dinge erkennen (adaptive Vorgabe von $n = 10$ bzw. 15 Items)
	  4 Soziale und sachliche Folgerichtigkeit: Ursache-Wirkungs-Zusammenhänge in sozialen Beziehungen und alltäglichen Situationen verstehen (adaptive Vorgabe von $n = 6$ Items)
	  7 Kodieren und Assoziieren: Informationsverarbeitungsschnelligkeit und Fähigkeit zum inzidentellen (d.h. beiläufigen) Lernen (mit Zeitbegrenzung) (konventionelle Vorgabe von $n = 104$ Items)
	  8 Antizipieren und Kombinieren (figural): Teile einer alltäglichen Figur zu einem Ganzen zusammensetzen können (adaptive Vorgabe von $n = 6$ Items)
	 10 Analysieren und Synthetisieren (abstrakt): geometrische Muster mithilfe von Würfeln rekonstruieren können (adaptive Vorgabe von $n = 6$ Items)
	 12 Formale Folgerichtigkeit: Gesetzmäßigkeiten in der Abfolge figuraler Informationen erkennen (adaptive Vorgabe von $n = 9$ Items)

Beurteilung der psychometrischen Qualität:	Objektivität: • Bei einzelnen Untertests (z.B. „Synonyme finden", „Funktionen abstrahieren"), bei denen kein vollständiger Lösungskatalog vorgegeben werden kann, unterliegt die Auswertungsobjektivität geringfügigen Einschränkungen. Die Interpretationsobjektivität kann laut Manual als gegeben angenommen werden. Zur Durchführungsobjektivität werden im Manual keine Angaben gemacht. Reliabilität: • Im Manual finden sich für 9 der 12 Untertests Angaben zur Split-Half-Reliabilität. Diese variieren zwischen $r_{tt} = .70$ für „Realitätssicherheit" und $r_{tt} = .95$ für „Alltagswissen", „angewandtes Rechnen" sowie „Analysieren und Synthetisieren (abstrakt)". • Angaben zur Retest-Reliabilität mit einem Erhebungsabstand von vier Wochen liegen für 11 Untertests und 3 Zusatztests vor. Die Retest-Reliabilität variiert zwischen $r_{tt} = .57$ für „Einprägen durch Wiederholung (lexikalisch)" und $r_{tt} = .95$ für „Alltagswissen". • Angaben zu Cronbachs α fehlen im Manual. Validität: • Faktorielle Validität: Die Ergebnisse einer explorativen Faktorenanalyse deuten auf eine Vier-Faktorenlösung hin. Dem AID 3 liegt also kein Generalfaktormodell zugrunde, und es wird den Testautoren zufolge durch keine bekannte Intelligenztheorie adäquat abgebildet. • Konstruktvalidierung: Die geringen Korrelationen des AID mit diversen anderen kognitiven Fähigkeitstests deuten darauf hin, dass das AID weder Raumvorstellung noch Aufmerksamkeit erfasst. Aufgrund der moderaten Korrelationen zwischen

verschiedenen Untertests des AID 2 mit diversen Tests zum schlußfolgernden Denken wurde im AID 3 der Untertest „Formale Folgerichtigkeit" ergänzt. Für diesen wurden die Zusammenhänge mit ähnlichen Verfahren aber noch nicht überprüft. Es bestehen keine Zusammenhänge zwischen dem AID und verschiedenen Persönlichkeitseigenschaften (z.B. allgemeine Angst, Selbstüberzeugung), was die Testautoren als Hinweis auf die diskriminante Validität werten.

Normierung:
• Normdatenerhebungen in den Jahren 2010–2011

Alter	Testsprache	Testaufbau	zeitlicher Aufwand	Normierungsstichprobe	Ergänzende Informationen	Bezug
6;0–15;11 Jahre	Deutsch; für alle „manuell-visuellen" Unter- und Zusatztests gibt es zudem sprachfreie Instruktionen; der AID 2 liegt auch auf Türkisch vor	Durchführung im Einzelsetting mit Protokollbogen; für 8 der 12 Untertests liegen Parallelformen vor	Bearbeitungsdauer: zwischen 40 und ca. 75 Minuten, pro Zusatztest weitere 2 bis 10 Minuten Auswertungsdauer: laut Testhandbuch unter Verwendung des eigens vertriebenen Auswertungsprogramms AID_3_ Score minimal	N = 2.165 Kinder und Jugendliche im Alter von 6 bis 15 Jahren aus Österreich und Deutschland; keine Angaben zum Anteil von Personen mit Zuwanderungshintergrund; keine Normierung für Personen unterschiedlicher Herkunftskulturen bzw. mit unterschiedlichen Familiensprachen	Die Angaben zu den Reliabilitäten basieren auf den Normierungsstichproben der Jahre 1982–1983 bzw. 1995–1997; die Angaben zur Validität basieren ausschließlich auf der Normierungsstichprobe 1982–1983.	Testzentrale Göttingen

7.5.1.2   Wechsler Nonverbal Scale of Ability (WNV)

Bei der Wechsler Nonverbal Scale of Ability (Petermann, 2014) handelt es sich laut Handbuch um einen nonverbalen Intelligenztest zur Erfassung der allgemeinen kognitiven Fähigkeiten von Kindern, Jugendlichen und jungen Erwachsenen im Alter von 4 bis 21 Jahren. Entsprechend der Zielsetzung, die kognitiven Fähigkeiten einer Testperson möglichst unabhängig von ihren sprachlichen Voraussetzungen zu bestimmen, beinhaltet das Verfahren ausschließlich nonverbale Aufgaben-typen zur Erfassung bestimmter Facetten aus den Bereichen fluide Intelligenz, mentale Geschwindigkeit und Gedächtnis; hingegen werden etwa die durch Bil-dung, Erfahrung oder Akkulturation erworbene kristalline Intelligenz oder schluss-folgerndes Denken auf Basis verbaler oder numerischer Inhalte nicht erfasst.

Das Testverfahren besteht aus 6 Untertests, von denen aber nur 2 (Kurzform) bis maximal 4 (Langform) Untertests in einer vorgegebenen Reihenfolge zu bearbei-ten sind. Die Auswahl der Untertests unterscheidet sich zum Teil zwischen der Al-tersgruppe der Vier- bis Siebenjährigen und der Acht- bis Einundzwanzigjährigen. Eine ausführliche Darstellung der Untertests für den Altersbereich von 4 bis 7 Jah-ren findet sich im Kapitel 5 (Macha und Petermann: Entwicklungsdiagnostik) die-ses Bandes. In Tabelle 7.3 werden daher nur diejenigen Untertests beschrieben, die im Altersbereich von 8 bis 21 Jahren eingesetzt werden. Um eine möglichst al-ters- und fähigkeitsangepasste Itemvorgabe zu ermöglichen, beginnt die Testung je nach Alter mit unterschiedlichen Startitems. Werden mehrere Items in Folge nicht gelöst, greifen Umkehrregeln bzw. Abbruchkriterien. Daher bearbeitet jede Testperson in der Regel nur einen Teil der in Tabelle 7.3 angegebenen Items.

Bei der Testentwicklung wurde ein besonderes Augenmerk darauf gelegt, dass sich das Verfahren für den Einsatz bei Personen mit unterschiedlichem sprachli-chen und kulturellen Hintergrund und/oder mit geringen Deutschkenntnissen eignet. Hierzu wurden zum einen sprachfreie, bildbasierte Instruktionen erarbei-tet. Diese bestehen aus mehreren Bildsequenzen, in denen die Testsituation für jeden Untertest illustriert wird. Um sicherzustellen, dass die Testperson die In-struktionen versteht, lenkt der Testleiter oder die Testleiterin die Aufmerksam-keit der Testperson zunächst auf die Bildsequenzen, bevor die abgebildeten Hand-lungssequenzen anhand der Übungsaufgaben nachgestellt werden. Zudem liegen allgemeine Instruktionen (z. B. zum Testablauf oder zum Umgang mit Fragen) nicht nur auf Deutsch, sondern auch auf Türkisch, Russisch, Spanisch und Ara-bisch vor. Positiv hervorzuheben ist ferner, dass die Kulturunabhängigkeit der Testaufgaben und der bildbasierten Instruktionen durch Wissenschaftlerinnen und Wissenschaftler aus sechs verschiedenen (allerdings allesamt westlich ge-prägten) Ländern geprüft wurde. Dies schlägt sich in der Gestaltung des Testma-terials nieder, das beispielsweise Abbildungen von Personen unterschiedlicher ethnischer Herkunft enthält. Um eine möglichst faire Leistungseinschätzung von Personen mit nichtdeutschem Sprachhintergrund zu gewährleisten, wurde bei der Auswahl der Normstichprobe auf eine angemessene Berücksichtigung dieser Per-sonengruppe geachtet. Der Anteil von Personen mit nichtdeutscher Familienspra-che beträgt in allen Altersgruppen rund 25 % und ist somit annähernd bevölke-rungsrepräsentativ.

Insgesamt wird deutlich, dass Aspekte der kulturellen Validität im Rahmen der Testentwicklung kritisch reflektiert und entsprechende Anpassungen vorgenommen wurden. Dennoch bleibt einschränkend festzuhalten, dass bislang nicht geprüft wurde, ob auf Grundlage der übersetzten Testinstruktionen jeweils dasselbe Konstrukt erfasst wird. Angesichts zahlreicher Rechtschreibfehler und fehlender Wörter in der spanischen Übersetzung ist offen, ob die Inhalte der einzelnen Übersetzungen tatsächlich äquivalent sind. Auch eine Prüfung der Messäquivalenz für Personen mit unterschiedlichem sprachlichen und kulturellen Hintergrund steht noch aus. Daseking, Werpup-Stüwe, Wienert, Menke, Petermann und Waldmann (2015) zeigten jedoch anhand von Daten der Normierungsstudie, dass Kinder mit nichtdeutscher Familiensprache in einzelnen Untertests („Zahlen-Symbol-Test", „Figuren legen") schwächer abschneiden als Kinder mit deutscher Familiensprache. Dies deutet darauf hin, dass die Testleistungen auch von der sprachlichen Ausgangslage der Kinder beeinflusst werden. Allerdings waren die Effekte des bildungsbezogenen familiären Hintergrunds auf die Testleistungen durchweg stärker ausgeprägt als die des Sprachhintergrunds. Folglich variieren die durch die WNV erfassten Fähigkeiten auch in Abhängigkeit von den Lernbedingungen und vom kognitiven Anregungsniveau in der Familie.

Für eine differenzierte Beurteilung der WNV wären weitere empirische Studien zur Überprüfung der kulturellen Validität wünschenswert. Auf Grundlage der bisher verfügbaren Informationen scheint die WNV für den Einsatz in sprachlich und kulturell heterogenen Stichproben aber durchaus geeignet zu sein.

Tabelle 7.3: Kurzbeschreibung der WNV

Testverfahren:	Wechsler Nonverbal Scale of Ability (WNV)
Autoren:	F. Petermann, 2014
Konzeption:	Der WNV liegt die Annahme einer allgemeinen Intelligenz gemäß g-Faktor-Modell zugrunde. Ziel des Verfahrens ist dementsprechend die Erfassung der allgemeinen kognitiven Fähigkeiten von Kindern, Jugendlichen und jungen Erwachsenen. Laut Testhandbuch wird dabei ein möglichst breites Spektrum kognitiver Anforderungen abgedeckt, dessen Erfassung weitestgehend sprachfrei erfolgt.
Untertests:	Die maximale Itemanzahl beträgt in der Altersgruppe von 8–21 Jahren $n = 230$: 1 Matrizen-Test: aus mehreren vorgegebenen Formen diejenige auswählen, die ein Muster korrekt vervollständigt ($n = 41$ Items) 2 Zahlen-Symbol-Test: Symbole nach einem vorgegebenen Schlüssel Zahlen oder Formen zuordnen (mit Zeitbegrenzung) ($n = 144$ Items) 5 Visuell-räumliche Merkspanne: eine durch den Testleiter oder die Testleiterin angetippte Serie von Würfeln in der richtigen Reihenfolge antippen (2 Aufgabensätze [vorwärts und rückwärts] mit je $n = 16$ Items) 6 Bilder ordnen: Bildkarten entsprechend einer logischen Reihenfolge anordnen (mit Zeitbegrenzung) ($n = 13$ Items)

Tabelle 7.3: Fortsetzung

Beurteilung der psychometrischen Qualität:	Objektivität: • Standardisiertes Verfahren mit genauen Vorgaben zur Durchführung, Auswertung und Interpretation Reliabilität: • Cronbachs α beträgt für den Gesamttest für Lang- und Kurzform zwischen α = .86 und α = .95; für den „Zahlen-Symbol-Test" beträgt Cronbachs α in einigen Altersgruppen lediglich α = .67, der „Matrizen-Test" erreicht Werte von bis zu α = .95. • Die Retest-Reliabilität variiert für die einzelnen Untertests und Altersgruppen zum Teil deutlich und beträgt z. B. für den „Matrizen-Test" zwischen r_{tt} = .65 (Altersgruppe von 8;0–12;11 Jahren) und r_{tt} = .83 (Altersgruppe von 13;0–21;11 Jahren). Die Retest-Reliabilität für den Gesamt-IQ beträgt in der Altersgruppe von 8;0–21;11 Jahren r_{tt} = .85. Die Daten zur Retest-Reliabilität basieren auf einer sehr kleinen Stichprobe (N = 78 Kinder und Jugendliche) und wurden in einem Abstand von einem Tag bis 25 Wochen erhoben. Validität: • Zur Überprüfung der faktoriellen Validität wurden konfirmatorische Faktorenanalysen berechnet, die für ein eindimensionales Modell sprechen. Das Testverfahren erweist sich als geeignet für den Einsatz bei Kindern mit Lese-Rechtschreibstörungen; bei Kindern mit Sprachentwicklungsstörungen ergaben sich beim Zahlen-Symbol-Test und bei der visuell-räumlichen Merkspanne Abweichungen im Vergleich zur Normstichprobe. • Angaben zur Kriteriumsvalidität fehlen im Manual. Normierung: • Normdatenerhebung im Jahr 2013

Alter	Test-sprache	Test-aufbau	zeitlicher Aufwand	Normierungs-stichprobe	Ergänzende Informationen	Bezug
4;0–21;11 Jahre	Deutsch, Türkisch, Russisch, Spanisch und Arabisch; zudem liegen sprach-freie, bildbasierte Instruktionen vor	Durchführung im Einzelsetting mit Protokollbogen	Bearbeitungsdauer: Langform mit 4 Untertests: ca. 45 Minuten, Kurzform mit 2 Untertests: ca. 20 Minuten Auswertungsdauer: k.A.	N = 1.006 Kinder und Jugendliche im Alter von 8 bis 21 Jahren aus 10 Bundesländern; in allen Altersgruppen beträgt der Anteil von Personen mit nichtdeutscher Familiensprache 25 %; keine separaten Normen für bestimmte Herkunftsgruppen	Prüfung und Bewertung der Kulturunabhängigkeit der Testmaterialien durch Wissenschaftlerinnen und Wissenschaftler in Australien, Kanada, Frankreich, Deutschland, den Niederlanden und Großbritannien.	Testzentrale Göttingen

7.5.1.3   Berliner Test zur Erfassung fluider und kristalliner Intelligenz für die 8. bis 10. Jahrgangsstufe (BEFKI 8-10)

Der BEFKI 8-10 (Wilhelm, Schroeders & Schipolowski, 2014) ist der erste Teil einer Testreihe, die kontinuierlich um Verfahren für weitere Jahrgangsstufen – darunter die Oberstufe (BEFKI 11+) und die Unterstufe (BEFKI 5-7) – erweitert werden soll. Alle genannten Verfahren weisen den gleichen Aufbau auf und nutzen die gleichen Aufgabenformate. Im Folgenden wird auf das Verfahren für Schülerinnen und Schüler der Jahrgangsstufen 8 bis 10 eingegangen.

Der BEFKI zielt auf die Erfassung und Differenzierung der fluiden und der kristallinen Intelligenz und somit auf zwei in der Intelligenzforschung gut etablierte Fähigkeitsfaktoren ab. Die Autoren begründen die theoretische Fundierung insbesondere mit der Gf-Gc-Theorie von Cattell und Horn (Horn, 2008) sowie mit der Drei-Stratum-Theorie von Carroll (1993). Dabei handelt es sich um weithin anerkannte Intelligenzstrukturtheorien, die von einer hierarchischen Struktur kognitiver Fähigkeiten ausgehen und verschiedene breite Fähigkeitsfaktoren beschreiben. Zur Messung der fluiden Intelligenz kommen im BEFKI drei Skalen zum Einsatz, die schlussfolgendes Denken mit verbalen, numerischen und figuralen Inhalten messen. Kristalline Intelligenz wird anhand eines Wissenstests erfasst, der deklaratives Faktenwissen aus 16 Inhaltsbereichen umfasst (für eine Kurzbeschreibung der vier Untertests vgl. Tabelle 7.4). Die Differenzierung zwischen verschiedenen Inhaltsfacetten bei der Messung der fluiden Intelligenz und die Wahl der jeweils eingesetzten Aufgabenformate wird im Manual theoretisch sowie anhand empirischer Befunde begründet. So argumentieren die Autoren für eine Messung kristalliner Intelligenz mithilfe eines Wissenstests anstelle von Sprachindikatoren wie des Wortschatztests; denn Wissensfragen stellen bei entsprechender Konstruktion vergleichsweise geringe Anforderungen an die Sprachkenntnisse der Testpersonen und könnten somit für eine Messung bei Schülerinnen und Schülern, deren Familiensprache nicht der Testsprache entspricht, besser geeignet sein.

Auf eine Testung von Heranwachsenden mit nichtdeutscher Familiensprache gehen die Autoren in ihren Erläuterungen zu den Durchführungsbedingungen näher ein und betonen, dass ausreichende Deutschkenntnisse zum Verständnis der Instruktionen, Aufgabenstellungen und Antwortmöglichkeiten sichergestellt werden müssen. Als Richtwert wird – analog zu den Standards bei großen Schulleistungsuntersuchungen – darauf verwiesen, dass nach einem Jahr Beschulung in Deutschland von ausreichenden Sprachkenntnissen ausgegangen werden könnte; allerdings ist dieser Wert empirisch nicht abgesichert. Ferner empfehlen die Autoren bei Testpersonen mit geringen Deutschkenntnissen den Einsatz der Skala zur figuralen fluiden Intelligenz sowie eine gründliche Instruierung durch den Testleiter bzw. die Testleiterin, um sicherzustellen, dass die Testperson die Instruktionen versteht. Übersetzte Testformen wurden bisher nicht veröffentlicht, befinden sich für die Sprachen Türkisch, Russisch und Englisch jedoch derzeit in der Erprobung – ebenso wie arabischsprachige Testinstruktionen für die Skala zur figuralen fluiden Intelligenz.

Aspekte der Testfairness werden im Manual in einem eigenen Kapitel behandelt. Hierbei werden verschiedene Analysen zur Messinvarianz hinsichtlich Geschlecht und Schulart vorgestellt; auf Testungen von Personen mit Zuwanderungshintergrund gehen die Autoren hingegen nicht ein, sondern verweisen lediglich auf geplante Studien. Die Normierung des Verfahrens erfolgte im Rahmen einer Studie des Instituts zur Qualitätsentwicklung im Bildungswesen (IQB), in der Aufgaben zu den Bildungsstandards der Kultusministerkonferenz in den Fächern Deutsch und Englisch normiert wurden. Die Stichprobenziehung genügt demnach hohen methodischen Standards und kann – auch im Hinblick auf den Anteil an Personen mit Zuwanderungshintergrund– als repräsentativ für die jeweilige Zielpopulation (Schülerinnen und Schüler an allgemeinen Schulen in einer bestimmten Jahrgangsstufe) angesehen werden. Einschränkend gilt jedoch für die Stichprobe zur 8. Jahrgangsstufe, dass nur Normwerte für jene Schülerinnen und Schüler bereitgestellt werden, die einen Hauptschulabschluss (HSA) anstreben. Zudem wird weder der Anteil der Testpersonen mit Zuwanderungshintergrund bzw. nichtdeutscher Familiensprache in der Normierungsstichprobe expliziert, noch werden separate Normwerte für diese Teilpopulation bereitgestellt.

Zusammenfassend stellt der BEFKI ein theoretisch fundiertes Verfahren mit umfangreicher Normstichprobe dar, dessen psychometrische Eigenschaften vergleichsweise umfassend analysiert wurden. Für den Einsatz bei Heranwachsenden mit nichtdeutscher Familiensprache kann der Einsatz des Verfahrens jedoch derzeit nur dann empfohlen werden, wenn von ausreichenden Deutschkenntnissen auszugehen ist – wobei die sprachlichen Anforderungen je nach Untertest unterschiedlich hoch ausfallen – und keine separaten Normwerte benötigt werden. Im Hinblick auf die Kulturabhängigkeit der Items wäre eine systematische Itemanalyse wünschenswert, um beispielsweise die Annahme zu prüfen, dass Wissensfragen aus dem naturwissenschaftlich-technischen Bereich in kulturell heterogenen Stichproben eine größere Testfairness aufweisen als offensichtlich stark kulturbezogene Fragen aus anderen Wissensdomänen. Von Interesse wäre es ferner, die bereits vorliegenden Analysen zur Messinvarianz hinsichtlich Geschlecht und Schulart um Analysen zur Messäquivalenz bei Schülerinnen und Schülern mit nichtdeutscher Familiensprache zu erweitern.

Tabelle 7.4: Kurzbeschreibung des BEFKI 8-10

Testverfahren:	Berliner Test zur Erfassung fluider und kristalliner Intelligenz für die 8. bis 10. Jahrgangsstufe (BEFKI 8-10)
Autoren:	O. Wilhelm, U. Schroeders & S. Schipolowski, 2014

Tabelle 7.4: Fortsetzung

Konzeption:	Erfassung fluider Intelligenz (Gf) mit den Inhaltsfacetten verbal, numerisch und figural sowie kristalliner Intelligenz (Gc). Die theoretische Grundlage bildet die erweiterte Gf-Gc-Theorie (Horn, 2008) sowie die Drei-Stratum-Theorie (Carroll, 1993).
Untertests:	Die Testbatterie umfasst 3 Untertests zur Erfassung der fluiden Intelligenz (insgesamt 48 Items) und 1 Untertest zur Messung der kristallinen Intelligenz (64 Wissensfragen), dessen Items 3 breiten Wissensdomänen (Subskalen) zugeordnet sind, die auch separat ausgewertet werden können: 1 Schlussfolgerndes Denken – sprachlicher Teil (gfv): relationales Schließen auf Basis sprachlich vorgegebener Prämissen, aus denen eindeutige Schlüsse gezogen werden können ($n = 16$ Items) 2 Schlussfolgerndes Denken – rechnerischer Teil (gfn): kurze mathematische Textaufgaben, die mathematisches Modellieren erfordern ($n = 16$ Items) 3 Schlussfolgerndes Denken – figuraler Teil (gff): Vervollständigen einer fortlaufenden Reihe geometrischer Figuren, die sich regelhaft verändern ($n = 16$ Items) 4 Allgemeinwissen (gc): deklaratives Faktenwissen aus 16 verschiedenen Wissensbereichen ($n = 64$ Items); separate Auswertungsbögen und Normwerte für die Subskalen naturwissenschaftlich-technisches Wissen (NW) ($n = 24$ Items), geisteswissenschaftliches Wissen (GW) ($n = 20$ Items), sozialwissenschaftliches Wissen (SW) ($n = 20$ Items). Für alle Untertests liegen Pseudoparallelformen mit umgekehrter Reihenfolge der Items bzw. der Antwortalternativen vor sowie eine Kurzform, die den Untertest Schlussfolgerndes Denken – figuraler Teil (gff) und den ungekürzten Wissenstest umfasst.
Beurteilung der psychometrischen Qualität:	Objektivität: • Standardisiertes Verfahren mit genauen Vorgaben zur Durchführung, Auswertung und Interpretation, einschließlich Fallbeispielen Reliabilität: • Im Manual werden eindimensionale Messmodelle für die einzelnen Untertests bzw. Subskalen dargestellt; Modellpassung in der Gesamtstichprobe: CFI = .93 bis .98, RMSEA = .04 bis .01, Faktorreliabilität ω = .78 bis .87 je nach Skala • Reliabilität der manifesten Summenwerte in der Gesamtstichprobe: Gesamtwert figurale Intelligenz: α = .84 Gesamtwert kristalline Intelligenz: α = .88 Summenwerte für die Untertests zur figuralen Intelligenz: α = .63 (gfv), .66 (gfn), .74 (gff) Summenwerte für die Subskalen zur kristallinen Intelligenz: α = .74 (NW), .68 (GW), .71 (SW) • Korrelation zwischen Gesamtwerten aus echten Paralleltestformen über einen Zeitraum von 20 Monaten (kombinierte Re- und Paralleltestreliabilität, Messung Anfang der 9. Klasse und Ende der 10. Klasse) bei $r = .74$ bis .79.

Tabelle 7.4: Fortsetzung

Validität:
- Laut Manual Belege für konvergente und diskriminante Validität der Untertests bzw. Subskalen sowie der Gesamtwerte für Intelligenzfaktoren auf Basis anderer Testverfahren, unterschiedliche sprachliche Kompetenzen und sprachgebundene Denkleistungen (fluide Intelligenz im Kognitiven Fähigkeits-Test KFT 4-12+; Wortschatz; Kompetenzen im Lesen, Zuhören, in der Orthografie und im Schreiben im Fach Deutsch; Lese-, Hör- und Hör-Sehverstehen im Fach Englisch)
- Laut Manual erwartungskonforme Schulart-, Jahrgangs- und Geschlechtsunterschiede sowie Beziehungen zu Schulnoten
- Beziehungen zu weiteren Kovariaten und soziodemografischen Variablen wie zuhause gesprochener Sprache sowie sozio-ökonomischem Status in weiteren Veröffentlichungen (Schipolowski, Wilhelm & Schroeders, 2014)

Normierung
- Normdatenerhebung im Jahr 2008
- gewichtete Jahrgangsstufennormen, auch getrennt für gymnasiale und nichtgymnasiale Schularten sowie für Jungen und Mädchen, ferner gewichtete Altersnormen

Alter	Testsprache	Testaufbau	zeitlicher Aufwand	Normierungsstichprobe	Ergänzende Informationen	Bezug
Klassen 8 bis 10 (Klassen 3/4, 5 bis 7 sowie Oberstufe in Vorbereitung)	Deutsch (Türkisch, Russisch, Englisch sowie Instruktion für Untertest gff. auf Arabisch in Erprobung)	Durchführung als Einzel- oder Gruppentestung mit Protokollbogen	Bearbeitungsdauer: Langform 70 Minuten einschl. Instruktion, Kurzform 40 Minuten; Auswertungsdauer: k.A.	$N = 5.708$ Schülerinnen und Schüler der Jahrgangsstufen 8 bis 10 aus allen allgemeinen Schularten in allen Bundesländern außer Bremen; k.A. zum Anteil von Personen mit Zuwanderungshintergrund; keine separaten Normen für bestimmte Herkunftsgruppen	Englischsprachige Testform im englischsprachigen Raum in Erprobung	Hogrefe Verlag/ Testzentrale Göttingen

7.5.2   Schulleistungstests

7.5.2.1   Heidelberger Rechentest (HRT 1-4)

Der Heidelberger Rechentest (HRT 1-4) (Haffner, Baro, Parzer & Resch, 2005) zielt auf die Erfassung grundlegender mathematischer Fähigkeiten zur Größen- und Mengenerfassung, zur visuell-räumlichen Reizverarbeitung und zu basalen arithmetischen Operationen bei Kindern im Grundschulalter ab. Der Fokus liegt auf weitgehend kulturübergreifenden basalen mathematischen sowie kognitiven Fähigkeiten, die entscheidend zur Entwicklung komplexerer mathematischer Fähigkeiten beitragen und die überwiegend lehrplanunabhängig sind. Das Testmaterial zeichnet sich insbesondere dadurch aus, dass es weitgehend sprachfrei gestaltet ist. Laut Testhandbuch ermöglicht die Unabhängigkeit von spezifischen Lehrplänen, den HRT 1-4 ab dem Ende der 1. Klassenstufe bis zum Beginn der 5. Klassenstufe zu jedem Zeitpunkt im Schuljahr durchzuführen. Außerdem bietet sich der HRT 1-4 dadurch auch für den Einsatz außerhalb des deutschsprachigen Raums bzw. „im Bereich internationaler Vergleichs- und Grundlagenforschung" (Haffner et al., 2005, S. 9) an.

Der HRT umfasst 11 Untertests, die sich sowohl theoretisch als auch empirisch 2 Skalen zuordnen lassen: der Skala „Rechenoperationen", die neben den 4 Grundrechenarten auch das Verständnis für Gleichungen und Ungleichungen beinhaltet, und der Skala „räumlich-visuelle Funktionen", die sich auf das Erkennen numerischer Regeln und räumlich-visueller Strukturen bezieht (für eine Kurzbeschreibung der 6 Untertests vgl. Tabelle 7.5). Unter der Annahme, dass Testpersonen mit einer hohen Rechenfähigkeit nicht nur mehr Aufgaben korrekt lösen können, sondern dabei auch effizientere Lösungsstrategien anwenden, wurden alle Untertests als Speedtests konzipiert. Um mögliche Effekte der Schreibmotorik oder des allgemeinen Arbeitstempos ausschließen zu können, kann der Untertest „Schreibgeschwindigkeit" als Kontrollvariable eingesetzt werden. Die Testadministration kann im Einzel- und Gruppensetting erfolgen. Dabei werden die Kinder vorab darüber informiert, dass es in der Regel nicht möglich ist, alle Aufgaben in der vorgegebenen Zeit zu lösen. Für jeden Untertest werden die Aufgaben im Anschluss an eine genaue Instruierung und gemeinsame Bearbeitung der Beispielaufgaben in der vorgegebenen Zeit in Einzelarbeit und ohne Unterbrechung bearbeitet.

Da sich der HRT auf grundlegende mathematische Fähigkeiten bezieht, die kulturübergreifend von Bedeutung sein dürften, und diese mithilfe weitgehend sprachfreien Aufgabenmaterials erfasst, kommt er grundsätzlich auch für den Einsatz in sprachlich und kulturell heterogenen Stichproben infrage. So enthält das Testmaterial kaum Inhalte, mit denen Testpersonen anderer Herkunftskulturen weniger vertraut sein dürften als Schülerinnen und Schüler mit deutschem Hintergrund. Lediglich beim Untertest „Figuren zählen" ist bei einigen Symbolen (z. B. antiquiertes Telefon, amerikanischer Briefkasten) fraglich, ob diese Grundschulkindern kulturübergreifend bekannt sind. Einschränkend ist zudem darauf hinzuweisen, dass die Instruktionen zu den einzelnen Untertests, die durch den Testleiter oder die Testleiterin vorgelesen werden, zum Teil sehr umfangreich sind. Eine zusätzliche Unterstützung, etwa durch bildbasierte Instruktionen, ist nicht vorgesehen. Ob Personen mit Zuwanderungshintergrund und eingeschränkten Deutschkenntnissen die Aufgabenstellungen ebenso gut verstehen wie Personen mit deutscher Familiensprache, wurde nicht untersucht und bleibt daher offen. Grundsätzlich wäre perspektivisch eine explizite Prüfung der Angemessenheit und Nützlichkeit des Verfahrens für die Diagnostik mathematischer Basiskompetenzen bei Personen mit Zuwanderungsgeschichte wünschenswert (z. B. mithilfe einer Prüfung der Messinvarianz), um verlässliche Empfehlungen für den Einsatz in sprachlich und kulturell heterogenen Stichproben treffen zu können.

Tabelle 7.5: Kurzbeschreibung des HRT 1-4

Testverfahren:	Heidelberger Rechentest (HRT 1-4)
Autoren:	J. Haffner, K. Baro, P. Parzer & F. Resch, 2005
Konzeption:	Ausgehend von der Annahme, dass mathematische Basiskompetenzen entscheidend zur Entwicklung komplexerer mathematischer Fähigkeiten beitragen, erfasst das Testverfahren grundlegende Mengen- und Rechenoperationen. Es fokussiert auf numerisch-mathematische Fähigkeiten sowie Fähigkeiten zur räumlich-visuellen Informationsverarbeitung, die kulturübergreifend als relevant gelten. Diese werden weitgehend sprachfrei und unabhängig von curricularen Stoffplänen erfasst.
Untertests:	Der Test umfasst 11 Untertests mit insgesamt 540 Items, die als Speedtest durchgeführt werden. Als Kontrollvariable wird zusätzlich die Schreibgeschwindigkeit ($n = 60$ Items) erhoben.
	Rechenoperationen: 1 Addition: Grundrechnen-Plus ($n = 40$ Items) 2 Subtraktion: Grundrechnen-Minus ($n = 40$ Items) 3 Multiplikation: Grundrechnen-Mal ($n = 40$ Items) 4 Division: Grundrechnen-Geteilt ($n = 40$ Items) 5 Ergänzungsaufgaben: Rechenleistung bei variablen Gleichungsaufgaben ($n = 40$ Items) 6 Größer-Kleiner-Aufgaben: Größenvergleiche, Überblicksrechnen, Ungleichungen ($n = 40$ Items)
	Räumlich-visuelle Leistung: 7 Zahlenfolgen: mathematisch-logisches Denken, Erkennen von Regeln ($n = 20$ Items) 8 Längenschätzen: visuelle Größenerfassung ($n = 24$ Items) 9 Würfelzählen: Mengenerfassung unter Berücksichtigung räumlicher Vorstellung ($n = 28$ Items) 10 Mengenzählen: Zählgeschwindigkeit, Mengenstrukturierung ($n = 28$ Items) 11 Zahlenverbinden: Wahrnehmungsgeschwindigkeit, Visuomotorik ($n = 200$ Items)

Tabelle 7.5: Fortsetzung

Beurteilung der psychometrischen Qualität:	Objektivität: • Standardisiertes Verfahren mit genauen Vorgaben zur Durchführung, Auswertung (mithilfe von Auswertungsschablonen) und Interpretation Reliabilität: • Die Retest-Reliabilität wurde mit einem Erhebungsabstand von ein bis zwei Wochen bestimmt und variiert zwischen $r_{tt} = .69$ für „Mengenzählen" und $r_{tt} = .89$ für „Division". Die Retest-Reliabilität der Skala „Rechenoperationen" beträgt $r_{tt} = .93$, die für die Skala „räumlich-visuelle Leistung" $r_{tt} = .87$. Die Gesamtskala weist eine Reliabilität von $r_{tt} = .93$ auf. • Angaben zu Cronbachs α fehlen im Manual. Validität: • Faktorielle Validität: Explorative Faktorenanalysen stützen ein zweifaktorielles Modell. • Für den Bereich der „Rechenoperationen" kann die inhaltliche Validität aufgrund der für Grundrechenarten typischen Aufgabenauswahl als gegeben angenommen werden. Für den Bereich der „räumlich-visuellen Leistung" fehlen entsprechende Überlegungen im Manual. • Kriteriumsvalidität: Die beiden Skalen „Rechenoperationen" und „räumlich-visuelle Leistung" sowie die Gesamtskala korrelieren jeweils höher mit der Mathematiknote als mit der Deutschnote. Für die einzelnen Untertests fallen die Korrelationsunterschiede zum Teil marginal aus und werden nicht auf Signifikanz geprüft. Die Korrelation mit dem Mathematiktest DEMAT ($N = 85$ Kinder der 4. Jahrgangsstufe) beträgt $r = .72$. • Es bestehen Leistungsunterschiede in Abhängigkeit vom Geschlecht (zugunsten von Jungen im Vergleich zu Mädchen) und der Schulform (zugunsten von Kindern an allgemeinen Schulen im Vergleich zu Kindern an Sprachheil- und Förderschulen). Normierung: • Normdatenerhebung in den Jahren 2002–2004

Alter	Test-sprache	Test-aufbau	zeitlicher Aufwand	Normierungs-stichprobe	Ergänzende Informationen	Bezug
Schülerinnen und Schüler vom Ende der 1. Klasse bis zum Beginn der 5. Klasse	Instruktionen auf Deutsch, die Testaufgaben selbst sind sprachfrei	Papierversion, keine Paralleltestformen, Einzel- und Gruppentestung möglich	Bearbeitungsdauer: in Schulklassen ca. 50–60 Minuten, im Einzeltest ca. 45 Minuten Auswertungsdauer: k.A.	$N = 3.354$ Grundschulkinder der Klassenstufen 1 bis 4 aus vier Bundesländern; davon 8 % von Sprachheil- bzw. Förderschulen; keine Angaben zum Anteil von	weitgehend kulturunabhängiges Testmaterial; keine Überprüfung von Leistungsunterschieden in Bezug auf den Sprachhintergrund	Testzentrale Göttingen

Tabelle 7.5: Fortsetzung

				Personen mit Zuwanderungshintergrund; keine Normierung für Personen unterschiedlicher Herkunftskulturen bzw. mit unterschiedlichen Familiensprachen; getrennte Normen für die Klassenstufen 1/2, 3 und 4		

7.5.2.2   Diagnostischer Rechtschreibtest für 4. Klassen (DRT 4)

Der Diagnostische Rechtschreibtest DRT ist für die Jahrgangsstufen 1 bis 5 verfügbar. Die folgenden Ausführungen beziehen sich auf das für die 4. Jahrgangsstufe der Grundschule konstruierte Verfahren. Die Testformen für die anderen genannten Jahrgangsstufen basieren jedoch auf dem gleichen Aufgabenformat.

Der DRT 4 (Grund, Leonhart & Naumann, 2017) dient der Erfassung der deutschsprachigen orthografischen Kompetenz auf Grundlage eines Lückendiktats. Dabei sollen die Kinder Sätze vervollständigen, indem sie in die vorhandenen Lücken das jeweilige Testwort schreiben, das vom Testleiter bzw. der Testleiterin diktiert wird. In jedem Einzelsatz muss genau ein Wort ergänzt werden. Als quantitatives Maß der Rechtschreibleistung dient die Summe der richtig eingetragenen Wörter. Darüber hinaus kann anhand der Eintragungen der Kinder eine differenzierte Analyse vorliegender Falschschreibungen erfolgen. Aus einem aus diesen Daten erstellten individuellen Fehlerprofil lassen sich Ansätze für eine gezielte Förderung der orthografischen Kompetenz ableiten (vgl. Tabelle 7.6).

Als Testwörter wurden im intendierten Lernalter häufig vorkommende und häufig falsch geschriebene Wörter ausgewählt, wobei die zur Auswahl herangezogene Datengrundlage aus den 1980er bzw. frühen 1990er Jahren stammt. In der 2017 erschienenen 3., aktualisierten und neu normierten Auflage des Testinstruments wurden zwei Testitems in der Testform B durch neue Items ersetzt.

Hervorzuheben sind die im Manual enthaltenen, sehr umfangreichen und rechtschreibdidaktisch fundierten Ausführungen zur Fehleranalyse, zu verschiedenen Fehlerschwerpunkten sowie zu darauf beruhenden möglichen Förderansätzen. Zudem werden im Manual Modelle des Rechtschreiberwerbs vorgestellt. Weniger detailliert betrachtet wurden hingegen Aspekte der psychometrischen Qualität des Tests. So sind im Manual nur wenige Angaben zur Reliabilität und zur Validität der Skala zu finden. Ungeprüft bleibt auch, inwieweit die 42 Items angesichts unterschiedlicher Fehlerschwerpunkte überhaupt eine gemeinsame Skala bilden (Homogenität) und somit die Bildung eines Summenwertes angemessen ist.

Das Verfahren wurde von Oktober bis Dezember 2015 neu normiert. Die Normierungsdaten der Vorauflage stammten aus dem Jahr 1992 und enthielten separate Normwerte (Prozentrangbereiche) für Schülerinnen und Schüler mit nichtdeutscher Familiensprache ($n = 170$), sodass die Mittelwerte dieser Gruppe mit den Mittelwerten von Kindern mit deutscher Familiensprache ($n = 1.978$) verglichen werden konnten. In der Neuauflage des DRT 4 werden keine Normen für Schüler mit anderer Muttersprache als Deutsch mehr angegeben. Die Testautoren begründen dies damit, dass Kinder mit nichtdeutscher Familiensprache eine sehr heterogene Gruppe bilden, für die eine gemeinsame Norm nicht angemessen sei. Stattdessen empfehlen sie, die Testergebnisse dieser Kinder mit den Normwerten von Kindern mit deutscher Muttersprache zu vergleichen. Offen bleibt, inwieweit die verwendete Definition für das Kriterium „deutsche Muttersprache" (Kind selbst ist in Deutschland geboren und Eltern sprechen Deutsch) auch Kinder mit einem oder zwei zugewanderten Elternteilen einschließt.

Zusammenfassend kann der Einsatz des DRT 4 bei Kindern mit Zuwanderungshintergrund insbesondere dann empfohlen werden, wenn ein Vergleich mit aktuellen Normwerten für Kinder mit deutscher Muttersprache nach o.g. Definition angestrebt wird. Mit Blick auf das Testmaterial selbst ist anzunehmen, dass es weitgehend kulturunspezifisch ist. So zielen nur wenige Lückensätze auf geografische oder kulturelle Besonderheiten ab (z.B. glatte Straßen und Frieren im Winter), mit denen Kinder, die in Deutschland zur Schule gehen, jedoch vertraut sein dürften.

Für eine Empfehlung zur Diagnostik bei Schülerinnen und Schülern mit Zuwanderungshintergrund wären detailliertere Angaben zur psychometrischen Qualität der Skala bei dieser Gruppe von Schülerinnen und Schülern wünschenswert. Die rechtschreibdidaktischen Ausführungen des Tests könnten außerdem explizit auf besondere Schwierigkeiten für Kinder mit Zuwanderungshintergrund eingehen, um das Potenzial der Fehleranalyse für diese Gruppe noch besser nutzbar zu machen.

Tabelle 7.6: Kurzbeschreibung des DRT 4

Testverfahren:	Diagnostischer Rechtschreibtest für 4. Klassen (DRT 4)
Autoren:	M. Grund, R. Leonhart & C. L. Naumann, 2017
Konzeption:	Der DRT dient der Erfassung der Rechtschreibleistung (quantitativ) und ggf. auftretender Fehlerschwerpunkte anhand von Testwörtern, die diktiert werden. Die Auswahl der Testwörter beruht auf deren Häufigkeit und Fehlerwahrscheinlichkeit im angezielten Lernalter.

Tabelle 7.6: Fortsetzung

	Das Vorgehen bei der Analyse von Fehlerschwerpunkten ist rechtschreibdidaktisch begründet und an Lehrplänen orientiert. Die Testkonstruktion erfolgte nach der Maßgabe, dass insbesondere im unteren Leistungsbereich gut differenziert werden soll.
Untertests:	42 Lückensätze mit jeweils genau einem Lückenwort, entspricht 42 Items pro Testform.
Beurteilung der psychometrischen Qualität:	Objektivität: • Standardisiertes Verfahren mit genauen Vorgaben zur Durchführung, Auswertung (quantitativ) und Interpretation • Objektivität der Fehleranalyse hängt von Kenntnis der Fehlerarten ab; diese werden im Manual erläutert Reliabilität des Gesamttestwertes: • Retest-Reliabilität: ICC = .89 bis .96 in verschiedenen Klassen mit einem Erhebungsabstand von zwei bis vier Wochen • Cronbachs α von .92 für beide Testformen Validität: • Inhaltsvalidität begründet mit Orientierung an Grundwortschatz und Fehlerkatalog, Passung zu Lehrplänen der Grundschule • Rangkorrelation der Fehlerzahlen im DRT mit Fehlerzahlen in umfangreicherem Lückendiktat zum Grundwortschatz (500 bis 1.000 Wörter) in vier Schulklassen zwischen r = .68 und .94 Normierung: • Normierungserhebung 2015 • in 12 Bundesländern, ungewichtet

Alter	Testsprache	Testaufbau	zeitlicher Aufwand	Normierungsstichprobe	Ergänzende Informationen	Bezug
4. Klasse der Grundschule, bei rechtschreibschwachen Lernenden (auch an Förderschulen) ggf. bis zur 8. Klasse sinnvoll einsetzbar	Deutsch	Vorlage auf Papier, Einzel- oder Gruppentestung; 2 Parallelversionen	Bearbeitungsdauer: ca. 45 Minuten (reine Diktierzeit ca. 30 Minuten) Auswertungsdauer: 1–2 Minuten pro Schüler, bei Analyse der Fehlerschwerpunkte ggf. länger	N = 2.055, Eichungszeitraum Oktober bis Dezember 2015 der 4. Klasse	Kinder mit nichtdeutscher Muttersprache für Normwerte explizit ausgeschlossen	Hogrefe Verlag/ Testzentrale Göttingen

7.5.2.3   Weingartener Grundwortschatz Rechtschreib-Test für vierte und fünfte Klassen (WRT 4+)

Der Weingartener Grundwortschatz Rechtschreib-Test (WRT) (Birkel, 2007) ist in den Ausgaben 1+, 2+, 3+ und 4+ erhältlich, die auf dem Grundwortschatz der jeweiligen Klassenstufe basieren und für Testungen in der namensgebenden sowie der darauffolgenden Klassenstufe empfohlen werden. Im Folgenden wird näher auf das Verfahren WRT 4+ eingegangen, das auf Basis des Grundwortschatzes der 4. Jahrgangsstufe entwickelt wurde und für eine Messung der orthografischen Kompetenz in der 4. Klasse der Grundschule oder der 5. Klasse an Hauptschulen bzw. vergleichbaren Schularten und -zweigen vorgesehen ist.

Die Messung der orthografischen Kompetenz erfolgt im WRT 4+ auf Basis eines bzw. mehrerer Lückendiktate (vgl. Tabelle 7.7). Anders als beim oben beschriebenen Verfahren DRT werden keine unabhängigen Einzelsätze diktiert, vielmehr besteht eine Testform beim WRT 4+ aus mehreren kurzen Geschichten, also inhaltlich verbundenen Sätzen. Nahezu jeder Satz enthält eine Lücke, in die nach Diktat ein Testwort zu schreiben ist. In der Auswertung wird einerseits die orthografische Kompetenz als Summe der richtig geschriebenen Testwörter quantifiziert, zum anderen werden Materialen bereitgestellt, um Fehlertypen zu analysieren. In diesem Zusammenhang ist auch eine Auszählung der Graphemtreffer (d. h. der richtig geschriebenen Grapheme) vorgesehen.

Die Grundlage für die Auswahl der Testwörter bildete eine Wortliste, die den Grundwortschatz der 4. Klassenstufe der Grundschule widerspiegeln soll und vom Testautor in den 1980er Jahren auf Basis von Wortlisten entwickelt wurde, die seinerzeit in mehreren Bundesländern eine verbindliche Vorgabe für den Schulunterricht darstellten. Ausschlaggebend für die aktuelle Testform waren zudem empirische Erprobungen, die ebenfalls in den 1980er Jahren durchgeführt wurden.

In der zweiten Auflage des Verfahrens wurde einerseits eine Anpassung der Materialien an die Rechtschreibreform vorgenommen, wobei offen bleibt, ob die Rechtschreibreformen in den Jahren 2004, 2006 und 2011 zu zusätzlichem Änderungsbedarf geführt haben. Zum anderen wurde eine Neunormierung vorgenommen. Die im Manual berichteten Ergebnisse der psychometrischen Analysen beziehen sich jedoch teilweise auf die Daten der ersten Normierung im Jahr 1988, so dass fraglich ist, ob bzw. inwieweit sie auf die aktuellen Normierungsdaten übertragbar sind. Wünschenswert wären zudem weiterführende Analysen, in denen etwa der Frage nachgegangen wird, welche Rolle die Einbettung der Lückensätze in zusammenhängende Texte spielt (Testlet-Effekte) und inwieweit es demnach angemessen ist, über die verschiedenen Geschichten hinweg einen einfachen Summenscore zu bilden (Schroeders, Robitzsch & Schipolowski, 2014).

Tabelle 7.7: Kurzbeschreibung des WRT 4+

Testverfahren:	Weingartener Grundwortschatz Rechtschreib-Test für vierte und fünfte Klassen (WRT 4+)
Autoren:	P. Birkel, 2007
Konzeption:	Der WRT dient der Erfassung der Rechtschreibleistung (quantitativ) und ggf. auftretender Fehlerschwerpunkte anhand von Testwörtern, die diktiert werden. Die Auswahl der Testwörter beruht auf Wortlisten, die in den 1980er Jahren in mehreren Bundesländern (z. B. in Bayern) für den Schulunterricht verbindlich vorgegeben wurden und einen Grundwortschatz widerspiegeln sollen, der für die 4. Klassenstufe der Grundschule angemessen erscheint. Das Vorgehen bei der Analyse von Fehlerschwerpunkten basiert auf der Fehlertypologie von Knapp (2004); zudem ist die Auswertung von Graphemtreffern analog zur Hamburger Schreibprobe (HSP) von May, Vieluf und Malitzky (2000) vorgesehen. Die Testkonstruktion erfolgte nach der Maßgabe, dass insbesondere im unteren Leistungsbereich gut differenziert werden soll.
Untertests:	Langform: mehrere Geschichten mit insgesamt 60 Testwörtern Kurzform: eine Geschichte mit 20 Testwörtern Die Kurzformen enthalten andere Geschichten als die Langformen, aber keine neuen Testwörter.
Beurteilung der psychometrischen Qualität:	Objektivität: <ul><li>Standardisiertes Verfahren mit genauen Vorgaben zur Durchführung, Auswertung (quantitativ) und Interpretation</li><li>Objektivität der Fehleranalyse hängt von Kenntnis der Fehlerarten ab</li></ul> Reliabilität: <ul><li>Split-half-Reliabilität: $r = .95/.94$ (Langformen), $r = .89/.86$ (Kurzformen); keine Angaben zur 5. Klassenstufe</li><li>Retest-Reliabilität (Zeitabstand ca. 6 Wochen): $r_{tt} = .94/.93$ (Langformen), $r_{tt} = .90$ (beide Kurzformen)</li><li>Paralleltest-Reliabilität: $r = .94$ (Langformen), $r = .82$ (Kurzformen)</li></ul> Validität: <ul><li>Inhaltsvalidität begründet mit Orientierung an Grundwortschatz und Einschätzungen von Lehrkräften</li><li>Korrelation des Summenwertes (Anzahl richtig geschriebener Testwörter) mit durchschnittlicher Bewertung der letzten fünf Diktate im Unterricht durch die Lehrkraft: $r = -.82/-.81$ (Langformen), $r = .76/-.81$ (Kurzformen)</li><li>erwartungskonforme Korrelationen des Summenwertes mit Zeugnisnoten in verschiedenen Fächern</li><li>erwartungskonforme Korrelationen von Vorformen mit Tests zu Leseverstehen, Rechtschreiben und Wortschatz</li><li>Analysen zu Effekten von Geschlecht und Familiensprache</li><li>Die im Manual angegebenen psychometrischen Kennwerte beziehen sich teilweise auf veraltete Normdaten von 1988.</li></ul>

Tabelle 7.7: Fortsetzung

	Normierung: • Normierungserhebungen im Zeitraum 2002–2005 Ende Klasse 4 und zu mehreren Zeitpunkten in Klassenstufe 5 • Klasse 4: je nach Testform in 6 oder 7, z.T. unterschiedlichen Bundesländern; ungewichtet • Klasse 5: nur Hauptschule, je nach Zeitpunkt in 2 bis 7 Bundesländern; ungewichtet						
Alter	**Testsprache**	**Testaufbau**	**zeitlicher Aufwand**	**Normierungsstichprobe**	**Ergänzende Informationen**	**Bezug**	
4. Klasse der Grundschule, 5. Klasse an Hauptschulen oder vergleichbaren Schularten oder -zweigen	Deutsch	Vorlage auf Papier, Einzel- oder Gruppentestung; Langform und Kurzform, je 2 Parallelversionen	Bearbeitungsdauer: 45 Minuten (Langform), 20 Minuten (Kurzform) Auswertungsdauer: k.A.	Ende Klasse 4: $N = 1.095$ bis 2.299 je nach Testform; Klasse 5: $N = 371$ bis 1.741 je nach Testform und Zeitpunkt Anteil Kinder mit nichtdeutscher Familiensprache in Klasse 4 je nach Testform bei rund 9 % bis rund 14 %; separate Normen für Kinder mit nichtdeutscher Familiensprache, je nach Testform und Zeitpunkt teilweise geringes N	Änderungen der Rechtschreibung seit 2004 nicht berücksichtigt; keine Normwerte für die Auswertung der Graphemtreffer	Hogrefe Verlag/ Testzentrale Göttingen	

Im Hinblick auf die Diagnostik der orthografischen Kompetenz bei Schülerinnen und Schülern mit Zuwanderungshintergrund bzw. nichtdeutscher Familiensprache ist hervorzuheben, dass der Effekt der Familiensprache auf die Testleistung (Deutsch versus andere Familiensprache) im Manual explizit untersucht wird und für Testpersonen mit nichtdeutscher Familiensprache separate Normwerte zur Verfügung gestellt werden. Eine weitergehende Auseinandersetzung mit den Besonderheiten der Testanwendung, -auswertung und -interpretation bei Kindern mit nichtdeutscher Familiensprache erfolgt jedoch nicht.

Der WRT 4+ kann somit für den Einsatz bei Kindern mit Zuwanderungshintergrund insbesondere dann empfohlen werden, wenn separate Normwerte von Interesse sind, wenngleich nicht davon auszugehen ist, dass die zugrunde liegenden Gelegenheitsstichproben für Deutschland insgesamt repräsentativ sind. Hinsichtlich der Iteminhalte selbst ist wie auch beim DRT anzunehmen, dass diese weitgehend kulturunspezifisch sind.

7.6   Fazit und Ausblick

Im vorliegenden Buchbeitrag wurden verschiedene Aspekte vorgestellt bzw. diskutiert, die eine valide und faire Leistungsdiagnostik bei Heranwachsenden mit Zuwanderungsgeschichte gefährden könnten und die daher im diagnostischen Prozess angemessen berücksichtigt werden sollten.

Ein besonderes Augenmerk wurde auf die sprachlichen Anforderungen von Testaufgaben gelegt, die eine mögliche Verständnishürde für Personen mit eingeschränkten Deutschkenntnissen darstellen können und daher nur so hoch sein sollten, wie es für die Erfassung des interessierenden Konstrukts zwingend erforderlich ist. Empirische Befunde zur Rolle sprachlicher Komplexität für die Aufgabenbearbeitung legen zwar nahe, dass die sprachlichen Anforderungen des Testmaterials keine substanziell benachteiligenden Effekte auf die Testleistungen von Schülerinnen und Schülern unterschiedlicher sprachlicher Herkunft haben. Die entsprechenden Studien beziehen sich zumeist auf Mathematik- und Naturwissenschaftsaufgaben, die für den Einsatz in sprachlich bzw. kulturell heterogenen Stichproben entwickelt sowie umfangreich erprobt wurden.

Selbst wenn davon auszugehen ist, dass die sprachlichen Anforderungen des Testmaterials Personen mit Zuwanderungshintergrund nicht benachteiligen, ist noch nicht sichergestellt, dass ein Testverfahren tatsächlich eine valide und faire Diagnostik für diese Gruppe ermöglicht. Einschränkungen der Validität können beispielsweise auch dadurch entstehen, dass Personen je nach kultureller Herkunft unterschiedlichen Zugang zu Lerngelegenheiten zur Aneignung bestimmter Inhalte und Wissensbereiche haben. Ebenso könnten die Aufgabenkontexte Befragten aus einem bestimmten Kulturkreis geläufiger sein als Personen aus anderen Kulturkreisen.

Die Frage, ob ein Testverfahren auch bei zugewanderten Personen eingesetzt werden kann, ist also keineswegs trivial. Sie sollte idealerweise bereits während der

Item- und Testentwicklung berücksichtigt werden – so kann es informativ sein, Testitems Expertinnen und Experten (z. B. Lehrkräften) aus anderen Kulturkreisen vorzulegen und diese um eine Einschätzung der inhaltlichen Angemessenheit sowie der Schwierigkeit der Items für Testpersonen aus diesen Kulturkreisen zu bitten (Edele & Schipolowski, 2017). Anschließend sollte die Eignung der Testinstrumente explizit empirisch geprüft werden. Die International Test Commission (2017) empfiehlt in diesem Zusammenhang beispielsweise die Durchführung separater Reliabilitätsanalysen für alle interessierenden Herkunfts- bzw. Sprachgruppen sowie die Überprüfung der Messinvarianz für verschiedene Sprachgruppen. Übersetzte Testformen sollten außerdem auf ihre Vergleichbarkeit mit dem ursprünglichen Test geprüft werden.[4] Auch die Zusammenhänge des erfassten Konstrukts mit relevanten Außenkriterien sollten für alle Zielpopulationen getrennt bestimmt werden, um sicherzustellen, dass das Testverfahren in allen Gruppen dasselbe Konstrukt erfasst.

Vor diesem Hintergrund wird deutlich, dass im deutschen Sprachraum noch erheblicher Entwicklungsbedarf besteht, um eine valide, faire und kulturell angemessene Diagnostik unterschiedlicher kognitiver Fähigkeiten bei Personen mit Zuwanderungsgeschichte zu gewährleisten. Zum einen ist die Anzahl der Verfahren, die sich für den Einsatz in sprachlich und kulturell heterogenen Stichproben eignen, vergleichsweise gering. Zum anderen erfüllen die verfügbaren Instrumente nur einen Teil der Voraussetzungen, die für eine angemessene Leistungsstanddiagnostik bei Heranwachsenden mit Zuwanderungsgeschichte erforderlich sind. So erfassen einige Verfahren Fähigkeiten, die weitgehend kulturübergreifend als relevant gelten können (HRT 1-4; WNV); zum Teil wurden Anstrengungen unternommen, neben den Items auch die Instruktionen möglichst sprachfrei zu gestalten (WNV; AID-3). Vereinzelt werden getrennte Normen für Kinder mit nichtdeutscher Familiensprache bereitgestellt (WRT 4+), die jedoch häufig als veraltet gelten können. Eine explizite Prüfung der psychometrischen Qualität der Skalen für Personen unterschiedlicher sprachlicher und/oder kultureller Herkunft wurde für keines der hier vorgestellten Testinstrumente durchgeführt. Daher muss letztendlich offen bleiben, ob sie sich für den Einsatz bei zugewanderten Personen gleichermaßen gut eignen wie für die Diagnostik bei Personen ohne Zuwanderungshintergrund.

Die möglichst genaue Erfassung individueller Unterschiede in breit definierten kognitiven Fähigkeiten sowie schulbezogenen fachlichen Kompetenzen ist jedoch eine wichtige Voraussetzung, um optimale Bildungsgänge bzw. Förderangebote für Kinder und Jugendliche mit Zuwanderungshintergrund auswählen zu können. Insbesondere für Schutz- bzw. Asylsuchende werden aktuell verschiedene diagnostische Systeme entwickelt, die dazu dienen sollen, Bildungsstand und -potenziale sichtbar zu machen sowie Empfehlungen für Bildungs- und Ausbildungswege

---

4   Vgl. auch Kapitel 3: Zabal & Behr.

zu geben. Beispielsweise stellt das baden-württembergische Kultusministerium den Schulen des Landes ein Instrument zur Potenzialanalyse[5] bereit, mit dem in modularer Form kognitive Basiskompetenzen sowie an den Bildungsplänen des Landes orientierte Fähigkeiten in den Fächern Deutsch, Englisch und Mathematik erfasst werden können. Untersuchungen zur psychometrischen Eignung dieser Instrumente wurden bislang jedoch nicht veröffentlicht.

Angesichts der steigenden Zahlen von Heranwachsenden mit Zuwanderungshintergrund – insbesondere von neuzugewanderten Personen – ist davon auszugehen, dass der Neu- und Weiterentwicklung geeigneter Testinstrumente, die sich für den Einsatz in der Praxis eignen, in den kommenden Jahren eine wachsende Bedeutung zukommen wird.

Literatur

Abedi, J. (2008). Classification system for English language learners: Issues and recommendations. *Educational Measurement: Issues and Practice, 27*, 17–31. http://doi.org/10.1111/j.1745-3992.2008.00125.x

Abedi, J. (2009). Validity of assessments for English language learning students in a national/international context. *Estudios Sobre Educación, 16*, 167–183.

Abedi, J. & Gándara, P. (2006). Performance of English language learners as a subgroup in large-scale assessment: Interaction of research and policy. *Educational Measurement: Issues and Practice, 25*, 36–46. http://doi.org/10.1111/j.1745-3992.2006.00077.x

Abedi, J., Lord, C. & Plummer, J.R. (1997). *Final report of language background as a variable in NAEP mathematics performance*. Los Angeles, CA: National Center for Research on Evaluation, Standards, and Student Testing (CRESST).

Aguirre-Muñoz, Z. (2000). *The impact of language proficiency on complex performance assessments: Examining linguistic accommodation strategies for English language learners*. Doctoral dissertation, University of California at Los Angeles.

American Educational Research Association, American Psychological Association & National Council on Measurement in Education (2014). *Standards for educational and psychological testing*. Washington, DC: American Educational Research Association.

Artelt, C. & Baumert, J. (2004). Zur Vergleichbarkeit von Schülerleistungen bei Leseaufgaben unterschiedlichen sprachlichen Ursprungs. *Zeitschrift für Pädagogische Psychologie, 18*, 171–185. http://doi.org/10.1024/1010-0652.18.34.171

Autorengruppe Bildungsberichterstattung (2016). *Bildung in Deutschland 2016. Ein indikatorengestützter Bericht mit einer Analyse zu Bildung und Migration*. Bielefeld: Bertelsmann Verlag.

Birkel, P. (2007). *Weingartener Grundwortschatz Rechtschreibtest für 4. und 5. Klassen (WRT 4+)* (2., neu normierte und vollständig überarbeitete Aufl.). Göttingen: Hogrefe.

Böhme, K., Richter, D., Stanat, P., Pant, H.A. & Köller, O. (2012). Die länderübergreifenden Bildungsstandards in Deutschland. In P. Stanat, H.A. Pant, K. Böhme & D. Richter (Hrsg.), *Kompetenzen von Schülerinnen und Schülern am Ende der vierten Jahrgangsstufe in den Fächern Deutsch und Mathematik. Ergebnisse des IQB-Ländervergleichs 2011* (S. 11–18). Münster: Waxmann.

---

5   2P | Potenzial & Perspektive, http://www.2p-bw.de

Carroll, J. B. (1993). *Human cognitive abilities: A survey of factor-analytic studies.* New York: Cambridge University Press. http://doi.org/10.1017/CBO9780511571312

Cattell, R. B. (1940). A culture-free Intelligence Test I. *Journal of Educational Psychology, 31*, 161–179. http://doi.org/10.1037/h0059043

Daseking, M., Werpup-Stüwe, L., Wienert, L. M., Menke, B. M., Petermann, F. & Waldmann, H.-C. (2015). Sprachfreie Intelligenzdiagnostik bei Kindern mit Migrationshintergrund. *Kindheit und Entwicklung, 24*, 243–251. http://doi.org/10.1026/0942-5403/a000180

DeShon, R. P., Chan, D. & Weissbein, D. A. (1995). Verbal overshadowing effects on Raven's advanced progressive matrices: Evidence for multidimensional performance determinants. *Intelligence, 21*, 135–155. http://doi.org/10.1016/0160-2896(95)90023-3

Diehl, C. & Fick, P. (2016). Ethnische Diskriminierung im deutschen Bildungssystem. In C. Diehl, C. Hunkler & C. Kristen (Hrsg.), *Ethnische Ungleichheiten im Bildungsverlauf. Mechanismen, Befunde, Debatten* (S. 243–286). Wiesbaden: Springer VS.

Edele, A. & Schipolowski, S. (2017, Februar). *Wie lässt sich das Bildungspotenzial geflüchteter Kinder und Jugendlicher feststellen? Erfassung von deklarativem Wissen und kognitiven Grundfähigkeiten im Rahmen der GeFam-Studie.* SOEP Brown Bag Seminar, Deutsches Institut für Wirtschaftsforschung (DIW). Berlin. Verfügbar unter https://www.diw.de/sixcms/detail.php?id=diw_01.c.552074.de

Edele, A., Schotte, K. & Stanat, P. (2015). *Assessment of immigrant students' listening comprehension in their first languages (L1) Russian and Turkish in grade 9: Extended report of test construction and validation* (NEPS Working paper No. 57). Bamberg: Leibniz-Institut für Bildungsverläufe, Nationales Bildungspanel.

Elbers, E. & de Haan, M. (2005). The construction of word meaning in a multicultural classroom. Mediational tools in peer collaboration during mathematics lessons. *European Journal of Psychology of Education, 20*, 45–59.

Freimuth, H. (2016). An examination of cultural bias in IELTS Task 1 non-process writing prompts: a UAE perspective. *Learning and Teaching in Higher Education: Gulf Perspectives, 13* (1).

Granzer, D. (2009). Von Bildungsstandards zu ihrer Überprüfung: Grundlagen der Item- und Testentwicklung. In D. Granzer, O. Köller, A. Bremerich-Vos, M. van den Heuvel-Panhuizen, K. Reiss & G. Walther (Hrsg.), *Bildungsstandards Deutsch und Mathematik* (S. 21–30). Weinheim: Beltz.

Grund, M., Leonhart, R. & Naumann, C. L. (2017). *Diagnostischer Rechtschreibtest für 4. Klassen (DRT 4)* (3., aktualisierte und neu normierte Aufl.). Göttingen: Hogrefe.

Haag, N. (2015). *Differenzielle Validität von Mathematiktestaufgaben für Kinder mit nichtdeutscher Familiensprache – Welche Rolle spielt die sprachliche Komplexität der Aufgaben?* Dissertation, Humboldt-Universität zu Berlin.

Haag, N., Böhme, K., Rjosk, C. & Stanat, P. (2016). Zuwanderungsbezogene Disparitäten. In P. Stanat, K. Böhme, S. Schipolowski & N. Haag (Hrsg.), *IQB-Bildungstrend 2015. Sprachliche Kompetenzen am Ende der 9. Jahrgangsstufe im zweiten Ländervergleich* (S. 431–479). Münster: Waxmann.

Haag, N., Heppt, B., Stanat, P., Kuhl, P. & Pant, H. A. (2013). Second language learners' performance in mathematics: Disentangling the effects of academic language features. *Learning and Instruction, 28*, 24–34. http://doi.org/10.1016/j.learninstruc.2013.04.001

Haag, N., Roppelt, A. & Heppt, B. (2015). Effects of mathematics items' language demands for language minority students: Do they differ between grades? *Learning and Individual Differences, 42*, 70–76.

Haffner, J., Baro, K., Parzer, P. & Resch, F. (2005). *Heidelberger Rechentest (HRT 1-4). Erfassung mathematischer Basiskompetenzen im Grundschulalter* Göttingen: Hogrefe.

Härtig, H., Heitmann, P. & Retelsdorf, J. (2015). Analyse der Aufgaben zur Evaluation der Bildungsstandards in Physik – Differenzierung von schriftsprachlichen Fähigkeiten und Fachlichkeit. *Zeitschrift für Erziehungswissenschaft, 18*, 763–779. http://doi.org/10.1007/s11618-015-0646-2

Heppt, B. (2016). *Verständnis von Bildungssprache bei Kindern mit deutscher und nicht-deutscher Familiensprache*. Dissertation, Humboldt-Universität zu Berlin.

Heppt, B., Haag, N., Böhme, K. & Stanat, P. (2015). The role of academic-language features for reading comprehension of language-minority students and students from low-SES families. *Reading Research Quarterly, 50*, 61–82. http://doi.org/10.1002/rrq.83

Heppt, B. & Paetsch, J. (2018). Diagnostik sprachlicher Kompetenzen im Schulbereich. In C. Titz, S. Geyer, A. Ropeter, H. Wagner, S. Weber & M. Hasselhorn (Hrsg.), *Konzepte zur Sprach- und Schriftsprachförderung entwickeln* (S. 117–137). Stuttgart: W. Kohlhammer.

Heppt, B., Stanat, P., Dragon, N., Berendes, K. & Weinert, S. (2014). Bildungssprachliche Anforderungen und Hörverstehen bei Kindern mit deutscher und nicht-deutscher Familiensprache. *Zeitschrift für Pädagogische Psychologie, 28*, 139–149. http://doi.org/10.1024/1010-0652/a000130

Hickendorff, M. (2013). The language factor in elementary mathematics assessments: Computational skills and applied problem solving in a multidimensional IRT framework. *Applied Measurement in Education, 26*, 253–278. http://doi.org/10.1080/08957347.2013.824451

Hoff, E. (2013). Interpreting the early language trajectories of children from low-SES and language minority homes: Implications for closing achievement gaps. *Developmental Psychology, 49*, 4–14. http://doi.org/10.1037/a0027238

Hofstetter, C. H. (2003). Contextual and mathematics accommodation test effects for English-language learners. *Applied Measurement in Education, 16*, 159–188. http://doi.org/10.1207/S15324818AME1602_4

Holland, P. W. & Wainer, H. (Eds.). (1993). *Differential item functioning*. Hillsdale, NJ: Lawrence Erlbaum Associates.

Horn, J. L. (2008). Spearman, g, expertise, and the nature of human cognitive capability. In P. C. Kyllonen, R. D. Roberts & L. Stankov (Eds.), *Extending intelligence: Enhancement and new constructs* (S. 185–230). New York: Lawrence Erlbaum Associates.

International Test Commission (2017). *ITC guidelines for the large-scale assessment of linguistically diverse populations. Consultation draft*. Document reference: ITC-G-09022017.

Kempert, S., Edele, A., Rauch, D., Paetsch, J., Darsow, A., Wolf, K. , et al. (2016). Die Rolle der Sprache für zuwanderungsbezogene Ungleichheiten im Bildungserfolg. In C. Diehl, C. Hunkler & C. Kristen (Hrsg.), *Ethnische Ungleichheiten im Bildungsverlauf. Mechanismen, Befunde, Debatten* (S. 157–241). Wiesbaden: Springer VS. http://doi.org/10.1007/978-3-658-04322-3_5

Kendler, H. H., Glasman, L. D. & Ward, J. W. (1972). Verbal-labeling and cue-training in reversal-shift behavior. *Journal of Experimental Child Psychology, 13*, 195–209. http://doi.org/10.1016/0022-0965(72)90019-7

Kieffer, M. J., Rivera, M. & Francis, D. J. (2012). *Practical guidelines for the education of English language learners: Research-based recommendations for the use of accommodations in large-scale assessments. 2012 update*. Portsmouth, NH: RMC Research Corporation, Center on Instruction.

Knapp, W. (2004). *Deutschprofi A 1 – Lehrermaterialien*. München: Oldenbourg.

Kopriva, R. J. (2008). *Improving testing for English language learners*. New York: Routledge.

Kubinger, K. D. (2009). *Adaptives Intelligenz Diagnostikum 2 (Version 2.2) (AID 2) samt AID 2-Türkisch*. Göttingen: Beltz.

Kubinger, K. D. (2010). Zur Zukunft des Verfahrensinventars psychologischen Diagnostizierens. In K. D. Kubinger & T. Ortner (Hrsg.), *Psychologische Diagnostik in Fallbeispielen* (S. 30–42).

Göttingen: Hogrefe.

Kubinger, K. D. & Holocher-Ertl, S. (2014). *Adaptives Intelligenz Diagnostikum 3 (AID 3). Manual.* Göttingen: Hogrefe.

Lakin, J. M. & Lai, E. R. (2012). Multigroup generalizability analysis of verbal, quantitative, and nonverbal ability tests for culturally and linguistically diverse students. *Educational and Psychological Measurement, 72,* 139–158. http://doi.org/10.1177/0013164411408074

Li, H. & Suen, H. K. (2012). The effects of test accommodations for English language learners: A meta-analysis. *Applied Measurement in Education, 25,* 327–346. http://doi.org/10.1080/0895 7347.2012.714690

Martiniello, M. (2009). Linguistic complexity, schematic representations, and differential item functioning for English language learners in math tests. *Educational Assessment, 14,* 160–179. http://doi.org/10.1080/10627190903422906

May, P., Vieluf, U. & Malitzky, V. (2000). *Hamburger Schreib-Probe (HSP).* Stuttgart: vpm.

Muñoz-Sandoval, A. F., Cummins, J., Alvarado, C. G. & Ruef, M. L. (1998). *Bilingual Verbal Ability Tests (BVAT).* Itasca, IL: Riverside.

Olczyk, M., Seuring, J., Will, G. & Zinn, S. (2016). Migranten und ihre Nachkommen im deutschen Bildungssystem: Ein aktueller Überblick. In C. Diehl, C. Hunkler & C. Kristen (Hrsg.), *Ethnische Ungleichheiten im Bildungsverlauf. Mechanismen, Befunde, Debatten* (S. 33–70). Wiesbaden: Springer VS. http://doi.org/10.1007/978-3-658-04322-3_2

Ortiz, S. O., Ochoa, S. H. & Dynda, A. M. (2012). Testing with culturally and linguistically diverse populations: Moving beyond the verbal-performance dichotomy into evidence-based practice. In D. P. Flanagan & P. L. Harrison (Eds.), *Contemporary intellectual assessment: Theories, tests, and issues* (S. 526–552). New York: Guilford.

Paetsch, J. (2016). *Der Zusammenhang zwischen sprachlichen und mathematischen Kompetenzen bei Kindern deutscher und bei Kindern nicht-deutscher Familiensprache.* Dissertation, Freie Universität Berlin.

Paetsch, J., Felbrich, A. & Stanat, P. (2015). Der Zusammenhang von sprachlichen und mathematischen Kompetenzen bei Kindern mit Deutsch als Zweitsprache. *Zeitschrift für Pädagogische Psychologie, 29,* 19–29. http://doi.org/10.1024/1010-0652/a000142

Pennock-Roman, M. & Rivera, C. (2011). Mean effects of test accommodations for ELLs and non-ELLs: A meta-analysis of experimental studies. *Educational Measurement: Issues and Practice, 30,* 10–28. http://doi.org/10.1111/j.1745-3992.2011.00207.x

Petermann, F. (2014). *Wechsler Nonverbal Scale of Ability (WNV). Deutsche Bearbeitung.* Frankfurt a. M.: Pearson Assessment.

Petermann, F. & Macha, T. (2004). *Entwicklungstest 6 Monate bis 6 Jahre (ET 6-6)* (2. Aufl.). Frankfurt a. M.: Harcourt Test Services.

Ramseger, J. (2013). Prozessbezogene Qualitätskriterien für den naturwissenschaftlichen Unterricht – Zehn Kriterien für wirksames didaktisches Handeln im Elementar- und Primarbereich. In Y. Anders, I. Hardy, S. Pauen, J. Ramseger, B. Sodian & M. Steffensky (Hrsg.), *Wissenschaftliche Untersuchungen zur Arbeit der Stiftung „Haus der kleinen Forscher"* (Bd. 5, S. 147–171). Schaffhausen: SCHUBI.

Rauch, D., Mang, J., Härtig, H. & Haag, N. (2016). Naturwissenschaftliche Kompetenz von Schülerinnen und Schülern mit Zuwanderungshintergrund. In K. Reiss, C. Sälzer, A. Schiepe-Tiska, E. Klieme & O. Köller (Hrsg.), *PISA 2015. Eine Studie zwischen Kontinuität und Innovation* (S. 317–347). Münster: Waxmann.

Raven, J. C. (1998). *Raven's progressive matrices.* Oxford: Oxford Psychologists Press.

Sato, E., Rabinowitz, S., Gallagher, C. & Huang, C.-W. (2010). *Accommodations for English language learner students: The effect of linguistic modification of math test item sets. (NCEE Report*

2009-4079). National Center for Education Evaluation and Regional Assistance. Retrieved August 7, 2017, from http://www.eric.ed.gov/PDFS/ED510556.pdf

Schipolowski, S., Wilhelm, O. & Schroeders, U. (2014). On the nature of crystallized intelligence: The relationship between verbal ability and factual knowledge. *Intelligence, 46*, 156–168. http://doi.org/10.1016/j.intell.2014.05.014

Schneider, W. J. & McGrew, K. S. (2012). The Cattell-Horn-Carroll model of intelligence. In D. Flanagan & P. Harrison (Eds.), *Contemporary intellectual assessment: Theories, tests, and issues* (3rd ed., pp. 99–144). New York: Guilford.

Schölmerich, A., Leyendecker, B., Citlak, B., Caspar, U. & Jäkel, J. (2008). Assessment of migrant and minority children. *Zeitschrift für Psychologie/Journal of Psychology, 216*, 187–194. http://doi.org/10.1027/0044-3409.216.3.187

Schroeders, U., Robitzsch, A. & Schipolowski, S. (2014). A comparison of different psychometric approaches to modeling testlet structures: An example with C-tests. *Journal of Educational Measurement, 51*, 400–418. http://doi.org/10.1111/jedm.12054

Schwabe, F. & Gebauer, M. M. (2013). (Test-)Fairness – eine Herausforderung an standardisierte Leistungstests. In N. McElvany, M. M. Gebauer, W. Bos & H. G. Holtappels (Hrsg.), *Jahrbuch der Schulentwicklung Band 17. Daten, Beispiele und Perspektiven. Sprachliche, kulturelle und soziale Heterogenität in der Schule als Herausforderung und Chance der Schulentwicklung* (S. 217–235). Weinheim: Beltz Juventa.

Sekretariat der Ständigen Konferenz der Kultusminister der Länder in der Bundesrepublik Deutschland (KMK) (2004). *Bildungsstandards im Fach Mathematik für den Mittleren Schulabschluss. Beschluss vom 04.12.2003*. München: Luchterhand.

Sekretariat der Ständigen Konferenz der Kultusminister der Länder in der Bundesrepublik Deutschland (KMK) (2005a). *Bildungsstandards im Fach Biologie für den Mittleren Schulabschluss. Beschluss vom 16.12.2004*. München: Luchterhand.

Sekretariat der Ständigen Konferenz der Kultusminister der Länder in der Bundesrepublik Deutschland (KMK) (2005b). *Bildungsstandards im Fach Mathematik für den Primarbereich. Beschluss vom 15.10.2004*. München: Luchterhand.

Shaftel, J., Belton-Kocher, E., Glasnapp, D. & Poggio, J. (2006). The impact of language characteristics in mathematics test items on the performance of English language learners and students with disabilities. *Educational Assessment, 11*, 105–126. http://doi.org/10.1207/s15326977ea1102_2

Solano-Flores, G. (2011). Language issues in mathematics and the assessment of English language learners. In K. Téllez, J. Moschkovich & M. Civil (Eds.), *Latinos/as and Mathematics Education: Research on Learning and Teaching in Classrooms and Communities* (S. 283–314). Charlotte, NC: Information Age Publishing.

Steffensen, M. S., Jogdeo, C. & Anderson, R. C. (1979). A cross-cultural perspective on reading comprehension. *Reading Research Quarterly, 15*, 10–29. http://doi.org/10.2307/747429

Tewes, U., Rossmann, P. & Schallberger, U. (2002). *Hamburg-Wechsler-Intelligenztest für Kinder (HAWIK-III). Manual.* (3. überarbeitete und ergänzte Aufl.). Huber: Bern.

Urdan, T. (2012). Factors affecting the motivation and achievement of immigrant students. In K. R. Harris, S. Graham, T. Urdan, S. Graham, J. M. Royer & M. Zeidner (Eds.), *APA educational psychology handbook, Vol. 2: Individual differences and cultural and contextual factors* (S. 293–313). Washington, DC: American Psychological Association. http://doi.org/10.1037/13274-012

von Dewitz, N., Massumi, M. & Grießbach, J. (2016). *Entwicklungen im Jahr 2015: Neu zugewanderte Kinder, Jugendliche und junge Erwachsene*. Köln: Mercator-Institut für Sprachförderung und Deutsch als Zweitsprache.

Weinert, S. (2000). Beziehungen zwischen Sprach- und Denkentwicklung. In H. Grimm (Hrsg.), *Sprachentwicklung* (S. 311–361). Göttingen: Hogrefe.

Wilflinger, G. & Holocher-Ertl, S. (2010). Abklärung einer Intelligenzminderung – Der 15-jährige Yusuf mit Türkisch als Muttersprache. In K. D. Kubinger & T. M. Ortner (Hrsg.), *Psychologische Diagnostik in Fallbeispielen* (S. 142–154). Göttingen: Hogrefe.

Wilhelm, O., Schroeders, U. & Schipolowski, S. (2014). *Berliner Test zur Erfassung fluider und kristalliner Intelligenz für die 8. bis 10. Jahrgangsstufe (BEFKI 8-10)*. Göttingen: Hogrefe.

Young, J. W., King, T. C., Hauck, M. C., Ginsberg, M., Kotloff, L., Cabrera, J. & Cavalie, C. (2014). *Improving content assessment for English language learners: Studies of the linguistic modification of test items*. Princeton, NJ: Educational Testing Service.

Teil III

Klinische und Persönlichkeits-Diagnostik bei Migrantinnen und Migranten

8 Klinische Diagnostik bei Kindern und Jugendlichen

Julian Busch, Birgit Leyendecker & Rainer G. Siefen

8.1 Grundlagen aus der Transkulturellen Psychologie

8.1.1 Zielsetzung des Buchbeitrages

Kinder und Jugendliche mit Migrationshintergrund stellen eine besonders hetero-gene Patientengruppe in der psychiatrisch-psychologischen Versorgung dar.[1] Diese umfasst minderjährige Personen, die neben der Bewältigung universeller Entwick-lungsaufgaben häufig Anpassungsleistungen aufgrund ihrer Herkunft vollbringen müssen. Im diagnostischen Prozess können der Stellenwert der Familie, die Um-stände und Motive der familiären Migration, sowie die Umgangsformen mit men-talem Leiden besondere Bedeutung haben. Wie kann eine vorurteilsfreie und valide klinische Diagnostik gelingen? Idealerweise sollte das Vorliegen eines Mi-grationshintergrunds keinen Einfluss auf die Qualität der Diagnosestellung haben, und den Erfolg einer Behandlung nicht beeinträchtigen. Ziel dieses Buchbeitrages ist es, zur Entwicklung von Handlungskompetenz und -sicherheit in der klinischen Diagnostik mit Kindern und Jugendlichen mit Migrationshintergrund beizutragen. Hierzu werden zunächst Erkenntnisse aus dem Forschungsfeld „Transkulturelle Psychologie" mit Bezug zur diagnostischen Situation dargestellt. Im Hauptteil wer-den diagnostische Prozesse, Besonderheiten und Herausforderungen im Umgang mit Minderjährigen mit Migrationshintergrund erläutert. Zusammenfassend wer-den 12 Leitsätze für Behandler[2], Forscher und gesundheitspolitische Akteure for-

---

[1] Schenk et al. (2006) sowie Sauer und Brinkmann (2016, S. 8) gebrauchen die Termini *Migranten* und *Personen mit Migrationshintergrund* gleichermaßen als Oberbegriff für sowohl Personen mit eigener Zuwanderungserfahrung als auch Menschen nachfolgender Einwanderungsgenerationen. In Anlehnung an diese Ausführung und zur weiterführenden begrifflichen Trennung werden in diesem Beitrag jene Personen mit eigener Migrationserfahrung – Migranten erster Generation – als *Zugewanderte* bezeichnet.

[2] Gemeint sind sowohl die männliche als auch die weibliche Form. Zur besseren Lesbarkeit werden nachfolgend personenbezogene Bezeichnungen, die sich zugleich auf Frauen und Männer bezie-hen, nur in der männlichen Form angeführt.

muliert. Schwerpunkte liegen auf dem Einsatz von Dolmetschern sowie auf der Anwendung standardisierter Diagnoseverfahren. Dazu wird eine Auswahl geeigneter klinisch-diagnostischer Verfahren für zugewanderte Minderjährige bereitgestellt. Angesichts aktueller Entwicklungen wird ergänzend auf die klinische Diagnostik bei geflüchteten Minderjährigen eingegangen.

8.1.2   Notwendigkeit kultursensitiver Diagnostik

Die internationale UN-Kinderrechtskonvention von 1989 sichert Minderjährigen unabhängig von Herkunft und Aufenthaltsort Schutz und Versorgung zu (United Nations, 1989). Dies schließt das Recht auf eine angemessene Gesundheitsversorgung ein. Im Bereich der deutschsprachigen Psychotherapie stellt eine angemessene Diagnostik bereits bei deutschen Kindern eine Herausforderung dar – besonders dann, wenn sie noch sehr jung sind und diagnostische Verfahren nur eingeschränkt eingesetzt werden können. Eine valide Diagnostik erfordert in den meisten Fällen daher den Einbezug der Eltern und des sozialen Kontexts. Welche besonderen Herausforderungen ergeben sich, wenn Kinder, Jugendliche und ihre Eltern einen Migrationshintergrund haben? Wie kann die häufig vorhandene Sprachbarriere überwunden werden? Welchen Stellenwert haben ggf. die kulturellen Unterschiede im Rahmen von Diagnostik und Behandlung? Aktuelle Bevölkerungsstatistiken verdeutlichen die zunehmende Bedeutung dieser Fragen: Mehr als ein Drittel aller in Deutschland aufwachsenden Kinder weist eine eigene oder familiäre Migration in ihrer Biographie auf. Die zahlenmäßig bedeutsamsten Bevölkerungsgruppen mit Migrationshintergrund stammen aus der Türkei (17 %), Polen (10 %) und der Russischen Föderation (7 %) (Bundesamt für Migration und Flüchtlinge, 2016a). Viele Minderjährige mit Migrationshintergrund haben mindestens einen Elternteil, der bereits selbst in Deutschland aufgewachsen ist (Kalter & Schroedter, 2010) und daher mit der hiesigen Kultur und Sprache vertraut sein sollte. Jedoch gibt es durch die EU-Osterweiterung und die große Zahl von Geflüchteten seit Kurzem auch eine große neuzugewanderte Gruppe (Bundesamt für Migration und Flüchtlinge, 2016b); vermutlich sind beide Elternteile dieser Kinder und Jugendlichen aufgrund ihrer kürzeren Aufenthaltsdauer bislang nur in sehr geringem Ausmaß mit der deutschen Sprache und Kultur vertraut.

Die kulturelle Diversität in Deutschland hat durch Zuwanderung deutlich zugenommen. Hinzu kommen die teilweise erheblichen Unterschiede innerhalb der verschiedenen Kulturen, die maßgeblich durch Religiosität, Bildungsstand und Migrationsmotive beeinflusst sind (Leung & Cohen, 2011). So können aus Nationen wie der Türkei sowohl Familien zuwandern, deren Erfahrungen durch eine traditionell ländliche, archaische Gesellschaft geprägt sind, als auch Familien aus Großstädten, deren Lebensstil sich in vielerlei Hinsicht eher weniger von dem westlicher Industrienationen unterscheidet. In vielen Herkunftsländern leben zudem unterschiedliche Volksgruppen, die sich durch Religion, politische Orientierung oder Tradition stärker voneinander abgrenzen als Menschen in Deutschland. An die Therapeuten werden deshalb hohe Anforderungen hinsichtlich ihrer Flexibilität im Umgang mit Familien mit Migrationshintergrund sowie ihrer Selbstreflexivität in Bezug auf die eigene Kultur gestellt. Darauf weist auch die wissenschaftliche Definition von „Kultur" hin: „Kultur beschreibt ein Bündel von Einstellungen (Überzeugungen, Werten, kollektiven Wissens, Aberglaube, Stereotypen), Verhaltensweisen (Variation von Normen, Rollen, Gewohnheiten, Traditionen, Bräuchen), und Symbolen (Objekten oder Ideen, denen spezielle Bedeutung zugeschrieben wird), die von einer großen Gruppe von Menschen geteilt werden" (Shiraev & Levy, 2014, S. 27; Übersetzung durch die Autoren). Häufig verdeutlicht erst der Kontakt mit Menschen aus anderen Kulturen, wie viel von dem eigenen Denken und Handeln durch die eigene kulturelle Prägung beeinflusst ist.

Die Herkunftskultur kann als latente, häufig unbewusste Brille begriffen werden, durch welche die Umwelt seit der Kindheit wahrgenommen und gedeutet wird. Welche versteckten Vorurteile und negativen Einstellungen haben Menschen? Welche davon kommen – bewusst oder unbewusst – zum Ausdruck? Erfahren Kinder und ihre Eltern mit Migrationshintergrund, dass ihre Probleme nicht verstanden oder nicht ernst genommen werden? Die psychotherapeutische Diagnostik bzw. Behandlung von Kindern und Jugendlichen aus anderen Kulturen birgt im Besonderen die Gefahr, dass Wahrnehmungen eingeschränkt oder verfälscht werden, und dass Aussagen sowie Handlungen falsch interpretiert werden. Aus der Sicht von Familien mit Migrationshintergrund gilt dasselbe: Kinder sowie deren Eltern können Fragen und Hinweise im interkulturellen Behandlungssetting leicht missverstehen (Probst, Laditka, Moore, Harun & Powell, 2007).

8.1.3   Familien in unterschiedlichen Kulturen

So unterschiedlich die Herkunftskulturen und die individuellen Lebenssituationen zugewanderter Kinder, Jugendlicher und ihrer Familien sein können – zwei Gemeinsamkeiten teilen viele von ihnen. Die erste betrifft den Stellenwert der Familie. Während in Deutschland ein individualistisches Gesellschaftssystem dominiert, stammen die meisten zugewanderten Familien aus Ländern, die eher soziozentrisch orientiert sind (Bierbrauer, 1994). Zu Letzteren zählen beispielsweise die Türkei und Syrien. In soziozentrischen Gesellschaftssystemen wird der Familie ein hoher Stellenwert beigemessen (Phalet & Schönpflug, 2001). Kinder knüpfen von Geburt an ein enges Band mit anderen Familienmitgliedern – auch über ihre Kernfamilie hinaus (Schulze, Harwood, Schoelmerich & Leyendecker, 2002). Dies hat Konsequenzen auf sehr unterschiedlichen Ebenen. Im Vergleich zu individualistischen Prägungen können diese Kinder Konflikte mit einem Elternteil oder anderen Familienmitgliedern als sehr viel bedrohlicher erleben. Weiterhin unterscheidet sich oftmals die Rolle der Eltern hinsichtlich ihrer Autorität zwischen den Gesellschaftssystemen. Wenn Familienmitglieder viel Verantwortung füreinander übernehmen, können bei wichtigen Entscheidungen neben den Eltern andere Familienmitglieder – beispielweise Großeltern, Onkel oder Tanten – ein bedeutsames Mitspracherecht innehaben (Georgas et al., 2001).

Die klinische Praxis zeigt, dass viele zugewanderte Menschen keine oder nur wenig Erfahrung mit Psychologen haben. Dies kann kulturell bedingt sein – wenn Psychotherapie in der Herkunftskultur wenig bekannt oder verbreitet ist. Es kann aber auch mit einem niedrigen sozioökonomischen Status verbunden sein, insbesondere wenn verfügbare Therapien nicht finanzierbar waren. Wenn keine Möglichkeit zur Therapie gegeben ist, ist die Familie in stärkerem Maße für die Bearbeitung psychosozialer Probleme bedeutsam. Dabei kann es entlastend wirken, wenn die betroffene Person ihr Problem oder Erleben auf externe Ursachen zurückführt, die der Kontrolle des Einzelnen und der Familie entzogen sind (u. a. Schicksal, Gottes Willen) (Yavuz, 2008). Probleme, die als das Fehlverhalten von einzelnen Familienmitgliedern gelten, können auch mit Schande bewertet werden, die dann häufig auf die gesamte Familie zurückfällt (Sue & Sue, 1999). Ein türkisches Sprichwort lautet „Was auch immer in der Familie geschieht, bleibt das Geheimnis der Familie und sollte nicht an Außenstehende weitergegeben werden" (Kol kırılır yen içinde, baş yarılır börk içinde kalır) – es beschreibt die Einstellung, dass psychische Probleme sowie Konflikte zwischen Familienmitgliedern ausschließlich die Familie angehen. Außenstehende werden oftmals nur dann um Rat gefragt, wenn der Leidensdruck einzelner Personen sehr groß ist und gleichzeitig innerhalb der Familie keine Lösung gefunden werden kann (Doğan, 2000). Deshalb kann es vor allem türkischstämmigen Familien schwer fallen, hiervon zu berichten. Zudem ist häufiger als in autochthonen Familien damit zu rechnen, dass es Familienmitgliedern missfällt, wenn ein Therapeut als außenstehende Person hinzugezogen wird. Wenn ein Kind oder seine Eltern Außenstehenden von ihren Schwierigkeiten berichten, können sie dies möglicherweise sehr ambivalent sehen und nicht nur erleichtert sein. Hier kann es wichtig sein, die Haltung abwesender Familienmitglieder zur Problemstellung abzuklären.

8.2   Spezifische Herausforderungen in der Diagnostik bei Kindern und Jugendlichen mit Migrationshintergrund

8.2.1   Komplexität familiärer Migrationsbiographien

Die sehr unterschiedlichen Formen von Migration reichen von der Arbeitsmigration bis hin zu Vertreibung und Flucht. Einwanderung durch Familienzusammenführung gehört ebenfalls dazu (Belhadj Kouider & Petermann, 2015). Vielfältige familiäre Konstellationen resultieren, wenn einzelne Familienmitglieder zuerst

einwandern (etwa Arbeitsmigranten oder unbegleitete minderjährige Flüchtlinge), und dann weitere Familienmitglieder aus dem Herkunfts- oder aus einem
Transitland durch Familienzusammenführung nachgeholt werden. Wenn ein Elternteil durch Heirat zugezogen ist, sind die Nachkommen häufig an der Herkunftskultur der Eltern orientiert. Adriaanse, Doreleijers, van Domburgh und Veling (2016) sind der Auffassung, dass Prävention und Behandlung auf der Ebene
der spezifischen ethnischen Gruppenzugehörigkeit ansetzen sollten. Dies wird
bei komplexen familiären Migrationsgeschichten den kulturellen und ethnischen
Voraussetzungen der Kinder besser gerecht als die allgemeine Einordnung „fa-
miliärer Migrationshintergrund". Art und Ausmaß wanderungs- bzw. fluchtbedingter Belastungen werden genauer mit einer migrationsspezifischen modifi-
zierten Anamneseerhebung erfasst. Hierzu wird die Verwendung diagnostischer
Leitfäden empfohlen (z. B. „Hannover Interview Migration, Akkulturation und
seelische Gesundheit", vgl. Calliess, Ünlü, Neubauer, Hoy, Machleidt & Behrens,
2009). Zu bedenken ist, dass Adaptation und Integration von zugewanderten Eltern oft viele Jahre dauern. Mindestens während dieser Zeit können sich manche
von ihnen nicht so effektiv für die Gesundheits- und Bildungsbedürfnisse ihrer
Kinder einsetzen wie einheimische Eltern (Alba & Foner, 2015). Vor einer Über-
betonung kultureller Zugehörigkeit und Migrationserfahrung warnt hingegen
Achenbach (2015). In seinen empirischen Analysen konnten durch diese Faktoren
bei über 70.000 Kindern aus 43 Ländern nur 0,8 bis 8,0 % der Varianz psychopa-
thologischen Verhaltens aufgeklärt werden. Dennoch kann es für die konkrete Therapieplanung wichtig sein, zwischen migrationsbedingten und ethnokulturell zu
erklärenden Aspekten von Verhaltensauffälligkeiten zu unterscheiden, selbst
wenn eine Zuordnung nicht immer eindeutig möglich ist.

8.2.2   Unbegleitete minderjährige Flüchtlinge

Die Zahl unbegleiteter minderjähriger Flüchtlinge (UMF) hat in den letzten Jahren deutlich zugenommen (Witt, Rassenhofer, Fegert & Plener, 2015). Nach einer
Übersicht von Hebebrand, Anagnostopoulos, Eliez, Linse, Pejovic-Milovancevis
und Klasen (2016) waren 26 % der in 2014 in die EU-28 eingewanderten Asylsuchenden minderjährig. Ohne ihre Eltern oder andere bisher Sorgeberechtigte
kamen 14 % der Kinder und Jugendlichen; in dieser Gruppe der unbegleiteten
minderjährigen Flüchtlinge waren 85 % männlich. Im März 2017 lebten 43.800
UMF in Deutschland. UMF werden als besonders vulnerable Gruppe für die Ausbildung psychopathologischer Symptome beschrieben. Sie haben mehr traumatische Erfahrungen gemacht als von den Eltern begleitete Kinder und Jugendliche (Ramel, Täljemark, Lindgren & Johansson, 2015; Witt et al., 2015). Diese
Belastungen können vor, während oder nach der Migration aufgetreten sein. Die
Diagnostik darf sich jedoch nicht einseitig auf diesen Aspekt fokussieren. Vielmehr müssen, wie bei allen Flüchtlingskindern, in die Diagnostik einbezogen

werden: Entwicklungsbedingungen vor der Flucht, wirtschaftliche und soziale Situation der Familie im Herkunftsland, Bildungsbiographie sowie religiöse und kulturelle Orientierung. Zu den postmigratorischen Stressoren für UMF können ferner Probleme mit dem Aufenthaltsstatus und mit drohender Ausweisung zurück in das Herkunftsland oder andere europäische Länder gehören. Dabei variiert die legale und soziale Altersgrenze für Volljährigkeit zwischen Staaten und Kulturen. Zudem handelt es sich bei UMF um ein sehr heterogenes Klientel (Witt et al., 2015).

Nach einer schwedischen Untersuchung von Ramel et al. (2015) waren UMF in Schweden häufiger in ambulanter oder stationärer kinder- und jugendpsychiatrischer Behandlung als ihre einheimischen Altersgenossen – beispielsweise wegen mehr selbstverletzendem und suizidalem Verhalten. Wenn psychische Auffälligkeiten bestehen, verlaufen sie oft chronisch (Witt et al., 2015). Einerseits leiden UMF unter Heimweh sowie unter der Trennung von Angehörigen und von der Familie, andererseits können aber bereits vor der Flucht innerfamiliäre Konflikte bestanden haben (Schepker, Adam & Siefen, 2017). Häufiger als angenommen werden UMF von Angehörigen selbst – unter Inkaufnahme der erheblichen Risiken – geschickt. Die Migration soll zur Verbesserung der familiären Lebenssituation beitragen, beispielsweise durch die Rücksendung von Geld oder durch die Initiation des Familiennachzugs (Hebebrand et al., 2016; Siebenbürger, 2017; Reher & Metzner, 2016). Dennoch scheinen viele UMF resilient zu sein. Studienübergreifend konnte gefunden werden, dass bei einer Vielzahl dieser jungen Zuwanderer keine psychischen Auffälligkeiten festzustellen waren (Witt et al., 2015). Für alle jungen Flüchtlinge empfehlen Hebebrand et al. (2016) eine Stärkung ihrer Resilienz zur Minimierung des Risikos psychopathologischer Entwicklungsverläufe. Dazu trägt gerade bei UMF eine zukunftsorientierte Psychodiagnostik mit der gezielten Suche nach Ressourcen, verfügbaren Bewältigungsstrategien und Ansätzen zur Eigeninitiative bei.

8.2.3   Familiendynamiken und psychische Belastung bei zugewanderten Familien

Die Arbeitsmigration eines Elternteils mit dem Ziel, Partner und Kinder später nachzuholen, schafft eine andere Familiendynamik als die Pioniermigration eines Sohns oder einer Tochter als Flüchtling (bspw. um sich dem Militärdienst zu entziehen). Familiäre Ziele bzw. Erwartungen bezüglich der Migration können sich je nach den individuellen kulturellen Wurzeln und ethnischen Zugehörigkeiten unterscheiden (Belhadj Kouider & Petermann, 2015). Von den 2015 in Europa aufgenommenen Asylsuchenden waren 25 % Kinder und Jugendliche (Hebebrand et al., 2016). Einerseits können in gemeinsam auswandernden Familien belastende und traumatisierende Erfahrungen besser geteilt werden (z. B. direkte und

indirekte Kriegserlebnisse, Fluchterlebnisse, soziale Belastungen im Aufnahmeland). Andererseits bedarf es oft einer sehr wohlwollenden Haltung außenstehen-
der Gesprächspartner, um solche Themen überhaupt zu besprechen. Folgende potentielle Belastungen sollten in die Diagnostik einbezogen werden:

1. Zum postmigratorischen Stress gehören nach Gavranidou, Niemiec, Magg und
   Rosner (2008) familiäre Anforderungen, zu deren Bewältigung Kinder – welche
   die neue Sprache oft schon besser sprechen als ihre Eltern – fortlaufend beitragen müssen: Behördengänge, Dolmetschen für Eltern und andere Familienan-
   gehörige sowie die Erledigung amtlicher Korrespondenz. Das führt zu veränderten Rollenstrukturen sowie nicht selten zu Konflikten zwischen Kindern und
   Eltern. Diese Belastungen sind wiederum stark mit psychischen Auffälligkeiten
   der Kinder verknüpft (Gavranidou et al., 2008).
2. Wenn zunächst zurückgelassene Kinder später nachgeholt werden, können
   diese ebenfalls traumatisierenden Fluchterfahrungen ausgesetzt sein.
3. Diagnostik bei Kindern und Jugendlichen mit Migrationshintergrund hat immer
   eine Familienperspektive. Daher sollten auch die Eltern zu eigenen Akkultura-
   tionsproblemen befragt werden. Eltern wie Kinder erleben Postmigrationsstressoren intensiv: Asylverfahren, einen möglichen Asylklageprozess, die Unter-
   bringung in Wohnheimen, eingeschränkten Zugang zum Gesundheitssystem.
   Hinzu kommen der Verlust vertrauter sozialer Kontakte und Netzwerke, Sprachschwierigkeiten sowie das Erleben von Diskriminierung (Böttche, Heeke &
   Knaevelsrud, 2016a). Stress und Traumatisierungen der Eltern wirken sich
   ebenfalls auf die Kinder aus (Lambert & Alhassoon, 2015).

Umso wichtiger sind Elterninterviewleitfäden in der Herkunftssprache, um die
Eltern in die Diagnostik zentral einzubeziehen. Das wiederum ist Grundlage für
familienbezogene Therapieziele wie eine Verbesserung der Eltern-Kind-Beziehung sowie die Förderung eines positiven Selbstbildes und einer situationsange-
messenen kulturellen Identität (Adriaanse et al., 2016). Eltern müssen außerdem
Gesundheitskompetenz (Health Competency) entwickeln: Wissen über Versor-
gungsangebote, gesundheitsbewusstes Verhalten, Ernährungsstrategien, die den
veränderten Lebensumständen angepasst sind, sowie Aufsuchen von Gesund-
heitsversorgern und Beratungsstellen zur Vorsorge bzw. zur Hilfe bei gesundheitlichen Problemen (Martin, Rücker, Bau & Wiegand, 2014). Ähnlich wichtig ist die
Vermittlung von Bildungskompetenz, damit Eltern und Kinder sich besser in der
Bildungslandschaft zurechtfinden – mit positiven Auswirkungen auf die psychische und körperliche Gesundheit. Denn für viele zugewanderte Eltern ist der
Schulerfolg ihrer Kinder ein Maßstab dafür, ob sich die Mühen der Migration ge-
lohnt haben (Alba & Foner, 2015). Es kann zu einer besonderen Herausforderung
des diagnostischen Prozesses werden, das Begabungs- bzw. Leistungspotential
der Kinder zutreffend einzuschätzen, um dann einen Weg zwischen notwendiger
zusätzlicher Förderung einerseits und möglicher Überforderung durch familiäre
Bildungserwartungen andererseits zu finden.

8.2.4 Gesundheitsversorgung von Kindern und Jugendlichen mit Fluchthintergrund

Nach einer Literaturübersicht von Hebebrand et al. (2016) wurde bei 86 % der in stationärer kinder- und jugendpsychiatrischer Behandlung befindlichen, zugewanderten Jugendlichen Stress in Zusammenhang mit dem Asylprozess festgestellt. Neben Kriseninterventionen in Kliniken bzw. Ambulanzen findet Psychotherapie für Kinder und Jugendliche mit Migrationshintergrund im ärztlichen Versorgungsnetzwerk der niedergelassenen Kinder- und Jugendpsychiater sowie durch Kinder- und Jugendpsychotherapeuten statt. Psychodiagnostik bzw. -therapie wird zudem von sogenannten Trauma-Ambulanzen für Flüchtlingskinder und Familien angeboten. Dank zahlreicher Initiativen existieren Beratungsstellen mit ähnlichen Schwerpunkten inzwischen in vielen Großstädten. Häufig haben Flüchtlingskinder und -jugendliche zusätzlich zu psychischen Beschwerden auch körperliche Gesundheitsbelastungen (Hebebrand et al., 2016).

Kinderkliniken und niedergelassene Kinderärzte sind in den meisten Fällen die ersten Anlaufstellen bei gesundheitlichen Problemen von Kindern mit Fluchthintergrund. Für diese Settings sollte daher gesundheitliche Chancengleichheit angestrebt werden. Das verlangt den Abbau von Sprach- und Kommunikationsbarrieren insbesondere bei chronischen körperlichen Erkrankungen (Ipsiroğlu & Bode, 2005). Diese Krankheiten können mit vielfältigen psychischen Belastungen einhergehen, denen vorgebeugt werden sollte. Bei einer Befragung von 229 Kinder- und Jugendärzten (Langer, Schaper, Gupta, Porst & Ostermann, 2013) gaben von den Befragten 75 % sprachlich bedingte Verständigungsschwierigkeiten bei der Arbeit mit Kindern mit Migrationshintergrund an. Das beeinträchtigte nach Ansicht der Kinderärzte sowohl das Erkennen von Sprachentwicklungsstörungen (81 %) als auch die Aufklärungsgespräche zur häuslichen Unfallprävention. Auf die zahlreichen Diagnostik- und Beratungsangebote von Jugend- und Gesundheitsämtern sowie von Beratungsstellen unterschiedlicher Träger sei hier nur hingewiesen. Das Angebotsspektrum von frühen Hilfen für Flüchtlingsfamilien entwickelt sich aktuell vielfältig weiter.

8.3 Psychische Störungsbilder

8.3.1 Posttraumatische Belastungsstörungen und Depression sowie andere Störungsbilder

Insbesondere geflüchtete Migranten sind vielfältigen Stressoren ausgesetzt. Die Probleme im Zusammenhang mit dem Flüchtlingsstatus können jahrelang bestehen bleiben (Thommessen, Laghi, Cerrone, Baiocco & Todd, 2013). Bei Flüchtlingskindern wird oft eine posttraumatische Belastungsstörung (PTBS) diagnostiziert, mit Angst und Depression als häufigen komorbiden Störungen (Gavranidou et al., 2008). Zu traumatisierenden Erlebnissen wie Trennung oder gar Tod von Angehörigen, sexueller Ausbeutung, sexuellem Missbrauch und Zwangsarbeit kann es bei Kindern und Jugendlichen vor allem vor und während der Flucht gekommen sein. Aus einer Literaturübersicht von Bronstein und Montgomery (2011) ergibt sich eine PTBS-assoziierte Belastung von 19 bis 45 % der untersuchten Flüchtlingskinder insgesamt. Witt et al. (2015) finden nochmals erhöhte Raten für die Untergruppe UMF von 17 bis 71 %. Fragebogenstudien kommen dabei zu höheren Belastungsraten als interviewgestützte Untersuchungen (Witt et al., 2015).

Akkulturationsstress wird häufig zu den potentiell traumatisierenden Erfahrungen gezählt. Dieser entsteht durch die Notwendigkeit, Beziehungen zu zwei verschiedenen Kulturen zu integrieren. Dabei haben manche zugewanderten Familien schon im Heimatland einer Minderheitenkultur angehört. Akkulturationsprobleme der Eltern können die Kinder zusätzlich belasten (Belhadj Kouider & Petermann, 2015). Zu den Überforderungen zugewanderter Kinder gehören neben möglichen direkten und indirekten Kriegs- und Fluchterlebnissen später das Dolmetschen für Eltern und Geschwister, eine veränderte Rollenverteilung in der Familie, innerfamiliäre Konflikte und fehlende Unterstützung durch die Eltern (Gavranidou et al., 2008). Hinzu kommen eingeschränkte Ausbildungsmöglichkeiten, insbesondere bei unzureichenden Sprachkenntnissen und mangelnder schulischer Vorbildung. Böttche, Stammel und Knaevelsrud (2016b) heben den wiederkehrenden Stress durch Diskriminierungserfahrungen hervor. Junge Zugewanderte sprechen ihre erlebten sozialen Enttäuschungen und die Wahrnehmung mangelnder Akzeptanz durch die Aufnahmegesellschaft häufig nicht eigenständig an. Einheimische Diagnostiker sollten daher gezielt nach erlebter Diskriminierung fragen.

Bei zugewanderten Personen scheint insgesamt eine erhöhte Vulnerabilität nicht nur für PTBS, sondern zusätzlich für Depressionen und Angststörungen zu bestehen (Lindert, von Ehrenstein, Priebe, Mielck & Brähler, 2009). Hingegen haben zugewanderte Kinder und Jugendliche ein erhöhtes Risiko, eine internalisierende Störung zu entwickeln (Belhadj Kouider & Petermann, 2015). Insgesamt wird der Anteil psychisch belasteter Flüchtlingskinder in Deutschland auf etwa 40 % geschätzt – vor allem durch PTBS, Depression und Ängste (Gavranidou et al., 2008). Bronstein, Montgomery und Ott (2013) stellten eine Depression bei 23 % der von ihnen in Großbritannien untersuchten UMF fest. Die Prävalenzzahlen in der Literatur variieren demnach stark. Dennoch halten Böttche et al. (2016b) Depressionen für die häufigste Trauma-Folgestörung bei Flüchtlingen.

Bei Angststörungen scheint eine Wechselwirkung zwischen Geschlecht und Migration vorzuliegen: Jungen sind nach Belhadj Kouider und Petermann (2015) stärker belastet. Witt et al. (2015) fanden in der Literatur Prävalenzraten für unterschiedliche Angststörungen bei 18 bis 77 % der UMF. In der Gruppe afghanischer UMF, die Bronstein et al. (2013) untersuchten, gaben 35 % ausgeprägte Angstsymptome an.

Externalisierende Verhaltensauffälligkeiten fanden sich in der Literatur nach Witt et al. (2015) bei 22 bis 72 % der UMF. Dabei korrelierten emotionale und Verhaltensprobleme bei afghanischen UMF nicht nur positiv mit der Anzahl belastender Ereignisse vor der Migration, sondern auch mit der Dauer des Aufenthalts in Großbritannien (Bronstein et al., 2013). Aggressives Verhalten von UMF scheint wesentlich beeinflusst von Gewalterfahrungen in der Familie einerseits und von spezifischen Persönlichkeitszügen andererseits (Mueller-Bamouh, Ruf-Leuschner, Dohrmann, Schauer & Elbert, 2016). Zu oppositionellem und regelwidrigem Verhalten von UMF können die pädagogischen Regeln in Jugendhilfeeinrichtungen beitragen. Damit kommen gerade ältere Jugendliche schlechter zurecht, nachdem sie auf der Flucht weitgehend auf sich gestellt und selbstverantwortlich waren. Es kann dann zu psychoseähnlichen Symptomen als Reaktion kommen (Schepker et al., 2017). Eine andere Reaktion auf diese Situation sind psychosomatische Beschwerden. Gavranidou und Abdallah-Steinkopff (2007) gehen ebenfalls von einer erhöhten Vulnerabilität von Flüchtlingen für psychosomatische Erkrankungen aus. Diese seien aber noch nicht ausreichend empirisch belegt. Ein weiteres Problem bei Jugendlichen mit Migrationshintergrund in der Schweiz sind erhöhte Abtreibungsraten (Jaeger, Hossain, Kiss & Zimmerman, 2012). Hingegen wurden aber bei Mädchen mit Migrationshintergrund in einer Multicenter-Studie seltener emotionale Störungen mit Beginn in Kindheit und Jugend diagnostiziert (Gaber et al., 2013).

8.3.2   Kulturspezifische Krankheitskonzepte

Hebebrand et al. (2016) weisen auf einen potentiellen Selektionsbias bezogen auf das Ausmaß potentiell traumatisierender Belastungen bei Flüchtlingskindern hin. Dabei könnten das Trauma-Modell und sonstige westliche Störungskonzepte bei anderen kulturellen Patientengruppen nur eingeschränkt anwendbar sein. Daher sollten alternative Rahmenkonzepte für die Diagnostik bei Flüchtlingskindern entwickelt werden. So hängt vom ethnischen, kulturellen und sprachlichen Hintergrund nicht nur die Akzeptanz von Behandlungs- und Präventionsangeboten ab (Adriaanse et al., 2016). Vielmehr bestimmen diese Einflüsse auch psychische und psychosomatische Beschwerdemuster, deren Bewertung, sowie die Bereitschaft, Symptome und Krankheitsvorstellungen mitzuteilen (Glaesmer, Brähler & von Lersner, 2012). Kulturell beeinflusste Darstellungsweisen und Sprachbilder zum Ausdruck psychischer Belastungen finden sich in vielen Sprachen. Dazu zählen „Idioms of Distress", Organmetaphern und kulturell verdichtete Symbole zur Mitteilung von Gefühlszuständen (Abdallah-Steinkopff, 2017; Erim, Toker, Aygün,

Özdemir, Renz & Gün, 2010). Verständnisbrücken öffnen sich hier beispielsweise durch den Einsatz des „Cultural Formulation Interviews" aus dem Diagnostischen und Statistischen Leitfaden psychischer Störungen (DSM-5) (American Psychiatric Association, 2013) in der Anamneseerhebung bei Kindern und Jugendlichen (Belhadj Kouider & Petermann, 2015; Glaesmer et al., 2012). Notwendig sind nach Johnson-Agbakwu, Allen, Nizigiyimana, Ramirez und Hollifield (2014) außerdem kurze kultursensible und validierte Screeningtests für Flüchtlinge, um Depression, PTBS und Angst möglichst zeitnah nach der Ankunft feststellen zu können.

8.4   Kultursensitives Verhalten

8.4.1   Interkulturelle Kompetenz

Interkulturelle Kompetenz in der psychiatrisch-psychotherapeutischen Versorgung ist erforderlich, wenn Kinder und Eltern einen anderen kulturellen Hintergrund haben als der Behandler. Kritisch ist zu sehen, dass es keine allgemein akzeptierte Definition von Kulturkompetenz gibt. Zudem wird die Reichweite dieses Konzepts in der Fachliteratur unterschiedlich bewertet. Daher ist die Grenze zwischen allgemeinen fachlichen Standards von Diagnostik und Therapie bezogen auf den Beziehungsaufbau bzw. auf die kommunikative Einfühlung einerseits sowie auf eine spezifisch interkulturelle Kompetenz andererseits unscharf. Wissenschaftliche Untersuchungen kommen zu den nachfolgend referierten Ergebnissen.

Der Behandler sollte besonders sensibel für die psychosoziale Situation seiner Patienten mit Migrationshintergrund sein und Interesse für ihre potentiellen Gesundheitsprobleme sowie zusätzlich für ihren kulturellen und religiösen Hintergrund bekunden. Ergänzend sollte er auf Unterschiede und Gemeinsamkeiten ebenso wie auf kulturelle bzw. ethnische Zugehörigkeiten eingehen (Abdallah-Steinkopff, 2017; Belhadj Kouider & Petermann, 2015; Gavranidou & Abdallah-Steinkopff, 2007) sowie Diskriminierungserfahrungen erfragen. Hilfreich ist außerdem die Kenntnis kulturell verdichteter Symbole in Märchen und Metaphern. Ein weiterer Aspekt kultureller Kompetenz von Diagnostikern ist ihre Bereitschaft zur kulturellen Selbstreflektion, um eigene kulturelle Überzeugungen und Haltungen berücksichtigen zu können (Erim et al., 2010; Martin et al., 2014). Dies erleichtert einen respektvollen Umgang mit den kulturell mitbestimmten Wünschen der zugewanderten Eltern nach möglichst guter Gesundheit und Bildung ihrer Kinder. Die Organisationsstruktur und die Familienhierarchie sowie außerfamiliäre unterstützende Netzwerke können durch Genogramme oder Familienskulpturen auch durch Nicht-Muttersprachler als Therapeuten gemeinsam mit der Familie herausgestellt werden (Schepker & Siefen, 2008).

Das Beherrschen der jeweiligen Herkunftssprache der Familie kann zu kultureller Kompetenz beitragen. So betont Gün (2007) die Bedeutung der Einstellung muttersprachlicher Fachkräfte für die interkulturelle Öffnung sozialer Dienste und zur Vermeidung interkultureller Missverständnisse in der Psychotherapie. Angesichts der Vielzahl von Sprachen der Migrationsbevölkerung ist bestenfalls eine begrenzte Zahl an muttersprachlichen Therapeuten verfügbar. Muttersprachliche Kompetenz sollte deshalb nicht als notwendige Voraussetzung für die Arbeit mit Personen mit Migrationshintergrund und ihren Familien bewertet werden (Schouler-Ocak, 2017). Der Einbezug von Kulturmittlern und Dolmetschern in Diagnostik und Therapie kann die Sprachbarriere überbrücken, die Beachtung kultureller Besonderheiten fördern sowie die adäquate Deutung kulturgebundener Ausdrücke unterstützen. Die Kulturkompetenz eines Behandlers dient insbesondere dem Ziel, die Beziehung zu Kindern bzw. Eltern mit Migrationshintergrund zu stärken. Jedoch sollten sich Behandler auch in solchen Situationen auf ihre bewährten kommunikativen Fähigkeiten und Therapietechniken verlassen. Nach Schepker und Siefen (2008) ist das Interesse für den kulturellen Lebenshintergrund eine wichtige Grundlage für die therapeutische Arbeit mit Familien mit Migrationshintergrund. Dabei sind allgemeine Informationen über das familiäre Herkunftsland und im Speziellen über die ethnokulturell mitgeprägten Lebensbedingungen zu berücksichtigen.

Neben der psychischen und körperlichen Gesundheit der Kinder oder Jugendlichen gilt es, das psychische bzw. sonstige gesundheitliche Befinden der Eltern zu berücksichtigen. Ergänzend wird die Familiendynamik von den aktuellen sozioökonomischen Lebensbedingungen mitbestimmt. Fragen zu diesen sensiblen Bereichen werden am besten offen formuliert, ggf. in enger Zusammenarbeit mit einem Dolmetscher. Falls der Behandler kulturelle Besonderheiten zu wenig berücksichtigt, bemühen sich Dolmetscher häufig selbstständig um eine kultursensitive Ausgestaltung der Botschaften (Abdallah-Steinkopff, 2017). Auf deren nonverbale Reaktionen zu achten, lohnt sich daher. Gemeinsames Ziel diagnostischer Gespräche muss eine von allen Beteiligten akzeptierte Beschreibung von Symptomen bzw. Verhaltensauffälligkeiten und ein gemeinsam geteiltes Störungsmodell sein (Reher & Metzner, 2016). Ebenso einvernehmlich sollten die Therapieziele formuliert werden. Eine frühzeitige Verständigung, zumindest auf erste Schritte, ist wichtig. Zwar kann ein tradiertes Respektverhalten gegenüber Autoritäten dem Behandler mehr Entscheidungsspielraum zubilligen (Abdallah-Steinkopff, 2017). Mögliche Vorbehalte gegen eine medikamentöse Behandlung oder Schwierigkeiten, weiter entfernte Therapieangebote zu erreichen, sollten jedoch unbedingt angesprochen und ausführlich diskutiert werden. Dies kann die Behandlungsmotivation steigern. Zur interkulturell kompetenten Diagnostik gehört ebenfalls das geduldige Erfragen der eigenen Migrationserfahrungen und -belastungen: von der Migrationsentscheidung über den Migrationsweg bis hin zum schließlich erreichten Aufenthaltsstatus und dem weiteren Adaptationsprozess im Ankunftsland (Erim et al., 2010).

Interkulturelle Kompetenz stützt sich demnach auf eine Reihe interaktionsrelevanter Kompetenzen wie Hintergrundwissen, die Bereitschaft eigene kulturelle Normen und Überzeugungen zu reflektieren, die Fähigkeit zu unterscheiden zwischen kulturspezifischen Problemen einerseits und persönlichen migrationsspezifischen Belastungen andererseits, eine kinder- und elterngerechte Informationsübermittlung über das weitere diagnostische und therapeutische Vorgehen sowie das Eingehen auf Misstrauen oder Vorbehalte bei Patienten sowie deren Angehörigen (Gavranidou & Abdallah-Steinkopff, 2007; Reher & Metzner, 2016). Offen angesprochen werden sollten aktuelle Behandlungserwartungen und Erfahrungen mit Vorbehandlern sowie subjektive Krankheitskonzepte. Dabei helfen Sensibilität für nonverbale Signale bei Kindern, Eltern und Dolmetschern sowie Offenheit für unterschiedliche Einstellungen (Abdallah-Steinkopff, 2017). Auf Vorbehalte gegenüber Psychologie und Kinder- bzw. Jugendpsychiatrie sowie auf Gefühle von Scham und Schuld – etwa bei traumatisierten Jugendlichen und Angehörigen – ist behutsam einzugehen (Stotz, Elbert, Muller & Schauer, 2015).

8.4.2   Grenzen interkultureller Kompetenz

Andererseits sollte das Risiko von Stereotypisierung oder Kulturalisierung von Problemen und Interaktionen beachtet werden. Nicht unmittelbar verständliche Reaktionen und Mitteilungen dürfen daher nicht vorschnell pathologisiert oder kulturalisiert werden (Schepker et al., 2017). Schließlich können allgemeine Kenntnisse über kulturelle Gruppen, z.B. Stereotypisierungen, die diagnostische Unvoreingenommenheit im Einzelfall beeinträchtigen. Zur präziseren Beurteilung mehrdeutiger diagnostischer Situationen im transkulturellen Setting werden mehr empirische Arbeiten benötigt, insbesondere zur Effizienz kultursensibler Diagnostik und Therapie. Darüber hinaus gibt es eine Tendenz zur Politisierung des Begriffs „Kulturkompetenz". So wurden Programme zur parallelen Implementierung von interkultureller Kompetenz in kooperativen Gesundheits- und Versorgungsinstitutionen entwickelt (Wu & Martinez, 2006). Nach Sue, Zane, Nagayama, Gordon und Berger (2009) umfasst *allgemeine interkulturelle Kompetenz* eine Reihe persönlicher Voraussetzungen bei Therapeuten: Kultursensibilität, kulturelles Hintergrundwissen und kulturbezogene Interventionstechniken. Dagegen erwächst die *individuelle interkulturelle Kompetenz* aus konkreten Interaktionserfahrungen mit Personen mit Migrationshintergrund, persönlicher Wissensaneignung, Reisen, Sprachkenntnissen und möglichem eigenen Migrationshintergrund des Diagnostikers. Ein solcher persönlicher kultursensitiver Zugang kann allerdings nicht allen Gruppen von Kindern und Jugendlichen mit Migrationshintergrund gleichmäßig gerecht werden. Hier haben die Authentizität der behandelnden Person und ihre Freude an der Interaktion mit Menschen anderer kultureller Hintergrunds Vorrang vor dem Bemühen, die zahlreichen oben dargestellten Anforderungen an kultursensitive Diagnostik zu erfüllen.

8.5   Bedeutung von Sprache für das klinische Setting

8.5.1   Sprache und Inanspruchnahme

Die Inanspruchnahme von Diagnostik und Behandlung durch Kinder, Jugendliche und ihre Familien mit Migrationshintergrund wird durch Sprach- und Informationsbarrieren beeinträchtigt (Ipsiroğlu & Bode, 2005). Muttersprachliche Diagnostiker stehen nur begrenzt zur Verfügung. Notwendig ist daher bei vielen zugewanderten Familien und deren Kindern der Einsatz von Sprach- und Kulturmittlern oder Dolmetschern. Die herkunfts- und sprachbezogene Zusammensetzung von Einwanderergruppen – seien es Flüchtlingsfamilien oder unbegleitete minderjährige Flüchtlinge – ändert sich allerdings ständig (Reher & Metzner, 2016). In einigen Sprachen stehen qualifizierte Dolmetscher daher nicht immer ortsnah zur Verfügung. Selbst wenn Kinder in Deutschland geboren und aufgewachsen sind, können ihre sprachlichen Kompetenzen im Deutschen begrenzt sein. Das ist ebenso zu berücksichtigen wie etwaiger Analphabetismus der Eltern (Ipsiroğlu & Bode, 2005). Nach einer Literaturzusammenfassung von Alba und Foner (2015) benötigen Kinder aus Familien, in denen nicht die im jeweiligen Aufnahmeland dominierende Sprache gleichzeitig die in ihrer Familie vorherrschende ist, oft einige Jahre des Schulbesuchs im Aufnahmeland, um die sprachliche Kompetenz einheimischer Kinder zu erreichen. Das könnte erklären, weshalb sie später höhere Bildungsabschlüsse erreichen als nach Testergebnissen zu Beginn der Schullaufbahn zu erwarten war. Wenn zugewanderte Eltern, Kinder und Jugendliche sprachlich nicht kompetent genug sind, um Fragebögen in deutscher Sprache zu bearbeiten, sollten Testverfahren in der familiären Herkunftssprache verfügbar gemacht und standardisiert werden – zunächst für die größten Gruppen Zugewanderter. Wenn derartige Testinstrumente nicht vorhanden sind, kann eine solide Diagnostik nur durch den systematischen Einsatz von Dolmetschern gewährleistet werden.

8.5.2   Einsatz von Sprach- und Kulturmittlern

Diagnostik- und Behandlungsqualität können nur bei differenzierten Kommunikationsmöglichkeiten gewährleistet werden. Wenn Diagnostiker und zugewanderte Familien sich nicht in einer Herkunfts- oder Drittsprache ausreichend gut verständigen können, müssen Dolmetscher hinzugezogen werden. An Modellen der Sprachmittlung im Gesundheitswesen unterscheiden Wächter und Vanheiden (2015) zwischen Ad-hoc-Dolmetschenden, geschultem bilingualem Personal, Gemeindedolmetschern („Community Interpreting"), Medizindolmetschern, Telefon- und Videodolmetschen[3] sowie internetbasierten Übersetzungshilfen. Alle Modelle können nützlich sein in Abhängigkeit ihrer Verfügbarkeit und der konkreten diagnostischen Situation. Ein Problem dabei stellt der fehlende Titelschutz für die Begriffe „Übersetzer" und „Kulturmittler" dar. Sprachmittler haben teils sehr unterschiedliche Ausbildungen. Ebenso wenig einheitlich ist die Bezahlung, denn es besteht kein allgemein akzeptierter Finanzierungsanspruch. Das hat zu einem Flickenteppich von Finanzierungsmöglichkeiten und Trägervarianten geführt. Mal ist die Finanzierung spendenbasiert, mal erfolgt sie durch staatliche Institutionen. Allein schon deshalb ist die Verfügbarkeit von Sprachmittlern eingeschränkt (Wächter und Vanheiden, 2015). Bei bislang selten in Deutschland gesprochenen Sprachen müssen unter Umständen wechselnde Dolmetscher in die Diagnostik eines Kindes integriert werden. Dabei sollte aber das Dolmetschen durch Kinder und Jugendliche vermieden werden. Bilingual kompetente Mitarbeiter benötigen systematische und qualitativ ausreichende Qualifizierungsangebote. Bei Übersetzungen durch Bekannte und Verwandte oder andere Ad-hoc-Dolmetscher kann die Neutralität der Übersetzung beeinträchtigt sein (Kießl, Meißner, Romer & Möller, 2017).

Texte und Testmaterialien in der Herkunftssprache sind sinnvolle Übersetzungshilfen (Johnson-Agbakwu et al., 2014). Bei freier Übersetzung ist die Gefahr von Verzerrungen größer (Böttche et al., 2016b). Der Einsatz schriftlicher Informationsmaterialen in der Herkunftssprache kann Sprachmittler aber insbesondere bei analphabetischen Zugewanderten nicht ersetzen. Mindeststandards in der Diagnostik erfordern grundlegende Kommunikationsmöglichkeiten. Klinische Erfahrung zeigt allerdings, dass eine gute therapeutische Allianz notfalls auch ohne Sprachmittler aufgebaut werden kann, selbst bei sehr begrenzten Sprachkenntnissen der Beteiligten. Vertrauen und das Gefühl, verstanden zu werden, stellen sich aber schneller mit der Hilfe von dolmetschenden Dritten ein. Hingegen sind manche zugewanderten Eltern gerade darauf stolz, dass sie die Kooperation mit dem Behandler entweder gleich zu Beginn oder im Laufe der Behandlung aus eigener Kraft erfolgreich gestalten konnten, trotz möglicher Missverständnisse.

8.5.3 Professionelles Dolmetschen in der klinischen Diagnostik

Dolmetschen kann in der Doppelfunktion von Übersetzung und Berücksichtigung kultureller Unterschiede gesehen werden (Langer et al., 2013). Nur bilingual kompetente Diagnostiker kommen ohne solche Unterstützung aus. Ansonsten

---

3   Videodolmetschen bezeichnet die dezentrale und bildgestützte Übersetzungsarbeit mittels Skype oder ähnlichen Diensten. Es ermöglicht einen umfassenderen Austausch von Eindrücken und Informationen als das Telefondolmetschen. Videodolmetschen ist insbesondere bei selten gesprochenen Sprachen, mangelnder direkter Erreichbarkeit von Dolmetschern sowie in Notfallsituationen hilfreich (Wächter & Vanheiden, 2015).

ist Diagnostik mit Familien mit Migrationshintergrund intensive interkulturelle Kommunikation. Die klinische Praxis zeigt, dass geschulte Dolmetscher sprachlichen Mindestanforderungen in beiden Sprachen genügen sollten, sie aber ebenfalls Erfahrung in der Kooperation mit Diagnostikern erwerben müssen. So versuchen effektive Dolmetscher nicht, die Führung im Gespräch zu übernehmen und verstehen es, sich von Vereinnahmung durch zugewanderte Eltern abzugrenzen. Kulturellen Missverständnissen wirken sie diskret entgegen, ohne Kritik am Behandler zu üben. Literaturübersichten, Falldarstellungen und Projektberichte zur Arbeit mit zugewanderten Kindern und Jugendlichen sowie mit deren Eltern weisen auf den Nutzen der Unterstützung durch Sprach- und Kulturmittler hin (Langer et al., 2013). Allein mit Dolmetschern gelingt es beispielsweise, beide Elternteile verlässlich einzubeziehen (Gavranidou et al., 2008). Kulturabhängige Erklärungen für die Entwicklung psychosomatischer Beschwerden könnten ohne kulturkompetente Dolmetscher übersehen werden. Bedenken bestehen hingegen bezüglich der Einbeziehung wichtiger weiterer Informanten wie begleitender Verwandte oder Bekannte: Vorbehalte, Misstrauen, Angst vor Diskriminierung oder Beschämung seitens der hilfesuchenden Familien würden zu spät oder gar nicht erkannt. Solange Fragebögen nicht kultursensibel restandardisiert sind, können diese mit Hilfe von Dolmetschern bei analphabetischen Patienten und deren Angehörigen zumindest als Interviewleitfäden eingesetzt werden.

Die erfolgreiche Arbeit mit Dolmetschern verlangt von Diagnostikern Offenheit und Lernbereitschaft. Veröffentlichungen erfahrener Behandler können dazu eine Orientierung bieten (vgl Abdallah-Steinkopff, 2017). So kann etwa durch eine geplante Sitzordnung in der Behandlung die Kooperation zwischen Dolmetscher und Behandler gefördert werden. Im dolmetschergestützten Diagnostikprozess sollten weiterhin berücksichtigt werden: Vor- und Nachbesprechung von Dolmetscher und Therapeut; Konzentration auf kurze Aussagesätze, die unmittelbar übersetzt werden (was genauso für die reziproken Mitteilungen der betroffenen Personen gilt); Beachtung nonverbaler Signale. An die Schweigepflicht ist immer wieder zu erinnern. Nützlich sind zudem Fortbildungen zum Dolmetschereinsatz, um einen respektvollen Umgang in der Dreieckssituation des Dolmetschens zu gewährleisten (Abdallah-Steinkopff, 2017).

Tatsächlich gibt es Fallstricke in der Zusammenarbeit, selbst wenn Kontaktaufnahme und Finanzierung bewältigt wurden. Gegen den Einsatz eines bestimmten Sprachmittlers kann sprechen, wenn dessen eigener Aufenthaltsstatus unsicher ist oder er einer Volksgruppe angehört, die ggf. mit der Volksgruppe der Patientenfamilie im Konflikt steht. Weiterhin müssen Therapeuten verhindern, dass Dolmetscher versuchen, eigene Wertvorstellungen durchzusetzen oder die Diagnostiker vom Gesprächsprozess praktisch auszuschließen. Andererseits müssen Sprachmittler vor Loyalitätskonflikten geschützt werden oder vor möglicher Retraumatisierung durch die Übersetzung von Verlust- und Gewalterfahrungen (Abdallah-Steinkopff, 2017). Auch wenn der Behandler die Kooperation als wichtiges Ziel betont, kann es zu Enttäuschungen in der konkreten Gesprächssituation kommen. Langer et al. (2013) fanden in einer Befragung von Kinderärzten, dass nur 58 % mit dem Dolmetschereinsatz in verschiedener Form zufrieden waren. Als besonders problematisch wurden bewertet die geringe Verfügbarkeit professioneller Dolmetscher, der hohe Zeitaufwand, um den Dolmetschereinsatz zu organisieren, und die ungeklärte Finanzierung.

8.5.4 Sprachmittler als Mediator zwischen Behandler und Patient

Kultursensible Diagnostik ist die Basis einer adäquaten Therapie von Zugewanderten (Knischewitzki, Machleidt & Calliess, 2013). Gutes Dolmetschen ergänzt die kulturelle Kompetenz des Diagnostikers. Das wiederum ist Basis für einen offenen Austausch über kulturabhängige Krankheitskonzepte und für die Erarbeitung eines gemeinsam getragenen Krankheitskonzepts oder Störungsmodells. Sofern ein Dolmetscher selbst zugewandert ist, profitiert problemfokussierte Sprach- und Kulturmittlung von den persönlichen Erfahrungen des Dolmetschers mit Migrations- und Akkulturationsstress. Wachsender Verbreitung in Städten und Kreisen erfreut sich das Modell des Gemeindedolmetscherdienstes mit standardisierter Ausbildung von Sprach- und Kulturmittlern mit Migrationshintergrund. Ein solches wird beispielsweise vom Ethno-Medizinischen-Zentrum Hannover angeboten (Wächter & Vanheiden, 2015).

Behandler und Dolmetscher sollten sich in einem Vorgespräch auf ein systematisches Vorgehen bei der Diagnostik und Behandlung bei Kindern, Jugendlichen und deren Angehörigen verständigen. Angesichts der sehr unterschiedlichen Ausbildungsgänge empfiehlt es sich, über die Ausbildungstiefe des Dolmetschers zu sprechen. Der Diagnostiker kann dann besser beurteilen, wieviel Verständnis er in bestimmten Bereichen zunächst beim Sprachmittler schaffen muss. Therapeut und Mittler sorgen gemeinsam für einen Dialogcharakter bei Exploration und Therapiegesprächen. Sprachmittler dürfen unterbrechen und nachfragen. Diagnostiker sollten immer wieder unmittelbare Übersetzungen der kurz zu formulierenden Redebeiträge aller Beteiligten einfordern. Kinder und Eltern werden zusätzlich durch nonverbale Signale zur aktiven Mitgestaltung eines ausgewogenen Informationsaustauschs ermuntert.

Der Diagnostiker muss Interaktionsstörungen zwischen dem Sprachmittler und sich selbst früh erkennen und auflösen. Der Sprachmittler darf die Botschaft abwandeln, um Beschämung oder Irritation zu vermeiden, sollte dies aber spätestens im Nachgespräch nachvollziehbar machen. Sofern nicht früher angesprochen, gilt es dann unterschiedliche Wertvorstellungen von Diagnostikern und Dolmetschern, sowie ethnische, religiöse oder politische Konfliktpotenziale zwischen zugewanderter Familie und Dolmetscher transparent zu machen. Manche

Strategien, wie die Übersetzung von Patientenäußerungen in Ich-Form, passen nicht zum Stil jedes Diagnostikers oder Übersetzers. Negativen Auswirkungen von Überengagement der Sprachmittler auf den Diagnostikprozess ist vonseiten der behandelnden Person früh entgegenzuwirken (Schepker et al., 2017). Ein solides Arbeitsbündnis zwischen Dolmetschern und Diagnostikern erfordert nach Kießl et al. (2017) eine gute Beziehung zwischen allen Beteiligten, Transparenz von Regeln und Abläufen sowie Geduld und Respekt.

8.5.5   Möglichkeiten zum Einsatz von Sprachmittlern in Deutschland

Das Bewusstsein für die Bedeutung von Sprach- und Kulturmittlung für die Qualitätssicherung von Diagnostik und Behandlung im Gesundheitswesen wächst in vielen Organisationen und politischen Institutionen (Wächter & Vanheiden, 2015). Offen bleibt jedoch, wann eine verbindliche Finanzierung von ausreichend qualifizierten Sprachmittlern als Mischfinanzierung von gesetzlicher Krankenversicherung und aus Steuermitteln durchgesetzt werden kann. Bis dahin sollte jeder Diagnostiker sich über regional verfügbare Dolmetscherangebote informieren. Zudem braucht er Informationen über die Höhe der jeweiligen Kosten, die bei neuen Übersetzungsformen wie dem Videodolmetschen relativ hoch sein können. In Kliniken und Institutionen kann inzwischen häufiger auf hauseigene Dolmetscherangebote zurückgegriffen werden. Nicht immer wird dabei auf Mindeststandards in der Ausbildung geachtet. Die Sprachmittlung durch Eltern oder Geschwister wird häufig als Element der Beziehungsförderung zwischen behandelnder Person und der vorstelligen Familie eingesetzt. Allerdings ist das Risiko von Überforderung, Loyalitäts- und Rollenkonflikten sowie inhaltlicher Verzerrung dabei eindeutig zu hoch.

8.6   Ablauf der Diagnostik

8.6.1   Diagnostische Strategien und Prozesse

Diagnostik bei Kindern und Jugendlichen mit Migrationshintergrund ist ein zielgerichteter Prozess, an dem schon unmittelbar mehrere Personen teilnehmen: Behandler, Kinder, Jugendliche, Eltern, andere Verwandte, Sprach- und Kulturmittler, Mitarbeiter von Wohngruppen oder von Erstaufnahmeeinrichtungen. Mittelbar können weitere Beteiligte Einfluss auf den Diagnostikverlauf haben: Lehrer, überweisende Ärzte, Rechtsanwälte, Mitarbeiter von Frühfördereinrichtungen, Spezialambulanzen, Gesundheitsämtern, Sozialämtern und Ausländerbehörden. Diese Aufzählung ist nicht erschöpfend. Sie zeigt aber, dass die einleitende Frage nach dem Vorstellungsgrund nur der Beginn einer schrittweisen gemeinsamen Zielabklärung sein kann. Jedes, insbesondere das erste diagnostische Gespräch, hat Auswirkungen auf die Beziehungen zwischen behandelnder Person und Patient sowie den Angehörigen. Bereits nach dem ersten Kontakt müssen weitere diagnostische Schritte geplant werden. Oft werden erste Terminbestätigungen und Bescheinigungen für die Schule und andere Behörden von Eltern und Begleitern gewünscht. Das impliziert erste Festlegungen, die eigentlich erst zu einem späteren Zeitpunkt zuverlässig getroffen werden können. Neben dem konkreten Vorstellungsanlass sind allgemeine Ziele von Diagnostik und Therapie bei Kindern mit Migrationshintergrund nach Adriaanse et al. (2016) die Verbesserung der Eltern-Kind-Beziehung unter Berücksichtigung sozialer Benachteiligungen sowie die Förderung eines positiven Selbstbildes und der kulturellen Identität.

Diagnostik sollte die Basis für eine mögliche spätere multimodale Behandlung bieten. Diese umfasst Psychotherapie, Unterstützung durch Sozialarbeiter, allgemeine medizinische Versorgung und ggf. auch aufenthaltsrechtliche Beratung (Böttche et al., 2016b). Die personale Diagnostik ist der Angelpunkt. Der Behandler kann Testverfahren einsetzen. Er muss sich aber vor allem auf seine allgemeine Erfahrung mit der Diagnostik von Kindern und Jugendlichen und ihren Familien (mit oder ohne Migrationshintergrund) stützen. Allerdings sind manche Krankheitskonzepte nicht auf Patienten aus anderen Kulturen übertragbar (Bronstein et al., 2013). Darüber hinaus ist behandelnden Personen zu empfehlen, ein auf ihre persönliche Arbeitsweise zugeschnittenes Anamneseschema für Personen mit Migrationshintergrund auszuarbeiten. Dabei ist die Orientierung am Cultural-Formulation-Interview des DSM-5 hilfreich (American Psychiatric Association, 2013). Ohnehin können Eltern-Interviews zwar in verschiedene Herkunftssprachen übersetzt worden sein, diese Versionen sind jedoch oft nicht validiert (Adriaanse et al., 2016). Manche Beobachtungen sind bei der Anwendung von Testverfahren bei Minderjährigen mit Migrationshintergrund bislang schwer einzuordnen. Es zeigt sich etwa, dass einige Kinder aus ethnischen Minderheitsgruppen im Aufenthaltsland und Flüchtlingskinder in den sogenannten kulturfairen Verfahren niedrigere Werte erreichen als nach dem Eindruck des Untersuchers zu erwarten wäre (Adriaanse et al., 2016). Diese Diskrepanzen unterstreichen die Bedeutung von klinischer Erfahrung des Untersuchers und der Einbeziehung unterschiedlicher Informationen. Umso wichtiger wird dann der Eindruck von Lehrern des aktuellen Kindesverhaltens in der Schule. Eltern müssen gezielt dazu befragt werden, ob Leistungsschwierigkeiten bereits im Herkunftsland bestanden haben.

Wenn möglich sollten mehrere Diagnostiktermine eingeplant werden. Gerade UMF brauchen Zeit, um Vertrauen zum Behandler zu fassen (Siebenbürger, 2017). Viele traumatisierte Kinder und Jugendliche benötigen therapeutische Unterstützung, um über ihre Erlebnisse berichten zu können. Nicht jeder Diagnostiker kann gleich gut mit Informationslücken umgehen. Die anamnestischen Angaben von

UMF sind häufig knapp und gleichen sich. Manchmal werden die Jugendlichen erst offener, wenn die übrige Familie nachziehen konnte. Ferner wird die Diskussion über ambivalent besetzte Themen in zugewanderten Familien oft nachhaltig vermieden. Das kann die Entscheidung für Migration oder die Probleme beim Nachholen von Familienmitgliedern betreffen, welche in einem Herkunfts- oder Transitland zunächst zurückblieben, oder Enttäuschungen über die aktuelle sozioökonomische Lage der Familie. Häufig wird über Kriegserlebnisse, Misshandlungen oder andere Traumatisierungen zunächst nur andeutungsweise gesprochen. Selbst wenn der Diagnostiker derartige Themen für sehr zentral hält, sollte er zunächst nicht insistieren.

8.6.2   Chancen und Grenzen standardisierter Diagnostik

Eine hochwertige Diagnostik ist essentiell für die Auswahl, Durchführung und Überwachung effektiver Interventionen. Neben anamnestischen Strategien sollten standardisierte Verfahren eingesetzt werden, um bestmögliche Vergleichbarkeit in der Beurteilung von Leidenszuständen zu gewährleisten. Angesichts des bereits hohen und stetig zunehmenden Bevölkerungsanteils Minderjähriger mit Migrationshintergrund besteht ein wachsender Bedarf an Verfahren, die in ethnokulturell diversen Patientengruppen aussagekräftige Befunde erzielen. Geeignete standardisierte Verfahren können dabei in ökonomischer Weise eine Sprach- und Kulturbarriere überwinden, den Gegenstandsbereich der Behandlung eingrenzen und Themenbereiche mit besonderem Handlungsbedarf priorisieren. Viele angewandte Verfahren wurden ohne den systematischen Einbezug von Migrantengruppen entwickelt. Daher sollte bei der Auswahl geeigneter standardisierter Verfahren die Passung zum Patienten mit Migrationshintergrund beurteilt werden. Dazu können Informationen aus dem Testmanual (z. B. gesonderte Normierungen, Verfügbarkeit weiter Sprachadaptionen), ergänzende Forschungsarbeiten zum fraglichen Verfahren (z. B. Validierungsstudien und Messinvarianzanalysen) oder die kritische Durchsicht des Verfahrens per Augenschein genutzt werden. Bei standardisierten diagnostischen Verfahren ist zu beachten, dass sich sowohl zwischen verschiedenen Sprachadaptionen desselben Verfahrens als auch bei der Anwendung derselben Variante in verschiedenen Populationen Reliabilitäten und Validitäten unterscheiden können.

Insbesondere bei der Anwendung von Verfahren in Migrantengruppen gilt es zu überlegen, ob das erhobene Syndrom im Vergleich zur autochthonen Gruppe mit denselben Symptomen assoziiert ist. Dabei sollte beachtet werden, dass für Heranwachsende mit Migrationshintergrund ergänzende, einzigartige Entwicklungsaufgaben bestehen, die Ursache und Projektionsfläche von Leid darstellen können (Motti-Stefanidi, Berry, Chryssochoou, Sam & Phinney, 2012). Dazu zählt beispielsweise die Entwicklung einer bikulturellen Identität (Benet-Martinez & Haritatos,

2005). Neuere Entwicklungen in der standardisierten Testdiagnostik setzen auf die Beteiligung von Migrantengruppen bei Adaption und Neunormierung etablierter Verfahren. Unter Beteiligung von türkeistämmigen Kindern und Jugendlichen in Deutschland wird derzeit eine deutschsprachige Adaption der „Beck Youth Inventories" (Beck, Beck & Jolly, 2005) und dessen Normierung durch die Autoren dieses Buchbeitrages vorbereitet. Weiterhin formierten sich bereits internationale Arbeitsgruppen zur kulturintegrativen Erarbeitung standardisierter Testverfahren (KIDSCREEN, Ravens-Sieberer & The European KIDSCREEN Group, 2006). In einem anderen Ansatz werden gering sprachbasierte Verfahren erarbeitet, bei denen beispielsweise Piktogramme zu symptombezogenen Situationen beurteilt werden sollen (Bilder-Angst-Test) (Bös & Mechling, 1985). Es soll nicht pauschal von der Anwendung standardisierter Verfahren bei Kindern und Jugendlichen mit Migrationshintergrund abgeraten werden. Bewusstheit über mögliche Probleme bei der Anwendung, die informierte Auswahl geeigneter Instrumente und die kritische Beurteilung der Befunde können den Nutzen standardisierter Verfahren in der Diagnostik erhöhen und Gefahren unpräziser Schlussfolgerungen vorbeugen.

8.6.3   Sammlung von Verfahren zur standardisierten klinisch-psychologischen Diagnostik

Im letzten Abschnitt dieses Kapitels ist eine Sammlung von Verfahren zur standardisierten klinisch-psychologischen Diagnostik dargestellt, die für den Einsatz bei Kindern und Jugendlichen mit Migrationshintergrund geeignet sind. Die Zusammenstellung ist hinsichtlich des diagnostischen Anliegens untergliedert in Breitbandverfahren, störungsspezifische Verfahren und ergänzende Verfahren. Breitbandverfahren bestehen aus mehreren Einzelskalen. Sie decken typischerweise ein Spektrum unterschiedlicher Arten von mentalem Leiden ab und geben Anhaltspunkte für potentielle Belastungsfelder. Psychometrische Gütekriterien (u. a. Reliabilität, Validität, Sensitivität und Spezifität) sind angesichts ihrer breiteren Ausrichtung häufig schlechter. Breitbandverfahren werden daher zu einem frühen Zeitpunkt des diagnostischen Prozesses eingesetzt. Sie unterstützen in ökonomischer Weise die symptomatische Exploration insbesondere bei sprachlichen Barrieren. Die dargestellte Auswahl störungsspezifischer Verfahren orientiert sich an den internationalen Klassifikationssystemen für psychische Störungen. Sie sind nur sinnvoll einsetzbar zur Abklärung (Ausschluss oder Absicherung) von Verdachtsdiagnosen. Eingesetzt in ihrem begrenzten Gültigkeitsbereich weisen störungsspezifische Verfahren zumeist eine hohe psychometrische Güte auf. Störungsspezifische Verfahren werden typischerweise im Verlauf des diagnostischen Prozesses eingesetzt, wenn bereits begründete Vermutungen vorliegen. Weiterhin sind zwei ergänzend einsetzbare Verfahren dargestellt. Erstens ist dies ein vollstrukturiertes diagnostisches Interview. Dies kann von Diagnostikern und Dolmetschern als Orientierung entweder zur Vorbereitung der Zusammenarbeit oder zur gemeinsamen Befunderhebung genutzt werden. Zweitens ist ein kürzlich veröffentlichter Fragebogen angeführt, der Hinweise zum Akkulturationsprozess von Minderjährigen mit Migrationshintergrund liefert. Besonders bei Personen, die nicht selbst eingewandert sind, ist die kulturelle Orientierung zunächst unklar und es sollte abgeklärt werden, ob dies Relevanz für den diagnostischen Prozess hat. Alle dargestellten Verfahren sind in unterschiedlichen Sprachräumen verbreitet. Es liegen jeweils auch deutsche Adaptionen vor. Alle Verfahren werden in der Forschung und in der Versorgung eingesetzt und wurden wissenschaftlich mehrfach überprüft. Vor ihrer Verwendung sollte die Lizenzierung geprüft und gegebenenfalls das Nutzungsrecht eingeholt werden.

8.7   Zwölf Grundsätze für die klinisch-psychologische Diagnostik

Als programmatische Zusammenfassung dieses Kapitels werden in Ergänzung bestehender Leitlinien (vgl. Machleidt, 2002) 12 Grundsätze zur klinisch-psychologischen Diagnostik bei Minderjährigen mit Migrationshintergrund formuliert. Die Grundsätze richten sich an Behandler im diagnostischen Prozess, an Forscher bei der Neukonstruktion, Adaption und Überprüfung von diagnostischen Verfahren sowie auch an gesundheitspolitische Akteure in der psychosozialen Versorgung von Migrantengruppen.

1. Das diagnostische Ziel sind gleich hohe Qualitätsstandards in Diagnostik und Behandlung für einheimische wie für Kinder mit Migrationshintergrund in der kinder- und jugendpsychiatrischen, psychosomatischen und psychotherapeutischen Versorgung.
2. Bei der Anwendung von diagnostischen Verfahren bei Minderjährigen mit Migrationshintergrund kann nicht pauschal davon ausgegangen werden, dass die erhobenen Befunde vergleichbar valide sind zum Einsatz derselben Verfahren bei einheimischen Minderjährigen.
3. Für die Auswahl diagnostischer Verfahren bei der Untersuchung von Kindern und Jugendlichen mit Migrationshintergrund sollten kulturelle Merkmale des Patienten berücksichtigt werden, die Einfluss auf Verständnis, Erleben und Ausdruck von Psychopathologie nehmen könnten.
4. Kulturfaire standardisierte Testdiagnostik ergänzt die multiinformante personale Diagnostik bei Minderjährigen mit Migrationshintergrund.
5. Strategien zur Einbeziehung von Eltern mit Migrationshintergrund in Diagnostik und Therapie sind systematisch qualitativ weiterzuentwickeln.
6. Ein auf Kinder, Jugendliche und Eltern zugeschnittenes Interview sollte in Orientierung am „Cultural Formulation Interviews" des DSM-5 entwickelt werden, um eine kultur- und migrationsspezifische Anamneseerhebung zu gewährleisten.

7. Für Psychodiagnostik und -therapie müssen sowohl fächerübergreifende Versorgungsmodelle im Gesundheitswesen als auch systematisch abgestimmte Konzepte zur Zusammenarbeit mit staatlichen, sozialen und anderen Institutionen entwickelt werden.
8. Verbindliche Leitlinien zum professionellen Einsatz von Sprach- und Kulturmittlern sind für Behandler und andere professionelle Experten in Gesundheits- und Sozialinstitutionen sowie für die Sprachmittler selbst festzulegen. Diese Aufgabe sollte suprainstitutionell umgesetzt werden, beispielsweise durch psychologische Berufsverbände in Zusammenarbeit mit Experten für unterschiedliche Fremdsprachen.
9. Testverfahren für Kinder und Jugendliche mit Migrationshintergrund sowie kulturfaire standardisierte Elternfragebögen müssen einer der Schwerpunkte einer zentralen Datenbank zur interkulturellen Diagnostik im deutschsprachigen Raum werden, wie sie von Glaesmer et al. (2012) gefordert wird. Einzuschließen sind zudem lizenzfreie Erhebungsinstrumente.
10. Langfristige Forschung zu kulturellen, sprachlichen und migrationsbezogenen Einflüssen auf die Entwicklung von Kindern und Jugendlichen und damit auf die Psychodiagnostik erfordert Migrationsdefinitionen mit einer Drei- oder Mehrgenerationenperspektive.
11. Der Nutzen von kultursensitiver Diagnostik und Therapie ist in Evaluationsstudien empirisch zu überprüfen.
12. Der Resilienz- und Ressourcenforschung in zugewanderten Familien muss künftig stärkeres Interesse gelten.

8.8   Verfahrenssammlung geeigneter standardisierter Diagnostikverfahren

8.8.1   Breitbandverfahren

Tabelle 8.1: Kurzbeschreibung YSR

Verfahrensart:	Breitbandverfahren
Testverfahren:	Youth Self-Report 11-18R (YSR)
Autoren:	Achenbach, 1991 Deutsche Bearbeitung: Arbeitsgruppe Deutsche Child Behavior Checklist, 1998a
Konzeption:	Selbstauskunft über Verhaltensauffälligkeiten; internale, externale und gemischte Störungen sowie psychosoziale Kompetenzen

Tabelle 8.1: Fortsetzung

Untertests:	119 Items, einige Items werden mehren Subskalen zugeordnet: Kompetenzbezogen (35), Symptombezogen (84)
	Subskalen: Internale Auffälligkeiten (31), Sozialer Rückzug (7), Körperliche Beschwerden (9), Angst/Depressivität (16), Externale Auffälligkeiten (30), Dissoziales Verhalten (11), Aggressives Verhalten (19), Gemischte Auffälligkeiten (keine übergeordnete Skala), Soziale Probleme (8), Schizoid/zwanghaft (7), Aufmerksamkeitsprobleme (9), Gesamtauffälligkeit (117)
Beurteilung der psychometrischen Qualität:	$\alpha = .85-.95$
	Subskalenreliabilitäten $\alpha = .56$ bis .71. (für Subskalen „Sozialer Rückzug" und „Schizoid/Zwanghaft" bei beiden Geschlechtern und die Skala „Soziale Probleme" bei Jungen α nur im Bereich $< .70$)
	$r_{tt} = .65$ (11–14 Jahre), $r_{tt} = .83$ (15–18 Jahre) ($N = 292$)

Alter	Testsprache	Testaufbau	zeitlicher Aufwand	Normierungsstichprobe	Ergänzende Informationen	Bezug
11–18 Jahre	Englisch, albanisch, arabisch, bosnisch, bulgarisch, deutsch, kroatisch, tschechisch, uvm.	Papier- und PC-Version	Bearbeitung: 15–20 Minuten Auswertung: 15 Minuten	$N = 1.800$ Normierung in Deutschland (Döpfner, Plück, Berner, Englert, Fegert & Huss, 1998; Döpfner, Plück, Berner, Fegert, Huss & Lenz, 1997)	Identische Faktorstruktur für 23 Kulturen belegt, Verfahren wird in Forschung und Praxis transkulturell eingesetzt	Kostenpflichtig über die „Equals"-Arbeitsgruppe: http://www.equals.ch/software/testverfahren/ysr-youth-self-report

Tabelle 8.2: Kurzbeschreibung CBCL

Verfahrensart:	Breitbandverfahren
Testverfahren:	Child Behaviour Checklist (CBCL 4-18)
Autoren:	Achenbach, 1991
	Deutsche Bearbeitung: Arbeitsgruppe Deutsche Child Behavior Checklist, 1998b
Konzeption:	Fremdurteil der Eltern zu Verhaltensauffälligkeiten; internale, externale und gemischte Störungen sowie psychosoziale Kompetenzen auf Basis von empirischen Kriterien und anhand eines bereits in der Literatur bestehenden „Itempools"

Tabelle 8.2: Fortsetzung

Untertests:	120 Items; einige Items werden mehreren Subskalen zugeordnet.
	Übergeordnete Skalen: Gesamtauffälligkeit, Internale Probleme, Externale Probleme
	Kompetenzbezogen (35), Symptombezogen (85)
	Subskalen: Ängstlich/Depressiv (14), Rückzüglich/Depressiv (9), Körperliche Beschwerden (9), Soziale Probleme (8), Denk-, (Schlaf-) und repetitive Probleme (7), Aufmerksamkeitsprobleme (11), Regelverletzendes Verhalten und Aggressives Verhalten (33)
Beurteilung der psychometrischen Qualität:	α = .58 bis .98 (Subskala „Soziale Probleme": α = .39)
	(klinische Stichprobe N = 1.653 sowie deutsche Feldstichprobe N = 1.622)
	r_{tt} = .81 nach 5 Wochen (N = 1.969)

Alter	Test-sprache	Test-aufbau	zeitlicher Aufwand	Normie-rungs-stich-probe	Ergän-zende Informa-tionen	Bezug
4–18 Jahre; Klein-kind-version 1,5–5 Jahre er-hältlich	Englisch, albanisch, arabisch bosnisch, deutsch, kroatisch, russisch, uvm.	Papier- und PC-Ver-sion	Bearbei-tung: 15–20 Mi-nuten Auswer-tung: 15 Minu-ten	N = 2.856 Normie-rung in Deutsch-land für Mädchen und Jungen im Alter von 4–11 Jahren/ 12–18 Jah-ren (Döpf-ner et al., 1998; Döpf-ner et al. 1997)	Internatio-nal validiert: Überein-stimmung mit Selbst-auskünften aus der YSR bei r = .52, in aktueller Version kön-nen DSM-orien-tierte Ska-len berech-net werden	Kosten-pflichtig über Testzentrale Hogrefe Verlag: https://www. testzentrale. de/shop/ deutsche-schulalter-formen-der-child-behavior-checklist-von-thomas-m-achen-bach.html

Tabelle 8.3: Kurzbeschreibung D.I.M.A.T.

Verfahrensart:	Breitbandverfahren
Testverfahren:	Dominic Interactive Multimedia Assessment Tools (D.I.M.A.T.)
Autoren:	Valla, Bergeron & Smolla, 2000 (aktuelle Version)
	Deutsche Bearbeitung: Valla, 1996
Konzeption:	Selbsturteil zu Symptomen von Angststörungen, Depressionen, Aufmerksamkeits- und Verhaltensproblemen sowie Substanz-missbrauch nach DSM-IV

Tabelle 8.3: Fortsetzung

Untertests:	91 (Kinderversion) bzw. 85 (Version für Jugendliche) Items in Form von Bildern stellen DSM- IV relevante Situationen dar und erfragen in dualistischer Form schriftlich und per Voice Over, wie sich der Proband selbst in dieser Lage einschätzt
	Subskalen-Summenwerte können für internalisierende und externalisierende Störungen bestimmt werden
Beurteilung der psychometrischen Qualität:	Jugendversion: $\alpha = .70$ bis .83; $r_{tt} = .42$ bis .62 ($N = 535$)
	Kinderversion: $\alpha = .89$ ($N = 403$)

Alter	Test-sprache	Testaufbau	zeitlicher Aufwand	Normie-rungs-stich-probe	Ergän-zende Informa-tionen	Bezug
6–11 Jahre (Version für Kinder) 12–18 Jahre (Version für Jugendliche)	Franzö-sisch, bulgarisch, deutsch, englisch, italienisch, rumänisch, türkisch	PC-Version per CD-ROM Papier-version: Dominic-R	Bearbei-tung: 15 Minuten Automati-sierte Auswer-tung durch das Compu-terprogramm	$N = 297$ Normie-rung in Kanada für Jungen und Mädchen im Alter von 6–18 Jahren (Valla et al., 2000)	Bild- und Ton-ge-stütztes digitales Verfahren, dadurch nur geringe Sprachkompetenz erforderlich; Avatar für das Test-verfahren kann in Geschlecht & Ethnie angepasst werden	Kosten-pflichtig über die Website: http://www.dominic-interac-tive.com/commande.jsp

Tabelle 8.4: Kurzbeschreibung KIDSCREEN-52

Verfahrensart:	Breitbandverfahren
Testverfahren:	KIDSCREEN-52 (Gesundheitsbezogene Lebensqualität von Kindern und Jugendlichen)
Autoren:	Ravens-Sieberer & KIDSCREEN Group Europe, 2006
Konzeption:	Konstruiert durch internationale Arbeitsgruppe als transkulturelles Instrument: Selbstauskunft und Fremdauskunft zur gesundheitsbezogenen Lebensqualität in 52 Items und 8 Rasch-skalierte Dimensionen unterteilt

Tabelle 8.4: Fortsetzung

Untertests:	1. körperliches Wohlbefinden (5), 2. psychisches Wohlbefinden (6), 3. Stimmungen und Emotionen (7), 4. Selbstwahrnehmung (5), Autonomie (5), 5. Beziehungen zu Eltern und zum Zuhause (6), 6. finanzielle Möglichkeiten (3), 7. Beziehungen zu Gleichaltrigen und soziale Unterstützung (6), 8. schulisches Umfeld (6), 9. soziale Akzeptanz (Bullying, 3)					
Beurteilung der psychometrischen Qualität:	$\alpha = .76$ bis $.89$ ($N = 22.296$)					
Alter	**Testsprache**	**Test-aufbau**	**Zeitlicher Aufwand**	**Normie-rungs-stich-probe**	**Ergän-zende Informa-tionen**	**Bezug**
8–18 Jahre	Übersetzungen in > 20 Sprachen, darunter deutsch, englisch, französisch, kroatisch, persisch, polnisch, russisch, türkisch	Papier- und PC-Version	Bearbeitung: 15–20 Minuten Automatisierte Auswertung möglich	$N = 22.296$ Normierung für Europa (Ravens-Sieberer et al., 2006)	Kurzversionen Kid-screen-10/ Kid-screen-27 verfügbar	Copyright bei der „Kidscreen Group", Lizenz ggf. kostenpflichtig erhältlich unter https://www.kidscreen.org/

8.8.2   Störungsspezifische Verfahren

Tabelle 8.5: Kurzbeschreibung SCAS

Verfahrensart:	Störungsspezifisches Verfahren für Angststörungen
Testverfahren:	Spence Children's Anxiety Scale (SCAS)
Autoren:	Spence, 1998 Deutsche Bearbeitung: Essau, Muris & Ederer, 2002
Konzeption:	Selbst- und Fremdurteil zu diversen Angstsymptomen, entsprechend den Klassifikationen von Angststörungen nach DSM-IV
Untertests:	44 Items decken folgende Bereiche ab: Generalisierte Angststörung (6), Panikstörung/Agoraphobie (9), soziale Phobie (6), Trennungsangst (6), Zwangsstörungen (6), Angst vor körperlichen Verletzungen (5)

Tabelle 8.5: Fortsetzung

Beurteilung der psychometrischen Qualität:	$\alpha = .93$ ($N = 4916$)
	Subskalenreliabilität: $\alpha = .74$ (Trennungsangst), $\alpha = .74$ (soziale Phobie), $\alpha = .76$ (Zwangsstörungen), $\alpha = .82$ (Panikstörung/Agoraphobie), $\alpha = .77$ (Generalisierte Angststörung), $\alpha = .60$ (Angst vor körperlichen Verletzungen)
	$r_{tt} = .60$ Gesamtretest-Reliabilität nach 6 Monaten ($N = 344$)

Alter	Test-sprache	Test-aufbau	zeitlicher Aufwand	Normie-rungs-stich-probe	Ergänzende Informa-tionen	Bezug
4–18 Jahre	Englisch, arabisch, deutsch, persisch, polnisch, russisch, slowenisch, tschechisch, uvm.	Papier- und PC-Version	Bearbeitung: 15–20 Minuten Auswertung: 15 Minuten	Deutsche Normierung mit $N = 556$ Altersbereich 8–12 Jahre (Essau et al., 2002)	Messinstrument als App für iOS kostenlos verfügbar unter http://itunes.apple.com/co/app/spence-childrens-anxiety-scale/id1065315 823?l=en& mt=8	Frei erhältlich unter http://www.scaswebsite.com

Tabelle 8.6: Kurzbeschreibung UCLA Post-Traumatic-Symptom-Disorder Reaction Index für DSM-IV

Verfahrensart:	Störungsspezifisches Verfahren für Belastungsstörungen (PTBS)
Testverfahren:	UCLA Post-Traumatic-Symptom-Disorder Reaction Index für DSM-IV
Autoren:	Steinberg, Brymer, Kim, Briggs, Ippen et al., 2013 Deutsche Bearbeitung: Ruf, Schauer & Elbert, 2011
Konzeption:	Selbst- und Fremdurteil zu traumatischen Ereignissen in der Vergangenheit und zum Auftreten von posttraumatischen Stresssymptomen innerhalb des letzten Monats
Untertests:	22 Items zur Biografie traumatischer Erlebnisse (u.a. Gewalt- und Kriegserfahrungen, sexuelle Gewalt), Erleben von traumatischem Stress während und nach dem Trauma sowie Checkliste von posttraumatischen Stresssymptomen innerhalb der letzten 30 Tage
Beurteilung der psychometrischen Qualität:	$\alpha = .90$ ($N = 6.291$) (Steinberg et al., 2013) $r_{tt} = .84$ Gesamtretest-Reliabilität nach 6 bis 28 Tagen ($N = 27$) (Steinberg et al., 2013)

Tabelle 8.6: Fortsetzung

Alter	Test-sprache	Test-aufbau	zeitlicher Aufwand	Normie-rungs-stich-probe	Ergän-zende Informa-tionen	Bezug
6–18 Jahre	Englisch, arabisch, arme-nisch, chinesisch, deutsch, hebräisch, russisch	Papier- und PC-Version	Bearbeitung: 20 Minuten Auswertung: 10 Minuten	$N = 413$ Normierung für Kinder im Alter von 7–17 Jahren (Hofbeck, 2010)	Kurzfassung erhältlich, Aktualisierte Version nach DSM-V auf Englisch verfügbar	Frei erhältlich unter http://www.uni-klinik-ulm.de/fileadmin/Kliniken/Kinder_ Jugendpsychiatrie/praxismanual/Praxismanual_Stand_ Juni2011.pdf

Tabelle 8.7: Kurzbeschreibung CES-DC

Verfahrensart:	Störungsspezifisches Verfahren für Depressive Störungen
Testverfahren:	Center for Epidemiological Studies Depression Scale for Children (CES-DC)
Autoren:	Fendrich, Weissman & Warner, 1990 Deutsche Bearbeitung: Barkmann, Erhart, Schulte-Markwort & BELLA Study Group, 2008
Konzeption:	Selbst- und Fremdurteil zum Screening depressiver Symptomatik aus verschiedenen depressiven Störungsformen
Untertests:	20 Items zu emotionalem Befinden, Kognition und Verhalten
Beurteilung der psychometrischen Qualität:	$\alpha = .56$ bis .82 ($N = 2.863$) (Barkmann et al., 2008) $r_{tt} = .51$ bis .86 Gesamtretest-Reliabilität nach einer Woche für Jugendliche im Alter von 15 Jahren ($N = 339$) (Aguilar & Berganza, 1993); ($N = 148$) (Faulstich, Carey, Ruggiero, Enyart & Gresham, 1986)

Alter	Test-sprache	Test-aufbau	zeitlicher Aufwand	Normie-rungsstich-probe	Ergän-zende Informa-tionen	Bezug
6–17 Jahre	Englisch, arabisch, armenisch, deutsch, griechisch, hebräisch, persisch, russisch	Papier- und PC-Version	Bearbeitung: 5 Minuten Auswertung: 5–10 Minuten	$N = 1.657$ Normierung für Kinder in Deutschland im Alter von 7–17 Jahren	Korrelation mit anderen Depressionstests sowie mit Gesamtauffälligkeitssummen-	Copyright liegt bei den Autoren https://www.springermedizin.

Tabelle 8.7: Fortsetzung

			(Bettge, Wille, Barkmann, Schulte-Markwort, Ravens-Sieberer & BELLA Study Group, 2008)	werten (Bettge et al. 2008)	de/the-german-version-of-the-centre-for-epidemio-logical-studies-dep/868 3726

Tabelle 8.8: Kurzbeschreibung CDC

Verfahrensart:	Störungsspezifisches Verfahren für Dissoziative Störungen
Testverfahren:	Child Dissociative Checklist (CDC)
Autoren:	Putnam, Helmers & Trickett, 1993 Deutsche Bearbeitung: Zaoui, Traub & Hensel, o.D.
Konzeption:	Fremdurteil zu dissoziativen Phänomenen bei Kindern anhand von 20 Merkmalen in einer Checkliste
Untertests:	Keine Untertests; 20 Merkmale als Auflistung, die durch die Bezugsperson für die vergangenen 12 Monate auf einer 3-Punkt-Likert-Skala bewertet werden
Beurteilung der psychometrischen Qualität:	$\alpha = .95$ $r_{tt} = .69$ Gesamtretest-Reliabilität nach einem Jahr ($N = 181$) (Putnam, 1998)

Alter	Testsprache	Testaufbau	zeitlicher Aufwand	Normierungsstichprobe	Ergänzende Informationen	Bezug
5–12 Jahre	Englisch, deutsch, italienisch, tschechisch, türkisch	Papier- und PC-Version	Bearbeitung: 5 Minuten Auswertung: 5–10 Minuten	$N = 181$ Normierung für Kinder im Alter von 4–14 Jahren (Putnam et al., 1993)	Weitere Validierungsstudien mit ähnlichen Ergebnissen zu den Gütekriterien liegen international vor; Übersetzte Versionen	Frei erhältlich unter www.kindertraumainstitut.de/de/Materialien/

Tabelle 8.8: Fortsetzung

				z.T. im Rahmen von Studien entstanden	

Tabelle 8.9: Kurzbeschreibung SCARED-D

Verfahrensart:	Störungsspezifisches Verfahren für Emotionale Störungen
Testverfahren:	Screen for Child Anxiety Related Emotional Disorders (SCARED-D)
Autoren:	Birmaher, Brent, Chiappetta, Bridge, Monga & Baugher, 1999 Deutsche Bearbeitung: Plass, Barkmann, Mack, Mittenzwei, Riedesser & Schulte-Markwort, 2004
Konzeption:	Selbst- und Fremdurteil zur Erfassung von Angstsymptomen nach ICD-10
Untertests:	41 Items insgesamt, darin enthalten: Panikstörung (13), Generalisierte Angst (9), Trennungsangst (8), Soziale Phobie (7), Schulangst (4)
Beurteilung der psychometrischen Qualität:	Gesamtreliabilität: $\alpha = .93$ ($N = 171$) (Plass et al., 2004)

Alter	Testsprache	Testaufbau	zeitlicher Aufwand	Normierungsstichprobe	Ergänzende Informationen	Bezug
8–18 Jahre	Englisch, arabisch, chinesisch, deutsch, dänisch, französisch, italienisch, tamil	Papier- und PC-Version	Bearbeitung: 15 Minuten Auswertung: 20 Minuten	Liegt bis dato nicht vor	Kurzversion (5) verfügbar	Frei erhältlich unter www.pediatricbipolar. pitt.edu/content.asp?id= 2333

Tabelle 8.10: Kurzbeschreibung ChEger-Q

Verfahrensart:	Störungsspezifisches Verfahren für Essstörungen
Testverfahren:	Child Eating Disorder Examination Questionnaire (ChEger-Q)
Autoren:	Fairburn & Cooper, 1993 Deutsche Bearbeitung: Hilbert, Tuschen-Caffier & Ohms, 2004

Tabelle 8.10:   Fortsetzung

Konzeption:	Selbsturteil zur Erfassung des Essverhaltens bei Kindern
Untertests:	28 Items insgesamt, darin enthalten in 4 Subskalen gezügeltes Essverhalten (5), Sorgen über Essen (5), Gewicht (5), Figur (8)
Beurteilung der psychometrischen Qualität:	$\alpha = .68$ bis .94 $r_{tt} = .69$ nach 7,5 Monaten ($N = 532$) (Hilbert, Tuschen-Caffier, Karwautz, Niederhofer & Munsch, 2007)

Alter	Test-sprache	Test-aufbau	zeitlicher Aufwand	Normie-rungs-stich-probe	Ergän-zende Informa-tionen	Bezug
8–14 Jahre	Englisch, deutsch, griechisch, norwe-gisch, spa-nisch	Papier- und PC-Ver-sion	Dauer Be-arbeitung: 15 Minu-ten Dauer Auswer-tung: 15 Minuten	$N = 532$ Normierung für Kinder in Deutsch-land im Alter von 8–13 Jah-ren (Hilbert, Hartmann & Czaja, 2008)	$N = 808$ Normie-rung im englisch-sprachi-gen Raum für Mäd-chen im Alter von 12–14 Jahren	Frei er-hältlich unter http:// www.vfp-muenster. de/publi-kationen/ online/ EDE_ VfP_1.pdf

Tabelle 8.11:   Kurzbeschreibung Conners 3

Verfahrensart:	Störungsspezifisches Verfahren für Aufmerksamkeitsstörungen
Testverfahren:	Conners Skalen zu Aufmerksamkeit und Verhalten – 3 (Conners 3)
Autoren:	Conners, 2004 Deutsche Bearbeitung: Lidzba, Christiansen & Drechsler, 2013
Konzeption:	Selbst- und Fremdurteil zur Erfassung von hyperaktivem und auf-merksamkeitsgestörtem Verhalten nach Definition des DSM-IV-TR
Untertests:	DSM-IV-TR und ICD-10 Symptomskalen umfassen die Diagnosekri-terien der ADHS und der Störung mit oppositionellem Trotzverhal-ten (DSM-5), bzw. der hyperkinetischen Störungen und der Störung des Sozialverhaltens (ICD-10); die Anzahl der jeweils zutreffenden Diagnosekriterien (kategoriale Beurteilung; Symptomzahl) sowie ein Standardwert (dimensionale Beurteilung; Skalenwert) können berechnet werden
Beurteilung der psychometrischen Qualität:	$\alpha = .70$ bis .85 $r_{tt} = .71$ und $r_{tt} = .98$ ($N = 3.400$) (Conners, 2004)

Tabelle 8.11:   Fortsetzung

Alter	Testsprache	Test-aufbau	zeitlicher Aufwand	Normie-rungs-stich-probe	Ergän-zende Informa-tionen	Bezug
6–18 Jahre	Englisch, chinesisch, deutsch, spanisch Elternver-sion zusätz-lich auf Ara-bisch und Französisch	Papier- und PC-Ver-sion	Bearbei-tung: 15–20 Mi-nuten Aus-wertung: 20 Minu-ten	$N = 777$ Peter-mann (2015)	Vier ver-schiedene Versionen erhältlich: ADHS-In-dex, Lang-version, Kurzver-sion, Glo-bal-Index	Kosten-pflichtig erhältlich unter https://www.hogrefe.ch/shop/conners-skalen-zu-aufmerk samkeit-und-ver-halten-3-70014.html

Tabelle 8.12:   Kurzbeschreibung PANSS

Verfahrensart:	Störungsspezifisches Verfahren für Schizophrene Störungen
Testverfahren:	Positive and Negative Syndrome Scale (PANSS)
Autoren:	Kay, Fiszbein & Opler, 1987 Deutsche Bearbeitung: Müller, Rossbach, Davids, Wetzel & Benkert, 2000
Konzeption:	Selbst- und Fremdurteil zur typologischen und dimensionalen Erfassung von Art und Schweregrad der schizophrenen Symptomatik bei Jugendlichen auf Basis eines strukturierten Interviews
Untertests:	Subskala Positivsymptome: Delusion, formale Denkstörung, Halluzinationen, Erregung, Größenwahn, Feindseligkeit, Misstrauen/Verfolgungswahn Subskala Negativsymptome: Affektverarmung, emotionale Isolation, mangelnde Beziehungsfähigkeit, Apathie/Rückzug, erschwertes abstraktes Denkvermögen, mangelnde Spontaneität und Gesprächsfähigkeit, stereotypes Denken Globalskala: Angst, Schuldgefühle, Depression, verlangsamte Motorik, Unkooperativität, ungewöhnliche Denkinhalte, Desorientiertheit, Aufmerksamkeitsschwäche, mangelnde Urteils- und Einsichtsfähigkeit, Störung der Willensbildung, mangelnde Impulskontrolle, Selbstbezogenheit, aktive soziale Meidung, somatische Beschwerden

Tabelle 8.12: Fortsetzung

Beurteilung der psychometrischen Qualität:	$\alpha = .74–.83$ ($N = 101$) $r_{tt} = .77–.89$ über einen Zeitraum von 3 bis 6 Monaten bei nicht remissiven hospitalisierten Patienten ($N = 15$) (Kay et al., 1987)					
Alter	**Test- sprache**	**Test- aufbau**	**zeitlicher Aufwand**	**Normie- rungs- stich- probe**	**Ergän- zende Informa- tionen**	**Bezug**
Ab 9 Jahre	Englisch, arabisch, deutsch, italienisch, portugie- sisch, türkisch, spanisch, ungarisch	Papier- und PC-Ver- sion	Bearbei- tung: 30–40 Mi- nuten Auswer- tung: 20 Minu- ten	$N = 4.091$ Normie- rung für den deutsch- sprachigen Raum an- hand einer klinischen Stichprobe	Standar- disiertes „Rater- Training" für die deutsche Version etabliert	Deutsche Überset- zung kann kosten- pflichtig vom Verlag MHS bezo- gen werden (Multi- Health Sys- tems Inc, P.O. Box 950 North Ton- awanda, NY 14120-0950 USA)

Tabelle 8.13: Kurzbeschreibung PSQI

Verfahrensart:	Störungsspezifisches Verfahren für Schlafstörungen
Testverfahren:	Pittsburgh Sleep Quality Index (PSQI)
Autoren:	Buysse, Reynolds, Monk, Berman & Kupfer, 1989 Deutsche Bearbeitung: Riemann & Backhaus, 1996
Konzeption:	Selbsturteil zu Schlafqualität, -latenz und -quantität in 19 Items retrospektiv für die letzten 4 Wochen Fakultatives Fremdurteil in 5 Items
Untertests:	7 Subkomponenten, deren Werte einzeln berechnet und auch zu einem Gesamtsummenwert aufaddiert werden können: Subjek- tive Schlafqualität (1), Schlaflatenz (2), Schlafdauer (1), Schlaf- effizienz (3), Schlafstörungen (9), Schlafmittelkonsum (1), Tages- müdigkeit (2)

Tabelle 8.13: Fortsetzung

Beurteilung der psychometrischen Qualität:	$\alpha = .80$ ($N = 473$) $r_{tt} = .57$ bis $.82$ nach 2 Wochen ($N = 55$) (Backhaus, Niemann, Hohagen, Riemann & Junghanns, 2001)					
Alter	**Test-sprache**	**Test-aufbau**	**zeitlicher Aufwand**	**Normie-rungs-stichprobe**	**Ergän-zende Informa-tionen**	**Bezug**
ab 8 Jahre	Übersetzung in 56 Sprachen verfügbar, darunter englisch, arabisch, deutsch, polnisch, russisch, slowakisch, tschechisch, türkisch	Papier- und PC-Version	Bearbeitung: 15 Minuten Auswertung: 15 Minuten	$N = 1.049$ Normierung für den deutsch-sprachigen Raum im Alter zwischen 15–50 Jahren (Zeitlhofer et al., 2000)	Deutsche Version ist anders als die englische Originalversion nur für einen Messzeitraum von 2 Wochen ausgelegt	Zu nicht kommerzieller Forschung frei erhältlich von der Universität Pittsburgh unter www.psychiatry.pitt.edu/node 78240

Tabelle 8.14: Kurzbeschreibung CSI

Verfahrensart:	Störungsspezifisches Verfahren für Somatoforme Störungen
Testverfahren:	Children´s Somatization Inventory (CSI)
Autoren:	Garber, Walker & Zeman, 1991 Deutsche Bearbeitung: Gulewitsch, Rosenkranz, Barkmann & Schlarb, 2015
Konzeption:	Selbst- und Fremdurteil zu somatischen Beschwerden in 35 Items retrospektiv für die letzten 2 Wochen
Untertests:	Abgefragt werden Herzrasen, Bauchschmerzen, Übelkeit, Kopfschmerzen, andere körperliche (chronische) Schmerzen
Beurteilung der psychometrischen Qualität:	$\alpha = .80$ $r_{tt} = .70$ nach zwei Wochen ($N = 738$) (Gulewitsch et al., 2015)

Tabelle 8.14: Fortsetzung

Alter	Testsprache	Test-aufbau	zeitlicher Aufwand	Normie-rungs-stich-probe	Ergän-zende Informa-tionen	Bezug
7–18 Jahre	Englisch, dänisch, deutsch, nieder-ländisch, polnisch, spanisch, ungarisch, türkisch	Papierver-sion	Bearbei-tung: 20–25 Mi-nuten Auswer-tung: 15–20 Mi-nuten	$N = 1.539$ Normie-rung in Deutsch-land $N = 540$ Normie-rung in den USA	Kurzver-sion mit 24 Items verfügbar	For-schungs- und behand-lungsbe-zogener Bezug kostenfrei über Gule-witsch et al. (2015)

Tabelle 8.15: Kurzbeschreibung ECBI

Verfahrensart:	Störungsspezifisches Verfahren für Störungen des Sozialverhaltens
Testverfahren:	Eyberg Child Behaviour Inventory (ECBI)
Autoren:	Eyberg & Pincus, 1999 Deutsche Bearbeitung: Lösel, Beelmann & Stemmler, 2002
Konzeption:	Selbst- und Fremdurteil zu externalisierenden Verhaltensproblemen im heimatlichen Kontext in 36 Items
Untertests:	Anhand verschiedener „Problemverhaltensweisen" werden zwei Summenwerte berechnet: Problemwert (Summe der als Erziehungsproblem empfundenen Verhaltensweisen, Wertebereich von 0 bis 36); Intensitätswert (Summe aller Häufigkeitsangaben, Wertebereich von 36 bis 252)
Beurteilung der psychometrischen Qualität:	$\alpha = .89$ bis $.92$ $r_{tt} = .71$ bis $.75$ nach einem Jahr ($N = 718$) (Beelmann, Lösel, Stemmler & Jaursch, 2006

Tabelle 8.15: Fortsetzung

Alter	Test-sprache	Test-aufbau	zeitlicher Aufwand	Normie-rungsstich-probe	Ergän-zende Informa-tionen	Bezug
2–16 Jahre	Übersetzung in 21 Sprachen erhält-lich, u.a. englisch, deutsch, türkisch, russisch, chinesisch, spanisch	Papier- und PC-Ver-sion	Bearbei-tung: 5–10 Minuten Auswer-tung: 5–10 Minuten	$N = 32$ Vergleichs-werte für den deutsch-sprachigen Raum für zwei Alters-gruppen (3 bis 4, 5 bis 6 Jahre) (Lösel et al., 2002)	Ökonomi-scher Fra-gebogen, kein Rater-Training erforder-lich	Kosten-pflichtig erhältlich unter www4. parinc. com/Pro-ductFa-mily=IC-ECBI

Tabelle 8.16: Kurzbeschreibung OCI-C

Verfahrensart:	Störungsspezifisches Verfahren für Zwangsstörungen
Testverfahren:	Kinderversion des Obsessive Compulsive Inventory Revised (OCI-C)
Autoren:	Foa et al., 2002 Deutsche Bearbeitung: Gönner, Leonhart & Ecker, 2007
Konzeption:	Selbst- und Fremdurteil zum Auftreten von Zwangsgedanken und -handlungen in 18 Items
Untertests:	Zwangsgedanken und -handlungen werden in 6 Subskalen erfragt: Waschen (3), Kontrollieren (3), Ordnen (3), Zwangsgedanken (3), Horten (3), Mentales Neutralisieren (3)
Beurteilung der psychometrischen Qualität:	Gesamtsummenwert $\alpha = .77$ Subskalen: Waschen $\alpha = .53$, Obsessing $\alpha = .66$, Hoarding $\alpha = .50$, Ordering $\alpha = .43$, Checking $\alpha = .64$, Neutralizing $\alpha = .46$ ($N = 296$) (Piqueras Rodríguez, Martínez Gonzalez, Montesinos Miquel Ángel, Rivas, Mataix-Cols & Alcázar, 2009) $r_{tt} = .78$ nach drei Wochen ($N = 816$ Jugendliche)

Tabelle 8.16: Fortsetzung

Alter	Testsprache	Test-aufbau	zeitlicher Aufwand	Normie-rungs-stich-probe	Ergän-zende Informa-tionen	Bezug
7–18 Jahre	Englisch, chinesisch, deutsch, französisch, italienisch, portugie-sisch, spanisch	Papier- und PC-Ver-sion	Bearbei-tung: 10 Minu-ten Auswer-tung: 15 Minu-ten	$N = 1.135$ Normie-rung für den eng-lisch-sprachi-gen Raum (Foa et al., 2002)	Konver-gente Vali-dität mit Yale-Brown Ob-sessive-Compulsive Scale $(r = .31)$ (Jones et al., 2013)	Bezug von den Autoren

8.8.3 Ergänzende Verfahren

Tabelle 8.17: Kurzbeschreibung Kinder-DIPS

Verfahrensart:	Strukturiertes Interview
Testverfahren:	Diagnostic Interview Schedule for Children (DISC-IV): Dt. Version Kinder-DIPS
Autoren:	Shaffer, Fisher, Lucas, Dulcan & Schwab-Stone, 2000 (aktuelle Version) Deutsche Bearbeitung: Unnewehr, Schneider & Margraf, 1995
Konzeption:	Vollstrukturiertes Interview zur Klassifikation von über 30 psychi-schen Störungsbildern, basierend auf DSM-IV & ICD-10 (Eltern- und Kindversion verfügbar)
Untertests:	358 Stammitems, 1.300 Kontingenzitems zur Exploration der Symptomatik in den letzten zwei bis vier Wochen vor dem Inter-view sowie im vergangenen Jahr
Beurteilung der psychometrischen Qualität:	$K = .50$ bis $.79$ nach einer Woche ($N = 264$) (Unnewehr et al., 1995)

Tabelle 8.17: Fortsetzung

Alter	Testsprache	Test-aufbau	zeitlicher Aufwand	Normie-rungs-stich-probe	Ergän-zende Informa-tionen	Bezug
6–18 Jahre	Englisch, chinesisch, dänisch, deutsch, französisch, japanisch, spanisch	Papier- und PC-Version	Bearbei-tung: ca. 60–120 Minuten Auswer-tung: 45 Minuten	$N = 110$ Normie-rung für den deutsch-sprachi-gen Raum im Zuge der Manu-alentwi-cklung (Unnewehr et al., 1995)	Kurzes Training für Inter-viewer nötig (DIPS-Zer-tifizie-rung); Anpas-sung auf DSM-5 in Vorberei-tung	Copyright und Bezug bei der Co-lumbia Uni-versity DISC Develop-ment Group, dt. Version kosten-pflichtig über Sprin-ger Verlag

Tabelle 8.18: Kurzbeschreibung FRAKK

Verfahrensart:	Migrationsbezogenes Verfahren
Testverfahren:	Frankfurter Akkulturationsskala (FRAKK)
Autoren:	Frankenberg & Bongard, 2013 Ursprungsversion ist die deutsche Version von Frankenberg & Bongard, 2013
Konzeption:	Selbst- und Fremdurteil zu Akkulturationsstrategien als zweidi-mensionales Konstrukt in 14 Items
Untertests:	Zwei Dimensionen: Orientierung an Herkunftskultur (6) gegenüber der Orientierung an Aufnahmekultur (6)
Beurteilung der psychometrischen Qualität:	Orientierung an der Aufnahmekultur (AK), $\alpha = .74$ Orientierung an der Herkunftskultur (HK), $\alpha = .78$ (Frankenberg & Bongard, 2013)

Alter	Testsprache	Test-aufbau	zeitlicher Aufwand	Normie-rungs-stich-probe	Ergän-zende Informa-tionen	Bezug
6–18 Jahre (6–10 Jahre Kinder-version, 11–18 Jahre Jugend-version)	deutsch, englisch Elternver-sion zusätz-lich verfüg-bar auf Arabisch, Bosnisch, Chinesisch, Persisch, Polnisch, Russisch, Türkisch	Papier- und PC-Ver-sion	Bearbei-tung: 10–15 Mi-nuten Auswer-tung: 15 Minu-ten	$N = 387$ Normie-rung für Deutsch-land für das Alter 6–11 (Franken-berg & Bongard, 2013)	Veröffent-lichung im Hogrefe Verlag ge-plant	Derzeit Bezug durch die Autoren

Literatur

Abdallah-Steinkopff, B. (2017). Zusammenarbeit mit Dolmetschern. In A. Liedl, M. Böttche, B. Abdallah-Steinkopff & C. Knaevelsrud (Hrsg.), *Psychotherapie mit Flüchtlingen – neue Herausforderungen, spezifische Bedürfnisse. Das Praxisbuch für Psychotherapeuten und Ärzte* (S. 90–107). Stuttgart: Schattauer.

Achenbach, T. M. (1991). *Manual for the Youth Self-Report and 1991 Profile*. Burlington, VT: University of Vermont.

Achenbach, T. M. (2015). Transdiagnostic heterogeneity, hierarchical dimensional models, and societal, cultural, and individual differences in the developmental understanding of psychopathology. *European Child & Adolescent Psychiatry, 24* (12), 1419–1422. http://doi.org/10.1007/s00787-015-0795-0

Adriaanse, M., Doreleijers, T., van Domburgh, L. & Veling, W. (2016). Factors associated with psychiatric symptoms and psychiatric disorders in ethnic minority youth. *European Child & Adolescent Psychiatry, 25* (10), 1067–1079. http://doi.org/10.1007/s00787-016-0829-2

Aguilar, G. & Berganza, C. E. (1993). Confiabilidad test-retest de la Escala de Depresion para Ninos y Adolescentes del Centro de Estudios Epidemiologicos (CES-DC-M), en el diagnostico de la depresion en adolescentes guatemaltecos. *Avances en Psicologia Clinica Latinoamericana, 11,* 59–63.

Alba, R. & Foner, N. (2015). *Strangers no more. Immigration and the challenges of integration in North America and Western Europe*. Princeton, NJ: Princeton University Press. http://doi.org/10.1515/9781400865901

American Psychiatric Association. (2013). *Diagnostic and statistical manual of mental disorders* (5th ed.). Arlington, VA: American Psychiatric Publishing. http://doi.org/10.1176/appi.books.9780890425596

Arbeitsgruppe Deutsche Child Behavior Checklist. (1998a). *Fragebogen für Jugendliche; deutsche Bearbeitung der Youth Self-Report Form der Child Behavior Checklist (YSR). Einführung und Anleitung zur Handauswertung mit deutschen Normen*, bearbeitet von M. Döpfner, J. Plück, S. Bölte, K. Lenz, P. Melchers & K. Heim (2. Aufl.). Köln: Arbeitsgruppe Kinder-, Jugend- und Familiendiagnostik (KJFD).

Arbeitsgruppe Deutsche Child Behavior Checklist. (1998b). *Elternfragebogen über das Verhalten von Kindern und Jugendlichen; deutsche Bearbeitung der Child Behavior Checklist (CBCL/4-18). Einführung und Anleitung zur Handauswertung mit deutschen Normen*, bearbeitet von M. Döpfner, J. Plück, S. Bölte, K. Lenz, P. Melchers & K. Heim (2. Aufl.). Köln: Arbeitsgruppe Kinder-, Jugend- und Familiendiagnostik (KJFD).

Backhaus, J., Niemann, T., Hohagen, F., Riemann, D. & Junghanns, K. (2001). Test-retest reliability of the Pittsburgh Sleep Quality Index (PSQI) in patients with primary insomnia. *World Journal of Biological Psychiatry, 2,* 374.

Barkmann, C., Erhart, M., Schulte-Markwort, M. & BELLA Study Group. (2008). The German version of the Centre for Epidemiological Studies Depression Scale for Children (CES-DC): psychometric evaluation in a population-based survey of 7 to 17 years old children and adolescents – results of the BELLA study. *European Child & Adolescent Psychiatry, 17* (Suppl. 1), 116–124.

Beck, J. S., Beck, A. T. & Jolly, J. B. (2005). *Beck Youth Inventories (BYI-2)* (2nd ed.). San Antonio, TX: Pearson.

Beelmann, A., Lösel, F., Stemmler, M. & Jaursch, S. (2006). Beurteilung von sozialen Verhaltensproblemen und Erziehungsschwierigkeiten im Vorschulalter. Eine Untersuchung zur deutschen Adaptation des Eyberg Child Behavior Inventory (ECBI). *Diagnostica, 52,* 189–198. http://doi.org/10.1026/0012-1924.52.4.189

Belhadj Kouider, E. & Petermann, F. (2015). Migrantenkinder. *Kindheit und Entwicklung, 24,* 199–208. http://doi.org/10.1026/0942-5403/a000176

Benet-Martínez, V. & Haritatos, J. (2005). Bicultural Identity Integration (BII): Components and Psychosocial Antecedents. *Journal of Personality, 73* (4), 1015–1050. http://doi.org/10.1111/j.1467-6494.2005.00337.x

Bettge, S., Wille, N., Barkmann, C., Schulte-Markwort, M., Ravens-Sieberer, U. & BELLA Study Group. (2008). Depressive symptoms of children and adolescents in a German representative sample: results of the BELLA study. *European Child & Adolescent Psychiatry, 17* (1), 71–81.

Bierbrauer, G. (1994). Toward an understanding of legal culture: Variations in individualism and collectivism between Kurds, Lebanese, and Germans. *Law & Security Review, 28* (2), 243–264. http://doi.org/10.2307/3054146

Birmaher, B., Brent, D., Chiappetta, L., Bridge, J., Monga, S. & Baugher, M. (1999). Psychometric properties of the Screen for Child Anxiety Related Emotional Disorders (SCARED): a replication study. *Journal of the American Academy of Child and Adolescent Psychiatry, 38,* 1230–1236.

Bös, K. & Mechling, H. (1985). *Bilder-Angst-Test für Bewegungssituationen (BAT). Handanweisung.* Göttingen: Hogrefe.

Böttche, M., Heeke, C. & Knaevelsrud, C. (2016a). Sequenzielle Traumatisierungen, Traumafolgestörungen und psychotherapeutische Behandlungsansätze bei kriegstraumatisierten erwachsenen Flüchtlingen in Deutschland. *Bundesgesundheitsblatt, Gesundheitsforschung, Gesundheitsschutz, 59* (5), 621–626.

Böttche, M., Stammel, N. & Knaevelsrud, C. (2016b). Psychotherapeutische Versorgung traumatisierter geflüchteter Menschen in Deutschland. *Der Nervenarzt, 87* (11), 1136–1143.

Bronstein, I. & Montgomery, P. (2011). Psychological Distress in Refugee Children: A systematic Review. *Clinical Child Family Psychology Review, 14,* 44–56. http://doi.org/10.1007/s10567-010-0081-0

Bronstein, I., Montgomery, P. & Ott, E. (2013). Emotional and behavioural problems amongst Afghan unaccompanied asylum seeking children: results from a large-scale cross-sectional study. *European Child and Adolescent Psychiatry, 22,* 285–294. http://doi.org/10.1007/s00787-012-0344-z

Bundesamt für Migration und Flüchtlinge (2016a). *Migrationsbericht des Bundesamtes für Migration und Flüchtlinge im Auftrag der Bundesregierung. Migrationsbericht 2015.* Berlin: Beauftragte der Bundesregierung für Migration, Flüchtlinge und Integration. Zugriff am 09.08. 2017. Verfügbar unter https://www.bamf.de/SharedDocs/Anlagen/DE/Publikationen/Migrationsberichte/migrationsbericht-2015.html

Bundesamt für Migration und Flüchtlinge (2016b). *Aktuelle Zahlen zu Asyl. Ausgabe: April 2016.* Berlin: Beauftragte der Bundesregierung für Migration, Flüchtlinge und Integration. Zugriff am 2.10.2016. Verfügbar unter https://www.bamf.de/SharedDocs/Anlagen/DE/Downloads/Infothek/Statistik/Asyl/aktuelle-zahlen-zu-asyl-dezember-2016.pdf

Buysse, D.J., Reynolds, C.F., Monk, T.H., Berman, S.R. & Kupfer, D.J. (1989). The Pittsburgh Sleep Quality Index: a new instrument for psychiatric practice and research. *Psychiatry research, 28* (2), 193–213. http://doi.org/10.1016/0165-1781(89)90047-4

Calliess, I.T., Ünlü, A., Neubauer, A., Hoy, L., Machleidt, W. & Behrens, K. (2009). Hannover Interview „Migration, Akkulturation und seelische Gesundheit" (HMMH). *Klinische Diagnostik und Evaluation, 2,* 145–167.

Conners, K.C. (2004). *Manual for Conners Rating Scales. Conners 3rd Edition.* North Tonawanda, NY: Multi-Health Systems.

Doğan, S. (2000). The historical development of counselling in Turkey. *International Journal for the Advancement of Counselling, 22,* 57–67. http://doi.org/10.1023/A:1005474126819

Döpfner, M., Plück, J., Berner, W., Englert, E., Fegert, J. M., Huss, M. (1998). Psychische Auffäl- ligkeiten und psychosoziale Kompetenzen von Kindern und Jugendlichen in den neuen und alten Bundesländern – Ergebnisse einer bundesweit repräsentativen Studie. *Zeitschrift für Klinische Psychologie, 27,* 9–19.

Döpfner, M., Plück, J., Berner, W., Fegert, J., Huss, M., Lenz, K. (1997). Psychische Auffälligkei- ten von Kindern und Jugendlichen in Deutschland – Ergebnisse einer repräsentativen Studie: Methodik, Alters-, Geschlechts- und Beurteilereffekte. *Zeitschrift für Kinder- und Jugendpsy- chiatrie und Psychotherapie, 25,* 218–233.

Erim, Y., Toker, M., Aygün, S., Özdemir, Z., Renz, M. & Gün, A. (2010). Essener Leitlinien zur interkulturellen Psychotherapie. *PiD – Psychotherapie im Dialog, 11* (04), 299–305. http://doi. org/10.1055/s-0030-1248638

Essau, C. A., Muris, P. & Ederer, E. M. (2002). Reliability and validity of the Spence Children's Anxiety Scale and the Screen for Child Anxiety Related Emotional Disorders in German chil- dren. *Journal of Behavior Therapy and Experimental Psychiatry, 33,* 1–18. http://doi.org/10.1016/ S0005-7916(02)00005-8

Eyberg, S. & Pincus, D. (1999). *Eyberg Child Behavior Inventory and Sutter-Eyberg Student Behav- ior Inventory – revised (ECBI/SESBI-R). Professional Manual.* Odessa, FL: Psychological Assess- ment Resources.

Fairburn, C. G. & Cooper, Z. (1993). The Eating Disorder Examination (12th ed.). In C. G. Fair- burn & G. T. Wilson (Eds.), *Binge Eating: Nature, Aassessment, and Treatment* (pp. 317–360). New York: Guilford.

Faulstich, M. E., Carey, M. P., Ruggiero, L., Enyart, P. & Gresham, F. (1986). Assessment of de- pression in childhood and adolescence: an evaluation of the Center for Epidemiological Stud- ies Depression Scale for Children (CES-DC). *American Journal of Psychiatry, 143* (8), 1024–1027.

Fendrich, M., Weissman, M. M. & Warner, V. (1990). Screening for Depressive Disorder in Chil- dren and Adolescents: validating the Center for Epidemiologic Studies Depression Scale for Children. *American Journal of Epidemiology, 131,* 538–551. http://doi.org/10.1093/oxfordjour- nals.aje.a115529

Foa, E. B., Huppert, J. D., Leiberg, S., Langner, R., Kichic, R., Hajcak, G. & Salkovskis, P. M. (2002). The Obsessive-Compulsive Inventory: development and validation of a short version. *Psycho- logical Assessment, 14,* 485–496. http://doi.org/10.1037/1040-3590.14.4.485

Frankenberg, E. & Bongard, S. (2013). Development and preliminary validation of the Frankfurt Acculturation Scale for Children (FRACC-C). *International Journal of Intercultural Relations, 37* (3), 323–334. http://doi.org/10.1016/j.ijintrel.2012.12.003

Gaber, T. J., Bouyrakhen, S., Herpertz-Dahlmann, B., Hagenah, U., Holtmann, M., Freitag, C. M. et al. (2013). Migration background and juvenile mental health: a descriptive retrospective analysis of diagnostic rates of psychiatric disorders in young people. *Global Health Action, 6* (Supplement), 1–12.

Garber, J., Walker, L. S. & Zeman, J. (1991). Somatization symptoms in a community sample of children and adolescents: further validation of the Children's Somatization Inventory. *Psy- chological Assessment, 3,* 588–595. http://doi.org/10.1037/1040-3590.3.4.588

Gavranidou, M. & Abdallah-Steinkopff, B. (2007). Brauchen Migrantinnen und Migranten eine andere Psychotherapie? *Psycotherapeutenjournal, 6* (4), 353–361.

Gavranidou, M., Niemiec, B., Magg, B. & Rosner, R. (2008). Traumatische Erfahrungen, aktu- elle Lebensbedingungen im Exil und psychische Belastung junger Flüchtlinge. *Kindheit und Entwicklung, 17* (4), 224–231. http://doi.org/10.1026/0942-5403.17.4.224

Georgas, J., Mylonas, K., Bafiti, T., Poortinga, Y. H., Christakopoulou, S., Kagitcibasi, C. et al. (2001). Functional relationships in the nuclear and extended family: a 16-culture study. *International Journal of Psychology, 36* (5), 289–300. http://doi.org/10.1080/00207590143000045

Glaesmer, H., Brähler, E. & von Lersner, U. (2012). Kultursensible Diagnostik in Forschung und Praxis. *Psychotherapeut, 57* (1), 22–28. http://doi.org/10.1007/s00278-011-0877-5

Gönner, S., Leonhart, R. & Ecker, W. (2007). Das Zwangsinventar OCI-R – die deutsche Version des Obsessive-Compulsive Inventory-Revised. *PPmP: Psychotherapie – Psychosomatik – Medizinische Psychologie, 57* (9–10), 395–404. https://doi.org/10.1055/s-2007-970894

Gulewitsch, M. D., Rosenkranz, T., Barkmann, C. & Schlarb, A. A. (2015). Measuring somatic complaints in primary school children: validation and revision of the German Children's Somatization Inventory (CSI) and its parental version. *Child Psychiatry and Human Development, 46* (5), 786–799.

Gün, A. K. (2007). *Interkulturelle Missverständnisse in der Psychotherapie. Gegenseitiges Verstehen zwischen einheimischen Therapeuten und türkeistämmigen Klienten.* Freiburg i. B.: Lambertus.

Hebebrand, J., Anagnostopoulos, D., Eliez, S., Linse, H., Pejovic-Milovancevic, M. & Klasen, H. (2016). A first assessment of the needs of young refugees arriving in Europe: what mental health professionals need to know. *European Child and Adolescent Psychiatry, 25* (1), 1–6.

Hilbert, A., Hartmann, A. & Czaja, J. (2008). Child Eating Disorder Examination-Questionnaire: Evaluation der deutschsprachigen Version des Essstörungsfragebogens für Kinder. *Klinische Diagnostik und Evaluation, 1* (4), 447–463.

Hilbert, A., Tuschen-Caffier, B., Karwautz, A., Niederhofer, H. & Munsch, S. (2007). Eating Disorder Examination-Questionnaire: Evaluation der deutschsprachigen Übersetzung. *Diagnostica, 53,* 144–154. http://doi.org/10.1026/0012-1924.53.3.144

Hilbert, A., Tuschen-Caffier, B. & Ohms, M. (2004). Eating Disorder Examination: Deutschsprachige Version des strukturierten Essstörungsinterviews. *Diagnostica, 50,* 98–106. http://doi.org/10.1026/0012-1924.50.2.98

Hofbeck, B. (2010). *Psychometrische Eigenschaften der deutschen Version des UCLA PTSD Reaction Index.* Unveröffentlichte Diplomarbeit, Ludwig-Maximilians-Universität München.

Ipsiroğlu, O. S. & Bode, H. (2005). Transkulturelle Pädiatrie. *Monatsschrift Kinderheilkunde, 153* (1), 8–15. http://doi.org/10.1007/s00112-004-1069-y

Jaeger, F. N., Hossain, M., Kiss, L. & Zimmerman, C. (2012). The health of migrant children in Switzerland. *International Journal of Public Health, 57* (4), 659–671. http://doi.org/10.1007/s00038-012-0375-8

Johnson-Agbakwu, C. E., Allen, J., Nizigiyimana, J. F., Ramirez, G. & Hollifield, M. (2014). Mental health screening among newly arrived refugees seeking routine obstetric and gynecologic care. *Psychological services, 11* (4), 470–476. http://doi.org/10.1037/a0036400

Jones, A. M., De Nadai, A. S., Arnold, E. B., McGuire, J. F., Lewin, A. B., Murphy, T. K. & Storch, E. A. (2013). Psychometric Properties of the Obsessive-Compulsive Inventory: child Version in Children and Adolescents with Obsessive-Compulsive Disorder. *Child Psychiatry Human Development, 44,* 137–151.

Kalter, F. & Schroedter, J. H. (2010). Transnational marriage among former labour migrants in Germany. *Zeitschrift für Familienforschung, 22* (1), 11–36.

Kay, S. R., Fiszbein, A. & Opler, A. (1987). The positive and negative syndrome scale (PANSS) for schizophrenia. *Schizophrenia Bulletin, 13* (2), 261–276. http://doi.org/10.1093/schbul/13.2.261

Kießl, G., Meißner, T., Romer, G. & Möller, B. (2017). Dolmetschereinsatz in der Arbeit mit geflüchteten Kindern, Jugendlichen, ihren Familien und Bezugspersonen im psychotherapeutischen Versorgungskontext. *Praxis der Kinderpsychologie und Kinderpsychiatrie, 66* (4), 304–312.

Knischewitzki, V., Machleidt, W. & Calliess, I. T. (2013). Überblick: Transkulturelle Psychiatrie. *Fortschritte der Neurologie – Psychiatrie, 81* (5), 285–294. http://doi.org/10.1055/s-0033-1335148

Lambert, J. E. & Alhassoon, O. M. (2015). Trauma-focused therapy for refugees: meta-analytic findings. *Journal of counseling psychology, 62* (1), 28–37. http://doi.org/10.1037/cou0000048

Langer, T., Schaper, K., Gupta, S., Porst, R. & Ostermann, T. (2013). Sprachbarrieren in der Betreuung von Patienten mit Migrationshintergrund – Ergebnisse einer Pilotstudie zu den Erfahrungen von Kinder- und Jugendärzten. *Klinische Pädiatrie, 225* (2), 96–103. http://doi.org/10.1055/s-0032-1331760

Leung, A. K.-Y. & Cohen, D. (2011). Within- and between-culture variation: individual differences and the cultural logics of honor, face, and dignity cultures. *Journal of Personality and Social Psychology, 100* (3), 507–526. http://doi.org/10.1037/a0022151

Lidzba, K., Christiansen, H. & Drechsler, R. (2013). *Conners 3. Conners Skalen zu Aufmerksamkeit und Verhalten-3.* Deutschsprachige Adaptation der Conners 3rd edition von C. Keith Conners. Bern: Huber.

Lindert, J., von Ehrenstein, O.S., Priebe, S., Mielck, A. & Brähler, E. (2009). Depression and Anxiety in Labor Migrants and Refugees – A Systematic Review and Meta-Analysis. *Social Science and Medicine, 69* (2), 246–257. https://doi.org/10.1016/j.socscimed.2009.04.032

Lösel, F., Beelmann, A. & Stemmler, M. (2002). *Skalen zur Messung sozialen Problemverhaltens bei Vor- und Grundschulkindern.* Universität Erlangen-Nürnberg: Institut für Psychologie.

Machleidt, W. (2002). Die 12 Sonnenberger Leitlinien zur psychiatrisch-psychotherapeutischen Versorgung von MigrantInnen in Deutschland. *Der Nervenarzt, 73* (12), 1208–1212. http://doi.org/10.1007/s00115-002-1460-7

Martin, L., Rücker, P., Bau, A.M. & Wiegand, S. (2014). Transkulturelle Pädiatrie – Vielfalt und Kindergesundheit. *Monatsschrift Kinderheilkunde, 162* (8), 733–744. http://doi.org/10.1007/s00112-014-3178-6

Motti-Stefanidi, F., Berry, J., Chryssochoou, X., Sam, D.L. & Phinney, J. (2012). Positive immigrant youth adaptation in context: developmental, acculturation, and social-psychological perspectives. In A.S. Masten, K. Liebkind & D.J. Hernandez (Eds.), *Realizing the potential of immigrant youth* (pp. 117–158). Cambridge (UK): Cambridge University Press. http://doi.org/10.1017/CBO9781139094696.008

Mueller-Bamouh, V., Ruf-Leuschner, M., Dohrmann, K., Schauer, M. & Elbert, T. (2016). Are experiences of family and of organized violence predictors of aggression and violent behavior? A study with unaccompanied refugee minors. *European Journal of Psychotraumatology, 7*, 27856. http://dx.doi.org/10.3402/ejpt.v7.27856

Müller, M.J., Rossbach, W., Davids, E., Wetzel, H. & Benkert, O. (2000). Evaluation eines standardisierten Trainings für die „Positive and Negative Syndrome Scale" (PANSS). *Der Nervenarzt, 71* (3), 195–204. http://doi.org/10.1007/s001150050029

Petermann, F. (2015). Conners Skalen zu Aufmerksamkeit und Verhalten – 3. *Zeitschrift für Psychiatrie, Psychologie und Psychotherapie, 62* (1), 73–75. https://doi.org/10.1024/1661-4747/a000180

Phalet, K. & Schönpflug, U. (2001). Intergenerational Transmission of Collectivism and Achievement Values in Two Acculturation Contexts: the Case of Turkish Families in Germany and Turkish and Moroccan Families in the Netherlands. *Journal of Cross-Cultural Psychology, 32* (2), 186–201. https://doi.org/10.1177/0022022101032002006

Piqueras Rodríguez, J.A., Martínez Gonzalez, A.E., Montesinos Miquel Ángel, M.D.H., Rivas, F., Mataix-Cols, D. & Alcázar, A.I.R. (2009). Propiedades psicométricas del „Inventario obsessivo compulsivo-revisado" [Psychometric properties of the Obsessive Compulsive Inventory-Revised in a non-clinical sample of late adolescents]. *Psícologia Conductal: Revista Internacional de Psychología Clínica y de la Salud, 17* (3), 561–572.

Plass, A., Barkmann, C., Mack, B., Mittenzwei, K., Riedesser, P. & Schulte-Markwort, M. (2004). German Translation and Validation of the Screen for Child Anxiety Related Emotional Disorders (SCARED) – First Results. In H. Remschmidt & M. Belfer (Eds.), *Book of Abstracts of the 16th World Congress of the International Association for Child and Adolescent Psychiatry and Allied Professions (IACAPAP), in Berlin, 22.–26. August 2004* (S. 298). Darmstadt: Steinkopff.

Probst, J.C., Laditka, S.B., Moore, C.G., Harun, N. & Powell, M.P. (2007). Race and ethnicity differences in reporting of depressive symptoms. *Administration and Policy in Mental Health and Mental Health Services Research, 34* (6), 519–529. http://doi.org/10.1007/s10488-007-0136-9

Putnam, F.W. (1998). Trauma models of the effects of childhood maltreatment. *Journal of Aggression, Maltreatment & Trauma, 2* (1), 51–66. http://doi.org/10.1300/J146v02n01_04

Putnam, F.W., Helmers, K. & Trickett, P.K. (1993). Development, reliability, and validity of a child dissociation scale. *Child Abuse and Neglect, 17*, 731–741. http://doi.org/10.1016/S0145-2134(08)80004-X

Ramel, B., Täljemark, J., Lindgren, A. & Johansson, B.A. (2015). Overrepresantation of unaccompanied refugee minors in inpatient psychiatric care. *SpringerPlus, 4*, 131–137. http://doi.org/10.1186/s40064015-0902-1

Ravens-Sieberer, U. & the European KIDSCREEN Group. (2006). *The KIDSCREEN Questionnaires – Quality of life questionnaires for children and adolescents. Handbook.* Lengerich: Pabst.

Reher, C. & Metzner, F. (2016). Entscheidungshilfe zur Therapieplanung bei jugendlichen Flüchtlingen und Asylbewerbern mit Traumafolgestörungen in der ambulanten Praxis. *Praxis der Kinderpsychologie und Kinderpsychiatrie, 65*, 707–728. http://doi.org/10.13109/prkk.2016.65.10.707

Riemann, B. & Backhaus, J. (1996). *Behandlung von Schlafstörungen. Ein psychologisches Gruppenprogramm.* Weinheim: Beltz.

Ruf, M., Schauer, M. & Elbert, T. (2011). UPID: UCLA PTSD Index for DSM IV (Child version, revision 1, deutsche Fassung). In C. Barkmann, M. Schulte-Markwort & E. Brähler (Hrsg.), *Klinisch-psychiatrische Ratingskalen für das Kindes- und Jugendalter* (S. 468–472). Göttingen: Hogrefe.

Sauer, M. & Brinkmann, H.U. (2016). Einführung: Integration in Deutschland. In H.U. Brinkmann & M. Sauer (Hrsg.), *Einwanderungsgesellschaft Deutschland. Entwicklung und Stand der Integration* (S. 1–21). Wiesbaden: Springer VS.

Schenk, L., Bau, A.-M., Borde, T., Butler, J., Lampert, T., Neuhauser, H. et al. (2006). Mindestindikatorensatz zur Erfassung des Migrationsstatus. Empfehlungen für die epidemiologische Praxis. *Bundesgesundheitsblatt – Gesundheitsforschung – Gesundheitsschutz, 49* (9), 853–860, http://doi.org/10.1007/s00103-006-0018-4

Schepker, R., Adam, H. & Siefen, R.G. (2017). Beyond Trauma – kinder- und jugendpsychiatrische und psychotherapeutische Behandlung von (unbegleiteten) minderjährigen Flüchtlingen. In I. Graef-Calliess & M. Schouler-Ocak (Hrsg.), *Migration und Transkulturalität. Neue Aufgaben in Psychiatrie und Psychotherapie* (S. 315–325). Stuttgart: Schattauer.

Schepker, R. & Siefen, R.G. (2008). Therapiefragen in Migrantenfamilien. In H. Remschmidt, F. Mattejat & A. Warnke (Hrsg.), *Therapie psychischer Störungen bei Kindern und Familien. Ein integratives Lehrbuch für die Praxis* (S. 493–503). Stuttgart: Thieme.

Schouler-Ocak, M. (2017). Traumazentrierte Psychotherapie bei Migranten. In I. Graef-Calliess & M. Schouler-Ocak (Hrsg.), *Migration und Transkulturalität. Neue Aufgaben in Psychiatrie und Psychotherapie* (S. 269–280). Stuttgart: Schattauer.

Schulze, P.A., Harwood, R.L., Schoelmerich, A. & Leyendecker, B. (2002). The cultural structuring of parenting and universal developmental tasks. *Parenting: Science and Practice, 2* (2), 151–178. http://doi.org/10.1207/S15327922PAR0202_04

Shaffer, D., Fisher, P., Lucas, C., Dulcan, M. & Schwab-Stone, M. (2000). NIMH Diagnostic Interview Schedule for Children, Version IV (NIMH DISC-IV): description, differences from previous versions, and reliability of some common diagnoses. *Journal of the American Academy of Child and Adolescent Psychiatry, 39,* 28–38.

Shiraev, E. & Levy, D.A. (2014). *Cross-Cultural Psychology: Critical Thinking and Contemporary Applications.* Harlow (UK): Pearson.

Siebenbürger, B. (2017). Unbegleitete minderjährige Flüchtlinge (UMF). In A. Liedl, M. Böttche, B. Abdallah-Steinkopff & C. Knaevelsrud (Hrsg.), *Psychotherapie mit Flüchtlingen* (S. 121–123). Stuttgart: Schattauer.

Spence, S.H. (1998). A measure of anxiety symptoms among children. *Behaviour Research and Therapy, 36* (5), 545–566. http://doi.org/10.1016/S0005-7967(98)00034-5

Steinberg, A.M., Brymer, M.J., Kim, S., Briggs, E.C., Ippen, C.G., Ostrowski, S.A. ... & Pynoos, R.S. (2013). Psychometric properties of the UCLA PTSD Reaction Index: Part I. *Journal of Traumatic Stress, 26,* 1–9. http://doi.org/10.1002/jts.21780

Stotz, S.J., Elbert, T., Muller, V. & Schauer, M. (2015). The relationship between trauma, shame, and guilt: findings from a community-based study of refugee minors in Germany. *European Journal of Psychotraumatology, 6,* No. 25863. http://doi.org/10.3402/ejpt.v6.25863

Sue, D.W. & Sue, D. (1999). *Counselling the culturally different* (3rd ed.). New York: Wiley.

Sue, S., Zane, N., Nagayama, H., Gordon, C. & Berger, L.K. (2009). The case for cultural competency in psychotherapeutic interventions. *Annual Review of Psychology, 60,* 525–548. http://doi.org/10.1146/annurev.psych.60.110707.163651

Thommessen, S., Laghi, F., Cerrone, C., Baiocco, R. & Todd, B. (2013). Internalizing and externalizing symptoms among unaccompanied refugee and Italian adolescents. *Children and Youth Services Review, 35* (1), 7–10. http://doi.org/10.1016/j.childyouth.2012.10.007

United Nations. (1989). *Convention of the rights of the child.* Zugriff am 03.07.2017. Verfügbar unter http://www.ohchr.org/en/professionalinterest/pages/crc.aspx

Unnewehr, S., Schneider, S. & Margraf, J. (1995). *Kinder-DIPS. Diagnostisches Interview bei psychischen Störungen im Kindes-und Jugendalter.* Berlin: Springer. http://doi.org/10.1007/978-3-662-06607-2

Valla, J.P. (1996). TONI-R: Heft 1 und Heft 2. Deutschsprachige Version des DOMINIC-R (6. Auflage). *Nicht publizierter Test, Riviere-des-Prairies Hospital, Research Unit, 7070,* Perras Blvd., Montreal, Kanada.

Valla, J.P., Bergeron, L. & Smolla, N. (2000). The Dominic-R: A pictorial interview for 6- to 11-year-old children. *Journal of the American Academy of Child and Adolescent Psychiatry, 39* (1), 85–93. http://doi.org/10.1097/00004583-200001000-00020

Wächter, M. & Vanheiden, T. (2015). *Sprachmittlung im Gesundheitswesen. Erhebung und einheitliche Beschreibung von Modellen der Sprachmittlung im Gesundheitswesen.* Berlin: Beauftragte der Bundesregierung für Migration, Flüchtlinge und Integration. Zugriff am 09.08.2017. Verfügbar unter https://www.bundesregierung.de/Content/Infomaterial/BPA/IB/Sprachmittlung%20im%20Gesundheitswesen.html

Witt, A., Rassenhofer, M., Fegert, J.M. & Plener, P.L. (2015). Hilfebedarf und Hilfsangebote in der Versorgung von unbegleiteten minderjährigen Flüchtlingen. *Kindheit und Entwicklung, 24* (4), 209–224. http://doi.org/10.1026/0942-5403/a000177

Wu, E. & Martinez, M. (2006). *Taking cultural competency from theory to action.* The Commonwealth Fund. Zugriff am 02.02.2017. Verfügbar unter http://www.commonwealthfund.org/publications/fund-reports/2006/oct/taking-cultural-competency-from-theory-to-action

Yavuz, S. (2008). Review of Cross-cultural competence. *International Journal of Cross Cultural Management, 8* (1), 112–114.

Zaoui, E., Traub, H. & Hensel, T. (o.D.). *Checkliste für dissoziative Erfahrungen von Kindern.* Zugriff am 01.05.2017. Verfügbar unter http://www.ipkj.de/index.php?id=74

Zeitlhofer, J., Schmeiser-Rieder, A., Tribl, G., Rosenberger, A., Bolitschek, J., Kapfhammer, G. et al. (2000). Sleep and quality of life in the Austrian Population. *Acta Neurologica Scandinavica, 102* (4), 249–257. http://doi.org/10.1034/j.1600-0404.2000.102004249.x

9 Kultursensible klinische Psychodiagnostik bei Erwachsenen

Yuriy Nesterko & Heide Glaesmer

9.1 Analyserahmen

Ausgehend von den Grundkonzepten und aktuellen Erkenntnissen aus dem Forschungsfeld Migration und Gesundheit, wird in diesem Buchbeitrag auf die besonderen Aspekte der klinischen Diagnostik psychischer Störungen bei erwachsenen Personen mit Migrationshintergrund eingegangen. Dabei wird zunächst allgemein auf kulturbedingte Unterschiede im Hinblick auf die verschiedenen Krankheitsbilder und Erwartungshaltungen hinsichtlich deren Behandlung Bezug genommen (Abschnitt 9.2). Es wird die aktuelle Befundlage zur psychischen Belastungen von Personen mit Migrationshintergrund in Deutschland (Abschnitt 9.3) sowie von Geflüchteten in den westlichen Aufnahmeländern (Abschnitt 9.4) referiert. Die Spezifik einer fragebogenbasierten Diagnostik wird mit dem interviewgestützten Vorgehen in Beziehung gesetzt und vor dem Hintergrund der jeweiligen Vor- und Nachteile kritisch reflektiert (Abschnitt 9.5). Im Weiteren werden exemplarisch vorhandene, kultursensible Testverfahren (Abschnitt 9.6) sowie praktische Beispiele aus der psychologischen Begutachtung von Geflüchteten vorgestellt (Abschnitt 9.8). Abschließend werden in Anlehnung an den Leitfaden zur kultursensiblen Diagnostik (Cultural Formulation Interview, CFI) des *Diagnostic and Statistical Manual of Mental Disorders – DSM-5* (American Psychiatric Association/Falkai et al., 2015) die vier Bereiche, die im Rahmen eines kultursensiblen psychodiagnostischen Prozesses eine besondere Beachtung finden sollten, besprochen und kommentiert (Abschnitte 9.7 und 9.8). Hierzu gehören:

- die kulturelle Identität des Patienten (Wertorientierungen, Sprachkenntnisse, Selbst- und Körperbild, Weltanschauungen);
- kulturell gebundene Leidenskonzepte;
- psychosoziale Stressoren und kulturelle Besonderheiten von Vulnerabilität und Resilienz;
- kulturelle Eigenschaften der Beziehungen zwischen dem oder der Betroffenen und dem Behandler bzw. der Behandlerin.

Ziel dieses Buchbeitrages ist es, der Leserschaft einen Einblick in die kultursensible klinisch-diagnostische Arbeit zu vermitteln und Anleitungen zur kritischen Reflektion der eigenen diagnostischen Tätigkeit mit Patienten bzw. Klienten mit Migrationshintergrund zu geben.

9.2   Migration und Gesundheit

Der Zusammenhang zwischen Migration und Gesundheit wird seit einigen Jahren in der deutschsprachigen epidemiologischen Forschung zunehmend zum Thema gemacht (Rommel, Saß, Born & Ellert, 2015; Glaesmer, Wittig, Brähler, Martin, Mewes & Rief, 2009). Dabei werden unterschiedliche Annahmen über den möglichen Einfluss von Migrationserfahrungen auf den Gesundheitszustand sowie auf die Versorgungsbedürfnisse diskutiert und untersucht. Grundsätzlich wird davon ausgegangen, dass Migrationserfahrungen einen Einfluss auf den Gesundheitszustand der Migrierten haben, wenngleich Art und Richtung dieses Zusammenhanges sehr komplex gestaltet und bisher unzureichend geklärt sind (Glaesmer et al., 2009).

Lange Zeit bestimmte die nationale und internationale Migrationsforschung die Annahme, dass es sich bei Migration in erster Linie um einen positiven Selektionsprozess handelt (Healthy-Migrant-Effekt) (Rommel et al., 2015). Im Rahmen dieses Ansatzes wird davon ausgegangen, dass eher gesunde und jüngere Menschen auswandern (Razum & Rohrmann, 2002). Hinweise für einen daraus resultierenden Gesundheitsvorteil der Migrierten gegenüber der einheimischen Bevölkerung zeigten sich in erster Linie in einer geringeren Mortalität in der Migriertenpopulation. In einer detaillierten Analyse stellten Razum und Rohrmann (2002) jedoch fest, dass dieser Vorteil (auf die Migriertenpopulation in Deutschland bezogen) zum Teil durch den so genannten „Late-Entry-Bias" erklärt werden kann: Personen, die beispielsweise aufgrund gesundheitlicher Beeinträchtigungen in ihr Herkunftsland zurückkehren, werden in der amtlichen Statistik oder entsprechenden Studien nicht erfasst. Eine weitere Erklärung für die niedrigeren Mortalitätsraten unter Migrantinnen und Migranten im Vergleich zu Einheimischen in den westlichen Aufnahmeländern ist im Wandel der Sterblichkeitsstruktur während der letzten 100 Jahren in den industrialisierten Gesellschaften zu sehen (Razum & Twardella, 2004): von hoher Mortalität vorwiegend aufgrund von Infektionskrankheiten hin zu geringerer Sterblichkeit an nicht übertragbaren Krankheiten. Diese Veränderung wird durch den Grad der Industrialisierung, Urbanisierung, Wohlstand und Sozialstaatsentwicklung bestimmt (Schenk, 2007). Die Migration wird unter diesem Blickwinkel als gesundheitlicher Übergang im Sinne einer vergleichsweise schnellen Lebensqualitätssteigerung verstanden. Andererseits liefern jüngere Untersuchungen mit Fokus auf Personen mit Migrationshintergrund, die bereits länger in Deutschland leben, Hinweise darauf, dass sich mit zunehmender Aufenthaltsdauer die Unterschiede in den Sterblichkeitsraten zwischen Migrierten und Einheimischen nach und nach verringern (Spallek & Razum, 2008). Im Gegensatz zum Healthy-Migrant-Effekt mehren sich Forschungsbefunde über migrationsassoziierte Nachteile für die allgemeine gesundheitliche Lage, für den subjektiv eingeschätzten Gesundheitszustand sowie in der gesundheitlichen Versorgung im Vergleich zur Bevölkerung ohne Migrationshintergrund (Rommel et al., 2015). So ist der Healthy-Migrant-Effekt im deutlichen Kontrast zu den inzwischen stärker verbreiteten defizitorientierten Auffassungen über die Einflussnahme einer Migrationserfahrung auf die Gesundheitslage der Migrierten zu sehen. Insgesamt bleibt die Befundlage allerdings uneinheitlich; es bedarf einer theoretischen Konzeptualisierung der verfügbaren Empirie zum komplexen Zusammenspiel von Migration und Gesundheit.

In einem umfassenden Analyse- und Erklärungsmodell (vgl. Abbildung 9.1) – das die derzeit diskutierten potentiellen Einflussvariablen im Kontext von Migrationserfahrungen auf den Gesundheitszustand der Migrierten beschreibt – postuliert Schenk (2007) sechs zentrale Dimensionen, die den Zusammenhang zwischen Migration und Gesundheit erklären können. Als erstes seien die *Bedingungen bzw. die gesundheitsbezogenen Voraussetzungen des Herkunftslandes* von Bedeutung. Diese Bedingungen – etwa die gesundheitliche Versorgung oder der Lebensstil – können zu Gesundheitsvorteilen wie auch -nachteilen im Vergleich zur einheimischen Bevölkerung führen. Dabei wird betont, dass die Unterschiede nicht allein von den gesundheitlichen Voraussetzungen des Herkunftslandes, sondern auch von dem zu betrachtenden Störungsbild abhängig sind (z. B. führen Unterschiede in Präventionsmaßnahmen von Tuberkulose zu unterschiedlichen Prävalenzen). Weiterhin wird der *Migrationsakt* als mögliche einwirkende Dimension betrachtet und grundsätzlich als kritisches Lebensereignis aufgefasst. Schenk (2007) geht davon aus, dass zumindest für die erste Generation der Personen mit Migrationshintergrund der Migrationsakt als ein spezifischer Anpassungsprozess mit zahlreichen rechtlichen, kulturellen und sozialen Anforderungen zu betrachten ist. Die *soziale Lage im Aufnahmeland* ist ein dritter wichtiger Aspekt, da auch jenseits der Migrationsforschung bekannt ist, dass ein niedrigerer sozioökonomischer Status mit schlechterer Gesundheit und niedrigerer Lebenserwartung assoziiert ist. Die Autorin sieht in dem häufig in empirischen Studien dokumentierten niedrigeren sozialen Status der Migrierten im Vergleich zur einheimischen Bevölkerung des Aufnahmelandes eine Charakteristik der Migrantinnen und Migranten, und damit eine wichtige vermittelnde Variable in dem komplexen Zusammenhang zwischen Migration und Gesundheit. Aus diesem Grund sollte der soziale Status in den Vergleichen zwischen Personen mit und ohne Migrationshintergrund nach Möglichkeit kontrolliert werden. Des Weiteren bestimmen die *im Aufnahmeland geltenden gesetzlichen Regelungen* das Gesundheitsverhalten und den Gesundheitszustand der Migrierten. So führt beispielsweise ein unsicherer Aufenthaltsstatus häufiger zu psychischen Belastungen als ein sicherer. Sowohl die soziale als auch die rechtliche Lage in der neuen Umgebung tragen dazu bei, dass *ethnische Zugehörigkeit* als weitere Dimension einen Einfluss auf den Gesundheitszustand haben kann. Eine Diskriminierungserfahrung aufgrund ethnischer Zugehörigkeit würde z. B. eher negativ einwirken, während eine enge Verbundenheit mit der eigenen ethnischen Gruppe eher unterstützend und stabilisierend wirken kann. Schließlich werden *Zugangsbarrieren zur gesundheitlichen Versorgung* als wichtige Dimension beschrieben. Auf diese wird im Weiteren ausführlicher eingegangen.

Oft wird in der deutschsprachigen Migrationsforschung über eine geringere Inanspruchnahme von Migrantinnen und Migranten an Präventions- und Vorsorgeuntersuchungen berichtet (Walter, Krauth, Kurtz, Salman & Machleidt, 2007). Eine Ursache dafür wird in spezifischen Zugangsbarrieren gesehen (Kao, 2009; Razum, Geiger, Zeeb & Ronellenfitsch, 2004). Die bestehenden Unterschiede zwischen Migrierten und Einheimischen im Zugang zur Gesundheitsversorgung lassen sich nach Razum et al. (2004) auf drei Ursachen zurückführen. Zum einem werden Kommunikationsprobleme, etwa durch mangelnde Sprachkenntnisse seitens der Migrierten oder durch Informationslücken auf Seiten des Systems als entscheidend betrachtet. Eine weitere Erklärung für eine geringe Inanspruchnahme durch Personen mit Migrationshintergrund könnte in kulturspezifischen Krankheitskonzepten zu sehen sein, die zu einem anderen Umgang mit verschiedenen Beschwerden führen (Schenk, 2007). Eine dritte Erklärung zielt auf die Bedingungen im Gesundheitssystem ab. Hier sind gesetzliche Regelungen zu nennen, z. B. Zugangs-

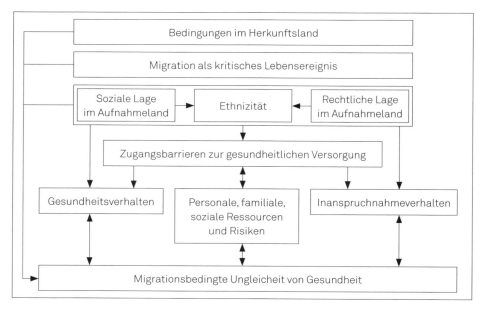

Abbildung 9.1: Erklärungsmodell zum Zusammenhang von Migration und Gesundheit, nach Schenk (2007)

barrieren aufgrund eines illegalen Aufenthaltes, fehlende interkulturelle Kompetenz des medizinischen Personals oder der Mangel an Kultur- und Sprachmittlern im Gesundheitssystem.

In der Arbeit von Kao (2009) wird auf die Migrationsgeneration, die Aufenthaltsdauer und das Einreisealter als entscheidende Einflussgrößen für das Inanspruchnahmeverhalten verwiesen. Kao (2009) fand heraus, dass Migrierte der zweiten und dritten Generation leichteren Zugang zu gesundheitsbezogenen Leistungen haben als Personen, die selbst migriert sind. Die größten Nachteile konstatierte Kao (2009) für Personen, die erst im Erwachsenenalter migriert sind. Zwischen den verschiedenen Aspekten des Migrationshintergrundes kommt es zu wechselseitiger Beeinflussung und je nach Gesundheitsindikator zu unterschiedlichen Wirkungen. Das Gesundheits- und Inanspruchnahmeverhalten wird von Schenk (2007) als Vermittlungsebene zwischen Migrationserfahrungen und Gesundheit aufgefasst. Wichtig dabei ist, dass das Gesundheits- und Inanspruchnahmeverhalten sowohl von der Herkunftskultur als auch von der Kultur des Aufnahmelandes geprägt werden. Entscheidende Faktoren, die den Gesundheitszustand mitbestimmen, sind zudem die persönlichen, familiären und sozialen Ressourcen (z.B. Selbstwertgefühl, soziale Kompetenz, Familienklima), über die eine Person verfügt.

9.3 Psychische Gesundheit von Menschen mit Migrationshintergrund in Deutschland – empirische Befunde

Für die Bundesrepublik Deutschland liegen bislang nur einige epidemiologische bevölkerungsbasierte Untersuchungen zur psychischen Gesundheit von Personen mit Migrationshintergrund vor (Rommel et al., 2015; Glaesmer et al., 2009). Als problematisch ist dabei vor allem zu betrachten, dass Personen mit Migrationshintergrund in den repräsentativen Studien meist unzureichend erfasst werden; außerdem werden in empirischen Untersuchungen häufig nur ausgewählte Migriertengruppen mit der einheimischen Bevölkerung verglichen. So sind in der Forschungsliteratur unterschiedliche und sich zum Teil widersprechende Befunde zu finden, die größtenteils auf verschiedenen methodischen Ansätzen und Stichprobengrößen beruhen. Meistens stehen spezifische Störungsbilder bestimmter ethnischer homogener Gruppen von Migrantinnen und Migranten im Fokus dieser Arbeiten, sodass nur eingeschränkt Vergleiche bzw. generelle Aussagen möglich sind (Walter et al., 2007). In der Arbeit von Rommel et al. (2015), in der die ersten Ergebnisse der Studie zur Gesundheit Erwachsener in Deutschland (DEGS1) vorgestellt werden, wird von einer häufigeren depressiven Symptomatik der Migranten der ersten und zweiten Generation und der Migrantinnen der ersten Generation im Vergleich zu einheimischen Männern und Frauen berichtet.

Schouler-Ocak und Kollegen (2008) konstatieren für die in Deutschland lebenden Migrantinnen und Migranten ein erhöhtes Risiko an Schizophrenie zu erkran-
ken. In den Untersuchungen von Merbach, Wittig & Brähler (2008) und Wittig,
Lindert, Merbach & Brähler (2008) wurden höhere Angst- bzw. Depressionswerte
polnischer und vietnamesischer Migrantinnen und Migranten im Vergleich zur
deutschen Kontrollstichprobe ohne Migrationshintergrund identifiziert. Tagay und
Kollegen (2008) berichten über höhere Raten für Posttraumatische Belastungsstörung türkischsprechender Migrantinnen und Migranten (ethnische Kurdinnen
und Kurden sowie ethnische Türkinnen und Türken).

Viele der verfügbaren Studien wurden auf der Grundlage klinischer Stichproben
durchgeführt und erlauben damit nur eingeschränkte Rückschlüsse auf die Allgemeinbevölkerung (Koch & Brähler, 2008). Die internationale Metaanalyse von Swinnen und Selten (2007) kommt zu dem Ergebnis, dass es bisher keinen Beleg für erhöhte Raten affektiver Störungen bei Migrierten auf Bevölkerungsniveau gibt. In
Deutschland sind bisher nur wenige bevölkerungsrepräsentative Untersuchungen
zum Auftreten psychischer Störungen bei Personen mit und ohne Migrationshintergrund verfügbar (Rommel et al., 2015; Bermejo, Mayninger, Kriston & Härter, 2010;
Glaesmer et al., 2009). Die Studie von Glaesmer et al. (2009) konnte keine Unterschiede im Auftreten psychischer Belastungen bei Migrierten und Einheimischen
in Deutschland zeigen. In einer migrationssensiblen Reanalyse des Zusatzsurveys
„Psychische Störungen" des Bundesgesundheitssurveys 1998 wurden keine Unterschiede zwischen Personen mit und ohne Migrationshintergrund in den Vierwo-
chen- bzw. Zwölfmonatsprävalenzen psychischer Störungen gefunden. Die Lebens-
zeitprävalenz war jedoch bei den Migrantinnen und Migranten mit 50,8 % im
Vergleich zu 42,5 % bei den Einheimischen erhöht. Darüber hinaus fanden sich häufiger affektive und somatoforme Störungen bei Personen mit im Vergleich zu Personen ohne Migrationshintergrund (Bermejo et al., 2010). Die Prävalenzunter-
schiede werden von den Autoren weniger auf die Migration als solche zurückgeführt,
sondern als Folge verschiedenster mit der Migration verbundener Faktoren gesehen, zum Beispiel die sozioökonomische Lage oder die psychosoziale Belastung
(Bermejo et al., 2010). Die letztgenannten, bevölkerungsrepräsentativen Studien
wurden mit deutschsprachigen Erhebungsinstrumenten durchgeführt und schließen sowohl aus diesem Grund als auch aufgrund ihrer Stichprobenziehung besonders vulnerable oder belastete Gruppen von Migranten und Migrantinnen (z. B. Geflüchtete, illegal eingewanderte Migrantinnen und Migranten) aus.

Probleme der kulturellen Äquivalenz der Instrumente – im engeren Sinne die Vergleichbarkeit der Instrumente über die kulturellen Eigenheiten hinweg – müssen
bei der Interpretation der Ergebnisse ebenfalls beachtet werden, worauf im Weiteren noch eingegangen wird. Unklar bleibt auf Basis des bisherigen Forschungsstands, ob es hinsichtlich psychischer Störungen tatsächlich einen erhöhten objektiven Versorgungsbedarf bei Personen mit Migrationshintergrund gibt. Über
die subjektiven Bedürfnisse von Migrantinnen und Migranten hinsichtlich der Ver-

sorgung psychischer Belastungen müsste darüber hinaus ebenfalls kritisch reflektiert werden, weil diese (wie bereits erwähnt) von kulturell geprägten Krankheitskonzepten beeinflusst werden können.

9.4   Psychische Belastung von Geflüchteten – Stand der Forschung

Menschen mit Fluchthintergrund bzw. Asylsuchende stellen eine vergleichsweise kleine Untergruppe der in Deutschland lebenden Person mit Migrationshintergrund dar; dennoch wird im Zuge der anhaltenden Krisensituationen in verschiedenen arabischen und afrikanischen Ländern, der politischen Reaktionen der westlichen Industriestaaten darauf sowie medialen und gesellschaftlichen Debatten um den richtigen Umgang mit Geflüchteten, dieser Personenkreis des Öfteren als Sinnbild für die gesamte Gruppe der Migrantinnen und Migranten aufgefasst. Generell gilt für den Status „Flüchtling" die Definition der Genfer Flüchtlingskonvention von 1951 (UNHCR, 1951): Flüchtlinge sind im Sinne dieser Konvention all diejenigen, die aufgrund ihrer Rasse, Religion, Nationalität, Zugehörigkeit zu einer bestimmten sozialen Gruppe oder ihrer politischen Überzeugungen in ihrem Heimatland verfolgt werden und sich aufgrund dieser Verfolgung auf der Flucht befinden. Zur besseren Spezifikation der Fluchtbewegungen hat sich daher die Unterscheidung zwischen freiwilliger und erzwungener Migration herauskristallisiert, auch wenn eine solche dichotomisierte Kategorisierung die Realität eher unzureichend abbildet (Hargasser, 2015). Generell ist davon auszugehen, dass Migration und Flucht komplexe Ursachen bzw. Motive haben. Nichtsdestotrotz handelt es sich bei Flucht häufig um eine eher spontane, unfreiwillige, durch äußere Umstände wie Krieg, Verfolgung oder Vertreibung erzwungene Entscheidung, während Migration in anderen Fällen eine zwar ebenfalls komplex bedingte, aber geplante Entscheidung ist. Neben Syrien und den Ländern Ex-Jugoslawiens gehören Afghanistan und Irak zu den derzeit wichtigsten Herkunftsländern von Asylsuchenden in Deutschland (Bundesamt für Migration und Flüchtlinge, 2017).

Die Geflüchteten sind meist wiederholten Belastungen bzw. Traumatisierungen ausgesetzt, wobei diese nicht nur im Herkunftsland, sondern auch während und nach der Flucht erlebt werden. Sie stellen einen zentralen Risikofaktor für die psychische und physische Gesundheit dieses Personenkreises dar. Abbildung 9.2 gibt einen Überblick über Prä-, Peri- und Postmigrationsstressoren.

Die verfügbaren Befunde zu psychischen Belastungen bei Geflüchteten in Deutschland und international weisen ein deutlich erhöhtes Risiko für Posttraumatische Belastungsstörungen auf. Die Prävalenzraten für Posttraumatische Belastungsstörung bewegen sich meist zwischen 30 % und 40 % (Böttche, Heeke & Knaevelsrud, 2016); ähnlich hoch sind die Prävalenzraten für depressive Störungen. In einer kleinen Studie in Deutschland mit 76 Geflüchteten ergab sich eine Punktprävalenz für Post-

Belastungen vor der Flucht	Belastungen während der Flucht	Belastungen im Aufnahmeland
Naturkatastrophen	Armut und Mangel an Nahrung	Drohende Abschiebung/ unklarer Aufenthaltsstatus/ unklare Perspektiven
Armut und Mangel an Nahrung	Bewaffnete Konflikte (Ausbombung, Beschuss, Belagerung)	Leben in Illegalität
Bewaffnete Konflikte (Ausbombung, Beschuss, Belagerung)	Verfolgung und Gewalterleben bzw. Zeugenschaft	Beengte Wohnverhältnisse
Genozid oder Verfolgung aufgrund von Religion, ethnischer Zugehörigkeit usw.	Abschiebehaft	Mangel an Beschäftigungs- möglichkeiten
Organisierte Gewalt	Leben in Flüchtlingslagern	Verständigungs- schwierigkeiten
Verfolgung und Gewalterleben bzw. Zeugenschaft	Trennung von Angehörigen	Probleme der Kommunikation mit Behörden
Inhaftierung, Folter	Mangel an Informationen über Verbleib von Angehörigen	Gefühl der Unerwünschtheit, Anfeindungen
Sexualisierte Kriegsgewalt, Zwangsverheiratung	Angst vor Abschiebung	Gefühl der Fremdheit
Verlust von Angehörigen	Leben in Illegalität	Verlust der sozialen Bezüge
Mangel an Informationen über Verbleib von Angehörigen	Obdachlosigkeit	„Anpassungs- anforderungen"
	Lebensbedrohliche Situationen	

Abbildung 9.2: Flucht als Prozess – Risiko kumulativer und andauernder Belastungen

traumatische Belastungsstörung von 40 % (Gäbel, Ruf, Schauer, Odenwald & Neuner, 2006). Den Ergebnissen einer Studie (Mall & Henningsen, 2015) mit syrischen Flüchtlingskindern (N=102) zufolge erfüllen 22 % der untersuchten Kinder das Vollbild einer Posttraumatischen Belastungsstörung, weitere 16 % leiden an einer Anpassungsstörung. Auch in der Arbeit von Richter, Lehfeld und Niklewski (2015) mit insgesamt 283 Asylbewerbern wurde bei 63,6 % der Stichprobe mindestens eine psychiatrische Diagnose ermittelt; die Prävalenzrate für Posttraumatische Belastungsstörung lag bei 32,2 %. Kröger, Frantz, Friel & Heinrichs (2016) berichten im Rahmen ihrer Untersuchung mit 280 Asylsuchenden in Braunschweig von Prävalenzraten zwischen 16,1 % und 28,1 % für Posttraumatische Belastungsstörungen, je nach Herkunft der Befragten. Problematisch ist dabei, dass die derzeit vorliegenden Befunde meist auf relativ kleinen und/oder selektiven Stichproben beruhen, üblicherweise aus Querschnittsuntersuchungen gewonnen sind und zu sehr unterschiedlichen Zeitpunkten im Prozess der Migration bzw. Flucht ansetzen.

Über die Verläufe von psychischen Belastungen in dieser Zielgruppe ist wenig bekannt. Grundsätzlich wird davon ausgegangen, dass ein substanzieller Anteil der Posttraumatischen Belastungsstörungen unbehandelt einen chronischen Verlauf nimmt. Je nach Population und Methodik variiert dieser Anteil in verschiedenen Untersuchungen sehr stark, liegt aber häufig zwischen 30 % und 40 % (Welch, Caramanica, Maslow, Brackbill, Stellman & Farfel, 2016). In den letzten Jahren hat das Konzept der „verzögert auftretenden Posttraumatischen Belastungsstörung (delayed onset PTSD)" zunehmend an Bedeutung gewonnen. Die bisherige Befundlage zeigt, dass etwa ein Viertel aller Fälle einen verzögerten Beginn hat, also später als sechs Monate nach dem traumatischen Ereignis das Vollbild einer Posttraumatischen Belastungsstörung vorzufinden ist. In den meisten Fällen liegt dann vorher eine sogenannte „Brückensymptomatik" vor, das heißt es finden sich Symptome, die unter der diagnostischen Schwelle liegen (Utzon-Frank et al., 2014). Während in der ICD-10 (Dilling, Mombour & Schmidt, 2015) noch immer ein Symptombeginn der Posttraumatischen Belastungsstörung spätestens sechs Monate nach dem traumatischen Ereignis gefordert wird, hat das Konzept der verzögert auftretenden Posttraumatischen Belastungsstörung im DSM-5 (American Psychiatric Association/Falkai et al., 2015) Eingang gefunden und soll auch im ICD-11 berücksichtigt werden (Maercker, Gäbler, O'Neil, Schützwohl & Müller, 2013). Dass die Posttraumatische Belastungsstörung mit verzögertem Beginn auch bei Geflüchteten eine große Rolle spielt, zeigen erste Studien in dieser Gruppe (Lamkaddem, Stronks, Deville, Olff, Gerritsen & Essink-Bot, 2014). Der Anteil an allen Fällen der Posttraumatischen Belastungsstörungen scheint jedoch auch hier einer großen Varianz zu unterliegen. Mit Blick auf den Prozess der Migration sowie angesichts der Kenntnis um die damit häufig verbundenen kriegsassoziierten und kumulativen Traumatisierungen müssen wir davon ausgehen, dass in dieser Gruppe häufig Posttraumatische Belastungsstörungen mit verzögertem Beginn auftreten (Nesterko & Glaesmer, 2016).

Generell erleben Geflüchtete häufig lang andauernde, wiederholte und interpersonelle Traumatisierungen wie Krieg, Verfolgung oder Folter. Dazu kommen die Erfahrungen während der Flucht (die in manchen Fällen Wochen, Monate oder gar Jahre andauern), welche mit weiteren traumatischen Ereignissen einhergehen können, aber auch mit Veränderungen, die sowohl kulturelle Werte als auch den sozioökonomischen Status und die sozialen Bezüge umfassen können (Assion, Bransi & Koussemou, 2011). Betrachtet man Flucht als Prozess, so spielen die Bedingungen und Erfahrungen im Aufnahmeland für den Verlauf psychischer Belastungen eine wichtige Rolle. Die Versorgungsarbeit geht kaum über individuelle und/oder therapeutische Perspektiven hinaus, wobei sie vordergründig von den Gegebenheiten und den Regularien im Aufnahmeland geprägt bzw. stark eingeschränkt wird. Aufgrund der oft wiederholten und schwerwiegenden Traumatisierungen von Geflüchteten wird häufig die besondere Bedeutung der komplexen Posttraumatischen Belastungsstörung in dieser Zielgruppe diskutiert. Die derzeitige empirische Evidenz (wenngleich sehr lückenhaft) zeigt aber eher, dass die komplexe Posttraumatische Belastungsstörung bei Geflüchteten nicht gehäuft auftritt (ter Heide, Mooren & Kleber, 2016).

9.5   Ableitungen für die klinische Versorgung und Diagnostik

Inzwischen haben in Deutschland etwa 21 % der Bevölkerung einen Migrationshintergrund (Statistisches Bundesamt, 2016). Auch wenn es sich dabei um eine sehr heterogene Gruppe von Personen handelt, die zum Teil selbst gewandert sind oder der zweiten und dritten Generation angehören, die aus verschiedenen Herkunftsländern stammen, unterschiedlich stark integriert sind sowie über sehr unterschiedliche sprachliche Kompetenzen im Deutschen verfügen, stellt diese Gruppe der Bevölkerung einen großen Anteil von Patienten in der ambulanten und stationären Versorgung dar. Darüber hinaus besteht aufgrund der häufigen psychischen Belastungen bei Geflüchteten, die aktuell in Deutschland leben, eine weitere für die psychosoziale Versorgung hoch relevante Aufgabe. Ausgehend von den aktuell verfügbaren Befunden zur psychischen Gesundheit von Personen mit Migrationshintergrund (einschließlich Geflüchteter) sowie entsprechend der theoretischen Ansätze, die das komplexe Zusammenspiel zwischen Migration und Gesundheit beschreiben und erklären, ergibt sich eine Reihe von Herausforderungen für die klinische Versorgung bzw. Diagnostik. Neben dem Versorgungsbedarf, der sich aus der Häufigkeit psychischer Erkrankungen ableitet, sind kulturell bedingte Unterschiede in der Art und Weise psychische Belastungen auszudrücken, in den subjektiven Krankheits- oder Gesundheitskonzepten und in den daraus resultierenden Bedürfnissen der Patienten bzw. Klienten mit Migrationshintergrund ein wichtiges Thema für eine sachgerechte Diagnostik sowie für eine darauf aufbauende Versorgung psychischer Belastungen.

Eine der Grundvoraussetzung für eine angemessene Beurteilung der psychischen Belastung von Personen mit Migrationshintergrund ist in der Kultursensitivität der Erhebungsmethode zu sehen. Klinische Diagnostik umfasst ein breites Spektrum an Methoden: vom diagnostischen Gespräch des erfahrenen Klinikers über standardisierte bzw. strukturierte klinische Interviews und Instrumente zur Fremdbeurteilung durch den Behandler bis zu Selbsteinschätzungen der Personen mit Hilfe von Fragebögen. Im Wesentlichen gelten in unterschiedlicher Gewichtung die verschiedenen Aspekte einer kultursensitiven Diagnostik für alle diese diagnostischen Methoden. Einige testtheoretische Aspekte betreffen nur die psychometrischen Instrumente. Auf diese wird im Weiteren noch genauer eingegangen werden.

Häufig weichen sprach- und kulturbedingte Vorstellungen der Ärzte bzw. Psychotherapeuten im Hinblick auf das, was als „krank" bzw. „gesund" zu betrachten ist, von den Konzepten der Patienten bzw. Klienten ab. Gerade im Bereich der psychischen Gesundheit kann das Spektrum der Sichtweisen auf Ursache, Symptomatik und Behandlung seitens der Betroffenen eine Herausforderung für den Behandler sein. Allgemein wird davon ausgegangen, dass das Risiko einer Fehldiagnose bei Personen mit Migrationshintergrund höher ist. Insofern gilt es für den Diagnostiker, die kulturspezifischen Besonderheiten im Ausdruck psychopathologischer Symptome, wie auch die kulturell bedingten Erwartungen der Patienten hinsichtlich der Kommunikation und Behandlung zu berücksichtigen (Gäbel et al., 2006). Dabei nimmt die Sprache und im weitesten Sinne die Spezifik der kulturellen Färbung der Symptomschilderung Einfluss auf die Erfassung sowohl körperlicher als auch psychischer Symptome. In diesem Zusammenhang wird von sogenannten „Idioms of Distress" (Mall & Henningsen, 2015) gesprochen. Anhand entsprechender kulturspezifischer Ausdrucksmuster wird die Diskrepanz im Verständnis einer idiomatischen Wendung zwischen den Trägern zweier unterschiedlicher Sprach- und Kulturräume beschrieben. So kann beispielsweise eine bestimmte Aussage oder Verhaltensweise, die in einer Kultur als typisch für Depression gilt, in einer anderen Kultur nicht als eine solche aufgefasst werden (Richter et al., 2015), selbst wenn diese Aussage bzw. das geschilderte Verhalten korrekt sprachlich übersetzt wurden. In Anlehnung an die psychometrische Diagnostik ist hier vom Konstruktbias bzw. von der fehlenden funktionalen Äquivalenz des Symptoms die Rede (Koch, Staudt & Gary, 2015).

Darüber hinaus spielen die kulturell bedingten Unterschiede im Ausmaß der Bereitschaft über bestimmte Symptome zu sprechen, wie auch das Verhältnis zwischen dem erlebten und geschilderten Leidensdruck eine nicht unwesentliche Rolle. Gerade das überwiegend „westlich geprägte" Konzept der Depression ist in seiner Kultursensitivität unzureichend erforscht (Richter et al., 2015). So wird vermutet, dass aufgrund „abweichender Beschwerdemuster" bei Patienten anderer Kulturkreise seltener depressive Erkrankungen aufgedeckt werden und es in der Folge häufiger zu Fehldiagnosen kommt (Siefen, Glaesmer & Brähler, 2011). Um den Herausforderungen angemessen zu begegnen, empfiehlt sich neben dem Einsatz muttersprachlicher Untersucher – der jedoch im Rahmen eines psychiatrischen bzw. psychotherapeutischen Settings auf eine Reihe von strukturellen Problemen stößt – vor allem das Hinzuziehen von sogenannten Kultur- und Sprachmittlern (Nesterko, Kaiser & Glaesmer, 2017). Der diagnostische Prozess sollte bei Menschen mit Migrationshintergrund – neben den allgemein üblichen Informationen – kultur- und migrationsspezifische Faktoren (kulturspezifische Krankheitskonzepte, Diskriminierungserfahrungen, Akkulturationsverläufe, Sprachkenntnisse etc.) berücksichtigen, da es sonst zu diagnostischen Fehleinschätzungen kommen kann. Im klinischen Kontext in Deutschland ist bislang in der Mehrheit der Fälle von einer personalen Diagnostiksituation auszugehen, in der Patienten mit Migrationshintergrund auf Diagnostiker oder Therapeuten treffen, die keinen Migrationshintergrund haben.

9.6   Psychometrische klinische Diagnostik im interkulturellen Kontext – ausgewählte Verfahren

Fast alle kulturbezogenen Anforderungen der personalen klinischen Diagnostik lassen sich auf die psychometrische Diagnostik, die neben der klinischen Praxis vor allem in der Forschung breite Anwendung findet, mithilfe von Fragebogen und Tests übertragen. Im Idealfall werden verschiedene Versionen von Tests parallel entwickelt. Ein solches Vorgehen findet sich bei einigen weit verbreiteten Verfahren zur Erfassung von Lebensqualität, wie dem World Health Organization Quality of Life (WHOQOL) (Power et al., 1998), dem EQ-5D™ (Brooks, Rabin & Charro, 2003) oder dem SF-36 Health Survey (Ware & Sherbourne, 1992). Dies sind jedoch eher Ausnahmen, die meisten diagnostischen Verfahren werden in einer Sprache entwickelt und später übersetzt bzw. zum Teil adaptiert.

Beim Einsatz psychometrischer Verfahren in kulturvergleichenden Studien, in verschiedenen Sprachversionen oder Gruppen sollte möglichst sichergestellt werden, dass man das gleiche Konstrukt erfasst und vergleicht. Aus psychometrischer Perspektive wird hier von Messinvarianz (measurement invariance) gesprochen, die verschiedene Unteraspekte beinhaltet. Die funktionale Äquivalenz zielt darauf ab, in allen Gruppen das gleiche Konstrukt zu erfassen. Dieser Aspekt wird schon relativ lange in kulturvergleichenden Studien diskutiert, wobei zunächst vor allem auf die Vergleichbarkeit von Validitätskriterien und die kritische Diskussion von geeigneten bzw. vergleichbaren Cut-off-Werten fokussiert wurde. Inzwischen werden vor allem konfirmatorische Faktorenanalysen eingesetzt, um Messinvarianz zu untersuchen (Chen, 2008). Dabei können drei Aspekte der Messinvarianz mithilfe von konfirmatorischen Faktorenanalysen analysiert werden (Chen, 2008):

1. Konfigurale Invarianz (configural invariance) meint, dass vergleichbare Faktoren in den verschiedenen Gruppen untersucht werden. Das heißt, dass die Items eines Fragebogens in den verschiedenen Gruppen oder Sprachversionen den gleichen Faktoren zuzuordnen sind, wenngleich sich die Faktorladungen unterscheiden können. Wenn keine konfigurale Invarianz besteht, misst das Instrument nicht das gleiche Konstrukt über die verschiedenen Gruppen.

2. Metrische Invarianz (metric invariance) geht einen Schritt weiter und verlangt, dass die Faktorladungen für die verschiedenen Items vergleichbar sind. Dieser Äquivalenzaspekt muss erfüllt sei, um sinnvolle Vergleiche zwischen Gruppen durchführen zu können.

3. Skalare Invarianz (scalar invariance) drückt aus, dass ein Item den gleichen Ausgangspunkt hat (intercept). Nur wenn dieser Äquivalenzaspekt erfüllt ist, sind aus psychometrischer Sicht sinnvolle Mittelwertvergleiche zwischen Gruppen möglich.

Auch wenn heute mit Hilfe konfirmatorischer Faktorenanalysen die verschiedenen Aspekte von Messinvarianz geprüft werden können, liegen solch umfängliche Untersuchungen nur sehr selten für verschiedene Sprachversionen von Instrumenten vor. Aus diesem Grund ist die empirische Evidenz bezüglich der Messinvarianz von Testverfahren oft sehr begrenzt. Aufgrund der hohen Erfassungs- und Auswertungsökonomie und gerade im Kontext möglicher Sprachbarrieren zwischen Diagnostiker und Klient wird in der Praxis dennoch auf Testverfahren in der jeweiligen Sprache der Klientin bzw. des Klienten zurückgegriffen. Im Folgenden wird detaillierter auf die am häufigsten eingesetzten Verfahren eingegangen, die die Symptomlast der gängigen psychischen Beschwerden – Depressivität (PHQ-9; HSCL-25), Ängstlichkeit (HSCL-25), Posttraumatische Belastungsstörungen (IES-R; HTQ), somatoforme Beschwerden (PHQ-15), sowie gesundheitsbezogene Lebensqualität (SF-36) – erfassen.

PHQ-9

Das Depressionsmodul des Patient Health Questionnaire (PHQ-9) (vgl. Tabelle 9.1) orientiert sich an den DSM-IV-Kriterien der Major Depression; es ist ein gut validiertes und häufig angewandtes Verfahren zur Erfassung depressiver Beschwerden in der klinischen Versorgung. Inzwischen wird es auch in vielen anderen Settings eingesetzt (z. B. in bevölkerungsbasierten Studien oder bei stationären Patienten verschiedener Fachdisziplinen) (Löwe, Spitzer, Zipfel & Herzog, 2002; Kroenke, Spitzer & Williams, 2001). Auf einer vierstufigen Likert-Skala (von „überhaupt nicht" bis „beinahe jeden Tag") wird dabei auf der Grundlage von neun Items die aktuelle (die letzten zwei Wochen) depressive Symptomatik erfasst. Der PHQ-9 bietet die Möglichkeiten einer dimensionalen (Bestimmung des Schweregrades) wie auch kategorialen (Vorliegen einer majoren oder minoren Depression) Auswertung, wobei in zahlreichen klinischen Studien für beide Auswertungsformen hohe Sensitivitäts- und Spezifitätswerte ermittelt wurden.

Zum PHQ-9 sind einige psychometrische Studien verfügbar, die sich mit der kulturellen Äquivalenz des Instruments beschäftigen. In der Untersuchung von Huang und Kollegen (2006) wurden vier verschiedene ethnische Gruppen verglichen. Die einfaktorielle Struktur des PHQ-9 konnte in allen Gruppen bestätigt werden; die Reliabilitätskoeffizienten bewegten sich von .79 bis .89. Wenngleich die Antwortraten für die Items in den vier Gruppen prinzipiell vergleichbar waren, zeigten sich für eine Mehrzahl der Items Hinweise auf ein „differential item functioning" (DIF). Das DIF kann entstehen, wenn eine der untersuchten Subgruppen ein Item anders interpretiert oder beantwortet, aber auch wenn der Zusammenhang zwischen der zu identifizierenden Störung und dem Item in den Subgruppen unterschiedlich ist. Würde etwa „Weinen" bei gleicher Depressionsschwere in einer Gruppe deutlich häufiger auftreten, würde man von einer unterschiedlichen Symptom-Störung-Relation sprechen (Hepner, Morales, Hays, Edelen & Miranda, 2008).

Tabelle 9.1: Kurzbeschreibung PHQ-9

Testverfahren:	Depressionsmodul des Patient Health Questionnaire (PHQ-9)
Autoren:	K. Kroenke, R.L. Spitzer & J.B.W. Williams, 2001
	Deutsch von B. Löwe, R.L. Spitzer, S. Zipfel & W. Herzog, 2002
Konzeption:	Der PHQ-9 wurde als Screening-Instrument zur Identifikation von depressiven Störungen für den routinemäßigen Einsatz in der primärärztlichen Versorgung entwickelt und orientiert sich an den DSM-IV-Kriterien der Major Depression. Heute wird der PHQ-9 sehr breit in verschiedenen klinischen und nicht-klinischen Settings eingesetzt und ist auch in der Forschung sehr etabliert.
Untertests:	Mithilfe von neun Items wird die aktuelle (die letzten zwei Wochen) depressive Symptomatik erfasst.
Beurteilung der psychometrischen Qualität:	Der PHQ-9 bietet die Möglichkeiten einer dimensionalen (Bestimmung des Schweregrades) wie auch kategorialen (majore Depression/minore Depression) Auswertung, wobei in zahlreichen Studien für beide Auswertungsformen hohe Sensitivitäts- und Spezifitätswerte ermittelt wurden. Die Reliabilitätskoeffizienten bewegten sich von .79 bis .89.

Alter	Testsprache	Test-aufbau	zeitlicher Aufwand	Normie-rungs-stich-probe	Ergän-zende Informa-tionen	Bezug
ab 18 Jahren	über 20 verschiedene Sprachen vorhanden, z.B. Arabisch, Deutsch, Englisch, Französisch, Hebräisch, Hindi, Italienisch, Kroatisch, Polnisch, Rumänisch, Russisch, Türkisch, Ukrainisch	neben den verfügbaren Papier- und Online-Versionen ist PHQ-9 auch als Telefoninterview validiert worden	Bearbeitungsdauer: 1 bis 2 Minuten Auswertungsdauer: ca. 5 Minuten	Auswertung in Anlehnung an ICD-10 bzw. DSM-IV	Zum PHQ-9 sind einige psychometrische Studien verfügbar (s.o.), die sich mit der kulturellen Äquivalenz des Instruments beschäftigen.	frei verfügbar unter: http://www.phqscreeners.com/

Für das mit dem PHQ-9 verwandte Mood-Modul des Primary Care Evaluation of Mental Disorders (PRIME-MD) wurde in einer Studie an weißen Amerikanerinnen und Afroamerikanerinnen gezeigt, dass es kein DIF in den beiden Gruppen gibt. Eine weitere Studie verglich den PHQ-9 anhand von Faktorenanalysen bei einheimischen und aus Surinam zugewanderten Niederländerinnen und Niederländern. Für die Frauen fand sich eine kulturelle Invarianz. Für die Männer konnte diese nur teilweise bestätigt werden, weil das Item zu den psychomotorischen Problemen bei den Männern, die aus Surinam zugewandert waren, in seiner Faktorladung abwich (Baas, Cramer, Koeter, van de Lisdonk, van Weert & Schene, 2011). Die Autoren resümieren, dass der PHQ-9 bei den Frauen der beiden Gruppen problemlos eingesetzt werden kann, für die Männer das abweichende Item kritisch betrachtet werden muss und weitere Forschung nötig ist, um dessen Verhalten in verschiedenen kulturellen bzw. ethnischen Gruppen zu untersuchen (Baas et al., 2011). Eine deutsche Studie, die den PHQ-9 bei Deutschen und in Deutschland lebenden Menschen mit Migrationshintergrund verglichen hat, konnte die Messäquivalenz des Instruments in den beiden Gruppen nachweisen. Neben der bereits von Huang et al. (2006) belegten konfiguralen Invarianz (identische faktorielle Struktur) konnten zudem metrische Invarianz (gleiche faktorielle Struktur und gleiche Faktorladungen) sowie skalare Invarianz (gleiche faktorielle Struktur, gleiche Faktorladungen und gleiche „item intercepts") gezeigt werden (Mewes, Christ, Rief, Brähler, Martin & Glaesmer, 2010).

Wenngleich die hier dargestellten psychometrischen Arbeiten zur kulturellen Äquivalenz des PHQ-9 nur einige Aspekte in unterschiedlichen ethnischen Gruppen vergleichen, sind diese doch insgesamt positiv zu bewerten und lassen vermuten, dass der PHQ-9 gute kulturelle Äquivalenz besitzt. Dies mag darauf zurückzuführen sein, dass er sich 1. an den DSM-IV- und den ICD-10-Kriterien orientiert, und dass 2. bei der Entwicklung der international etablierten Klassifikationssysteme naturgemäß versucht wird, möglichst breit anwendbare Kriterien auch für den internationalen Vergleich zu formulieren.

HSCL-25

Bei der Hopkins-Symptoms-Checklist-25 (HSCL-25) (vgl. Tabelle 9.2) handelt es sich um ein international etabliertes, sowohl in der Forschung als auch im klinischen Setting breit angewendetes Instrument zur Erfassung von Depression und Angst (Glaesmer, Brähler, Grande, Hinz, Petermann & Romppel, 2014). Das Verfahren besteht aus insgesamt 25 Items, davon 10 zur Erfassung von Angst- und 15 zur Erfassung von Depressionssymptomen. Das Antwortformat ist eine vierstufigen Likert-Skala (von „überhaupt nicht" bis „extrem"), auf der die aktuelle (die letzten sieben Tage) Belastung durch Angst- und Depressionssymptome erfasst wird. Die Auswertung erfolgt indem die Werte einzelner Items entsprechend der beiden Subskalen bzw. als Gesamtwert aufaddiert werden. Es liegen alters- und geschlechtsspezifische Normen vor.

Tabelle 9.2: Kurzbeschreibung HSCL-25

Testverfahren:	Hopkins Symptoms Checklist-25 (HSCL-25)
Autoren:	L.R. Derogatis, R.S. Lipman, K. Rickels, E.H. Uhlenhuth & L. Covi, 1974
	Deutsche Version von F. Petermann & E. Brähler, 2013
Konzeption:	Die HSCL-25 ist eine Symptom-Checkliste zur differenzierten Erfassung von Angst und Depression.
Untertests:	Besteht aus 25 Items:
	10 Items zur Erfassung von Symptomen der Angst, und 15 Items, um depressive Symptome zu erfassen
Beurteilung der psychometrischen Qualität:	Interne Konsistenz (Cronbachs Alpha) Skala Angst: $\alpha = .84$, Skala Depression: $\alpha = .91$ und Gesamtwert bei $\alpha = .94$.

Alter	Test-sprache	Test-aufbau	zeitlicher Aufwand	Normie-rungsstich-probe	Ergänzende Informa-tionen	Bezug
14 bis 93 Jahre		Papier-version	Bearbei-tungs-dauer: etwa 3–5 Minuten. Auswer-tungs-dauer: etwa 3–5 Minuten	Repräsen-tative Ge-samt- sowie alters- und geschlechts-spezifische Normen für Deutschland ($N = 2.462$) von Glaes-mer et al. (2014)	Zur HSCL-25 sind einige psychomet-rische Stu-dien verfüg-bar (s.u.), die sich mit der kulturellen Äquivalenz des Instru-ments be-schäftigen.	Deutsche Version über Test-zentrale Göttingen

Die HSCL-25 liegt in mehreren Sprachen vor (z.B. Arabisch [Al-Turkait & Ohaeri, 2010], Swahili [Lee, Kaaya, Mbwambo, Smith-Fawzi & Leshabari, 2008], Farsi, Dari, Somali, Bosnisch [Jakobsen, Thoresen & Johansen, 2011], Vietnamesisch [Smith Fawzi, Murphy, Pham, Lin, Poole & Mollica, 1997]) und wurde entsprechend häufig im Hinblick auf psychometrische Charakteristika im interkulturellen Vergleich geprüft. So konnten Renner, Salem und Ottomeyer (2006) eine vergleichbar hohe Reliabilität bei Geflüchteten aus Tschetschenien (.92), Afghanistan (.96) und West-Afrika (.91) für die Gesamtskala zeigen. In der Arbeit von Bean und Kollegen (2007) wurden mehrere Sprachversionen von der HSCL-25 in einer Gesamtstichprobe von 3.890 Probanden – unbegleitete minderjährige Geflüchtete, Jugendliche mit Migrationshintergrund sowie einheimische Jugendliche, jeweils in den Niederlanden und Belgien – miteinander verglichen und validiert. Die Autoren berichten von guten bis sehr guten psychometrischen Charakteristika des Verfahrens und sprechen eine Empfehlung für den Einsatz der HSCL-25 im interkulturellen Kontext aus. Ähnliche Ergebnisse wurden in einer Studie von Tinghög und Carstensen (2010) für die einheimische schwedische Bevölkerung und in Schweden lebende Migrantinnen und Migranten aus Finnland, dem Irak und dem Iran gezeigt. In der kürzlich publizierten Arbeit von Selmo und Kollegen (2016) konnte zudem gezeigt werden, dass die arabische Online-Version des Verfahrens eine hohe Validität und Reliabilität aufweist.

Insgesamt wird über die Studien hinweg gute interne Konsistenz mit Cronbachs $\alpha \geq .90$ für den Gesamtscore, sowie Cronbachs $\alpha \geq .85$ für die Subskala Depression und Cronbachs $\alpha \geq .76$ für die Angstskala berichtet (Glaesmer et al., 2014). Auch die faktorielle und strukturelle Validität von HSCL-25 im 2-Faktoren Modell wurde in vielen Studien (Selmo et al., 2016; Glaesmer et al., 2014; Mels, Derluyn, Broekaert & Rosseel, 2010) belegt. Ferner werden in einigen Arbeiten von der englischen Originalfassung abweichende Cut-off-Werte für die Subskalen Angst und Depression berichtet (Mollica, Wyshak, deMarneffe, Khuon & Lavelle, 1987). So zeigten Ventevogel und Kollegen (2007) in einer Studie mit afghanischen Probanden (Paschtu-Version des Fragebogens), dass der optimale Cut-Off-Wert für Frauen etwas höher (2.25 vs. 2.0) und für Männer etwas niedriger (1.5 vs. 2.0) angesetzt werden sollte. In der Arbeit von Glaesmer und Kollegen (2014) liegen die Normwerte für die deutsche Allgemeinbevölkerung vor. Insgesamt kann von einer guten bis sehr guten psychometrischen Charakteristik und kultureller Äquivalenz der HSCL-25 ausgegangen werden.

IES-R

Die durch Weiss und Marmar (1997) erweiterte und revidierte Version der ursprünglich von Horowitz und Kollegen (1979) entwickelten Impact of Event-Scale (IES) (Tabelle 9.3) ist das am meisten übersetzte und verwendete Instrument im Bereich traumaassoziierter Störungen. Mit 22 Items werden die drei Symptomcluster einer Posttraumatischen Belastungsreaktion – Intrusionen, Vermeidung und Übererregung – erfasst. Die jeweiligen Symptome werden auf einer fünfstufigen Likert-Skala bezüglich der Intensität bzw. des Ausmaßes der Belastung (von „ganz und gar nicht belastend" bis „extrem belastend") erfasst. Die Frage- bzw. Item-Formulierungen unterscheiden sich von den jeweiligen Fassungen der Diagnosekriterien von Posttraumatischer Belastungsstörung im DSM-5 bzw. ICD-10; eine Schätzformel erlaubt jedoch, aus den drei Subskalen der IES-R das Vorliegen einer Posttraumatischen Belastungsstörung abzuschätzen (Maercker & Schützwohl, 1998).

Tabelle 9.3: Kurzbeschreibung IES-R

Testverfahren:	Impact of Event Scale-Revised (IES-R)
Autoren:	M. Horowitz, N. Wilner & W. Alvarez, 1979; Revidierte Form: D.S. Weiss & C.R. Marmar, 1997 (In J.P. Wilson & T.M. Keanse)
	Deutsche Version von A. Maercker & M. Schützwohl, 1998
Konzeption:	Die Skala ist eine Erweiterung der Vorläuferversion IES. Die Items des IES wurden ursprünglich aus dem theoretischen Modell traumatischer Stressfolgen (Horowitz, 1976) abgeleitet.
Untertests:	Drei Subskalen: „Intrusionen", „Vermeidung" und „Übererregung" erfassen typische Formen individueller Reaktionen bzw. Symptome auf extrem belastende Ereignisse.
Beurteilung der psychometrischen Qualität:	Die interne Konsistenz (Crohnbachs α) liegt für die Skala „Intrusionen" bei $\alpha = .90$, für die Skala „Vermeidung" bei $\alpha = .79$, für die Skala „Übererregung" bei $\alpha = .90$. Die Retest-Reliabilität (3 Monate) betrug für „Intrusionen" $r_{tt} = .80$, „Vermeidung" $r_{tt} = .66$ sowie „Übererregung" $r_{tt} = .79$.

Alter	Test-sprache	Test-aufbau	zeitlicher Aufwand	Normierungs-stich-probe	Ergänzende Informa-tionen	Bezug
Ab 18 Jahren		Papier-version	Bearbeitungsdauer: 7–15 Minuten Auswertungsdauer: 15–20 Minuten	Auswertung erfolgt in Anlehnung an ICD-10 bzw. DSM-IV	Zur IES-R sind einige psychometrische Studien verfügbar (s. u.), die sich mit der kulturellen Äquivalenz des Instruments beschäftigen.	Deutsche Version über Maercker, A. & Schützwohl, M., 1998.

Inzwischen liegen einige Studien vor, die die unterschiedlichen Sprachversionen des Verfahrens jeweils hinsichtlich ihrer psychometrischen Güte in unterschiedlichen Stichproben analysiert haben. In der Arbeit von Mels et al. (2010), in der Daten von insgesamt 1.046 Probanden aus der Demokratischen Republik Kongo (eingesetzte Sprachversionen: Französisch und Swahili) ausgewertet wurden, konnten sowohl die faktorielle Struktur von IES-R als auch zufriedenstellenden Werte für interne Konsistenz sowie Konstruktvalidität ermittelt werden. Auch in der Arbeit von Warsini und Kollegen (2015) mit Überlebenden eines Vulkanausbruchs in Indonesien wurden zufriedenstellende bis hohe Validitäts- und Reliabilitätswerte für die übersetzte Version von IES-R berichtet. In einer gemischten

Stichprobe (klinisch vs. non-klinisch) aus Korea konnten Lim und Kollegen (2009), neben hohen Werten für interne Konsistenz, Belege für die gute diskriminante Validität der koreanischen Version von IES-R zeigen. In allen erwähnten Studien wird eine ausdrückliche Empfehlung für den Einsatz der IES-R als Screening zur Erfassung der Symptome einer Posttraumatischen Belastungsstörung sowohl im klinischen Setting als auch in der Forschung gegeben. In einer großangelegten Untersuchung von Feuerherd und Kollegen (2014) mit insgesamt 3.820 Probanden aus Spanien, Italien, der Türkei, Großbritannien, Tschechien, Schweden, Polen und Deutschland wurde das Verfahren auf Differential Item Functioning (DIF) untersucht. Bis auf jeweils zwei Items in der tschechischen, schwedischen und türkischen Fassung wurden keine substantiellen sprachbedingten Unterschiede zwischen den Versionen beobachtet, was für eine kulturelle Äquivalenz des Fragebogens spricht. Basierend auf der derzeitigen Befundlage ist grundsätzlich von einer hohen kulturellen Äquivalenz des Verfahrens auszugehen.

HTQ

Das von Mollica und Kollegen (1992) ursprünglich für vietnamesische, laotische und kambodschanische Geflüchtete entwickelte Harvard Trauma Questionnaire (HTQ) (Tabelle 9.4) steht inzwischen in zahlreichen Sprachen mit jeweiliger kulturspezifischer Anpassung zur Verfügung. Eine deutsche Übersetzung wurde von Maercker (1995) vorgelegt. Das Verfahren besteht aus vier Abschnitten. Im ersten Teil wird den Probanden eine Liste mit potentiell traumatischen Lebensereignissen (z. B. Nahrungsmangel, Gefangenschaft, Vergewaltigung, Entführung, Folter) vorgelegt. Anschließend wird das gravierendste Ereignis näher erfragt (Zeitpunkt/Ort) und es werden die schmerzvollsten Ereignisse im momentanen Aufenthaltsland in einem offenen Antwortformat ermittelt. Im dritten Abschnitt wird nach möglichen Kopfverletzungen gefragt und im vierten Teil schließlich werden mit 30 Items posttraumatische Symptome (nach DSM-III-R) in den letzten sieben Tagen erfasst.

Tabelle 9.4: Kurzbeschreibung HTQ

Testverfahren:	Havard Trauma Questionnaire (HTQ)
Autoren:	R. F. Mollica, Y. Caspi-Yavin, P. Bollini, T. Truong, S. Tor & J. Lavelle, 1992
	Deutsche Version von A. Maercker, 1995
Konzeption:	Der HTQ wurde entwickelt, um Foltererfahrungen, Traumatisierungen und Posttraumatischer Belastungsstörung bei Geflüchteten in Interview- oder Fragenbogenform zu erfassen.

Tabelle 9.4: Fortsetzung

Untertests:	Besteht aus 4 Teilen: Teil 1: Erfassung von insgesamt 17 traumatischen Lebensereignissen Teil 2: Beschreibung des gravierendsten Ereignisses und der schmerzvollsten Ereignisse im momentanen Aufenthaltsland. Teil 3: Erfassung möglicher Kopfverletzungen Teil 4: Erfassung der Symptome einer Posttraumatischen Belastungsstörung mit 30 Items innerhalb der letzten sieben Tage
Beurteilung der psychometrischen Qualität:	Hohe Interraterreliabilität ($r = .93$), Stabilität ($r_{tt} = .89$) und interne Konsistenz (Cronbachs $\alpha = .90$) bezüglich der traumatischen Ereignisse (Teil I). Ähnlich hohe Werte lassen sich in zahlreichen Validierungsstudien unterschiedlicher Sprachversionen finden.

Alter	Test-sprache	Test-aufbau	zeitlicher Aufwand	Normie-rungs-stich-probe	Ergänzende Informa-tionen	Bezug
ab 18 Jahren		Interview- oder Fragebogen-form	Bearbei-tungs-dauer: 15–20 Minuten Auswer-tungs-dauer: 15–20 Minuten	Auswer-tung er-folgt in Anlehnung an ICD-10 bzw. DSM-5	Versionen in vielen Spra-chen mit spezifischer Anpassung vorhanden. Abschlie-ßende Prü-fung der kul-turellen Äquivalenz steht noch aus.	Deutsche Version verfügbar unter Maercker & Brom-berger, 2005.

Für die ursprüngliche Version wird die interne Konsistenz mit Cronbachs α von .90 angegeben. Ähnlich hohe Werte finden sich in zahlreichen Validierungsstudien unterschiedlicher Sprachversionen (de Fouchier, Blanchet, Hopkins, Bui, Ait-Aoudia & Jebel, 2012). Vermutlich aufgrund der Komplexität des Verfahrens sind die Studien, die sich explizit der Frage nach der kulturellen Äquivalenz des HTQ widmen, bislang sehr rar. In der Arbeit von Rasmussen und Kollegen (2015), in der das Verfahren mit insgesamt 878 Geflüchteten aus etwa 80 unterschiedlichen Herkunftsländern in 11 verschiedenen Aufnahmeländern im Hinblick auf die Messinvarianz untersucht wurde, wird von einer konfiguralen Invarianz, jedoch von fehlender metrischer und skalarer Invarianz berichtet. Die Autoren werfen die Frage auf, inwiefern die gängigen Cut-Off-Werte des HTQ über die kulturellen Gruppen hinweg valide sind. Eine erschöpfende Prüfung der kulturellen Äquivalenz des HTQ steht folglich noch aus.

PHQ-15

Der PHQ-15 (Tabelle 9.5) ist ein Modul des Gesundheitsfragebogens für Patienten (PHQ), das zur Erfassung der häufigsten Körperbeschwerden eingesetzt wird (Kroenke, Spitzer & Williams, 2002; Kroenke, Spitzer & Swindle, 1998). Der Fragebogen stellt eine Liste von 13 somatischen Symptomen (z. B. Bauchschmerzen, Rückenschmerzen, Verstopfung, nervöser Darm, Durchfall) und 2 Items aus dem PHQ-9 dar („Ein- oder Durchschlafschwierigkeiten/vermehrter Schlaf", „Müdigkeit oder Gefühl, keine Energie zu haben") (Abschnitt 9.6: PHQ-9). Es handelt sich um Beschwerden, die häufig von Patienten berichtet werden, jedoch nur selten auf eine organische Ursache zurückzuführen sind. Der PHQ-15 wird deshalb als Screeninginstrument für somatoforme Beschwerden eingesetzt. Auf einer Skala von 0 („nicht beeinträchtigt" bzw. „überhaupt nicht") bis 2 („stark beeinträchtigt" bzw. „an mehr als der Hälfte der Tage") wird der Schweregrad der Belastung in den letzten vier Wochen erfragt. Anhand des errechneten Summenwertes (Bandbreite: 0–30) wird zwischen der minimalen (0–4), milden (5–9), mittelgradigen (10–14) und schwer ausgeprägten (15–30) Symptomstärke bzw. Somatisierung unterschieden. Die interne Konsistenz der Originalskala wird mit Cronbachs $\alpha = .80$ angegeben. Es liegen zahlreiche Übersetzungs- und Normierungsstudien des PHQ-15 vor (z. B. spanische Version mit N = 3.362 [Montalbán, Comas Vives & Garcia-Garcia, 2010], chinesische Version mit N = 3.014 [Lee, Ma & Tsang, 2011], schwedische Version mit N = 3.406 [Nordin, Palmquist & Nordin, 2013]), die von ähnlich hohen Reliabilitätswerten (Cronbachs α zwischen .75 und .85) berichten.

Tabelle 9.5: Kurzbeschreibung PHQ-15

Testverfahren:	Modul somatische Symptome des Patient Health Questionnaire (PHQ-15)
Autoren:	K. Kroenke, R.L. Spitzer & R. Swindle, 1998; K. Kroenke, R.L. Spitzer & J.B. Williams, 2002
Konzeption:	Ein Modul des Gesundheitsfragebogens für Patienten (PHQ), das zur Erfassung des Schweregrads somatischer Beschwerden eingesetzt wird, um Patienten mit somatoformen Störungen zu identifizieren.
Untertests:	Liste mit 13 somatoformen Symptomen und 2 Items aus dem PHQ-9
Beurteilung der psychometrischen Qualität:	Die Auswertung erfolgt nach dem Summenscore als Schweregrad der Somatisierungsstörung, in Anlehnung an ICD-10 bzw. DSM-IV

Tabelle 9.5: Fortsetzung

Alter	Test-sprache	Test-aufbau	zeitlicher Aufwand	Normie-rungs-stich-probe	Ergänzende Informa-tionen	Bezug
Ab 18 Jahren	Deutsch, Englisch, Russisch, Spanisch, Schwedisch	Papier-version	Bearbei-tungs-dauer: ca. 1 Minute Auswer-tungs-dauer: ca. 1 Minute	Für die deutsche Allge-meinbe-völkerung liegen Norm-werte ($N = 5.031$) von Koca-levent, Hinz & Brähler (2013) vor.	Es fand eine Überprüfung der Mess-varianz im Rahmen einer bevöl-kerungs-repräsen-tativen Befragung bei in Deutschland lebenden Personen mit ($N = 271$) und ohne Migra-tionshinter-grund ($N = 271$) statt (Mewes et al., 2010)	Frei ver-fügbar unter: http://www.phqscree-ners.com/

Für die deutsche Allgemeinbevölkerung liegen Normwerte ($N = 5\,031$) von Koca-levent, Hinz und Brähler (2013) mit sehr guten Reliabilitäts- und Validitätswerten vor. Darüber hinaus wurde in der Arbeit von Mewes et al. (2010) die Überprüfung der Messinvarianz von PHQ-15 in einer bevölkerungsrepräsentativen Befragung bei in Deutschland lebenden Personen mit und ohne Migrationshintergrund vor-genommen. Die Autoren stellen fest, dass für die beiden Vergleichsgruppen von Messäquivalenz des Verfahrens auszugehen ist. So wurden die konfigurale, me-trische und skalare Messinvarianz der Skala gezeigt, wodurch Mittelwertverglei-che zwischen der deutschen Allgemeinbevölkerung und der Bevölkerung mit Migrationshintergrund unter der Verwendung von PHQ-15 möglich sind. Die der-zeitige Befundlage weist auf eine hohe kulturelle Äquivalenz des Verfahrens hin.

SF-36 Health Survey

Der SF-36 Health Survey (Tabelle 9.6) wurde ursprünglich im Rahmen einer Stu-die entwickelt, die die Leistung von Versicherungssystemen in den USA prüfte. Die Definition der gesundheitsbezogenen Lebensqualität basiert dabei auf den geltenden Konzepten, die physisches, psychisches und soziales Wohlbefinden umfassen. Bei der Itemformulierung wurde versucht, einer verhaltensnahen Beschreibung dieser Konstrukte gerecht zu werden. Es handelt sich um einen Fragebogen zur Selbsteinschätzung, der ab dem Alter von 14 Jahren eingesetzt werden kann (deutsche Version von Bullinger & Kirchberger, 1998). Der Fragebogen liegt als Selbst- und Fremdbeurteilung, sowohl als schriftliche Befragung als auch in Interviewform vor. Das Antwortformat umfasst dichotome und Ratingskalen. Der SF-36 Fragebogen besteht aus acht Skalen der gesundheitsbezogen Lebensqualität, subsumiert zu den zwei Hauptskalen physische und psychische Lebensqualität, in insgesamt 36 Items. Die vier Skalen der psychischen Dimension sind Vitalität, soziale Funktionsfähigkeit, emotionale Rollenfunktion und psychisches Wohlbefinden. Die physische Summenskala schließt körperliche Funktionsfähigkeit, körperliche Rollenfunktion, Schmerz und allgemeine Wahrnehmung ein. Darüber hinaus existieren die Kurzversionen SF-12 und SF-8 (Ellert, Lampert & Ravens-Sieberer, 2005). Die interne Konsistenz wird mit Cronbachs α zwischen 0.57 und 0.89 je nach Skala angegeben.

Tabelle 9.6: Kurzbeschreibung SF-36

Testverfahren:	SF-36 Health Survey
Autoren:	Der SF-36 wurde von der RAND Corporation im Rahmen der so genannten Medical Outcomes Study (MOS) entwickelt.
	A. R. Tarlov, J. E. Ware, S. Greenfield, E. C. Nelson, E. Perrin & M. Zubkoff, 1989
	Deutsche Version von M. Morfeld, I. Kirchberger, M. Bullinger, 2011.
Konzeption:	Krankheitsunspezifisches Messinstrument zur Erhebung der gesundheitsbezogenen Lebensqualität. Er kann den individuellen Gesundheitszustand von Patienten beschreiben und krankheitsbedingte Belastungen im Verlauf messen und vergleichen.
Untertests:	Der SF-36 Fragebogen besteht aus acht Skalen der gesundheitsbezogen Lebensqualität, subsumiert zu zwei Hauptskalen – physische und psychische Lebensqualität – in insgesamt 36 Items. Die vier Skalen der psychischen Dimension sind Vitalität, soziale Funktionsfähigkeit, emotionale Rollenfunktion und psychisches Wohlbefinden. Die physische Summenskala schließt körperliche Funktionsfähigkeit, körperliche Rollenfunktion, Schmerz und allgemeine Wahrnehmung ein.
Beurteilung der psychometrischen Qualität:	Interne Konsistenzen (Cronbachs α) der Originalskala liegen bei $\alpha = .92$ für physische Komponenten und bei $\alpha = .91$ für die psychische Komponente.
	In der deutschen Fassung liegen die internen Konsistenzen (Cronbachs Alpha) der Subskalen in verschiedenen Stichproben mehrheitlich deutlich über .70.

Alter	Test-sprache	Test-aufbau	zeitlicher Aufwand	Normie-rungs-stich-probe	Ergänzende Informa-tionen	Bezug
Ab 14 Jahre	Über 40 verschie-dene Sprach-versionen	Fragebo-gen liegt als Selbst- und Fremdbe-urteilung, sowohl in schriftli-cher als auch in In-terview-form vor.	Bearbei-tungs-dauer: ca. 10 Minu-ten Auswer-tungs-dauer: ca. 15–20 Minuten	Es liegen Normda-ten für Deutsch-land aus der reprä-sentativen Bevölke-rungs-stichprobe von 1994 ($N = 2.914$) und aus dem Bundes-gesund-heitssur-vey von 1998 ($N = 6.967$) vor.	In mehreren Ländern vali-diert und als kulturüber-greifendes Verfahren entwickelt z. B. in Ar-gentinien, Bangla-desch, Brasi-lien, China, Estland, Finnland, Griechen-land, Indien, Iran, Israel, Kosovo, Kro-atien, Polen, Russland, Südafrika, Tanzania, Türkei, Ukra-ine u.a.	Deutsche Version über Test-zentrale Göttingen

Der SF-36 gilt als ein Standardverfahren zur Erfassung der gesundheitsbezogenen Lebensqualität und wurde bereits in 40 Sprachen übersetzt. So berichten Thumboo und Kollegen (2001) von vergleichbaren faktoriellen Strukturen und entsprechenden Faktorladungen der einzelnen Items des Fragebogens in englischer und chinesischer Version bei Befragten aus einem multikulturellen Kontext in Singapur. In der Arbeit von Bjorner, Kreiner, Ware, Damsgaard & Bech (1998), in der die dänische Übersetzung des SF-36 einer statistischen Prüfung unterzogen wurde, berichten die Autoren von einzelnen Items, die unterschiedlich interpretiert und bewertet werden, jedoch von grundsätzlicher Äquivalenz der beiden Sprachversionen auf der Skalenebene. Ähnliche Berichte finden sich für die spanische Version (Arocho, McMillan & Sutton-Wallace, 1998), sowie für die russische (Hoffmann et al., 2005) und die chinesische (Lam, Lam, Fong & Huang, 2013) Kurzversion SF-12 Health Survey. In der Arbeit von Ngo-Metzger und Kollegen (2008) wird dagegen auf die Unterschiede bei den Antworttendenzen zwischen älteren vietnamesischer Migrantinnen und Migranten im Vergleich zu Einheimischen hingewiesen. Die Autoren fanden höhere Ladungen der Skala „körperlicher Schmerz" auf der mentalen Komponente des Fragebogens, was bereits in den Arbeiten von Fukuhara, Ware, Kosinski Wada & Gandek (1998) mit japanischen und Fuh, Wang, Lu, Juang & Lee (2000) mit taiwanesischen Probanden gezeigt wurde. Alles in

allem spricht die derzeitige Befundlage aus den Arbeiten, die sich mit den psychometrischen Charakteristika des Fragebogens beschäftigt haben, für eine befriedi-
gende bis gute kulturelle Äquivalenz von SF-36 Health Survey.

9.7   Das Cultural-Formulation-Interview (CIF) nach DSM-5

Für die diagnostische Arbeit, insbesondere im klinischen Setting, ist es unerlässlich, den intraindividuellen Kontext einer Erkrankung oder Störung aufzudecken
und zu verstehen. Unabhängig vom Migrationshintergrund der Klientinnen und
Klienten spielt dabei das, was als Kultur bzw. kulturelle Prägung bezeichnet wird,
eine große Rolle. Es gibt zahlreiche Ansätze, dem Begriff Kultur eine Definition
zu geben. So wird aus anthropologischer Sicht auf die Inhalte verwiesen, die eine
Kultur ausmachen, die Kohäsion innerhalb einer Gruppe stärken und die eine
Kultur von einer anderen unterscheiden. Behavioristische Ansätze dagegen definieren eine Gemeinschaft aufgrund ihrer Verhaltensweisen und Leistungen bzw.
unterscheiden sie so von anderen (Zick 2010). Hierbei wird Kultur als eine ge-
meinschaftliche/gesellschaftliche Verhaltensprägung beschrieben, die einerseits
die Wahrnehmung der Lebenswelt und andererseits die Anpassung an die Umwelt bestimmt (Chiu, Leung & Hong, 2010). Eine Synthese dieser beiden Ansätze
findet sich im Teil III des DSM-5 (American Psychiatric Association/Falkai et al.,
2015) im Kapitel „Kulturell gebundene Ausdrucksformen". Es wird ausdrücklich
auf die Bedeutung des kulturellen Kontextes bei der diagnostischen Arbeit hingewiesen, wobei Kultur als ein offenes System beschrieben wird, welches Sprache,
Religion und Spiritualität, Familienstrukturen, Abschnitte des Lebenszyklus, ze-
remonielle Rituale genauso wie moralische Überzeugungen in dem jeweiligen sozialen und rechtlichen Lebensraum einschließt. Auf dieser Grundlage wird im
DSM-5 die Empfehlung ausgesprochen, sich bei der Diagnosestellung auf spezifische Konzepte bzw. Wissenssysteme der Klientinnen und Klienten zu beziehen,
die in Form von Gebräuchen sowie kulturell gebundenen Einstellungen erlernt
und über Generationen hinweg weitergegeben werden. Dabei wird insbesondere
auf folgende vier Aspekte verwiesen:

- *Kulturelle Identität einer Person*: Bei diesem Aspekt handelt es sich um eine genaue Beschreibung der ethnischen und/oder kulturellen Referenzgruppe einer
  Person. Dabei spielt bei Menschen mit Migrationshintergrund die Anbindung
  an die Kultur des Herkunftslandes ebenso eine wichtige Rolle wie die Auseinandersetzung mit den Gepflogenheiten und Bräuchen des Aufnahmelandes. So
  werden beispielsweise Sprachfähigkeiten und -präferenzen als bedeutsame Indikatoren für die Inanspruchnahme von Gesundheitsleistungen angesehen.
  Aber auch andere Aspekte der Identität wie Alter, Geschlecht, Religiosität, sozioökonomischer und/oder rechtlicher Status, erlernter/ausgeübter Beruf oder

sexuelle Orientierung können je nach kulturellem Hintergrund unterschiedlich starke klinische Relevanz in sich bergen.

- *Kulturell gebundene Leidenskonzepte*: Ist die Erfassung der kulturellen Referenzgruppe erfolgt, so sind kulturell bedingte Beschreibungen des Symptomerlebens und -verstehens in der jeweiligen kulturellen Gruppe von Interesse. Dazu gehören neben den klassischen kulturellen Syndromen (z. B. „Windattacke" bei den Kambodschanern in den USA und in Kambodscha mit den typischen Symptomen einer Panikattacke, die im Rahmen einer Panikstörung, Generalisierten Angststörung, Posttraumatischen Belastungsstörung oder Krankheitsangststörung auftreten kann) Leidensnarrative und Erklärungsmodelle bzw. wahrgenommene Ursachen eines Krankheitsbildes. Wichtig hierbei sei bei der Bestimmung des Schweregrades der geschilderten Symptome, auf die Relation zu den Normen der jeweiligen kulturellen Referenzgruppe zu achten.
- *Psychosoziale Stressoren und kulturelle Besonderheiten von Vulnerabilität und Resilienz*: Vor allem für die postdiagnostische Arbeit ist es von großer Bedeutung, detaillierte Informationen über vorhandene Schlüsselstressoren aus dem sozialen Umfeld (z. B. wahrgenommene Ausgrenzung aufgrund der religiösen Zugehörigkeit) zu erfragen. Zugleich bieten unterschiedliche kulturelle Umwelten einer Person vielfältige Unterstützungsmöglichkeiten, die bei der Krankheitsverarbeitung und/oder -bewältigung eine wichtige Rolle spielen können. Auch hier sollten die Gepflogenheiten der jeweiligen kulturellen Referenzgruppe Berücksichtigung finden.
- *Kulturelle Eigenschaften der Beziehungen zwischen dem/der Betroffenen und dem/der Behandler/in*: Ein besonderes Augenmerk sollte aufseiten der klinischen Expertinnen und Experten auf die kulturellen Unterschiede bzw. gegebenenfalls Diskrepanzen zwischen den eigenen Vorstellungen von Krankheitsursache, -verlauf und -behandlung sowie den Sichtweisen der Klientinnen und Klienten aus anderen Kulturräumen gerichtet sein. Hierbei tragen das rechtzeitige Erkennen sowie das anschließende Besprechen möglicher Missverständnisse aufgrund kultureller Eigenheiten zu einer erforderlichen Arbeitsbeziehung zwischen den Beteiligten bei und wirken sich längerfristig positiv im Sinne einer effektiven klinischen Allianz auf den Therapieprozess aus.

Gerade im Hinblick auf den letztgenannten Aspekt ist aus der nationalen (Morina, Maier & Schmidt Mast, 2010) und internationalen (Green, Ngo-Metzger, Legedza, Massagli, Phillips & Iezzoni, 2005) Literatur zur Versorgung von Menschen mit Migrationshintergrund und unzureichenden Sprachkenntnissen des Aufnahmelandes bekannt, dass der Einsatz professioneller Sprachmittlung nicht nur die Verständigung erleichtert, sondern sich auch positiv auf die Behandler/in-Patient/in-Beziehung auswirkt. Dabei setzt die Sprachmittlung neben der reinen Übersetzungstätigkeit vertiefte medizinische Kenntnisse, das Wissen um Werte und Normen der jeweiligen Kulturkreise sowie eine neutrale Vermittlungsrolle in der Triade Behandler/in-Sprachmittler/in-Patient/in voraus. Trotz des positiven Zusammenhangs zwischen der Zufriedenheit mit der Behandlung seitens der Patientinnen und Patienten mit unzureichenden Sprachkenntnissen des Aufnahmelandes und dem Grad der Professionalität der Sprachmittlung (Green et al., 2005), ist der Einsatz sogenannter „Laiendolmetscher" im ambulanten wie stationären Bereich häufig an der Tagesordnung. Gerade beim Hinzuziehen nicht-professioneller Kultur- und Sprachmittler gilt es eine Reihe an Besonderheiten während der Diagnostik bzw. Therapie von Patienten mit unzureichenden Sprachkenntnissen, insbesondere bei Geflüchteten, zu berücksichtigen. Detaillierte Information zur Arbeit mit Sprachmittlern im interkulturellen, psychotherapeutischen Kontext finden sich in den Beiträgen von Morina, Maier und Schmidt Mast (2010) sowie Kluge (2011).

Aufbauend auf den vier oben beschriebenen Aspekten einer kultursensiblen diagnostischen Arbeit bietet das DSM-5 ein kurzes, halbstrukturiertes Interview zur besseren Einschätzung möglicher kultureller Kontexte einer psychischen Störung. Das Cultural-Formulation-Interview (CFI) besteht aus einem Set von 16 Fragen, die den folgenden vier Bereichen zugeordnet werden: kulturelle Definition des Problems (Fragen 1 bis 3), kulturelle Wahrnehmung der Ursachen, des Kontextes und der Unterstützung (Fragen 4 bis 10), kulturelle Einflussfaktoren auf Selbstbewältigung und früheres Hilfesuchverhalten (Fragen 11 bis 13) und kulturelle Einflussfaktoren auf aktuelles Hilfesuchverhalten (Fragen 14 bis 16). Das Interview ist frei zugänglich (z. B. online unter www.psychiatry.org/dsm5) und wird zum Einsatz in Kombination mit den demografischen Informationen empfohlen.

Im Folgenden werden zwei Fälle aus der Praxis vorgestellt, die die in diesem Buchbeitrag thematisierten Aspekte adressieren und anhand derer eine abschließende Diskussion der kultursensiblen psychodiagnostischen Arbeit im Erwachsenenbereich erfolgen soll.

9.8   Fallbeispiele klinischer Begutachtung Geflüchteter

Fallbeispiel 1: Frau A., geboren 1975 in der Republik Tschetschenien (Russische Föderation)

Frau A. sei 1975 in einem Dorf in Tschetschenien geboren und dort mit ihren Eltern sowie mehreren Geschwistern aufgewachsen. Sie habe 11 Jahre die Schule besucht und habe Ärztin werden wollen. So habe sie zunächst eine Ausbildung zur Krankenschwester absolviert und in diesem Beruf danach gearbeitet. Im Krieg habe sie als Krankenschwester Verwundete versorgt. Während ihrer Berufsausbildung habe sie ihren ersten Mann kennengelernt, der jedoch zwei Monate nach der Heirat im ersten Tschetschenienkrieg gefallen sei. Sie selbst sei im Krieg durch eine Explosion verletzt worden und habe schwere Verbrennungen erlitten. Kurze Zeit später sei sie mit dem Sohn einer einflussreichen Familie aus ihrem Dorf zunächst nach muslimischer Tradition, später auch standesamtlich verheiratet worden. Sie habe den zweiten Ehemann nicht näher gekannt und habe ihn nicht selbst ausgesucht. Nach der Eheschließung sei sie zur Familie des Mannes gezogen. Dort sei sie von Anfang an sehr schlecht behandelt worden. Sie sei weiter berufstätig gewesen, habe aber zusätzlich vor und nach der Arbeit im Haushalt sowie auf dem Hof schwer arbeiten müssen. Ihre Herkunftsfamilie habe sie nur mit Erlaubnis ihres Mannes sehen dürfen. Nach dem Tod des Schwiegervaters habe ihre Schwiegermutter ihren Sohn – d. h. den Ehemann von Frau A. – gedrängt, sich von Frau A. zu trennen. Sie sei dann mehr oder weniger hinausgeworfen worden und habe gemäß der Tradition ihre beiden Söhne nicht mitnehmen dürfen. Sie sei dann wieder zu ihren Eltern gezogen, einige Familienmitglieder hätten ihr die Schuld an der Trennung gegeben. Sie habe eine sehr schwere Zeit durchgemacht und sich emotional wie betäubt gefühlt.

Nach drei Monaten sei es ihr gelungen, ihre Kinder zu sehen. Einer ihrer Söhne – damals ca. anderthalb Jahre alt – sei in einem sehr schlechten körperlichen Zustand gewesen. Alles habe auf Vernachlässigung der Kinder im Haushalt ihres Mannes hingewiesen. Sie habe die Kinder dann eine Woche bei sich gehabt, und diese hätten sich erholt; dann sei sie jedoch gezwungen worden, die Kinder wieder zum Mann zu geben. In der Folgezeit sei es ihr möglich gewesen, die Kinder ca. einmal im Monat zu sehen. Es seien deutliche Entwicklungsrückstände und Mangelversorgung der Kinder erkennbar gewesen. Ihr Mann habe dann erneut geheiratet, diese Beziehung habe jedoch nur wenige Monate gehalten. Danach habe ihr Mann sie gebeten zurückzukehren, sie habe wegen der Kinder eingewilligt. Danach habe sie mit ihrem Mann eine Tochter bekommen. Ihr Mann habe sie nach ihrer Rückkehr noch schlechter behandelt, sei reizbar und gewalttätig gewesen. Es sei zu körperlichen und sexuellen Übergriffen gekommen. Die Kinder seien oft Zeugen gewesen und seien auch selbst misshandelt worden. Ihr Mann habe Waffen im Haus gehabt und habe gedroht, dass es ihm nicht schwer fallen würde, sie umzubringen. Da ihr Mann sein Einkommen nicht für die Versorgung der Familie zur Verfügung gestellt habe, sei sie recht schnell wieder als Krankenschwester arbeiten gegangen, um die Kinder zu ernähren. Die Situation im Haushalt habe sich weiter zugespitzt; aus Angst um die Kinder sei sie jedoch geblieben. Von ihrer Schwiegerfamilie sei sie dann bezichtigt worden, eine außereheliche Beziehung zu haben, was aber nicht der Wahrheit entsprach.

Mit Vermittlung des Dorfältesten sei es schließlich gelungen, dass sie mit ihren Kindern habe gehen dürfen. Sie habe sich eine Wohnung im Ort gesucht und dort mit den Kindern gelebt. Ihr Mann habe ihr nachgestellt, sei gegen ihren Willen in die Wohnung eingedrungen, habe ihr schließlich aufgelauert und gedroht, sie am Ende des Ramadan (muslimischer Fastenmonat) umzubringen. Da er selbst bei der Polizei tätig war, habe sie keine Chance gesehen, Unterstützung durch die Behörden zu bekommen. Sie habe dann entschieden, mit den Kindern zu fliehen. Sie sei inzwischen in Deutschland angekommen, mache sich große Sorgen um ihre Familie und habe gehört, dass ihr Mann sie angezeigt habe. Aufgrund seiner Kontakte zu Polizei und Geheimdienst habe sie große Angst, dass er ihren Aufenthaltsort herausfinden und sie auch hier verfolgen lassen könne. Inzwischen gingen ihre Söhne in Deutschland zu Schule, ihre Tochter in den Kindergarten. Frau A. leidet unter Alpträumen und könne sich kaum konzentrieren. Sie habe oft „Aussetzer" und könne sich an bestimmte Zeiträume nicht mehr erinnern. Es falle ihr schwer dem Sprachkurs zu folgen, obwohl sie hoch motiviert sei. Sie sagt, ihre Kinder hielten sie am Leben, obwohl sie sich oft sehr kraftlos fühle und es ihr schwerfalle, den Alltag zu bewältigen. Frau A. befindet sich zum Zeitpunkt des Gesprächs in ambulanter psychiatrischer Behandlung.

Das diagnostische Gespräch mit Frau A. wurde auf Russisch mit Hilfe einer Sprachmittlerin geführt. Es wurden die HSCL-25 zur Erfassung der Angst- und Depressionssymptomatik sowie die Traumaliste des HTQ und PCL-5 zur Erfassung der posttraumatischen Symptomatik in russischer Übersetzung genutzt. Die Fragebögen wurden von Frau A. selbständig beantwortet, Unklarheiten wurden besprochen. In der Traumaliste berichtet Frau A. über verschiedene Traumatisierungen (körperliche und sexuelle Gewalt, Kriegserleben, körperliche Verletzungen). Das A-Kriterium der Posttraumatischen Belastungsstörung ist damit erfüllt. Die PCL-5 erfasst die vier Symptomcluster der Posttraumatischen Belastungsstörung nach DSM-5. Alle vier Cluster liegen bei Frau A. in einem klinisch relevanten Ausmaß vor. Auf der Angst- und Depressionsskala der HSCL-25 erreicht Frau A. jeweils einen Skalenmittelwert von 3,6. Der Grenzwert von 1,75 wird damit deutlich überschritten, was für eine klinisch hoch relevante Angst- und Depressionssymptomatik spricht.

Die von Frau A. berichteten Symptome und die Befunde aus der Testdiagnostik rechtfertigen die Diagnose einer posttraumatischen Belastungsstörung (F43.1). Frau A. zeigt zudem ein deutliches dissoziatives Geschehen, was die Schwere der posttraumatischen Symptomatik unterstreicht. Darüber liegt eine mittelgradige depressive Episode vor (F32.1). Die Schwere der Symptomatik spricht für einen dringenden Behandlungsbedarf, wobei eine Kombination aus Psychopharmakotherapie und Psychotherapie unbedingt angezeigt ist.

Fallbeispiel 2: Herr C., geboren 1982 in Eritrea

Herr C. sei 1982 als fünftes und letztes Kind der Eltern in Eritrea geboren worden. Die Eltern seien verstorben, als er noch klein gewesen sei. Daraufhin sei er von den älteren Geschwistern getrennt in einer Pflegefamilie aufgewachsen.

Er habe fünf Jahre die Schule besucht und diese dann verlassen, um in der Landwirtschaft zu arbeiten. Um nicht in die Armee zu müssen, habe er sich ab seinem 18. Lebensjahr immer wieder versteckt. Mit 23 sei er dann von der Armeepolizei aufgegriffen und zum Wehrdienst gezwungen worden. Er habe nicht als Soldat kämpfen, sondern schwer arbeiten müssen. Nach einem Fluchtversuch sei er in ein Armeegefängnis gekommen und dort sehr schlecht behandelt worden (z. B. Zelle unter der Erde ohne Licht, Mangel an Nahrung und Wasser, körperliche Misshandlungen). 2010 sei ihm die Flucht aus dem Gefängnis über die Grenze in den Sudan gelungen, wo er bis 2013 gelebt und gearbeitet habe. Als Christ sei er im Sudan oft schlecht behandelt und erniedrigt worden. 2014 sei er durch die Wüste nach Libyen geflohen; dabei sei er fast verhungert und verdurstet, weil er drei Tage ohne Nahrung und Wasser verbracht habe. In Libyen habe er in einem Flüchtlingscamp gelebt, habe dort manchmal nicht ausreichend Wasser und Nahrung erhalten, sei auch von den Bewachern misshandelt worden. Nach einigen Wochen sei er dann mit einem Boot nach Italien (Insel Lampedusa) übergesetzt worden. Das Boot sei drei Tage unterwegs gewesen, auch auf dem Boot habe es kaum Nahrung und Wasser gegeben. Ein Kind sei vor seinen Augen gestorben.

Nach seiner Ankunft in Italien sei er nach Rom überstellt worden und habe auf der Straße geschlafen. Ihm sei lediglich eine Karte mit seinem Foto ausgehändigt worden, für die er Wasser und Brot erhalten habe. Es sei ihm klar geworden, dass er in Italien keine Perspektive habe, und er sei zunächst in die Schweiz weitergezogen. Da er von dort nach Italien abgeschoben werden sollte, sei er nach Deutschland weitergereist. 2014 habe er in Deutschland einen Asylantrag gestellt, der als unzulässig abgelehnt wurde, weil Italien für ihn zuständig sei. Er sei nach Italien geflogen worden; die dortige Polizei habe ihn zwingen wollen, seine Fingerabdrücke abzugeben. Weil er sich geweigert habe, habe er einen Tag keine Nahrung erhalten, er sei getreten und am Toilettenbesuch gehindert worden. Schließlich habe man ihn auf die Straße gesetzt; er habe sich von einem Eritreer Geld geben lassen und sei mit dem Bus wieder nach Deutschland gereist. Zum Zeitpunkt des Gesprächs lebt Herr C. in einer Erstaufnahmeeinrichtung. Er habe keinen Kontakt zu seinen Geschwistern, aber gute soziale Kontakte zu Landsleuten in der Einrichtung.

Das etwa 90minütige diagnostische Gespräch wurde mithilfe einer Sprachmittlerin in Tigrinya geführt. Es standen keine übersetzten diagnostischen Instrumente zur Verfügung.

Wie im biographischen Hintergrund beschrieben, hat Herr C. bereits in der Kindheit seine Eltern verloren und ist unter schwierigen Bedingungen in einer Pflegefamilie aufgewachsen. Er erlebte seit der Kindheit wiederholte Traumatisierungen und vor allem Entbehrungen – während seiner Zeit als Soldat und auf der Flucht. Aktuell lebt er in ständiger Angst vor der Rückführung nach Italien. Die beschriebenen Erlebnisse sind als sequenzielle Traumatisierungen (vor und während der Flucht) zu verstehen, die oft mit schwerwiegenden psychischen Folgen einhergehen. Herr C. leidet unter Ein- und Durchschlafstörungen, da er einerseits nicht zur Ruhe kommt (Hyperarousal), andersets aber Angstzustände und Alpträume hat. Oft wird er auch tagsüber von sich plötzlich aufdrängenden Erinnerungen (Flashbacks) gequält. Er hat ausgeprägte Konzentrationsschwierigkeiten, die es ihm sehr schwer machen, dem Deutschkurs zu folgen. Gedanken und Hinweisreize, die ihn an seine Traumatisierungen erinnern, vermeidet er, weil sie sonst sehr unangenehme Erinnerungen auslösen. Die von ihm berichteten Symptome sprechen für eine Posttraumatische Belastungsstörung (F43.1). Darüber hinaus leidet er unter Antriebslosigkeit und Niedergeschlagenheit. Oft zieht er sich sozial zurück und sitzt grübelnd in der Ecke. Er berichtet über häufige Suizidgedanken, aber nicht über konkrete Pläne. Neben der Posttraumatischen Belastungsstörung liegt eine depressive Episode mittleren Schweregrades vor (F32.1). Die identifizierten psychischen Störungen sind so ausgeprägt, dass sie einer psychotherapeutisch-psychopharmakologischen Behandlung bedürfen.

Diagnostische und therapeutische Schlussfolgerungen aus beiden Fällen

Aus beiden Fallbeschreibungen wird die Tragweite der im Cultural-Formulation-Interview (CFI) beschriebenen Aspekte auf die diagnostische und die darauf aufbauend therapeutische Arbeit sichtbar. Sowohl bei Frau A. als auch bei Herrn C. spielt die kulturelle Identität mit den daraus resultierenden sozialen Erwartungen eine nicht unerhebliche Rolle für die Entwicklung und Aufrechterhaltung der Symptomatik. Einen wichtigen Aspekt stellt dabei die religiöse Prägung der Klienten dar. Während bei Frau A. der stark patriarchal geprägte muslimische Hintergrund ihre Funktion als „gute" Ehefrau und Mutter (hierbei sowohl intrinsisch ausgelebt als auch von der Umwelt aufdiktiert) bestimmt, erlebte Herr C. Anfeindungen aufgrund seiner Zugehörigkeit zum Christentum. In beiden Fällen ist die gelebte Religiosität an die jeweiligen Geschlechterrollen und folglich die Erwartungen seitens der Referenzgruppe geknüpft. Für beide Klienten waren der sozioökonomische Status der jeweiligen Ursprungsfamilie sowie der rechtliche Status in dem Aufnahmeland, bei Herrn C. im besonders tragischen Ausmaß, mit erheblichen Hindernissen für einen gesundheitsfördernden Umgang mit widrigen Lebensumständen und letztendlich für die Linderung der Symptomatik verbunden. In Hinblick auf die Schilderung der Symptome wurden vor allem bei Frau A. differentialdiagnostisch Auffälligkeiten beobachtet. So stellte sich die Frage, ob die beschriebenen Ängste (die Patientin hört nachts Schritte in der Wohnung und hat dann Angst, dass ihr Ehemann in der Wohnung sein könnte), als psychotisches

Erleben oder im Kontext des Erlebten und der Posttraumatischen Belastungsstörung zu verstehen sind. Bei Herrn C. fiel auf, dass er oft sehr einfache Worte wählte
und weniger in der Lage war, zusammenhängend zu berichten. Dies stellte eine
große Herausforderung dar, da während der Arbeit mit Herrn C. aufgrund des
Fehlens standardisierter Testverfahren in Tigrinya ausschließlich auf die Befragung des Klienten zurückgegriffen werden konnte. Bezüglich der kulturellen Eigenheiten von Vulnerabilität und Resilienz wurde bei beiden Klienten eine Reihe
von Schlüsselstressoren aufgedeckt.

In beiden Fällen ist die prekäre Struktur der Lebensverhältnisse zu nennen, die
bei Herrn C. schlicht mit Abwesenheit von nahen verwandtschaftlichen Bezugspersonen zu charakterisieren wäre und bei Frau A. von lang andauernder häusli-
cher Gewalt gekennzeichnet war. Auch die bereits erwähnte Diskriminierung, der
Herr C. ausgesetzt war, spielt hierbei eine Rolle. Abgesehen von der geschilderten Symptomatik wurden zusätzliche Stressoren bei den Klienten eruiert, die von
einer typischen Lebenssituation Geflüchteter zeugen. Für beide Klienten stellte
das auslaufende Asylverfahren und eine damit einhergehende Unsicherheit in
Bezug auf einen weiteren Verbleib in Deutschland eine große Belastung dar. In
beiden Fällen handelt es sich um Geflüchtete, die nur über wenige soziale Kontakte verfügen. Das isolierte Leben, mit einem Mangel an Beschäftigungsmög-
lichkeiten, stellt ein Risiko für eine Chronifizierung der ohnehin labilen psychischen Verfassung und eine Komplexitätserhöhung des klinischen Bildes dar, was
in der psychotherapeutischen Arbeit mit den Klienten entsprechend Berücksichtigung finden sollte. Letztendlich sind die Beziehungsgestaltung zwischen den Klienten und der Diagnostikerin sowie das Hinzuziehen von Sprachmittlung während des diagnostischen Prozesses als wichtige Einflussfaktoren zu nennen. Für
die abschließende Diagnosestellung waren zum einem das Hintergrundwissen
über die soziale und politische Lage in den beiden Herkunftsländern sowie in den
angrenzenden Regionen von großer Bedeutung, zum anderen musste die eigene
Rolle bzw. „Machtposition" als Diagnostiker im aufenthaltsrechtlichen Verfahren
stets einer kritischen Reflexion unterzogen werden. Dabei wurde die Zusammenarbeit mit sprach- und kulturmittelnden Personen als sehr unterstützend erlebt.

9.9   Diskussion und Ausblick

Der Anteil von Personen mit Migrationshintergrund an der Gesamtbevölkerung
in Deutschland liegt inzwischen bei 21%, wobei etwa Zweidrittel der ersten Generation angehören, d.h. selbst migriert sind (Statistisches Bundesamt, 2016). Die
derzeit geführten politischen und medialen Debatten um das Thema Migration
werden jedoch von den seit etwa drei Jahren stark steigenden Zahlen an Geflüchteten bzw. Asylsuchenden in Deutschland bzw. in Europa dominiert. Dabei wird
die Anzahl der in letzten drei Jahren gestellten Erstanträge auf Asyl mit 173.072

Anträgen in 2014, 441.899 in 2015 und 722.370 in 2016 (Bundesamt für Migration und Flüchtlinge, 2017), auch ohne die Zahl der erfolgten Abschiebungen, kaum ins Verhältnis zu allen Menschen mit Migrationshintergrund in Deutschland (etwa 17,1 Mio.) gesetzt.

An dieser Stelle ist es den Autoren ein Anliegen, explizit darauf hinzuweisen, dass es einen großen Unterschied zwischen Migrantinnen und Migranten mit und ohne Fluchthintergrund gibt. Dieser Unterschied äußert sich besonders stark auf der Ebene der psychischen Gesundheit. Während bei Geflüchteten aus Konflikt- und Postkonfliktregionen mit deutlich höheren Prävalenzraten für die gängigen psychischen Störungen im Vergleich zur einheimischen deutschen Bevölkerung zu rechnen ist, gilt dies, nach derzeitiger nationaler und internationaler Befundlage, nicht für Migrantinnen und Migranten ohne Fluchterfahrung. Die Frage nach dem subjektiven und objektiven Versorgungsbedarf beim Vorliegen einer psychischen Störung bleibt jedoch nach wie vor das, was die beiden Gruppen eint, wie auch die daraus resultierenden Herausforderungen aufseiten des Gesundheitssystems, kultursensible und entsprechend evaluierte Präventions- und Interventionsangebote für verschiedene kulturelle Gruppen anzubieten.

Auf Basis der zurzeit verfügbaren Arbeiten zur psychischen Gesundheit von Migrantinnen und Migranten bzw. insbesondere von Geflüchteten in den westlichen Industriestaaten wurden in diesem Buchbeitrag die Aspekte einer kultursensiblen diagnostischen Arbeit bei Erwachsenen besprochen. Dabei wurde aus der Literatur abgeleitet, dass gesundheitsbezogene Nachteile sowohl mit dem Blick auf den diagnostischen Prozess als auch die Behandlungsmöglichkeiten unmittelbar mit der Migrationsbiographie der Klientinnen und Klienten in Beziehung gesetzt werden müssten. Je nach kultureller Prägung und dem Grad der im Zuge der Migration stattfindenden Anpassung aufseiten der Migrierten sowie den strukturellen, rechtlichen und nicht zuletzt personellen Möglichkeiten bzw. Einschränkungen des Gesundheitssystems aufseiten der Aufnahmegesellschaft, kommt es zu unterschiedlichsten Ausdrucksformen bzw. Verarbeitungsstrategien von psychischen Belastungen bei Menschen mit Migrationshintergrund. Da es sich bei den in Deutschland lebenden Menschen mit Migrationshintergrund um eine sehr heterogene Gruppe handelt, ist eine nach kultureller Prägung der Klientinnen und Klienten differenzierende Diagnostik unerlässlich.

Der klinischen Individualdiagnostik steht neben dem klassischen Interview eine Reihe von Testverfahren zur Verfügung, deren Einsatz aus kultursensibler Perspektive empfohlen werden kann. Aus wissenschaftlicher Sicht wird hierbei zwischen der Kultursensitivität und der kulturellen Äquivalenz eines Verfahrens unterschieden. Während ein kultursensitives Verfahren explizit die sprachlich und kulturell gefärbten Charakteristika des zu messenden Phänomens so präzise wie möglich abzubilden versucht (z. B. unter Rückgriff auf einprägsame Idiomatik der kulturellen Referenzgruppe), beschreibt die kulturelle Äquivalenz eines Verfahrens die Vergleichbarkeit dessen, was gemessen wird, über verschiedene Kulturen bzw. Sprachen hinweg. Da die Kriterien für die gängigen psychischen Störungen im ICD-10 sowie im DSM-5 mit dem Anspruch einer möglichst breiten Anwendung auch für den internationalen Vergleich entwickelt und formuliert worden sind, steht die Überprüfung der kulturellen Äquivalenz der besonders häufig eingesetzten Testverfahren stärker im Fokus der Forschung. Zur besseren Einschätzung der Symptomatik eines Klienten bzw. einer Klientin mit Migrationshintergrund stehen dem praktisch tätigen Diagnostiker Referenznormen aus verschiedenen Ländern zur Verfügung.

Die darauf basierende abschließende Interpretation der erhobenen Werte im Sinne der Kultursensitivität der Diagnosestellung sollte vertieft mithilfe des Cultural Formulation Interviews oder ähnlicher Ansätze erfolgen. Die im Zuge der diagnostischen Arbeit gestellte Diagnose sollte daher als ein Balanceakt zwischen Forschung und Praxis verstanden werden, der von dem Diagnostiker eine kritische Auseinandersetzung mit dem eigensetzten Verfahren, aber auch eine individuelle Kontextualisierung verlangt. Sowohl die nationale als auch die internationale Befundlage zur kulturellen Äquivalenz von Testverfahren im klinischen Bereich ist bislang lückenhaft. Den praktisch tätigen Kollegen und Kolleginnen möchten wir dennoch empfehlen, auf den Einsatz der vorgestellten Verfahren in Sinne eines Screenings zurückzugreifen. Beim Einsatz von in diesem Buchbeitrag nicht besprochener Verfahren sollten Angaben zur kulturellen Äquivalenz des Verfahrens sorgfältig einer kritischen Analyse unterzogen werden.

Literatur

Al-Turkait, F.A. & Ohaeri, J.U. (2010). Dimensional and hierarchical models of depression using the Beck Depression Inventory-II in an Arab college student sample. *BMC Psychiatry, 10*, 60. http://doi.org/10.1186/1471-244X-10-60

American Psychiatric Association/Falkai, P. et al. (2015). *Diagnostisches und Statistisches Manual psychischer Störungen DSM-5*. Göttingen: Hogrefe.

Arocho, R., McMillan, C.A. & Sutton-Wallace, P. (1998). Construct validation of the USA-Spanish version of the SF-36 health survey in a Cuban-American population with benign prostatic hyperplasia. *Quality of Life Research, 7*, 121–126. http://doi.org/10.1023/A:1008801308886

Assion, H., Bransi, A. & Koussemou, J. (2011). Migration und Posttraumatische Belastungsstörung. In G.H. Seidler, H. J Freyberger & A. Maercker (Hrsg.), *Handbuch der Psychotraumatologie* (S. 528–536). Stuttgart: Klett-Cotta.

Baas, K.D., Cramer, A.O.J., Koeter, M.W.J., van de Lisdonk, E.H., van Weert, H.C. & Schene, A.H. (2011). Measurement invariance with respect to ethnicity of the Patient Health Questionnaire-9 (PHQ-9). *Journal of Affective Disorders, 129*, 229–235. http://doi.org/10.1016/j.jad.2010.08.026

Bean, T., Derluyn, I., Eurelings-Bontekoe, E., Broekaert, E. & Spinhoven, P. (2007). Validation of the multiple language versions of the Hopkins Symptom Checklist-37 for refugee adolescents. *Adolescents, 42*, 51–71.

Bermejo, I., Mayninger, E., Kriston, L. & Härter, M. (2010). Psychische Störungen bei Menschen mit Migrationshintergrund im Vergleich zur deutschen Allgemeinbevölkerung. *Psychiatrische Praxis, 37*, 225–232. http://doi.org/10.1055/s-0029-1223513

Bjorner, J. B., Kreiner, S., Ware, J. E., Damsgaard, M. T. & Bech, P. (1998). Differential item functioning in the Danish translation of the SF-36. *Journal of clinical epidemiology, 51*, 1189–1202. http://doi.org/10.1016/S0895-4356(98)00111-5

Böttche, M., Heeke, C. & Knaevelsrud, C. (2016). Sequenzielle Traumatisierungen, Traumafolgestörungen und psychotherapeutische Behandlungsansätze bei kriegstraumatisierten erwachsenen Flüchtlingen in Deutschland. *Bundesgesundheitsblatt – Gesundheitsforschung – Gesundheitsschutz, 59,* 621–626.

Brooks, R., Rabin, R. & de Charro, F. (2003). *The measurement and valuation of health status using EQ-5D: A European perspective.* Dordrecht: Kluwer Academic Press. http://doi.org/10.1007/978-94-017-0233-1

Bullinger, M. & Kirchberger, I. (1998). *Fragebogen zum Gesundheitszustand (SF-36).* Göttingen: Hogrefe.

Bundesamt für Migration und Flüchtlinge (2017). *Aktuelle Zahlen zu Asyl.* Zugriff am: 07. 02. 2017 Verfügbar unter http://www.bamf.de/SharedDocs/Anlagen/DE/Downloads/Infothek/Statistik/Asyl/aktuelle-zahlen-zu-asyl-dezember-2016.pdf?_blob=publicationFile

Chen, F. F. (2008). What happens if we compare chopsticks with forks? The impact of making inappropriate comparisons in cross-cultural research. *Journal of personality and social psychology, 95*, 1005. http://doi.org/10.1037/a0013193

Chiu, C.-Y., Leung, A. K.-Y. & Hong, Y.-Y. (2010). Cultural processes: An overview. In A. K.-Y. Leung, C.-Y. Chiu & Y.-Y. Hong (Eds.), *Cultural processes: A social psychological perspective* (pp. 3–22). New York: Cambridge University Press.

de Fouchier, C., Blanchet, A., Hopkins, W., Bui, E., Ait-Aoudia, M. & Jehel, L. (2012). Validation of a French adaptation of the Harvard Trauma Questionnaire among torture survivors from sub-Saharan African countries. *European Journal of Psychotraumatology, 3*, 3402–19225.

Derogatis, L. R., Lipman, R. S., Rickels, K., Uhlenhuth, E. H. & Covi, L. (1974). The Hopkins Symptom Checklist (HSCL): A self-report symptom inventory. *Behavioral science, 19* (1), 1–15. http://doi.org/10.1002/bs.3830190102

Dilling, H., Mombour, W. & Schmidt, M. H. (2015). *Internationale Klassifikation psychischer Störungen. ICD-10 Kapitel V (F) Klinisch-diagnostische Leitlinien* (10., überarb. Aufl.). Bern: Hogrefe.

Ellert, U., Lampert, T. & Ravens-Sieberer, U. (2005). Messung der gesundheitsbezogenen Lebensqualität mit dem SF-8. *Bundesgesundheitsblatt – Gesundheitsforschung – Gesundheitsschutz, 48*, 1330–1337. http://doi.org/10.1007/s00103-005-1168-5

Feuerherd, M., Knuth, D., Muehlan, H. & Schmidt, S. (2014). Differential Item Functioning (DIF) Analysis of the Impact of Event-Scale-Revised (IES-R): Results From a Large European Study on People With Disaster Experiences. *Traumatology, 20*, 313–320. http://doi.org/10.1037/h0099858

Fuh, J. L., Wang, S. J., Lu, S. R., Juang, K. D. & Lee, S. J. (2000). Psychometric evaluation of a Chinese (Taiwanese) version of the SF-36 health survey amongst middle-aged women from a rural community. *Quality of Life Research, 9*, 675–683. http://doi.org/10.1023/A:1008993821633

Fukuhara, S., Ware, J. E., Kosinski, M., Wada, S. & Gandek, B. (1998). Psychometric and clinical tests of validity of the Japanese SF-36 Health Survey. *Journal of Clinical Epidemiology, 51*, 1045–1053. http://doi.org/10.1016/S0895-4356(98)00096-1

Gäbel, U., Ruf, M., Schauer, M., Odenwald, M. & Neuner, F. (2006). Prävalenz der Posttraumatischen Belastungsstörung (PTSD) und Möglichkeiten der Ermittlung in der Asylverfahrenspraxis. *Zeitschrift für Klinische Psychologie und Psychotherapie, 35,* 12–20. http://doi.org/10.1026/1616-3443.35.1.12

Glaesmer, H., Brähler, E., Grande, G., Hinz, A., Petermann, F. & Romppel, M. (2014). The German Version of the Hopkins Symptoms Checklist-25 (HSCL-25) – factorial structure, psychometric properties, and population-based norms. *Comprehensive Psychiatry, 55*, 396–403.

Glaesmer, H., Wittig, U., Brähler, E., Martin, A., Mewes, R. & Rief, W. (2009). Sind Migranten häufiger von psychischen Störungen betroffen? Eine Untersuchung an einer repräsentativen Stichprobe der deutschen Allgemeinbevölkerung. *Psychiatrische Praxis, 36*, 16–22.

Green, A. R., Ngo-Metzger, Q., Legedza, A. T., Massagli, M. P., Phillips, R. S. & Iezzoni, L. I. (2005). Interpreter services, language concordance, and health care quality. *Journal of General Internal Medicine, 20* (11), 1050–1056. http://doi.org/10.1111/j.1525-1497.2005.0223.x

Hargasser, B. (2015). *Unbegleitete minderjährige Flüchtlinge. Sequentielle Traumatisierungsprozesse und die Aufgaben der Jugendhilfe.* Frankfurt a. M.: Brandes & Apsel.

Hepner, K. A., Morales, L. S., Hays, R. D., Edelen, M. O. & Miranda, J. (2008). Evaluating differential item functioning of the PRIME-MD mood module among impoverished black and white women in primary care. *Womens Health Issues, 18*, 53–61. http://doi.org/10.1016/j.whi.2007.10.001

Hoffmann, C., McFarland, B. H., Kinzie, J. D., Bresler, L., Rakhlin, D., Wolf, S. & Kovas, A. E. (2005). Psychometric properties of a Russian version of the SF-12 Health Survey in a refugee population. *Comprehensive Psychiatry, 46*, 390–397. http://doi.org/10.1016/j.comppsych.2004.12.002

Horowitz, M., Wilner, N. & Alvarez, W. (1979). Impact of Event Scale: a measure of subjective stress. *Psychosomatic Medicine, 41*, 209–218. http://doi.org/10.1097/00006842-197905000-00004

Horowitz, M. (1976). *Stress response syndromes.* New York: Jason Aronson.

Huang, F. Y., Chung, H., Kroenke, K., Delucchi, K. L. & Spitzer, R. L. (2006). Using the patient health questionnaire-9 to measure depression among racially and ethnically diverse primary care patients. *Journal of General Internal Medicine, 21*, 547–552. http://doi.org/10.1111/j.1525-1497.2006.00409.x

Jakobsen, M., Thoresen, S. & Johansen, L. E. E. (2011). The validity of screening for post-traumatic stress disorder and other mental health problems among asylum seekers from different countries. *Journal of Refugee Studies, 24*, 171–186. http://doi.org/10.1093/jrs/feq053

Kao, D. T. (2009). Generational Cohorts, Age at Arrival, and Access to Health Services among Asian and Latino Immigrant Adults. *Journal of Health Care for the Poor and Underserved, 20*, 395–414.

Kluge, U. (2011). Sprach- und Kulturmittler im interkulturellen psychotherapeutischen Setting. In W. Machleidt & A. Heinz (Hrsg.), *Praxis der interkulturellen Psychiatrie und Psychotherapie* (S. 145–154). München: Urban & Fischer.

Kocalevent, R. D., Hinz, A. & Brähler, E. (2013). Standardization of a screening instrument (PHQ-15) for somatization syndromes in the general population. *BMC Psychiatry, 13*, 91. http://doi.org/10.1186/1471-244X-13-91

Koch, U. & Brähler, E. (2008). „Migration und Gesundheit" – ein Thema mit hoher Priorität. *Psychotherapie, Psychosomatik, Medizinische Psychologie, 58*, 105–106. http://doi.org/10.1055/s-2008-1067370

Koch, E., Staudt, J. & Gary, A. (2015). Medizinische Versorgung von Migranten. Interkulturelle Öffnung. *Führen und Wirtschaften im Krankenhaus, 10*, 808–813.

Kroenke, K., Spitzer, R. L. & Swindle, R. (1998). A symptom checklist to screen for somatoform disorders in primary care. *Psychosomatics, 39*, 263–272. http://doi.org/10.1016/S0033-3182(98)71343-X

Kroenke, K., Spitzer, R. L. & Williams, J. B. W. (2001). The PHQ-9 – Validity of a brief depression severity measure. *Journal of General Internal Medicine, 16* (9), 606–613. http://doi.org/10.1046/j.1525-1497.2001.016009606.x

Kroenke, K., Spitzer, R.L. & Williams, J.B.W. (2002). The PHQ-15: validity of a new measure for evaluating the severity of somatic symptoms. *Psychosomatic Medicine, 64*, 258–266. http://doi.org/10.1097/00006842-200203000-00008

Kröger, C., Frantz, I., Friel, P. & Heinrichs, N. (2016). Posttraumatische und depressive Symptomatik bei Asylsuchenden. *Psychotherapie, Psychosomatik, Medizinische Psychologie, 66*, 377–384. http://doi.org/10.1055/s-0042-114045

Lam, E.T., Lam, C.L., Fong, D.Y. & Huang, W.W. (2013). Is the SF-12 version 2 Health Survey a valid and equivalent substitute for the SF-36 version 2 Health Survey for the Chinese? *Journal of Evaluation in Clinical Practice, 19*, 200–208.

Lamkaddem, M., Stronks, K., Deville, W.D., Olff, M., Gerritsen, A.A.M. & Essink-Bot, M. (2014). Course of post-traumatic stress disorder and health care utilization among resettled refugees in the Netherlands. *BMC Psychiatry, 14*, 90. http://doi.org/10.1186/1471-244X-14-90

Lee, B., Kaaya, S.F., Mbwambo, J.K., Smith-Fawzi, M.C. & Leshabari, M.T. (2008). Detecting depressive disorder with the Hopkins Symptom Checklist-25 in Tanzania. *International Journal of Social Psychiatry, 54*, 7–20. http://doi.org/10.1177/0020764006074995

Lee, S., Ma, Y.L. & Tsang, A. (2011). Psychometric properties of the Chinese 15-item Patient Health Questionnaire in the general population of Hong Kong. *Journal of Psychosomatic Research, 71*, 69–73. http://doi.org/10.1016/j.jpsychores.2011.01.016

Lim, H.K., Woo, J.M., Kim, T.S., Kim, T.H., Choi, K.S., Chung, S.K. et al. (2009). Reliability and validity of the Korean version of the Impact of Event Scale-Revised. *Comprehensive Psychiatry, 50*, 385–390. http://doi.org/10.1016/j.comppsych.2008.09.011

Löwe, B., Spitzer, R.L., Zipfel, S. & Herzog, W. (2002). *Gesundheitsfragebogen für Patienten (PHQ-D). Manual und Testunterlagen*. Karlsruhe: Pfizer.

Maercker, A. (1995). *Harvard Trauma Questionnaire – deutsche Übersetzung*. Unveröffentlichtes Manuskript, Technische Universität Dresden.

Maercker, A. & Bromberger, F. (2005). Checklisten und Fragebogen zur Erfassung traumatischer Ereignisse in deutscher Sprache. *Trierer Psychologische Berichte, 32, Heft 2*.

Maercker, A., Gäbler, I., O'Neil, J., Schützwohl, M. & Müller, M. (2013). Long-term trajectories of PTSD or resilience in former East German political prisoners. *Torture, 23*, 15–27.

Maercker, A. & Schützwohl, M. (1998). Erfassung von psychischen Belastungsfolgen: Die Impact of Event Skala-revidierte Version (IES-R). *Diagnostica, 44*, 130–141.

Mall, V. & Henningsen, P. (2015, 1. September). *Medizinische Versorgung minderjähriger Flüchtlinge in Deutschland: Eine neue große Herausforderung für die Kinder- und Jugendmedizin*. Pressegespräch, Deutsche Gesellschaft für Sozialpädiatrie und Jugendmedizin e.V. Zugriff am: 07.02.2017. Verfügbar unter http://www.dgkj.de/fileadmin/user_upload/images/Presse/Jahrestagung_2015/1509_DGSPJ.pdf

Mels, C., Derluyn, I., Broekaert, E. & Rosseel, Y. (2010). Community-based cross-cultural adaptation of mental health measures in emergency settings: validating the IES-R and HSCL-37A in Eastern Democratic Republic of Congo. *Social Psychiatry and Psychiatric Epidemiology, 45*, 899–910.

Merbach, M., Wittig, U. & Brähler, E. (2008). Angst und Depression polnischer und vietnamesischer MigrantInnen in Leipzig unter besonderer Berücksichtigung ihres Eingliederungsprozesses. *Psychotherapie, Psychosomatik, Medizinische Psychologie, 58*, 146–154. http://doi.org/10.1055/s-2008-1067351

Mewes, R., Christ, O., Rief, W., Brähler, E., Martin, A. & Glaesmer, H. (2010). Sind Vergleiche im Depressions- und Somatisierungsausmaß zwischen Migranten und Deutschen möglich? Eine Überprüfung der Messinvarianz für den PHQ-9 und PHQ-15. *Diagnostica, 56*, 230–239.

Mollica, R.F., Caspi-Yavin, Y., Bollini, P., Truong, T., Tor, S. & Lavelle, J. (1992). The Harvard Trauma Questionnaire: validating a cross-cultural instrument for measuring torture, trauma, and posttraumatic stress disorder in Indochinese refugees. *Journal of Nervous and Mental Disease, 180,* 111–116.

Mollica, R. F., Wyshak, G., de Marneffe, D. K., Khuon, F. K. & Lavelle, J. (1987). Indochinese versions of the Hopkins Symptom Checklist-25: a screening instrument for the psychiatric care of refugees. *American Journal of Psychiatry, 144,* 497–500. http://doi.org/10.1176/ajp.144.4.497

Montalbán, S. R., Comas Vives, A. & Garcia-Garcia, M. (2010).Validación de la Versión Española del Cuestionario PHQ-15 para la evaluación de síntomas físicos en pacientes con trastornos de depresión y/o ansiedad: estudio DEPRE-SOMA. *Actas españolas de psiquiatría, 38,* 345–357.

Morfeld, M., Kirchberger, I. & Bullinger, M. (2011). *SF-36 Fragebogen zum Gesundheitszustand.* Göttingen: Hogrefe.

Morina, N., Maier, T. & Schmidt Mast, M. (2010). Lost in Translation? – Psychotherapie unter Einsatz von Dolmetschern. *Psychotherapie, Psychosomatik, Medizinische Psychologie, 60,* 104–110. http://doi.org/10.1055/s-0029-1202271

Nesterko, Y. & Glaesmer, H. (2016). Migration und Flucht als Prozess. Theoretische Konzepte und deren klinisch-praktische Bedeutung für die Versorgung traumatisierter Geflüchteter. *Trauma & Gewalt, 4,* 270–286. http://doi.org/10.21706/tg-10-4-270

Nesterko, Y., Kaiser, M. & Glaesmer, H. (2017). Kultursensible Aspekte während der Diagnostik von psychischen Belastungen bei Flüchtlingen – Zwei kommentierte Fallberichte. *Psychotherapie, Psychosomatik, Medizinische Psychologie, 67,* 109–118.

Ngo-Metzger, Q., Sorkin, D. H., Mangione, C. M., Gandek, B. & Hays, R. D. (2008). Evaluating the SF-36 health survey (version 2) in older Vietnamese Americans. *Journal of Aging and Health, 20,* 420–436. http://doi.org/10.1177/0898264308315855

Nordin, S., Palmquist, E. & Nordin, M. (2013). Psychometric evaluation and normative data for a Swedish version of the Patient Health Questionnaire 15-Item Somatic Symptom Severity Scale. *Scandinavian Journal of Psychology, 54,* 112–117. http://doi.org/10.1111/sjop.12029

Petermann, F. & Brähler, E. (2013). *Hopkins-Symptom-Checkliste-25 – Deutsche Version.* Göttingen: Hogrefe.

Power, M., Kuyken, W., Orley, J., Herrman, H., Schofield, H., Murphy, B. et al. (1998). The World Health Organization Quality of Life assessment (WHOQOL): Development and general psychometric properties. *Social Science & Medicine, 46,* 1569–1585. http://doi.org/10.1016/S0277-9536(98)00009-4

Rasmussen, A., Verkuilen, J., Ho, E. & Fan, Y. (2015). Posttraumatic stress disorder among refugees: Measurement invariance of Harvard Trauma Questionnaire scores across global regions and response patterns. *Psychological Assessment, 27,* 1160. http://doi.org/10.1037/pas0000115

Razum, O., Geiger, I., Zeeb, H. & Ronellenfitsch, U. (2004). Gesundheitsversorgung von Migranten. *Deutsches Ärzteblatt, 101,* 2882–2887.

Razum, O. & Rohrmann, S. (2002). Der Healthy-Migrant-Effekt: Bedeutung von Auswahlprozessen bei der Migration und Late-Entry-Bias. *Gesundheitswesen, 64,* 82–88. http://doi.org/10.1055/s-2002-20271

Razum, O. & Twardella, D. (2004). Niedrige Sterblichkeit unter Migranten – wirklich ein Paradox? Ein Gedankenexperiment. In A. Krämer & L. Prüfer-Krämer (Hrsg.), *Gesundheit von Migranten. Internationale Bestandsaufnahme und Perspektiven* (S. 61–75). Weinheim und München: Juventa.

Renner, W., Salem, I. & Ottomeyer, K. (2006). Cross-cultural validation of measures of traumatic symptoms in groups of asylum seekers from Chechnya, Afghanistan, and West Africa. *Social Behavior and Personality, 34,* 1101–1114. http://doi.org/10.2224/sbp.2006.34.9.1101

Richter, K., Lehfeld, H. & Niklewski, G. (2015). Warten auf Asyl: Psychiatrische Diagnosen in der zentralen Aufnahmeeinrichtung in Bayern. *Das Gesundheitswesen, 77,* 834–838. http://doi.org/10.1055/s-0035-1564075

Rommel, A., Saß, A. C., Born, S. & Ellert, U. (2015). Die gesundheitliche Lage von Menschen mit Migrationshintergrund und die Bedeutung des sozioökonomischen Status. *Bundesgesundheitsblatt – Gesundheitsforschung – Gesundheitsschutz, 58* (6), 543–552. http://doi.org/10.1007/s00103-015-2145-2

Schenk, L. (2007). Migration und Gesundheit – Entwicklung eines Erklärungs- und Analysemodells für epidemiologische Studien. *International Journal of Public Health, 52,* 87–96. http://doi.org/10.1007/s00038-007-6002-4

Schouler-Ocak, M., Bretz, H. J., Penka, S., Koch, E., Hartkamp, N., Siefen, R. G. et al. (2008). Patients of immigrant origin in inpatient psychiatric facilities. *European Psychiatry, 23,* 21–27. http://doi.org/10.1016/S0924-9338(08)70058-0

Selmo, P., Koch, T., Brand, J., Wagner, B. & Knaevelsrud, C. (2016). Psychometric Properties of the Online Arabic Versions of BDI-II, HSCL-25, and PDS. *European Journal of Psychological Assessment.* http://doi.org/10.1027/1015-5759/a000367

Siefen, R. G., Glaesmer, H. & Brähler, E. (2011). Interkulturelle psychologische Testdiagnostik. In W. Machleidt & A. Heinz (Hrsg.), *Praxis der interkulturellen Psychiatrie und Psychotherapie* (S. 199–208). München: Elsevier, Urban & Fischer.

Smith Fawzi, M. C., Murphy, E., Pham, T., Lin, L., Poole, C. & Mollica, R. F. (1997). The validity of screening for post-traumatic stress disorder and major depression among Vietnamese former political prisoners. *Acta Psychiatrica Scandinavica, 95,* 87–93. http://doi.org/10.1111/j.1600-0447.1997.tb00379.x

Spallek, J. & Razum, O. (2008). Erklärungsmodelle für die gesundheitliche Situation von Migrantinnen und Migranten. Health Inequalities. *Determinanten und Mechanismen gesundheitlicher Ungleichheit, 1,* 271–290.

Statistisches Bundesamt (2016). *Bevölkerung mit Migrationshintergrund auf Rekordniveau.* Pressemitteilung Nr. 327 vom 16. 09. 2016. Zugriff am 07. 02. 2017. Verfügbar unter https://www.destatis.de/DE/PresseService/Presse/Pressemitteilungen/2016/09/PD16_327_122.html

Swinnen, S. & Selten, J. P. (2007). Mood disorders and migration. *British Journal of Psychiatry, 190,* 6–10. http://doi.org/10.1192/bjp.bp.105.020800

Tagay, S., Zararsiz, R., Erim, Y., Düllmann, S., Schlegl, S., Brähler, E. & Senf, W. (2008). Traumatische Ereignisse und Posttraumatische Belastungsstörung bei türkischsprachigen Patienten in der Primärversorgung. *Psychotherapie, Psychosomatik, Medizinische Psychologie, 58,* 155–161.

Tarlov, A. R., Ware, J. E., Greenfield, S., Nelson, E. C., Perrin, E. & Zubkoff, M. (1989). The Medical Outcomes Study: an application of methods for monitoring the results of medical care. *Jama, 262* (7), 925–930. http://doi.org/10.1001/jama.1989.03430070073033

ter Heide, F. J. J., Mooren, T. M. & Kleber, R. J. (2016). Complex PTSD and phased treatment in refugees: a debate piece. *European Journal of Psychotraumatology, 7,* 28687. http://doi.org/10.3402/ejpt.v7.28687

Thumboo, J., Fong, K. Y., Machin, D., Chan, S. P., Leong, K. H., Feng, P. H. & Boe, M. L. (2001). A community-based study of scaling assumptions and construct validity of the English (UK) and Chinese (HK) SF-36 in Singapore. *Quality of Life Research, 10,* 175–188. http://doi.org/10.1023/A:1016701514299

Tinghög, P. & Carstensen, J. (2010). Cross-cultural equivalence of HSCL-25 and WHO (ten) Wellbeing index: findings from a population-based survey of immigrants and non-immigrants in Sweden. *Community Mental Health Journal, 46,* 65–76. http://doi.org/10.1007/s10597-009-9227-2

UNHCR (1951). *Abkommen über die Rechtsstellung der Flüchtlinge vom 28. Juli 1951.* Zugriff am: 07. 02. 2017. Verfügbar unter http://www.unhcr.de/fileadmin/user_upload/dokumente/03_profil_begriffe/genfer_fluechtlingskonvention/Genfer_Fluechtlingskonvention_und_New_Yorker_Protokoll.pdf

Utzon-Frank, N., Breinegaard, N., Bertelsen, M., Borritz, M., Eller, N. H., Nordentoft, M. et al. (2014). Occurrence of delayed-onset post-traumatic stress disorder: a systematic review and meta-analysis of prospective studies. *Scandinavian Journal of Work, Environment & Health, 40,* 215–229.

Ventevogel, P., De Vries, G., Scholte, W. F., Shinwari, N. R., Faiz, H., Nassery, R. et al. (2007). Properties of the Hopkins Symptom Checklist-25 (HSCL-25) and the Self-Reporting Questionnaire (SRQ-20) as screening instruments used in primary care in Afghanistan. *Social Psychiatry and Psychiatric Epidemiology, 42,* 328–335.

Walter, U., Krauth, C., Kurtz, V., Salman, R. & Machleidt, W. (2007). Gesundheit und gesundheitliche Versorgung von Migranten unter besonderer Berücksichtigung von Sucht. *Der Nervenarzt, 78* (9), 1058–1061. http://doi.org/10.1007/s00115-007-2295-z

Ware, J. E. & Sherbourne, C. D. (1992). The MOS 36-item short-form health survey (SF-36): I. Conceptual framework and item selection. *Medical Care, 30,* 473–483. http://doi.org/10.1097/00005650-199206000-00002

Warsini, S., Buettner, P., Mills, J., West, C. & Usher, K. (2015). Psychometric evaluation of the Indonesian version of the Impact of Event Scale-Revised. *Journal of Psychiatric and Mental Health Nursing, 22,* 251–259. http://doi.org/10.1111/jpm.12194

Weiss, D. S. & Marmar, C. R. (1997). The Impact of Event Scale – Revised. In J. P. Wilson & T. M. Keanse (Eds.), *Assessing psychological trauma and PTSD* (pp. 399–411). New York: Guilford

Welch, A. E., Caramanica, K., Maslow, C. B., Brackbill, R. M., Stellman, S. D. & Farfel, M. R. (2016). Trajectories of PTSD Among Lower Manhattan Residents and Area Workers Following the 2001 World Trade Center Disaster, 2003–2012. *Journal of Traumatic Stress, 29,* 158–166.

Wittig, U., Lindert, J., Merbach, M. & Brähler, E. (2008). Mental health of patients from different cultures in Germany. *European Psychiatry, 23,* 28–35. http://doi.org/10.1016/S0924-9338(08)70059-2

Zick, A. (2010). *Psychologie der Akkulturation: Neufassung eines Forschungsbereiches.* Berlin: Springer. http://doi.org/10.1007/978-3-531-92183-9

Teil IV

Berufsbezogene Diagnostik bei Migrantinnen und Migranten

10 Diagnostik zur Platzierung von Migrantinnen und Migranten auf dem Arbeitsmarkt

Jessica Erbe & Rebecca Atanassov

10.1 Ein Unterschied mit Folgen: die Art des Kompetenzerwerbs

Im Teil IV dieses Buches stehen diagnostische Instrumente im Fokus, die der Platzierung von Migrantinnen und Migranten auf dem Arbeitsmarkt dienen.[1] Mit dem Begriff der Platzierung sind ebenso aktive wie passive Prozesse gemeint: Bei ersteren handelt es sich um eine Selbstplatzierung, das heißt die eigenständige Jobsuche und Aufnahme einer Erwerbstätigkeit oder die Änderung der Beschäftigungsform (z. B. ein Wechsel in eine selbständige Tätigkeit oder auf eine adäquatere Stelle). Bei letzteren erfolgt die Platzierung durch Dritte, z. B. vermittelt durch die Agentur für Arbeit oder durch ein Jobcenter.

Den Instrumenten der Diagnostik für den Arbeitsmarkt ist gemein, dass sie Kompetenzen sichtbar machen. Sichtbarkeit kann unterschiedlich präzise oder standardisiert sein, und auf verschiedene Weisen erreicht werden: Es kann sich um Erkennen, Erfassen, Messen, Feststellen, Validieren oder Anerkennen von Kompetenzen handeln. Die Abgrenzung dieser Begriffe in Verbindung mit dem Kompetenzbegriff würde den Rahmen dieser Einführung sprengen.[2] Um dem weiten Themenspektrum dieses Buchabschnittes gerecht zu werden, verwendet das vorliegende Kapitel als Arbeitsbegriff Kompetenz im weiteren Sinne und Kompetenzfeststellung als Sammelbegriff für die genannten Vorgehensweisen. Entscheidend

---

1 Der Begriff der Platzierung ist hier etwas weiter gefasst als im Kapitel 13 von Krumm et al. Dort stellt die Platzierung (einschließlich der Berufsberatung) nur eines von vier Feldern neben Personalauswahl, Personalentwicklung und Arbeitsplatzgestaltung in der Matrix der Foki der Eignungsdiagnostik dar (S. 341, 350).

2 Für eine Darstellung des Forschungsstandes und Diskussion des Kompetenzbegriffs in verschiedenen Kompetenzansätzen vgl. die beiden Sammelbände Dietzen, Nickolaus, Rammstedt & Weiß (2016) sowie Bethscheider, Höhns & Münchhausen (2011).

für das Verständnis dieses Buchabschnittes ist erstens, dass die Menschen ihre für den Arbeitsmarkt benötigten Kompetenzen auf verschiedenen Wegen erwerben; zweitens hat die Unterscheidung der Art des Kompetenzerwerbs erhebliche Folgen dafür, wie ihre Kompetenzen sichtbar gemacht werden können. Unterschieden wird dabei zwischen Kompetenzen, die auf formalem Wege (d.h. im Rahmen eines staatlich anerkannten Bildungsganges), auf non-formalem Wege (z.B. in Form von Weiterbildung) oder auf informellem Wege (etwa durch Berufserfahrung oder Tätigkeiten beispielsweise im privaten oder ehrenamtlichen Bereich, wie sie die Pflege von Angehörigen darstellt) erworben wurden.

10.2   Weitreichende verbindliche Regelungen für formal erworbene Kompetenzen

Für die auf formalem Wege, also im Rahmen eines Berufsabschlusses, erworbenen Kompetenzen gibt es in Deutschland mit der Anerkennungsgesetzgebung von Bund und Ländern aus den Jahren 2012 bis 2014 bereits gesetzlich verbindliche Regelungen. Diesen Anerkennungsregeln zu ausländischen Berufsqualifikationen ist Kapitel 11 (Atanassov & Erbe) gewidmet. Rekrutierung auf dem Arbeitsmarkt in Deutschland erfolgt üblicherweise über Abschlusszeugnisse und Berufsbezeichnungen, weil Arbeitgeber aus den ihnen bekannten Zertifikaten auf bestimmte Kompetenzen bei deren Inhaberinnen und Inhabern schließen. Zugleich ist davon auszugehen, dass es bei im Ausland qualifizierten Bewerberinnen und Bewerbern mit hierzulande nicht bekannten bzw. nicht verständlichen, fremdsprachlichen Abschlusszeugnissen dazu kommt, dass sie ihre vorhandenen Kompetenzen auf dem Arbeitsmarkt nicht einsetzen können. Dies ist vor allem bedeutsam für Personen, die in einem Beruf arbeiten möchten, der an eine staatliche Zulassung gebunden ist, und die somit der Zulassung durch eine autorisierte Stelle bedürfen. Um Kompetenzen von Personen mit ausländischen Berufsabschlüssen sichtbar zu machen, wurde ein verbindliches Verfahren zur Gleichwertigkeitsfeststellung bzw. Anerkennung geschaffen.[3] Bei dessen Entwicklung standen die Bedarfe der Platzierung auf dem Arbeitsmarkt im Vordergrund, weshalb die Anerkennung dezidiert anforderungsorientiert[4] ist und den aktuellen deutschen Referenzberuf

---

3   Legt man die Systematik der Foki der Eignungsdiagnostik aus dem Kapitel 13 (Krumm et al., Abschnitt 13.2.1) zugrunde, so lassen sich für das Anerkennungsverfahren drei Foki festhalten: Es dient zunächst der Platzierung und Personalauswahl (was beides eine Selektion darstellt). In den Fällen, in denen nicht unmittelbar eine volle Gleichwertigkeit zum deutschen Referenzberuf erreicht wird, legt die zuständige Stelle fest, dass eine Anpassungsqualifizierung oder Ausgleichsmaßnahme erforderlich ist, um volle Gleichwertigkeit zu erreichen. In diesen Fällen hat das Verfahren zusätzlich den Zweck der Modifikation.

4   Zur Entwicklung von anforderungs- und subjektorientierten Ansätzen sowie ihren Vor- und Nachteilen vgl. Kapitel 12 Deutscher & Winther, Abschnitt 12.3.

zum Maßstab hat. Da es neben den Anerkennungsregeln zu Berufen des Bundes und der Länder noch das Verfahren der Zeugnisbewertung für ausländische Hochschulabschlüsse gibt, ist ein Großteil der im Ausland formal erworbenen Kompetenzen abgedeckt. Systematische[5] Schwierigkeiten bestehen hier nur bei Einzelberufen, beispielsweise wenn die Unterschiede in der Ausbildung zu erheblich sind (z. B. psychologische/-r Psychotherapeut/-in, Altenpfleger/-in) oder wenn einzelne Berufe explizit nicht unter das jeweilige Berufsqualifikationsfeststellungsgesetz des Landes fallen, wie dies teilweise beim Lehrerberuf der Fall ist.

Wie im Kapitel 11 deutlich wird, enthalten die Anerkennungsregeln auch Vorkehrungen für non-formal und informell erworbene Kompetenzen – allerdings ausschließlich dann, wenn diese die formal erworbenen Kompetenzen ergänzen.

10.3 Vielfalt von Verfahren zu non-formal und informell erworbenen Kompetenzen angesichts mangelnder verbindlicher Regelungen

Sollen dagegen *unabhängig* von einem formalen Abschluss non-formal und informell erworbene Kompetenzen sichtbar gemacht werden, so gibt es aktuell in Deutschland noch kein ausgereiftes Instrument, das bundesweit rechtlich verbindlich wäre.[6] Das gilt für im Ausland Qualifizierte ebenso wie für Personen mit inländischem Bildungs- bzw. Erwerbsverlauf.

Allerdings gibt es bereits seit vielen Jahren sowohl auf europäischer[7] als auch auf bundespolitischer Ebene Bestrebungen, non-formale und informelle Lernprozesse sichtbar zu machen und zu zertifizieren. Auf Bundesebene wurde das Aktionsprogramm „Lebensbegleitendes Lernen für alle" im Rahmen von verschiedenen Teilprogrammen ins Leben gerufen. Vor dem Hintergrund der verschiedenen Initiativen wurde ab April 2002 der „Weiterbildungspass mit Zertifizierung informellen Lernens" als in Deutschland länderübergreifende Projektlinie entwickelt.[8] Bei dem sogenannten ProfilPASS handelt es sich um ein bundesweit eingesetztes Instrument zur Reflexion und zur systematischen Dokumentation von persönlichen Kompetenzen. Der ProfilPASS wurde für Erwachsene und Jugendliche entwickelt;

---

5 Probleme der praktischen Umsetzung sind hier nicht Thema; zu diesen vgl. Erbe (in Druck) sowie das Kapitel 11 von Atanassov & Erbe.

6 Eine Ausnahme stellt die sogenannte Externenprüfung – eine Zulassung zur Abschlussprüfung – dar (vgl. Kapitel 12 von Deutscher & Winther sowie ausführlicher Heinsberg, Müller & Rehbold, 2016).

7 U. a. das „Memorandum über Lebenslanges Lernen" der Kommission der Europäischen Gemeinschaften (SEK [2000] 1832, 30. Oktober 2000, Brüssel, zitiert nach http://www.cedefop.europa. eu/files/5127_de.pdf. Zugriff am 24. 07. 2017).

8 Vgl. https://www.die-bonn.de/esprid/dokumente/doc-2004/die04_02.pdf. Zugriff am 24. 07. 2017.

er bietet unter anderem Orientierung für den beruflichen (Wieder-)Einstieg und/oder die berufliche Weiterentwicklung. Jeder hat Zugang zum ProfilPASS, er sollte jedoch im Rahmen eines Beratungskontexts eingesetzt werden.[9] Der ProfilPASS kann den in der Praxis häufig verwendeten Empowerment-Ansätzen zugeordnet werden, in welchen die sich in einem beruflichen Umbruch befindende Person in ihrer Ganzheit betrachtet wird und somit besonders informell und non-formal erworbene Kompetenzen im Fokus der Analyse stehen (Döring, Müller & Neumann, 2015). Auch niederschwellige Instrumente wie Kompetenzkarten werden genutzt, um im Dialog mit der zu beratenden Person einen ersten Einblick in deren soziale, persönliche, fachliche und methodische Kompetenzen zu erhalten (ebd.).

Andere Staaten sind diesbezüglich schon weiter, zum Beispiel Norwegen, Finnland, Dänemark, Frankreich, Niederlande, Österreich und die Schweiz.[10] Darüber hinaus sind seit der Empfehlung des Europäischen Rates vom Dezember 2012[11] alle Mitgliedstaaten dazu aufgefordert, bis spätestens 2018 Validierungsverfahren zu entwickeln.

In Deutschland entwickelt und erprobt zurzeit das mit Mitteln des Bundes geförderte Projekt ValiKom[12] entsprechende Verfahren für dual ausgebildete Berufe. Diese beziehen sich ebenso wie das oben erwähnte Verfahren zur Gleichwertigkeitsfeststellung auf bestehende Ordnungsmittel und sind somit anforderungsorientiert, um eine hohe Akzeptanz auf dem Arbeitsmarkt zu erzielen. Eine weitergefasste Diskussion, die sowohl anforderungs- als auch subjektorientierte Ansätze umfasst, erfolgte in Deutschland im Zusammenhang mit dem Deutschen Qualifikationsrahmen (DQR)[13] (Bopp & Drews, 2014). Darüber hinaus sind in den letzten Jahren in Deutschland zahlreiche Initiativen zur Entwicklung von Instrumenten zur Validierung entstanden. Ein wichtiges, auf Verbindlichkeit zielendes Instrument ist ASCOT, das Deutscher & Winther in ihrem Kapitel vorstellen. Diese Forschungsinitiative entwickelt technologieorientierte Kompetenzmessung in der beruflichen Bildung für ausgewählte Berufe. Dabei wird von Teilkompetenzen als Grundlage beruflicher Handlungskompetenz ausgegangen. Das Kapitel 12 verdeutlicht, welcher Aufwand für die Entwicklung von vergleichbaren, standardisierten

---

9   Für ausführlichere Informationen zum ProfilPASS vgl. Bosche, Goeze & Hülsmann (2015) sowie http://www.profilpass.de/fuer-nutzer-innen/ziele-nutzen/. Zugriff am 24.07.2017.

10 Vgl. die Synopsen von Heinsberg, Müller & Rehbold, 2016, sowie Gaylor, Schöpf & Severing, 2015.

11 Empfehlung des Rates vom 20. Dezember 2012 zur Validierung nichtformalen und informellen Lernens http://eur-lex.europa.eu/legal-content/DE/TXT/PDF/?uri=CELEX:32012H1222(01)& from=DE. Zugriff 20.07.2017.

12 Vgl. die Projekthomepage von ValiKom (www.validierungsverfahren.de). Zugriff am 19.07.2017.

13 Der DQR dient einerseits als Übersetzungsinstrument, mittels dessen das deutsche Qualifikationssystem auf den Europäischen Qualifikationsrahmen (EQR) als europäischen Maßstab bezogen werden kann. Andererseits richtet sich der DQR auch auf die Weiterentwicklung des deutschen Bildungssystems, etwa hinsichtlich der Durchlässigkeit. Zu Ergebnissen und Akteuren des DQR siehe die Seite www.dqr.de. Zugriff am 19.07.2017.

Testverfahren erforderlich ist. Darüber hinaus diskutieren die Autorinnen die Potentiale und Grenzen eines solchen simulationsorientierten Instruments speziell für die Zielgruppe der Migrantinnen und Migranten. Ziel ist eine diskriminierungsfreie Diagnostik beruflicher Leistungen.

Das Kapitel 13 von Krumm et al. liefert mit dem trimodalen Ansatz eine Systematisierung der Möglichkeiten, Informationen über eine Person einzuholen (biographie-, simulations- und konstruktorientiert). Die Autorinnen und Autoren diskutieren zunächst zielgruppenunabhängig die jeweiligen Chancen sowie Grenzen der Methoden und empfehlen als Fazit, verschiedene Möglichkeiten zu kombinieren.[14] Im Anschluss diskutieren sie Chancen sowie Grenzen der drei Ansätze speziell bei Geflüchteten und führen aus, was die Leitlinien der International Test Commission konkret für die Kompetenzmessung bedeuten. Ein weiterer Schwerpunkt des Kapitels liegt auf konstruktorientierten Methoden unter besonderer Berücksichtigung von Geflüchteten. Hier werden die besonderen Anforderungen an Fairness und Behutsamkeit bei psychometrischen Tests deutlich, wenn diese bei der genannten Zielgruppe eingesetzt werden sollen.

10.4   Sechs zentrale Dimensionen zur Einordnung von Verfahren zur Sichtbarmachung von beruflichen Kompetenzen

Wie in den Kapiteln dieses Teils deutlich wird, gibt es eine Vielzahl von Projekten zur Sichtbarmachung von Kompetenzen allgemein sowie speziell für die Zielgruppe der Migrantinnen und Migranten bzw. für Geflüchtete. Über die bereits erwähnten hinaus gibt es eine ständig wachsende Zahl weiterer Ansätze und Projekte, mit unterschiedlichster Ausrichtung und Reichweite, darunter beispielsweise:

- „Berufliche Kompetenzen (an)erkennen": Hierbei handelt es sich um ein Projekt, das in Kooperation zwischen der Bundesagentur für Arbeit, der Bertelsmann Stiftung und dem Forschungsinstitut Betriebliche Bildung (f-bb) entwickelt wurde. Es hat zum Ziel, beruflich verwertbare, informell oder non-formal erworbene Kompetenzen von Geflüchteten – aber auch von Geringqualifizierten – besser zu erfassen, um diese Informationen bei der Vermittlung in Ausbildung oder Beschäftigung zu nutzen. Basierend auf Kompetenztests werden informell erworbene Kompetenzen sichtbar, die sowohl weitere Qualifizierungs-

---

14   Eine solche Kombination weist das Anerkennungsgesetz auf: Es sieht in der Regel die biographieorientierte Methode vor, und zwar speziell die Auswertung von Dokumenten. Fehlen solche Nachweise, können simulationsorientierte Methoden beispielsweise im Rahmen von Qualifikationsanalysen oder von Kenntnisprüfungen zum Einsatz kommen (vgl. Kapitel 11 von Atanassov & Erbe, Abschnitt 11.4).

möglichkeiten als auch konkrete Einsatzfelder auf dem Arbeitsmarkt aufzeigen.[15]

- ESCO: Die mehrsprachige europäische Klassifizierung von Fähigkeiten, Kompetenzen, Qualifikationen und Berufen wird von der Europäischen Kommission entwickelt. Sie dient dazu, den Arbeitsmarktbedarf in den Ländern der EU
gezielter zu steuern, indem ESCO eine Brücke zwischen dem allgemeinen und
beruflichen Bildungswesen sowie dem Arbeitsmarkt bildet.[16]
- EU Skills Profile Tool for Third Country Nationals: Die Europäische Kommission hat dieses elektronische Instrument für die strukturierte Darstellung von
Kompetenzen von Drittstaatsangehörigen entwickeln lassen. Es ist zunächst als
Beta-Version verfügbar.[17]
- check.work: Hierbei handelt es sich um ein computergestütztes Verfahren, das
sowohl Unternehmen als auch Beratungs- und Vermittlungsfachkräften eine
Hilfestellung leisten soll, um berufliche Potenziale und Erfahrungen von Geflüchteten einzuschätzen. Hierdurch sollen diese gezielt beim Integrationspro-
zess in den Arbeitsmarkt unterstützt werden.[18]

Allerdings sind die vielen Projekte und Ansätze noch punktuell, was das Berufs-
spektrum, die jeweilige Zielgruppe oder Region angeht. Auch unterscheiden sie
sich erheblich in dem Stellenwert, der der Validität der entwickelten Methoden beigemessen wird. Eine umfassende Übersicht ist angesichts der rasanten Entwicklung und Vielzahl an Ansätzen kaum zu leisten. Stattdessen bietet das vorliegende
Kapitel ein Instrument zur Einschätzung von Projekten hinsichtlich ihrer jeweiligen Relevanz und Verortung innerhalb des Gesamtbildes dieses Themenfeldes.

Zur Einordnung dient eine Leitfrage, die an die journalistischen „W"-Fragen angelehnt ist: Wer bietet für wen zu welchem Ziel mit welchem Ansatz welche diagnostischen Methoden bzw. Instrumente zu welchem Kompetenzbegriff bzw. -bereich
an? Daraus ergeben sich sechs zentrale Dimensionen. Sie sind in der Abbildung 10.1
mit ihren Ausprägungen und Merkmalen sowie ausgewählten Verfahrensbeispie-
len dargestellt:

1. Die Akteure, die die Verfahren entwickeln, finanzieren und/oder anwenden,
   nach ihrer Art, Rolle und Reichweite.
2. Die Zielgruppen, bei denen die Verfahren zur Anwendung kommen sollen.
3. Die Ziele und Rechtsfolgen der Diagnostik (auch ob es sich um einen rechtlichen Rahmen oder um ein konkretes Projekt handelt).

---

15 Für ausführlichere Informationen zum Projekt vgl. https://www.bertelsmann-stiftung.de/de/un-
    sere-projekte/berufliche-kompetenzen-erkennen/projektbeschreibung/. Zugriff am 20.07.2017.
16 Für ausführlichere Informationen vgl. https://ec.europa.eu/esco/portal/. Zugriff am 12.01.2018.
17 Vgl. http://ec.europa.eu/social/main.jsp?catId=1223&intPageId=5019&langId=en sowie die Presse-
    mitteilung vom 20.06.2017 http://ec.europa.eu/social/main.jsp?langId=de&catId=1223&news
    Id=2829&furtherNews=yes. Zugriff am 19.07.2017.
18 Für ausführlichere Informationen vgl. https://check.work/. Zugriff am 19.07.2017.

Zielgruppen	Akteure	Ziele
• Personen allgemein • Personen in bestimmter Situation (z.B. Arbeitslose, Geringqualifizierte) • im Ausland Qualifizierte • Migrantinnen und Migranten • insbesondere Geflüchtete	• **Rolle in Bezug auf das Verfahren** (Initiierung, Finanzierung, Anwendung o.Ä.) • **Art** (Wissenschaft, Politik, Verwaltung, Bildungsträger, privatwirtsch. Unternehmen oder Verband – oder Kooperation der genannten) • **Reichweite** (International, EU, Bund, Land o.Ä.)	• **Funktion** (Platzierung/Selektion, Integration in Beratung oder Weiterbildung, Anerkennung, Standortbestimmung o.Ä.) • **Rechtsfolgen** (Recht auf Berufsausübung, Zugangsrecht zu Weiterbildung, Anrechnung, keine Rechtsfolgen bzw. unverbindlich) • **Rechtsrahmen** (gesetzlich verankert, Entwicklungsprojekt)
Ansätze	Methoden & Instrumente	Kompetenzbegriff
• **Subjektorientierte Verfahren** (z.B. ProfilPASS) • **Anforderungsorientierte Verfahren** (z.B. Anerkennungsgesetz/ BQFG, ASCOT, ValiKom [teils kombiniert])	• **Güte/Qualitätssicherung** (validiert, erprobt usw.) • **Eingesetzte Instrumente** (Dokumentenprüfung, Fachgespräch, Arbeitsprobe, Test, Simulation u.a. • ohne Technologie (z.B. Assessment Centre) • technologiebasiert (z.B. ASCOT)	• **Kompetenzbegriff und -bereich** (ggf. Zerlegung in Teilkompetenzen, allgemeine, Arbeitswelt-bezogene oder berufsspezifische Kompetenzen)

Abbildung 10.1: Die zentralen Dimensionen von Instrumenten zur (beruflichen) Kompetenzfeststellung/-diagnostik und ausgewählte Beispiele im Bereich der Arbeitsmarktplatzierung

4. Die Ansätze der Diagnostik.
5. Der zugrundeliegende Kompetenzbegriff und gegebenenfalls eine Zerlegung in Teilkompetenzen bzw. konkrete Kompetenzbereiche.
6. Die Methoden und Instrumente der Messung oder Feststellung.

Diese Darstellung erhebt keinen Anspruch auf Vollständigkeit – weder, was die Dimensionen und Merkmale, noch was die konkreten Verfahren und Projekte betrifft. Für die Übersichtlichkeit beschränkt sich die Abbildung auf die zentralen Dimensionen der Diagnostik. Nicht berücksichtigt sind beispielsweise praxisnahe Fragen, z.B. die Dauer oder die Kosten der Verfahren oder die praktischen Voraussetzungen für deren Anwendung.[19]

---

19 Wie dies beispielsweise sehr systematisch die IQ-Praxishandreichung für fünf konkrete Verfahren leistet (IQ-Fachstelle, 2016). Unter diesen Verfahren ist allerdings keines mit berufsspezifischen Kompetenztests.

10.5 Fazit

Im Bereich non-formaler und informeller Kompetenzen fehlen in Deutschland derzeit noch verbindliche, übergreifende Regelungen zur Messung und Validierung. Das gilt für Menschen mit Erwerbsbiographien im Inland ebenso wie im Ausland. Dies ist nicht nur vor dem Hintergrund der von der EU gesetzten Umsetzungsfrist zu bewerten. Vielmehr sieht auch eine große Mehrheit von Berufsbildungsexpertinnen und -experten einen Bedarf an entsprechenden Regelungen (Velten & Herdin, 2016).

In den letzten Jahren sind insbesondere im Kammerbereich mit ValiKom, ASCOT und vielen anderen Projekten wichtige Entwicklungen von Verfahren angestoßen worden. Dennoch hat gerade der Mangel an verbindlichen, übergreifenden Regelungen – nicht zuletzt verstärkt durch den erhöhten Handlungsdruck, den der Bedarf an Arbeitsmarktintegration der vielen 2015 und 2016 nach Deutschland geflüchteten Menschen ausgelöst hat – die Genese von punktuellen Ansätzen befördert, was die Anzahl von Projekten noch gesteigert hat. Die allermeisten Ansätze dürften aus dem Anliegen heraus entwickelt worden sein, schnell zu handeln und Lösungen zu finden mit Blick auf den großen Bedarf. Angesichts des im Teil IV (Berufsbezogene Diagnostik bei Migrantinnen und Migranten) deutlich gewordenen Entwicklungsaufwands – den valide auf die Zielgruppe der Geflüchteten zugeschnittene Messinstrumente voraussetzen – ist fraglich, ob die Ansätze immer eine Qualitätssicherung aufweisen. Das vorliegende Kapitel bietet ein Instrument an, um neue Projekte strukturiert zu betrachten und einzuordnen.

Es ist schwer zu prognostizieren, wann es verbindliche, rechtsgültige Regelungen für den non-formalen und informellen Kompetenzbereich geben wird. So hat eine Szenario-Studie (Gutschow & Jörgens, 2017) Expertinnen und Experten verschiedenster Akteure zu ihren Einschätzungen der Wünschbarkeit und der Realisierungschancen von sehr unterschiedlich gestalteten Regelungen befragt. Hier wurde Skepsis hinsichtlich einer baldigen Realisierbarkeit deutlich. Besonders hervorzuheben bei dieser Einschätzung ist, dass als fiktiver Zeitpunkt, zu dem ein rechtlich verbindliches System der Anerkennung von informell erworbenen Kompetenzen etabliert wäre, das Jahr 2030 gewählt wurde. Dies und auch verschiedenen Wünsche an ein solches System sind nicht zuletzt mit Interessenskonstellationen der beteiligten Akteure zu erklären. Somit kann vermutet werden, dass es für die Umsetzung einer möglichst einheitlichen, allgemeingültigen Regelung auch strukturelle Hürden gibt, deren Abbau eine wichtige, aber voraussichtlich auch aufwendige Voraussetzung zur Etablierung eines solchen Systems ist.

Literatur

Bethscheider, M., Höhns, G. & Münchhausen, G. (Hrsg.) (2011). *Kompetenzorientierung in der beruflichen Bildung*. Bielefeld: W. Bertelsmann.

Bopp, F. & Drews, S. (2014). Seit vielen Jahren auf der europäischen Agenda: Validierung nicht-formalen und informellen Lernens. *Bildung für Europa, 21*, 4–6.

Bosche, B., Goeze, A. & Hülsmann, K. (2015). Beratungsspezifische Professionalitätsentwiklung. Aktuelle empirische Ergebnisse zu ProfilPASS-BeraterInnen in Deutschland und Österreich. *Magazin erwachsenenbildung.at, 26*. Verfügbar unter http://www.erwachsenenbildung.at/magazin/15-26/meb15-26.pdf Zugriff am 12.01.2018.

Dietzen, A., Nickolaus, R., Rammstedt, B. & Weiß, R. (Hrsg.). (2016). *Kompetenzorientierung. Berufliche Kompetenzen entwickeln, messen und anerkennen*. Bielefeld: W. Bertelsmann.

Döring, O., Müller, B. & Neumann, F. (2015). *Potenziale erkennen – Kompetenzen sichtbar machen. Chancen für Menschen mit Migrationshintergrund*. Gütersloh: Bertelsmann Stiftung.

Erbe, J. (in Druck). *Theorie und Praxis der Anerkennungsregeln. Beobachtungen zu Vollzugsproblemen und Lösungsansätzen*.

Gaylor, C., Schöpf, N. & Severing, E. (2015). *Wenn aus Kompetenzen berufliche Chancen werden. Wie europäische Nachbarn informelles und non-formales Lernen anerkennen und nutzen*. Gütersloh: Bertelsmann Stiftung.

Gutschow, K. & Jörgens, J. (2017). *Kompetenzen anerkennen – aber wie?* Manuskript zum Vortrag am 15.03.2017 in Filderstadt im Rahmen des BIBB-Forschungsprojekts „Einführung von Verfahren zur Validierung nichtformalen und informellen Lernens – Anforderungen und Handlungsoptionen".

Heinsberg, T., Müller, L. & Rehbold, R.R. (2016). *Analyse und Bewertung ausgewählter Kompetenzfeststellungs- und Anerkennungsverfahren. Vorbereitende Überlegungen zur Gestaltung eines Validierungsverfahrens zur Erfassung non-formal und informal erworbener Kompetenzen im Projekt VALIKOM*. Zugriff am 12.07.2017. Verfügbar unter http://www.fbh.uni-koeln.de/sites/default/files/A29-Analyse%20Kompetenzfeststellungsverfahren_0.pdf

IQ-Fachstelle „Beratung und Qualifizierung" (2016). *Praxishandreichung. Migrationsspezifische Verfahren zur Kompetenzfeststellung für Agenturen für Arbeit, Jobcenter und Arbeitsmarktakteure*. Herausgegeben vom Forschungsinstitut Berufliche Bildung. Nürnberg.

Velten, S. & Herdin, G. (2016). *Anerkennung informellen und non-formalen Lernens in Deutschland. Ergebnisse aus dem BIBB-Expertenmonitor Berufliche Bildung 2015*. Bonn: Bundesinstitut für Berufsbildung.

11 Gleichwertigkeitsfeststellung für im Ausland erworbene Berufsqualifikationen

Rebecca Atanassov & Jessica Erbe

11.1 Wozu Anerkennung von im Ausland erworbenen Berufsqualifikationen?

Deutschland ist nach den USA das zweitbeliebteste Zielland[1] von Migranten.[2] Im Jahr 2015 zogen rund 2,14 Mio. Personen in die Bundesrepublik – davon waren fast 94 % ausländische Staatsangehörige (Bundesamt für Migration und Flüchtlinge, 2016). Das Zuwanderungsgeschehen ist auch in der Zusammensetzung der Bevölkerung sichtbar. Von den rund 81 Mio. in Deutschland lebenden Menschen hatten 2015 ca. 17 Mio. einen Migrationshintergrund[3] (ebd.). Unter ihnen sind Personen, die ihre berufliche Qualifikation außerhalb Deutschlands erworben haben. Für diesen Personenkreis ist der Transfer ihrer beruflichen Qualifikationen für die qualifikationsadäquate Integration in den deutschen Arbeitsmarkt von großer Bedeutung.

Um sie hierbei zu unterstützen und gleichzeitig bisher ungenutzte Potenziale für den einheimischen Arbeitsmarkt besser zu nutzen, gilt seit dem 1. April 2012 das „Gesetz zur Verbesserung der Feststellung und Anerkennung im Ausland erworbener Berufsqualifikationen" (kurz: Anerkennungsgesetz) des Bundes. Mit diesem gibt es erstmalig einen allgemeinen Rechtsanspruch auf ein Verfahren zur Anerkennung von im Ausland erworbenen Berufsqualifikationen für bundesrechtlich geregelte

---

1 Auf absolute Zahlen bezogen; vgl. http://gmdac.iom.int/global-migration-trends-factsheet (Zugriff am 18.04.2017).

2 Zugunsten der Lesbarkeit wird in diesem Beitrag nur die männliche Form oder dort wo möglich eine geschlechtsneutrale Version benutzt. Es sind aber immer die männliche und die weibliche Form gemeint.

3 Die Zahlen beruhen auf den jährlich erhobenen Daten des Mikrozensus, wo der „Migrationshintergrund im engeren Sinn" erhoben wird.

Berufe.[4] Berufe in Länderzuständigkeit[5] fallen nicht unter das Gesetz. Allerdings gelten viele der Ausführungen in diesem Beitrag auch für diese, da die Länder über eigene Anerkennungsgesetze verfügen, welche sich in Inhalt und Struktur an den Regelungen des Bundes orientieren (Bundesministerium, 2014). Die Anerkennung ausländischer Berufsqualifikationen spielt eine wichtige Rolle bei der Arbeitsmarktintegration. Dies bestätigen Forschungsergebnisse des Instituts für Arbeitsmarkt- und Berufsforschung (IAB) der Bundesagentur für Arbeit (BA). Demnach hat die Anerkennung beruflicher Abschlüsse – neben deutschen Sprachkenntnissen – „erhebliche Auswirkungen auf die qualifikationsadäquate Beschäftigung und die Höhe des Lohnniveaus" (Brücker, Liebau, Romiti & Vallizadeh, 2014, S. 1). Positive Effekte wurden auch in der Evaluation des Gesetzes nachgewiesen (Ekert, Larsen, Valtin, Schröder & Ornig, 2017). Das Anerkennungsgesetz leistet für Betriebe einen Beitrag zur Transparenz von ausländischen Berufsqualifikationen und steigert dadurch die Akzeptanz der Abschlüsse bei Arbeitgebern (Bundesministerium, 2014).

Den in Abbildung 11.1 dargestellten Regeln der Anerkennung ist gemeinsam, dass sie ausschließlich von Personen genutzt werden können, die im Ausland einen Ausbildungsnachweis[6] erworben haben und nun in Deutschland eine entsprechende Erwerbstätigkeit ausüben wollen (vgl. Gesetz über die Feststellung der Gleichwertigkeit von Berufsqualifikationen – kurz: Berufsqualifikationsfeststellungsgesetz/BQFG – 2 [2]). Für Personen, die auf anderem Wege berufliche Kompetenzen erworben haben, sind diese Regeln nicht anwendbar (vgl. Abschnitt 11.6). Wie bei der Erläuterung des Verfahrens deutlich werden wird, handelt es sich beim Anerkennungsgesetz um ein anforderungsorientiertes Verfahren. Anders als die eher subjektorientierten Verfahren ist es unmittelbar zur Platzierung auf dem Arbeitsmarkt geeignet.

Der vorliegende Buchbeitrag beschäftigt sich mit den Regeln zur beruflichen Anerkennung,[7] also dem Anerkennungsgesetz einschließlich des damit neu eingeführten BQFG, sowie dem damit geänderten Fach- und Berufsrecht (beispielsweise

---

4   Vgl. Abschnitt 11.2. Die Zuordnung ist beispielsweise bei den Gesundheitsberufen kompliziert: So unterliegen die Fachärzte dem Landesrecht, der Arzt (Approbation) aber Bundesrecht. Der Altenpfleger ist bundes- und der Altenpflegehelfer landesrechtlich geregelt. Im Anerkennungsfinder (den das Bundesinstitut für Berufsbildung/BIBB im Auftrag des Bundesministeriums für Bildung und Forschung/BMBF betreibt) ist für jeden Beruf abrufbar, wie er geregelt ist und an welche zuständige Stelle sich die betreffenden Personen wenden müssen. Vgl. https://www.anerkennung-in-deutschland.de/tools/berater/de/ (Zugriff am 24.04.2017).

5   Hierbei handelt es sich beispielsweise um die Berufe: Lehrer, Erzieher, Ingenieur, Architekt und Sozialpädagoge sowie schulische Berufsbildungsabschlüsse (vgl. Bundesministerium, 2014).

6   Hierbei handelt es sich um Prüfzeugnisse und Befähigungsnachweise, die von verantwortlichen Stellen für den Abschluss einer erfolgreich absolvierten Berufsbildung ausgestellt werden (§ 3 [2] BQFG). Vgl. http://www.gesetze-im-internet.de/bqfg/__3.html (Zugriff am: 17.05.2017).

7   Bei Migrationsprozessen spielen auch schulische und akademische Anerkennung eine Rolle. Schulische Abschlüsse sowie Hochschulabschlüsse, die nicht zu reglementierten Berufen hinführen, werden jedoch durch Rechtsgrundlagen der Länder geregelt und daher in diesem Beitrag nicht behandelt. Mit „Anerkennungsgesetz" im Singular ist im Folgenden das Bundesgesetz gemeint.

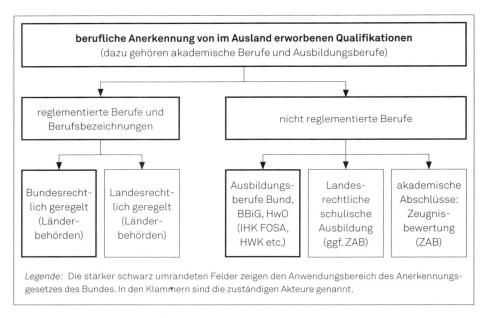

Abbildung 11.1:   Vereinfachte Übersicht über die Anerkennungswege für im Ausland erworbene Qualifikationen zum Zweck der Ausübung einer beruflichen Tätigkeit (nach Bundesministerium, 2012)

Handwerksordnung oder Bundesärzteordnung). Berufe, die in die Zuständigkeit der Länder fallen, werden in diesem Beitrag nicht behandelt (vgl. die Übersicht über die Wege der Anerkennung in Abbildung 11.1). Im Fokus stehen im Folgenden das Gleichwertigkeitsfeststellungsverfahren, das zum Prozess der Anerkennung gehört, sowie die Akteure, die es durchführen. Im Zusammenhang mit dem Verfahren zur Feststellung der Gleichwertigkeit wird auch die gesetzlich vorgesehene Option der Durchführung von „sonstigen geeigneten Verfahren" betrachtet. Seit Einführung des Anerkennungsgesetzes bis 2015 wurden mehr als 63.000 Anträge auf Anerkennung gestellt. Ein Großteil der Neuanträge entfällt auf die reglementierten Berufe.[8] Die häufigsten Referenzberufe seitdem waren mit rund 22.800 Anträgen Ärzte (im Rahmen des Approbationsverfahrens), gefolgt von Gesundheits- und Krankenpflegern mit rund 16.000 Anträgen; beide Berufsgruppen machten zusammen mehr als 60 % aller Neuanträge aus (Bundesministerium, 2017). In beiden Berufen herrscht akuter Fachkräftemangel und sie gehören dadurch zu den Engpassberufen[9] (Bundesministerium, 2016). Allerdings steigt auch

---

8   Zur Unterscheidung von reglementierten und nicht reglementierten Berufen vgl. Abschnitt 11.2.

9   Die Fachkräfteengpassanalyse wird halbjährlich von der Bundesagentur für Arbeit durchgeführt. Die Ergebnisse sind die Grundlage für die sogenannte Positivliste gemäß § 6 (2) Satz 1 Nr. 2 Beschäftigungsverordnung. Weitere Informationen unter: https://statistik.arbeitsagentur.de/Navigation/Statistik/Arbeitsmarktberichte/Fachkraeftebedarf-Stellen/Fachkraeftebedarf-Stellen-Nav.html (Zugriff am 24.05.2017).

die Zahl der Neuanträge im Bereich der nicht reglementierten Berufe. Exemplarisch wird daher das jeweilige Verfahren für den Bereich der dualen Ausbildungsberufe, der Fortbildungs- und Meisterberufe sowie im Gesundheitsbereich für die Ärztequalifikationen dargestellt. Des Weiteren werden Herausforderungen diskutiert, die sich für die zuständigen Stellen im Rahmen der Gleichwertigkeitsprüfung ergeben. Der Schluss führt zusammenfassend die Erfolge, aber auch die derzeit bestehenden Herausforderungen und Grenzen bei der Umsetzung des Anerkennungsgesetzes auf.

11.2   Das Anerkennungsgesetz

Das Anerkennungsgesetz ist ein sogenanntes Artikelgesetz. Durch die gewählte Struktur konnten Gesetze beziehungsweise Regelungen, die bereits vor Einführung des Anerkennungsgesetzes bestanden, in dieses aufgenommen werden (Bundesministerium, 2014). So hat der Bund Inhalte bestimmter europäischer Regelungen, die vorher nur für Personen mit einer EU-Ausbildung galten, auf alle Personenkreise ausgeweitet. Zusätzlich sind Inhalte von EU-Richtlinien, beispielsweise die EU-Berufsanerkennungsrichtlinie 2005/36/EG, in nationales Recht umgesetzt worden. Dies ist zuletzt 2016 durch die Umsetzungen der Neuerungen basierend auf der Richtlinie 2013/55/EU geschehen. Des Weiteren gibt es parallel geltende Rechtsgrundlagen, die auf bilateralen Abkommen mit einigen Staaten beruhen – beispielsweise zwischen Frankreich und Deutschland beziehungsweise Österreich und Deutschland –, und solche, die nur eine bestimmte Zielgruppe betreffen (wie im Falle des Bundesvertriebenengesetzes) (Erbe, im Druck).

Das Regelungsgebiet des Anerkennungsgesetzes umfasst etwa 600 Berufe, darunter 84 reglementierte und ca. 510 nicht reglementierte Berufe: Bei *reglementierten* Berufen handelt es sich um Berufe, bei denen durch Rechts- und Verwaltungsvorschriften festgelegt ist, dass der Berufszugang und damit auch dessen Ausübung an bestimmte vorzuweisende Qualifikationen gebunden ist. Im Falle von im Ausland erworbenen Qualifikationen ist deren Anerkennung eine von mehreren zwingenden Voraussetzungen für die Berufsausübung in Deutschland (Bundesministerium, 2014). Das gilt beispielsweise für den Beruf des Arztes im Rahmen der Approbation. Dahingegen gibt es bei *nicht reglementierten* Berufen keine Qualifikationen, die für die Erlaubnis zur Berufsausübung zwingend vorhanden sein müssen. Personen können sich direkt mit ihren ausländischen Qualifikationen auf dem deutschen Arbeitsmarkt bewerben. Dies sind insbesondere die rund 330 Ausbildungsberufe im dualen System sowie etwa 180 Fortbildungsabschlüsse. Diese sind im Berufsbildungsgesetz und in der Handwerksordnung geregelt (Bundesministerium, 2014).

Mit der Einführung des Anerkennungsgesetzes des Bundes gibt es folgende Neuerungen hinsichtlich der Anerkennung ausländischer Berufsqualifikationen: Der Rechtsanspruch auf ein Verfahren wurde auf alle Personen – unabhängig von Staatsangehörigkeit, Aufenthaltstitel und Arbeitserlaubnis – ausgeweitet.[10] Zusätzlich wurden formale Standards eingeführt, die sich zum einen auf Fristen beziehen: Die Verfahren müssen in drei, oder in bestimmten Fällen in vier Monaten beschieden werden. Zum anderen gibt es Vorgaben hinsichtlich der Darstellung der Entscheidung im Bescheid: Sie muss sich im Falle einer Ablehnung, einer Auflage von Ausgleichsmaßnahmen oder einer nur teilweisen Gleichwertigkeit auf wesentliche Unterschiede begründen. Bei der Entscheidungsfindung wird erstmalig auch Berufserfahrung berücksichtigt. Des Weiteren ist es nunmehr möglich, Anträge direkt aus dem Ausland zu stellen.

11.3   Das Anerkennungsverfahren

Das Anerkennungsverfahren ist für reglementierte und nicht reglementierte Berufe im Berufsqualifikationsfeststellungsgesetz (BQFG) geregelt. Es handelt sich hierbei um eine subsidiäre Regelung und findet somit nur Anwendung, wenn im Fachrecht keine Regelungen aufgeführt sind oder dieses auf das BQFG verweist (Bundesministerium, 2014). Sowohl bei reglementierten als auch bei nicht reglementierten Berufen ist das zentrale Element des Verfahrens die Frage, ob auf der Basis von Dokumenten die Gleichwertigkeit des ausländischen mit einem aktuellen deutschen Berufsabschluss – dem sogenannten Referenzberuf – festgestellt werden kann (Böse, Schreiber & Lewalder, 2014). Der Kern der Gleichwertigkeitsprüfung besteht darin, festzustellen, ob wesentliche Unterschiede zwischen dem deutschen Referenzberuf und dem ausländischen Berufsabschluss vorliegen – und falls ja, ob diese möglicherweise durch informell (Berufserfahrung) und/oder non-formal (Weiterbildung) erworbene Kompetenzen (vgl. Abschnitt 11.3.2; Kapitel 10.1/Erbe & Atanassov) ausgeglichen werden können. Wesentliche Unterschiede bestehen, wenn die erworbenen beruflichen Fähigkeiten und Kenntnisse der antragstellenden Person deutlich von denen abweichen, die bei der Ausbildung des deutschen Referenzberufs vermittelt werden (Bundesministerium, 2014). Allerdings muss für einen Gleichwertigkeitsbescheid keine vollständige Übereinstimmung mit dem deutschen Referenzberuf bestehen. Vielmehr soll die ausländische Berufsqualifikation zur vergleichbaren beruflichen Handlungsfähigkeit wie die entsprechende deutsche Referenzqualifikation befähigen (vgl. § 4 [1] und § 11 [1] BQFG).

---

10 Somit können auch Flüchtlinge, Asylsuchende oder Geduldete einen Antrag auf Anerkennung stellen. Allerdings erfasst die amtliche Statistik zum Kontext Anerkennung nicht den Aufenthaltsstatus. Eine Annäherung an die Personengruppe der Flüchtlinge kann daher nur über die Staatsangehörigkeiten abgeleitet werden.

11.3.1   Die Akteure der Gleichwertigkeitsprüfung

Aufgrund des weitreichenden Regelungsgebietes der Anerkennungsgesetze sowie aufgrund der föderalen Kompetenzverteilung im Bereich Bildung, ist die berufliche Anerkennung durch ein komplexes System von Akteuren geprägt (Erbe, im Druck). Für die verschiedenen Berufe oder Berufsgruppen sind jeweils bestimmte Akteure für die Prüfung der Gleichwertigkeit zuständig. Sie fungieren als sogenannte zuständige Stelle. Zusätzlich gibt es regional gegliederte Zuständigkeiten für die Gleichwertigkeitsprüfung, die vom aktuellen oder beabsichtigten Wohnort der antragstellenden Person abhängen.

11.3.1.1   Die Zuständigkeit im Kammerbereich

Bei den Aus- und Fortbildungsberufen des dualen Systems sind die Kammern für die Gleichwertigkeitsprüfung zuständig (Handwerkskammern [HWK], Industrie- und Handelskammer [IHK] bzw. IHK „Foreign Skills Approval" [IHK FOSA], Landwirtschaftskammern etc.) (vgl. § 8 BQFG).

Die IHK FOSA wurde 2012 als eine öffentlich-rechtliche Körperschaft von ursprünglich 77 IHKs gegründet; sie führt zentral für 76 von 79 IHKs die Gleichwertigkeitsprüfungen durch.[11] Es handelt sich hierbei um ein Organisationsmodell, das eine Bündelung bzw. Konzentration der Ressourcen beim Verfahren der Gleichwertigkeitsprüfung zum Ziel hat und somit ein bundesweit einheitliches sowie effizientes Verfahren gewährleisten soll (Bundesministerium, 2014).

Das Organisationsmodell des Handwerks verfolgt eine ähnliche Zielsetzung, nutzt aber dafür einen dezentralen Ansatz (Witt, 2012): Die Gleichwertigkeitsprüfungen werden von den örtlichen Kammern durchgeführt. Diese übernehmen auch alle weiteren Aufgaben im Rahmen des Anerkennungsprozesses (Einstiegsberatung, Antragsannahme, Ausstellen des Bescheids etc.). Zusätzlich wurde ein sogenanntes Leitkammersystem aufgebaut. Die Leitkammern haben sich auf ausgewählte Länder bzw. Berufe spezialisiert, und übernehmen auf Antrag der örtlichen Handwerkskammer die Gleichwertigkeitsprüfung. Das Ergebnis des Verfahrens wird in einem Gutachten den örtlichen Kammern mitgeteilt, sodass diese den Inhalt direkt in den Bescheid übernehmen können (Bundesministerium, 2014).

11.3.1.2   Die Zuständigkeit im Bereich der Gesundheitsberufe:
das Beispiel der Ärzte

Für die reglementierten Berufe – zum Beispiel für Gesundheitsberufe – richtet sich die Zuständigkeit nach den jeweiligen Fachrechten sowie nach den Ausführungsbestimmungen der 16 Länder (Bundesministerium, 2014). Die Verfahren

---

11   Für eine ausführlichere Darstellung vgl. Bundesministerium (2014, S. 32).

zur Anerkennung von ausländischen Berufsqualifikationen führen die jeweiligen Anerkennungsbehörden der Länder durch. Bei Ärzten sind dies die Approbationsbehörden, da Personen mit ausländischen Ärztequalifikationen neben einer Anerkennung der beruflichen Qualifikationen auch die staatliche Zulassung (Approbation) zur uneingeschränkten Ausübung ihres Berufes benötigen. Jedes Bundesland hat hierfür eine oder mehrere zuständige Stellen, die die Gleichwertigkeitsfeststellung für Ärzte vornehmen.[12] Mit vier zuständigen Stellen für Humanmediziner gibt es in Nordrhein-Westfalen in diesem Bereich die meisten Akteure.

Die zuständigen Stellen für Gesundheitsberufe tragen eine besondere Verantwortung im Hinblick auf ihre Entscheidung über eine Anerkennung, da sie den Patientenschutz zu gewährleisten haben (Bundesministerium, 2016; Abschnitt 11.5.1).[13]

11.3.2 Der Ablauf der Gleichwertigkeitsprüfung

Unabhängig vom Zuständigkeitsbereich basiert die Gleichwertigkeitsprüfung auf einem Verfahren (vgl. Tabelle 11.1), das hauptsächlich auf einer Dokumentenanalyse beruht. Antragsvoraussetzung für die Durchführung eines Gleichwertigkeitsfeststellungsverfahrens ist ein vom Ausbildungsstaat anerkannter ausländischer Berufsabschluss.[14]

In einem ersten Schritt wird auf Basis der vorgelegten Dokumente eine formale Prüfung durchgeführt. Hierbei werden die Ausbildungsinhalte des ausländischen Berufsabschlusses mit denen des deutschen Referenzberufs verglichen. Der Vergleich bezieht sich stets auf das aktuelle deutsche Berufsbild. So benutzt die zuständige Behörde zur Prüfung der Gleichwertigkeit beim Berufsbild Arzt als Vergleichsdokument beispielsweise ein Curriculum einer Universität ihres Bundeslandes (Bundesministerium, 2016). Bei Ausbildungsberufen wird die jeweils aktuelle deutsche Ausbildungsordnung als Vergleichsdokument herangezogen (Bundesministerium, 2014). Werden keine wesentlichen Unterschiede festgestellt, kann die volle Gleichwertigkeit beschieden und das Verfahren abgeschlossen werden.

---

12   Viele der zuständigen Stellen für Humanmediziner sind auch für die Gleichwertigkeitsfeststellung für Gesundheits- und Krankenpfleger zuständig. Für eine Übersicht der Zuständigkeiten vgl. Anerkennungsgesetz 2014.

13   Für ausführlichere Informationen vgl. https://www.kmk.org/de/aktuelles/artikelansicht/gutachtenstelle-fuer-gesundheitsberufe-nimmt-arbeit-am-1-september-auf.html (Zugriff am 30.05.2017).

14   Das „BQ-Portal" bietet Informationen zu ausländischen Berufsbildungssystemen und Berufsqualifikationen im Bereich der Ausbildungsberufe. Für akademische Berufe ist die Datenbank „anabin" das Infoportal zu ausländischen Bildungsabschlüssen. Es enthält Informationen zu Abschlüssen und Institutionen aus über 100 Ländern. Des Weiteren bietet das Portal „Anerkennung in Deutschland" Informationen zum Anerkennungsverfahren in neun Sprachen. Für ausführlichere Informationen vgl. https://portale.anerkennung-in-deutschland.de/ (Zugriff am 29.05.2017).

Tabelle 11.1: Lernergebnisse und Methoden ihrer Feststellung im Rahmen des BQFG (nach Böse et al., 2014, S. 30–33)

	Art der Lernergebnisse	Methode
Formale Prüfung	Ergebnisse formalen Lernens (im Ausland erworbener Abschluss)	Dokumentenprüfung
Prüfung individueller Nachweise	Ergebnisse informellen (Berufserfahrung) und non-formalen (Weiterbildung) Lernens	Dokumentenprüfung
Qualifikationsanalyse	Berücksichtigung der Ergebnisse aller Lernformen (Handlungsfähigkeit)	Kompetenzfeststellung

Ein zweiter Schritt wird hingegen dann vorgenommen, wenn bei der formalen Prüfung der Berufsabschlüsse wesentliche Unterschiede festgestellt worden sind. In diesem Fall wird ebenfalls auf Dokumentenbasis geprüft, beispielsweise durch Arbeitszeugnisse oder Zertifikate, ob die Unterschiede durch Berufserfahrung (informell) oder Weiterbildungen (non-formal) ausgeglichen werden können. Ist dies der Fall, wird sowohl bei reglementierten als auch bei nicht reglementierten Berufen eine volle Gleichwertigkeit beschieden. Sollten weiterhin wesentliche Unterschiede vorliegen, ist der Prozess bei beiden Berufsgruppen ab diesem Zeitpunkt unterschiedlich:

- Bei *reglementierten* Berufen – beispielsweise den Gesundheitsberufen – muss der Bescheid die Auflage der Teilnahme an einer Ausgleichsmaßnahme enthalten, die zum Ausgleich der wesentlichen Unterschiede führt (vgl. §§ 10–11 BQFG und jeweiliges Fachrecht). Erst nach erfolgreicher Absolvierung einer solchen Ausgleichsmaßnahme ist der Prozess der Gleichwertigkeitsfeststellung abgeschlossen und die Antragstellenden erhalten die Berufszulassung oder das Recht zur Titelführung.
- Im Gegensatz dazu schließt das Gleichwertigkeitsfeststellungsverfahren bei *nicht reglementierten* Berufen mit einem üblicherweise als „teilweise Gleichwertigkeit" bezeichneten Bescheid ab, wenn wesentliche Unterschiede festgestellt und diese nicht durch informell oder non-formal erworbene Qualifikationen ausgeglichen werden können. Dies bedeutet, dass im Anerkennungsbescheid die vorhandenen beruflichen Qualifikationen des Antragstellenden positiv dargestellt sowie zusätzlich die vorhandenen Defizite beschrieben werden (vgl. § 7 [2] BQFG). Allerdings können Antragstellende in nicht reglementierten Berufen eine Anpassungsqualifizierung durchführen und dadurch wesentliche Unterschiede ausgleichen. Dies ist jedoch keine zwingende Voraussetzung zur Ausübung des Berufs. Zur Prüfung, ob die wesentlichen Unterschiede ausgeglichen

worden sind, bedarf es der Eröffnung eines zweiten Anerkennungsverfahrens. Dieses wird mit einem zweiten Bescheid beendet, der die volle Gleichwertigkeit bescheinigen kann.

Sowohl im reglementierten als auch im nicht reglementierten Bereich können die zuständigen Stellen die Anträge auch negativ bescheiden. Neben den ersten beiden Schritten, die auf einer Dokumentenprüfung beruhen, gibt es jedoch noch einen weiteren Schritt, der nur bei bestimmten Fallkonstellationen Anwendung findet. Auf diesen wird im folgenden Abschnitt eingegangen.

11.4   Sonstige geeignete Verfahren im Rahmen der Gleichwertigkeitsprüfung

Sofern Antragstellende unverschuldet Dokumente zum Nachweis der beruflichen Qualifikationen nicht oder nur mit einem unangemessenen zeitlichen oder sachlichen Aufwand vorlegen können, gibt es aufgrund von § 14 BQFG noch einen dritten Verfahrensschritt (vgl. die Qualifikationserfassung im Rahmen des Anerkennungsgesetzes). Im Folgenden wird dieser Verfahrensschritt für die dualen Ausbildungs-, Fortbildungs- und Meisterberufe beschrieben. Anschließend wird ein ebenfalls von der Dokumentenprüfung abweichender Verfahrensschritt bei der Anerkennung von ausländischen Ärztequalifikationen vorgestellt und analysiert.

11.4.1   Qualifikationsanalysen

Für alle dualen Ausbildungsberufe, Fortbildungs- und Meisterberufe gibt es im Rahmen des Anerkennungsgesetzes die Möglichkeit der Durchführung von sogenannten Qualifikationsanalysen (Oehme, 2012). Durch diese gibt es erstmalig ein gesetzlich verankertes Instrument zur Kompetenzfeststellung, um die Gleichwertigkeit von ausländischen Berufsabschlüssen zu prüfen, ohne dass eine vollständige deutsche Abschlussprüfung abzulegen ist.[15] Dieses Instrument verfolgt das Ziel „die Kenntnisse, Fertigkeiten und Fähigkeiten der Person situativ zu erfassen und zu beurteilen, ob diese im Wesentlichen die Ausbildungsinhalte des entsprechenden deutschen Referenzberufs abdecken, die nicht über Dokumente nach-

---

15 Darin unterscheidet sich die Qualifikationsanalyse von der bereits zuvor bestehenden Möglichkeit, dass Personen mit ausländischen Abschlüssen zur regulären Gesellenprüfung zugelassen werden, ohne vorher eine Ausbildung in Deutschland zu durchlaufen – die sogenannte Externenprüfung.

gewiesen werden konnten" (Böse et al., 2014, S. 32). Somit integriert das BQFG in den Validierungsprozess aus Dokumentenprüfung und Kompetenzfeststellungsverfahren sowohl formale als auch informelle und non-formale Lernergebnisse (Böse et al., 2014; Böse & Tursarinow, im Druck).

11.4.1.1   Ablauf und Instrumente der Qualifikationsanalyse

Sollte die zuständige Stelle die Gleichwertigkeit auf Basis der vorgelegten Dokumente nicht abschließend prüfen können, kann sie der antragstellenden Person die Durchführung einer Qualifikationsanalyse für die wesentlichen nicht nachgewiesenen beruflichen Tätigkeiten anbieten (Westdeutscher Handwerkskammertag, 2013). Mit Zustimmung der betreffenden Person wird hierfür eine individuelle Aufgabenstellung entwickelt. Mit deren Absolvierung werden die nicht durch Dokumente nachweisbaren beruflichen Kenntnisse und Fähigkeiten festgestellt. Die Qualifikationsanalyse wird von einem berufsfachlichen Experten und einem Zweitbeobachter durchgeführt, beobachtet und bewertet. Es liegt in der Verantwortung des berufsfachlichen Experten, das passende Instrumentarium für die Überprüfung der beruflichen Tätigkeiten auszuwählen. Um bundeseinheitliche und transparente Qualitätsstandards für die Durchführung der Qualifikationsanalyse zu entwickeln, wurde durch das Bundesministerium für Bildung und Forschung (BMBF) das Projekt „Prototyping I"[16] bereits vor dem Inkrafttreten des Anerkennungsgesetzes gefördert. Im Rahmen dieses Projektes wurden sechs Instrumente zur Durchführung der Qualifikationsanalyse entwickelt. Diese zeichnen sich dadurch aus, dass sie auf verschiedene Referenzberufe anwendbar und untereinander kombinierbar sind. Neben der fachlichen Expertise werden verschiedene kommunikative, kognitive und motorische Fertigkeiten des Teilnehmenden geprüft. Im Folgenden werden die sechs Instrumente benannt und kurz erläutert (Böse & Tursarinow, im Druck):

I. Das *Fachgespräch* ist ein Gespräch zwischen der zu prüfenden Person und den Experten. Dadurch können sowohl fachliches Basiswissen als auch situationsgerechte und an den Auftrag angepasste Handlungsentscheidungen des Teilnehmenden festgestellt werden.

II. Das *Rollenspiel* dient zur Simulation einer berufstypischen Situation. Ferner dient es dazu, die sprachlichen Fähigkeiten des Teilnehmenden in dieser Situation zu testen.

III. Die *Fallstudie* hat die Beschreibung von typischen und im Arbeitsalltag häufig vorkommenden Handlungssituationen zum Ziel. Die teilnehmende Person ist zur Entwicklung und zur Präsentation von eigenen Lösungswegen aufgefordert.

---

16 Das Projekt lief vom August 2011 bis Januar 2014. Die Projektleitung lag beim Westdeutschen Handwerkskammertag (NRW).

IV. Die *Präsentation von Arbeitsergebnissen* hat zum Zweck, eine eigene Arbeitsleistung zu planen, durchzuführen und zu bewerten sowie diese adressatengerecht zu vermitteln. Hierdurch werden auch die kommunikativen Fähigkeiten des Teilnehmenden geprüft.

V. Die *Arbeitsprobe* dient der Beurteilung beruflicher Fähigkeiten und Fertigkeiten. Die Durchführung orientiert sich zumeist an für den Beruf typischen praktischen Aufgabenstellungen. Die zu prüfende Person hat im Vorfeld Zeit, die Durchführung zu planen. In der Praxis schließt sich an die Arbeitsprobe häufig ein Fachgespräch an.

VI. Die *Probearbeit im Betrieb* dauert mehrere Tage. Der Teilnehmende wird in dieser Zeit von den Experten begleitet. Diese dokumentieren und beurteilen die Arbeitsleistungen der teilnehmenden Person.

Alle Instrumente zur Durchführung der Qualifikationsanalyse sind zur Qualitätssicherung an die Kriterien der Validität, Objektivität, Reliabilität und Ökonomie gebunden (Westdeutscher Handwerkskammertag, 2013). Neben den verschiedenen Instrumenten wurden einheitliche Qualitätsstandards erarbeitet, die im Folgenden vorgestellt werden (ebd.):[17]

1. *Verfahrenstransparenz:* Eine individuelle Einstiegsberatung der an einer Antragstellung interessierten Person soll diese über die Möglichkeiten und Grenzen des Verfahrens informieren. Falls die Durchführung einer Qualifikationsanalyse notwendig sein sollte, wird die Person umfassend über den Ablauf und die Dauer der Prüfung, die teilnehmenden Prüfer sowie über die Kosten und Konsequenzen der Teilnahme unterrichtet.

2. *Vier-Augen-Prinzip:* Der berufsfachliche Experte und der Zweitbeobachter nehmen gemeinsam an der Qualifikationsanalyse teil. Sie bewerten gemeinsam und gleichgestellt die Leistungen der zu prüfenden Person.

3. *Anforderungen an die Experten:* Um als berufsfachlicher Experte an einer Qualifikationsanalyse mitzuwirken, müssen folgende Voraussetzungen erfüllt sein: 1. Gleich- oder höherwertiger Abschluss im zu prüfenden Referenzberuf; 2. Nachweis einer mindestens dreijährigen beruflichen Tätigkeit im Referenzberuf. Zusätzlich sollen die berufsfachlichen Experten über kommunikative und interkulturelle Kompetenzen, instrumentenbezogene Methodenkompetenz, Beobachtungs- und Beurteilungsfähigkeit sowie gutes Wissen im Hinblick auf die organisatorischen Rahmenbedingungen verfügen. Der Zweitbeobachter muss mindestens drei Jahre Berufserfahrung im Bereich Wirtschaft, Verwaltung oder Bildungswesen vorweisen.

---

17   Weitere Informationen zu den im Projekt „Prototyping I" entwickelten prototypischen Verfahrensstandards und Hilfestellungen stehen als Download zur Verfügung: https://www.anerkennung-in-deutschland.de/prototypingtransfer.

4. *Vorbereitung der Experten:* Im Rahmen eines Seminars zur Durchführung und Auswertung von Qualifikationsanalysen können die Experten auf ihre Rolle vorbereitet werden. Die Schulungen werden im Rahmen des vom BMBF finanzierten Projekts „Prototyping Transfer" bundesweit und dezentral organisiert; durchgeführt werden sie von der Zentralstelle für die Weiterbildung im Handwerk (ZWH).

5. *Dokumentierte Beobachtung während der Qualifikationsanalyse:* Um sicherzustellen, dass die Qualifikationsanalyse möglichst objektiv bewertet wird, müssen die für die Prüfung verantwortlichen Experten vor der Durchführung des Verfahrens beobachtbare Kriterien festlegen. Im Projekt „Prototyping I" wurde hierfür ein Beobachtungsbogen entwickelt. Somit wird die Beurteilung transparent dargestellt und kann von Dritten nachvollzogen werden. Durch den Beobachtungsbogen folgt das Verfahren einem strukturierten Ablauf. Er dient den Prüfenden als Hilfestellung, um sich auf spezifische Handlungen des Teilnehmenden zu konzentrieren und diese zu bewerten. Für eine objektive Bewertung müssen die Experten ihre Erwartungen an den Teilnehmenden bereits vor dem Beginn der Qualifikationsanalyse reflektieren und notieren.

6. *Offenheit für verschiedene Lösungswege:* Dies ist eine Notwendigkeit, um als Experte im Rahmen der Qualifikationsanalyse tätig zu werden. Denn die zu prüfenden Personen haben ihre beruflichen Fähigkeiten in unterschiedlichen Ländern und Bildungssystemen erworben.

7. *Verwendung einfacher Sprache:* Um Personen, die Deutsch nicht als Muttersprache gelernt haben, die Durchführung des Verfahrens zu ermöglichen, sind die Aufgaben in einfacher Sprache zu formulieren. Des Weiteren darf die zu prüfende Person Hilfsmittel – Begriffserklärungen oder Wörterbücher – benutzen.

11.4.1.2   Die Praxis der Durchführung von Qualifikationsanalysen

Die Anzahl der Qualifikationsanalysen, die im Rahmen der amtlichen Statistik[18] für nicht reglementierte Berufe und reglementierte Meisterberufe gemeldet wurden, ist von Jahr zu Jahr leicht gestiegen. Insgesamt wurden vom Inkrafttreten des Anerkennungsgesetzes bis 2015 357 Qualifikationsanalysen[19] gemeldet.

Das Instrument befindet sich noch in der Aufbau- und Entwicklungsphase (Erbe, im Druck): Zum einen sind nicht alle zuständigen Stellen ausreichend über das

---

18   Im Rahmen des Anerkennungsgesetzes wurde die Erhebung einer amtlichen Statistik eingeführt. Rechtliche Grundlage für die Erhebung der Daten sind § 17 BQFG sowie die Regelungen des Fachrechts, die auf § 17 BQFG verweisen. Für eine ausführlichere Darstellung vgl. Bundesministerium (2014).

19   Aus Datenschutzgründen sind alle Daten (Absolutwerte) jeweils auf ein Vielfaches von 3 gerundet, der Gesamtwert kann daher von der Summe der Einzelwerte abweichen. Für aktuellere Zahlen und Details vgl. Erbe (2017).

Instrument informiert, und zum anderen schrecken einige Stellen vor dem organisatorischen Aufwand eines solchen Verfahrens zurück. Die Ursache liegt darin, dass die Aufgabenstellung immer individuell auf die zu prüfende Person zugeschnitten und passende Experten gefunden werden müssen (Böse, Tursarinow & Wünsche, 2016). Darauf könnte sich vermutlich die bisher recht geringe Anzahl an durchgeführten Qualifikationsanalysen zurückführen lassen.

Im Rahmen des Projekts „Prototyping Transfer – Anerkennung mit Qualifikationsanalysen"[20] werden von den beteiligten Kammern Daten zu den durchgeführten Qualifikationsanalysen und den Teilnehmenden erhoben.[21] Demnach wurden im Zeitraum zwischen Januar 2015 und März 2017 94 Qualifikationsanalysen durchgeführt. Die Teilnehmenden haben ihre Qualifikationen in einer Anzahl von verschiedenen Herkunftsländern erworben. Die meisten in Syrien (16), gefolgt von Iran (13) und Türkei (11). Fast 27 % der Teilnehmenden verfügten über eine Aufenthaltserlaubnis nach §§ 22–26 Aufenthaltsgesetz.[22] Rund 89 % der Teilnehmenden waren männlich. Die Qualifikationsanalysen wurden für 27 Referenzberufe durchgeführt. Am häufigsten für den Kfz-Mechatroniker (18), gefolgt von Elektriker für Energie- und Gebäudetechnik und Friseur (jeweils 9).

Anders als erwartet zeigt Abbildung 11.2, dass nur in 20 Fällen im Zeitraum von Januar 2015 bis März 2017 der eigentliche Nachweis über den Berufsabschluss fehlte. Vielmehr sind Qualifikationsanalysen überwiegend zum Einsatz gekommen, weil relevante Informationen zu Inhalt, Dauer und Rahmenbedingungen der Berufsausbildung nicht vorgewiesen werden konnten und somit eine Bewertung der Qualifikationen durch die zuständigen Stellen, trotz Nachweises des Berufsabschlusses, nicht möglich war. Ein weiterer wichtiger Aspekt war die nicht durch Dokumente belegte Berufserfahrung. Am häufigsten wurden das Fachgespräch und die Arbeitsprobe als Instrumente der Qualifikationsanalyse eingesetzt. Diese Instrumente wurden vielfach auch in Kombination eingesetzt. Knapp 23 %

---

20   Das dreijährige Projekt ist das Nachfolgeprojekt von „Prototyping I" und läuft seit 2015 mit dem Ziel, den Bekanntheitsgrad von Qualifikationsanalysen und somit deren Anzahl zu steigern. Die Projektarbeit vor Ort wird von sieben Partnern (der Westdeutsche Handwerkskammertag [WHKT], die IHK FOSA, die Handwerkskammern Mannheim und Hamburg, die Industrie- und Handelskammern Köln und München sowie saarland.innovation&standort e. V. [Industrie- und Handelskammer des Saarlandes]) umgesetzt, die andere zuständige Stellen bei der Durchführung von Qualifikationsanalysen beraten. Finanziert wird das Projekt vom Bundesministerium für Bildung und Forschung (BMBF) und koordiniert vom Bundesinstitut für Berufsbildung (BIBB). Des Weiteren unterstützt das Projekt durch einen Sonderfonds (der vom Westdeutschen Handwerkskammertag verwaltet wird) Teilnehmende bei der Finanzierung des Verfahrens, sollten diese Kosten nachweislich nicht nach Sozialgesetzbuch II oder III von der Arbeitsverwaltung übernommen werden.

21   Die aufgeführten Daten wurden vom Projekt „Prototyping Transfer" zur Verfügung gestellt.

22   Aufenthalt aus völkerrechtlichen, humanitären oder politischen Gründen.

der durchgeführten Qualifikationsanalysen wurden durch den Sonderfonds des Projekts finanziert. Die meisten Teilnahmen (38) wurden durch die Arbeitsagentur beziehungsweise das Jobcenter bezahlt. Allerdings haben 24 Teilnehmende die Kosten selbst getragen.[23]

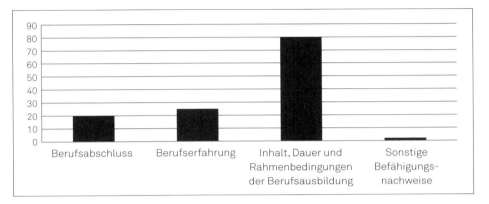

Abbildung 11.2:   Art der Nachweise, die nicht für die Dokumentenprüfung erbracht werden konnten
(Auswertungen der von den Projektpartnern in „Prototyping Transfer" durchgeführten Qualifikationsanalysen [Zeitraum: Januar 2015 bis März 2017]. Mehrfachnennungen sind möglich).

Auf der Grundlage der eingereichten Unterlagen und des Ergebnisses der Qualifikationsanalyse erstellten die zuständigen Stellen sodann die Anerkennungsbescheide. In 54 Fällen beschieden sie eine teilweise Gleichwertigkeit und in 38 Fällen eine volle Gleichwertigkeit. In zwei Fällen stellten sie keine Gleichwertigkeit fest.

11.4.2 Die Kenntnisprüfung – am Beispiel von Ärzten

Der Arztberuf war wie eingangs erwähnt unter allen Berufen des Bundes derjenige, zu dem in den ersten Jahren der Anwendung des Anerkennungsgesetzes die meisten Anträge gestellt wurden. Auch im Gesundheitsbereich gibt es die Möglichkeit, von der Dokumentenprüfung abzuweichen, wenn Antragstellende unverschuldet nicht alle notwendigen Dokumente zum Nachweis der beruflichen Qualifikationen vorlegen können. Im Falle von Ärzten legt die Bundesärzteordnung in § 3 (3) fest: „Die erforderlichen Kenntnisse und Fähigkeiten sind nach Satz 3 auch nachzuweisen, wenn die Prüfung des Antrags nur mit unangemessenem zeitlichen oder sachlichen Aufwand möglich ist, weil die erforderlichen Unterlagen und

---

23   Die Angaben beziehen sich auf $N=88$. Sechs Angaben sind fehlend.

Nachweise aus Gründen, die nicht in der Person der Antragsteller liegen, von diesen nicht vorgelegt werden können."

In diesem Fall können sogenannte Kenntnisprüfungen vorgenommen werden.[24] Dies ist auch im Hinblick auf die Arbeitsmarktintegration von Flüchtlingen und Asylsuchenden eine wichtige Option. Die Zahlen der amtlichen Statistik im Kontext der Anerkennung belegen, dass zu diesem Personenkreis auch Fachkräfte mit einem guten Qualifikationsniveau gehören. So stellten Staatsangehörige aus den Hauptherkunftsländern[25] am häufigsten Anträge im Bereich der akademischen Heilberufe und Gesundheitsfachberufe.

Die Kenntnisprüfung ist gesetzlich in der Ärztlichen Approbationsordnung geregelt (§ 37 ÄApprO). Die Inhalte der Kenntnisprüfung bestehen aus einem mündlichen und einem praktischen Prüfungsteil. Der mündliche Prüfungsstoff beschränkt sich auf die wesentlichen Kernfächer und die wichtigsten Krankheitsbilder – somit nicht nur auf die festgestellten wesentlichen Unterschiede. Die Prüfung bezieht sich auf die Fächer Innere Medizin und Chirurgie. Allerdings sollen die Fragestellungen durch Aspekte aus folgenden Fächern ergänzt werden: Notfallmedizin, Klinische Pharmakologie/Pharmakotherapie, bildgebende Verfahren/Strahlenschutz und Rechtsfragen. Zusätzlich kann ein weiteres Fach, in dem wesentliche Unterschiede festgestellt wurden, geprüft werden. Im Mittelpunkt der praktischen Prüfung steht die Patientenvorstellung. Diese besteht aus: Anamneseerhebung, Untersuchung des Patienten und Erstellung eines Berichts. Die gesamte Kenntnisprüfung findet an einem Tag statt und soll 60 bis 90 Minuten dauern. Sie wird in deutscher Sprache vor einer staatlichen Prüfungskommission abgelegt, die aus einem Vorsitzenden und zwei weiteren Mitgliedern besteht. Die Prüfung kann zweimal wiederholt werden.[26]

Erfahrungen aus der Praxis zeigen, dass einige zuständige Stellen den Angehörigen bestimmter Drittstaaten die Möglichkeit der Kenntnisprüfung vorschlagen, ohne die vorgelegten Dokumente inhaltlich auf Gleichwertigkeit geprüft zu haben. Grund hierfür sind Erfahrungswerte, dass Abschlüsse aus bestimmten Drittstaaten wesentliche Unterschiede aufweisen. Darauf basierend bieten sie den Antragstellenden an, auf das individuelle Prüfverfahren zu verzichten, was für diese zu

---

24 Bei Ärzten kommt die Kenntnisprüfung bei Drittstaatsqualifikationen nicht nur im Falle fehlender Nachweise zum Tragen, sondern auch wenn festgestellte wesentliche Unterschiede nicht durch Berufserfahrung ausgeglichen werden können. Die Kenntnisprüfung wird dann als Ausgleichsmaßnahme auferlegt. Für Personen mit EU-Abschlüssen sind in diesen Fällen dagegen Eignungsprüfungen vorgesehen (automatische Anerkennung ausgenommen). Diese beziehen sich nur auf die festgestellten Unterschiede.

25 Syrien, Albanien, Kosovo, Irak, Afghanistan (Bundesministerium, 2016).

26 Eine ausführlichere Darstellung der Kenntnisprüfung in der „Approbationsordnung für Ärzte" findet sich unter https://www.gesetze-im-internet.de/_appro_2002/BJNR240500002.html (Zugriff: 11.04.2017).

Zeit- und Kostenersparnis führen kann. Im Rahmen der zugenommenen Flucht-migration sehen sich die zuständigen Stellen vermehrt mit der Frage nach Echt-heit der vorgelegten Dokumente aus bestimmten Regionen konfrontiert. Auch hier machen die Anerkennungsbehörden verstärkten Gebrauch von der Kenntnis-prüfung (Bundesministerium, 2016).

11.5 Herausforderungen bei der Gleichwertigkeits-prüfung

Untersuchungen des BIBB-Anerkennungsmonitorings[27] sowie anderer Studien weisen neben den Erfolgen der Anerkennungsregeln auch auf Herausforderun-gen bei deren Umsetzung hin. Herausforderungen bei bestimmten Berufen und Fallkonstellationen treten in den verschiedenen Phasen des Anerkennungsprozes-ses auf (Erbe, im Druck). Im Folgenden wird eine Auswahl von Herausforderun-gen dargestellt, die sich auf die Phase der Gleichwertigkeitsprüfung beziehen.[28]

11.5.1 Vereinheitlichung der Gleichwertigkeitsprüfung bei Gesundheitsberufen

Aufgrund der Bildungshoheit der Länder vergleichen die zuständigen Stellen im Gesundheitsbereich beispielsweise Ärztequalifikationen mit einem Curriculum ihres Bundeslandes. Wegen der Hochschulautonomie sind die Curricula jedoch nicht bundesweit einheitlich gestaltet (Bundesministerium, 2016). Des Weiteren weist Erbe (im Druck) darauf hin, „dass das BQFG und die entsprechenden Re-gelungen im Fachrecht den zuständigen Stellen einen beträchtlichen Auslegungs-spielraum lassen". Dies hat zu einer unterschiedlichen Auslegung der Prüfkrite-rien geführt. Demnach wird die Frage, was konkret als wesentlicher Unterschied zu bewerten ist, nicht überall gleich beantwortet. So entscheiden einige zustän-dige Stellen anhand eines Vergleichs der Stundenzahl der absolvierten Fächer und legen zur Feststellung wesentlicher Unterschiede somit ein rein quantitatives Be-wertungsmerkmal zu Grunde. In diesen Fällen können beispielsweise Abweichun-gen von 15 bis 20 % als „wesentlicher Unterschied" gelten. Andere zuständige Stel-len prüfen hingegen inhaltlich, da eine quantitative Prüfung ihrem Empfinden

---

27 Das BIBB führt im Auftrag des BMBF das Monitoring der Umsetzung des Anerkennungsgesetzes durch. Ziel des Projektes ist es, Transparenz hinsichtlich der Anwendung und Umsetzung des Ge-setzes sowie der angelagerten Prozesse zu gewinnen, und damit zur Qualitätssicherung beizutra-gen (Bundesministerium, 2014, S. 38). Weitere Informationen finden sich unter https://www.bibb.de/de/1350.php (Zugriff am 19.04.2017).

28 Zu weiteren faktischen und strukturellen Vollzugsproblemen und -divergenzen vgl. Bundesminis-terium, 2014, 2015, 2016; Erbe (im Druck).

nach allein nicht aussagefähig ist (Bundesministerium, 2016). Nach Umsetzung der EU-Richtlinie 2013/55/EU ist eine rein quantitative Bewertung für die Begründung eines „wesentlichen" Unterschieds nicht ausreichend. Wesentliche Unterschiede müssen inhaltlich begründet sein (Bundesministerium, 2016).

Um die Uneinheitlichkeit der Prüfungen zu verringern, wurde die Gutachtenstelle für Gesundheitsberufe (GfG) gegründet (vgl. Abschnitt 11.3.1.2).[29] Diese kann auf das weltweite Kontaktnetz der Zentralstelle für ausländisches Bildungswesen (ZAB) zu Bildungsinstitutionen und Behörden aufbauen und durch ihr erweitertes Angebot dazu beitragen, „die Behörden bei der Prüfung und Bewertung der Unterlagen zu unterstützen und das Wissensmanagement über ausländische Abschlüsse sowie die Qualitätssicherung im Anerkennungsverfahren zu verbessern" (Bundesministerium, 2016, S. 40).[30] Ein zentraler Punkt ihrer Arbeit ist die Entwicklung von einheitlichen fachlich-inhaltlichen Instrumentarien, auf die sich die Bundesländer einigen können und die dann als gemeinsamer Vergleichsmaßstab zur Bewertung der Abschlüsse dienen können. Die GfG erstellt auf Antrag ein detailliertes Gutachten zu den Abschlüssen, nimmt Echtheitsprüfungen von Dokumenten vor und/oder stellt die Referenzqualifikation fest. Die Entscheidung hinsichtlich der Gleichwertigkeit liegt weiterhin bei den zuständigen Stellen. Durch die Einrichtung der GfG sollen Vollzugsdivergenzen abgebaut werden.

Wie bereits aufgeführt, ist die Berücksichtigung von Berufserfahrung im Prozess der Gleichwertigkeitsfeststellung eine der wichtigen Neuerungen des Anerkennungsgesetzes. Auch im reglementierten Bereich (zum Beispiel bei Gesundheitsberufen) können Berufserfahrungen zum Ausgleich wesentlicher Unterschiede berücksichtigt werden. Allerdings spielen diese in der Praxis bisher eine untergeordnete Rolle, wie Ergebnisse aus dem Anerkennungsmonitoring zeigen. Als Gründe für die seltene Berücksichtigung geben zuständige Stellen für die Gesundheitsberufe an (Bundesministerium, 2015), dass

- der Zeitraum der Berufserfahrung zu kurz ist,
- die dokumentierte Tätigkeit sich nicht auf die festgestellten wesentlichen Unterschiede bezieht,
- keine ausreichenden Nachweise und Dokumente über die Berufserfahrung vorliegen,
- bereits aus der formalen Prüfung hervorgeht, dass Antragstellende eine Ausgleichsmaßnahme absolvieren müssen.

Im Rahmen des Aufbaus der GfG wurde diskutiert, ob diese auch Berufserfahrungen zwecks Ausgleichs wesentlicher Unterschiede prüfen soll. Einige zuständige

---

29 Die GfG befindet sich seit September 2016 in einer dreijährigen Modellphase und wird in dieser Zeit durch eine Arbeitsgruppe aus Mitgliedern der Gesundheitsministerkonferenz (GMK), der Kultusministerkonferenz (KMK) und der ZAB begleitet (vgl. Bundesministerium, 2016).

30 Für eine ausführlichere Darstellung vgl. https://www.kmk.org/de/aktuelles/artikelansicht/gutachtenstelle-fuer-gesundheitsberufe-nimmt-arbeit-am-1-september-auf.html (Zugriff am 13.04.2017).

Stellen hatten angemerkt, dass sie nur unter dieser Bedingung eine effektive Entlastung durch die Gutachtenstelle erwarten. Andere sahen es als unproblematisch an, Lernergebnisse durch Berufserfahrung auf Basis des Gutachtens der ZAB zu überprüfen (Bundesministerium, 2016). Falls aus den eingereichten Unterlagen die Berufserfahrung ersichtlich wird, erfolgt durch die GfG ein Hinweis auf die Möglichkeit, diese bei der Entscheidung über die Anerkennung zu berücksichtigen. Die zuständige Stelle prüft auf Basis des Gutachtens der GfG, ob die Berufserfahrung ausreichend ist, um wesentliche Unterschiede auszugleichen. Die finale Entscheidung über das Prüfverfahren liegt bei der zuständigen Stelle. Es wird zu beobachten sein, wie sich die Arbeit der GfG auf die Vereinheitlichung der Verfahren und die Entlastung der zuständigen Stellen auswirken wird. Die Behörden haben weiterhin die Möglichkeit, statt der GfG externe Gutachter zur Prüfung wesentlicher Unterschiede zu beauftragen. Eine Vereinheitlichung würde voraussetzen, dass auch in diesem Fall das für den jeweiligen Beruf entwickelte fachlich-inhaltliche Instrumentarium verwendet wird.

11.5.2 Unterschiedliches Vorgehen bei der Feststellung der Sprachkompetenz

Auch bei den Antragsvoraussetzungen gibt es ein unterschiedliches Vorgehen der zuständigen Stellen für Gesundheitsberufe hinsichtlich des Nachweises der Sprachanforderungen. In vielen Fällen wird bereits beim Einreichen der Antragsunterlagen zum Verfahrensbeginn ein Sprachnachweis gefordert. Hierdurch erhoffen sich die zuständigen Stellen eine bessere Kommunikation mit den Antragstellenden. Andere fordern einen Sprachnachweis erst zum Beginn einer Ausgleichsmaßnahme mit der Begründung, dass Sprachkenntnisse zu deren erfolgreichen Bestehen unverzichtbar sind. Nach bestehender Rechtslage sind die Sprachkenntnisse jedoch unabhängig vom Anerkennungsverfahren und dürfen erst mit Berufszulassung/Approbation gefordert werden. Allerdings haben sich die Antragsvoraussetzungen hinsichtlich des Nachweises der Sprachkenntnisse in den einzelnen Ländern angenähert. Auf Basis eines Eckpunktepapiers der Gesundheitsministerkonferenz (GMK) wird in den akademischen Heilberufen das Ablegen einer Fachsprachprüfung auf dem Niveau C1[31] gefordert. Als Voraussetzung für das Ablegen der Fachsprachprüfung wird ein Nachweis über das Niveau GER-B2 verlangt. Die Umsetzung der Eckpunkte ist in den einzelnen Ländern noch uneinheitlich. Dies zeigt sich beispielsweise bei den akzeptierten Einrichtungen, die die Prüfung abnehmen (Erbe, im Druck). Außerdem reicht in einigen Ländern das Ablegen der Fachsprachprüfung auf C1-Niveau aus, da

---

31   Das Sprachniveau basiert auf dem gemeinsamen Europäischen Referenzrahmen für Sprachen, das in sechs Stufen von A1 (Anfänger) bis C2 (Experte) gegliedert ist. Für mehr Informationen vgl. http://www.europaeischer-referenzrahmen.de/sprachniveau.php (Zugriff am 17.05.2017).

mit dieser der Nachweis über das Sprachniveau B2 als erfüllt gilt. Andere Länder hingegen verlangen noch einen zusätzlichen Sprachnachweis des Niveaus B2 (Bundesministerium, 2016).

11.6   Zusammenfassung und Ausblick

Das Anerkennungsgesetz hat es Personen mit einem im Ausbildungsstaat formal anerkannten Berufsabschluss möglich gemacht, ihre Qualifikationen mit einem deutschen Referenzberuf vergleichen zu lassen. Hierdurch soll eine qualifikationsadäquate Integration dieser Personengruppe in den Arbeitsmarkt erreicht und der Fachkräftebedarf gesichert werden. Nach fünfjährigem Bestehen des Gesetzes sind bereits viele Maßnahmen unternommen worden, um eine Vereinheitlichung der Gleichwertigkeitsfeststellungsverfahren zu erreichen. Es ist jedoch nicht überraschend, dass dies aufgrund der weitreichenden Regelungen des Anerkennungsgesetzes und der daraus resultierenden Vielfalt der beteiligten Akteure noch einige Zeit in Anspruch nehmen wird. Außerdem bedürfen die bereits ergriffenen Maßnahmen der Vereinheitlichung hinsichtlich ihrer Wirksamkeit noch eines Monitorings, um gegebenenfalls nachsteuern zu können. Des Weiteren sind die zuständigen Stellen bei der Durchführung der Verfahren mit strukturellen Herausforderungen konfrontiert, die die Prüfung der ausländischen Berufsqualifikationen erschweren. Dazu zählt beispielsweise die Einbeziehung von Berufserfahrung auf Basis einer Dokumentenprüfung. Dies ist für zuständige Stellen nicht immer zu leisten, da in manchen Ländern eine weniger ausführliche Dokumentation hinsichtlich der Inhalte der beruflichen Tätigkeiten vorgenommen wird als in Deutschland. Hier setzt das Instrument der Qualifikationsanalyse an. Durch ein individuelles Kompetenzfeststellungsverfahren werden die nicht durch Dokumente belegten Qualifikationen sichtbar gemacht. Somit berücksichtigt das Anerkennungsverfahren Qualifikationen, die auf formalen, nonformalen und informellen Wegen erworben wurden.

Allerdings sind Personen ohne einen formalen Abschluss von dem Anspruch auf ein Gleichwertigkeitsfeststellungsverfahren ausgenommen. Hierunter fällt beispielsweise ein Großteil der arbeitsuchenden Flüchtlinge. Nach Angaben der Bundesagentur für Arbeit verfügen fast 75 % (Stand: Juni 2016) dieser Personengruppe über keine formale Berufsausbildung (Bundesagentur für Arbeit, 2016). Allerdings verfügen sie in vielen Fällen über Kompetenzen, die sie durch Dokumente belegen können (ebd.). Um auch ihnen eine nachhaltige berufliche Integration in den Arbeitsmarkt zu ermöglichen, bedarf es daher der Entwicklung ähnlicher Verfahren zur Feststellung von beruflichen Kompetenzen.

Hierfür bietet das Anerkennungsgesetz und speziell die Qualifikationsanalyse bereits wichtige Erkenntnisse. So können die für die Qualifikationsanalyse entwickelten Qualitätsstandards und Instrumente sicherlich als Grundlage dienen. Für die Zukunft besteht in diesem Bereich weiterer Regelungsbedarf, um möglichst allen Personen mit im Ausland erworbenen beruflichen Kompetenzen eine bestmögliche Integration in den Arbeitsmarkt zu ermöglichen und den Fachkräftebedarf zu sichern.

Literatur

Böse, C., Schreiber, D. & Lewalder, A. C. (2014). Die Rolle formaler, non-formaler und informeller Lernergebnisse im Anerkennungsgesetz. *Berufsbildung in Wissenschaft und Praxis (BWP), 43* (5), 30–33. Zugriff am 25.04.2017. Verfügbar unter www.bibb.de/veroeffentlichungen/de/bwp/show/id/7433

Böse, C. & Tursarinow, D. (im Druck). *Die Berücksichtigung formaler, informeller und non-formaler Lernergebnisse bei fehlenden Unterlagen im Anerkennungsgesetz. Ergebnisse aus dem Projekt Prototyping Transfer – Berufsanerkennung mit Qualifikationsanalysen.*

Böse, C., Tursarinow, D. & Wünsche, T. (2016). Anerkennung beruflicher Qualifikationen von Flüchtlingen – Beispiele aus „Prototyping Transfer". *Berufsbildung in Wissenschaft und Praxis (BWP), 45* (1), 20–23. Zugriff am 25.04.2017. Verfügbar unter https://www.bibb.de/veroeffentlichungen/de/bwp/show/7906

Brücker, H., Liebau, E., Romiti, A. & Vallizadeh, E. (2014). Arbeitsmarktintegration von Migranten in Deutschland. Anerkannte Abschlüsse und Deutschkenntnisse lohnen sich. *IAB-Kurzbericht (21.3)*. Zugriff am 25.04.2017. Verfügbar unter http://doku.iab.de/kurzber/2014/kb2114_3.pdf

Bundesagentur für Arbeit. (2016). *Statistik/Arbeitsmarktberichterstattung (2016): Geflüchtete Menschen in den Arbeitsmarktstatistiken – Erste Ergebnisse*. Nürnberg. Zugriff am 25.04.2017. Verfügbar unter https://statistik.arbeitsagentur.de/Statischer-Content/Statistische-Analysen/Statistische-Sonderberichte/Generische-Publikationen/Gefluechtete-Menschen-in-den-Arbeitsmarktstatistiken.pdf

Bundesamt für Migration und Flüchtlinge. (2016). *Migrationsbericht des Bundesamtes für Migration und Flüchtlinge im Auftrag der Bundesregierung. Migrationsbericht 2015*. Nürnberg.

Bundesministerium für Bildung und Forschung. (2012). *Erläuterungen zum Anerkennungsgesetz des Bundes*. Zugriff am 31.05.2017. Verfügbar unter www.anerkennung-in-deutschland.de/media/20120320_erlaeuterungen_zum_anerkennungsg_bund.pdf

Bundesministerium für Bildung und Forschung. (2014). *Bericht zum Anerkennungsgesetz 2014*. Berlin. Zugriff am 25.04.2017. Verfügbar unter www.bmbf.de/pub/bericht_anerkennungsgesetz_2014.pdf

Bundesministerium für Bildung und Forschung. (2015). *Bericht zum Anerkennungsgesetz 2015*. Berlin. Zugriff am 25.04.2017. Verfügbar unter www.bmbf.de/pub/bericht_zum_anerkennungsgesetz_2015.pdf

Bundesministerium für Bildung und Forschung. (2016). *Bericht zum Anerkennungsgesetz 2016*. Berlin. Zugriff am 25.04.2017. Verfügbar unter https://www.bmbf.de/pub/Bericht_zum_Anerkennungsgesetz_2016.pdf

Bundesministerium für Bildung und Forschung. (2017). *Bericht zum Anerkennungsgesetz 2017*. Zugriff am 16.06.2017. Verfügbar unter https://www.bmbf.de/pub/Bericht_zum_Anerkennungsgesetz_2017.pdf

Ekert, S., Larsen, C., Valtin, A., Schröder, R. & Ornig, N. (2017). *Evaluation des Anerkennungsgesetzes. Endbericht*. Zugriff am 02.06.2017. Verfügbar unter http://www.interval-berlin.de/documents/Evaluation_Anerkennungsgesetz_Abschlussbericht_2017.pdf

Erbe, J. (2017). Mit der Qualitätsanalyse zur Anerkennung. *Berufsbildung in Wissenschaft und Praxis (BWP), 46* (6), 4–5. Zugriff am 12.01.2018. Verfügbar unter www.bibb.de/veroeffentlichungen/de/publication/download/8511

Erbe, J. (im Druck). *Theorie und Praxis der Anerkennungsregeln. Beobachtungen zu Vollzugsproblemen und Lösungsansätzen.*

Oehme, A. (2012). PROTOTYPING – ein Verbundprojekt zur Qualifikationsanalyse. *Berufsbildung in Wissenschaft und Praxis (BWP), 41* (5), 31–32. Zugriff am 25.04.2017. Verfügbar unter www.bibb.de/veroeffentlichungen/de/publication/show/id/6939

Westdeutscher Handwerkskammertag. (2013). *Die Qualifikationsanalyse – Das Verfahren zur Analyse und Feststellung von Berufsqualifikationen im Rahmen von Anerkennungsverfahren. Ergebnisse aus dem Projekt Prototyping – Zusammenfassende Darstellung*. Düsseldorf. Zugriff am 25.04.2017. Verfügbar unter https://www.anerkennung-in-deutschland.de/media/media/prototyping_zusammenfassung_2013_endfassung.pdf

Witt, D. (2012). Bewertung ausländischer Berufsqualifikationen durch die Handwerkskammern – Umsetzung des neuen Anerkennungsgesetzes im Handwerk. *Gewerbearchiv: Zeitschrift für Wirtschaftsverwaltungsrecht* (2), 101–116.

12 Verfahren zur Erfassung von im Ausland formal und informell erworbener beruflicher Kompetenzen – Potentiale und Grenzen technologiebasierter Arbeitsplatzsimulationen

Viola Deutscher & Esther Winther

Die aktuelle Zuwanderung von Flüchtlingen bleibt nicht ohne Wirkung auf den Ausbildungs- und Arbeitsmarkt. Der Bedarf an Instrumenten zur Erfassung formal, non-formal und informell erworbener beruflicher Kompetenzen verschärft sich vor diesem Hintergrund weiter und stellt die berufliche Diagnostikforschung vor große Herausforderungen. Diesen Herausforderungen wird aktuell u. a. mit simulationsbasierten authentischen Testumgebungen begegnet, die Kompetenzstände arbeitsplatzorientiert und lernortunabhängig sichtbar machen sollen. Der Buchbeitrag gibt einen Überblick über derzeit bestehende validierte Verfahren zur Erfassung beruflicher Kompetenzen. Ferner werden anhand konkreter Beispiele im Rahmen der BMBF-geförderten ASCOT[1]-Initiative die Möglichkeiten, Grenzen und aktuellen Anpassungsbedarfe simulierter Testumgebungen zur Erfassung beruflicher Kompetenzen bei Migrantinnen und Migranten[2] diskutiert.

12.1 Hintergrund und Zielsetzung

Um Migrantinnen und Migranten erfolgreich in die Gesellschaft zu integrieren, bedarf es insbesondere einer gelungenen Integration in den Arbeitsmarkt. Unseres Erachtens bietet gerade die berufliche Aus- und Weiterbildung mit ihrem berufspä-

---

1   Technology-based Assessment of Skills and Competences in Vocational Education and Training; dt.: Technologie-orientierte Kompetenzmessung in der Berufsbildung.

2   Migrantinnen/Migranten (bzw. Personen mit Migrationshintergrund) ist ein umfassender Ausdruck aus der amtlichen Statistik für alle Personen mit (vollständiger oder teilweiser) Herkunft aus dem Ausland. Angehörige der ersten Generation werden in Abgrenzung dazu in vielen Publikationen als Zuwanderinnen/Zuwanderer bezeichnet (manchmal auch als Einwanderinnen/Einwanderer) (vgl. Sauer & Brinkmann, 2016). Die aktuell im Fokus der Aufmerksamkeit stehenden Flüchtlinge sind demzufolge eine Teilpopulation dieser ersten Generation.

dagogischen Paradigma und handlungsorientierten Ansatz optimale Ansatzpunkte für eine solche Integrationsaufgabe. Während die betriebs- und volkswirtschaftlichen Vor- und Nachteile einer solchen Integration kaum abschätzbar sind (Bonin, 2014), prägen (1) die erzieherische Befähigung des Einzelnen zur Freiheit sowie (2) die soziale Integration des Einzelnen in die Gesellschaft durch den Beruf – als Ziele an sich – das berufspädagogische Paradigma. Beiden Maximen beruflicher Bildung kommt an der Schwelle von Schule und Beschäftigung – die Jugendliche und junge Erwachsene prägt – eine herausragende Rolle zu (Euler & Severing, 2016, S. 2). So bieten Betriebe, betriebsnahe Einrichtungen und Berufsschulen Lernumgebungen mit hoher Praxisnähe sowie Lehr- und Lerneffizienz auch für ältere Migrantinnen und Migranten. Insofern ist es nicht verwunderlich, dass derzeit hohe Erwartungen an das berufsbildende System gestellt werden, das sich spätestens seit den Flüchtlingsentwicklungen der vergangenen Jahre einem enormen Zustrom auf Berufsschulen – insbesondere auf das Berufsvorbereitungsjahr – sowie auf Anerkennungseinrichtungen gegenübersieht (Baumann, Riedl, Simml & Gruber, 2016).

Nicht nur vor diesem Hintergrund wird zunehmend darüber diskutiert, wie berufliche Kompetenzen von Geflüchteten bzw. allgemein im Zuge der Migration diagnostiziert werden können. Dies erscheint aus zweierlei Perspektiven notwendig: Zum einen ist nur über die Bestimmung der bereits erworbenen berufsrelevanten Fähigkeiten eine zielgerichtete Berufsorientierung und passgenaue Einordnung in berufliche Bildungsgänge sowie ein Monitoring der Lernprozesse möglich (Eingangs- und Prozessdiagnostik). Zum anderen können diagnostische Verfahren zu einer Sichtbarmachung beruflicher Kompetenzen beitragen und damit eine direkte Integration in den Arbeitsmarkt stützen (Anerkennungspraktiken). Zwar gelten diese Notwendigkeiten nicht nur für Migrantinnen und Migranten, sie entfalten für diese Personengruppe jedoch besondere Relevanz. So wird bei der bildungspolitischen Debatte sowie in der Anerkennungspraxis insbesondere zwischen formal und informell erworbenen Lernergebnisse unterschieden.[3] Formale Abschlüsse sichern für zahlreiche Berufsgruppen den Zugang zum Arbeitsmarkt. Liegt jedoch kein anerkannter Nachweis über formal erworbene Kompetenzen vor, stehen in Beurteilungsverfahren formale Lernergebnisse der Migrantinnen und Migranten faktisch auf gleicher Ebene mit informell erworbenen Kompetenzen (Kucher & Wacker, 2011, S. 165). Der Beitrag versucht eine knappe Einführung in die Möglichkeiten der Anerkennung for-

---

3   Gemäß den Definitionen der OECD (2005) werden formale Lernergebnisse in Bildungsangeboten im Rahmen des staatlichen Bildungssystems erworben, und führen i.d.R. zu einem anerkannten Abschluss oder Zertifikat. Informell erworbene Lernergebnisse werden dagegen in nicht-strukturierten, nicht-intentionalen Lernprozessen – die am Arbeitsplatz oder in sonstigen Lebensbereichen stattfinden – erworben. Gelegentlich wird zwischen diesen beiden Ebenen eine Zwischenebene für sog. non-formale Lernergebnisse eingefügt, die bei nicht-staatlichen Bildungsanbietern, Unternehmen oder gemeinnützigen Träger erworben wurden. Auf diese Feinunterscheidung wird für diesen Beitrag verzichtet bzw. non-formelle Lernergebnisse werden der Kategorie formeller Lernergebnisse zugeordnet.

maler Lernergebnisse in der beruflichen Bildung, bevor er sich der Problematik der Beschreibung und Einordnung informell erworbener Lernergebnisse widmet; bei Letzterem wird ausführlich auf die Möglichkeiten und Herausforderungen computerbasierter Arbeitssimulationen zur Erfassung beruflicher Kompetenzen bei jugendlichen und erwachsenen Migrantinnen und Migranten eingegangen.

12.2   Anerkennung formaler Lernergebnisse in der beruflichen Bildung

Eine Anerkennung von Lernergebnissen ist nicht immer erforderlich, um einen erlernten Beruf ausüben zu dürfen. Für nicht-reglementierte Ausbildungsberufe im dualen System (z. B. Fachkraft für Möbel-, Küchen- und Umzugsservice, Industriekaufmann/Industriekauffrau) ist eine Anerkennung keine zwingende Voraussetzung für die Berufsausübung. Hier ist eine direkte Integration in den Arbeitsmarkt möglich. Eine Anerkennung von Qualifikationen ist aber zum einen hilfreich, um potentiellen Arbeitgebern die bereits erworbenen ausländischen Qualifikationen verständlich zu machen. Zum anderen eröffnet ein als gleichwertig anerkannter Abschluss ggf. den weiteren Zugang zu schulischen und beruflichen Fortbildungen. In Deutschland sind darüber hinaus ohnehin zahlreiche Berufe reglementiert (z. B. Altenpfleger/Altenpflegerin) – was bedeutet, dass Berufszugang und -ausübung an den Nachweis einer Qualifikation gebunden sind.

Seit 2012 regelt das Berufsqualifikationsfestellungsgesetz (BQFG) einen Rechtsanspruch auf ein Anerkennungsverfahren für ausländische Berufsabschlüsse. Es verlangt für die Ausbildungsberufe im dualen System erstmals eine individuelle Prüfung der Gleichwertigkeit von Berufsqualifikationen; seine Gültigkeit umfasst alle Personen mit ausländischem Berufsabschluss, unabhängig davon, in welchem Staat die Qualifikationen erworben wurden, welcher Aufenthaltsstatus vorliegt und von welchem Land aus der Antrag gestellt wird. Die Anerkennung einer formalen Berufsausbildung kann damit für Migrantinnen und Migranten über ein Anerkennungsverfahren erfolgen (Gleichwertigkeitsfeststellung).[4] Im Rahmen eines solchen Anerkennungsverfahrens werden die Inhalte einer deutschen Berufsqualifizierung mit der im Ausland erworbenen formalen Berufsqualifikation verglichen. Die IHK FOSA (Foreign Skills Approval) ist das bundesweite Kompetenzzentrum deutscher Industrie- und Handelskammern zur Feststellung der Gleichwertigkeit ausländischer Berufsabschlüsse. Allgemeine Anerkennungsregelungen bestehen allerdings lediglich für Migrantinnen und Migranten aus EU-Ländern sowie für Länder mit speziellen bilateralen Abkommen zur Berufs-

---

4   Gleichwertigkeitsfeststellungen beschreiben Verfahren zur Prüfung, ob formale Abschlüsse im Ausland mit einem Berufsabschluss in Deutschland vergleichbar sind; sie obliegen den zuständigen Kammern.

anerkennung (z. B. Schweiz und Russland). Auch bildet das deutsche Berufsausbildungssystem die Grundlage für das Anerkennungsverfahren. Das hat in der Praxis zur Folge, dass ausländische Berufsqualifikationen, zu denen es in Deutschland kein direktes Pendant gibt, nicht anerkannt werden; selbst sehr ähnliche Berufsbilder werden aufgrund bildungssystemischer Unterschiede unter anderem wegen dieser Hürden wenig beachtet oder nur in Teilen anerkannt (Abele, Güzel & Nickolaus, 2016, S. 31). Bei Teilanerkennung besteht die Möglichkeit zur gezielten Weiterqualifizierung unter Berücksichtigung der bisherigen Lernergebnisse. Förderprogramme wie „Integration durch Qualifizierung (IQ)" bieten als erste Anlaufstellen Informationen zu den Verfahren der beruflichen Anerkennung und verweisen Anerkennungsinteressierte an die für ihr Anliegen zuständige Stelle.[5]

Falls keine Dokumente den Erwerb beruflicher Kompetenzen belegen oder diese nicht anerkannt werden, bieten die Industrie- und Handelskammern (IHK) sowie die Handwerkskammern (HWK) traditionell die Möglichkeit einer formalen Anerkennung von Kompetenzen nach § 45 Abs. 2 Berufsbildungsgesetz (BBiG) und § 37 Abs. 2 Handwerksordnung (HwO), die sog. Externenprüfung. In der beruflichen Bildung gibt es damit bereits eine lange Tradition der formalen Anerkennung informellen Lernens (Annen & Schreiber, 2011). Hierdurch wird es Migrantinnen und Migranten – ebenso wie deutschen Staatsbürgern – ermöglicht, einen Berufsabschluss ohne formale Ausbildung zu erwerben. Diese Möglichkeit zum Erwerb einer formalen Berufsqualifizierung besteht unabhängig davon, ob die beruflichen Kompetenzen formal oder informell, ob sie im In- oder Ausland erworben wurden. Formale Voraussetzung der Zulassung zur Prüfung – die den Kammern (Industrie- und Handelskammern; Handwerkskammern) obliegt – ist jedoch der Nachweis, dass der Prüfungsanwärter das Eineinhalbfache der regulären Ausbildungszeit im Ausbildungsberuf tätig war. Seit 2005 kann diese Dauer der Berufstätigkeit unterschritten werden, wenn die dazu notwendigen beruflichen Handlungskompetenzen „glaubhaft" gemacht werden können (Beinke, Bohlinger & Splittstößer, 2011). Problematisch ist dabei zunächst, dass viele Berufsbezeichnungen und -bilder nationalspezifisch sind, woraus formale Zulassungshürden resultieren. Auch führen die in Deutschland hohen fachlichen Prüfungsanforderungen sowie sprachliche Barrieren bereits bei der Bearbeitung der Prüfung dazu, dass dieses Angebot in der Praxis bisher kaum durch Migrantinnen und Migranten genutzt wird (Kucher & Wacker, 2011).[6] Eine weitere Möglichkeit der formalen Anerkennung bei lückenhaften Belegunterlagen bildet die Qualifikationsanalyse. Dabei werden die Kenntnisse und

---

5   Für eine ausführliche Darlegung der gesetzlichen Regeln zur formalen Anerkennung ausländischer Berufsqualifikationen vgl. Kapitel 11 von Rebecca Atanassov und Jessica Erbe.

6   Um sprachlichen Hürden generell besser zu begegnen, hat die gemeinnützige Gesellschaft für interkulturelle Bildungs- und Beratungsangebote (MOZAIK) 2016 ein mehrsprachiges Fachwörterbuch für das berufliche Anerkennungsverfahren in den Sprachen Deutsch, Englisch, Arabisch, Persisch und Kurdisch veröffentlicht, das die gängigen Begrifflichkeiten des Anerkennungsverfahrens übersetzt und erläutert.

Fähigkeiten der Personen situativ erfasst (Böse, Schreiber & Lewalder, 2014, S. 32). Das BQFG benennt hierfür konkrete Methoden, z. B. Arbeitsproben, Fachgespräche sowie praktische und theoretische Prüfungen (BQFG § 14, Abs. 2). Auf Basis dieser Verfahren wird beurteilt, ob die festgestellten Qualifikationen im Kern den Ausbildungsinhalten des entsprechenden deutschen Referenzberufs entsprechen.

12.3   Einordnung informell erworbener Lernergebnisse in der beruflichen Bildung

Neben diesen Anerkennungsverfahren formaler Lernergebnisse auf ordnungspolitischer Ebene im Sinne von Anrechnungen oder Zertifizierungen (welche Berechtigungen im Bildungs- und Beschäftigungssystem nach sich ziehen), lassen sich weitere Anerkennungsverfahren unterhalb dieser Ebene ausmachen (Seidel, Bretschneider, Kimmig, Neß & Noeres, 2008). Mit diesen Verfahren können informell erworbene Kompetenzen oder formal erworbene Qualifikationen, die keine Anerkennung auf ordnungspolitischer Ebene finden, erfasst werden. Bildungs- oder beschäftigungssystemische Berechtigungen werden damit nicht erlangt. Denn möglicherweise ausgestellte Zertifikate haben i. d. R. nur Informations- bzw. Signalcharakter und darüber hinaus häufig nur einen eingeschränkten Geltungsbereich (Geldermann, Seidel & Severing, 2009, S. 18). Die eigentliche Zielsetzung dieser Verfahren besteht vielmehr in einer Dokumentation und Würdigung beruflicher Fähigkeiten für den Einzelnen, am Arbeitsplatz und in der Gesellschaft. Damit verschiebt sich der Anwendungsbereich dieser Verfahren weg von einer direkten Integration in den Arbeitsmarkt hin zu einer Sichtbarmachung von Kompetenzen – häufig mit der Absicht zur Weiterqualifizierung im Bildungssystem. Entsprechend finden diese Instrumente häufig im Kontext der Berufsorientierung und -beratung Anwendung.

Im Rahmen bildungspolitisch initiierter Projekte ist seit Mitte der 1990er Jahre eine Reihe solcher Verfahren mit biographischem Ansatz entstanden (Kucher & Wacker, 2011). Methodisch wird dabei auf Portfolioverfahren wie Bildungs- oder Kompetenzpässe[7] und auf Kompetenzbilanzierungsansätze zurückgegriffen (Arnswald et al., 2004; Erpenbeck, 2004) – was dazu führt, dass diese Verfahren i. d. R. einen stark subjektorientierten Charakter aufweisen. Sie sind üblicherweise durch qualitative Selbsteinschätzungen und nur gelegentlich durch Fremdeinschätzungen geprägt. Einige dieser Initiativen beziehen sich explizit auch auf Portfolioverfahren und Kompetenzbilanzierungen speziell für Migrantinnen und

---

7   Bildungs- oder Kompetenzpässe sind Instrumente zur Bilanzierung und Zertifizierung informell und nicht-formal erworbener erwachsenenpädagogischer Kompetenzen in typischen Arbeitssituationen, basierend auf Selbst- und/oder Fremdeinschätzungen. Eine Übersicht über solche Verfahren findet sich bei Arnswald et al. (2004).

Migranten (Kucher & Wacker, 2011, S. 166).[8] Eine Anerkennung informeller Lernergebnisse auf ordnungspolitischer Ebene ist aufgrund des Anreizproblems bzw. aufgrund von Informationsasymmetrien bei Selbsteinschätzungsverfahren allerdings aktuell nicht möglich (Annen & Schreiber, 2011), da die gemachten Angaben der Anerkennungssuchenden nicht überprüfbar sind. Auch Objektivitäts- und Reliabilitätsverletzungen sind bei diesen Verfahren grundsätzlich zu hinterfragen (Vollmers & Kindervater, 2010) und lassen daher Zweifel an der Sinnigkeit einer Anbindung an das berufliche Berechtigungswesen zu.

Vor diesem Hintergrund werden in der aktuellen Debatte diese Verfahren insbesondere als didaktische Anreicherung der Integrationskurse thematisiert. Hierbei werden insbesondere folgende Ziele betont:
- Einen Empowermentprozess anstoßen, d. h. Autonomie und Selbstbestimmung fördern,
- eine bessere Einschätzung der eigenen Potenziale sowie
- eine bessere Einschätzung der eigenen Möglichkeiten auf dem Arbeitsmarkt erreichen.

Diese drei Ziele sind wesentliche Teilschritte für eine bedarfsgerechte individuelle Berufswahl und ein guter Startpunkt für eine arbeitsmarktorientierte Allokation (Winther & Jordanoski, 2016); sie stellen jedoch keine zuverlässige Diagnostik zur Verfügung und sind daher institutionell insgesamt wenig anschlussfähig.

Im Gegensatz zu diesen subjektorientierten Verfahren werden daher sog. anforderungsorientierte Verfahren benötigt, die an den spezifischen Anforderungen der Arbeitswelt ansetzen (für einen Vergleich der Verfahren siehe Tabelle 12.1); verwiesen sei insbesondere auf die Testverfahren „IdA-KompetenzCheck" (Die bayerische Wirtschaft, 2016) sowie auf das Projekt „Berufliche Kompetenzen erkennen" als Kooperation der Bundesagentur für Arbeit und der Bertelsmann-Stiftung.[9] Diese Verfahren basieren auf der Dokumentation von Kompetenzen durch die Beobachtung praktischer Arbeiten oder auf der Auswertung von Dokumenten. Die Bewertung von beruflichen Kompetenzen erfolgt dabei vorrangig kriterienorientiert im Abgleich mit beruflichen Standards, und kann somit auch zur Feststellung informell erworbener Lernergebnisse genutzt werden. Die Verfahren haben insbesondere die Funktion, eine schnelle und valide Standortbestimmung arbeitsbezogener Fachkompetenzen zu leisten. Damit wird theoretisch ein wesentliches Kriterium für die Anschlussfähigkeit der Ergebnisse der Kompetenzdiagnostik an das berufliche Berechtigungswesen erfüllt, da es um die Eignung hinsichtlich spezifischer Arbeitsplatzanforderungen geht (was die Sicherung beruflicher Standards

---

8   Einen Überblick über Instrumente und Verfahren gibt die IQ-Fachstelle „Beratung und Qualifizierung" des Netzwerks „Integration für Qualifizierung" (IQ-Fachstelle Beratung und Qualifizierung, 2015).

9   Mehr Informationen unter: https://www.bertelsmann-stiftung.de/de/unsere-projekte/berufliche-kompetenzen-erkennen/

erlaubt). Der Abgleich mit beruflichen Standards muss dabei keineswegs nur summativ, sondern kann auch im Sinne der Eingangs- und/oder Prozessdiagnostik formativ erfolgen. Methodisch werden bei der anforderungsorientierten Kompetenzdiagnostik insbesondere Tests, Arbeitsproben und Fachgespräche verwendet, aber auch zunehmend Simulationen (Erler & Schindel, 2007).

Tabelle 12.1: Vor-und Nachteile subjekt- und anforderungsorientierter Verfahren (in Anlehnung an Hecker, 2016, S. 24).

Verfahren		individuell	institutionell	gesellschaftlich
subjekt-orientiert (z.B. Kompetenz-bilanzierung)	pro	• auf die Stärken des Subjekts bezogen	• ganzheitlich (Leistungen, Motivation, Reflexionen)	• Möglichkeit des Erkennens von Kompetenzen
	contra	• sprachdominiert, Deutschkenntnisse erforderlich • begrenzt anschlussfähig • hohe Kosten nicht auszuschließen	• kleine Gruppen • beratungsintensiv (gutes Personal wird vorausgesetzt) • nicht validierte Selbsteinschätzung • kein Nachweis	• wenig ökonomisch, d.h. nur für eine begrenzte Anzahl an Personen einsetzbar • begrenzt anschlussfähig
anforderungsorientiert (z.B. Kompetenzmessung)	pro	• geringe Sprachanforderung bzw. in der Muttersprache angeboten • auf fachliche Kompetenzen fokussiert • Nachweis möglich	• valide Messung • ökonomisch • handlungs- bzw. arbeitsplatzbezogen • Nachweis möglich	• viele Personen können profitieren • ökonomisch, d.h. für eine große Anzahl an Personen einsetzbar • realisierbar • Anschlussfähigkeit ggf. möglich
	contra	• begrenzte Erfassung des individuellen Kompetenzportfolios • wenig stärkenorientiert • nicht individuell	• nur punktuelle Standortbestimmung • auf Erfassung arbeitsbezogener Kompetenzen begrenzt	• Ausschluss spezifischer Gruppen (Analphabeten, Geringstqualifizierte)

Speziell für Migrantinnen und Migranten gibt es in diesem Bereich anforderungs-orientierter Diagnostik – der insbesondere unter dem Aspekt einer leichteren An-schlussmöglichkeit an das berufliche Berechtigungswesen von hohem Interesse auf individueller und gesellschaftliche Ebene scheint – jedoch derzeit kaum ela-borierte Verfahren.[10] Eine Ausnahme bildet z. B. das Testdesign von MiA-KP5 (Kompetenzfeststellung und Profiling für Migrantinnen und Migranten), das sub-jektorientierte mit anforderungsorientierten Kompetenzfeststellungsverfahren kombiniert; hierbei werden neben der Erfassung berufsbiographischer Daten und Selbstauskünfte auch verschiedene anforderungsorientierte Elemente – wie Sprach- und Mathetests, Assessment-Center Übungen sowie Tests für räumliches und logisches Denkvermögen – einbezogen. Damit werden vorrangig allgemeine und berufsverbundene Kompetenzen diagnostiziert. Die vergleichsweise seltene Diagnostik berufsspezifischer Fachkompetenzen für Migrantinnen und Migran-ten ist jedoch auf verschiedene Problematiken zurückzuführen, die bei der An-wendung der Verfahren auf diese Personengruppe entstehen. Der Buchbeitrag nimmt im Weiteren eine Fokussierung auf die anforderungsorientierte Diagnostik beruflicher Kompetenzen vor und widmet sich dabei insbesondere den Potentia-len und Grenzen simulierter Arbeitsplätze – als nur eine Möglichkeit anforderungs-orientierter Leistungsmessung – zur Diagnostik berufsspezifischer Fachkompetenz bei Migrantinnen und Migranten.

12.4   Simulierte Arbeitsplätze in der beruflichen Bildung – Einblicke in die ASCOT-Initiative

Seit dem Jahr 2011 beschäftigt sich die Forschungsinitiative ASCOT (Technologie-orientierte Kompetenzmessung in der beruflichen Bildung)[11] des Bundesministe-riums für Bildung und Forschung (BMBF) erstmals umfassend über verschiedene Berufsbilder mit dem Aufbau von kompetenzorientierten Arbeitsplatzsimulatio-nen in Form von insgesamt 21 Projekten (in sechs Projektverbünden zusammen-gefasst). Sie orientiert sich an dem Ziel, am Arbeitsmarkt verwertbare Handlungs-kompetenzen zu messen, die für die Ausübung einer qualitativ hochwertigen beruflichen Tätigkeit notwendig sind – und setzt damit an der Zielvorstellung einer objektiven Kompetenzdiagnostik als Herausforderung für die Berufsbil-dungsforschung an (Beck, Landenberger & Oser, 2016). Zur Messung der ent-

---

10   Im Bereich technologiebasierter anforderungsorientierter Diagnostik befasst sich das Projekt „Analyse des Potentials bestehender berufsfachlicher Kompetenztests zur Förderung der Integ-ration von Flüchtlingen in den Arbeitsmarkt" (vgl. Abele, Behrendt, Weber & Nickolaus, 2016) derzeit mit einer Potenzialanalyse beruflich-simulativer Verfahren für die Erfassung berufsfach-licher Kompetenzen bei Migrantinnen und Migranten.

11   Projektlaufzeit: Dezember 2011 bis Mai 2015. Infos unter: http://www.ascot-vet.net/.

sprechenden Kompetenzen wurden spezielle Instrumente und Methoden für verschiedene Berufsgruppen entwickelt. Grundlage für deren Gestaltung ist die realitätsnahe Abbildung beruflicher Arbeits- und Geschäftsprozesse. Dies erfolgt in Form von Simulationen, die zentrale Ausschnitte der Praxis widerspiegeln und ein Denken in Abläufen bzw. Zusammenhängen fördern. Die Messgegenstände der Diagnostik sind nicht die übergreifenden Zielvorstellungen der beruflichen Handlungskompetenz, sondern für deren Erreichung unabdingbare domänenspezifische und domänenübergreifende Teilkompetenzen. Im Förderzeitraum wurden 560 technologiebasierte Aufgaben in verschiedenen Berufsbereichen (Kfz-Mechatroniker/in, Elektroniker/in für Automatisierungstechnik, Industriekauffrau/-mann, Pflege älterer Menschen, Medizinische Fachangestellte) entwickelt und empirisch validiert. Parallel zur Modellierung der berufsspezifischen Kompetenzen wurden Instrumente zur Erfassung allgemeiner Basiskompetenzen in Lesen, Mathematik und Naturwissenschaften sowie ein Instrument zur Erfassung der Kontextbedingungen beruflicher Bildung entwickelt und erprobt. Abbildung 12.1 gibt einen Überblick über die einbezogenen Berufe und diagnostischen Zielkonstrukte.

Allen Projekten liegt dabei ein gemeinsames Kompetenzverständnis zugrunde, auf dessen Basis sich die Konzeption und Operationalisierung der Instrumente stützt. Für die berufliche Bildung besteht das zentrale Zielkonstrukt in Teilkompetenzen als Grundlagen beruflicher Handlungskompetenz, wie sie in den Ordnungsgrundlagen der Ausbildungsberufe verankert sind – hier meist in der Unterscheidung von Fach-, Sozial- und Personalkompetenz. Die Messgegenstände sind dabei – anders als in fachlogischen Ansätzen – nicht auf Themen- bzw. Fachbereiche bezogen, sondern auf konkrete Handlungssituationen des Arbeitsalltags. Diese zeichnen sich durch situative Echtheit aus und müssen insofern in didaktischen Vermittlungs- bzw. Testprozessen glaubwürdig wiedergegeben werden – was typischerweise in der Berufsbildungsforschung mit dem Begriff der Authentizität umrissen wird (Achtenhagen & Winther, 2009, S. 10). Auch folgt dieser Ansatz einem breiten Weinertschen Kompetenzverständnis, das „auf dem Zusammenspiel kognitiver, motivationaler und emotionaler Komponenten" (Baumert, Stanat & Demmrich, 2001, S. 22) beruht. Diese in ASCOT verwendete analytische Kategorie der „Teilkompetenzen beruflicher Handlungskompetenz" fundiert die Messverfahren theoretisch – ist jedoch nicht mit der Idee „umfassender beruflicher Handlungskompetenz" gleichzusetzten (Beathge & Seeber, 2016, S. 16f.), die sich durch weitere bildungsgestalterische Konnotationen auszeichnet und einer Messung kaum zugänglich ist. Operationalisiert wird dieses übergeordnete Kompetenzkonstrukt weiter in drei Unterebenen: berufsfachliche (domänenspezifische) Kompetenzen, berufsübergreifende Kompetenzen (z. B. kommunikative Kompetenz, Problemlösekompetenz) und allgemeine Kompetenzen (z. B. Lesekompetenz, mathematische und naturwissenschaftliche Basiskompetenzen) (Beathge & Seeber, 2016, S. 19).

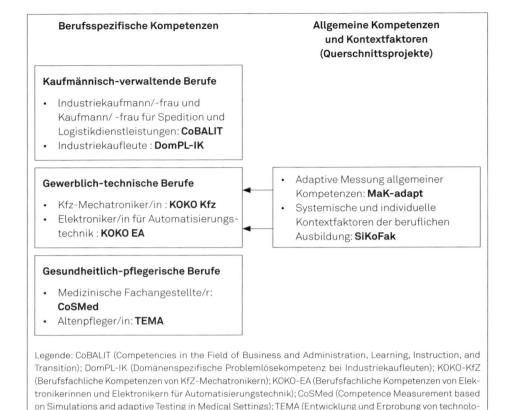

Abbildung 12.1:   Überblick über Berufe und Zielkonstrukte der ASCOT-Initiative (Quelle: Beathge & Seeber, 2016, S. 16)

Auch die Modellierung der Aufgaben erfolgte in den Projekten der unterschiedlichen Berufsbilder nach ähnlichem Muster, wobei für die Konstruktion von berufsspezifischen Testaufgaben eine Orientierung an den übergreifenden Ideen und Prinzipien der jeweiligen Fachdisziplin bzw. Domäne zwingend erforderlich war. Zunächst wurden die relevanten zu testenden beruflichen Kompetenzen aus den realen Berufsanforderungen des jeweiligen Berufsbildes abgeleitet. Diese Anforderungen sind auf zwei Ebenen in der dualen beruflichen Ausbildung verankert: zum einen auf der Ebene der betrieblichen Arbeitsaufgaben und zum anderen auf der Ebene der berufsschulischen Curricula (Baethge & Arends, 2009, S. 14). In allen einbezogenen Berufen wurden für die Definition der Anforderungsbereiche neben Analysen der Curricula und der durch Lehrkräfte verwendeten Lehr-Lernmaterialien auch Arbeitsplatzbeobachtungen und/oder Experteninterviews durchge-

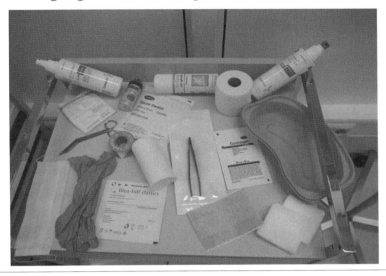

Abbildung 12.2:   Einblick in die Testumgebung des CoSMed Projekts (Quelle: Seeber, Schumann, Ketschau, Rüter & Kleinhans, 2016, S. 213)

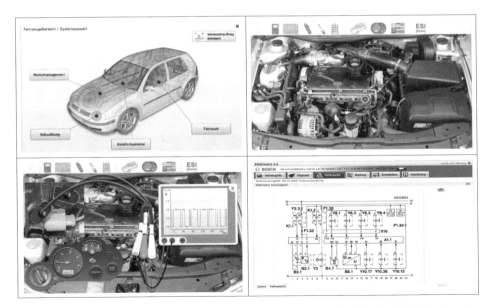

Abbildung 12.3:   Einblick in die Testumgebung des KOKO KfZ-Projekts (Quelle: Abele, Behrendt, Weber & Nickolaus, 2016, S. 188)

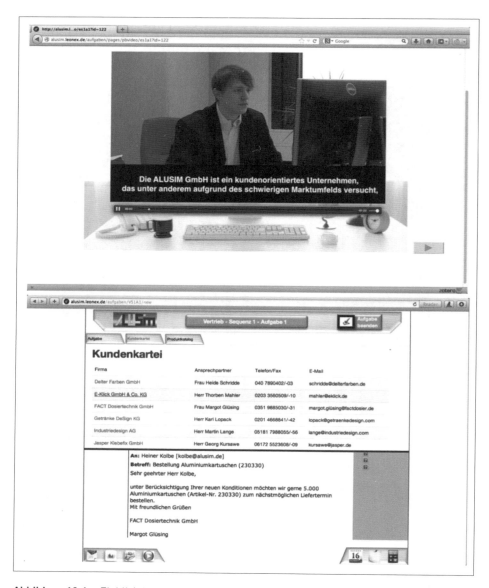

Abbildung 12.4:   Einblick in die Testumgebung des CoBALIT Projekts (Quelle: Winther, Seeber, Festner, Sangmeister & Liedtke, 2016, S. 60)

führt.[12] Die Inhalte der einzelnen Betriebsabläufe waren dabei zum einen so herunterzubrechen, dass sie einen direkt handlungsausführenden Charakter aufwiesen. Zum anderen mussten sie didaktisch über verschiedene Modellierungs-

---

12   Für eine ausführliche Darstellung vgl. Beck et al., 2016.

schritte und ansprechende Formate sowie Materialien aus der betrieblichen Realität in einer Weise aufbereitet werden, die glaubwürdig die relevanten Inhalte vermittelt (Achtenhagen & Weber, 2003). Die entwickelten Testaufgaben wurden dann in einem finalen Entwicklungsschritt von Fachexperten aus Wissenschaft, Unterrichts- und Ausbildungspraxis nach bestimmten anforderungsbezogenen Kriterien hinsichtlich ihrer handlungsregulatorischen Kognitionserfordernisse klassifiziert sowie mit Blick auf ihre Validität beurteilt bzw. gegebenenfalls in einer weiteren Entwicklungsschleife adaptiert.

Um eine realitätsbezogene Darstellung und Situierung der entwickelten Aufgaben zu gewährleisten, wurde nicht nur bei der Aufgabenentwicklung, sondern auch bei der Aufgabensituierung bzw. beim Framing eine tätigkeitsbezogene Variante zur Erfassung beruflicher Kompetenzen angestrebt. Simulationsbasierte Verfahren – in denen sich durch Methoden der statistischen Kompetenzmessung das Leistungsvermögen beobachten und das Leistungspotential für vergleichbare Situationen diagnostizieren lässt – gelten hier als besonders aussichtsreich. Ihre Nutzung erlaubt eine dynamische und vor allem vernetzte Abbildung beruflicher Realität, sie integriert visuelle sowie auditive Stimuli der beruflichen Realität. Dementsprechend erfolgte die Implementation der entwickelten Aufgaben in webbasierten und frei adaptierbaren Testsoftware-Systemen, in denen auch unterschiedliche Handlungswege sowie Entscheidungsoptionen in den einzelnen Betriebssimulationen definiert werden können. Alle Testaufgaben sind damit in authentischen Unternehmensplattformen verankert, die sich an realen Betrieben orientieren. Diese Modellbetriebe bilden den authentischen Rahmen für die technologiebasierten Simulationen realer Tätigkeiten. Innerhalb dieser Umgebungen lassen sich die von den Auszubildenden zu bearbeitenden, authentischen betrieblichen Aufgaben einschließlich der für die Bearbeitung notwendigen Handlungs- und Kommunikationsabläufe darstellen. Abbildungen 12.2 bis 12.4 enthalten Einblicke in diese Umgebungen für die Berufe Medizinische/r Fachangestellte/r, KfZ-Mechatroniker/in und Industriekaufmann/frau.

An den Erhebungsphasen waren über 12.000 Berufsschülerinnen und -schüler aus 13 Bundesländern und rund 300 Schulen beteiligt. Die Datenauswertung erfolgte methodologisch für die gesamte Projektgruppe anhand der Item-Response-Theorie. Dabei wurden die Rohdaten so aufbereitet, dass Aufgabenschwierigkeiten und Personenfähigkeiten aufeinander bezogen waren (Rost, 2004). Diese Vorgehensweise bietet den Vorteil, dass die Kompetenzwerte inhaltlich direkt interpretiert werden können. Daneben fanden mehrdimensionale Modelle Einsatz, die Aussagen über die Kompetenzstruktur und somit über Kompetenzprofile zulassen (Rost, 2006, S. XXXIV). Im Ergebnis stehen reliable und valide Instrumente Verfügung, die über standardisierte Verfahren inhaltlich vergleichende Aussagen über das erreichte Kompetenzniveau von Auszubildenden ermöglichen. Tabelle 12.2 gibt einen Überblick über die statistischen Kennwerte (Struktur und Testreliabilität) der entwickelten Instrumente der ASCOT-Initiative.

Tabelle 12.2: Exemplarische Übersicht der Dimensionierung und Reliabilität der Instrumente der ASCOT-Initiative.

Beruf	Projekt	Modellierte Kompetenzstruktur	EAP/PV-Reliabilität[13]
Industriekauf-mann/-frau, Kaufmann/-frau für Spedition und Logistik-dienstleistungen	CoBALIT	Kaufmännische Literalität (dv)	0,86
		Geschäftsprozesskompetenz (ds)	0,83
		Ideenentwicklung (Entrepreneur-ship)	0,64
		Planung und Umsetzung (Entrepreneurship)	0,80
	DomPL-IK	Handlungsbedarfe und Informa-tionsquellen identifizieren	0,81
		Informationen verarbeiten	0,79
		Begründete Entscheidung treffen	0,79
		Entscheidung angemessen kom-munizieren	0,78
KfZ- Mechatro-niker/in	KOKO Kfz	Fehlerdiagnosekompetenz	0,68–0,71
		Reparatur-Handlungswissen	0,65–0,68[14]
		Service-Handlungswissen	0,67–0,682
		Fachsystematisches Wissen (5 Inhaltsbereiche)	0,67–0,84
Elektroniker/in für Automatisie-rungstechnik	KOKO EA	Automatisierungstechnik/SPS	0,72
		Elektrische Energietechnik „EET"	0,72
		elektrotechnische Grundlagen „G"	0,72
Medizinische/r Fachange-stellte/r	CoSMed	Kaufmännisch-verwaltende Kompetenzen	0,59
		Medizinisch-gesundheits-bezogene Kompetenzen	0,81
		Labordiagnostik und Hygiene-management	0,77

---

13 Reliabilitätsmaß, das im Rahmen der Rasch-Analyse eingesetzt wird und mit Cronbachs Alpha vergleichbar ist (vgl. Rost, 2004).

14 EAP/PV-Range in Abhängigkeit des verwendeten Aufgabenformats.

12.5 Potenziale und Grenzen der Anwendung arbeitsplatzorientierter Simulationen zur Kompetenzdiagnostik bei Migrantinnen und Migranten

Aus der Berufsbildungsforschung – nicht zuletzt aus den Projekten der ASCOT-Forschungsinitiative – liegt weitreichende Evidenz vor, dass für eine valide und reliable Erfassung beruflicher Kompetenzen die verwendeten Erhebungsinstrumente (a) sprachlich hochwertig aufbereitet, (b) möglichst realitätsnah an Berufssituationen ausgerichtet, und (c) passend zur individuellen Leistungsfähigkeit sein sollten (Beck et al., 2016). Mit den entwickelten Arbeitssimulationen verbinden sich mehrere entscheidende *Potenziale* in Bezug auf die Kompetenzdiagnostik bei Migrantinnen und Migranten:

1. *Anschlussfähigkeit:* Die Kompetenzfeststellungsverfahren müssen sich an der Verwertbarkeit für den regionalen Arbeitsmarkt messen lassen (Winther & Jordanoski, 2016). Die vorgestellten Instrumente bilden charakteristische Anforderungen der beruflichen Praxis ab und leisten in dieser Hinsicht das Gleiche wie traditionelle Prüfungsarrangements, die in der Praxis selbst situiert sind (Beck et al., 2016, S. 10). Darüber hinaus sind sie standardisiert und garantieren so die Gleichheit der Messbedingungen in ökonomischer Weise (Funke, 1998, S. 92f.). Die Instrumente sind schließlich nicht nur kriterienorientiert entwickelt, sondern lassen sich über die verwendeten statistischen Modellierungsverfahren auch in Bezug auf die beruflichen Standards interpretieren; sie sind damit so angelegt, dass sie den erwarteten Kompetenzstand zu Ende der beruflichen Ausbildung objektiv, reliable und inhaltsvalide erfassen, sodass ein späterer Transfer in die anforderungsorientierte Anerkennungspraxis für Migrantinnen und Migranten grundsätzlich denkbar erscheint – unabhängig davon, ob die beruflichen Kompetenzen formal oder informell bzw. im In- oder Ausland erworben wurden.

2. *Handlungsbezug:* Die Messgegenstände und die Inhalte der Verfahren sind an den Arbeitsanforderungen der deutschen Betriebe auszurichten. Die Instrumente der ASCOT-Initiative weisen einen starken Handlungsbezug auf, d.h. Tätigkeiten müssen durchgeführt und nicht nur Tätigkeitsheuristiken wiedergegeben werden – wie häufig bei herkömmlichen Testverfahren. Computerbasierte Tätigkeiten (z.B. das Führen von Kunden-/Patienten- und Bestelllisten) werden analog zu Tätigkeiten in der Realität abgebildet. Interaktionen mit Maschinen oder Kunden/Patienten werden über Simulationen – welche die gleichen Handlungsschritte wie in der Realität erfordern – nachgebildet. Damit kann dem bisherigen Dilemma – dass in theoretischen beruflichen Abschlussprüfungen in einer Reihe von Ausbildungsberufen über papierbasierte Testformate überwiegend deklarative Wissensbestände (insbesondere Faktenwissen) und kaum handlungsbezogene Kompetenzen erfasst werden – eine stärkere Betonung prozeduraler Wissensaspekte entgegengesetzt werden (Beathge & See-

ber, 2016, S. 21). Dies birgt für die Anwendung auf die Personengruppe von Migrantinnen und Migranten den Vorteil, dass nationalspezifisch unterschiedliche theoretische Handlungsbegründungen weniger ins Gewicht fallen und die Berücksichtigung praktischer Erfahrung – im Sinne eines zielführenden Problemlösens – stärker in den Vordergrund tritt. Dieses Argument bekommt gerade mit Blick auf die unterschiedlichen allgemeinen und beruflichen Qualifikationen der Personen im Migrationsprozess ein hohes Gewicht. Die Verfahren der Kompetenzfeststellung sollten so organisiert sein, dass sie nicht primär die grundlegenden schulischen Fähigkeiten erfassen, sondern Kompetenzen, die sich auf Berufe oder Berufsbereiche beziehen lassen. Diese Anforderung gilt gleichermaßen für Maßnahmen der Berufsorientierung wie für Maßnahmen der Direktaufnahme in den Arbeitsmarkt (Winther & Jordanoski, 2016).

3. *Authentizität:* Computerbasierte Testinstrumente bieten zudem den entscheidenden Vorteil, dass berufliche Umwelten deutlich authentischer dargeboten werden, als dies mit anderen Verfahren möglich ist (Abele, Güzel & Nickolaus, 2016, S. 32). Technische Medien zur Darstellung der Umgebung wie Bilder oder Videos, aber auch Materialen (z. B. Produktkataloge oder Patienteninformationen) und Features zur Abbildung von Arbeitsprogrammen (z. B. Kundenlisten in SAP, Word, Excel, E-Mailsysteme) können problemlos implementiert werden. Für Migrantinnen und Migranten hat dies den Vorteil, dass über die hiermit erhöhte Vertrautheit mit der Testumgebung (da diese der Realität sehr ähnelt) Abstraktionshürden – wie sie bei schriftlichen Tests auftreten – entfallen können.

4. *Textreduktion:* Ein weiteres entscheidendes Potenzial von computerbasierten Testumgebungen in Bezug auf Kompetenzdiagnostik bei Migrantinnen und Migranten besteht in der Möglichkeit der stärker visuell orientierten statt sprachbasierten Modellierung von Kompetenzen. Wo immer möglich kann dabei durch graphische Abbildung oder dynamische Reize (Videos, Simulationen) auf längere Texte verzichtet werden. Dies gilt sowohl für die Aufgabenstellung, bei der auf visuelle Stimuli zur Textreduktion verzichtet werden kann, als auch bei der Aufgabenbearbeitung durch anklicken der richtigen Antwortoptionen innerhalb einer graphischen Darstellung (vgl. Abbildung 12.2). Damit müssen Fachbegriffe nicht notwendigerweise bekannt sein und/oder wiedergegeben werden, um eine dennoch korrekte berufliche Handlung in der Simulation auszuführen. Hierdurch können sprachliche Hürden bei der Modellierung von Kompetenzen weniger ins Gewicht fallen.

Jedes der vier Potentiale schafft die Grundlagen für eine valide und weitgehend diskriminierungsfreie Diagnostik beruflicher Leistungen, da neben Sprachgrenzen auch Kultur- oder Systemgrenzen berücksichtigt und überwunden werden können. Allerdings bedarf es dazu eines kritischen Blicks auf die *Grenzen* technologiebasierter Kompetenzdiagnostik, insbesondere in Bezug auf den Einsatz für Migrantinnen und Migranten:

1. *Motorik:* Zunächst ist grundlegend – auch für Migrantinnen und Migranten – festzuhalten, dass über die entwickelten Testinstrumentarien keine Erfassung motorischer Kompetenzen erfolgen kann. Diese insbesondere im Handwerk zentralen Fähigkeiten müssen über weitere Testverfahren validiert werden.

2. *Informations- und Kommunikationstechnik (ICT-skills):* Daneben können Probleme bei mangelnden Fähigkeiten im Umgang mit Computern bei der Anwendung für Migrantinnen und Migranten auftreten. Die Navigation durch die Testsysteme erfordert trotz ausführlicher Einführungsvideos zur Nutzung der Testumgebungen grundlegende ICT-skills, die jedoch – je nach Berufsbild – auch Teil der domänenrelevanten Kompetenzen sein können.

3. *Sprachbasierung:* Die Testumgebungen setzen in unterschiedlicher Breite Sprachkompetenz voraus, die die Anwendung der Umgebung erst ermöglicht. Dieses Mindestmaß an Sprach- und Schreibkompetenz wird gelegentlich auch im Kontext des Konzepts der allgemeinen Ausbildungsreife diskutiert (Baumann, 2014); es ist je nach Herkunftsland (Bryant & Pucciarelli, 2016) sowie interindividuell äußerst divers ausgeprägt (Baumann et al., 2016). In Bezug auf die Sprachkompetenz ist darüber hinaus zu bedenken, dass sowohl allgemeine als auch berufsspezifische Sprachkompetenzen (Fachbegriffe) aus einer anforderungsorientierten Perspektive notwendig im Berufsalltag erscheinen; sie sind damit ein wesentlicher Teil der domänenbezogenen Kompetenzen, die diagnostiziert werden sollen. Eine Reduktion von Sprache innerhalb der Testumgebungen – wie sie unter Punkt 4. bei den Potentialen beschrieben wird – ist daher situationsbezogen und berufsbezogen zu gestalten.[15]

4. *Kulturspezifik:* Eine weitere Problematik besteht in kulturspezifischen Tätigkeitsmustern und -heuristiken sowie in charakteristischen Umgebungen, die sich in sog. „communities of practice" (Lave & Wenger, 1991) herausbilden. Nationalspezifisch können die für die Berufsausübung relevanten Handlungsbereiche variieren. Und selbst bei gleichen Handlungsbereichen können sich die Vorgaben zu den korrekten Handlungsausführungen unterscheiden. Was in einem nationalspezifischen Berufskontext als korrekte Handlungsausführung gilt, kann in einem anderen kulturellen Kontext als falsch gewertet werden. Ebenso herrschen in unterschiedlichen beruflichen Kontexten unterschiedliche Unternehmensumgebungen vor, in denen mitunter andere Arbeitsmittel Verwendung finden. Dies gilt freilich auch für andere anforderungsorientierte Testverfahren, gewinnt jedoch für simulationsbasierte Verfahren vor dem Hintergrund des Anspruchs einer realitätsnahen Abbildung beruflicher Anforderungen an Bedeutung.

---

15   Das von der Bundesagentur für Arbeit und der Bertelsmann Stiftung entwickelte und aktuell in der Pilotphase befindliche Testverfahren „Berufliche Kompetenzen erkennen" umgeht Sprachgrenzen in der Zweit-/Fremdsprache weitgehend. Die Tests für 30 verschiedene Berufe werden in den Sprachen der Hauptherkunftsländer angeboten.

5. *Validierung:* Die Instrumente sind nicht speziell für die Bezugsgruppe von Migrantinnen und Migranten entwickelt oder anhand dieser Stichprobe geprüft worden. Ein Kompetenzfeststellungsverfahren liefert allerdings nur dann aussagekräftige Befunde, wenn das Verfahren weder zu leicht noch zu schwer ist. So bemerkt Wößmann (2016) unter Rückgriff auf internationale Schulleistungsstudien, dass beispielsweise syrische oder albanische Jugendliche durchschnittlich über signifikant geringere Basiskompetenzen verfügen als ihre deutschen Altersgenossen. Es ist daher bei Anwendung auf diese Personengruppe mit deutlichen Verschiebungen der Aufgabenschwierigkeiten zu rechnen, die gegebenenfalls die Entwicklung weiterer Aufgaben zur reliablen Abschätzung der Kompetenzniveaus erforderlich machen.

12.6 Fazit, Diskussion und Ausblick

Verfahren der Kompetenzfeststellung in Bezug auf die Ausbildungsreife und Beschäftigungsfähigkeit zu entwickeln, bietet unseres Erachtens den Vorteil, Grundlagen für eine vollwertige Arbeitsmarktintegration zu schaffen. Die aktuell positive Arbeitsmarktsituation böte die Möglichkeit, zukünftig bessere, schnellere und vor allem passendere Zugangswege zu realisieren. Von Seiten der Politik sind hierfür auf vielfache Weise Bedingungen geschaffen worden, die integrationsunterstützend wirken können. Exemplarisch sei auf das Asylverfahrensbeschleunigungsgesetz (24. Oktober 2015) sowie auf das neue Integrationsgesetz (6. August 2016) verwiesen, das u. a. eine Aussetzung der Vorrangprüfung beinhaltet (Vierte Verordnung zur Änderung der Beschäftigungsverordnung, 6. August 2016). Alle Initiativen und Gesetze zielen im Kern darauf ab, die Integration von Migrantinnen und Migranten mit Bleibeperspektive zu verbessern, indem Zugangsbarrieren zum Ausbildungs- und Arbeitsmarkt reduziert werden. Unseres Erachtens liegen die Herausforderungen darin, dass mit der aktuellen Zuwanderungswelle unterschiedliche Systeme der beruflichen Qualifizierung aufeinander treffen. So spielt in keinem der Hauptherkunftsländer die berufliche Formalqualifikation eine annähernd so große Bedeutung wie in Deutschland bzw. im System der Dualen Berufsausbildung. Für gelingende Arbeitsmarkintegration (wir sprechen hier von qualifizierter Beschäftigung) sind Wege zu finden, die Standards der Abschlüsse bzw. den Kern der Berufsbilder nicht aufweichen, und dennoch gleichzeitig Zugangshürden in den Ausbildungs- sowie Beschäftigungsmarkt abbauen.

Um leistungsadäquate Verfahren zu entwickeln, die Migrantinnen und Migranten adäquat auf dem Arbeitsmarkt platzieren bzw. Hinweise auf Nachqualifizierung oder Weiterbildung geben, ist es in diesem Zusammenhang wichtig, das allgemeine und berufliche Qualifikationsniveau sowie vorliegende fachliche Spezialisierungen konkret einzuschätzen (Winther & Jordanoski, 2016). Anforderungsorientierten Verfahren der beruflichen Kompetenzfeststellung – die an den spezifischen Anforderungen der Arbeitswelt ansetzen und damit eine Grundvoraussetzung für die Anschlussfähigkeit der Ergebnisse der Kompetenzdiagnostik an das berufliche Berechtigungswesen erfüllen – können ein Weg sein, im Ausland formal erworbene Kompetenzen, über die kein anerkannter Nachweis vorliegt, oder informell erworbene Lernergebnisse von Migrantinnen und Migranten ordnungspolitisch zu berücksichtigen. Neben papierbasierten Tests, Arbeitsproben oder Fachgesprächen bilden technologiebasierte Arbeitsplatzsimulationen eine interessante Variante. Am Beispiel der Instrumente der ASCOT-Initiative ließen sich in diesem Zusammenhang wesentliche Potenziale und Grenzen solcher Simulationen zur Diagnostik beruflicher Kompetenzen bei Migrantinnen und Migranten herausarbeiten (Anschlussfähigkeit, Handlungsbezug, Authentizität, Textreduktion). Aus den beschriebenen Potenzialen wird deutlich, dass Arbeitsplatzsimulationen aus verschiedenen Gründen ein zukunftsweisendes Instrument zur validen Beschreibung und ordnungspolitischen Einordnung von Kompetenzen bei Migrantinnen und Migranten bilden können. Aus den dargelegten Grenzen (Haptik, ICT-skills, Sprachbasierung, Kulturspezifik, Validierung) wird jedoch ebenso deutlich, dass die entwickelten Instrumente zum einen ggf. nicht alle für einen Beruf benötigten Kompetenzaspekte abdecken, und zum anderen auf ihrem aktuellen Entwicklungsstand nicht ohne Weiteres für die Zielgruppe der Migranten und Migrantinnen einsetzbar sind.

Insofern muss ein Forschungs- und Entwicklungsbedarf konstatiert werden, der insbesondere die aufgezeigten Problematiken bzw. Grenzen 3. bis 5. in Abschnitt 12.5 betrifft. So wäre es in Bezug auf die Sprachkompetenz neben der bereits in den Instrumenten bestehenden separaten Erfassung allgemeiner Sprachkompetenz (MaK-adapt) von Interesse, die berufsspezifische Sprachkompetenz (Fachbegriffe) weitgehend separat von weiteren Aspekten berufsspezifischer Kompetenz zu erfassen. Damit ließe sich zusätzlich relevante diagnostische Information in Bezug auf die Kompetenzstruktur von Migrantinnen und Migranten gewinnen. Berufsspezifische Anforderungen ließen sich hierdurch mit weniger Sprachkompetenz lösen, sodass berufliche Fähigkeiten trotz geringer Sprachkompetenz abbildbar sind. Gleichzeitig würde berufsspezifische Sprachkompetenz – die durchaus von Bedeutung am Arbeitsplatz ist – zur Identifizierung ggf. benötigter Lerneinheiten diagnostiziert. In Bezug auf die Problematik kulturspezifischer Tätigkeitsheuristiken erscheint aus einer Forschungs- und Entwicklungsperspektive zudem die Modellierung kulturspezifischer Vorgehensweisen mittels Log- oder Prozessdaten vielversprechend, anhand derer kulturell unterschiedliche Vorgehensweisen bei der Lösung von Arbeitsaufträgen sichtbar gemacht werden können. Auf diese Weise könnten Unterschiede im beruflichen Vorgehen erforscht und in einem weiteren Schritt für die Testentwicklung oder für didaktische Einheiten aufbereitet werden. Beide Entwicklungsbedarfe setzten die Kalibrierung der Instrumente an einer ausreichend großen Gruppe von Migrantinnen und Migranten voraus. Nur so könnte eine empirisch fundierte Weiterentwicklung und Optimierung der technologiebasierten Assessments für den Einsatz an Migrantinnen und Migranten erreicht werden.

Würde diesen Anpassungsbedarfen konstruktiv begegnet, so bestünden praktische Anwendungsmöglichkeiten perspektivisch insbesondere auf formativer Ebene im Bereich der Eingangs- und/oder Prozessdiagnostik. So könnten die entwickelten Instrumentarien einen Ausgangspunkt für eine passgenaue Vermittlung von beruflichen Qualifizierungsmaßnahmen darstellen. Aufbauend auf den Ergebnissen der technologiebasierten Kompetenzdiagnostik könnten damit Optionen sowie ggf. Berechtigungen für die Aus- und Weiterbildung einschließlich erforderlicher Anpassungs- bzw. Nachqualifizierungen erarbeitet werden (z. B. Ausgleich fachlicher Differenzen zwischen deutschen und ausländischen Ausbildungsinhalten über spezifische Teilqualifizierungen). Aber auch auf summativer Eben könnte bildungspolitisch ein kriterienorientierter Anschluss – z. B. in modularer Form – an das berufliche Berechtigungswesen in Erwägung gezogen werden. Hierzu wäre die genaue Ausgestaltung der Einbindung der Testverfahren in die formalen Verfahren der beruflichen Anerkennung für Migrantinnen und Migranten zu diskutieren und in entsprechenden Konzepten für diesen Anschluss darzulegen.

Literatur

Abele, S., Behrendt, S., Weber, W. & Nickolaus, R. (2016). Berufsfachliche Kompetenzen von Kfz-Mechatronikern – Messverfahren, Kompetenzdimensionen und erzielte Leistungen (KOKO Kfz). In K. Beck, M. Landenberger & F. Oser (Hrsg.), *Technologiebasierte Kompetenzmessung in der beruflichen Bildung – Ergebnisse aus der BMBF-Förderinitiative ASCOT* (S. 171–203). Bielefeld: W. Bertelsmann.

Abele, S., Güzel, E. & Nickolaus, R. (2016). Integration von Flüchtlingen in den Arbeitsmarkt: Aus den Fehlern der Vergangenheit lernen und vorhandene berufliche Potentiale nutzen. *Berufsbildung, 70*, 31–33.

Achtenhagen, F. & Weber, S. (2003). „Authentizität" in der Gestaltung beruflicher Lernumgebungen. In A. Bredow, R. Dobischat & J. Rottmann (Hrsg.), *Berufs- und Wirtschaftspädagogik von A–Z* (S. 185–199). Baltmannsweiler: Schneider.

Achtenhagen, F. & Winther, E. (2009). *Konstruktvalidität von Simulationsaufgaben: Computergestützte Messung berufsfachlicher Kompetenz – am Beispiel der Ausbildung von Industriekaufleuten* (Bericht an das Bundesministerium für Bildung und Forschung). Göttingen: Georg-August-Universität Göttingen, Seminar für Wirtschaftspädagogik.

Annen, S. & Schreiber, D. (2011). Anerkennung informellen Lernens in Deutschland und Frankreich – ein Vergleich zwischen Externenprüfung und VAE. In E. Severing & R. Weiß (Hrsg.), *Prüfungen und Zertifizierungen in der beruflichen Bildung: Anforderungen – Instrumente – Forschungsbedarf* (S. 135–156). Bielefeld: W. Bertelsmann.

Arnswald, U., Barth, S., Bretschneider, M., Ghirmai, A., Gnahs, D. et al. (2004). *Machbarkeitsstudie im Rahmen des BLK-Verbundprojektes „Weiterbildungspass mit Zertifizierung informellen Lernens".* Frankfurt a. M.: Deutsches Institut für Erwachsenenbildung. Zugriff am 15.08.2017. Verfügbar unter http://www.profilpass.de/media/machbarkeitsstudie_weiterbildungspass_2004.pdf

Baethge, M. & Arends, L. (2009). *Feasibility Study VET-LSA. A comparative analysis of occupational profiles and VET programmes in 8 European countries. International report*. Bonn: Bundesministerium für Bildung und Forschung.

Baethge, M. & Seeber, S. (2016). Die gemeinsame theoretische und methodische Basis der ASCOT-Projekte. In K. Beck, M. Landenberger & F. Oser (Hrsg.), *Technologiebasierte Kompetenzmessung in der beruflichen Bildung – Ergebnisse aus der BMBF-Förderinitiative ASCOT* (S. 15–31). Bielefeld: W. Bertelsmann.

Baumann, B., Riedl, A., Simml, M. & Gruber, M. (2016). Zur Diversität neu zugewanderter Jugendlicher und junger Erwachsener an Berufsschulen. *Berufsbildung, 158*, 4–7.

Baumann, K. (2014). *„Man muss schon ein bisschen mit dem Schreiben zurechtkommen!" Eine Studie zu den Schreibfähigkeiten von Auszubildenden im unteren beruflichen Ausbildungssegment im Kontext der Ausbildungsreife*. Paderborn: Eusl.

Baumert, J., Stanat, P. & Demmrich, A. (2001). Untersuchungsgegenstand, theoretische Grundlagen und Durchführung der Studie. In Deutsches PISA-Konsortium (Hrsg.), *PISA 2000. Basiskompetenzen von Schülerinnen und Schülern im internationalen Vergleich* (S. 15–68). Opladen: Leske + Budrich.

Beck, K., Landenberger, M. & Oser, F. (Hrsg.). (2016). *Technologiebasierte Kompetenzmessung in der beruflichen Bildung. Ergebnisse aus der BMBF-Förderinitiative ASCOT*. Bielefeld: W. Bertelsmann.

Beinke, K., Bohlinger, S. & Splittstößer, S. (2011). Glaubhaftmachung beruflicher Handlungsfähigkeit im Kontext der Externenprüfung. *Zeitschrift für Berufs- und Wirtschaftspädagogik, 107* (2), 256–269.

Bonin, H. (2014). *Der Beitrag von Ausländern und künftiger Zuwanderung zum deutschen Staatshaushalt*. Gütersloh: Bertelsmann Stiftung. Verfügbar unter https://www.bertelsmann-stiftung.de/fileadmin/files/Projekte/28_Einwanderung_und_Vielfalt/Bonin_Beitrag_Zuwanderung_zum_dt_Staatshaushalt_141204_nm.pdf

Böse, C., Schreiber, D. & Lewalder, A. (2014). Die Rolle formaler, non-formaler und informeller Lernergebnisse im Anerkennungsgesetz. *Berufsbildung in Wissenschaft und Praxis, 43* (5), 30–33.

Bryant, D. & Pucciarelli, N. (2016). Sprachkompetenz in der dualen kaufmännischen Berufsausbildung. Von der Bedarfsanalyse zur Förderdiagnostik und bereichsübergreifenden Intervention. *Berufsbildung, 158*, 21–23.

Die bayerische Wirtschaft. (2016). *IdA - Integration durch Ausbildung und Arbeit*. Zugriff am 07.02.2017. Online unter: https://www.vbw-bayern.de/Redaktion/Frei-zugaengliche-Medien/Abteilungen-GS/Bildung/2016/Downloads/vbw-IdABayernKCheck_onepager_final.pdf

Erler, W. & Schindel, A. (2007). *Kompetenzfeststellung bei Migrantinnen und Migranten. Konzepte und Handlungsstrategien zur Arbeitsmarktintegration von Migranten und Migrantinnen* (Schriftenreihe IQ, Bd. 4). Düsseldorf: Zentralstelle für die Weiterbildung im Handwerk. Zugriff am 16.08.2017. Verfügbar unter http://www.anakonde.de/download/04_IQKompetenzfeststellung_web.pdf

Erpenbeck, J. (2004). Gedanken nach Innsbruck. Kompetenz – Kompetenzentwicklung – Kompetenzbilanz. *QUEM-Bulletin, 6*, 1–7

Euler, D. & Severing, E. (2016). Flüchtlinge in der Berufsbildung. *Berufsbildung, 158*, 2–3.

Funke, J. (1998). Computer-based testing and training with scenarios from complex problem-solving research: Advantages and disadvantages. *International Journal of Selection and Assessment, 6* (2), 90–96. http://doi.org/10.1111/1468-2389.00077

Geldermann, B., Seidel, S. & Severing, E. (2009). *Rahmenbedingungen zur Anerkennung informell erworbener Kompetenzen*. Bielefeld: W. Bertelsmann.

Hecker, K. (2016). *Erfassung von (beruflichen) Kompetenzen bei Asylsuchenden und Flüchtlingen.* Vortrag im Rahmen des DIE Forums Weiterbildung, Bonn, 6. Dezember. Zugriff am 29. 04. 2017. Präsentation verfügbar unter https://www.die-bonn.de/docs/AG%20III%20Kristin%20Hecker.pdf

IQ-Fachstelle Beratung und Qualifizierung (2015). Praxishandreichung Qualitätsstandards und migrationsspezifische Instrumente zur Kompetenzfeststellung und Profiling für Agenturen für Arbeit, Jobcenter und Arbeitsmarktakteure. Zugriff am 29. 04. 2017. Verfügbar unter http://www.esf.de/portal/SharedDocs/PDFs/DE/Leitlinien/2015_12_17_Praxishandreichung.pdf?__blob=publicationFile&v=2

Kucher, K. & Wacker, N. (2011). Kompetenzfeststellung für Migrantinnen und Migranten – Ansatzpunkte, Problemfelder und Handlungsperspektiven. In Bundesinstitut für Berufsbildung (BIBB) (Hrsg.), *Migration als Chance. Ein Beitrag der beruflichen Bildung* (S. 161–174). Bielefeld: W. Bertelsmann.

Lave, J. & Wenger, E. (1991). *Situated Learning: Legitimate Peripheral Participation.* Cambridge (UK): Cambridge University Press. http://doi.org/10.1017/CBO9780511815355

OECD (Ed.) (2005): *The Role of National Qualifications Systems in Promoting Lifelong Learning. Report from Thematic Group 2: Standards and quality assurance in qualifications with special reference to the recognition of non-formal and informal Learning.* Paris. Zugriff am 07. 02. 2017. Verfügbar unter http://www.oecd.org/edu/innovation-education/34376318.pdf

Rost, J. (2006). Zum Einsatz der Item-Response-Theorie für die Messung berufsbezogener Kompetenzen im Rahmen der Studie „Berufsbildungs-PISA". In M. Baethge, F. Achtenhagen, L. Arends, E. Babic, V. Baethge-Kinsky & S. Weber (Hrsg.), *Berufsbildungs-PISA. Machbarkeitsstudie* (S. XXXIV–XXXVII). Stuttgart: Franz Steiner.

Rost, J. (2004). *Lehrbuch Testtheorie – Testkonstruktion* (2., vollständig überarbeitet und erweiterte Aufl.). Bern: Huber.

Sauer, M. & Brinkmann, H. U. (2016). Einführung: Integration in Deutschland. In H. U. Brinkmann & M. Sauer (Hrsg.), *Einwanderungsgesellschaft Deutschland. Entwicklung und Stand der Integration* (S. 1–21). Wiesbaden: Springer VS.

Seeber, S., Schumann, M., Ketschau, T., Rüter, T. & Kleinhans, J. (2016). Modellierung und Messung von Fachkompetenzen Medizinischer Fachangestellter (CoSMed). In K. Beck, M. Landenberger & F. Oser (Hrsg.), *Technologiebasierte Kompetenzmessung in der beruflichen Bildung – Ergebnisse aus der BMBF-Förderinitiative ASCOT* (S. 205–223). Bielefeld: W. Bertelsmann.

Seidel, S., Bretschneider, M., Kimmig, T., Neß, H. & Noeres, D. (2008). *Stand der Anerkennung non-formalen und informellen Lernens in Deutschland im Rahmen der OECD-Aktivität „Recognition of nonformal and informal Learning".* Bonn: Bundesministerium für Bildung und Forschung. Zugriff am 16. 08. 2017. Verfügbar unter https://www.oecd.org/germany/41679629.pdf

Vollmers, B. & Kindervater, A. (2010). Sozialkompetenzen in simulierten Berufssituationen von Auszubildenden mit Lernschwierigkeiten. *Zeitschrift für Berufs- und Wirtschaftspädagogik, 106* (4), 517–533.

Winther, E. & Jordanoski, G. (2016). Was wir haben und was wir brauchen. Kompetenzanerkennung bei Flüchtlingen. *DIE Zeitschrift für Erwachsenenbildung, 23* (IV), 34–36.

Winther, E., Seeber, S., Festner, D., Sangmeister, J. & Liedtke, M. (2016). Large Scale Assessments in der kaufmännischen Berufsbildung – Das Unternehmensassessment ALUSIM (CoBALIT). In K. Beck, M. Landenberger & F. Oser (Hrsg.), *Technologiebasierte Kompetenzmessung in der beruflichen Bildung – Ergebnisse aus der BMBF-Förderinitiative ASCOT* (S. 55–74). Bielefeld: W. Bertelsmann.

Wößmann, L. (2016). Integration durch Bildung. Für eine realistische Bildungspolitik. *Forschung & Lehre, 1,* 10–13.

13 Berufliche Eignungstests

Stefan Krumm, Sibylle Detel, Michela Schröder-Abé, Matthias Ziegler & Johannes Zimmermann

13.1 Eignungsdiagnostik für Geflüchtete

In ihrem Bericht vom Januar 2017 nennt die Bundesagentur für Arbeit (BA) die Zahl von 440.638 Geflüchteten, die zu diesem Zeitpunkt als arbeitssuchend gemeldet waren (Bundesagentur für Arbeit, 2017). Die BA führt zudem aus, dass mehr als die Hälfte der arbeitssuchenden Geflüchteten jünger als 35 Jahre, etwa ein Fünftel sogar jünger als 25 Jahre ist. Weiterhin ist den Statistiken aus 2016 zu entnehmen, dass etwa ¾ der arbeitssuchenden Geflüchteten über keine formale Berufsausbildung verfügen (Bundesagentur für Arbeit, 2016a). Die Bundesagentur führt dazu erläuternd aus: „Flüchtlinge verfügen durchaus über Kompetenzen; fehlende Nachweise, mangelnde Vergleichbarkeit und die Frage der Verwertbarkeit der Qualifikation auf dem deutschen Arbeitsmarkt führen aber zunächst zu einer Kennzeichnung ‚ohne abgeschlossene Berufsausbildung' ... arbeitsuchende Flüchtlinge sind im Vergleich zu deutschen Arbeitsuchenden überdurchschnittlich jung und damit in einem Alter, in dem der Ausbildungsprozess auch unter normalen Bedingungen noch nicht unbedingt abgeschlossen ist" (Bundesagentur für Arbeit, 2016a, S. 7).

Um das Potenzial einer großen Zahl von Geflüchteten für den Arbeitsmarkt langfristig verfügbar zu machen, werden kurz- und mittelfristig sehr viele eignungsdiagnostische Entscheidungen anstehen. Diese stellen eine wichtige Basis für die erfolgreiche Integration Geflüchteter in den Arbeitsmarkt und damit in die Gesellschaft dar. Insbesondere vor dem Hintergrund des jungen Alters Geflüchteter sind fundierte eignungsdiagnostische Entscheidungen von großer Bedeutung, da sie den Lebensweg dieser Menschen prägen.

Gleichzeitig ist erkennbar, dass Eignungsdiagnostik bei Geflüchteten besondere Herausforderungen beinhaltet. Dies liegt einerseits an den von der BA erwähnten fehlenden Kompetenznachweisen. Zum anderen bringen die unterschiedlichen kulturellen Hintergründe Geflüchteter sowie deren oftmals geringe Vertrautheit mit der hiesigen Kultur im Allgemeinen und mit den beruflichen Gepflogenheiten im Besonderen einige Herausforderungen mit sich. Eignungsdiagnostik – z. B. bei der Interessenabklärung, Aus- und Weiterbildung sowie der Personalauswahl – für und mit Menschen, die gerade erst aus Ländern des sog. Nahen Ostens oder Nord- und Zentralafrikas geflohen sind, kann daher nicht dem allgemeinen Standardvorgehen folgen (vgl. Abschnitt 13.2); denn dieses ist vor allem auf Zielgruppen abgestimmt, die mit der hiesigen Kultur vertraut sind. Vielmehr sind Anpassungen sowohl auf Seiten der Bewerbenden als auch auf Seiten der Organisationen an Kultur, Bildungshintergrund, Sprachkenntnis sowie das Wissen über die hiesige Arbeitswelt bzw. die damit verbundenen Möglichkeiten und Grenzen notwendig, um sinnvolle eignungsdiagnostische Prozesse zu gestalten bzw. qualitativ hochwertige eignungsdiagnostische Entscheidungen zu treffen.

Der vorliegende Buchbeitrag zielt darauf ab, Leserinnen und Leser nicht nur über die Möglichkeiten der Testdiagnostik mit Geflüchteten zu informieren, sondern vielmehr auch für deren Grenzen zu sensibilisieren. Letzteres soll zu einer für diese Zielgruppe angemessenen Anwendung von psychometrischen Testverfahren durch Personalverantwortliche beitragen und den Bedarf zur Weiterentwicklung diagnostischer Instrumente für Geflüchtete aufzeigen.

Nachfolgend wird zunächst das „Standardvorgehen" der beruflichen Eignungsdiagnostik skizziert – ohne Berücksichtigung der Zielgruppe der Geflüchteten. Danach werden allgemeine Aspekte der Diagnostik beruflicher Eignung von Geflüchteten sowie spezielle Aspekte der Testdiagnostik diskutiert. Es werden exemplarisch Testverfahren vorgestellt, die – aus Sicht der Autorinnen und Autoren – mit Einschränkungen bei Geflüchteten einsetzbar sind. Schließlich erfolgt ein Ausblick, im Rahmen dessen ein Projekt der Autorinnen und Autoren dieses Buchbeitrages vorgestellt wird, das die Möglichkeiten der Testdiagnostik für Geflüchtete sukzessive erweitern will.

13.2   Diagnostik beruflicher Eignung

In diesem Abschnitt wird beschrieben, dass
- Eignungsdiagnostik nicht nur zum Zwecke der Personalauswahl durch Organisationen erfolgt (Abschnitt 13.2.1),
- jede eignungsdiagnostische Prozedur auf einer vorab durchzuführenden Anforderungsanalyse aufbaut (Abschnitt 13.2.2),
- es drei unterschiedliche Formen der Operationalisierung (Messung) von beruflichen Anforderungen gibt (Abschnitt 13.2.3),
- verschiedene Richtlinien und Standards für eine professionelle Durchführung der Eignungsdiagnostik existieren (Abschnitt 13.2.4),
- mehrere eignungsdiagnostisch relevante Informationen nach festen Regeln zu einem Gesamturteil verdichtet werden sollten (Abschnitt 13.2.5).

13.2.1 Selektion versus Modifikation und Person versus Situation

In Deutschland sind wichtige Qualitätsstandards für berufsbezogene Eignungs-beurteilungen in einer Norm, der DIN33430, hinterlegt. Diese definiert Eignung als „Grad der Ausprägung, in dem eine Person über die Eignungsmerkmale ver-fügt, die Voraussetzung für die jeweils geforderte berufliche Leistungshöhe sind und Zufriedenheit mit dem zu besetzenden Arbeitsplatz, dem Aufgabenfeld, der Ausbildung bzw. dem Studium oder dem Beruf ermöglichen" (Deutsches Institut für Normung, 2016, S. 7). Somit versteht man unter der Diagnostik von Eignung die wissenschaftlich fundierte Quantifizierung dieser Ausprägung. Meist wird dabei zumindest implizit angenommen, dass die wesentlichen Rahmenbedingun-gen durch die ausgeschriebene Position gegeben sind und man für diese Rahmen-bedingungen die aktuell am besten passende(n) Person(en) auswählt (d.h. man betreibt Personalauswahl im eigentlichen Wortsinn). Wenngleich dies in der Tat eine häufig gegebene Konstellation ist, so stellt die Selektion von Personen nur eines von vier möglichen Zielen eines etwas weiter gefassten Begriffs der Eig-nungsdiagnostik dar (Schmidt-Atzert & Amelang, 2012). Neben der Auswahl der für eine bestimmte Position besten Person(en) kann berufliche Eignungsdiagnos-tik auch zum Ziel haben, für Personen die bestmögliche Position zu finden (Plat-zierung). Dies ist beispielsweise im Rahmen von Berufsberatungen für Schülerin-nen und Schüler, Studierende sowie Arbeitssuchende der Fall.

Des Weiteren kann berufliche Eignungsdiagnostik zum Zwecke der Modifikation statt der Selektion vorgenommen werden. Anstelle der Frage „Welche Person oder welcher Beruf passt am besten?" stehen dann zwei andere Fragen im Vordergrund:

	Was ist das Ziel?	
	Selektion	Modifikation
Person	*Personalauswahl*	*Personalentwicklung*
Position bzw. Umfeld	*Platzierung Berufsberatung*	*Arbeitsplatzgestaltung*

Wer/was soll augewählt werden?

Abbildung 13.1: Foki der Eignungsdiagnostik

1. „Wie sollte sich eine Person entwickeln bzw. weiterbilden, um eine bestimmte berufliche Position erfolgreich ausfüllen oder eine Ausbildung erfolgreich bewältigen zu können?" 2. „Wie sollte eine Position in einer Organisation oder eine Ausbildung verändert werden, sodass eine gute Passung zu einem bestimmten Personenkreis entsteht?" Ein Fokus auf die Entwicklung der Person (Frage 1) ergibt sich, wenn eine gezielte Entwicklung hin zu einer bestimmten Position angestrebt oder notwendig ist (z. B. Entwicklung auf eine Führungsposition). Besonderes Augenmerk auf die Modifikation der Position oder des beruflichen Umfelds (Frage 2) kann z. B. aufgrund eines Mangels an geeigneten Bewerberinnen und Bewerbern (z. B. Fachkräftemangel) gelegt werden. Die eignungsdiagnostischen Ziele im Bedingungsgefüge aus Selektion versus Modifikation und Person versus Position bzw. Umfeld sind in Abbildung 13.1 zusammengefasst. Welche Auswirkungen die Eignungsdiagnostik bei Geflüchteten auf diese Zielkonstellationen hat, wird in Abschnitt 13.3.1 diskutiert.

13.2.2 Anforderungsanalytisches Vorgehen

Eine zentrale Forderung der DIN33430 für berufsbezogene Eignungsbeurteilungen (Deutsches Institut für Normung, 2016) besagt, dass zu Beginn jedes eignungsdiagnostischen Prozesses eine Anforderungsanalyse durchgeführt werden soll. Eine Anforderungsanalyse ist definiert als „systematische Analyse der Anforderungen und der Motivations-/Demotivationspotenziale der beruflichen Tätigkeit mit dem Ziel der Ermittlung derjenigen Eignungsmerkmale von Personen, die bedeutsam dafür sind, dass sie die erforderlichen Leistungen erbringen oder mit dem zu besetzenden Arbeitsplatz, dem Aufgabenfeld, der Ausbildung bzw. Studium oder dem Beruf zufrieden sind sowie die Festlegung der dafür erforderlichen Ausprägungsgrade dieser Eignungsmerkmale" (Deutsches Institut für Normung, 2016, S. 6). Im Zuge der Anforderungsanalyse werden also die psychologischen Inhalte der durchzuführenden Eignungsdiagnostik sowie das Ausmaß, in dem Bewerberinnen und Bewerber über diese verfügen sollten (Sollprofil), festgelegt.

Zur Anforderungsanalyse für eine konkrete, zu besetzende Position existieren verschiedene Möglichkeiten – in der Literatur werden erfahrungsgeleitet-intuitive, arbeitsanalytisch-empirische und personenbezogen-empirische Methoden (Schuler & Kanning, 2014) sowie verschiedene Formen der Kompetenzmodellierung (Shippmann et al., 2000) vorgeschlagen. Als erste Annäherung können aber auch einschlägige wissenschaftliche Studien herangezogen werden. Insbesondere zum Zusammenhang zwischen Eigenschaften von Personen und deren späterem beruflichen Erfolg – also der personenbezogen-empirischen Methode der Anforderungsanalyse – existieren sehr viele einzelne Studien und zusammenfassende Metaanalysen. Die wohl bekannteste Studie ist eine Metaanalyse über Metaanalysen von Schmidt und Hunter (1998). Sie attestiert folgenden Eigenschaften bzw. deren typischen Messmethoden einen hinreichend hohen Zusammenhang zu Maßen des beruflichen Erfolgs – gemittelt über sehr viele unterschiedliche Berufe (Aufzählung nach absteigender Relevanz geordnet):

- allgemeine kognitive Leistungsfähigkeit (kurz: Intelligenz) – gemessen durch Intelligenztests,
- Integrität – wie vorwiegend durch die auf dem US-amerikanischen Markt verbreiteten Integritätstests (im deutschen Sprachraum eher als Tests zum Kontraproduktiven Verhalten bekannt) gemessen (Ones & Viswesvaran, 2001),
- Gewissenhaftigkeit – gemessen durch Persönlichkeitsfragebogen,
- berufsspezifisches Wissen und Erfahrung – erfasst durch Wissenstests und Anzahl der Jahre im Beruf.

Weiterhin attestiert diese Studie folgenden gängigen Methoden, die zur Messung verschiedener Eigenschaften eingesetzt werden können, einen hinreichend hohen Zusammenhang zu beruflichen Erfolgsmessungen (Aufzählung nach absteigender Relevanz geordnet):

- Arbeitsproben,
- strukturierte Eignungsinterviews,
- Assessment-Center.

Die hier aufgezählten psychologischen Inhalte nebst den genannten Messmethoden können somit als eine Art Grundgerüst der Eignungsdiagnostik verstanden werden. Dabei ist zu berücksichtigen, dass die Verfahren stark in ihren Kosten variieren. Dies beeinflusst die Ökonomie eines Verfahrens. So sind beispielsweise die Kosten für ein Assessment-Center vergleichsweise hoch, der Zusammenhang der Ergebnisse mit Berufserfolg jedoch geringer als bei günstigeren Methoden. Derlei Kosten-Nutzen-Überlegungen sollten bei der Entscheidung für eine Methode Berücksichtigung finden. Welche anforderungsanalytischen Erkenntnisse für die Eignungsdiagnostik bei Geflüchteten zur Verfügung stehen, wird in Abschnitt 13.3.2 thematisiert.

13.2.3 Operationalisierung der Anforderungen – der trimodale Ansatz

Stehen die Anforderungen und Inhalte einer zu besetzenden Position fest, wird darauffolgend deren bestmögliche Operationalisierung geprüft. Im deutschen Sprachraum hat sich eine Unterscheidung von drei unterschiedlichen Wegen etabliert, um Anforderungen und Inhalte einer beruflichen Position zu operationalisieren.[1] Dieser als trimodal bezeichnete Ansatz unterscheidet biografie-, simu-

---

1   Siehe aber auch neuere modulare Ansätze (vgl. Lievens & Sackett, 2016).

lations- und konstruktorientierte Möglichkeiten, eignungsdiagnostisch relevante Informationen über Personen zu erlangen (Schuler & Kanning, 2014).

Beim biografieorientierten Ansatz liegt der Fokus auf der Vergangenheit der Bewerberinnen und Bewerber. Es wird angenommen, dass vergangenes Verhalten sowie zuvor erworbene Fertigkeiten und Wissen Aufschluss über zukünftiges Verhalten und Eignung für die zukünftige Tätigkeit geben. Der Vorteil dieses Ansatzes liegt unter anderem in der oftmals leichten Zugänglichkeit der notwendigen Informationen (z. B. Dokumente, die dem Lebenslauf beigefügt sind), der hohen Akzeptanz einiger biografieorientierter Verfahren bei Bewerberinnen und Bewerbern, der vermeintlich geringeren Verfälschbarkeit dieser Informationen und der Aggregation von Informationen über einen längeren Zeitraum (z. B. Abiturnoten aus der gesamten Oberstufenzeit). Der Nachteil dieses Ansatzes besteht darin, dass Leistungen aus der Vergangenheit zwischen Bewerberinnen und Bewerbern nicht immer vergleichbar sind (z. B. Abiturnoten unterschiedlicher Bundesländer) und dass für manche (beispielsweise sehr junge) Zielgruppen kaum relevante Informationen aus der Biografie verfügbar sind.

Der simulationsorientierte Ansatz versucht, ein möglichst konkretes Abbild relevanter beruflicher Situationen bereits in der Auswahlsituation zu realisieren. Die dahinterstehende Annahme ist, dass Bewerberinnen und Bewerber, die sich in simulierten beruflichen Situationen zielführend und angemessen verhalten, dies in der Realität auch tun werden (Thornton & Cleveland, 1990). Rollenspiele im Rahmen von Assessment-Centern sind typische Beispiele für simulationsorientierte Auswahlmethoden. Ihr Vorteil liegt in der mit der Realitätsnähe verbundenen Augenscheinvalidität und Akzeptanz bei Bewerberinnen und Bewerbern sowie in der Möglichkeit, komplexe berufliche Situationen direkt in Auswahlverfahren implementieren zu können. Ein Nachteil dieses Ansatzes besteht in der fraglichen Übertragbarkeit der Erkenntnisse einer simulierten Situation auf andere bzw. sich ändernde Gegebenheiten im Beruf. Ein weiterer Nachteil liegt in der Schwierigkeit, relevante Eigenschaften mit Simulationen differenziert und trennscharf zu messen. Oft stellen sich hier sogenannte Halo-Effekte ein (die Bewertung eines Merkmals „strahlt" auf andere ab, d. h. beeinflusst deren Bewertung ebenfalls) und es ist daher kaum möglich, unterschiedliche Eigenschaften trennscharf abzubilden (Sackett & Dreher, 1982; Woehr & Arthur, 2003).

Der konstruktorientierte Ansatz fokussiert auf psychologische Eigenschaften (Konstrukte). Die zugrundeliegende Annahme ist, dass erfolgskritisches Verhalten in verschiedenen beruflichen Situationen durch zugrundeliegende Eigenschaften (mit) beeinflusst wird. So sollten Menschen mit hoher Ausprägung der psychologischen Eigenschaft „Gewissenhaftigkeit" in vielen Situationen, die gewissenhaftes Handeln erfordern, tendenziell eher die Notwendigkeit des entsprechenden Handelns erkennen (Motowidlo & Beier, 2010) und sich eher dementsprechend verhalten, als Menschen mit niedriger Ausprägung selbiger Eigenschaft (Sackett &

Lievens, 2008). Vorteile dieses Ansatzes bestehen unter anderem darin, dass für viele Konstrukte etablierte Messmethoden vorliegen (vorwiegend in Form von psychometrischen Testverfahren) und dass stabile (Persönlichkeits-)Eigenschaften nicht nur in bestimmten, aktuell gegebenen beruflichen Konstellationen „ihre Wirkung entfalten", sondern auch unter sich verändernden beruflichen Randbedingungen noch relevant sein können. Die Nachteile dieses Ansatzes bestehen darin, dass nicht immer etablierte Messmethoden für die als relevant erachteten Eigenschaften vorliegen und dass der Bezug der Messinstrumente zur beruflichen Realität für Bewerberinnen und Bewerbern nicht immer leicht herzustellen ist – wodurch die Akzeptanz leiden kann.

Insgesamt empfiehlt es sich, ein multimodales Vorgehen zu wählen, in dem die drei genannten Ansätze kombiniert und somit die Nachteile eines Ansatzes durch die Vorteile eines anderen Ansatzes kompensiert werden können. Wenngleich der Fokus dieses Buchbeitrages auf psychometrischen Testverfahren als Vertreter des konstruktorientierten Ansatzes liegt, so sollen dennoch in Abschnitt 13.3.3 auch die Vor- und Nachteile der beiden anderen Ansätze vor dem Hintergrund der Eignungsdiagnostik von Geflüchteten bewertet werden.

13.2.4 Planung und Durchführung der eignungs-
diagnostischen Untersuchung

Es wird als selbstverständlich vorausgesetzt, dass jede eignungsdiagnostische Untersuchung professionell durchgeführt wird. Dies beinhaltet: ein standardisiertes Vorgehen gemäß den Verfahrenshinweisen der verwendeten Instrumente, Wahrung der Vertraulichkeit der Ergebnisse, angemessene Aufklärung, Wahrung der Würde und Rechte aller Teilnehmenden, Sicherstellung der Fairness für alle Teilnehmenden sowie Durchführung durch ausreichend qualifiziertes Personal. Daher wird an dieser Stelle lediglich auf verfügbare Checklisten und Richtlinien verwiesen. Für den angemessenen Umgang und Einsatz von Tests können das DIN-Screen (Kersting, 2008) und die Richtlinien der International Test Commission (2001) als Orientierung genutzt werden. Für die Durchführung von Simulationen (im Rahmen von Assessment-Centern) können die Standards des Arbeitskreises Assessment Center, und hier insbesondere Standard 7 „Vorbereitung und Durchführung", herangezogen werden (Arbeitskreis Assessment Center, 2004). Mindestqualifikationen bei der Durchführung von Eignungsinterviews, Verhaltensbeobachtungen und psychometrischen Tests werden in der DIN33430 spezifiziert (Deutsches Institut für Normung, 2016). Sofern relevant für die Planung und Durchführung eignungsdiagnostischer Untersuchungen, an denen Geflüchtete teilnehmen, greifen wir insbesondere die Richtlinien der International Test Commission (2001) nochmals auf (vgl. Abschnitt 13.3.4).

13.2.5 Integration der Verfahrensergebnisse zu einem eignungsdiagnostischen Urteil

Wie unter 13.2.3 dargestellt, basieren eignungsdiagnostische Entscheidungen auf Ergebnissen multimodaler Messungen. Liegt das Ziel der Eignungsdiagnostik in der Selektion von Personen, ist die Entscheidung am Ende dichotom (Einstellung oder Ablehnung). Idealerweise wird nicht nur ein einzelnes Ergebnis (z. B. nur ein Testverfahren oder nur die Schulnote) für diese Entscheidung herangezogen werden. Bei Berücksichtigung mehrerer Ergebnisse stellt sich jedoch unmittelbar die Frage nach der angemessenen Integration verschiedener Informationen zu einem Gesamturteil. Die DIN33430 lehnt eine einzelfallbasierte Verrechnung von Informationen (die sogenannte klinische Urteilsbildung) ab – selbst wenn diese nicht aus dem „Bauch heraus", sondern durch elaborierte Analyse individueller Stärken und Schwächen erfolgt (Schmidt-Atzert, Krumm & Kersting, 2017). Vielmehr fordert die DIN33430 ein regelgeleitetes Vorgehen, die sogenannte mechanische Urteilsbildung. Hierbei wird vorab festgelegt, wie Informationen zu einem Gesamturteil verrechnet werden. Letzteres ist nicht nur aus Gründen der Fairness und der Vereinbarkeit mit der DIN33430 zu bevorzugen. Auch Metaanalysen, die klinische und mechanische Formen der Urteilsbildung vergleichen, bescheinigen eine (leichte) Überlegenheit der mechanischen Urteilsbildung (Ægisdottir et al., 2006; Grove, Zald, Lebow, Snitz & Nelson, 2000), die speziell im Bereich der Eignungsdiagnostik sogar noch deutlicher ausfällt (Kuncel, Klieger, Connelly & Ones, 2013).

Somit stellt sich als nächstes die Frage nach der Art des regelgeleiteten Verrechnens. Hierzu können drei grundsätzliche Strategien unterschieden werden: die kompensatorische Strategie, die „Und-Strategie" und die „Oder-Strategie". Die Bezeichnungen illustrieren bereits sehr gut das jeweilige Vorgehen. Bei der kompensatorischen „Und-Strategie" werden alle Informationen miteinander zu einem Gesamtwert verrechnet (und dabei entweder gleich oder unterschiedlich gewichtet). Somit können niedrige Werte in einem Bereich durch hohe Werte in einem anderen Bereich kompensiert werden. Dies mag jedoch nicht immer angemessen sein (z. B. können Taxifahrerinnen und -fahrer mangelnde Sehfähigkeiten nicht durch bessere Ortskenntnis ausgleichen). Bei Anwendung der „Und-Strategie" wird daher verlangt, dass ein Merkmal in einer Mindestausprägung vorhanden ist und zusätzlich weitere Merkmale (in einer Mindestausprägung oder kompensatorisch zu einem Gesamtwert verrechnet) gegeben sein sollten. Nachteil der „Und-Strategie" ist, dass bei zunehmender Zahl zu erfüllender Anforderungen die Wahrscheinlichkeit sinkt, dass Bewerberinnen und Bewerber tatsächlich alle Anforderungen erfüllen (Multiple-Hurdle-Problem) (Ziegler & Bühner, 2012). Die „Oder-Strategie" ist genau genommen ein Spezialfall einer kompensatorischen Strategie – hierbei muss ein Mindestmaß in einem Merkmal oder ein Mindestmaß in einem anderen Merkmal vorhanden sein.

Die Wahl der angemessenen Strategie richtet sich im Wesentlichen nach der Anforderungsanalyse und nach Effizienzabwägungen. So ist es für manche eignungsdiagnostische Entscheidungen sinnvoll, zunächst Mindestausprägungen für einen Teil der relevanten Merkmale zu definieren (sog. „KO-Kriterien") und diese in einem ersten Auswahlschritt zu erfassen; nur Bewerberinnen und Bewerber, die diese Mindestausprägungen erfüllen, werden zur zweiten Auswahlrunde zugelassen. Hierbei handelt es sich um die „pre-reject-Strategie". Zusammenfassend bedeutet dies, dass eher Mischformen der beschriebenen Entscheidungsstrategien zu empfehlen sind (Ziegler & Bühner, 2012). Spezifika bei der Integration von Verfahrensergebnissen im Kontext der Eignungsdiagnostik mit Geflüchteten werden in Abschnitt 13.3.5 besprochen.

13.3   Diagnostik beruflicher Eignung von Geflüchteten

In diesem Abschnitt wird thematisiert, dass im Kontext der Eignungsdiagnostik mit und für Geflüchtete

- die vier Ziele der Eignungsdiagnostik einer engeren Verzahnung bedürfen (Abschnitt 13.3.1),
- empirische Anforderungsanalysen für diese Zielgruppe weitgehend fehlen (Abschnitt 13.3.2),
- der biografieorientierte und der simulationsorientierte Ansatz der Eignungsdiagnostik Chancen und Gefahren bergen (Abschnitt 13.3.3),
- verschiedene Richtlinien und Standards für eine professionelle Durchführung bei Geflüchteten besonders beachtet werden sollten (Abschnitt 13.3.4),
- veränderbare und durch kulturelle Einflüsse geprägte eignungsdiagnostische Informationen ein geringeres Gewicht bei der Verrechnung zu einem Gesamturteil erhalten sollten (Abschnitt 13.3.5).

13.3.1   Selektion versus Modifikation und Person versus Situation im Kontext der Zielgruppe Geflüchteter

In Abschnitt 13.2.1 wurden mehrere Ziele der Eignungsdiagnostik dargestellt. In den meisten Fällen wird ein Ziel gegenüber anderen priorisiert. Organisationen möchten zunächst einmal die besten Personen für vorhandene Arbeitsplätze auswählen, anstatt die Arbeitsplätze so zu gestalten, dass sie zu den Personen passen. Analog wird es meist das Anliegen von Bewerberinnen und Bewerbern sein, die für sie passenden Arbeitsplätze zu finden und sich nicht erst weiterzuentwickeln, um danach (eventuell) die Anforderungen des Arbeitsplatzes zu erfüllen. Für beide

Perspektiven (Organisations- und Bewerbenden-Perspektive) gilt also meist: Selektion vor Modifikation.

Dieses Prinzip funktioniert innerhalb von Gesellschaften und Kulturkreisen unter anderem deshalb, weil sich Organisationen bzw. Bewerberinnen und Bewerber gegenseitig über längere Zeit sozialisiert und damit die Basis für gegenseitige Selektion geschaffen haben. D. h. Anforderungen von Organisationen reflektieren in der Regel, welche Qualifikationen prinzipiell zu erwarten sind. So verlangen universitäre Aufnahmeverfahren den in unserer Kultur höchsten Schulabschluss und wählen auf Basis der dabei erzielten Note aus. Sinnvollerweise sind universitäre Curricula so gestaltet (Modifikation der Situation), dass sie auf dem zu erwartenden schulischen Wissen aufbauen. Im Gegenzug lernen Schülerinnen und Schüler im Rahmen ihrer Schulzeit nicht nur, aus welchen Studienangeboten sie auswählen können (Selektion der Position bzw. des Umfelds), sondern auch, dass sie sich genügend gut bilden müssen (Modifikation der Person), um die Voraussetzungen für ein Hochschulstudium zu erfüllen. Es wird deutlich, dass Selektion voraussetzt, dass sowohl Organisationen als auch Bewerberinnen und Bewerber a) um die Selektionskriterien der „anderen Partei" wissen und b) die Gelegenheit haben und wahrnehmen, diese Kriterien zu erfüllen. Weiterhin wird vorausgesetzt, dass c) den Selektierenden und den Selektierten das zur Auswahl stehende „Angebot" bekannt ist.

Vermutlich sind weder a) noch b) noch c) gegeben, wenn eine größere Zahl Menschen aus einem Kulturkreis in einen anderen kommt. Geflüchtete erlangen meist erst nach und nach Wissen über die üblichen Eingangskriterien für Ausbildungen sowie Berufe des aufnehmenden Kulturkreises – zumeist werden sie vor ihrer Ankunft im Zielland wenig Gelegenheit gehabt haben, sich entsprechend der dort vorherrschenden Eingangskriterien aus- und weiterzubilden (Bundesagentur für Arbeit, 2016a; Willott & Stevenson, 2013). Darüber hinaus ist anzunehmen, dass Geflüchtete das Spektrum der beruflichen Möglichkeiten im aufnehmenden Kulturkreis weniger gut kennen als Menschen, die in dieser Kultur langfristig sozialisiert wurden (Babka von Gostomski et al., 2016).

Gleiches gilt für Organisationen als Selektierende und Selektierte. Es kann angenommen werden, dass vielen Organisationen nicht klar ist, wie sie sich als für Geflüchtete attraktive und für deren Qualifikationen passende Arbeitgeber positionieren können.[2] Dementsprechend ist eine Anpassung der Arbeitsbedingungen, des Unternehmensauftritts etc. in der Vergangenheit wahrscheinlich nicht oder nur in Ausnahmefällen erfolgt. Es ist ebenfalls zu bezweifeln, dass Organisationen das Spektrum der spezifischen Kompetenzen von Geflüchteten bekannt ist.

---

2   Vgl. die entsprechenden Informationsbroschüren der BA, z. B. Bundesagentur für Arbeit, 2016b.

Zusammenfassend lässt sich sagen, dass in einem „kulturinternen" Modell die vier Ziele der Eignungsdiagnostik auf sich gegenseitig sozialisierende Auswählende und Ausgewählte aufbauen. Dies ist jedoch nicht der Fall, wenn Menschen aus einer anderen Kultur dem hiesigen Arbeitsmarkt begegnen. Daher ist es notwendig, in kurzer Zeit die den vier Zielen der Eignungsdiagnostik immanenten Prozesse zueinander zu bringen. Anders gesagt: Ein beschleunigtes und eng verzahntes Vorgehen ist nötig, um den ohnehin aufwändigen Weg der beruflichen Integration (European Union, 2016) inklusive des damit einhergehenden Wechsels psychologischer Zustände zwischen Optimismus und Desillusion[3] zu optimieren. So könnten Organisationen (ggf. mit Unterstützung öffentlicher Mittelgeber) Arbeitsplätze schaffen, die spezielle Stärken bzw. Kompetenzen von Geflüchteten aufgreifen, diese Stärken bzw. Kompetenzen bei der Auswahl berücksichtigen und zudem umfangreiche sowie spezifische Personalentwicklungsmaßnahmen nach der Einstellung von Geflüchteten einplanen.[4] Gleichzeitig ist eine umfassende Information der Geflüchteten über solche und andere Angebote nötig. Eignungsdiagnostik wird damit zu einer ganzheitlichen und weniger zu einer isolierten Aufgabe (vgl. Abbildung 13.2).

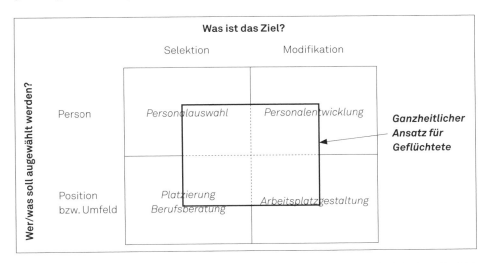

Abbildung 13.2:   Enge Verzahnung von Selektion, Modifikation, Person und Position bzw. Umfeld

Wie diese Verzahnung in Form eines iterativen Prozesses realisiert werden kann, ist in Abbildung 13.3 dargestellt. Die Eignungsdiagnostik für Geflüchtete sollte dabei vorwiegend durch eine zentrale Einrichtung durchgeführt werden und ein

---

3   Zum Transitionsmodell vgl. Marshall (1992).

4   Hinzuweisen ist auf die von der BA angebotenen Fördermöglichkeiten wie assistierte Ausbildung, ausbildungsbegleitende Hilfen und Eingliederungszuschüsse (vgl. Bundesagentur für Arbeit, 2016b).

Screening beruflicher Kompetenzen sowie relevanter Eigenschaften und Fähigkeiten – die zuvor durch breit angelegte Anforderungsanalysen ermittelt wurden – beinhalten. Auf Basis der diagnostischen Erkenntnisse erfolgt sowohl eine Beratung von Geflüchteten als auch von Organisationen. Geflüchtete können aufgrund des individuellen Abgleichs ihrer Kompetenzen, Eigenschaften sowie Fähigkeiten mit den Anforderungen verschiedener Berufe, Ausbildungen oder Studiengängen eine Selbstselektion vornehmen und/oder konkrete Entwicklungsmaßnahmen einleiten. Organisationen können aufgrund eines Abgleichs ihrer Anforderungen mit den Kompetenzen, Eigenschaften und Fähigkeiten von Geflüchteten Auswahlentscheidungen treffen sowie parallel dazu Berufe, Ausbildungen bzw. Studiengänge anpassen. Die von Geflüchteten und Organisationen vorgenommenen Selektions- bzw. Modifikationsentscheidungen beeinflussen das zukünftige diagnostische Vorgehen und fließen in zukünftige Beratungen (von Geflüchteten sowie Organisationen) ein. Dieser Prozess ist idealerweise nicht nur auf globaler Ebene iterativ, sondern kann auch von Individuen mehrfach durchlaufen werden. Je schneller globale und individuelle Iterationen stattfinden, desto schneller gelingt unseres Erachtens die Integration.

Ein zentralisierter Ansatz ist von großem Vorteil gegenüber individueller Eignungsdiagnostik in einzelnen Organisationen (European Union, 2016). So können beispielsweise Platzierungsvorschläge und Berufsberatung organisationsübergreifend erfolgen. Gleichzeitig kann ein repräsentatives Bild der Kompetenzen von Geflüchteten generiert und darauf aufbauend Personalentwicklungs- sowie Arbeitsplatzgestaltungsmaßnahmen zusammen mit Organisationen angestoßen werden. Des Weiteren ist im Rahmen eines zentralisierten Ansatzes leichter sicherzustellen,

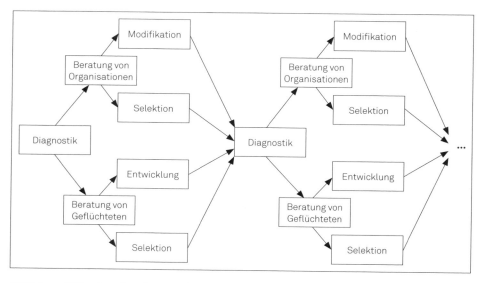

Abbildung 13.3:   Iterativer Prozess der Eignungsdiagnostik für und mit Geflüchteten

dass Expertinnen und Experten für die Eignungsdiagnostik bei Geflüchteten zum Einsatz kommen. Schließlich werden so auch unnötige Belastungen der Geflüchteten durch Mehrfachtestungen bei verschiedenen Organisationen vermieden.

13.3.2 Anforderungsanalytisches Vorgehen im Kontext der Zielgruppe Geflüchteter

Es ist offensichtlich, dass Geflüchtete aus anderen Kulturkreisen bei der Aufnahme einer beruflichen Tätigkeit oder Ausbildung mit besonderen Herausforderungen (auch jenseits rechtlicher Hürden und fluchtbedingter psychischer Belastungen) konfrontiert sind. Viele berufliche Rahmenbedingungen aus der Herkunftskultur sind nicht übertragbar (z. B. Gesetze, Regularien), zudem gelten andere Normen (beispielsweise im Umgang mit Kundinnen und Kunden, mit Kolleginnen und Kollegen oder mit Vorgesetzten), schriftliche und mündliche Kommunikation erfolgt nicht in der Muttersprache – um nur die naheliegendsten Herausforderungen der Akkulturation zu nennen (Daumen, Dietz, Knapp & Strien, 2015). Studien zeigen zudem, dass selbst gut ausgebildete Immigrantinnen und Immigranten häufig Sprachbarrieren erleben (Bauer & Kunze, 2004). Neben solchen Barrieren thematisieren einige Wissenschaftlerinnen und Wissenschaftler aber auch spezifische Stärken, über die Geflüchtete in größerem Maße verfügen könnten als einheimische Bewerberinnen und Bewerber. So beschreiben Bornträger und Moukouli (2016) die Fluchterfahrung als biografischen Nachweis einer besonderen Resilienz und Lernbereitschaft. Auch die Kenntnis ausländischer Märkte, spezifische Sprachkenntnisse und kulturelles Wissen können als besondere Ressourcen von Geflüchteten angesehen werden (Bauer & Kunze, 2004).

Diese allgemeinen Überlegungen und Ergebnisse sind jedoch nicht als systematische Anforderungsanalysen für Geflüchtete zu verstehen (wie in Abschnitt 13.2.2 ohne Bezug zu Geflüchteten skizziert). Eine ad-hoc Literaturrecherche der Autoren dieses Beitrags unter Verwendung der Schlagworte „refugees, Germany, job analysis, requirement analysis, labour market integration, competence, employment, job success, validity" in verschiedenen Kombinationen, auf Englisch und auf Deutsch, brachte kaum relevante Studien hervor, die empirisch den Zusammenhang zwischen psychologischen Eigenschaften Geflüchteter und deren beruflichem Erfolg ermittelt haben. Renner und Senft (2013), eine der wenigen Ausnahmen, untersuchten den Einfluss u. a. von Werten, wahrgenommener sozialer Unterstützung und Selbstwirksamkeitserwartung auf den beruflichen Status (berufstätig versus arbeitslos). Diese Autoren fanden jedoch, dass keine dieser Eigenschaften für die Vorhersage des beruflichen Status relevant war. Dies steht in Kontrast zu Ergebnissen von Ward, Bochner und Furnham (2006), die zeigen konnten, dass wahrgenommene soziale Unterstützung durchaus für die berufliche Integration relevant war. Einige, möglicherweise übertragbare Erkenntnisse lassen sich aus Studien zu Immigrantinnen und Immigranten ableiten. So zeigte eine umfangreiche Analyse von Archivdaten in Schweden (Duvander, 2001), dass landesspezifisches Wissen und Sprachkenntnisse das Arbeitslosigkeitsrisiko nicht signifikant reduzierten. Lediglich das von Immigrantinnen und Immigranten in Schweden erreichte Bildungsniveau reduzierte das Arbeitslosigkeitsrisiko signifikant. Diese Autorin diskutiert die teilweise überraschenden Ergebnisse vor dem Hintergrund möglicher Diskriminierung von Immigrantinnen und Immigranten. Aber auch zu dieser Studie lassen sich gegenläufige Befunde finden. So fanden Beiser und Hou (2001) sehr wohl, dass Sprachkenntnisse ein Prädiktor des beruflichen Status waren.

Wenngleich im Rahmen dieses Buchbeitrags keine systematische Integration aller Befunde möglich ist, so wird doch deutlich, dass es weiteren Forschungsbedarf zu den psychologischen Herausforderungen und Erfolgsfaktoren bei der Integration Geflüchteter in den deutschen Arbeitsmarkt gibt. Im Rahmen der hier durchgeführten Literatursuche wurden keine Ergebnisse entdeckt, die der Berücksichtigung der unter 13.2.2 genannten Anforderungen bei Geflüchteten widersprechen. Daher können diese Prädiktoren zusätzlich zu spezifischeren Anforderungen, die im Einzelfall abgeleitet werden, Berücksichtigung finden (siehe aber die in Abschnitt 13.4 diskutierten Einschränkungen).

13.3.3 Der trimodale Ansatz im Kontext von Geflüchteten

Der Schwerpunkt dieses Buchbeitrags liegt auf der Testdiagnostik. Daher wird der konstruktorientierte Ansatz – d. h. Möglichkeiten und Probleme der Testdiagnostik – nicht an dieser Stelle, sondern ausführlicher in Abschnitt 13.4 diskutiert. Im Folgenden soll zunächst auf Besonderheiten der biografieorientierten und simulationsorientierten Ansätze eingegangen werden, wenn diese für und mit Geflüchteten angewendet werden.

Der biografieorientierte Ansatz bietet die Möglichkeit, der Biografie von Geflüchteten prognostisch valide Informationen zu entnehmen, die nicht erst in einem für die Geflüchteten fremden Kulturkreis entstanden sind und daher nicht die damit verbundenen Probleme aufweisen (z. B. höchster akademischer Abschluss, ausgeübte Berufe, Ergebnisse einheitlicher Schulabschlussprüfungen in den Herkunftsländern). Diese Informationen können erfragt oder ggf. Zeugnissen entnommen und in der Eignungsdiagnostik berücksichtigt werden. Es ist ebenfalls möglich, die für eine Zielposition relevanten Vorerfahrungen und Kenntnisse im Rahmen eines Eignungsinterviews zu erfragen (Daumen et al., 2015). Im Einzelfall ist zu prüfen, ob die Informationen aus der Biografie von Geflüchteten tatsächlich einschlägig und übertragbar sind. So können sich Inhalte und dabei erworbene Kenntnisse von zunächst ähnlichen Berufsbezeichnungen oder Studienfächern sehr deutlich unterscheiden. Zudem verfügen einige Geflüchtete nicht über die entsprechenden Nachweise zu den biografischen Informationen (Zeugnisse etc.) (Bundesagentur für Arbeit, 2016a), sodass die relevante Information nur erfragt und damit verfälscht werden kann. Dies ist allerdings für viele in der Eignungsdiagnostik verwendete Informationen der Fall und meist kein so großes Problem wie gemeinhin angenommen (Ziegler & Bühner, 2009).[5] In einem biografieorientierten Interview lassen sich, neben solchen eher bildungsbiografischen Fakten, aber auch gezielt Informationen gewinnen, die eher auf konkrete berufliche Kompetenzen abzielen. So lässt sich beispielsweise an konkreten biografischen Beispielen erfragen, wie jemand in Gruppen arbeitet oder Konflikte mit Kolleginnen und Kollegen erlebt.

Der simulationsorientierte Ansatz der Eignungsdiagnostik zielt darauf ab, ohne besondere Berücksichtigung kultureller Unterschiede ein 1:1-Abbild der beruflichen Tätigkeit in einer Auswahlsituation zu präsentieren.[6] Beispielsweise könnte man zur Auswahl von Verkäuferinnen und Verkäufern eine typische Verkaufssituation anhand eines Rollenspiels simulieren – ungeachtet der damit verbundenen kulturellen Spezifika. Man würde argumentieren, dass die Realität – in der ausgewählte Personen bestehen sollen – ebenfalls spezifisch für eine Kultur ist. Es sei an dieser Stelle jedoch darauf hingewiesen, dass mit kulturellen Spezifika „aufgeladene" Simulationen von vielen Geflüchteten kaum erfolgreich zu bewältigen sein werden, wenn diese mit der hiesigen Kultur nicht oder nur unzureichend vertraut sind. Solche Methoden sind daher bei dieser Zielgruppe nicht für die eigentliche Auswahl geeignet – im Gegenteil, es würden wohl viele Menschen frustriert werden. Somit muss beim Einsatz von Simulationen zu Auswahlzwecken genau geprüft werden, welche Ausschnitte der Realität auch ohne Detailkenntnisse der Kultur gemeistert werden können und damit sinnvoll Eingang in Simulationen finden. Es ist hier auch zu beachten, dass einige der eher kulturspezifischen Verhaltensweisen – die in Simulationen erfasst werden – sich schnell und leicht erlernen lassen. So sind bestimmte Begrüßungsformeln bei Verkäuferinnen und Verkäufern kulturell verschieden. Ein einfacher Hinweis oder ein Beispiel sollte Geflüchtete allerdings schnell in die Lage versetzen, diese Wissenslücken zu schließen. Eine Selektion anhand solcher Auswahlkriterien wäre also nicht nur unfair, sie birgt auch das Risiko, viele eigentlich geeignete Personen fälschlicherweise abzulehnen.

Simulationen eignen sich für Geflüchtete vor allem, wenn eines oder mehrere der anderen drei Ziele der Eignungsdiagnostik (vgl. Abschnitte 13.2.1 und 13.3.1) verfolgt werden. Im Rahmen der Personalentwicklung können anhand von Simulationen noch nicht vorhandene, aber eigentlich erfolgskritische Verhaltens-

---

5   S. a. „Sozial erwünschtes Antwortverhalten und Testverfälschung (Faking)" in Abschnitt 13.4.2.
6   S. a. das Kapitel 12 von Viola Deutscher & Esther Winther: Verfahren zur Erfassung formal und informell erworbener beruflicher Kompetenzen bei Migranten. Potentiale und Grenzen technologiebasierter Arbeitsplatzsimulationen.

weisen identifiziert und an einem konkreten Abbild der Realität verdeutlicht werden. Dies dürfte oftmals ein erster Schritt zur Einübung dieser Verhaltensweisen sein (Thornton & Cleveland, 1990). Gleichermaßen erfahren Bewerberinnen und Bewerber im Rahmen des simulationsorientierten Ansatzes sehr konkret, wie die berufliche Realität sowie damit verbundene Erwartungen im neuen Kulturkreis aussehen, und können auf dieser Basis eine sinnvolle Selbstselektion betreiben. Ebenso können Auswählende bzw. Mitarbeitende in Organisationen andere als die „üblichen" Herangehensweisen beobachten, die ebenfalls zum Erfolg führen. Auf Basis dessen könnte auch eine Modifikation der beruflichen Realität erfolgen.

13.3.4 Planung und Durchführung der eignungsdiagnostischen Untersuchung von Geflüchteten

Planung und Durchführung eignungsdiagnostischer Untersuchungen sollten stets auf die Erfordernisse der entsprechenden Zielgruppe abgestimmt sein. Dafür bieten die Qualitätsanforderungen der International Test Commission (2001) eine sinnvolle Orientierung. Die nachfolgend aufgeführten Qualitätsanforderungen aus den Guidelines der International Test Commission wurden von den Autorinnen und Autoren dieses Buchbeitrags so umformuliert, dass sie nicht nur auf Testverfahren, sondern auch auf eignungsdiagnostische Untersuchungen im Allgemeinen zutreffen. Qualitätsanforderungen, die spezifisch die Auswahl und Durchführung von Eignungs*tests* betreffen, werden in Abschnitt 13.4.1 thematisiert.

Qualitätsanforderungen der International Test Commission zur Planung und Durchführung von Untersuchungen mit besonderer Relevanz für Geflüchtete

Fachkompetente Anwenderinnen und Anwender ...

Handeln in professioneller und ethisch korrekter Weise
- beachten in der Kommunikation mit Teilnehmenden und anderen Beteiligten in gebührender Weise deren Empfindlichkeiten (Leitlinie 1.1.5),

Übernehmen von Verantwortung für die Anwendung von Tests
- stellen den Teilnehmenden klare und angemessene Informationen über die ethischen Prinzipien und rechtlichen Bestimmungen zur Verfügung, die psychologische Diagnostik regeln (Leitlinie 1.3.3),
- vergewissern sich, dass die Art des Auftrags zwischen den Beteiligten und den Durchführenden klar ist und verstanden wurde (Leitlinie 1.3.4),
- sind achtsam in Bezug auf unbeabsichtigte Konsequenzen der Diagnostik (Leitlinie 1.3.5),
- bemühen sich, bei den Teilnehmenden keinen Schaden und keine Belastungen zu verursachen (Leitlinie 1.3.6),

Gewährleisten die vertrauliche Behandlung von Testergebnissen

- erläutern den Teilnehmenden die Abstufungen der Datensicherung, bevor diagnostische Verfahren vorgegeben werden (Leitlinie 1.5.2),

Auswahl technisch einwandfreier und für die Situation angemessener Tests
- stellen interessierten Personen und Personengruppen (z. B. Teilnehmenden, deren Eltern, Betreuerinnen und Betreuern) auf Anfrage ausreichende Informationen zur Verfügung, damit diese die Gründe für die Auswahl eines diagnostischen Verfahrens nachvollziehen können (Leitlinie 2.2.6).

Fachkompetente Anwenderinnen und Anwender bemühen sich, dass ...

Beachtung von Fragen der Fairness bei der Testanwendung
- Durchführende in der Lage sind, in unmissverständlicher Form in der vorgesehenen Sprache des diagnostischen Instruments zu kommunizieren (Leitlinie 2.3.10),
- die Sprachfertigkeiten der Teilnehmenden in der vorgesehenen Sprache des diagnostischen Instruments in systematischer Form erfasst werden und die ihnen gemäße sprachliche Version vorgelegt oder gegebenenfalls in bilingualer Form getestet wird (Leitlinie 2.3.11),

Notwendige Vorbereitungen für die Testdurchführung
- die Beteiligten rechtzeitig mit klaren Informationen bezüglich des diagnostischen Ziels, der Art und Weise, wie sie sich am besten auf die diagnostischen Verfahren vorbereiten können, und der zu befolgenden Anweisungen vertraut sind (Leitlinie 2.4.1),
- den Teilnehmenden zugelassenes Übungs-, Muster- oder Vorbereitungsmaterial zur Verfügung gestellt wird, wenn solches erhältlich ist und mit den Durchführungsempfehlungen der diagnostischen Instrumente übereinstimmt (Leitlinie 2.4.3),
- den Teilnehmenden ihre Rechte und Verantwortlichkeiten ausdrücklich erklärt werden (Leitlinie 2.4.4),
- das ausdrückliche Einverständnis der Teilnehmenden oder ihrer gerichtlichen Vertreterinnen und Vertreter eingeholt wird, bevor irgendeine Form der Diagnostik durchgeführt wird (Leitlinie 2.4.5),
- möglicherweise auftretende Probleme antizipiert werden und ihnen durch gründliche Vorbereitung des Materials und der Anweisungen entgegengewirkt wird (Leitlinie 2.4.8).

Fachkompetente Anwenderinnen und Anwender ...

Fachlich kompetente Testvorgabe
- stellen eine Beziehung zu den Teilnehmenden her, indem sie diese begrüßen und auf freundliche Weise auf die diagnostischen Verfahren vorbereiten (Leitlinie 2.5.1),
- verhalten sich in einer Weise, die die Ängstlichkeit bei den Teilnehmenden reduziert, und vermeiden es, unnötige Ängstlichkeit hervorzurufen oder zu verstärken (Leitlinie 2.5.2),

- geben die Anweisungen, wenn möglich, in der Erstsprache der Probandinnen und Probanden – auch dann, wenn die diagnostischen Verfahren der Erfassung der Kenntnisse oder Fertigkeiten in einer Nicht-Erstsprache dienen (Leitlinie 2.5.6),
- stehen Teilnehmenden, die Zeichen von übermäßiger Belastung oder Ängstlichkeit zeigen, in angemessener Weise zur Seite (Leitlinie 2.5.16).

Abdruck der Standards in deutscher Sprache mit freundlicher Genehmigung des Leibnitz-Zentruns für Psychologische Information und Dokumentation (ZPID).

13.3.5 Integration der Verfahrensergebnisse zu einem eignungsdiagnostischen Urteil für Geflüchtete

Wenn das Ziel der Eignungsdiagnostik in der Selektion liegt, müssen verschiedene Informationen zu einem einzigen dichotomen Urteil „verdichtet" werden (Einstellung oder Aufnahme in ein Programm versus Ablehnung). Auch für Geflüchtete muss dabei der Grundsatz der DIN33430 gelten, dass verschiedene eignungsdiagnostische Informationen nach vorab festgelegten und (idealerweise) evidenzbasierten Regeln (empirische Erkenntnisse zur optimalen Gewichtung, Expertenurteile zur Relevanz der Anforderungen, etc.) zu einem Gesamturteil verrechnet werden (Deutsches Institut für Normung, 2016). Ein weiteres Prinzip sollte hierbei im Kontext von Geflüchteten besondere Beachtung finden: Entwickelbare Kompetenzen und Fertigkeiten sollten (wie bereits angedeutet) in geringerem Ausmaß gewichtet werden als nicht oder weniger gut entwickelbare Eigenschaften und Fähigkeiten. Dies gilt noch deutlicher für solche Kompetenzen und Fertigkeiten, die sehr kulturspezifisch sind. Im Sinne der Integration von Geflüchteten in den Arbeitsmarkt sollten entwickelbare Kompetenzen und Fertigkeiten einer positiven Auswahlentscheidung nicht entgegenstehen – auch wenn dies bedeutet, dass Organisationen die ausgewählten Geflüchteten nach der Auswahl durch spezifische Personalentwicklungsmaßnahmen begleiten müssen.

13.4   Diagnostik beruflicher Eignung von Geflüchteten mittels psychometrischer Tests

In diesem Abschnitt soll diskutiert werden, dass
- nicht davon ausgegangen werden kann, dass unterschiedliche ethnische, soziokulturelle oder geschlechtsspezifische Gruppen in Eignungstests im Mittel gleich abschneiden (Abschnitt 13.4.1),
- Testanwender bestrebt sein sollten, solche Unterschiede zu minimieren (Abschnitt 13.4.1),

- viele allgemeine Faktoren – z. B. Vertrautheit mit Tests, Testangst, Testmotivation – Einfluss auf die Testleistung nehmen (Abschnitt 13.4.2),
- diese Faktoren im Kontext der Diagnostik mit Geflüchteten besonders berücksichtigt werden sollten, gleichzeitig jedoch noch viel Forschungsbedarf besteht (Abschnitt 13.4.2),
- einige Testverfahren unter Beachtung von deren Grenzen in der Eignungsdiagnostik mit Geflüchteten eingesetzt werden können (Abschnitt 13.4.3).

13.4.1 Testfairness bzw. adverse impact

Das Gütekriterium der Fairness ist dann gegeben, „wenn die resultierenden Testwerte zu keiner systematischen Benachteiligung bestimmter Personen aufgrund ihrer Zugehörigkeit zu ethnischen, soziokulturellen oder geschlechtsspezifischen Gruppen führen" (Moosbrugger & Kelava, 2008, S. 23). Im Englischen spricht man statt von (Un-)Fairness häufig von *adverse impact* (Roth, Bevier, Bobko, Switzer & Tyler, 2001). Beide Begriffe werden nachfolgend synonym verwendet.

Mittelwertunterschiede zwischen ethnischen, soziokulturellen oder geschlechtsspezifischen Gruppen in Testergebnissen können auf mehrere Arten zustande kommen (van de Vijver & Poortinga, 1997). Zum einen können Testmaterialien und Aufgabeninhalte tatsächlich bestimmte Gruppen benachteiligen. Dies könnte beispielsweise dann der Fall sein, wenn ein Test zum mechanisch-technischen Verständnis besonders viele Aufgaben enthält, die Funktionsweisen von hochpreisigen technischen Alltagsgegenständen erfragen. In diesem Fall wären Gruppen mit geringerem sozioökonomischen Status wahrscheinlich benachteiligt. Wenn ein solcher Test besonders viele Funktionsweisen von Gegenständen erfragt, die nur in der hiesigen Kultur verbreitet sind, wären Geflüchtete wahrscheinlich benachteiligt. Zum anderen können Mitglieder einer bestimmten Gruppe alleine durch die wahrgenommene Bedrohung, in einer Situation auf Grund ihrer Gruppenzugehörigkeit benachteiligt zu werden, schlechter abschneiden. Dieses Phänomen nennt man *stereotype threat* (Nguyen & Ryan, 2008). Natürlich ist es auch möglich, dass sich verschiedene Personengruppen tatsächlich in bestimmten Merkmalen unterscheiden (z. B. Frauen und Männer im Mittel in ihren physischen Fähigkeiten). Sofern diese Merkmale relevant – d. h. prognostisch valide – für spätere berufliche Leistungen sind, sind systematische Unterschiede zwischen Personengruppen in den zur Auswahl verwendeten diagnostischen Instrumenten nicht notwendigerweise ein Ausdruck von Unfairness.[7]

Verschiedene Studien zeigen tatsächlich, dass systematische Unterschiede zwischen ethnischen, soziokulturellen oder geschlechtsspezifischen Gruppen durch die Wahl der diagnostischen Instrumente bedingt sein können. In einer umfang-

---

7   Vgl. aber die verschiedenen Fairness-Modelle bei Schmidt-Atzert & Amelang (2012).

reichen Zusammenfassung konstatieren Hough, Oswald und Ployhart (2001), dass durch spezifische statt durch breite kognitive Fähigkeitstests der adverse impact reduziert wird. Sie fassen ebenfalls zusammen, dass nur wenige Facetten von Persönlichkeitsfragebögen Unterschiede zwischen Subgruppen aufweisen und dass Ergebnisse von strukturierten Interviews sowie Arbeitsproben kaum adverse impact nahelegen. Dies gilt auch für Situational Judgment Tests – also arbeitsproben-ähnliche Tests, bei denen berufsrelevante Situationen präsentiert werden und Testpersonen angeben sollen, wie man sich in dieser Situation verhalten sollte oder würde (Motowidlo, Dunnette & Carter, 1990). Diese Tests weisen insbesondere dann einen vergleichsweise geringen adverse impact auf, wenn die berufsrelevanten Situationen in Form von Videos (anstelle von schriftlichen Schilderungen) präsentiert werden (Hough et al., 2001).

Allerdings zeichnen einige neuere Studien ein teilweise anderes Bild. So berichten Roth und Kollegen (2001) von durchaus substanziellen mittleren Unterschieden der Ergebnisse ethnischer Gruppen in strukturierten Eignungsinterviews. Dem entgegen konnten Kroll und Ziegler (2016) keine geschlechts- oder migrationsspezifischen Unterschiede bei videogestützten Eignungsinterviews feststellen. Stumpf, Leenen und Scheitzka (2016) untersuchten gezielt Unterschiede zwischen Gruppen mit unterschiedlichem Migrationshintergrund, die sich bei einer deutschen Behörde bewarben. Ihre Ergebnisse zeigten, dass Bewerberinnen und Bewerber mit ausländischer Staatsbürgerschaft eine halbe Standardabweichung schlechter in einem Assessment-Center abschnitten als Bewerberinnen und Bewerber ohne Migrationshintergrund. Die Unterschiede in dem ebenfalls absolvierten kognitiven Leistungstest lagen in dem Bereich, der bislang in der Literatur berichtet wurde (ca. eine Standardabweichung). Insgesamt scheinen breite kognitive Leistungstests deutlich anfälliger für adverse impact zu sein als Persönlichkeitstests, strukturierte Interviews oder Assessment-Center.

Zur Sicherstellung der Testfairness hat die International Test Commission (2001) in ihren Richtlinien einen eigenen Abschnitt aufgenommen (Abschnitt 2.3 Beachtung von Fragen der Fairness bei der Testanwendung). Darin fordert sie:

> Wenn Tests mit Angehörigen verschiedener Gruppen durchgeführt werden sollen (z. B. Gruppen, die sich hinsichtlich des Geschlechts, des kulturellen Hintergrunds, der Ausbildung, der ethnischen Abstammung oder des Alters unterscheiden), bemühen sich fachkompetente Testanwender in jeder Weise, um sicherzustellen, dass ...
> - die Tests für die verschiedenen zu testenden Gruppen unvoreingenommen und angemessen sind (Leitlinie 2.3.1).
> - die zu erfassenden Konstrukte in jeder der repräsentierten Gruppen von Bedeutung sind (Leitlinie 2.3.2).
> - Nachweise über mögliche Gruppenunterschiede in der Testleistung vorliegen (Leitlinie 2.3.3).

- gegebenenfalls Nachweise über Benachteiligungen durch spezifische Items hinsichtlich der ethnischen Zugehörigkeit oder des Geschlechts ('Differential Item Functioning') vorliegen (Leitlinie 2.3.4).
- Belege über die Validität eines Tests vorliegen, die die Anwendung für die verschiedenen Gruppen unterstützen (Leitlinie 2.3.5).
- die Auswirkungen von Gruppenunterschieden, die im Hinblick auf den vorrangigen Testzweck nicht bedeutsam sind (z. B. Unterschiede in der Antwortmotivation oder Lesefertigkeit) minimiert werden (Leitlinie 2.3.6).
- in allen Fällen die mit der fairen Anwendung von Tests zusammenhängenden Richtlinien im Kontext der örtlich geltenden Grundsätze und Rechtslage interpretiert werden (Leitlinie 2.3.7).

Wenn ein Test in mehr als einer Sprache durchgeführt wird (sei es innerhalb eines oder in verschiedenen Ländern), bemühen sich fachkompetente Testanwender in jeder Weise, um sicherzustellen, dass ...
- jede Sprach- oder Dialektversion unter Verwendung einer strikten Methodik entwickelt wurde, die den Anforderungen fachkompetenten Vorgehens genügt (Leitlinie 2.3.8).
- Aspekte des Inhalts, der Kultur und Sprache von den Testentwicklern in sensibler Weise berücksichtigt wurden (Leitlinie 2.3.9).
- die Testleiter in der Lage sind, in unmissverständlicher Form in der vorgesehenen Testsprache zu kommunizieren (ggf. unterstützt durch Dolmetscherinnen und Dolmetscher, Anm. d. Autorinnen und Autoren) (Leitlinie 2.3.10).
- die Sprachfertigkeiten des Probanden in der vorgesehenen Testsprache in systematischer Form erfasst werden und die ihm gemäße sprachliche Version vorgegeben oder gegebenenfalls in bilingualer Form getestet wird (Leitlinie 2.3.11).

Abdruck der Standards in deutscher Sprache mit freundlicher Genehmigung des ZPID.

Es bleibt also festzuhalten, dass Testungen von Geflüchteten eher aus spezifischen denn aus allgemeinen kognitiven Leistungstests bestehen sollten, nach Möglichkeit illustrierendes (Video-)Material verwendet werden sollte (z. B. wenn Situational Judgement Tests zum Einsatz kommen) und – ggf. unterstützt durch Expertinnen und Experten sowie Dolmetscherinnen und Dolmetschern – geprüft werden sollte, ob die Standards der International Test Commission (2001) eingehalten werden. Im Rahmen von Personalauswahlprozeduren, die aus mehreren Eignungstests oder anderen Auswahlinstrumenten bestehen, lässt sich zudem der Einfluss des adverse impact eines Instruments auf die gesamte Prozedur minimieren: Sackett und Roth (1996) zeigen anhand von simulierten Daten, dass eine stärkere Selektion anhand von Methoden, die keinen adverse impact aufweisen, zu einer geringeren Benachteiligung von Minderheiten führt. In einer weiteren Simulationsstudie untersuchten DeCorte, Lievens und Sackett (2007), ob die Verwendung von Gewichten für die eignungsdiagnostischen Methoden Interview, kognitiver Fähigkeitstest und Gewissenhaftigkeitsfragebogen bei der Integration der Ergebnisse zu faireren und gleichzeitig immer noch validen Ergebnissen führt. Dies konnte bestätigt werden. Die entsprechenden Gewichtungen für verschiedene Szenarien können dem Artikel entnommen werden. Insgesamt lässt sich aber festhalten, dass mehr Forschung zu Fragen des adverse impact bei Geflüchteten nötig ist.

13.4.2 Einflussfaktoren auf die Testleistung

In der Literatur werden folgende allgemeine Einflussfaktoren auf Ergebnisse in psychologischen Tests und Fragebogen berichtet, die auch im Kontext der Eignungsdiagnostik von Geflüchteten beachtet werden sollten:
* Vertrautheit mit Tests und Strategien der Testbearbeitung („test wiseness"),
* Testangst,
* Testmotivation,
* Sozial erwünschtes Antwortverhalten und Testverfälschung (Faking),
* Antwortstile.

13.4.2.1   Vertrautheit mit Tests und Strategien der Testbearbeitung („test wiseness")

In ihrem Übersichtsartikel schreiben Rogers und Yang (1996, S. 247): „Besitzt eine Testperson test wiseness und enthält ein Test durchschaubare Items, dann kann die Kombination dieser beiden Faktoren zu besseren oder höheren Testergebnissen führen. Durch die oftmals vergleichende Nutzung von Testergebnissen entsteht die Frage nach Fairness für einige Gruppen – Studierende, Fachpersonal, Schulen –, die miteinander oder mit einem Standard verglichen werden sollen, weil einige Gruppen test wiseness besitzen und andere nicht" (Übersetzung der Autorinnen und Autoren). Test wiseness wird meist definiert als die „Fähigkeit von Testpersonen, Gegebenheiten eines Tests oder der Testsituation so zu nutzen, dass ein gutes Testergebnis entsteht" (Millman, Bishop & Ebel, 1965, S. 707; Übersetzung der Autorinnen und Autoren). Zu diesen Fähigkeiten oder Strategien gehören nach Millman et al.:
* der effektive Umgang mit der zur Verfügung stehenden Testzeit (z. B. nochmalige Kontrolle aller Items, wenn der Test vor Ablauf der Zeit vollständig bearbeitet wurde),
* Strategien zur Vermeidung von Fehlern (z. B. durch Nachfragen beim Testleiter, falls Unklarheiten bestehen),
* Ratestrategien (z. B. raten, wenn nur die richtige Antwort bewertet wird und für falsche Antworten kein Abzug entsteht),
* deduktives Schlussfolgern (z. B. Ausschluss von falschen Antwortoptionen),
* Berücksichtigung der „Absicht" (z. B. das Antworten gemäß der vermuteten Absicht der Testkonstrukteurin oder des Testkonstrukteurs),

- Nutzung von Hinweisen (z. B. das Beachten von längeren und richtigen im Vergleich zu kürzeren und falschen Antworten).

Einen eindrucksvollen Beleg für die Nützlichkeit der letztgenannten Strategie berichten Mittring und Rost (2008). Sie konnten zeigen, dass bei gängigen Intelligenztests zwischen 35 und 75 % der Aufgaben durch eine einfache Strategie gelöst werden können. Diese Strategie bestand darin, die Antwortalternative zu wählen, die die beste Schnittmenge aus allen Alternativen bildet. Angenommen, über alle Antwortalternativen hinweg wären Kreise am häufigsten zweimal, Dreiecke am häufigsten dreimal und Quadrate am häufigsten einmal verwendet worden, dann würde die Strategie eine Wahl der Antwortalternative nahelegen, in der 2 Dreiecke mit 3 Kreisen und 1 Quadrat kombiniert auftreten.

Die allgemeine Anfälligkeit von Tests für die hier genannten Strategien liegt laut Rogers und Yang (1996) in einem ähnlichen Bereich. Eine Metaanalyse von Hausknecht und Kollegen (2007) kann ebenfalls als Beleg für die Relevanz dieser Strategien herangezogen werden. So konnten diese Autoren zeigen, dass eine Testwiederholung mit zwischenzeitlichem Coaching (das unter anderem auf Strategien der Testbearbeitung abzielt) zu einer stärkeren Verbesserung der Testleistung führt ($d = .70$) als eine reine Testwiederholung ($d = .26$).

Hinsichtlich der Frage, inwiefern sich Menschen unterschiedlicher ethnischer und soziokultureller Herkunft in der Vertrautheit mit Tests und Testsituationen unterscheiden, gibt es derzeit uneinheitliche Befundmuster (Rogers & Yang, 1996). Einzelne Erfahrungsberichte aus Testungen mit Geflüchteten legen jedoch die Vermutung nahe, dass diese über eher geringe Erfahrungen mit Tests und Testsituationen verfügen. Würde man Testergebnisse einer testunerfahrenen Gruppe Geflüchteter mit der einer testerfahrenen Gruppe vergleichen, entstünde ein unzulässiger Nachteil für Geflüchtete. Ggf. wäre dann zunächst ein Coaching im Umgang mit Tests und der Testsituation erforderlich, um vergleichbare und valide Testergebnisse zu erhalten. Ob und in welchem Ausmaß Geflüchtete über Testerfahrungen und -strategien verfügen, sollte dringend systematisch beforscht werden.

13.4.2.2   Testangst

Testangst bezeichnet eine Bewertungsangst, die spezifisch für die Testsituation ist (Sommer & Arendasy, 2014). Eine etwas ältere Metaanalyse von Hembree (1988) untersuchte den Effekt von Testangst auf verschiedene Testleistungen. Dabei wurden vorwiegend Schülerinnen und Schüler der Primar- und Sekundarstufe in die Analyse aufgenommen. Die Ergebnisse zeigten signifikante negative Zusammenhänge zwischen Testangst und Testleistungen für Schülerinnen und Schüler ab der 3. Klasse bis zur High School (je höher die Testangst, desto tendenziell schlechter die Testleistungen). Hembree (1988) verglich auch Schülerinnen und Schüler mit hoher versus niedriger Testangst und fand einen Unterschied in kognitiven Leistungstests von umgerechnet ca. 7,5 IQ-Punkten.

In einer neueren Studie gingen Sommer und Arendasy (2014) der Frage nach, warum Testangst zu niedrigeren Testleistungen führt. Sie kontrastierten dazu zwei prominente Erklärungsansätze: die Defizit- und die Interferenzhypothese. Die Defizithypothese geht davon aus, dass Testpersonen sich während der Testung ihres Leistungsdefizits bewusst werden und als Folge davon Angst verspüren. Die Interferenzhypothese nimmt hingegen an, dass Personen mit hoher Testangst durch interferierende Sorgen abgelenkt werden und damit nicht ihre tatsächliche Leistungsfähigkeit zeigen können. Mithilfe nach beiden Hypothesen spezifizierter Strukturgleichungsmodelle konnten Sommer und Arendasy (2014) zeigen, dass ihre Daten eher für die Defizit- und weniger für die Interferenzhypothese sprechen. Allerdings prüften diese Autoren ihre Hypothesen bislang nur in einem Umfeld, in dem es für die Getesteten um nichts ging. Inwiefern sich die Defizit- gegenüber der Interferenzhypothese „durchsetzt", wenn die Testung von erheblicher Relevanz für die Getesteten ist (wie in der Eignungsdiagnostik der Fall), ist derzeit noch unklar.

Derzeit gibt es unseres Wissens keine systematischen Untersuchungen zur Testangst von Geflüchteten. US-amerikanische Studien, die sich mit Unterschieden zwischen ethnischen Gruppen in der Testangst beschäftigen, legen einen moderaten Zusammenhang zwischen Ethnie und Testangst nahe (Hembree, 1988). Es ist zudem bekannt, dass Geflüchtete aufgrund ihrer besonderen Historie besonders häufig posttraumatische Belastungen (Richter, Lehfeld & Niklewski, 2015) und tendenziell häufiger eine Angstsymptomatik aufweisen (Kliem et al., 2016). Wenngleich sich in Stichproben bestehend aus Nicht-Geflüchteten – und damit einhergehend geringerer allgemeiner Angstsymptomatik – die Interferenzhypothese nicht bestätigt hat, ist davon auszugehen, dass eine ausprägte allgemeine Angstsymptomatik Testergebnisse negativ beeinflusst (Gass, 1996). Ist eine entsprechende Belastung bekannt, sollte nach Möglichkeit auf belastende Testungen verzichtet oder die Ergebnisse vor dem Hintergrund der Belastung interpretiert werden. Grundsätzlich empfehlenswert sind die in der Eignungsdiagnostik üblichen Strategien zur Reduktion von Testangst, wie das Herstellen einer freundlichen Atmosphäre, das Bereitstellen von Beispielaufgaben vorab oder die Instruktion, dass Tests bewusst sehr schwere und damit fast unlösbare Aufgaben beinhalten. Derzeit liegen uns jedoch keine Erkenntnisse darüber vor, wie diese Praktiken angepasst werden könnten, um noch besser die Testängste von Geflüchteten aus unterschiedlichen Kulturen zu minimieren.

In jedem Falle sind die entsprechenden Standards der International Test Commission (2001) zu beachten:

Fachkompetente Testanwender ...
- Stellen eine Beziehung zu den Probanden her, indem sie sie begrüßen und auf freundliche Weise auf den Test vorbereiten (Leitlinie 2.5.1).
- Verhalten sich in einer Weise, die Testängstlichkeit bei den Probanden reduziert, und vermeiden es, unnötige Ängstlichkeit hervorzurufen oder zu verstärken (Leitlinie 2.5.2).

- Stellen sicher, dass mögliche Störquellen (z. B. Armbanduhrsignale, Handys, Beeper/Pager) entfernt werden (Leitlinie 2.5.3).
- Stellen vor Testbeginn sicher, dass den Probanden alles benötigte Testmaterial vorliegt (Leitlinie 2.5.4).
- Führen den Test unter angemessen beaufsichtigten Bedingungen durch (Leitlinie 2.5.5).
- Geben die Testanweisungen wo immer möglich in der Muttersprache der Probanden – auch dann, wenn der Test zur Erfassung der Kenntnisse oder Fertigkeiten in einer Nicht-Muttersprache dient (ggf. mithilfe von Dolmetscherinnen und Dolmetschern; Anmerkung der Autorinnen und Autoren) (Leitlinie 2.5.6).
- Halten sich strikt an die Anweisungen und Vorgaben des Testmanuals mit sinnvollen Anpassungen für Personen mit Behinderungen (Leitlinie 2.5.7).
- Lesen die Anweisungen in ruhiger und klarer Weise vor (Leitlinie 2.5.8).
- Geben ausreichend Zeit für die Bearbeitung von Beispielaufgaben (Leitlinie 2.5.9).
- Beobachten und dokumentieren Abweichungen im Ablauf und der Vorgehensweise eines Tests (Leitlinie 2.5.10).

Abdruck der Standards in deutscher Sprache mit freundlicher Genehmigung des ZPID.

13.4.2.3 Testmotivation

Testmotivation bezeichnet das Ausmaß, in dem Getestete „maximale Anstrengung in den Test investieren, mit dem Ziel, akkurat widerzugeben, was man weiß oder kann in dem Bereich, der getestet wird" (Wise & DeMars, 2005, S. 2; Übersetzung der Autorinnen und Autoren). In ihrer Übersichtsarbeit sichteten diese Autoren insgesamt zwölf empirische Studien zum Zusammenhang zwischen Testmotivation und Testleistung. Die daraus entnommenen Effektstärken variieren zwar stark (von $d \approx 0$ bis 1.5), jedoch weisen alle bis auf eine Studie einen positiven Zusammenhang zwischen Testmotivation und Testleistung auf. Der mittlere Effekt lag bei 0.59, d.h. in einem Intelligenztest müsste man davon ausgehen, dass um 1 Standardabweichung stärker motivierte Personen ca. 9 IQ-Punkte mehr erzielen würden.

Die Frage der Testmotivation wird in der Eignungsdiagnostik eher nachrangig behandelt, da man davon ausgeht, dass alle Personen aufgrund der Relevanz des Testergebnisses sehr motiviert sind (Barry, Horst, Finney, Brown & Kopp, 2010). Dies könnte sich für Geflüchtete jedoch anders darstellen. Wenn die Grenzen zwischen Personalauswahl, Personalentwicklung, Berufsberatung und Arbeitsplatzgestaltung verschwimmen oder Eignungsdiagnostik von zentralen Organisationen statt dem selbstgewählten Arbeitgeber vorgenommen wird, kann Testmotivation eine größere Relevanz für die Leistung in Eignungstests haben. Empirische Prüfungen hierzu stehen jedoch noch aus. Derzeit scheint es aber empfehlenswert, Testmotivation parallel zu Eignungstests zu erfassen (z. B. mithilfe des Test Attitude Survey) und zu berücksichtigen (Arvey, Strickland, Drauden & Martin, 1990).

13.4.2.4   Sozial erwünschtes Antwortverhalten und Testverfälschung (Faking)

Eine Sorge bei der Verwendung von Testverfahren mit Ratingskalen existiert wahrscheinlich ebenso lange, wie diese Instrumente selbst: die Möglichkeit, dass die getesteten Personen bei der Beantwortung nicht ehrlich sind. Ausmaß und Richtung dieser Verfälschung sind dabei stark situationsabhängig (Ziegler, 2011). Paulhus (2002) bezeichnet dies insgesamt als sozial erwünschtes Antworten und differenziert diese Art des Response Sets weiter aus. Dabei unterscheidet er zwischen dem Adressaten der Verfälschung (selbst vs. andere) und dem Thema (egoistisch vs. moralistisch – plakativ: Darstellung als Superman vs. Mutter Theresa). Aus dieser Kombination ergeben sich vier spezifische Response Sets: self-deceptive enhancement (selbsttäuschende Aufwertung) und agency management (verzerrte Darstellung agentischer Aspekte wie Extraversion oder Intelligenz) sowie self-deceptive denial (selbsttäuschende Verleugnung) und communion management (verzerrte Darstellung kommunaler Aspekte wie Verträglichkeit oder emotionaler Stabilität).

Nicht alle Formen sozialer Erwünschtheit sind in einem eignungsdiagnostischen Kontext relevant. Hier spielt eher Faking eine Rolle. Ziegler, MacCann und Roberts (2011, S. 8) definieren Faking folgendermaßen: „Faking ist ein Antwortverhalten, welches das Ziel verfolgt, eine Selbstdarstellung hervorzubringen, die das Erreichen persönlicher Ziele unterstützt. Faking findet statt, wenn dieses Antwortverhalten durch situative Anforderungen und persönliche Charakteristiken aktiviert wird, und systematische Unterschiede in den Testergebnissen produziert, die nicht auf das interessierende Merkmal zurückgehen" (Übersetzung der Autorinnen und Autoren). In Paulhus' Taxonomie trifft diese Definition je nach Thema der Verfälschung auf agency und communion management zu (Paulhus 2002). Im eignungsdiagnostischen Kontext geht es also darum, sich besser darzustellen als man ist, um den Job zu bekommen. Solches Faking tritt nicht nur bei der Verwendung von Fragebögen auf (Griffith, Chmielowski & Yoshita, 2007), sondern auch in Interviews (Levashina & Campion, 2006) und Assessment-Centern (König, Melchers, Kleinmann, Richter & Klehe, 2007).

Ellingson (2011) stellte ein Modell auf, in welchem Einflussfaktoren beschrieben werden, die eine absichtliche Verfälschung im eignungsdiagnostischen Kontext wahrscheinlicher machen. Dazu gehören die Attraktivität des Jobs, aber auch Aspekte wie die Zeit, die jemand arbeitslos ist oder die Motivation des Bewerbers bzw. der Bewerberin für die Stelle. Bezogen auf Geflüchtete, die eine Integration in den Arbeitsmarkt anstreben, ist zumindest zu vermuten, dass die Ausprägungen dieser Aspekte eher hoch sind. Faking per se lässt sich somit auch für Geflüchtete nicht ausschließen.

Wege, sich gegen Faking zu schützen, gibt es kaum. Am ehesten scheint die Verwendung aufwendiger Forced-Choice Formate bei Fragebögen (Brown & Maydeu-Olivares, 2013) oder das Paraphrasieren (wiederholen des Gesagten mit eigenen

Worten) im Interview (DePaulo, Lindsay, Malone, Muhlenbruck, Charlton & Cooper, 2003) zu helfen. Ein beachtenswerter Aspekt ist, dass die Richtung der Verfälschung zum Teil vom (impliziten) Wissen der Bewerberinnen und Bewerber bezüglich des zu besetzenden Arbeitsplatzes abhängt (Ziegler, 2011). Hierauf basiert die Einschätzung der Bedeutung einer Fragebogenaussage für den jeweiligen Arbeitsplatz. Nur wenn dem Item Bedeutung zugemessen wird, erfolgt eine Verfälschung der Antwort. Hierbei wird zudem nicht einfach die extremste Antwort gewählt, sondern die eigentliche eigene Antwort mehr oder weniger stark angepasst. Es ist nun anzunehmen, dass Geflüchtete nicht bei allen Arbeitsplätzen über die vollständige und korrekte Information verfügen. So ist nicht auszuschließen, dass es zu Verfälschungen in die eigentlich falsche Richtung kommt. Daher empfiehlt sich, beim Einsatz von Persönlichkeitsfragebögen eher geringe Cut-Off-Werte[8] anzusetzen und die Absicherung mit einer zweiten Methode, beispielsweise dem Interview. Abschließend ist zu sagen, dass es keinen Grund gibt anzunehmen, dass Faking in einem anderen Ausmaß auftritt als bei muttersprachlichen Bewerberinnen und Bewerbern in vergleichbaren sozialen Umständen. Allerdings ist hierzu ebenfalls mehr Forschung nötig.

13.4.2.5   Antwortstile

Das Ausmaß, in dem Personen bei Antworten auf Ratingskalen unabhängig vom Inhalt der Frage zu einer bestimmten Antwort tendieren, nennt man Antwortstil. Vier Antwortstile werden in der aktuellen Literatur vorrangig diskutiert: Ja-Sage-Tendenz, Nein-Sage-Tendenz, Tendenz zur Mitte und Tendenz zu Extremen (Schmidt-Atzert & Amelang, 2012[9]). Weijters, Geuens und Schillewaert (2010) konnten in einer längsschnittlich angelegten Studie zeigen, dass diese Antwortstile nicht nur innerhalb einer Befragung oder eignungsdiagnostischen Test-Sitzung auftreten, sondern über den Zeitraum von einem Jahr stabil sind. Sie fanden dabei substanzielle Zusammenhänge zwischen den Antwortstilen und demografischen Variablen – z. B. waren Ja-Sage-Tendenz, Tendenz zur Mitte und Tendenz zu Extremen eher mit geringerem Bildungsniveau assoziiert.

In Bezug auf Fragebogenverfahren sind weitere Erkenntnisse aus der Literatur relevant. Zum Beispiel weiß man, dass die Beantwortung von Fragebögen in einer anderen Sprache als der Erstsprache eher zu einer Tendenz zur Mitte führt (Harzing, 2006). Bezüglich ethnischer Herkunft fassen Van Vaerenbergh und Thomas (2013) die Befundlage als uneindeutig zusammen: Es ist ungeklärt, welche Ethnie welchen Antwortstil bevorzugt. Diese Autoren konstatieren aber insgesamt, dass es Einflüsse der Ethnie auf präferierte Antwortstile gibt und Testauswertende bei der Bewertung der Ergebnisse für solche Unterschiede sensibel sein sollten. Den

---

8   Durch geringere Cut-Off-Werte erfolgt eine weniger strenge Auswahl.
9   Vgl. aber die detaillierteren Taxonomien bei Van Vaerenbergh & Thomas (2013).

Einfluss der Kultur auf Antwortstile hat Harzing (2006) untersucht. Die Autorin ließ Fragebogenitems in 26 verschiedenen Ländern bearbeiten. Es zeigte sich, dass in Ländern, deren Kultur von einer hohen „Power Distance" (Hofstede, 2001) geprägt ist, gehäuft die Tendenz zu Extremen auftritt (extreme response preference). In kollektivistisch geprägten Ländern waren Ja-Sage-Tendenz (Akquieszenz) und Tendenz zur Mitte häufig vertreten. Unsicherheitsvermeidung ging ebenfalls mit einer erhöhten Ja-Sage-Tendenz einher. In Kulturkreisen, in denen die Persönlichkeitseigenschaft Extraversion stärker ausgeprägt ist, zeigte sich eine Tendenz zu extrem positiven Antworten (Hamamura, Heine & Paulhus, 2008). Insgesamt wird deutlich, dass separate Normen für unterschiedliche ethnische Gruppen und Kulturen angebracht sein können, um diese Probleme zu beheben. Es ist aber zu bedenken, dass der Arbeitsmarkt an alle Personen die gleichen Anforderungen stellt. Unterschiedliche Normen können daher selbst wieder Unfairness erzeugen, wenn die Normen „zu stark" für Antwortstile korrigieren. Um das angebrachte Ausmaß der Korrektur bestimmen zu können, wären aufwändige empirische Studien – die beispielsweise die Messinvarianz[10] prüfen – nötig. Ob und wie stark die Situation von Geflüchteten in Deutschland dazu führt, dass diese besondere Antwortstile aufweisen, ist nicht bekannt und sollte Gegenstand zukünftiger Forschung sein.

13.4.3 Beispielhafte Testverfahren

In Abschnitt 13.2.2 wurde allgemeine kognitive Leistungsfähigkeit als zentraler Prädiktor für berufliche Leistungen genannt. Dementsprechend sollen an dieser Stelle zuerst Testverfahren vorgestellt werden, die allgemeine (oder fluide) kognitive Leistungsfähigkeit sprachfrei messen. Dabei erhebt die nachfolgende Auflistung keinen Anspruch auf Vollständigkeit.

13.4.3.1   Intelligenztests

Als „Klassiker" unter den sprachfreien Intelligenztests wird der CFT-20-R (Weiß, 2006) hier etwas ausführlicher gewürdigt; alternative Testverfahren werden kürzer dargestellt.

Grundintelligenztest Skala 2 – Revision (CFT 20-R)

Der CFT-20-R (Weiß, 2006) ist ein Verfahren zur sprachfreien Erfassung der fluiden Intelligenz (vgl. Tabelle 13.1). Das Verfahren besteht aus zwei einheitlich strukturierten Testteilen mit jeweils vier Aufgaben zum figuralen Denken. Die

---

10 Messinvarianz ist gegeben, wenn Items in verschiedenen Kulturen dasselbe Konstrukt erfassen. Um Kulturunterschiede in Konstruktausprägungen interpretieren zu können, ist Messinvarianz notwendig.

vier Untertests sind Reihenfortsetzen, Klassifikationen, Matrizen und topologische Schlussfolgerungen. Dabei kommen alle Aufgaben ohne verbales Material aus und setzen somit keine Sprachkenntnisse voraus (abgesehen von der Instruktion). Die nach Schwierigkeit geordneten Einzelaufgaben sollen innerhalb bestimmter Zeitvorgaben gelöst werden. Eine aktuelle Rezension[11] nach dem Testbeurteilungssystem des Diagnostik- und Testkuratoriums (TBS-TK) von Gruber und Tausch (2015) kommt zu dem Schluss, dass die vom Testkuratorium verlangten Qualitätsanforderungen hinsichtlich a) allgemeinen Informationen, Beschreibung, und diagnostische Zielsetzung, b) Objektivität, c) Zuverlässigkeit, und d) Validität allesamt weitgehend erfüllt sind (Beurteilung auf einer vierstufigen Skala von „voll erfüllt" über „weitgehend erfüllt" und „teilweise erfüllt" bis „nicht erfüllt"). Die Rezensentinnen wählten beispielsweise bezüglich der Validität nicht die oberste Kategorie („voll erfüllt"), da aktuelle Studien zur prognostischen Validität des Tests fehlen. Diese liegen lediglich für Vorgängerversionen vor. Da der CFT-20-R jedoch etablierte Intelligenztest-Aufgabentypen verwendet, kann davon ausgegangen werden, dass Befunde zur Validität der fluiden Intelligenztests (Hülsheger, Maier, Stumpp & Muck, 2006) übertragen werden können.

Von besonderer Bedeutung für diesen Buchbeitrag ist der Umstand, dass die ursprüngliche Intention – eine kulturfreie Messung der fluiden Intelligenz zu ermöglichen – früh fallengelassen werden musste (Schmidt-Atzert & Amelang, 2012). Es sollte daher eher von einer sprachunabhängigen und weniger von einer kulturunabhängigen Messung der fluiden Intelligenz ausgegangen werden. Selbiges gilt auch für die nachfolgend dargestellten sprachfreien Alternativen zum CFT-20-R.

Erfahrungsberichte von Einsätzen des CFT-20-R bei Geflüchteten in Deutschland mahnen zur Vorsicht bei der Interpretation der Testergebnisse. So berichten Testdurchführende neben positiven Reaktionen auch von Unverständnis für die Art der Testaufgaben, von Unerfahrenheit im Umgang mit solchen Aufgaben und von Belastungsreaktionen. Wenngleich systematische Untersuchungen fehlen, scheinen doch die unter 13.4.2 genannten Einflussfaktoren auch auf den CFT-20-R – und wahrscheinlich auf andere, ähnliche Tests (s. u.) – beim Einsatz mit Geflüchteten deutlich einzuwirken. In Abwesenheit entsprechender Studien sowie Erkenntnissen darüber, wie man die in Abschnitt 13.4.2 genannten Einflussfaktoren im Rahmen einer Kurzintervention bei Geflüchteten minimieren könnte, ist zu einer sehr vorsichtigen Interpretation der Testergebnisse zu raten. Dabei sollten während der Testung vorgenommenen Verhaltensbeobachtungen und Nachbefragungen (wurden die Aufgaben verstanden, gab es Anzeichen für erhöhte Belastung oder abträgliche Testbearbeitungsstrategien?) in die Interpretation mit einfließen. Dies gilt gleichsam für die nachfolgend aufgeführten Intelligenztests.

---

11   Es handelt sich hierbei um die Prüfung eines Testverfahrens.

Tabelle 13.1:   Grundintelligenztest Skala 2

Testverfahren:	Grundintelligenztest Skala 2 – Revision (CFT 20-R) mit Wortschatztest und Zahlenfolgentest – Revision (WS/ZF-R)
Autoren:	Weiß, 2006
Konzeption:	Intelligenzstrukturmodell von Jäger (1982); Erfassung fluider (sprachfrei) und kristalliner Intelligenz
Untertests:	zwei Testteile mit je vier Untertests: Reihenfortsetzen, Klassifikationen, Matrizen und topologische Schlussfolgerungen Testteil 1: 56 Aufgaben, Testteil 2: 45 Aufgaben, WS/ZF-R: 51 Aufgaben
Beurteilung der psychometrischen Qualität:	Gütekriterien weitgehend erfüllt; ausreichend empirisch validiert, lediglich Studien zur prognostischen Validität des Tests fehlen; für Kinder und Jugendliche ausreichend normiert, Normen von 2003/2004; Retest-Reliabilität: .80–.90; Kriteriumsvalidität: .60–.75

Alter	Testsprache	Testaufbau	zeitlicher Aufwand	Normierungsstichprobe	Ergänzende Informationen	Bezug
8;5 bis 60 Jahre	Theoretisch sprachfrei; Instruktionen derzeit auf Deutsch, Norwegisch, Polnisch, Schwedisch und Tschechisch	Papier- und PC-Version verfügbar; als Kurzform (nur Testteil 1) oder Langform (beide Testteile) durchführbar; Einzel- und Gruppentestungen möglich	Bearbeitungsdauer: Kurzform: 35–40 Minuten (2 verschiedene Testzeiten möglich); Langform: rund 60 Minuten, WS/ZF-R: 40 Minuten Auswertungsdauer: k.A.	$N = 4.350$ Schüler (2003), Klassennormen der Jahrgangsstufen 3–13; Normen für Erwachsene aus Vorgängerversionen berechnet; 12–13 % mit Migrationshintergrund (entspricht bundesdeutschem Durchschnitt)	Weitgehend kulturunabhängiges Testmaterial, in der Praxis traten allerdings Probleme auf (Unverständnis, Unerfahrenheit, Belastungsreaktionen); Migranten (v.a. türkischer Abstammung) schneiden im zweiten Teil besser ab als im ersten und profitieren von einer Testverlängerung; Stark visuell gebunden	Testzentrale Göttingen

Ravens Progressive Matrizen

Die Testfamilie der Raven Progressive Matrizen umfasst die Versionen Standard Progressive Matrizen, Advanced Progressive Matrizen und Coloured Progressive Matrizen (vgl. Tabelle 13.2), die sich vorwiegend in ihrem Schwierigkeitsgrad unterscheiden (die Coloured Progressive Matrizen sind für Kinder im Alter von 3 Jahren und 9 Monaten bis 11 Jahre und 8 Monate geeignet). Im Gegensatz zum CFT-20-R beanspruchen die Raven Progressiven Matrizen nicht die Messung der fluiden, sondern der allgemeinen Intelligenz. Hierzu kommt nur ein Aufgabentyp, nämlich Matrizenaufgaben, zum Einsatz. Zudem sind die Raven Progressiven Matrizen als sog. Power-Tests entwickelt worden, d.h. es gibt keine Zeitbegrenzung für die Bearbeitung der Aufgaben. Stattdessen arbeiten Testpersonen so lange, bis sie die immer schwerer werdenden Aufgaben nicht mehr lösen können (es liegen jedoch auch Normen für zeitbegrenzte Versionen vor).

Tabelle 13.2: Ravens Progressive Matrizen

Testverfahren:	Ravens Progressive Matrizen – Standard Progressive Matrizen (SPM), Advanced Progressive Matrizen (APM), Coloured Progressive Matrizen (CPM)
Autoren:	SPM von Raven, 2009; APM von Raven, Raven & Court, 1998; CPM von Raven, Raven & Court, 2001
Konzeption:	Sprachfreie Messung der allgemeinen Intelligenz mit Matrizenaufgaben
Untertests:	Verschiedene Versionen, die sich bezüglich Zielgruppe und Schwierigkeit unterscheiden: SPM: 5 (Pseudo-)Subtests mit je 12 Aufgaben (nach Schwierigkeit sortiert) APM: für ein überdurchschnittliches kognitives Leistungsniveau mit 2 Aufgabensets (12 und 36 Aufgaben) CPM: für Kinder und Jugendliche, 3 Testsets mit je 12 Aufgaben
Beurteilung der psychometrischen Qualität:	Psychometrische Qualität variiert, verschiedene Studien zur Validität, Ergebnisse variieren dabei weit, sodass Validität nicht als hinreichend bestätigt gelten kann; Normen sind veraltet und nicht allgemein gültig

Tabelle 13.2: Fortsetzung

Alter	Test-sprache	Test-aufbau	zeitlicher Aufwand	Normie-rungs-stich-probe	Ergän-zende Informa-tionen	Bezug
SPM: ab 10 Jahren; APM: ab 16 Jahren; CPM: 3;9– 11;8 Jahre	Sprachfrei; Instruktio-nen liegen z.B. auf Deutsch, Englisch, Franzö-sisch und Türkisch vor	Papier- und PC-Version, teilweise liegen Parallel-formen vor	Bearbei-tungs-dauer: ab ca. 20 Mi-nuten, keine Zeit-begren-zung vor-gesehen Auswer-tungs-dauer: k.A.	SPM: $N = 305$ Studie-rende in Bayern (1996); APM: $N = 1.142$ deutsche Bewerber (1997); CPM: $N = 1.218$ (2001)	Matrizen weitgehend kulturun-abhängig; Normen aus ver-schiedenen (europäi-schen) Ländern z.B. SPM Normie-rung für USA, Neu-seeland, Großbri-tannien; APM Inter-nationale Normie-rung für Großbri-tannien, Nordirland, Rumänien, Australien	Testzen-trale Göt-tingen; Wiener Testsys-tem (Schuh-fried GmbH)

Bochumer Matrizentest – advanced (BOMAT)

Der Bochumer Matrizentest – advanced (Hossiep, Turck & Hasella, 1999) verwendet ebenfalls zur Messung der allgemeinen Intelligenz den Aufgabentyp der Matrizenaufgaben (vgl. Tabelle 13.3). Er ist am ehesten mit den Advanced Progressive Matrizen vergleichbar, da er eher für besonders leistungsfähige Personengruppen konzipiert wurde (z.B. Studierende und Hochschulabsolventen).

Tabelle 13.3: Bochumer Matrizentest

Testverfahren:	Bochumer Matrizentest – advanced (BOMAT)
Autoren:	Hossiep, Turck & Hasella, 1999
Konzeption:	Messung der allgemeinen Intelligenz (Spearman's g), genauer des kom-plexen, logisch-schlussfolgernden Denkens mit Matrizenaufgaben

Tabelle 13.3: Fortsetzung

Untertests:	10 Übungsaufgaben und 40 Testitems nach aufsteigender Schwierigkeit
Beurteilung der psychometrischen Qualität:	Gütekriterien weitgehend erfüllt: Cronbachs $\alpha = .91$ (Form A), $\alpha = .90$ (Form B); Paralleltest-Reliabilität: $.86$; externe Validität (Abiturnote) $r = -.38$ (Form A und Form B); weitere Validierungsstudien notwendig; Normwerte sollten aktualisiert werden

Alter	Test-sprache	Test-aufbau	zeitlicher Aufwand	Normie-rungs-stich-probe	Ergän-zende Informa-tionen	Bezug
18–45 Jahre	weitestgehend sprachfrei, Instruktionen liegen jedoch nur auf Deutsch und Tschechisch vor	Papier- und PC-Version verfügbar, zwei Parallelformen	Bearbeitungsdauer: Langversion: 80 Minuten, Kurzversion: 45 Minuten; zusätzlich jeweils ca. 30 Minuten Einarbeitungszeit Auswertungsdauer: k.A.	$N = 303$ (Studierende und Hochschulabsolventen, 1999)	Matrizen gelten als weitgehend kulturunabhängig	Testzentrale Göttingen

Adaptiver Matrizentest (AMT)

Als letztes Beispiel für sprachfreie Intelligenztests, die Matrizenaufgaben verwenden, wird hier der Adaptive Matrizentest (Hornke, Etzel & Rettig, 1999) genannt (vgl. Tabelle 13.4). Der wesentliche Unterschied zu den bisher erwähnten Tests liegt in der adaptiven Testvorgabe. Das bedeutet, dass Testpersonen nicht sukzessive alle Aufgaben (geordnet nach ansteigender Schwierigkeit) abarbeiten, entweder bis die Zeit abgelaufen ist oder sie keine Aufgaben mehr lösen können; vielmehr wird in Abhängigkeit von den während des laufenden Tests gezeigten Leistungen stets die folgende Aufgabe so ausgewählt, dass sie optimal zum bisher gezeigten Leistungsniveau der Testperson passt. D.h. Aufgaben, die wahrscheinlich viel zu leicht oder zu schwer wären, werden erst gar nicht präsentiert. Der Vorteil liegt in der dadurch verringerten Testdauer.

Tabelle 13.4: Adaptiver Matrizentest

Testverfahren:	Adaptiver Matrizentest (AMT)
Autoren:	Hornke, Etzel & Rettig, 1999
Konzeption:	Sprachfreie Erfassung des schlussfolgernden Denkens als Indikator für die allgemeine Intelligenz (CHC-Modell) anhand von adaptiven Matrizen-Aufgaben
	Basiert auf der Itemkonstruktionstheorie (Hornke & Habon, 1984)
Untertests:	4 Testformen (S1 – Kurzform, S2 – Standardform, S3 – Langform, S1 1 – Verkehrspsychologische Kurzform); Anzahl der zu bearbeitenden Aufgaben wird individuell an Testpersonen angepasst (Sammlung mit 289 Items)
Beurteilung der psychometrischen Qualität:	Gütekriterien weitgehend erfüllt; Studien zur Kriteriumsvalidität aus der Verkehrspsychologie

Alter	Test-sprache	Test-aufbau	zeitlicher Aufwand	Normie-rungs-stich-probe	Ergän-zende Informa-tionen	Bezug
Ab dem 14. Lebensjahr	Sprachfrei, Instruktionen liegen z.B. auf Deutsch, Englisch, Französisch, Polnisch, Russisch, Serbisch, Türkisch, Ungarisch und Hoch-Arabisch vor	PC-Version; vier Testformen für verschiedene Zwecke (S1, S2, S3, S1 1)	Bearbeitungsdauer: S1: ca. 34 Minuten, S2: ca. 54 Minuten, S3: ca. 64 Minuten, S1 1: ca. 24 Minuten Auswertungsdauer: kurz (computergestützt)	$N = 461$ aus dem Jahr 2006; zusätzliche Angaben zur Evaluierungsstichprobe (Polen $n = 415$, Russland $n = 415$, Österreich $n = 406$)	Matrizenaufgaben gelten als weitgehend kulturunabhängig	Wiener Testsystem (Schuhfried GmbH)

13.4.3.2   Spezifische kognitive Fähigkeitstests

Die bisher aufgeführten Tests können alle als breite kognitive Fähigkeitstests verstanden werden. Daher ist der unter 13.4.1 genannte adverse impact bei diesen Tests als gravierend einzuschätzen. Eine in der Literatur beschriebene Möglichkeit, damit umzugehen, besteht in der Verwendung von spezifischen anstelle von breiten kognitiven Fähigkeitstests. Allerdings muss hierzu im Einzelfall geprüft werden, welche spezifischen kognitiven Tests die Anforderungen des jeweiligen Berufs adäquat abbilden. Insbesondere Aufmerksamkeits- und Konzentrationstests könnten – bei gegebener anforderungsanalytischer Passung – aufgrund ihrer meist sprachfreien Gestaltung eine Alternative darstellen. Ein prominenter Vertreter der Konzentrationstests ist der d2-R (Brickenkamp, Schmidt-Atzert & Liepmann, 2010) (vgl. Tabelle 13.5). Hierbei sind alle ds, die mit zwei Strichen versehen sind, in einer Zeile bestehend aus einer Abfolge der Buchstaben d und p mit ein oder zwei Strichen möglichst schnell und fehlerfrei zu markieren. Eignungsdiagnostiker sollten jedoch abwägen, ob die Diskrimination von lateinischen Buchstaben nicht zumindest die Akzeptanz bei Bewerberinnen und Bewerbern, die mit diesen nicht vertraut sind, mindert. Eine Alternative zum d2-R, die nur Symbole (Kreise, Quadrate und Punkte) verwendet, ist das Frankfurter Aufmerksamkeitsinventar 2 (FAIR-2) (Moosbrugger & Oehlschlägel, 2011) (vgl. Tabelle 13.6).

Tabelle 13.5: Aufmerksamkeits- und Konzentrationstest

Testverfahren:	d2-Revision – Aufmerksamkeits- und Konzentrationstest (d2-R)					
Autoren:	Brickenkamp, Schmidt-Atzert & Liepmann, 2010					
Konzeption:	Erfassung der konzentrierten Aufmerksamkeit (Konzentrationsleistung [KL] mit Geschwindigkeit [BZO] und Genauigkeit [F%])					
Untertests:	Keine					
Beurteilung der psychometrischen Qualität:	Interne Konsistenzen mind. .77, Retest-Reliabilität für KL und G mind. .85, F% .47; Konstrukt- und Kriteriumsvalidität weitgehend gegeben (für F% nur eingeschränkt), jedoch sind neuere Studien notwendig; für die Eignungsdiagnostik keine eindeutigen Belege					
Alter	**Testsprache**	**Testaufbau**	**zeitlicher Aufwand**	**Normierungsstichprobe**	**Ergänzende Informationen**	**Bezug**
9 bis 60 Jahre	Deutsch, Dänisch, Französisch, Italienisch, Niederländisch, Norwegisch, Schwedisch, Serbisch, Tschechisch und Ungarisch	Papier- und PC-Version	Bearbeitungszeit ca. 5 Minuten; Instruktion ca. 5 Minuten, Auswertungszeit ca. 5 Minuten	$N = 4.024$ (2007/2008) für 7 Altersgruppen, z.B. 15–16 Jahre $n = 500$, 17–19 Jahre $n = 728$, 20–39 Jahre $n = 708$, 40–60 Jahre $n = 268$	Auswertung erfolgt manuell; Kurzanleitung auf Türkisch vorhanden	Testzentrale Göttingen

Tabelle 13.6:   Frankfurter Aufmerksamkeits-Inventar

Testverfahren:	Frankfurter Aufmerksamkeits-Inventar 2 (FAIR-2)						
Autoren:	Moosbrugger & Oehlschlägel, 2011						
Konzeption:	Erfassung der Aufmerksamkeitsleistung und Konzentrationsfähigkeit						
Untertests:	2 parallele Testformen (A und B) mit je 320 Items						
Beurteilung der psychometrischen Qualität:	Split-Half-Reliabilität .80–.90, Retest-Reliabilität (zwei Wochen) .73–.81, Paralleltest-Reliabilität > .80; vielfältige Studien zur Konstruktvalidität, aber nur wenige Studien zur Kriteriumsvalidität						
Alter	Testsprache	Testaufbau	zeitlicher Aufwand	Normierungsstichprobe	Ergänzende Informationen	Bezug
9 bis 85 Jahre	Instruktion auf Deutsch	Papier-Version	Bearbeitungszeit ca. 6 Minuten; Instruktion 4–6 Minuten, Auswertungszeit ca. 10 Minuten	$N = 2.993$ – teilaktualisierte Normen (Altersmittelwerte 22 bzw. 24 Jahre), überwiegend deutsche Stichprobe (für Testform A 5 Altersgruppen, z.B. 18–25 Jahre, 26–35 Jahre, 36 Jahre und älter; für Testform B 4 Altersgruppen, z.B. 18–25 Jahre, 26–35 Jahre, 36 Jahre und älter)	Einzel- und Gruppentestung möglich	Testzentrale Göttingen

13.4.3.3   Persönlichkeitstests

Neben kognitiven Fähigkeiten sind auch Persönlichkeitsmerkmale für die berufliche Leistung ausschlaggebend (vgl. Abschnitt 13.2.2). Daher werden im Folgenden einige Persönlichkeitstests genannt, die für die Eignungsdiagnostik von Geflüchteten hilfreich sein können. Im Unterschied zu kognitiven Leistungstests erfassen Persönlichkeitstests nicht das „maximale", sondern das „typische" Verhalten (Moosbrugger & Kelava, 2008). Hierzu wird den Testpersonen in der Regel eine Reihe von selbstbeschreibenden Aussagen vorgelegt. Die Testpersonen sollten dann subjektiv beurteilen, inwiefern sie diesen Aussagen zustimmen (z.B. auf einer Skala von „stimme überhaupt nicht zu" bis „stimme völlig zu"). Persönlichkeitstests setzen also in der Regel bei der Testperson eine sichere Beherrschung der verwendeten Sprache voraus. Für die persönlichkeitsorientierte Eignungsdiagnostik bei Geflüchteten sind daher Testverfahren von Vorteil, die in möglichst vielen für diese Personengruppe relevanten Sprachen vorliegen, und deren Güte sowie Vergleichbarkeit für diese Sprachen sichergestellt ist.

Unabhängig vom spezifischen Anwendungskontext sind bei Selbstbeurteilungsverfahren eine Reihe von grundsätzlichen Einschränkungen zu beachten, insbesondere die leichte Verfälschbarkeit und der Einfluss von Antwortstilen (vgl. Abschnitt 13.4.2). Daher wird häufig empfohlen, die Selbstbeurteilung um Beurteilungen durch andere (z.B. Kollegen, Angehörige, Vorgesetzte) zu ergänzen (Connelly & Ones, 2010). Sowohl für das NEO-PI-R als auch für das IPIP (s.u.) liegen Fremdbeurteilungsversionen vor. Allerdings gilt es hier zu berücksichtigen, dass Personen, die von der Testperson als Beurteiler ausgewählt werden, der Testperson gegenüber häufig loyal eingestellt sind und daher ein sozial erwünschtes Antwortverhalten besonders ausgeprägt sein kann (Leising, Erbs & Fritz, 2010).

NEO-Persönlichkeitsinventar (NEO-PI-R)

Ein in vielen Sprachen verfügbares Testverfahren ist die revidierte Fassung des NEO-Persönlichkeitsinventars nach Costa und McCrae (NEO-PI-R) (Ostendorf & Angleitner, 2004) (vgl. Tabelle 13.7). Das NEO-PI-R basiert auf dem Fünf-Faktoren-Modell der Persönlichkeit, demzufolge Persönlichkeitsunterschiede anhand der fünf übergeordneten Persönlichkeitsdomänen Neurotizismus, Extraversion, Verträglichkeit, Gewissenhaftigkeit und Offenheit für Erfahrungen vollständig systematisiert werden können (Digman, 1990).[12] Jede Domäne wird im NEO-PI-R durch sechs Facetten spezifiziert: Die für Eignungsdiagnostik besonders relevante Domäne Gewissenhaftigkeit besteht z.B. aus den Facetten Kompetenz, Ordnungsliebe, Pflichtbewusstsein, Leistungsstreben, Selbstdisziplin und Besonnenheit. Eine Rezension gemäß TBS-TK von Andresen und Beauducel (2008) kommt zu dem Schluss, dass die vom Testkuratorium verlangten Qualitätsanforderungen hinsichtlich allgemeinen Informationen, Beschreibung und diagnostischer Zielsetzung „voll erfüllt" sowie hinsichtlich Objektivität, Zuverlässigkeit und Validität „weitgehend erfüllt" sind. Für die Anwendung des NEO-PI-R bei Geflüchteten ist besonders günstig, dass das Testverfahren in zahlreiche arabische und afrikanische Sprachen übersetzt wurde und sich seine Faktorenstruktur über Sprachen und Kulturen hinweg weitgehend replizieren lässt (McCrae & Terracciano, 2005).

---

12   Die Persönlichkeit eines jeden Menschen lässt sich als individuelles Profil bezüglich dieser Dimensionen beschreiben.

Tabelle 13.7: NEO-Persönlichkeitsinventar

Testverfahren:	NEO-Persönlichkeitsinventar (NEO-PI-R)
Autoren:	Ostendorf & Angleitner, 2004
Konzeption:	Erfassung der Persönlichkeit anhand des Fünf-Faktoren-Modells der Persönlichkeit (FFM): 5 Domänen (Neurotizismus, Extraversion, Gewissenhaftigkeit, Verträglichkeit, Offenheit für Erfahrungen), die in 30 Facetten unterteilt werden
Untertests:	Insgesamt 240 Items; jeweils 6 Items pro Facette
Beurteilung der psychometrischen Qualität:	Gütekriterien weitgehend erfüllt; Interne Konsistenzen .87- .92; Retest-Reliabilität (nach einem Monat) .88–.91; zahlreiche Angaben zur Kriteriumsvalidität im Manual; Normwerte des Manuals sind recht alt; Facetten sollten nicht einzeln verwandt werden (Interne Konsistenzen .53–.85)

Alter	Test-sprache	Test-aufbau	zeitlicher Aufwand	Normierungsstich-probe	Ergän-zende Informa-tionen	Bezug
Ab 16 Jahren	z.B. Deutsch, Englisch, Französisch, Tschechisch, Hoch-Arabisch	Papier- und PC-Version; Selbst- und Fremd-beurteilung möglich	Bearbeitungsdauer: ca. 35 Minuten Auswertungsdauer: k.A.	Deutsch N = 11.724 (1999), unterteilt nach Geschlecht, Alter (z.B. 16–20 Jahre, 21–24 Jahre, 25–29 Jahre, 30–49 Jahre, 50 Jahre und älter), Bildungsgrad; neuere Normen mit Angaben zum Migrationshintergrund wären sinnvoll	Faktorenstruktur über Sprachen und Kulturen hinweg weitgehend replizierbar	Testzentrale Göttingen

International Personality Item Pool (IPIP)

Eine Alternative zum NEO-PI-R bieten Testverfahren, die auf dem International Personality Item Pool (IPIP) (Goldberg et al., 2006) aufbauen. Der IPIP ist eine frei zugängliche Sammlung von über 3.000 selbstbeschreibenden Aussagen (vgl. Tabelle 13.8). Ein Kernbestand von 100 Aussagen kann z.B. zur Messung der fünf übergeordneten Persönlichkeitsdomänen verwendet werden (Goldberg, 1992). Für diese 100 Aussagen liegen qualitativ hochwertige Übersetzungen in zahlreiche Sprachen[13] – u.a. in Arabisch und Farsi – vor, allerdings unseres Wissens keine sprach- bzw. kulturspezifischen Normen.

---

13 Zu finden unter vgl. http://ipip.ori.org/newItemTranslation.htm.

Tabelle 13.8: International Personality Item Pool

Testverfahren:	International Personality Item Pool (IPIP)					
Autoren:	Goldberg et al., 2006					
Konzeption:	Fünf-Faktorenmodell der Persönlichkeit					
Untertests:	Sammlung von über 3.000 selbstbeschreibenden Aussagen, Kernbestand von 100 Aussagen zur Messung der Persönlichkeit					
Beurteilung der psychometrischen Qualität:	Interne Konsistenzen .79–.91; für arabische Stichprobe: .69–.86; Verweis auf zahlreiche Studien zur Validität des Verfahrens					
Alter	**Test-sprache**	**Test-aufbau**	**zeitlicher Aufwand**	**Normie-rungsstich-probe**	**Ergänzende Informa-tionen**	**Bezug**
k.A.	z.B. Deutsch, Englisch, Französisch, Polnisch, Russisch, Türkisch, Tschechisch, Hoch-Arabisch, Farsi, Urdu	Papier- und PC-Version; 50 oder 100 Item Version	Bearbeitungs-dauer: 15–20 Minuten Auswertungs-dauer: k.A.	Keine eindeutigen Angaben zu Normen, aber Verweis auf zahlreiche Studien mit Rohdaten, die verwendet werden können	Verfahren in mehreren Herkunftsländern validiert (z.B. N = 545, Libanon, Syrien, Jordanien, Palästina, 2016)	Ipip.ori.org Open-Source-Material

Nonverbaler Persönlichkeitsfragebogen (NPQ)

Ein weniger verbreitetes, aber für die Persönlichkeitsdiagnostik bei Geflüchteten sehr vielversprechendes Testverfahren ist der Nonverbale Persönlichkeitsfragebogen (NPQ) (Paunonen, Jackson & Keinonen, 1990) (vgl. Tabelle 13.9). Der NPQ besteht aus 136 Zeichnungen, auf denen Personen dargestellt sind, die bestimmte Handlungen durchführen. Die Testpersonen sollen für jede Zeichnung auf einer Sieben-Punkte-Skala angeben, wie wahrscheinlich es ist, dass sie sich selbst auf die dargestellte Weise verhalten. Die ursprüngliche Version des NPQ zielt darauf ab, die Ausprägungen der 16 psychologischen Grundbedürfnisse nach Murray (1938) zu messen. Eine revidierte und auf 56 Zeichnungen gekürzte Variante des NPQ ermöglicht die Erfassung der Persönlichkeitsdomänen des Fünf-Faktoren-Modells (Paunonen, Ashton & Jackson, 2001). Der Vorteil des NPQ im Kontext der Diagnostik von Geflüchteten besteht in der Sprachfreiheit seines Materials. Allerdings legt eine aktuelle Studie nahe, dass die Instruktionen des NPQ bei Personen aus dem arabischen Kulturkreis missverständlich sein können und entsprechend präzisiert bzw. angepasst werden müssen (Staal, 2012).

Tabelle 13.9: Nonverbaler Persönlichkeitsfragebogen

Testverfahren:	Nonverbaler Persönlichkeitsfragebogen (NPQ)
Autoren:	Paunonen, Jackson & Keinonen, 1990
Konzeption:	Basiert auf den 16 psychologischen Grundbedürfnissen nach Murray (1938)
Untertests:	136 Zeichnungen, auf denen Personen dargestellt sind, die bestimmte Handlungen durchführen; Messung von 22 verschiedenen Eigenschaften
Beurteilung der psychometrischen Qualität:	Interne Konsistenzen .61–.75; Konvergente Validität: Korrelationen mit PRF-Skalen ≥.50 Diskriminante Validität: Korrelationen mit PRF-Skalen ≤.18

Alter	Test-sprache	Test-aufbau	zeitlicher Aufwand	Normie-rungs-stich-probe	Ergänzende Informationen	Bezug
Erwach-sene	Sprachfrei, Instruktionen auf Englisch	Papier- und PC-Version	Bearbeitungszeit ca. 20 Minuten	$N = 582$ (Kanada, Finnland, 1990)	Revidierte Form: FF-NPQ (Jackson, Paunonen & Ashton, 2004), 56 Items, basierend auf dem Fünf-Faktoren-Modell (FFM), Normierungsstudien in verschiedenen Ländern	Hogrefe Schweden; Sigma Assessment Systems

Foto-Interessentest

Der Foto-Interessentest (Toggweiler, Jungo & Stoll, 2004) ist ein bildbasiertes Verfahren zur Ermittlung berufsbezogener Interessen (vgl. Tabelle 13.10). Dieses Verfahren basiert u. a. auf den beruflichen Interessensdimensionen nach Holland (1997), die realistische, investigative, künstlerische, soziale, unternehmerische und konventionelle Berufsbereiche unterscheiden. Der Foto-Interessentest besteht aus 133 Fotos, die Menschen bei der Ausübung verschiedener beruflicher Tätigkeiten zeigen, die in die genannten Interessensbereiche fallen. Testpersonen sollen für jedes Bild angeben, in welche der drei Antwortkategorien (Interesse, Desinteresse, Gleichgültigkeit) dieses für sie fällt. Die Autoren konnten zeigen, dass Interessensurteile auf Basis dieses Bildmaterials hinsichtlich der Reliabilität und Validität verbalen Interessentests gleichkommen.

Der Foto-Interessentest ist einer der wenigen hier genannten Tests, dessen psychometrische Qualität zusätzlich an einer Stichprobe von Migrantinnen und

Migranten untersucht wurde. Allerdings berichten die Autoren nur Ergebnisse zur Reliabilität – die als gut bis sehr gut zu bewerten sind –, jedoch keine Befunde zur Validität des Verfahrens oder zu Mittelwertunterschieden zwischen Migranten und Nicht-Migranten. Weitere Studien müssen zeigen, inwiefern die Validität des Foto-Interessentest auch für Geflüchtete gegeben ist. Dies ist insofern nicht trivial, als dass bestimmte Berufe trotz evtl. vorhandenen grundsätzlichen Interesses für Geflüchtete z. B. aus religiösen Gründen nicht ausführbar sind.

Tabelle 13.10: Foto-Interessentest

Testverfahren:	Foto-Interessentest Serie FIT 2003 (F-I-T)						
Autoren:	Toggweiler, Jungo & Stoll, 2004						
Konzeption:	Interessensdimensionen nach Holland, 1997 (realistische, investigative, künstlerische, soziale, unternehmerische und konventionelle Berufsbereiche), Berufsinteressenfelder von Egloff (Naturbezug, Nahrung/Gastlichkeit, Gestaltung, Handwerk, Maschinen, Planen/Berechnen, Verkaufen/Vermitteln, Kultur, Soziales)						
Untertests:	133 Fotos, die Menschen bei der Ausübung verschiedener beruflicher Tätigkeiten zeigen						
Beurteilung der psychometrischen Qualität:	Interne Konsistenzen .75–.91; Studien zur Konstruktvalidität liegen vor						
Alter	Test-sprache	Test-aufbau	zeitlicher Aufwand	Normierungs-stich-probe	Ergänzende Informationen	Bezug	
Erwachsene und Jugendliche ab dem 8. Schuljahr	Sprachfrei, Instruktionen liegen auf Deutsch und Französisch vor	Papier- und PC-Version	Bearbeitungsdauer: 5–15 Minuten Auswertungsdauer: ca. 15 Minuten	$N = 438$ (Deutschsprachige Schweizer im Alter von 14 bis 17 Jahren); Stichprobe von Migrantinnen und Migranten* (14–17 Jahre, $N = 140$) verfügbar	Fotos werden regelmäßig aktualisiert	Schweizerisches Dienstleistungszentrum Berufsbildung, Berufs-, Studien- und Laufbahnberatung (SDBB)	

Anmerkung: *Die Angabe zur Herkunft wird nicht dargelegt.

13.4.3.4   Situational Judgment Tests

Situational Judgment Tests versuchen, den simulationsorientierten Ansatz der Eignungsdiagnostik (vgl. Abschnitt 13.2.3) durch standardisierte Testverfahren zu realisieren. Im beruflichen Alltag vorkommende, erfolgskritische Situationen werden in Form von kurzen Schilderungen oder Videosequenzen dargeboten, d. h. „simuliert". Testpersonen werden gebeten, eine von mehreren vorgegebenen Antwortalternativen auszuwählen oder alle vorgegebenen Antworten zu bewerten.[14] Dies dient als Indikator dafür, wie sich Testpersonen in ähnlichen Situationen des beruflichen Alltags verhalten würden (Motowidlo et al., 1990).

Als „Mini-Simulationen" bieten Situational Judgment Tests somit potenziell die in Abschnitt 13.3.3 genannten Vorteile des simulationsorientierten Ansatzes bei Geflüchteten (z. B. Kennenlernen der beruflichen Herausforderungen, Erlernen erfolgsrelevanter Verhaltensweisen an realitätsnahen Beispielen). Leider verfügen die im deutschen Sprachraum etablierten Testverlage unseres Wissens derzeit nicht über Situational Judgment Tests in den bei Geflüchteten vorherrschenden Sprachen. Eine englische (und deutsche) Version eines Situational Judgment Tests zur Messung von Führungskompetenzen, der Leadership Judgement Indicator (LJI) (Lock, Wheeler, Burnhard & Cooper, 2005; deutsche Version: Neubauer, Bergner & Felfe, 2012) (vgl. Tabelle 13.11), ist über einen Testverlag verfügbar. Ein international weit verbreiteter Situational Judgment Test zur Messung von Kompetenzen der Teamarbeit (vgl. Tabelle 13.12), der Teamwork KSA Test (Knowledge, Skills, and Abilities) (Stevens & Campion, 1994), ist über einen US-amerikanischen Verlag zu beziehen. Allerdings werden für diese und viele andere Situational Judgment Tests nur geringe – für die Individualdiagnostik meist unzureichende – Reliabilitäten berichtet (Kasten & Freund, 2016).

Tabelle 13.11:   Leadership Judgement Indicator

Testverfahren:	Leadership Judgement Indicator (LJI)
Autoren:	Neubauer, Bergner & Felfe, 2012 (deutsche Adaptation)
Konzeption:	Erfassung von Entscheidungs- bzw. Führungsstil (direktiv, konsultativ, einvernehmlich, delegativ) mit einem Judgement Score (Situationsangemessenheit der Entscheidung) und einem Präferenzwert (individuell bevorzugter Entscheidungsstil)
Untertests:	16 komplexe Situationsbeschreibungen aus dem Führungskontext

---

14   Vgl. Kapitel 12: Deutscher & Winther.

Tabelle 13.11: Fortsetzung

Beurteilung der psychometrischen Qualität:	befriedigende Reliabilitäten der Präferenzwerte: Interne Konsistenzen .71–.73, aber unbefriedigende Reliabilitäten für die Judgement Scores; zahlreiche Befunde zur Konstrukt- und Kriteriumsvalidität					
Alter	**Testsprache**	**Testaufbau**	**zeitlicher Aufwand**	**Normierungsstichprobe**	**Ergänzende Informationen**	**Bezug**
Erwachsene	Deutsch und Finnisch	Papier- und PC-Version	Bearbeitungszeit ca. 25 Minuten; Auswertungszeit k.A.	$n = 241$ deutsche Führungskräfte, $n = 247$ österreichische Führungskräfte		Testzentrale Göttingen

Tabelle 13.12: Teamwork – Knowledge, Skills, and Abilities Test

Testverfahren:	Teamwork – Knowledge, Skills, and Abilities (KSA) Test					
Autoren:	Stevens & Campion, 1994					
Konzeption:	Teamwork Taxonomie mit 10 Skalen zu Interpersonalen KSAs und 4 Skalen zu Selbstmanagement KSAs					
Untertests:	35 Situationsbeschreibungen mit je 4 Antwortalternativen					
Beurteilung der psychometrischen Qualität:	Geringe psychometrische Qualität auf Item- und (Sub-) Skalen-Ebene, keine interpretierbare Faktorenstruktur, durchschnittliche Kriteriumsvalidität .20 (aber große Bandbreite)					
Alter	**Testsprache**	**Testaufbau**	**zeitlicher Aufwand**	**Normierungsstichprobe**	**Ergänzende Informationen**	**Bezug**
Erwachsene	Englisch	Papier-Version	Bearbeitungszeit ca. 30 Minuten; Auswertungszeit k.A.	$N = 388$ (USA, 1995)	hohe Korrelation mit kognitiver Leistungsfähigkeit	Creative Organizational Design

13.4.3.5   Sogenannte proprietäre Testverfahren

Neben den bisher genannten, von Wissenschaftlerinnen und Wissenschaftlern entwickelten Testverfahren für die Eignungsdiagnostik existieren zahlreiche weitere, die von Testanbietern selbst entwickelt und vertrieben werden. Solche, oftmals als proprietäre Verfahren bezeichnete Tests haben den Vorteil, dass die meist international agierenden Testanbieter bereits bei der Entwicklung deren weltweiten Einsatz bedacht und zahlreiche Sprachvarianten realisiert haben. Diesem Vorteil steht die häufig für Anwenderinnen und Anwender schwierig zu prüfende wissenschaftliche Qualität gegenüber (mangels z. T. wenig ausführlicher Dokumentation oder nicht verfügbarer Rezensionen).

13.5 Implikationen und Ausblick

13.5.1 Möglichkeiten und Grenzen der bisherigen Verfahren

Die voranstehenden Ausführungen machen deutlich, dass die Eignungsdiagnostik bei Geflüchteten im Allgemeinen und der Einsatz von Eignungstests im Speziellen viele Herausforderungen beinhaltet. Diese liegen in den veränderten Randbedingungen, unter denen Eignungsdiagnostik stattfindet (vgl. Abschnitt 13.3.1), in der Notwendigkeit der besonderen Gestaltung der eignungsdiagnostischen Situation (vgl. Abschnitt 13.3.4) sowie in der Anpassung der verwendeten Instrumente an Sprache und Kultur der Geflüchteten (für Beispiele und deren Grenzen vgl. Abschnitt 13.4.3) unter besonderer Berücksichtigung von Einflussfaktoren auf die Testleistung (vgl. Abschnitte 13.4.1 und 13.4.2).

Dennoch soll den Leserinnen und Lesern nicht der Eindruck vermittelt werden, dass ein Testeinsatz in der Eignungsdiagnostik bei Geflüchteten nicht möglich oder nicht sinnvoll sei. Wie in Abschnitt 13.3.3 kurz skizziert, haben alternative diagnostische Zugänge wie (simultan übersetzte) Interviews, Verhaltensbeobachtungen oder Dokumentenanalysen ebenfalls ihre Grenzen beim Einsatz mit Geflüchteten. Darüber hinaus spricht die große Zahl von in den Arbeitsmarkt zu integrierenden Geflüchteten dafür, flächendeckend und ökonomisch einsetzbare sowie gut evaluierbare Verfahren – also Testverfahren – zu verwenden. Da mehrere Autorinnen und Autoren mögliche Diskriminierungen von Geflüchteten als weitere Ursache für die schwierige Integration in den Arbeitsmarkt betonen (Duvander, 2001), erweist sich die höhere Objektivität von Testverfahren im Vergleich zu Interviews und Verhaltensbeobachtungen als weiterer Vorteil.

Nichtsdestotrotz wird deutlich, dass ein großer Forschungsbedarf hinsichtlich der Konstrukt- und Kriteriumsvalidität sowie der Akzeptanz und Fairness von eignungsdiagnostischen Prozeduren bei Geflüchteten besteht. Dies inkludiert die systematische Ermittlung von psychologischen Barrieren, aber auch von Stärken der Geflüchteten bei der Integration in den Arbeitsmarkt. Ferner wird offenkundig, dass es eines verstärkten Engagements bei der Adaptation und Neuentwicklung von Testverfahren speziell für Geflüchtete bedarf. Abschließend und beispiel-haft für ein solches Engagement soll ein Gemeinschaftsprojekt der Autorinnen und Autoren dieses Buchbeitrags vorgestellt werden.

13.5.2 Eine Alternative: Diagnostics Across Borders

Vor dem Hintergrund der oftmals suboptimalen diagnostischen Mittel, die für Ge-flüchtete zur Verfügung stehen, und der gleichzeitig hohen Relevanz fairer und valider diagnostischer Aussagen als Grundlage von zukunftsweisenden Entschei-dungen, haben die Autorinnen und Autoren dieses Buchbeitrags Ende 2015 unter der Bezeichnung „Diagnostics Across Borders" ein Gemeinschaftsprojekt initi-iert. Dieses hat zum Ziel, Diagnostik für Geflüchtete in allen Bereichen (also nicht nur die Eignungsdiagnostik) zu optimieren.

Um dieses Ziel zu erreichen, wurden vier Handlungsfelder definiert:
*   Information von Testanwenderinnen und -anwendern,
*   Adaptation von Testverfahren für Geflüchtete,
*   Neuentwicklung von Testverfahren für Geflüchtete,
*   Forschung zu Fragen rund um die Diagnostik für Geflüchtete.

Diese vier Handlungsfelder werden ergänzt durch zwei diesen vorgelagerte Ak-tivitätsbereiche. Zum einen handelt es sich um die Recherche von Bedarfen der zentralen Betreuungs- und Beratungseinrichtungen von Geflüchteten, die po-tenziell mit psychologischen Tests abgedeckt werden könnte, und zum anderen um die Recherche von bereits vorhandenen, einsetzbaren Testverfahren. Abbil-dung 13.4 visualisiert die Handlungsfelder und Arbeitsabläufe von Diagnostics Across Borders.

Im Rahmen der Bedarfsanalyse steht das Team von Diagnostics Across Borders im Austausch mit Einrichtungen wie dem Behandlungszentrum für Folteropfer (BZFO), der Bundespsychotherapeutenkammer sowie mit Integrationsbeauftrag-ten. Um den Bedarf an eignungsdiagnostischen Tests zu ermitteln, wurden lokale Vereine zur Integration Geflüchteter, aber auch zentrale Einrichtung wie der Psy-chologische Dienst der Bundesagentur für Arbeit kontaktiert.

Bislang konnten Informationen zu zahlreichen, potenziell für Geflüchtete einsetz-baren Tests recherchiert und über die Homepage von Diagnostics Across Borders[15] der Öffentlichkeit zur Verfügung gestellt werden. Neben relevanten Testinforma-tionen wurden passende Tests für konkrete Projekte ermittelt, sowie der Kontakt zu distribuierenden Testverlagen hergestellt.

---

15   http://www.fu-berlin.de/en/sites/diagnostics-across-borders/index.html

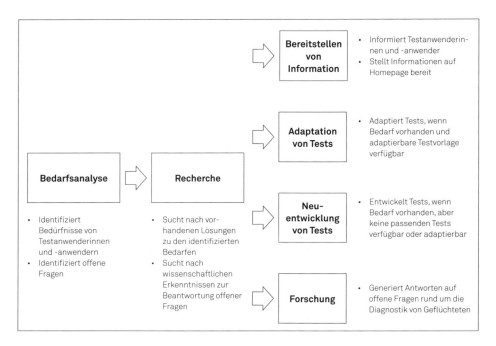

Abbildung 13.4:   Workflow und Handlungsfelder von „Diagnostics Across Borders"

Die Adaptation von Tests erfolgte bislang nur in kleinem Stil und mithilfe befreundeter Übersetzerinnen und Übersetzer bzw. des Sprachenzentrums der Freien Universität Berlin. Das Vorgehen bei der Adaptation folgt den von der International Test Commission (2001) spezifizierten Standards.

Testneuentwicklungen haben bislang nicht stattgefunden. Dies liegt auch daran, dass zunächst weitere Forschung zu den unter 13.4.2 genannten Einflussfaktoren auf die Testleistung von Geflüchteten nötig ist, um adressatengerechte und valide Tests entwickeln zu können. Die wesentlichen Forschungsfragen, die derzeit bearbeitet werden, wurden ebenfalls in Abschnitt 13.4.2 thematisiert.

Diagnostics Across Borders wird vollständig von ehrenamtlichen Mitgliedern unterstützt, wovon sehr viele Studierende der Psychologie sind. Damit erreicht Diagnostics Across Borders nicht nur langfristig eine Optimierung der Diagnostik von Geflüchteten, sondern auch eine weitere Ausbildung und Sensibilisierung bei zukünftigen Testanwenderinnen und Testentwicklern. Insgesamt wird mit diesem Projekt angestrebt, dem in diesem Buchbeitrag genannten Forschungs- und Informationsbedarf nachzukommen und somit zu einer weiteren Optimierung der Eignungsdiagnostik bei Geflüchteten beizutragen.

Literatur

Ægisdottir, S., White, M. J., Spengler, P. M., Maugherman, A. S., Anderson, L. A., Cook, R. S. et al. (2006). The meta-analysis of clinical judgment project: Fifty-six years of accumulated research on clinical versus statistical prediction. *Counseling Psychologist, 34*, 341–382.

Andresen, B. & Beauducel, A. (2008). TBS-TK Rezension: NEO-Persönlichkeitsinventar nach Costa und McCrae, Revidierte Fassung (NEO-PI-R). *Report Psychologie, 33*, 543–544.

Arbeitskreis Assessment Center. (2004). *Standards der Assessment Center Technik 2004*. Zugriff am 17. 08. 2017. Verfügbar unter http://www.arbeitskreis-ac.de/index.php?option=com_con tent&view=article&id=150

Arvey, R. D., Strickland, W., Drauden, G. & Martin, C. (1990). Motivational components of test taking. *Personnel Psychology, 43*, 695–716. http://doi.org/10.1111/j.1744-6570.1990.tb00679.x

Babka von Gostomski, C., Böhm, A., Brücker, H., Fendel, T., Friedrich, M., Giesselmann, M. et al. (2016). IAB-BAMF-SOEP-Befragung von Geflüchteten: Überblick und erste Ergebnisse. *IAB Forschungsbericht, 14*.

Barry, C. L., Horst, S. J., Finney, S. J., Brown, A. R. & Kopp, J. P. (2010). Do examinees have similar test-taking effort? A high-stakes question for low-stakes testing. *International Journal of Testing, 10*, 342–363. http://doi.org/10.1080/15305058.2010.508569

Bauer, T. K. & Kunze, A. (2004). *The demand for high-skilled workers and immigration policy* (IZA Discussion paper series, No. 999). Bonn: Forschungsinstitut zur Zukunft der Arbeit. Zugriff am 17. 08. 2017. Verfügbar unter https://www.econstor.eu/bitstream/10419/20234/1/dp999. pdf

Beiser, M. & Hou, F. (2001). Language acquisition, unemployment and depressive disorder among Southeast Asian refugees: A 10-year study. *Social Science & Medicine, 53*, 1321–1334. http://doi.org/10.1016/S0277-9536(00)00412-3

Bornträger, W. & Moukouli, V. (2016). Individuelle Kompetenzentwicklung für geflüchtete Menschen. In V. Heyse, J. Erpenbeck & S. Ortmann (Hrsg.), *Intelligente Integration von Flüchtlingen und Migranten. Aktuelle Erfahrungen, Konzepte und kritische Anregungen* (S. 121–133). Münster: Waxmann.

Brickenkamp, R., Schmidt-Atzert, L. & Liepmann, D. (2010). *Test d2 – Revision (d2-R). Aufmerksamkeits- und Konzentrationstest*. Göttingen: Hogrefe.

Brown, A. & Maydeu-Olivares, A. (2013). How IRT can solve problems of ipsative data in forced-choice questionnaires. *Psychological Methods, 18*, 36–52. http://doi.org/10.1037/a0030641

Bundesagentur für Arbeit (2016a). *Statistik/Arbeitsmarktberichterstattung (2016): Geflüchtete Menschen in den Arbeitsmarktstatistiken – Erste Ergebnisse*. Nürnberg. Zugriff am 17. 08. 2017. Verfügbar unter https://statistik.arbeitsagentur.de/Statischer-Content/Statistische-Analysen/ Statistische-Sonderberichte/Generische-Publikationen/Gefluechtete-Menschen-in-den-Arbeitsmarktstatistiken.pdf

Bundesagentur für Arbeit (2016b). *Potenziale nutzen – geflüchtete Menschen beschäftigen. Informationen für Arbeitgeber*. Nürnberg. Zugriff am 17. 08. 2017. Verfügbar unter https://www3.arbeits agentur.de/web/wcm/idc/groups/public/documents/webdatei/mdaw/mjcz/~edisp/l60190 22dstbai771709.pdf

Bundesagentur für Arbeit (2017). *Arbeitsmarkt kompakt – Fluchtmigration*. Nürnberg. Zugriff am 17. 08. 2017. Verfügbar unter https://statistik.arbeitsagentur.de/Statischer-Content/Statistische-Analysen/Statistische-Sonderberichte/Generische-Publikationen/Fluchtmigration.pdf

Connelly, B. S. & Ones, D. S. (2010). An other perspective on personality: Meta-analytic integration of observers' accuracy and predictive validity. *Psychological Bulletin, 136*, 1092–1122. http://doi.org/10.1037/a0021212

Daumen, V., Dietz, M., Knapp, B. & Strien, K. (2015). Early Intervention – Modellprojekt zur frühzeitigen Arbeitsmarktintegration von Asylbewerberinnen und Asylbewerbern – Ergebnisse der qualitativen Begleitforschung. *IAB Forschungsbericht, 3.*

De Corte, W., Lievens, F. & Sackett, P. R. (2007). Combining predictors to achieve optimal tradeoffs between selection quality and adverse impact. *Journal of Applied Psychology, 92,* 1380–1393. http://doi.org/10.1037/0021-9010.92.5.1380

DePaulo, B. M., Lindsay, J. J., Malone, B. E., Muhlenbruck, L., Charlton, K. & Cooper, H. (2003). Cues to deception. *Psychological Bulletin, 129,* 74–118. http://doi.org/10.1037/0033-2909.129.1.74

Deutsches Institut für Normung (2016). *Anforderungen an berufsbezogene Eignungsdiagnostik.* Berlin: Beuth.

Digman, J. M. (1990). Personality structure: Emergence of the Five-Factor Model. *Annual Review of Psychology, 41,* 417–440. http://doi.org/10.1146/annurev.ps.41.020190.002221

Duvander, A. Z. E. (2001). Do country-specific skills lead to improved labor market positions? An analysis of unemployment and labor market returns to education among immigrants in Sweden. *Work and Occupations, 28,* 210–233. http://doi.org/10.1177/0730888401028002005

Ellingson, J. E. (2011). People fake only when they need to fake. In M. Ziegler, C. MacCann & R. Roberts (Eds.), *New perspectives on faking in personality assessment* (S. 19–33). New York: Oxford University Press.

European Union (2016). *Labour market integration of refugees: Strategies and good practices.* Zugriff am 17.08.2017. Verfügbar unter http://www.europarl.europa.eu/committees/en/supporting-analyses-search.html Link funktioniert nicht. Ist das gemeint: http://www.europarl.europa.eu/RegData/etudes/STUD/2016/578956/IPOL_STU(2016)578956_EN.pdf

Gass, C. S. (1996). MMPI-2 variables in attention and memory test performance. *Psychological Assessment, 8,* 135–138. http://doi.org/10.1037/1040-3590.8.2.135

Goldberg, L. R. (1992). The development of markers for the Big-Five factor structure. *Psychological Assessment, 4,* 26–42. http://doi.org/10.1037/1040-3590.4.1.26

Goldberg, L. R., Johnson, J. A., Eber, H. W., Hogan, R., Ashton, M. C., Cloninger, C. R. & Gough, H. C. (2006). The International Personality Item Pool and the future of public-domain personality measures. *Journal of Research in Personality, 40,* 84–96. http://doi.org/10.1016/j.jrp.2005.08.007

Griffith, R. L., Chmielowski, T. & Yoshita, Y. (2007). Do applicants fake? An examination of the frequency of applicant faking behavior. *Personnel Review, 36,* 341–357. http://doi.org/10.1108/00483480710731310

Grove, W. M., Zald, D. H., Lebow, B. S., Snitz, B. E. & Nelson, C. (2000). Clinical versus mechanical prediction: A meta-analysis. *Psychological Assessment, 12,* 19–30. http://doi.org/10.1037/1040-3590.12.1.19

Gruber, N. & Tausch, A. (2015). TBS-TK Rezension: CFT 20-R mit WS/ZF-R. Grundintelligenztest Skala 2 – Revision (CFT-20-R) mit Wortschatztest und Zahlenfolgentest – Revision (WS/ZF-R). *Report Psychologie, 10,* 403–404.

Hamamura, T., Heine, S. J. & Paulhus, D. L. (2008). Cultural differences in response styles: The role of dialectical thinking. *Personality and Individual Differences, 44,* 932–942. http://doi.org/10.1016/j.paid.2007.10.034

Harzing, A. W. (2006). Response styles in cross-national survey research a 26-country study. *International Journal of Cross Cultural Management, 6,* 243–266. http://doi.org/10.1177/1470595806066332

Hausknecht, J. P., Halpert, J. A., Di Paolo, N. T. & Moriarty Gerrard, M. O. (2007). Retesting in selection: a meta-analysis of coaching and practice effects for tests of cognitive ability. *Journal of Applied Psychology, 92,* 373–385. http://doi.org/10.1037/0021-9010.92.2.373

Hembree, R. (1988). Correlates, causes, effects, and treatment of test anxiety. *Review of Educational Research, 58*, 47–77. http://doi.org/10.3102/00346543058001047

Hofstede, G. H. (2001). *Culture's consequences: Comparing values, behaviors, institutions and organizations across nations*. Hillsdale, NJ: Lawrence Erlbaum Associates.

Holland, J. L. (1997). *Making vocational choices: A theory of work personalities and work environments*. Odessa, FL: Psychological Assessment Resources.

Hornke, L. F., Etzel, S. & Rettig, K. (1999). *Adaptiver Matrizentest (AMT)*. Mödling: Schuhfried.

Hornke, L. F. & Habon, M. W. (1984). Erfahrungen zur rationalen Konstruktion von Testitems. *Zeitschrift für Differentielle und Diagnostische Psychologie, 5*, 203–212.

Hossiep, R., Turck, D. & Hasella, M. (1999). *Bochumer Matrizentest – advanced (BOMAT)*. Göttingen: Hogrefe.

Hough, L. M., Oswald, F. L. & Ployhart, R. E. (2001). Determinants, detection and amelioration of adverse impact in personnel selection procedures: Issues, evidence and lessons learned. *International Journal of Selection and Assessment, 9*, 152–194. http://doi.org/10.1111/1468-2389.00171

Hülsheger, U. R., Maier, G. W., Stumpp, T. & Muck, P. M. (2006). Vergleich kriteriumsbezogener Validitäten verschiedener Intelligenztests zur Vorhersage von Ausbildungserfolg in Deutschland: Ergebnisse einer Metaanalyse. *Zeitschrift für Personalpsychologie, 5*, 145–162.

International Test Commission (ITC), Berufsverband Deutscher Psychologinnen und Psychologen (BDP) e. V. & Leibniz-Zentrum für Psychologische Information und Dokumentation (ZPID). (Hrsg.). (2001). *Internationale Richtlinien für die Testanwendung Version 2000. Deutsche Fassung*. Trier: ZPID. Online verfügbar unter der URL: https://www.zpid.de/pub/tests/itc_richtlinien.pdf (Stand: 30.5.2017)

Jackson, D. N., Paunonen, S. V. & Ashton, M. C. (2004). *Five-Factor Nonverbal Personality Questionnaire (FF-NPQ)*. Port Huron, MI: Sigma Assessment Systems.

Jäger, A. O. (1982). Mehrmodale Klassifikation von Intelligenzleistungen. Experimentell kontrollierte Weiterentwicklung eines deskriptiven Intelligenzstrukturmodells. *Diagnostica, 28*, 195–226.

Kasten, N. & Freund, P. A. (2016). A meta-analytical multilevel reliability generalization of Situational Judgment Tests (SJTs). *European Journal of Psychological Assessment, 32*, 230–240. http://doi.org/10.1027/1015-5759/a000250

Kersting, M. (2008). DIN Screen, Version 2. Leitfaden zur Kontrolle und Optimierung der Qualität von Verfahren und deren Einsatz bei beruflichen Eignungsbeurteilungen. In M. Kersting (Hrsg.), *Qualitätssicherung in der Diagnostik und Personalauswahl – der DIN Ansatz* (S. 141–210). Göttingen: Hogrefe.

Kliem, S., Moessle, T., Klatt, T., Fleischer, S., Kudlacek, D., Kröger, C., et al. (2016). Psychometric evaluation of an Arabic version of the PHQ-4 based on a representative survey of Syrian refugees. *Psychotherapie, Psychosomatik, Medizinische Psychologie, 66*, 385–392.

König, C. J., Melchers, K. G., Kleinmann, M., Richter, G. M. & Klehe, U. C. (2007). Candidates' ability to identify criteria in nontransparent selection procedures: Evidence from an assessment center and a structured interview. *International Journal of Selection and Assessment, 15*, 283–292.

Kuncel, N. R., Klieger, D. M., Connelly, B. S. & Ones, D. S. (2013). Mechanical versus clinical data combination in selection and admissions decisions: A meta-analysis. *Journal of Applied Psychology, 98*, 1060–1072. http://doi.org/10.1037/a0034156

Kroll, E. & Ziegler, M. (2016). Discrimination due to ethnicity and gender: How susceptible are video-based job interviews? *International Journal of Selection and Assessment, 24*, 161–171.

Leising, D., Erbs, J. & Fritz, U. (2010). The letter of recommendation effect in informant ratings of personality. *Journal of Personality and Social Psychology, 98*, 668–682. http://doi.org/10.1037/a0018771

Levashina, J. & Campion, M. A. (2006). A model of faking likelihood in the employment inter-view. *International Journal of Selection and Assessment, 14*, 299–316. http://doi.org/10.1111/j.1468-2389.2006.00353.x

Lievens, F. & Sackett, P. R. (2016). The effects of predictor method factors on selection outcomes: A modular approach to personnel selection procedure. *Journal of Applied Psychology, 102*, 43–66. http://doi.org/10.1037/apl0000160

Lock, M., Wheeler, R., Burnhard, N. & Cooper, C. (2005). *Leadership Judgement Indicator (LJI). Manual.* Oxford (UK): Hogrefe Ltd.

Marshall, T. (1992). *Career guidance with refugees.* London: Refugee Training and Education Cen-tre.

McCrae, R. R. & Terracciano, A. (2005). Universal features of personality traits from the observ-er's perspective: data from 50 cultures. *Journal of Personality and Social Psychology, 88*, 547–561. http://doi.org/10.1037/0022-3514.88.3.547

Millman, J., Bishop, H. & Ebel, R. (1965). An analysis of test-wiseness. *Educational and Psycho-logical Measurement, 25*, 707–726. http://doi.org/10.1177/001316446502500304

Mittring, G. & Rost, D. H. (2008). Die verflixten Distraktoren: Über den Nutzen einer theoreti-schen Distraktorenanalyse bei Matrizentests (für besser Begabte und Hochbegabte). *Diagno-stica, 54*, 193–201. http://doi.org/10.1026/0012-1924.54.4.193

Moosbrugger, H. & Kelava, A. (Hrsg.). (2008). *Testtheorie und Fragebogenkonstruktion.* Heidel-berg: Springer. http://doi.org/10.1007/978-3-540-71635-8

Moosbrugger, H. & Oehlschlägel, J. (2011). *Frankfurter Aufmerksamkeits-Inventar 2 (FAIR-2).* Bern: Huber.

Motowidlo, S. J. & Beier, M. E. (2010). Differentiating specific job knowledge from implicit trait policies in procedural knowledge measured by a situational judgment test. *Journal of Applied Psychology, 95*, 321–333. http://doi.org/10.1037/a0017975

Motowidlo, S. J., Dunnette, M. D. & Carter, G. W. (1990). An alternative selection procedure: The low fidelity simulation. *Journal of Applied Psychology, 75*, 640–647. http://doi.org/10.1037/0021-9010.75.6.640

Murray, H. A. (1938). *Explorations in personality: A clinical and experimental study of fifty men of college age.* New York: Oxford University Press.

Neubauer, A. C., Bergner, S. & Felfe, J. (2012). *Leadership Judgement Indicator (LJI). Deutschspra-chige Adaptation des Leadership Judgement Indicator (LJI) von M. Lock und R. Wheeler.* Bern: Huber.

Nguyen, H. H. & Ryan, A. M. (2008). Does stereotype threat affect test performance of minori-ties and women? A meta-analysis of experimental evidence. *Journal of Applied Psychology, 93* (6), 1314–1334. http://doi.org/10.1037/a0012702

Ones, D. S. & Viswesvaran, C. (2001). Integrity test and other Criterion-Focused Occupational Personality Scales (COPS) used in personnel selection. *International Journal of Selection and Assessment, 9*, 31–39. http://doi.org/10.1111/1468-2389.00161

Ostendorf, F. & Angleitner, A. (2004). *NEO-Persönlichkeitsinventar nach Costa und McCrae (NEO-PI-R). Revidierte Fassung.* Göttingen: Hogrefe.

Paulhus, D. L. (2002). Socially desirable responding: The evolution of a construct. In H. I. Braun, D. N. Jackson & D. E. Wiley (Eds.), *The role of constructs in psychological and educational meas-urement* (S. 49–69). Mahwah, NJ: Lawrence Erlbaum Associates.

Paunonen, S. V., Ashton, M. C. & Jackson, D. N. (2001). Nonverbal assessment of the Big Five personality factors. *European Journal of Personality, 15*, 3–18. http://doi.org/10.1002/per.385

Paunonen, S. V., Jackson, D. N. & Keinonen, M. (1990). The structured nonverbal assessment of personality. *Journal of Personality, 58*, 481–502. http://doi.org/10.1111/j.1467-6494.1990.tb00239.x

Raven, J.C. (2009). *Raven's Progressive Matrices und Vocabulary Scales. Standard Progressive Matrices (SPM)*. Frankfurt: Pearson.

Raven, J.C., Raven, J. & Court, J.H. (1998). *Raven's Progressive Matrices und Vocabulary Scales. Advanced Progressive Matrices (APM)*. Frankfurt: Pearson.

Raven, J.C., Raven, J. & Court, J.H. (2001). *Raven's Progressive Matrices und Vocabulary Scales. Coloured Progressive Matrices (CPM)*. Frankfurt: Pearson.

Renner, W. & Senft, B. (2013). Predictors of unemployment in refugees. *Social Behavior and Personality: An International Journal, 41*, 263–270. http://doi.org/10.2224/sbp.2013.41.2.263

Richter, K., Lehfeld, H. & Niklewski, G. (2015). Warten auf Asyl: Psychiatrische Diagnosen in der zentralen Aufnahmeeinrichtung in Bayern. *Das Gesundheitswesen, 77*, 834–838. http://doi.org/10.1055/s-0035-1564075

Rogers, W.T. & Yang, P. (1996). Test-wiseness: Its nature and application. *European Journal of Psychological Assessment, 12*, 247–259. http://doi.org/10.1027/1015-5759.12.3.247

Roth, P.L., Bevier, C.A., Bobko, P., Switzer, F.S. & Tyler, P. (2001). Ethnic group differences in cognitive ability in employment and educational settings: A meta-analysis. *Personnel Psychology, 54*, 297–330. http://doi.org/10.1111/j.1744-6570.2001.tb00094.x

Sackett, P.R. & Dreher, G.F. (1982). Constructs and assessment center dimensions: Some troubling empirical findings. *Journal of Applied Psychology, 67*, 401–410. http://doi.org/10.1037/0021-9010.67.4.401

Sackett, P.R. & Lievens, F. (2008). Personnel selection. *Annual Review of Psychology, 59*, 419–450. http://doi.org/10.1146/annurev.psych.59.103006.093716

Sackett, P.R. & Roth, L. (1996). Multi-stage selection strategies: A Monte Carlo investigation of effects on performance and minority hiring. *Personnel Psychology, 49*, 549–572. http://doi.org/10.1111/j.1744-6570.1996.tb01584.x

Schmidt, F.L. & Hunter, J.E. (1998). The validity and utility of selection methods in personnel psychology: Practical and theoretical implications of 85 years of research findings. *Psychological Bulletin, 124*, 262–274. http://doi.org/10.1037/0033-2909.124.2.262

Schmidt-Atzert, L. & Amelang, M. (2012). *Psychologische Diagnostik*. Heidelberg: Springer. http://doi.org/10.1007/978-3-642-17001-0

Schmidt-Atzert, L., Krumm, S. & Kersting, M. (2017). Evaluation der Eignungsbeurteilung. In Diagnostik- und Testkuratorium (Hrsg.), *Personalauswahl kompetent gestalten: Grundlagen und Praxis der Eignungsdiagnostik nach DIN 33430* (S. 189–221). Heidelberg: Springer.

Schuler, H. & Kanning, U.P. (2014). *Lehrbuch der Personalpsychologie* (3., überarbeitete und erweiterte Aufl.). Göttingen: Hogrefe.

Shippmann, J.S., Ash, R.A., Batjtsta, M., Carr, L., Eyde, L.D., Hesketh, B. et al. (2000). The practice of competency modeling. *Personnel Psychology, 53* (3), 703–740. http://doi.org/10.1111/j.1744-6570.2000.tb00220.x

Sommer, M. & Arendasy, M.E. (2014). Comparing different explanations of the effect of test anxiety on respondents' test scores. *Intelligence, 42*, 115–127. http://doi.org/10.1016/j.intell.2013.11.003

Staal, M.A. (2012). Assessing Iraqi Arab personality using the Nonverbal Personality Questionnaire. *Military Medicine, 177*, 732–739. http://doi.org/10.7205/MILMED-D-12-00017

Stevens, M.J., & Campion, M.A. (1994). The knowledge, skills, and ability requirements for teamwork: Implications for human resource management. *Journal of Management, 20*, 503–530. http://doi.org/10.1177/014920639402000210

Stumpf, S., Leenen, W.R. & Scheitzka, A. (2016). Adverse Impact in der Personalauswahl einer deutschen Behörde: Eine Analyse ethnischer Subgruppendifferenzen. *Zeitschrift für Personalforschung, 31*, 4–31.

Thornton, G. & Cleveland, J. (1990). Developing managerial talent through simulation. *American Psychologist, 45*, 190–199. http://doi.org/10.1037/0003-066X.45.2.190

Toggweiler, S., Jungo, D. & Stoll, F. (2004). Der Foto-Interessentest Serie FIT 2003: Zur Erfassung von Berufsinteressen mittels fotografischer Stimuli. *Zeitschrift für Personalpsychologie, 3*, 34–42. http://doi.org/10.1026/1617-6391.3.1.34

van de Vijver, F. J. & Poortinga, Y. H. (1997). Towards an integrated analysis of bias in cross-cultural assessment. *European Journal of Psychological Assessment, 13*, 29–37. http://doi.org/10.1027/1015-5759.13.1.29

van Vaerenbergh, Y. & Thomas, T. D. (2013). Response styles in survey research: A literature review of antecedents, consequences, and remedies. *International Journal of Public Opinion Research, 25* (2), 195–217. http://doi.org/10.1093/ijpor/eds021

Ward, C., Bochner, S. & Furnham, A. (2006). *The psychology of culture shock* (2nd ed.). New York: Routledge.

Weijters, B., Geuens, M. & Schillewaert, N. (2010). The stability of individual response styles. *Psychological Methods, 15*, 96–110. http://doi.org/10.1037/a0018721

Weiß, R. H. (2006). *Grundintelligenztest Skala 2: Revision (CFT 20-R). Manual.* Göttingen: Hogrefe.

Willott, J. & Stevenson, J. (2013). Attitudes to employment of professionally qualified refugees in the United Kingdom. *International Migration, 51*, 120–132. http://doi.org/10.1111/imig.12038

Wise, S. L. & DeMars, C. E. (2005). Low examinee effort in low-stakes assessment: Problems and potential solutions. *Educational Assessment, 10*, 1–17. http://doi.org/10.1207/s15326977ea1001_1

Woehr, D. J. & Arthur, W. Jr. (2003). The construct-related validity of assessment center ratings: A review and meta-analysis of the role of methodological factors. *Journal of Management, 29*, 231–258. http://doi.org/10.1177/014920630302900206

Ziegler, M. (2011). Applicant faking: A look into the black box. *The Industrial-Organizational Psychologist, 49*, 29–36.

Ziegler, M. & Bühner, M. (2012). *Grundlagen der Psychologischen Diagnostik.* Wiesbaden: Springer VS. http://doi.org/10.1007/978-3-531-93423-5

Ziegler, M. & Bühner, M. (2009). Modeling socially desirable responding and its effects. *Educational and Psychological Measurement, 69* (4), 548–565. http://doi.org/10.1177/0013164408324469

Ziegler, M., MacCann, C. & Roberts, R. D. (2011). Faking: Knowns, unknowns, and points of contention. In M. Ziegler, C. MacCann & R. D. Roberts (Eds.), *New perspectives on faking in personality assessment* (S. 3–16). New York: Oxford University Press.

Die Autorinnen und Autoren dieses Bandes

Rebecca Atanassov
Bundesinstitut für Berufsbildung (BIBB)
Arbeitsbereich 1.3
Robert-Schuman-Platz 3
53175 Bonn
E-Mail: atanassov@bibb.de

Dr. Dorothée Behr
GESIS – Leibniz-Institut für
Sozialwissenschaften
Postfach 12 21 55
68072 Mannheim
E-Mail: dorothee.behr@gesis.org

Dr. Heinz Ulrich Brinkmann
Lorenweg 24
53347 Alfter

Julian Busch
Ruhr-Universität Bochum
Fakultät für Psychologie
Arbeitseinheit Entwicklungspsychologie
Universitätsstr. 150
GAFO 04/606
44801 Bochum
E-Mail: julian.busch@rub.de

Dr. Sibylle Detel
Freie Universität Berlin
FB Erziehungswissenschaften und
Psychologie
Arbeitsbereich Psychologische Diagnostik,
Differentielle und Persönlichkeitspsychologie
Habelschwerdter Allee 45
14195 Berlin
E-Mail: sibylle.detel@fu-berlin.de

Prof. Dr. Viola Deutscher
Juniorprofessorin für Wirtschaftspädagogik
Fakultät für Betriebswirtschaftslehre
Universität Mannheim; L 4,1
68161 Mannheim
E-Mail: deutscher@bwl.uni-mannheim.de

Dr. Jessica Erbe
Bundesinstitut für Berufsbildung (BIBB)
Arbeitsbereich 1.3
Robert-Schuman-Platz 3
53175 Bonn
E-Mail: erbe@bibb.de

PD Dr. Heide Glaesmer
Universitätsklinikum Leipzig
Abteilung für Medizinische Psychologie und
Medizinische Soziologie
Philipp-Rosenthal-Str. 55
04103 Leipzig
E-Mail: heide.glaesmer@medizin.uni-
leipzig.de

Nicole Haag
Humboldt-Universität zu Berlin
Institut zur Qualitätsentwicklung im
Bildungswesen (IQB)
Unter den Linden 6
10099 Berlin
E-Mail: nicole.haag@iqb.hu-berlin.de

Birgit Heppt
Humboldt-Universität zu Berlin
Institut zur Qualitätsentwicklung im
Bildungswesen (IQB)
Unter den Linden 6
10099 Berlin
E-Mail: birgit.heppt@iqb.hu-berlin.de

Prof. Dr. Stefan Krumm
Freie Universität Berlin
FB Erziehungswissenschaften und
Psychologie
Arbeitsbereich Psychologische Diagnostik
und Differentielle und
Persönlichkeitspsychologie
Habelschwerdter Allee 45
14195 Berlin
E-Mail: stefan.krumm@fu-berlin.de

Prof. Dr. Birgit Leyendecker
Ruhr-Universität Bochum
Fakultät für Psychologie
Arbeitseinheit Entwicklungspsychologie
Universitätsstr. 150
44801 Bochum
E-Mail: birgit.leyendecker@rub.de

Dr. Thorsten Macha
Universität Bremen
Zentrum für Klinische Psychologie und
Rehabilitation
Grazer Str. 6
28359 Bremen
E-Mail: macha@uni-bremen.de

Dr. Débora Maehler
GESIS – Leibniz-Institut für
Sozialwissenschaften
Postfach 12 21 55
68072 Mannheim
E-Mail: debora.maehler@gesis.org

Dr. Yuriy Nesterko
Universitätsklinikum Leipzig
Abteilung für Medizinische Psychologie und
Medizinische Soziologie
Philipp-Rosenthal-Str. 55
04103 Leipzig
E-Mail: yuriy.nesterko@medizin.uni-leipzig.
de

Prof. Dr. Franz Petermann
Universität Bremen
Zentrum für Klinische Psychologie und
Rehabilitation
Grazer Str. 6
28359 Bremen
E-Mail: fpeterm@uni-bremen.de

Prof. Dr. Dominique Rauch
DIPF
Leibniz-Institut für Bildungsforschung und
Bildungsinformation
Rostocker Str. 6
60323 Frankfurt am Main
E-Mail: rauch@dipf.de

Valentina Reitenbach
DIPF
Leibniz-Institut für Bildungsforschung und
Bildungsinformation
Rostocker Str. 6
60323 Frankfurt am Main
E-Mail: valentina.reitenbach@dipf.de

Martin Schastak
DIPF
Leibniz-Institut für Bildungsforschung und
Bildungsinformation
Rostocker Str. 6
60323 Frankfurt am Main
E-Mail: schastak@dipf.de

Dr. Stefan Schipolowski
Humboldt-Universität zu Berlin
Institut zur Qualitätsentwicklung im
Bildungswesen (IQB)
Unter den Linden 6
10099 Berlin
E-Mail: stefan.schipolowski@iqb.hu-berlin.
de

Dr. Silke L. Schneider
GESIS – Leibniz-Institut für
Sozialwissenschaften
Postfach 12 21 55
68072 Mannheim
E-Mail: silke.schneider@gesis.org

Prof. Dr. Michela Schröder-Abé
Universität Potsdam
Department Psychologie
Abteilung Differentielle Psychologie und
Diagnostik
Karl-Liebknecht-Str. 24-25
OT Golm
14476 Potsdam
E-Mail: michela.schroeder-abe@uni-
potsdam.de

Dr. Alexandra Shajek
Institut für Innovation und Technik (iit)
Steinplatz 1
10623 Berlin
E-Mail: shajek@iit-berlin.de

Prof. Dr. Rainer G. Siefen
Ruhr-Universität Bochum
Universitätskinderklinik
Alexandrinenstr. 5
44791 Bochum
E-Mail: r.siefen@klinikum-bochum.de

Prof. Dr. Esther Winther
Deutsches Institut für Erwachsenenbildung
(DIE)
Leibniz-Zentrum für Lebenslanges Lernen
e. V.
Heinemannstraße 12–14
53175 Bonn
E-Mail: winther@die-bonn.de

Anouk Zabal
GESIS – Leibniz-Institut für
Sozialwissenschaften
Postfach 12 21 55
68072 Mannheim
E-Mail: anouk.zabal@gesis.org

Prof. Dr. Matthias Ziegler
Humboldt-Universität zu Berlin
Institut für Psychologie
Unter den Linden 6
10099 Berlin
E-Mail: matthias.ziegler@psychologie.hu-
berlin.de

Prof. Dr. Johannes Zimmermann
Psychologische Hochschule Berlin
Am Köllnischen Park 2
10179 Berlin
E-Mail: j.zimmermann@psychologische-
hochschule.de

Sachwortregister

Testverfahren in der Praxis